의심: In Doubt:
The Psychology of the
Criminal Justice Process

형사사법절차의 심리학

Dan Simon 저 | 한유화 · 표지민 · 성유리 · 박광배 공역

학지사

In Doubt: The Psychology of the Criminal Justice Process
by Dan Simon

　대부분의 사회와 국가에는 인간의 응당한 행복과 자유를 신장하고 확대하기 위한 관습, 법, 제도 등이 있고, 사람을 처벌하고 응분의 대가를 치르게 할 목적으로 만들어지고 운영되는 법과 제도도 있다. 후자에 기초한 국가의 형벌권은 정의롭고 공정하게 행사되어야 한다. 그렇지 않으면 무고한 사람이 억울한 형벌을 당하는 경우도 생기고, 범죄자가 사회에 방치되는 경우도 생기기 때문이다. 전자의 오류를 편의상 유죄오판, 후자의 오류를 편의상 무죄오판으로 지칭한다면, 사람을 처벌하고 죄의 대가를 치르게 할 목적으로 존재하는 법(형법, 형사소송법 등)과 제도(수사, 기소, 재판, 교정 등의 형사제도)는 두 가지 오판 중 어떤 오판을 더 적극적으로, 더 열정적으로, 더 치밀하게 그리고 더 완벽하게 회피하도록 만들어지고 운영되어야 할까? 법과 제도가 그 기본적 목적에 부합하도록 만들어지고 운영되어야 한다는 원칙을 적법절차(due process)라고 부른다. 형사소송법과 형사제도가 적법절차를 구현하도록, 그렇게 해서 유죄오판이 발생하지 않고 국가의 형벌권이 정의롭고 공정하게 행사되도록 만들어지고 운영되기 위해서 가져야 할 두 가지 필수적 요건이 있다. 그 요건은 정확성과 진단성이다.

　죄의 판단은 증거에 의한다. 유죄오판이 발생하지 않으려면 수사단계에서 수집되는 증거와 정보가 정확해야 하고, 재판단계에서 그 증거와 정보의 정확성이 제대로 진단될 수 있어야 한다. 1992년 미국에서 두 명의 변호사에 의해 설립된 결백사업(innocence project)은 그간 수백 명에 이르는 복역수와 사형수들의 무죄를 밝혀내 석방하였다. 공권력의 수사와 조사로 체포되어 재판에서 유죄판결을 받아 장기수로 복역하거나 사형집행을 기다리던 그 무고한 사람들은 수사단계와 재판단계에서 공히 자백을 하기도 하였고, 경찰과 검찰의 과학수사로 수집된 지문, DNA, 피해자·목격자의 범인지목, 족적, 통화기록, CCTV 영상기록, 각종 증인·참고인의 진술 등의 소위 '흔들릴 수 없는' 증거들에 의해 자신이 범하지 않은 범죄에 대한 유죄가 확정되는 것을 속수무책으로 보고 있어야 했다. 헌법이 천명하는 적법절차 원칙의 철저한 지도로 만들어지고 운영되는 정의롭고 공정한 형사제도와 형사절차에서 왜 그러한 일들이 발생하는 것일까?

형사절차는 증인, 형사, 피의자, 변호사, 판사, 배심원 등에 의해서 작동한다. 또한 거의 모든 증거는 인간의 지각, 기억, 이해, 추론, 평가, 해석, 판단의 산물이다. 그래서 그 증거들은 인간의 동기, 감정, 착각, 태도, 편견, 오해, 욕망, 선호가 뒤범벅된 인공물이다. 사람이 그 인공물들의 더미 안에서 오염되지 않은 다이아몬드와 같은 실체진실(material truth)을 찾으려는 또 하나의 욕망을 가질 때 정의롭고 공정한 절차, 즉 적법절차가 와해되고, 정확성과 진단성이 유실되며, 유죄오판이 발생한다.

이 책은 형사절차에서 수집되고 평가되는 자백, 피해자 진술, 목격자 범인 지목, CCTV 영상증거, 지문, DNA 증거 등 주요 증거들의 정확성과 진단성이 그것을 생산하고 평가하는 사람들에 의해 어떻게, 왜 유실되고, 그로 인해 적법절차가 와해되는 과정을 구체적 사례와 실증심리학 연구들에 기초하여 상세히 보여 주고 있다. 또한 방대한 심리학의 연구들에 의해 알려진 인간 심리의 한계와 능력을 주어진 조건으로 삼았을 때, 형사절차의 수사단계에서 증거의 정확성을 최대한 담보하고, 재판단계에서 그것에 대한 진단성을 극대화하기 위해 정비되어야 할 제도적 개선안들을 제안하고 있다. 비록 미국의 형사 제도 및 절차가 대한민국의 그것과 매우 다르지만, 문화와 역사, 인종에 상관없이 인간에 관한 과학적 연구의 방법이 전 세계에서 동일하게 적용되는 것처럼 증거의 정확성과 진단성의 문제는 제도·절차의 차이와 상관없이 범세계적인 준거로 평가된다. 이 점에서 저자 Dan Simon 교수가 제안하는 제도적 개선안들은 대한민국의 형사절차에 대해서도 대단히 큰 시사점과 중요성을 가진다. 이 책의 번역이 대한민국의 형사절차에서 적법절차가 명실공히 구현되는 데 일조할 수 있기를 기대한다.

역자 일동

차례

서론

형벌은 국가가 사회질서를 유지하는 가장 명확하고 보편적인 수단이다. 그러나 국가가 형벌권을 행사하기 위해서는 어떤 행위가 범죄에 해당하는지, 누가 범죄행위를 한 것인지에 대해서 고도의 확실성을 가진 규명이 선행되어야 하고, 고도로 확실한 규명을 위해서는 형사절차를 구성하는 정교한 법체계가 엄격하게 준수되어야한다. 형사절차와 그 절차에 의해 이루어지는 사실규명의 정확성이 이 책의 주된 내용이다.

다음에 소개되는 세 개의 사례는 형사절차의 작용을 단적으로 보여 주는 예들이다. 캘리포니아에 사는 피터 로즈Peter Rose는 13세 여아를 강간한 혐의로 기소되었다. 피해자는 로즈가 범인이라는 것을 100% 확신한다고 중인석에서 증언하였고, 또 다른 목격증인도 범인이 로즈이거나, 로즈가 아니라면 그의 쌍둥이 형제일 것이라고 증언하였다.[1] 펜실베이니아에 거주하는 브루스 고드척Bruce Godschalk은 절도와 강간 혐의로 기소되었다. 고드척 사건에는 그가 범인임을 입증하는 증거들이 넘쳐났다. 피해자 중 한 명이 고드척을 범인으로 지목하였고, 고드척과 같은 유치장에 있던 사람은 고드척이 구속 중에 자신의 범행을 암시하는 말을 했다고 증언했으며, 범죄현장의 혈흔이 고드척의 혈액형과 일치한다는 과학적 범죄수사의(법의학적) 감정 결과가 제출되었다. 결정적으로, 검사는 범인 이외의 다른 일반인이 알 수 없었을 구체적 범행 사실을 고드척이 자백하는 33분 분량의 녹화영상을 증거로 제출하였다.[2] 자백영상에서 고드척은 자신의 범행이 음주 때문이었다고 말하면서, "내가 두 명의 착한 여자들에게 한 행동에 대해 매우 유감스럽다."고 진술하였다.[3] 커크 블러즈워스Kirk Bloodsworth는 메릴랜드에 사는 9세 여아를 강간하고 살해한 혐의로 기소되었다. 그의 혐의는 사형이 가능한 일급살인죄였다. 재판에서 블러즈워스는 다섯 명의 중인들에 의해 범인으로 지목되었고, 검사는 살해흉기로 사용된 돌에 대한 블러즈워스의 진술을 증거로 제시하였으며, 범죄현장에 남아 있던 범인의 족적이 블러즈워스의 신발과 일치한다는 과학적 범죄수사forensic 전문가의 증언이 제시되었다.[4]

세 개의 사례 모두에서 유죄증거들이 실로 압도적이었고, 합리적 의심의 여지없이 유죄가 확정되었다. 배심원들의 유죄결정에 따라, 로즈는 27년형, 고드척은 10~20년형, 블러즈워스는 사형이 선고되었다. 이 선고들 이후에 한동안 특별한 일이 없었으나, 세 명이 죗값을 치르고 있는 범죄에 대하여 그들이 진범이 아니라는 것을 보여 주는 DNA 분석결과들이 나타났다. 그들의 재판에서 대부분의 중인들이 잘못된 증언을 하였는데, 특히 범인의 신원을 피고인으로 특정했던 중인들은 모두 결정적으로 틀린 증언을 했다. 무죄가 밝혀져서 석방될 당시에 로즈는 8년, 고드척은 14년 6개월, 블러즈워스는 사형수의 지위로 수감된 2년을 포함한 8년을 감옥에서 보낸 후였다.

이 사례들은 형사절차의 수사단계와 재판단계의 기능에 대해서 많은 난해한 의문들을 제기한다. 중인들이 잘못된 증언을 하게 되는 원인은 무엇인가? 경찰, 검사, 배심원들이 그 중인들을 믿는 이유는 무엇인가? 증언이 잘못됐다는 것을 포착할 수는 없었는가? 무엇보다도, 앞으로 그러한 일들이 발생하는 것을 방지하려면 어떻게 해야 하는가?

실험심리학의 관점

형사절차의 가장 자명한 특성은 그것이 증인, 형사, 피의자, 변호사, 판사, 배심원 등의 사람들을 통해서 작동한다는 것이다. 형사절차 체계는 도덕판단, 정서 그리고 동기와 결부된 기억, 인식, 평가, 추론, 사회적 영향력, 결정 등의 정신작용에 의해 운용된다. 형사재판의 판결 또한 형사절차에 관련된 여러 사람들의 정신작용이 결합된 결과에 지나지 않는다. 따라서 형사절차의 운용을 심리학적 관점에서 이해하는 것은 당연한 일이다. 다행히도, 그 이해를 위해서 활용할 수 있는 방대한 양의 실험심리학 연구들이 존재한다. 형사절차에 관여하는 사람들이 주어진 역할과 임무를 잘 수행하거나, 그러지 못하는 조건들에 관해 법심리학자들은 수십 년에 걸쳐서 진지한 연구들을 수행해 왔다. 또한 형사절차의 운용에 필연적으로 개입되는 정신작용에 관한 방대한 연구들이 법심리학뿐만 아니라 관련된 다른 학문분야에서도—특히, 인지심리학, 사회심리학, 그리고 의사결정 및 판단—축적되었다.

이 책은 광범위하게 산개된 실험심리학 연구들을 형사절차에 적용하여 그 절차의 작용에 대한 보다 나은 이해를 도모하기 위한 것이다. 그 연구들로부터 도출되는 전반적인 경향은 형사절차에 관여되는 인간의 일들이 대단히 복잡하고 다양한 의미를 가진다는 것이다. 과거에 본 적이 있는 낯선 사람을 나중에 알아본다거나, 경험한 사건의 구체적 사실을 기억한다거나, 다른 사람의 진술이 정확한지의 여부를 판단하는 일들은 일견 쉬울 것으로 여겨지지만, 실제로는 그리 간단치 않다. 그러한 일들의 정확성은 다양한 요인들에 의해 좌우되는데, 그 요인들 중에는 아직 알려지지 않았거나, 부지불식간에 간과되거나, 범죄수사의 어려운 현실여건과 논쟁적인 법적 절차들에 의해 압도되어 묻혀 버리는 것들이 많다.

형사절차에 개입되는 인간의 행동이 복잡하고 난해하다는 자각은 이 책의 두 가지 핵심주장에 귀착한다. 첫째, 수사단계에서 생성되는 증거—특히, 인간의 진술—는 정확성과 부정확성이 혼재된 것이고, 언제나 피고인의 유죄를 나타내는 지표가 되는 것은 아니다. 다음 장부터 이어지는 네 개의 장은 범죄수사에서 생길 수 있는 오류에 대한 통찰을 제공하기 위한 것이다. 제2장에서는 경찰수사에서 잘못된 결론을 유도하고 촉진하는 조건들이 집중적으로 논의된다. 제3장은 목격증인의 범인식별에 관한 것이다. 제4장은 범죄사건에 대한 증인의 기억에 관한 것이고, 제5장은 피의자 신문을 다루고 있다.

이 책의 두 번째 핵심주장은 재판절차가 증거의 정확성을 제대로 평가하기 어렵고, 따라서 죄가 있는 피고인과 없는 피고인을 신뢰롭게 구별하기 어렵다는 것이다. 이어지는 두 개의 장에서 다루는 주제는 재판절차의 한정된 진단성이다. 제6장은 재판에서 제시된 증거들로부터 정확한 사실을 확정하는 사실판단자들이 직면하게 되는 문제들을 다루고 있다. 제7장은 그 사실인정 임무를 잘 수행하도록 사실판단자들을 조력해야 하는 법적 장치들의 효율성을 점검한다.

연구들이 지적하는 바를 종합하면, 범죄수사는 오류가 포함된 증거들을 생성해 내기 쉽고, 재판절차는 일반적으로 그 오류들을 교정할 능력이 없다는 것이다. 수사단계의 정확성을 저해하는 문제들에 재판단계의 진단성을 저해하는 문제들이 더해짐으로써, 형사절차가 엄숙한 임무에 걸맞는 확실성 수준을 전반적으로 충족하지 못한다는 결론에 도달한다.[5] 그 결함은 형사사법제도를 고안하고 지배하는 사람들—경찰, 검찰, 법원, 법률입안자들—에 의해 간과되거나 부정되고, 학계와 일반대중에 의해서도 제대로 인식되지 않는다. 제8장에서는 이러한 전반적인 상황이 의미하는 것이 무엇인지 점검하고 형사절차의 정확성을 향상시키는 체계적 방안을 탐색하고자 한다.

절차와해

형사사건이 와해되는 경우는 두 가지가 있다. 진범을 석방하는 경우와 무고한 사람이 누명을 쓰고 자신이 범하지 않은 죄에 대한 처벌을 받게 되는 경우다.[6] 진범을 석방하는 데 실패한, 흔히 포괄적으로 '무죄오판'으로 불리는 경우(그런 경우도 재판에서 공식적으로 석방되지 않는 경우가 대부분이지만)는 사회질서의 유지 차원에서 매우 심각한 문제다. 중범죄사건들 중 경찰에 신고되는 것은 절반이 채 안 되고,[7] 신고된 중범죄 중 1/5만 범인이 체포된다.[8] 예를 들어, 증인이 없거나, 증인이 있지만 경찰에 협조하지 않거나 필요한 정보를 제공할 수 없는 경우에는 범죄사건이 해결되지 않을 가능성이 높다.[9] 그런 경우에는 범죄자의 처벌을 위해 필수적인 증거가 없기 때문에 형사절차가 실패할 수밖에 없다. 심리학 연구들은 옳은 유죄결정에 기여하는 증거 확보를 위해 필요한 조건들을 규명함으로써, 증거가 존재하는 사건들에 대한 통찰력을 제공하는 데 적합하다. 따라서 이 책은 '유죄오판'에 더 초점이 맞추어져 있다. 그러나 이 책에서 제안하는 일부 핵심 권고들은 증거의 정확성을 전반적으로 향상시킴으로써 무죄오판을 줄이는 데도 기여할 수 있다는 점을 주지해야 한다.

최근에 지속적으로 이루어지는 면죄exoneration 사례(역자 주: 유죄판결을 받고 복역 중인 기결수의 무죄가 뒤늦게 밝혀져서 석방되는 사례)들은 형사절차의 정확성에 대한 관심을 집중시켜 왔다.[10] 많은 면죄 사례들이 베리 쉐크Barry Scheck와 피터 뉴필드Peter Neufeld에 의해 설립된 '결백사업innocence project'의 결과로 나타났다. 형사사법 체계에 비판적인 사람들은 최근에 밝혀지는 유죄오판 사례들을 기념비적 혹은 혁명적인 사건으로 생각한다.[11] 반면에, 체계를 옹호하는 사람들은 그러한 오판 사례들을 불가피한 최소한의 오류들로 간주하며 그 중요성을 대수롭지 않게 생각한다.[12] 결백사업에서 집계된 바에 의하면, 2011년 12월 초까지 281명의 기결수들이 DNA 분석 결과에 의해서 면죄되었고,[13] 그보다 훨씬 많은 수의 기결수들이 다른 유형의 증거에 의해서 면죄되었다.[14] 유죄오판의 실제 빈도는 알려져 있지 않고, 유감스럽게도 앞으로 알려질 가능성은 없다. 사형이 가능한 살인죄로 유죄판결을 받은 기결수들 중에 면죄되는 사례들의 통계에 기초해서 추정하면 유죄오판의 비율이 약 3~4%일 것으로 추정되는데, 최대 5%까지도 가능하다.[15] 그러나 실제로는 그보다 훨씬 더 많을 가능성이 매우 높다. 수많은 법적 장애물들을 걷어 내고 유죄오판을 밝혀내는 것이 매우 어렵기 때문에 알려지지 않은 유죄오판들이 많이 존재할 뿐만 아니라 그 오판들은 앞으로도 면죄되지 못할 것이라는 점에 의심의 여지가 없다. 유죄오판에 대한 상세한 논의는 본서의 주제를 벗어나는 것이지만, 죄 없는 결백한 피고인이 면죄될 수 있는 기회를 잡기 위해서는 살인죄나 강간죄로 유죄판결을 받고,[16] 유죄협상plea bargaining을 거부하며,[17] 장기간의 징역형을 선고받고,[18] 유죄판결 이후의 절차에서 훌륭한 변호인과 수사관을 선임하는 행운 혹은 능력이 있어야 한다. 또한 사건의 핵심이 범인의 신원을 밝히는 것(역자 주: 피고인과 범인의 동일성 여부가 재판의 핵심 쟁점인 경우)이고,[19] 무죄를 입증할 수 있는 물증이나 기타 강력한 증거가 존재하며,[20] 그 증거가 수집되었어야 하고,[21] 잘 보관되었어야 할 뿐만 아니라,[22] 피고인에게 제공될 수 있어야 한다.[23] 거기에 더불어 정말 좋은 행운이 따라야 하는데,[24] DNA 증거가 부재한 경우에는 행운이야말로 가장 결정적인 요인이다.[25] 이러한 조건들이 갖추어지지 않으면 유죄판결의 오류가 탐지되는 경우가 거의 없기 때문에 무고한 사람이 면죄될 가능성 또한 희박하다.

유죄오판은 형사절차의 수사단계와 재판단계의 와해가 서로 결합하여 발생하는 산물이다. 따라서 그러한 와해사례들은 형사사법체계의 각 단계에서 형사책임 여부를 가늠하는 방법에 대해 보다 자세히 검토해야 할 필요성을 제기한다.

수사단계의 와해　　유죄오판을 초래하는 수사절차에는 여러 종류의 실패들이 혼합되어 있다. 첫째로, 진범을 놓친다는 점에서 그러한 수사절차는 진실발견에 실패한다. 둘째로, 수사관은 증거를 수집하여 사건을 해결한 후 그 수집된 증거들에 의해 사건을 검찰에 송치하므로 그러한 수사는 잘못된 증거와 옳은 증거를 구별해 내는 데 실패한다. 가장 심각하면서도 제대로 인식되지 못하는 실패요인은 수사 자체다. 수사에 의해 틀린 결론이 만들어지는 경우가 많기 때문이다.

　잘못된 증언이 어떻게 이루어지는지 이해하기 위해서 두 종류의 오류를 구별하는 것이 유용하다. 한 종류는 인간의 인지능력이 본질적으로 불완전하므로 특별한 이유 없이도 저절로 발생하는 인지기능의 실패에 의해 초래되는 오류다. 그러한 '자연발생적 오류spontaneous error'는 명백한 외적 원인이 없는 경우에도 때때로 인간의 수행에서 실패를 초래한다. 예를 들면, 정직한 목격자가 무고한 사람과 범인을 혼동한다거나, 범죄현장의 특정 요소를 잘못 기억하는 경우다. 자연발생적 오류는 일정한 방향 없이 발생한다. 즉, 그러한 오류에 의해 진범을 놓칠 가능성은 죄 없는 사람을 처벌할 가능성과 다르지 않다. 무고한 사람이 길을 걷거나, 상점에서 쇼핑을 하거나, 엘리베이터를 타고 있는 중에 목격자에 의해 자연스럽게 범인으로 잘못 지목되는 경우가 많다.[26] 저절로 발생하는 이런 유형의 오류는 심각한 결과를 초래할 수 있지만, 수사절차와 오류발생 사이의 정교한 관계에 관하여 특별히 시사하는 바는 없다.

　오류는 상황적인 요인에 의해서 생겨나거나 악화되기도 한다. 형사절차의 맥락에서는 그러한 상황적인 요인이 수사절차 혹은 수사기관 및 법조인과의 상호작용 과정에서 생겨난다. 편파적으로 구성된 라인업(역자 주: 목격자가 경찰에서 피의자가 포함된 사람들의 무리에서 범인을 지목하는 범인식별 절차 중 하나)에서 목격자가 무고한 사람을 범인으로 지목하거나, 형사가 암시적인 질문을 하여 틀린 기억을 진술하게 되는 경우다. 이러한 경우들이 오류의 두 번째 종류인 이른바 '유인된 오류induced error'다.[27] 유인된 오류는 방향성을 가지는데, 흔히는 유죄판단을 향해서 사안을 몰아가는 경향성을 강하게 가진다.

　법을 집행하는 공무원들은 유죄오판을 자연발생적 오류에 기인하는 것으로 보는 경향이 있지만,[28] DNA 면죄 사례들을 분석해 보면 유인된 오류가 더 두드러지게 나타난다. 앞에서 소개된 세 개의 사례에서도 증인의 진술이 경찰의 견해에 부합하는 방향으로 변모해 가는 것을 볼 수 있고, 법정에서 이루어지는 목격자의 증언도 경찰에서 행한 최초의 진술보다 피고인의 유죄를 더 강화하는 쪽으로 달라졌다. 피터 로 즈 사건의 피해자가 경찰에서 최초로 진술할 때는 범인이 자신을 골목으로 끌고 가 서 뒤에서 강간하고 도망갔기 때문에 얼굴을 제대로 보지 못하였다고 불확실하게 진 술하였지만, 법정에서는 피터 로즈가 범인이라고 확신에 찬 지목을 하였다. 그 피해 자는 로즈의 사진이 포함된 경찰의 사진 라인업(역자 주: 여러 장의 사진들 속에서 범인 사진을 지목하는 범인식별 방법)에서 누구의 사진도 지목하지 못하였다. 범인이 로즈 아니면 로즈의 쌍둥이 형제일거라고 증언했던 목격증인도 경찰에서는 사건과 무관 한 사람의 사진을 범인으로 지목하였다.[29] 브루스 고드척은 처음에는 자신의 범죄연 관성을 부인하였고, 범행에 관하여 어떠한 구체적 진술도 하지 못하였다. 그렇지만 신문이 끝날 쯤에는 자신이 하지 않은 범행을 자백하였고, 범인이 아닌 사람은 알 수 없는 구체적이고 상세한 범죄사실들을 진술하였다.[30] 커크 블러즈워스에게 불리한 증언을 한 다섯 명의 증인들 중 네 명은 경찰에서 일관성과 신빙성이 없는 진술들을 하였다. 그중 한 명은 용의자(커크 블러즈워스)가 자신이 알고 있는 제3의 인물이라고 말하였고, 두 번째 증인은 범인의 얼굴을 보지 못하였다고 수사관에게 진술하였다. 그 두 명의 아동증인들 중 한 명은 라인업에서 사건과 무관한 사람을 범인으로 지목 하였고, 다른 한 명은 아무도 지목하지 못하였다.[31] 증거의 그런 변화는 월터 스나이 더Walter Snyder,[32] 에드워드 호나커Edward Honaker,[33] 대릴 헌트Darryl Hunt,[34] 윌리엄 오델 해 리스William O' Dell Harris,[35] 그리고 제2장과 제3장에서 논의될 로널드 코튼Ronald Cotton의 경우를 비롯한 많은 다른 사례들에서도 유사하게 관찰된다.[36] 이 사례들은 미약하고 희미하게 존재하는 진실의 흔적이 범죄수사에 의해 압도되어 사라지고, 그 범죄수사 가 기소된 범죄를 기정사실화하는 증언들을 만들어 낼 수 있다는 것을 보여 준다.

면죄 사례들에 대한 분석에서 나타나는 또 하나의 사실은 무고한 피고인이 재판에 서 범죄자로 확인되는 것은 하나의 잘못된 증거에 기인하는 것이 아니라는 것이다. 로즈, 고드척, 블러즈워스의 사례에서 볼 수 있듯이, 검사의 기소는 피고인을 범죄와 연관시키는 여러 개의 일견 제각기 독립적인 증거들에 기초한다.[37] DNA 면죄 사례들 을 분석해 보면, 그 사례들 중 71%에서 목격자의 오인 식별이 존재하고, 63%는 사실 판단자를 오도하는 과학적 범죄수사 전문가의 잘못된 증언을 포함하며, 19%에서는 허위제보자가 있었고, 17%에서는 증인의 잘못된 증언이 이루어졌고, 17%에서 피고 인의 허위자백이 있었다.[38] 이 비율들을 모두 합하면 214%가 되는데, 이것은 각 사례가 최소 두 개 이상의 악성 증거에 오염됐다는 것을 의미한다.[39] 실제로는 잘못된 증거의 수가 훨씬 많다. 예를 들어, 목격자의 오인 지목이 있는 경우에는 잘못된 범인지목이 여러 명의 목격자들에 의해 이루어지고, 각각의 목격자들은 자신의 목격지목을 뒷받침하기 위해 다시 여러 개의 허위사실들을 진술한다.

범죄를 저지르지 않은 무고한 사람들이 유죄판결을 받는 것은 그 사람들을 유죄로 판단하도록 만드는 증거들이 대부분 잘못되었기 때문이다. 이론적으로는 여러 개의 오류들이 한 사건에서 우연히 동시 발생한 것일 수도 있지만, 그보다는 그 오류들이 수사절차에 의해 유인되는 것일 가능성이 더 높다. 제2장에서 논의되겠지만, 경찰수사의 역동적인 특성에 의해 하나의 오류는 다른 오류들을 만들어 낸다. 한 명의 증인이 잘못된 사실을 진술하면 형사는 틀린 가설을 가지게 되고, 그 틀린 가설을 과학적 범죄수사를 위한 검사관이 과학적으로 확증해 주는 식이다. 이러한 오류의 가속효과는 처음에는 한 가지의 사소한 오류에서 시작되어 종국에는 실제로 결백한 사람에 대해 유죄결정을 할 정도로 강력하고 압도적인 증거들로 충만한 사건을 만들어 낼 수 있다.

재판단계의 와해 오판은 재판단계의 와해에 의해 생겨나기도 한다. 피고인의 유/무죄를 정확히 구별하지 못하는 실패는 흔히 정확한 증언과 틀린 증언을 구별하지 못하는 실패에서 기인한다. 모든 면죄 사례에는 예외 없이 잘못된 증거를 합리적 의심의 여지가 없는 진실이라고 믿은 배심원이나 판사의 판단이 존재한다. 심지어는 죄 없는 사람에 대한 기소에 대해서 사실판단자가 일말의 의심도 하지 못하는 경우도 있는데, 무고한 사람의 유죄를 배심원들이 7분도 채 걸리지 않고 평결하여 죄 없는 사람이 종신형을 선고받은 사례도 있다.[40] 마찬가지로, 재판절차의 제한된 진단능력은 무죄오판을 초래하기도 한다. 실제로 유죄를 입증하는 강력한 증거들이 있음에도 불구하고 배심원들이 유죄평결을 거부하는 경우도 있다.[41] 그러한 연유로, 때로는 재판을 처음부터 끝까지 모두 방청하고 모든 증거들을 본 전문가들조차도 배심원의 판단을 예측불가능한 것으로 인식하기도 한다.[42]

사건용어

쉬운 사건과 어려운 사건　모든 범죄사건이 동일한 것이 아니므로 그 사건들에 대한 수사도 동일하지 않다. 경찰의 조사_survey_에 의하면 대부분의 심각한 사건들은 쉽게 해결된다. 실제로 대부분의 사건들은 형사가 수사를 할 필요도 없이 사건을 처음 접수한 순찰경찰의 일차 출동에 의해 해결된다.[43] 예를 들어, 어떤 범죄는 한 명의 증인이 범인의 이름, 주소, 자동차, 직장까지 모두 증언하여 쉽게 해결되기도 한다. 범인이 현장에서 현행범으로 체포되거나, 장물을 소지하고 있거나, 과학적 범죄수사의 감정결과, 방범카메라, 통화기록 등에 의해 범인의 신원이 특정되는 경우에도 사건이 쉽게 해결된다. 교도소에 수감 중인 재소자들의 사건이 이러한 쉬운 사건 범주의 대부분을 차지하지만, 쉬운 사건은 수사와 재판을 위해서 사용되는 사회적 비용의 극히 작은 비율만을 소비할 뿐이다. 이 사건들은 관습적으로 유죄협상에 의해 처리되고, 재판을 하는 경우에도 별반 문제를 야기하지 않는다. 반대 극단에는 증거가 희박하고, 자원은 부족하며, 피해자와 증인이 협조하지 않아서 해결하기 매우 어려운 사건들의 큰 범주가 자리하고 있다. 그 사건들에 대한 수사에는 많은 비용이 소비되지만, 그 비용들은 대부분 낭비되며, 결국 사건이 해결되지 못해서 판결은 고사하고 기소도 이루어지지 못하는 경향이 있다.

　형사절차는 주로 '어려운 사건' 범주의 중간 범위, 즉 사건해결이 쉽지도 않지만 불가능하지도 않은 범위에 속하는 사건들에 적합하도록 구조화되어 있다. 그런 사건에서 사건을 처음 접수하는 순찰경찰이 초등수사에서 수집하는 정보는 사건을 해결하거나 범인을 특정하기에 충분하지 않다. 증거부족을 보완하기 위한 수사노력이 그런 사건들을 어렵게 만든다. 비교적 좁은 범위에 포함되는 그런 사건들이 수사와 재판에 소요되는 사회적 비용의 거의 전부를 소모하고, 형사절차를 시험대에 놓이게 하는데, 바로 그 범주의 사례들이 이 책의 핵심이다.

신원사건과 귀책사건　가장 포괄적인 수준에서 형사사건은 두 가지 쟁점을 다룬다. 범죄를 범한 것이 누구인가(whodunit 질문)를 밝히는 것이 주된 쟁점인 사건들이 있는데, 그런 사건들을 '신원사건_identity case_'으로 부를 수 있다. 이 범주의 사건들에서 정확한 판결이란 진범을 유죄로 판단하는 것이고, 오판은 무고한 사람을 유죄로 판단하는 것이다. 귀책사건culpability case에서는 행위자의 신원이 확실할 때 그 사람이 행한 행위의 범죄성 혹은 처벌가능성culpability을 밝히는 것이 주된 쟁점이다. 그런 사건들에서 정확한 판결은 행위에 적합한 죄명으로 유죄를 판단하는 것이고, 오판은 적법한 행위를 불법행위로 잘못 판단하거나 행위에 걸맞지 않게 더 중대한 죄명으로 유죄판결을 하는 것이다.

이 책은 판결의 사실적 정확성에 주된 관심을 가지며, 따라서 판결이 원칙적으로 정확한지, 틀렸는지 여부가 밝혀질 수 있는 사건들에 초점을 맞추고 있기 때문에, 이 책의 내용이 적용되는 사건들은 언제나 피고인이 범죄를 저지른 사람인가 아닌가가 쟁점이 되는 신원사건이다. 대부분의 면죄 사례들은 유죄판결을 받은 기결수가 나중에 나타난 증거에 의해서 범죄행위를 하지 않았다는 것이 밝혀지는 신원사건들에서 나타난다. 반면, 이 책의 내용은 행동의 도덕성, 행위의 합리성reasonableness, 혹은 법적 형평성 등의 가치판단이 개입되는 귀책사건들에는 직접 적용되지 않는다. 다만, 피고인의 행위와 정신상태에 대한 사실의 판단(역자 주: 정당방위 등의 조각사유와 정신장애 등의 책임능력을 다투는 사건)을 중심으로 구성되는 귀책사건에 대해서는 이 책의 내용이 적용된다. 귀책사건들에서는 면죄 사례들을 찾아보기 힘들다. 책임의 귀착 혹은 처벌가능성 판단은 범죄사건의 미묘하고 애매한 측면과 관련되므로 객관적인 확인 혹은 부정의 대상이 되기 어렵다. 피고인의 책임 혹은 처벌가능성을 잘못 판단한 경우는 그것을 추적하기 어렵다. 그러나 면죄 사례들 중에 귀책사건이 희소하다고 해서 귀책사건에서는 오판이 발생하지 않는다고 생각해서는 안 된다.

주의와 전제

이 책의 주장과 목적의 범위를 분명하게 설정할 필요가 있다. 이 책은 형사절차에 대한 법심리학의 광범위한 응용을 시도하는 것이지만, 동시에 그 연구들의 몇 가지 중요한 측면들은 논외로 한다. 우선, 상황에 따라서 판결에 영향을 줄 수도 있는 사람들 사이의 개인차(역자 주: 성별, 연령, 성격, 태도 등의 개인특성에 따른 차이)는 다루지 않는다.[44] 이 책은 법적 절차와 법적용 및 집행의 실무 양태를 초래하는 일반적인 현상을 포착하기 위해서 법에 관련된 행위자들 전반의 행동방식에 초점을 맞추고 있다. 또한 아동, 고령의 노인, 정신질환자, 정신박약자, 중독자, 등의 특수한 범주에 속하는 사람들의 행동을 다루지 않는다. 건강한 성인에 집중함으로써 정상적으로 기능하는 사람들에 의해서 운용되는 형사절차의 기능을 검토할 것이다.

모든 중범죄 유죄판결의 95%를 차지할 정도로 광범위하게 이루어지는 유죄협상은 이 책에서 다루지 않는다.[45] 유죄협상은 아직까지 가장 연구되지 않은 심각한 문제이면서도,[46] 심리학적으로 분석하기 어려운 형사절차의 단면이다. 그렇지만 앞으로 이어지는 장들에서 다룰 증거 정확성의 문제들은 어쩌면 형사재판 자체보다 유죄협상에 대해서 더 중요한 의미를 가질 수 있다는 점을 명심해야 한다. 유죄협상이란 희박하고, 불확실하고, 의문시되는 증거에 대한 철저한 검토 없이 피고인이 자신의 유죄를 인정하는 것이다.

지금까지 알려진 상당히 많은 수의 오판은 적어도 부분적으로는 의식적이고 의도적인 진실 왜곡 때문에 발생한 것들이다. 진실을 의도적으로 왜곡하는 사람들은 피고인과 함께 사건에 연루된 공범이거나, 직무를 남용했거나 부패한 형사, 검사, 과학적 범죄수사를 위한 검사관들과 같이 재판결과에 이해관계를 가진 사람들이다.[47] DNA 면죄 사례의 상당수는 경찰의 위법,[48] 검찰의 직권남용,[49] 혹은 기만적이고 사기적인 과학적 범죄수사를 위한 검사관의 증언[50]에 의해 유죄판결이 내려졌다. 의도적인 진실 왜곡은 특히 그것이 국가공무원에 의해 자행되었을 때 가장 악랄한 불의다. 그렇지만 이 책은 모든 관련자들이 자신의 역할을 정직하고 성실하게 수행하려고 노력하는 가운데 이루어지는 절차의 작용에 초점을 둔다.

형사재판의 판결에 이르는 과정에 개입되는 심리학적 요인들에 대해서 법제도가 전적으로 둔감하다는 주장을 하는 것으로 이 책의 입장을 오해해서는 안 된다. 실제로 형사사법제도에는 상당히 많은 심리학적 통찰력이 이미 구현되어 있다. 예를 들어, 법은 유도질문, 강압적 신문, 편파적 증거의 부정적 효과를 충분히 인지하고 있다.[51] 그러나 법이 보유한 심리학적 감각은 대부분 보통법이 만들어지던 당시에 실험심리학이 채 발달하지 못한 가운데 널리 알려져 있던 지식들에 동결된 것들이다. 따라서 법은 직관적으로 인간의 인지능력을 과대평가하고 그 한계를 과소평가하는 경향을 가진다. 더 신뢰롭고, 더 섬세하게 세분된 심리학적 지식으로 사법체계를 갱신할 필요가 있다.

이 책의 초점은 오판의 심리학적 요인들에 있지만, 심리학적 연구가 아직 이루어지지 않은 많은 다른 요인들 또한 형사절차를 저해할 수 있다는 점을 간과해서는 안 된다. 윌리엄 스툰츠William Stuntz는 검찰에 부여된 과도한 재량권, 비일관된 치안정책, 배심재판제도의 위축, 그리고 유죄협상에 대한 지나친 의존을 형사절차의 저해요인으로 꼽았다.[52] 그 밖에도 적절한 변호와 조사를 위한 피고인의 접근성 한계,[53] 법집행 공무원에 대한 훈련 및 감찰의 부족, 부적절한 과학적 범죄수사의 감정 절차, 그리고 제보자informant 등의 신뢰롭지 않은 증거에 대한 빈번한 의존 등도 중요한 저해요인이다.[54]

방법론적 고려

이 책의 기초가 되는 과학적 연구들은 당연히 방법론적인 문제들을 내포한다. 어떤 연구나 실험방법이라도 방법적인 한계를 가진다. 법에 응용되는 심리학 연구의 가장 두드러진 한계는 '외적 타당도external validity', 즉 연구에서 발견되는 것들이 실험 상황을 넘어서 현실 환경에 일반화될 수 있는 정도의 한계다.[55] 인간의 행동에 대한 상황의 영향에 관심을 가지는 심리학자들은[56] 실험설계에 따라서 실험에서 얻어지는 결과가 예민하게 달라질 수 있다는 점을 강조한다.[57] 법심리학 연구를 비판하는 사람들은 실험실의 통제된 상황이 실제 현실과 중요한 점에서 많이 다르다는 것을 강조한다. 법심리학 연구들은 대표성이 결여된 참여자들을 대상으로, 기관과는 동떨어진 맥락에서, 현실적 중요성이 없는 실험과제들을 사용해서 얻은 실험결과들의 의미를 지나치게 과장한다는 비판을 받는다.[58] 이러한 비판이 연구자들에게 심각한 부담을 주는 것이 사실이다. 그러나 그것이 모든 연구들을 통째로 무시할 수 있다는 의미는 아니다.[59]

법심리학 연구들의 외적 타당도에 대한 우려는 '수렴타당도convergent validity'에 의해서 대부분 불식된다.[60] 연구의 수렴타당도는 다른 자극, 다른 참여자, 다른 실험실을 이용하고, 쟁점의 다른 국면들에 초점을 맞추는 복제연구들의 결합된 결과들에 의해서 특정 현상이 실증적으로 지지되는 것을 말한다. 수렴타당도는 또한 기초심리학 실험, 법심리학 실험, 조사연구, 현장연구 그리고 소장자료 연구 등의 다양한 연구방법들에 의한 삼각도법triangulating식 비교에 의해서도 향상될 수 있다.[61] 이 책에 언급되는 모든 연구결과들은 다양한 자료들에 의해서 일관되게 수렴된 것들이지만, 그것들의 외적 타당도가 모두 완벽한 것은 아니다.

실험연구에 대한 한 가지 비판은 다양한 요인들의 영향을 받는 인간의 행동과 수행을 실험이 충분히 포착하지 못한다는 것이다. 심리학 실험들은 과제의 한두 개 측면에 집중하고, 나머지 차원들을 엄밀하게 통제함으로써 이루어진다. 따라서 관심대상 측면들이 통제된 다양한 차원들과 상호작용할 때 어떤 다른 결과가 나타날지에 대해서 연구는 설명할 수 없다. 이러한 한계는 분명히 존재하지만, 그렇다 하더라도 일련의 법심리학 실험연구들이 적어도 형사절차에 내재된 문제들을 과장하는 것은 아니다. 오히려 연구들은 형사절차의 문제들을 충분히 드러내지 못한다고 보는 쪽이 더 옳은데, 왜냐하면 실험에 의해 드러나지 않은 많은 상호작용들이(역자 주: 만약 그 상호작용들이 존재한다면) 형사절차의 정확성을 실제로 더 훼손하는 것들이기 때문이다.[62] 실험환경은 편파를 초래하는 행위자의 동기, 보상, 하부문화, 성격 등의 요인들뿐만 아니라 사회적 역동, 감정, 고정관념 등의 편파적 영향을 봉쇄 혹은 제거하는 경향이 있다.[63] 더 나아가서, 형사절차에 관여하는 다양한 행동들은 기초적 심리현상들(역자 주: 감각, 지각, 기억, 반응 등의 기본적인 심리 요소들의 작용)에 의해 이루어진다. 그러한 기본적 과제에 대한 사람들의 수행은 향상시키기 어려운 반면, 잘못된 절차에 의해 쉽게 왜곡될 수 있다.

그렇지만 연구결과로부터 도출되는 결론을 지나치게 확대하는 것은 경계해야 한다. 첫째로, 실험의 결과가 타당한지 여부를 가늠하는 가장 보편적인 기준은 그 결과가 우연히 생긴 것이 아니라 실험처치에 의해 생긴 것일 통계적 확률이다. 이 확률적 기준은 실험처치의 강도나 정도에 대해서는 아무것도 말해 주지 않는다.[64] 둘째로, '어려운 사건'일수록 형사절차를 왜곡할 수 있는 다양한 요인들이 내포되는데, 그 요인들은 제각기 강도가 다르고, 각기 다른 양상과 방향으로 절차에 영향을 줄 수 있다. 따라서 일부의 극단적인 경우를 제외하면, 사건의 다양한 편파적 요인들이 혼합되어 창출되는 최종적인 순효과net effect를 파악하는 것은 불가능하다. 실험연구에서 도출되는 결과들은 '강조된 경향성'으로 해석되어야 한다. 어떤 요인의 효과를 정밀하게 파악하거나, 혹은 실험의 특정 결과가 정확한 것인지, 아닌지를 명백하게 판정하려고 시도하는 것은 어리석은 일이 될 수 있다. 그럼에도 불구하고, 연구는 형사절차에서 오류를 유발할 위험을 지닌 요인이 무엇인지, 어떻게 하면 그 오류를 가장 잘 회피할 수 있는지에 대한 우리의 이해를 향상시켜 준다.

개선을 위하여: 정확하고 투명한 증거

이 책의 주된 목적은 형사절차의 정확성에 대한 논의를 활성화하고 정확성을 확보하는 절차개선 방안을 제안하는 것이다. 현존하는 심각한 비판들에 비추어 보면, 형사사법체계의 전면적인 재구성을 주장하는 것이 마땅한 것일 수도 있다. 그러나 사법기관과 조직의 근본적인 재설계는 이 책의 일차적 목표가 아니다. 본질적인 기관의 개편은 심리학 연구들이 제시하는 개선가능성을 모두 포기하는 것과 마찬가지다. 사법제도를 분석하는 다른 분야들과는 달리, 실험심리학은 특정 문제에 대한 직접적이고 즉각적인 해결방안을 제시함으로써 점진적인 변화를 모색한다. 그러한 해결책 모색방식이 가지는 장점을 무시하는 것은 큰 실수가 될 수 있다. 수년에 걸쳐서 많은 학자들이 형사절차의 변화를 위한 획기적인 기관개편을 제안해 왔는데, 대부분의 제안들은 유럽대륙의 직권주의 제도가 가진 요소들을 도입하는 것으로 귀착된다.[65] 그 제안들은 심각하게 고려되어야 마땅하지만, 현재의 영미법 문화와 상충되고,[66] 그 제안들을 수용하기 위해서는 방대한 법률개정이 필요하며, 심지어는 개헌이 필요할 수도 있다.[67] 따라서 그 제안들은 가까운 장래에 실현될 가능성이 희박하다. 실용주의적 입장에서, 이 책에서 제시되는 권고사항들은 실용적이고, 실현가능하며, 비교적 짧은 기간 안에 실행될 수 있는 개선방안들에 국한된다. 대부분의 그 개선방안들은 수사관, 검사, 변호사, 판사에 직접 연관된 것으로 개인이나 작은 부서 차원에서 실행될 수 있는 것들이다.[68]

무죄오판을 줄여야 하는 이유는 언급할 필요조차 없다. 응당 받아야 할 형사처벌을 회피하는 것은 형사사법체계의 존재 자체를 부정하는 것이고, 사회질서의 근간을 부식시키는 것이다. 유죄오판 또한 최소한으로 줄여야 하는 강력한 이유들이 있다. 죄 없는 사람을 처벌하는 것은 심대한 불륜일 뿐만 아니라 당사자의 부양가족들까지 모두 파멸시키는 일이다. 죄 없는 사람을 유죄로 오판하면 진짜 범죄자를 추적하여 무력화하지 못하므로 유죄오판을 예방하는 것은 사회 안전에도 일조한다. 마찬가지로, 유죄오판을 밝혀내는 것은 진짜 범죄자를 체포하게 되는 계기가 되기도 한다. 면죄 사례들의 거의 절반에서 무고한 용의자의 무죄를 밝힌 증거는 동시에 진범의 유죄를 입증하는 증거가 되었다.[69] 장기적으로는 볼 때, 오판을 최소화하는 것이 형사사법체계의 합법성을 제고하는 지름길이다.

형사사법체계의 개선은 민감하면서도 복잡한 일인데, 특히 당사자들이 형사사법의 모든 단계와 절차에서 첨예하게 대립하는 당사자주의 제도에서는 더욱 그러하다. 개선은 유죄판결이나 무죄판결의 전체적인 비율을 감소시키지 않으면서, 그 개선의 과녁이 유죄오판과 무죄오판에만 최대한 좁게 겨냥되어야 한다.[70] 당파적 이해가 아니라 정확한 증거와 옳은 판결이 개선의 목표가 되어야 한다. 이 책을 통해서 제기되는 두 가지 핵심 권고사항은 형사판결의 정확성에 영향을 주는 가장 심각한 문제, 즉 많은 형사재판에서 제시되는 증거들의 열악한 질을 개선하기 위해 고안된 것들이다.

첫째로, 범죄수사는 '최우수 수사실무best-practice' 절차에 따라서 꼼꼼하게 이루어져야 한다(역자 주: 저자는 할 수 있는 가장 바람직한 수사 방식과 태도를 최우수 수사실무로 지칭한다). 최우수 수사실무 절차는 범죄사건의 전모에 대한 가장 정확한 파악에 기초해서 판결과 유죄협상이 이루어질 수 있게 한다. 최우수 수사실무 절차를 위한 몇 가지의 구체적 권고사항들이 각 장의 말미에 제시될 것이다.

최우수 수사실무 절차가 무엇인지를 파악하기 위해서는 이 책에서 제안한 개선방안이 유죄오판과 무죄오판에 대해 가지는 함의를 생각할 필요가 있다. 일반적인 인식과는 달리, 형사사법의 개선이 언제나 한 종류의 오류를 줄이면 반대의 오류가 증가하는 제로섬 게임zero-sum game인 것은 아니다. 이 책에서 제안하는 핵심 권고사항들은 증거의 질을 전반적으로 향상시킴으로써 두 종류의 오류를 동시에 줄일 수 있도록 고안되었다. 이 윈-윈win-win 개선은 목격자에 의한 범인식별 절차에서 전산시스템을 사용하고, 인지면담과 같은 정교한 면담프로토콜을 차용하며, 조사/수사의 전 과정을 완벽하게 기록하는 것을 포함한다. 제안된 개선방안이 한 종류의 오류를 현저히 줄이는 반면, 반대의 오류를 극소하게 증가시키거나 전혀 증가시키지 않는다면 그 개선방안을 비판할 이유가 없다. 설혹 그 개선방안이 반대 오류를 다소 증가시키더라도, 그 반대 오류의 증가가 원칙적으로는 정확하지만 신뢰롭지 않은nominally correct, but unreliable 증거를 가진 일부 특이사례들에서 발생하는 것이라면 그 개선방안은 정당화되어야 한다.[71] 그러나 어떤 정책결정 상황에서는 해당 증거들의 신뢰도가 유사할 때 두 종류의 오류들 중 더 피해야 할 오류를 선택하기 위한 가치판단을 해야 하는 경우도 있다. 다양한 사건들 중에 피고인이 진실로 유죄인 사건과 진실로 무죄인 사건들의 분포를 알 수 없고, 판단오류들이 초래하는 사회적 비용을 가늠하기 어렵기 때문에, 그러한 가치판단은 복잡한 과제다. 권고된 개선방안에 수반되는 비용과 이익에 대한 깊은 논의는 이 책의 범위를 벗어난다. 이 권고사항들의 장단점을 정확히 가늠하기 위해서는 더 많은 분석과 논의가 필요하다.[72]

둘째로, 증인과의 접촉은 처음부터 끝까지 기록되어야 하고, 그 기록은 모든 당사자들에게 제공될 수 있어야 한다. 다시 말해서, 모든 증거는 최대한 투명하게 만들어져야 한다. 법정 증언은 보통 범죄가 발생한 후 몇 개월, 경우에 따라서는 몇 년 후에 이루어지기도 한다는 사실을 주지하는 것이 중요하다.[73] 그 기간 동안, 증인은 여러 차례 법절차와 접촉하게 된다. 수사관을 만나기도 하고, 공동 증인, 변호사, 그 밖에 해당 사건에 이해관계를 가진 여러 사람들과 상호작용하며, 잠재적으로 오류가 유도될 수 있는 절차에 노출된다. 그 과정에서 증언이 자연스럽게 변화하는데, 처음에는 없었던 내용이 나중에 포함되기도 하고, 진술이 구체화되며, 공백이 메워지고, 불확실성이 사라지고, 잠정적이었던 것이 확정적으로 바뀐다. 다시 말해서, 재판에서 제시되는 '합성 증언synthesized testimony'은 종종 증인이 처음에 경찰에서 했던 '생진술raw statement'보다 항상 더 강력한 방향으로 변모한다. 보통은 생증언이 진실에 가장 근접한 것이지만, 판결은 항상 더 열등한 합성증언에 기초하여 이루어진다.[74]

증거의 투명성을 높이는 것은 형사절차에 매우 긍정적인 충격을 준다. 신뢰로운 수사기록을 남기는 것은 수사 자체의 질을 향상시킨다. 생생한 수사기록은 수사관들의 교육, 감독 그리고 품질관리를 위한 도구로 사용되며, 따라서 우수한 수사실무를 발전시키고, 위법적 수사를 억제한다. 그러한 기록은 유실되어 사라질 수 있는 과학적 범죄수사의 대상이 되는 사실들을 구체적으로 포착하므로 정보적 도구로도 활용될 수 있다. 그보다 중요한 것은, 그 기록이 경찰에서 이루어진 증인의 생진술에 대한 접근성을 보장하여 망각과 오염의 효과를 비롯한 기타 수사 및 재판 전 절차에서 생길 수 있는 편파와 왜곡을 피할 수 있게 해 준다는 것이다. 기록의 존재는 증인에게도 직접적인 효과를 가지는데, 증인의 법정 증언이 경찰에서의 최초 진술과 언제라도 비교될 수 있기 때문이다. 따라서 법정에서의 증언도 증인 자신이 경찰에서 한 생진술의 맥락에서 이루어지게 된다. 또한 신뢰로운 수사기록의 존재는 증인이 증언을 바꾸도록 하는 압력을 감소시키고, 필요한 경우에는 법정에서의 증언을 보완하거나 대체할 수도 있다. 투명한 절차는 사실판단자가 증거의 신빙성을 추론하느라 애쓰는 대신 증거로부터 옳은 의미를 귀납적으로 유추하는 데 집중할 수 있게 해 준다. 또한 투명성은 증언이 수사 자체에 의해 유도된 것인지, 혹은 편파된 것인지를 배심원들이 판단할 때에도 도움이 된다.

증거의 정확성과 투명성이 함께 향상되면 사법실무가 개선되고 사법절차의 정직성이 좋아진다. 정확하고 투명한 증거는 수사관, 검사, 변호인, 판사, 피고인 그리고 배심원 등의 모든 의사결정자가 사실에 근거하여 합리적인 결정을 하는 역량을 향상시킨다. 특히, 형사판결이 더 정확해지고, 유죄협상이 피고인의 실제 죄와 더 잘 부합하고 공정해지는 데 기여한다. 높은 수준의 정확성과 투명성은 법관계자들이 증거를 더 신뢰하게 만들고, 증거를 왜곡하거나 인멸할 수 있는 그들의 능력을 무력화하며, 당사자들 사이의 불신을 불식하고, 사법절차의 비융통성과 경직성을 완화한다. 일견 그럴듯해 보이는 주장들의 범위가 축소되고, 정의에 반하는 기소와 가식적인 변호가 줄어든다. 고도의 정확성과 투명성은 엄청난 비용이 소비되고, 비효율적으로 복잡하며, 정교성이 결여된 소송절차에서 나타나는 혼탁한 사실들을 분류하고 정리해야 하는 고충을 덜어 준다. 사실의 명료성이 높아지면 항소/상고, 구속적부심사habeas proceeding, 민사소송 그리고 손해배상 청구 등도 줄어들 것으로 예상된다.

기대가 크기는 하지만, 제안되는 권고사항들은 지속적으로 재평가되어야 한다. 향후 연구들은 다른 결과들을 발견할 수도 있고, 정책논의에 대해서 새로운 통찰력을 제공해 줄 수도 있다. 현재까지의 심리학 연구들은 완벽한 것도 아니고 암반에 각인된 것도 아니지만, 형사사법체계의 작용에 대해서 꼭 필요한 통찰력을 풍부하게 제공해 주며, 중요한 개선의 방향을 제시해 준다.

Chapter 02 "그 남자가 용의자다"
수사 과정의 역동

형사절차는 거의 전적으로 증거에 의존한다. 배심원과 판사는 아주 단순한 사건들을 제외하고는 늘 정확성이 불분명한 여러 증거들을 동시에 마주한다. 다음 네 장의 요지는 경찰 수사가 증거의 정확성을 결정짓는 가장 중요한 요인이라는 것이다. 이 장에서는 증거를 탐색하고 평가하는 경찰 수사의 역동적인 과정을 살펴볼 것이다. 특히 경찰이 악의가 없음에도 불구하고 수사가 잘못된 결론에 도달할 위험이 존재한다는 것을 보여 줄 것이다. 다음 세 장에서는 형사소추에 빈번히 사용되는 증거들의 정확성을 살펴볼 것이다. 무엇보다 목격자에 의한 자연발생적 오류의 위험성과 목격자의 증언을 유도하고 결정짓는 수사의 특성에 초점을 둘 것이다. 경찰의 수사 과정을 이해하는 것은 그들이 추구하는 사건의 결론이 무엇인지를 파악하기 위한 중요한 열쇠다.

로널드 코튼 사건은 경찰의 수사 과정을 자세히 들여다보는 기회뿐만 아니라, 심리학 연구가 실제 수사 과정과 얼마나 긴밀히 연관될 수 있는지를 보여 주는 흔치 않은 기회를 제공한다. 1984년 7월 29일 이른 아침, 노스캐롤라이나 벌링톤에 사는 22세의 백인 여학생 제니퍼 톰슨Jennifer Thompson은 낯선 남자가 그녀의 침대 주변을 서성이고 있다는 것을 깨달았다. 그 남자는 톰슨의 목에 칼을 들이대며 위협했고 그녀를 성폭행했다. 이 과정에서 톰슨은 나중에 성폭행범을 알아보는 데 도움이 될 만한 모든 특징을 기억하기 위해 노력했다. 어느 순간에 톰슨은 마실 것을 내오러 부엌에 가게 해 달라고 그 남자를 가까스로 설득했고, 집 뒷문을 통해 탈출하여 근처 대피할 만한 곳을 향해 뛰었다.

사건을 전해 들은 경찰은 주거침입으로 유죄판결을 받고 가석방된 흑인 로널드 코튼을 용의자로 지목하였다. 14세 백인 여자아이에 대한 강간미수죄로 전과를 가지고 있었던 코튼은 톰슨 성폭행과 또 다른 성폭행에 대해 두 번의 유죄판결을 받았다. 두 번째 재판에서 그는 톰슨뿐만 아니라 인근 아파트의 또 다른 여성에게도 성범죄를 저질렀다는 혐의로 유죄판결을 받았다. 코튼은 결국 항소심에서 무기징역에 더해 44년을 추가로 선고받았다.[1]

재판에 제시된 증거들은 코튼에게 불리한 것들이었다. 법정에서 톰슨은 자신이 코튼을 범인으로 지목한 것에 확신이 있다는 강력한 증언을 했다. 경찰수사관들과 검찰은 그들이 그동안 법정에 세운 그 누구보다 톰슨이 가장 확실한 목격자라고 주장했다. 코튼은 두 번째 재판에서도 또 다른 성폭행 피해 여성으로부터 범인으로 지목되었다. 범인의 외모에 대해서 두 명의 피해 여성은 비슷한 진술을 했다. 두 여성 모두 범인이 팔 부분에 하얀색 줄무늬가 있는 눈에 띄는 짙은 파란색 운동복 셔츠를 입고 있었다고 진술했다. 또 다른 목격자는 사건이 발생한 무렵에 두 피해 여성이 묘사한 것과 흡사한 파란색 셔츠를 입은 코튼이 톰슨의 아파트 주변에서 자전거를 타는 것을 봤다고 증언했다. 코튼이 일했던 레스토랑의 주인은 코튼이 톰슨이 묘사한 것과 흡사한 장갑을 착용한 것을 봤다고 증언하기도 했다. 또한, 그는 코튼이 평소에도 같은 레스토랑에 근무하던 백인 여종업원들에게 성적인 농담을 하는 버릇이 있었다고 증언했다. 게다가 두 번째 피해 여성의 아파트에서 성폭행범이 가져간 손전등과 흡사한 손전등이 코튼의 집에서 발견되었다는 점, 코튼의 운동화 밑바닥에서 떨어져 나간 것으로 추정되는 고무가 톰슨의 아파트에서 발견되었다는 점 등은 코튼이 두 여성을 성폭행했다는 검찰의 주장을 더욱 강화하였다. 코튼의 변호인 측이 제시한 증거는 사건이 있던 날 밤에 코튼은 집에서 TV를 보다가 거실 소파에서 잤다는 가족들의 진술이었다. 그러나 이전에 코튼이 경찰에게 거짓말을 한 적이 있다는 이유로 이 알리바이는 무시되었다.

코튼이 체포되고 약 10년 후, DNA 검사를 통해 제니퍼 톰슨을 성폭행한 사람은 코튼이 아니었다는 것이 밝혀졌다. 그가 10년을 감옥에서 보낸 뒤에야 무죄로 석방되었다. 이 생물학적 증거 덕분에 코튼이 구속된 후 용의선상에 올랐던 바비 풀Bobby Poole이 실제 성폭행범이었다는 것이 밝혀졌다. 그제서야 코튼을 유죄로 몰았던 대부분의 증거들이 틀렸던 것이 드러났다. 톰슨은 코튼을 성폭행범으로 잘못 지목한 것이었고, 두 번째 피해자 역시 무고한 사람을 지목했던 것이었다. 레스토랑 주인은 코튼이 피해 여성들이 묘사했던 범인의 셔츠와 장갑을 착용한 것을 전혀 본 적이 없었을 것이다. 코튼의 집에 있던 손전등은 두 번째 피해 여성의 집에 있던 것이 아니었고, 그의 운동화 역시 톰슨의 아파트에 고무조각을 남기지 않았다.

어떻게 이 잘못된 증거들이 무고한 로널드 코튼을 유죄로 몰아갈 수 있었던 것일까? 단순히 검찰의 틀린 정보 때문이라고 하기는 어렵다. 보통, 증거는 그 증거가 어떻게 만들어졌는지에 대한 설명을 제공하지 않기 때문이다. 처음 경찰에 사건이 보고된 시점부터 판결 과정을 거치면서 사건이 점차 어떻게 진전되었는지 살펴볼 필요가 있다. 특별히 이 사건은 피해자 톰슨과 마이크 골딘Mike Gauldin 형사가 전해 준 솔직하고 자세한 이야기 덕분에 그 과정에 대한 정보가 많다. 이 사건에는 톰슨의 증언은 진실되었고, 골딘의 수사 또한 양심적이었다고 믿을 만한 충분한 이유가 있었다.[2]

코튼을 기소한 것의 핵심 원인은 수사 초반부터 톰슨이 범인 바비 풀의 얼굴을 흐릿하게만 기억하고 있었다는 사실에 있다. 제3장에서 논의되겠지만, 그녀의 기억이 불분명한 것은 사건 당시 주변이 어두웠고, 극도의 스트레스 상황인 데다가 성폭행범이 그녀와는 다른 인종이었기 때문일 가능성이 있다. 범인의 몽타주를 구성하는 고된 작업을 하면서 톰슨의 흐릿한 기억은 곧 많은 정보들로 채워졌고 심지어 변형되기까지 했다. 일단 코튼의 사진이 사진 라인업에 포함되면서 경찰 수사는 상당히 탄력을 받았고, 톰슨이 코튼의 사진을 지목하자 수사는 더욱 확대되었다. 그러나 톰슨의 지목은 범인에 대한 빈약한 기억에 근거했음을 보여 주는 흔적들이 있었다. 그녀는 범인을 지목하는 과정에서 머뭇거렸고, 의심스러워했으며, 상당히 오랜 시간을 필요로 했다. 그러나 톰슨이 수사관들도 의심하고 있었던 용의자(코튼)를 지목하자 골딘 형사는 이에 안도감을 나타냈고, 동시에 그녀가 그동안 갖고 있던 꺼림칙함도 누그러졌다. 마찬가지로, 톰슨의 지목은 골딘이 코튼을 유력한 범인이라 여기고 수사를 진행하는 데 자신감을 심어 주었다. 골딘이 코튼의 집을 수색하면서 발견한 물적 증거는 더욱 더 코튼이 범행을 저질렀다는 것을 나타냈다. 게다가 코튼을 체포하고 신문한 후에, 골딘은 코튼의 알리바이가 거짓이라는 것을 알게 되었다. 이와 같이 골딘이 수사 중에 발견한 것들은 톰슨이 자신의 지목에 확신을 갖게 해 주었다.

실제로 용의자들의 얼굴을 보고 범인을 지목하는 실물 라인업live lineup에서도 코튼이 지목되자 그의 유죄를 입증하는 일은 한층 더 수월해졌다(코튼은 사진 라인업과 실물 라인업 절차를 모두 거친 유일한 용의자였다). 실물 라인업에서도 톰슨은 (사진 라인업에서와 마찬가지로) 머뭇거렸고, 더디게 행동했으며, 자신감이 없었다. 그러나 이번에도 톰슨이 코튼을 지목하자 골딘은 수사에 확신하는 태도를 보였고, 이를 통해 톰슨 역시 다시 한 번 자신의 지목에 안도감을 가졌다. 코튼이 구속되면서 바비 풀의 혐의를 지지해 주는 증거들은 무시되었다. 목격자가 코튼이 파란색 셔츠를 입고 사건 현장 근처에 있는 걸 봤다는 진술을 하고, 레스토랑 주인이 톰슨이 묘사한 장갑과 셔츠를 코튼과 연관시키는 진술을 한 이후, 사건은 코튼이 범인인 것으로 더 굳혀졌다. 그러던 중, 라인업에서는 다른 사람을 범인으로 지목했지만 나중에는 그 지목을 번복하며 자신을 성폭행한 범인이 코튼이라고 주장하는 두 번째 피해자가 나타났다.

코튼에게 불리한 많은 증거들은 그가 범인의 몽타주와 부합한다는 정보에 의해 생겨나기 시작했고, 톰슨이 사진 라인업에서 코튼을 처음으로 지목하면서 그 증거들의 신뢰도는 높아졌다. 엉성하고 잘못된 범인식별절차가 궁극적으로 톰슨의 확신에 찬 지목, 두 번째 성폭행 피해자의 번복, 사건 현장 근처에 있었던 다른 목격자의 잘못된 지목, 코튼의 옷에 대한 레스토랑 주인의 (틀렸을 확률이 높은) 증언, 그리고 두 가지 오도하는 물적 증거들을 만들어 낸 절차를 부추겼다. 중요한 것은, 톰슨이 처음엔 다소 망설이며 코튼을 지목했지만 나중에는 자신의 지목에 강한 확신을 보이며 법정에서 설득력 있는 증언을 하는 데 경찰수사가 결정적인 역할을 했다는 점이다. 결국 수사 초기에 발생한 오류가 이후 두 번의 재판에서 배심원들을 모두 쉽게 설득시켰고 코튼은 유죄판결을 받았다.

로널드 코튼 사건은 오류의 점진적 확대escalation of error 과정을 전형적으로 보여 준다. 실제로는 가장 설득력 있는 검찰의 기소도 수사 전반의 역동에 의해 잘못된 정보가 지지되고 확대된 결과일 수 있다. DNA 면죄 사례들을 통해 상당히 많은 수사들이 이와 비슷한 오류를 범했고, 따라서 많은 무고한 사람들이 처벌받았다는 것이 밝혀졌다.[3] 경찰수사가 왜곡되는 과정을 보다 자세히 이해하기 위해 수사 절차를 다룬 범죄학, 심리학 연구들을 살펴볼 것이다.

수사 작업

미국의 범죄 수사에 대한 모든 논의는 미국이 연방federal, 주state, 지역local 수준에 따라 20,000개의 경찰기관들을 두고 각기 상이한 방식으로 수사를 진행한다는 사실에 의해 뒷받침되어야 한다. 대부분의 범죄 수사는 13,500개의 지방 경찰기관에서 진행하는데, 이런 기관들의 대부분은 수사와 관련해 어떠한 훈련이나 전문적인 교육도 받지 않은 소수의 경찰관들로 구성되어 있다.[4] 다음으로 우리가 논의할 것은 수사관investigator들에 대한 것이다. 수사관은 대부분 형사police detective들로 구성되어 있지만, 증거 수집에 큰 역할을 하는 과학적 범죄수사 전문가와 순찰 경찰patrol officer도 모두 포함된다. 수사관처럼 종종 주요 수사에 참여하고, 역할 수행에 있어서도 비슷한 압박감과 성취감을 느끼는 검찰prosecutor에 대해서도 많은 논의를 할 것이다. 경찰과 검찰의 수사 과정은 많은 부분에서 서로 유사하다.

범죄 수사는 본래 어려운 작업이다. 수사대상이 되는 범죄사건들의 대부분은 쉽게 해결되는 사건들과 그렇지 않은 사건들의 중간 지점인, 일명 회색 지대에 놓여 있다. 많은 경우에 수사관들은 주어진 정보가 너무 적어 사건의 실마리를 찾는 데 어려움을 겪는가 하면, 다른 수사관들은 넘쳐 나는 정보들이 서로 모순되거나 의심스러워 수사에 어려움을 겪기도 한다.[5] 수사관에게는 많은 재량권이 부여되지만,[6] 이 재량권들의 다수는 교육을 할 수 있는 것들이 아니다.[7] 예를 들어, 수사관들은 '범죄가 발생했나? 범행 동기는 무엇인가? 어떤 물적 증거들을 수집해야 하나? 어떤 목격자들에게 질문을 해야 하나? 어떤 증거들이 믿을 만한가? 언제 체포해야 하나? 언제 사건을 종결시킬 수 있나? 언제 수사를 포기해야 하나?'와 같은 것들을 결정하는 데 재량권을 가질 수 있다. 수사는 다수의 공식적·비공식적인 정책, 관행 그리고 수사기관 특유의 관습들을 따른다.[8] 제한된 자원과 수사 기관의 정책뿐만 아니라, 기관 내 부서별 지시,[9] 대중의 기대,[10] 언론 노출,[11] 시간의 경과[12] 등에 의해 수사 작업은 방해를 받고 복잡해진다. 주요 법률 원칙들은 수사 작업에 부담을 주고,[13] 때로는 법정에서 구체화될 때까지 적어도 몇 달, 혹은 몇 년간 혼란을 야기한다. 가장 중요한 것은, 아래에 언급한 것처럼, 수사관의 역할 내에 만연해 있는 심한 갈등 때문에 수사에 방해를 받는다는 것이다. 전반적으로 수사는 세심하고 엄숙한 작업과는 맞지 않는 환경 속에서 진행된다. 그럼에도 미국 국립 연구 회의National Research Council에서 임명한 블루리본 위원회blue-ribbon committee는 수사환경을 개선하거나, 경찰의 범죄 해결 능력을 향상시 키는 일에 다소 비관적인 태도를 가지고 있다.[14]

　범죄 수사의 정확성은 수사 작업의 인지적, 동기적 차원에 의해 결정되기 마련이 다. 인지적 차원은 모든 수사 작업에서 빠지지 않는 추론적 논증을 가리키며, 동기적 차원은 경찰 수사 작업의 특정 맥락과 관련이 있다. 각각의 차원들은 수사 실패의 원 인이 될 수 있다.

인지적 요인들

가추추론

　어떤 수사에서든 여러 개의 가능한 가설들을 평가한 뒤 하나의 입증된 결론을 도 출하는 과정은 개념적인 문제를 수반하기 마련이다. 한 가설의 타당도를 결정하기 위해서는 그 가설을 지지하거나 반박하는 증거가 필요하다. 반대로, 사건과 조금이 라도 관계가 있을 수 있는 무수히 많은 증거들을 찾고 검증하는 것이 불가능하기 때 문에, 어떤 증거를 검증할지 결정하기 위해서는 가설이 필요하다. 이런 이유로 수사 적 논증investigative reasoning은 순환 논리의 성격을 띤다. 가설을 검증하기 위해서는 증거 가 필요하고, 어떤 증거를 검증할지 결정하려면 가설이 필요하다. 이러한 논리적 팽 팽함은 수사관의 업무가 고도로 섬세한 인지적 기능을 필요로 함을 보여 준다.

　'가추추론abductive reasoning'으로 알려진 부트스트랩기법bootstrapping은 범죄를 수사하 는 데 적합하면서도 유일하게 실행 가능한 기법일 것이다.[15] 가추추론은 가설을 도출 하고 검증하는 것을 반복하는 과정이며, 부적절한 가설들을 제거하고 적절한 가설을 입증하기에 적절한 방법이다. 가설 검증은 크게 두 과정으로 나뉜다. 정보 '탐색'과 이에 뒤따르는 정보 '평가', 즉 탐색된 정보로부터 올바른 해석을 이끌어 내는 것이 다. 정보를 평가하는 일은 논리적인 추론을 요구하지만, 어떤 정보를 추구할지에 대 한 가설을 세우고 결정하는 일은 직관과 추측을 필요로 한다. 그래서 경찰의 수사 작 업을 과학으로 볼 수도 있고, 또는 수사관의 기교, 심지어는 예술적 감각으로도 볼 수 있는 것이다.[16] 셜록 홈스Sherlock Holmes처럼 수사관들이 가진 창의적인 직관은 높이 평가받는 덕목이기도 하다.[17]

이런 부트스트랩기법을 수행하려면 아주 세심한 균형이 필요하다. 상상력이 너무 부족하면, 소수의 가설들만 수립하기 때문에 유용한 정보들을 놓치게 된다. 반면에, 지나친 창의성은 그럴듯하지 않은 가설들에 자원을 낭비하며 자칫 수사를 잘못된 방향으로 이끌 수도 있다. 주된 문제는 정보를 평가(해석)하는 작업이 수사관의 인지적인 한계와 수사의 동기적인 측면 둘 모두에 의해 영향을 받을 수도 있다는 점이다.

확증편향

수사 절차의 무결성에 대한 심각한 우려는 주요 수사 가설들에만 지나치게 몰두하려는 잠재적 고착성에서 발생한다. 모든 논증 과정이 어느 정도는 기본적인 지식과 신념에 의존하기 마련이지만,[18] 새로운 정보를 기존의 생각과 부적절하게 부합시키려 하면 문제가 발생한다. 수사 가설이란, 특정 사건의 실마리를 찾기 위해 만들어진 가상의 시나리오다. 중요해 보이는 가설이라도 그것이 옳은 증거에 의해 충분히 지지되지 못하면 기꺼이 버려져야 한다. 기존의 신념과 새로운 정보를 평가하는 일이 서로 밀접한 관계를 가진다는 것을 보여 주는 실험 연구들은 수사적 논증 내부에 자리한 편파bias의 위험성을 강조한다.

연구들은 심지어 어설픈 생각들도 쉽게 사람의 마음을 끌어들일 수 있다는 것을 보여 준다. 다수의 연구들에 의하면, 어떤 가상의 시나리오에 대해 잠정적인 설명이나 이유를 제시하는 것만으로도 그 일이 실제로 일어날 가능성에 대한 사람들의 믿음과 기대를 높일 수 있다. 예를 들어, 사람들에게 왜 특정 스포츠팀이 다가올 경기에서 이길 것인지 설명해 보라고 하면 사람들은 실제로도 그 팀이 경기에서 승리할 가능성을 높게 평가한다.[19] 마찬가지로, 사람들에게 선거의 결과를 상상해 보도록 하면 자신이 상상했던 결과가 실제로도 일어날 가능성을 높게 평가하는 경향이 있으며,[20] 사람들에게 왜 특정 정신장애를 가진 환자가 평화봉사단Peace Corps에 가입하게 되는지(아니면, 자살을 선택하게 되는지)를 설명하도록 하면 자신의 답과 상응하는 시나리오를 강하게 믿는 경향이 있다.[21] 또한 몇몇 연구들에 따르면, 현저하게 두드러진 가치(명백히 임의적인 것임에도)에 근거하여 판단하고,[22] 옳다고 믿었던 믿음이 결국에는 틀렸다는

것이 밝혀진 이후에도 새롭게 형성된 믿음을 계속 고수하려는 경향이 있다.[23]

확증편향에 관한 연구들을 통해, 프랜시스 베이컨Francis Bacon이 개인이 "이미 내린 결론이 틀리지 않다."는 것을 확인시키는 "치명적인 예정(豫定)"이라고 표현한 것의 의미와[24] "이론에 맞추기 위해 사실을 왜곡하는" 사람으로 묘사된 아서 코넌 도일Arthur Conan Doyle의 소설 속 인물을 이해할 수 있다.[25] 새로운 정보는 사람들이 기존에 가지고 있던 신념과 부합하는 방식으로 평가된다는 것이 관련 연구들의 주된 발견이다.[26] 확증편향은 현재 선호하는 가설을 유지하려는 성향, 혹은 선호하는 가설을 버리기를 회피하는 성향이라고 정의되며,[27] 신념 편파belief bias[28] 혹은 사전 신념 효과prior belief effect라고 불리기도 한다.[29] 연구자들은 개인의 신념과 상응하지 않는 정보를 과소평가하는 비확증편향disconfirmation bias도 확인하였다.[30]

확증적 논증은 다수의 고전 연구들에서 입증되어 왔다. 학자들은 논문을 심사할 때 자신의 생각과 불일치하는 연구결과를 제시한 논문들보다, 일치하는 결과를 제시한 논문들에 대해 더 많이 출판을 허가하였다.[31] 아동의 학업 성과를 평가하는 상황에서, 평가자들이 대상 아동의 수행 능력이 저조하다고 믿을 때보다 우수하다고 믿을 때 아동의 학업 성과가 더 긍정적으로 평가되었다.[32] 확증편향은 그럴듯한 대안적인 이론이 부재할 때 가장 강력해지며,[33] 따라서 "오직 한 가지만 생각하는 것보다 더 위험한 것은 없다(nothing is more dangerous than an idea when it is the only one you have)."라는 격언을 확인시켜 준다.[34] 연구자들은 사람들의 판단,[35] 공공 정책,[36] 과학 연구,[37] 소비자 제품[38] 그리고 부동산[39]과 같은 다양한 영역에서 확증편향을 연구해 왔다. 확증편향은 일반인과 전문가들에게서 유사하게 나타났다. 의사와 의대생들은 똑같이 진찰 초반에 환자의 상태에 대한 가설을 세우는데, 이후 상반되는 증거가 나타나도 기존의 가설을 고수하는 것으로 나타났다.[40] 실제로 성급한 진단은 잘못된 의료 결정의 원인이다.[41] 정신과 의사들에게 건강한 일반인을 정신장애 환자라고 잘못 알려 준 후 진찰하게 하면 실제로 정신질환 진단을 내리는 경향이 있으며,[42] 모호한 정신 감정 결과들과 그들이 추측하는 질병을 연관시켜 해석하는 경향이 있었다.[43]

또한, 확증편향은 경찰관들(그들 중 일부는 숙련된 수사관들이었다.)을 대상으로 수행한 연구들에서도 발견되었다. 스웨덴 경찰관들을 대상으로 한 일련의 연구들에서 경찰관들은 새로운 증거가 그들의 잠정적 가설을 지지하는 경우에 그렇지 않은 경우보다 더 강력하다고 판단하는 것을 발견했다. 예를 들어, 목격자 지목과 사진 증거는 수사관의 사건 가설을 지지하는 경우에 그렇지 않은 경우보다 더 정확하고 믿을 만한 것으로 여겨졌다.[44] 네덜란드의 범죄 분석가들을 대상으로 한 연구에서는, 특정 수사팀에 만연해 있는 생각들을 바꾸려고 특수 분석가들을 투입했지만, 오히려 새로 투입된 분석가들이 더 그럴듯한 대안들을 버리고 자신들이 바꾸려고 했던 기존의 생각들을 수용했다는 것을 발견하였다.[45] 한 소규모 연구에서는 국제 지문 전문가들의 다수가 사건에 관한 (오도하는) 정보에 부합하도록 지문 일치 여부를 판단한다는 것을 발견했다. 그 과정에서, 대부분의 전문가들은 동일한 지문에 대해 그들이 이전에 내린 판단을 무시했다.[46]

범죄수사에서 확증편향은 터널시tunnel vision라고 불린다.[47] 대부분의 범인 체포가 수사의 초기단계인 사건이 신고되는 시점에 사건을 접수 받은 순찰 경찰에 의해 이루어진다는 사실은 터널시 발생이 증가하는 원인이다.[48] 이것은 대부분의 수사 작업이 용의자가 지명되고 구속된 이후에 제대로 진행된다는 것을 의미한다. 다시 말해, 수사는 종종 범인이 누구인지에 대한 꽤 확고한 사전 가설을 가지고 진행된다. 또한 경찰조직 내에 널리 퍼져 있는 법과 질서에 대한 사고방식도 수사관들의 유죄편향적인 태도를 강화시킬 수 있다. 연구에 따르면 이런 편파는 사전 가설이 개인의 평소 태도나 가치관과 일관되어 있을 때 가장 강하게 나타난다.[49] 경찰은 범죄에 대해 강경한 입장을 지지하는 경향이 있고, 따라서 무고한 사람을 보호하는 것보다 범죄를 통제하는 일을 더 중요시한다.[50] 즉, 경찰은 무죄 추정보다는 유죄 추정을 더 많이 한다.

요컨대, 확증편향은 가추추론의 까다로운 논리적 과제를 수행하는 데 막대한 지장을 줄 수 있다. 획득한 증거가 가설에 부합하여 그 가설을 검증하지 않도록 하면 추론과정은 그 중추를 잃게 되고, 특히 동기와 같은 다른 편파적 요인들의 영향에 더 취약해진다. 이 책에 언급된 대부분의 심리학적 현상들과 마찬가지로, 확증편향 또한 반드시 의식적이고 명백한 오류로 인해 발생하는 것은 아니다. 오히려, 이것은 무의식 수준에서 거의 자동적으로 발생하며,[51] 따라서 사람들은 편파의 존재를 진심으로 부인한다.[52] 다른 편파들처럼 확증편향도 정보가 모호한 경우에 가장 잘 발생한다.[53] 그러나 정보가 명백한 경우에는 편파의 영향력이 감소한다.

동기적 요인들

역할 갈등

수사의 무결성에 대한 더 큰 위협은 수사와 관련된 동기적 요인들에서 비롯된다. 범죄수사는 수사관들에게 두 가지의 상이한 임무를 부여하는 까다로운 작업이다. 그 중 하나가 범죄를 해결해야 한다는 것이다. 신원사건에서 범죄의 해결은 우리가 탐정물에서 흔히 보듯이 수사관들이 사건의 범인이 누구인지 밝혀내고 그의 소재를 파악하는 것이 대부분이다. 이 과정에서 수사관들은 사건에 대한 가장 그럴듯한 설명을 찾아낼 것이라고 기대된다. 수사관들의 또 다른 임무는 검찰에서 용의자를 기소할 것을 대비해 사건을 구성해야 한다는 것이다. 사건을 구성하는 작업은 보통 용의자가 지목되고 수감되는 시점에서 시작해서 수사의 종결이 가까워질수록 강화된다. 따라서 수사에는 객관적인 조사와 당사자주의적 구조(역자 주: 소송의 주도권을 당사자가 가지고 원고와 피고가 서로 대립하여 공격 및 방어를 행하는 형식의 재판 구조)의 요구에 맞도록 용의자에게 불리한 사건 구성을 하는 일 사이에 내재하는 갈등이 있다.[54] 수사 업무가 가지는 이 이중성은 뚜렷한 역할 갈등을 야기할 수 있다. 과학적 범죄수사 전문가들의 업무에서도 유사한 역할 갈등을 찾아볼 수 있다. 그들의 주된 업무는 과학적 방법을 이용해 진실을 파악하는 것이지만, 거의 대부분은 그들을 고용한 경찰기관의 편에 서서 일해야 한다.[55] 검찰도 당사자주의적 구조에서 한쪽의 대변인으로서, 또 동시에 "정의의 수호자"로서 행동해야 하는 책임 때문에 이중적 역할의 책임을 안고 있다.[56] 서로 상충되는 목표들을 수행하는 것은 아주 어려운 일이다. 우려되는 것은 때에 따라 진실 추구의 목표가 당사자주의 제도의 압박에 의해 가려지는 것이다.

동기화된 추론에 대한 연구는 사람들이 정확성이 아닌 다른 목표에 의해 동기부여된 경우, 추론 과정이 쉽게 편향될 수 있음을 보여 준다. 목표의 방향성은 개인적인 "희망, 욕구, 혹은 선호"와 관계가 있다.[57] 사람들이 건강의 위협을 암시하는 정보를 해석하는 방식,[58] 자신의 능력을 넘어선 과제에 대처하는 방식,[59] 지지하는 정치인들에 대한 평가,[60] 선호하는 스포츠팀의 스포츠맨십sportsmanship에 대한 판단,[61] 과제 수행 결과에 대한 예측,[62] 그리고 경마에서 이길 확률에 대한 평가[63]와 같이 다양한 맥락에서 동기화된 추론이 초래하는 왜곡들이 관찰되었다. 그뿐만 아니라 동기화된 추론은 실험실 밖에서도 관찰되었다.[64]

추론 과정을 왜곡하는 데에는 그다지 많은 동기가 필요하지 않다. 수사 과정을 모사한 최근 연구는 사람들에게 가상으로 서로 대립되는 원고와 피고의 역할을 부여하는 것만으로도 수사 절차의 객관성을 잃어버리게 할 수 있다는 것을 보여 준다. 이 연구에서 참가자들은 어떤 사건에 대해 변호인 혹은 검찰의 입장에서 조사할 것을 지시받았는데, 그 결과 자신이 지지하는 측의 승소를 위해 노력할 뿐만 아니라 자신의 입장과 상응하는 증거에 대해 편파적인 관점을 취했다. 검찰의 입장에 있던 참가자들은 유죄판단을 더 많이 한 반면, 피고인의 입장에 있던 참가자들은 무죄판단을 더 많이 했다. 세 번째 참가자 집단은 양측의 입장을 모두 고려해서 사건을 조사할 것을 지시받았다. 결과적으로 그들은 양극화된 관점들의 중도가 되는 지점에서 사건을 판단했다. 즉, 이들은 용의자의 유죄여부와 공소사실에 대한 판단에서 보다 중립적인 태도를 취했다.[65] 대립적(당사자주의적) 사고방식은 상대편 입장에서 수사한 (가상의) 수사관에 대한 불신을 수반했다.[66] 대립적 경향은 보상이나 실재적인 목적이 부재한, 다소 편안한 실험 분위기에서도 관찰되었다. 또한 공평하고 객관적인 태도를 취하라는 실험자의 지시가 있을 때에도 대립적 경향은 여전히 발견되었다.

실제 수사 상황에서는 훨씬 더 강한 동기가 발생한다. 다른 전문가 집단처럼 범죄 수사관들은 그들의 직업에 자부심을 가지고 있으며 직업 의무, 즉 범죄를 해결하는 일에서 만족감을 얻는다. 예를 들어, 영국의 지문 분석가들은 현장에서 나온 지문이 범인의 것과 일치함을 발견했을 때 만족감과 자부심을 느낀다고 보고하였다.[67] 그러나 사건 해결에 대한 동기는 더 깊은 곳에 있다. 대부분의 경찰관들은 자신을 범죄와의 전쟁에 투입된 전사라고 여긴다.[68] 범죄자를 처벌하는 것은 그들이 목숨을 걸고 전념하는 고귀한 일인 것이다.[69]

아마도 수사관들에게 동기를 부여하는 가장 강력한 목표는 범죄 사건을 해결해야 한다는, 즉 용의자를 체포하고 혐의를 부여해서 고발해야 한다는 압박에서 비롯될 것이다.[70] 노스캐롤라이나 윈스턴 세일럼Winston-Salem의 경찰 국장은 대릴 헌트 사건의 범인 체포와 관련된 공식적인 발표문에서 다음과 같이 말하였다. "우리는 이 사건을 해결하기 위해서 수백 시간을 소모했다. 물론 처음부터 우리의 목적은 범인에게 혐의를 부여하여 고발하는 것이었고, 우리는 마침내 그것을 달성했다."[71] 사건해결 실적은 경찰조직의 효율성을 나타내는 가장 흔한 지표다.[72] 또한 수사관 개개인의 사건 해결 실적은 그들 각자의 역량을 가늠하게 해 준다. 이것은 동기들 사이에서의 직업적 평판 그리고 승진 가능성을 반영한다.[73] 같은 이유로 사건 해결의 실패는 경찰조직과 구성원 모두에게 손해가 될 수 있다.[74] 저조한 실적은 수사관들을 더 낮은 지위로 강등시킬 수 있다.[75] 실제로 미국과 영국의 경찰 기관에서는 사건 해결에 대한 압박감 때문에 종종 범죄 자료가 왜곡되고 와전되어 왔다.[76] 특히 세간의 이목을 끄는 사건일수록 이를 해결하지 못했을 때 발생하는 손해는 더 커진다. 그런 사건은 세상을 들썩이게 하는 사건이나 흉악한 범죄에만 국한되지 않는다. 대부분의 폭력 범죄들—특히 작은 도시나 지역에서 발생되는 강간 살해, 아동 성폭행, 중범죄—은 지역 사회를 불안정하게 만들고, 따라서 수사관들은 사건 해결에 대한 엄청난 압박을 느낀다.

보편적으로 수사 과정을 통해 사건이 해결되는 비율이 낮다는 사실은 수사관들의 부담을 더 가중시킨다. 제1장에서 언급했듯이 중범죄들의 절반만이 경찰에 신고되고, 신고된 사건들의 1/5은 범인을 체포함으로써 해결된다. 랜드 연구소RAND Corporation는 종결 처리된 중범죄의 대다수가 신고 접수를 받은 순찰 경찰과의 첫 대면을 통해 해결되었다는 중요한 사실을 발견하였다. 심지어 심각한 범죄들도 종종 피해자나 목격자가 제공하는 용의자 신원에 대한 단서들을 통해 해결됨으로써 더 이상 수사를 진행할 필요가 없어진다.[77] 즉각적으로 해결이 불가능한 많은 범죄 사건들은 아마도 계속 미결인 채로 남을 가능성이 크다.[78] 따라서 수사관들은 그들이 사건 해결을 위해 할 수 있는 것이 없음을 알고 수많은 범죄 현장을 외면한다.[79] 이 사실은 수사 부서에 널리 퍼져 있는 실용주의, 행동 지향주의, 임무완수 중시의 문화에 위배된다.[80] 그러나 수사관으로서의 목표에 대한 좌절감은 소수의 범죄 사건들만 수사하려는 태도를 강화할 수 있다.

감정 효과

수사관들이 사건에 얼마나 감정적으로 개입하는지 살펴보는 것은 어려운 일이 아니다. 수사관들은 피해자나 피해자 가족들과 친밀한 관계가 될 수 있고, 이는 범인 체포에 대한 의지를 강화시킨다.[81] 수사관들은 종종 범죄가 야기하는 비극을 목격하며 잔인한 범죄 현장에 직면하게 된다. 이런 경험은 특히 분노나 역겨움 같은 부정적인 감정을 불러일으킬 수 있다.[82]

연구에 따르면 높은 수준의 분노는 피상적인 정보처리와 타인에 대한 적대감을 유발하는 경향이 있다. 구체적으로, 분노는 부정적인 결과를 개인의 탓으로 돌리는 경향, 타인의 행위를 고의적이라고 지각하는 경향, 낮은 증거 역치, 대안적인 설명과 감경 사유 등을 무시하는 경향을 야기한다고 알려져 왔다.[83] 또한 분노는 고정관념에 대한 의존,[84] 보복에 대한 욕망,[85] 그리고 범죄 해결을 위한 행동을 하려는 동기[86]를 높인다고 밝혀졌다. 지문 분석에 대한 한 모의연구에서 참가자들은 살해된 것으로 추정되는 피해자의 참혹한 모습이 담긴 사진을 보고 난 후에 지문이 용의자의 지문과 일치한다는 판단을 더 많이 하는 경향을 보였다.[87] 숙련된 스웨덴 경찰관들을 대상으로 한 연구에서는 분노가 피상적인 정보처리와 무죄 증거에 대한 민감성의 결여를 유발한다는 것이 발견되었다.[88] 그러나 이 연구들에서 참가자들의 판단 대상이었던 타인은 분노의 원인과는 전혀 상관이 없었다. 다시 말하면, 사람들은 분노의 상태에 있을 때 타인에 대해 더 가혹한 판단을 내린다. 사람들이 잔인한 범죄를 저지른 것으로 보이는 사람에게 얼마나 분노하여 반응할지 짐작하는 것은 어렵지 않다.

집단 효과

범죄 수사의 주목할 만한 또 다른 특징은 수사가 개별적인 작업이 아니라 집단 구성원들과 함께 하는 사회적인 상황에서 이루어진다는 점이다. 수사관들은 보통 자신이 경찰 기관을 위해 일하는 사람들 중 하나이며, 다른 구성원들과 범죄에 대항하려는 목적을 공유하고 있다고 생각한다. 이 내집단in-group에는 형사, 순찰 경관, 과학적 범죄수사 전문가, 검찰관, 때로는 사건의 피해자와 목격자가 포함된다. 중요한 것은, 이 내집단이 주로 범죄의 가해자들—보통 악인(惡人)으로 여겨지며, 흔히 "인간 말종"이라 불리는—과 때때로 그들의 변호인으로 구성된 외집단과는 뚜렷하게 대조된다는 것이다. 용의자들은 사건의 가해자로 의심받고 있는 현재의 신분 때문이든, 그들이 가진 전과기록 때문이든 쉽게 이런 외집단으로 구분될 수 있다.

관련 연구는 개인이 소속된 집단은 그들의 정체성을 결정하는 주요 요인이며, 자기개념에도 막대한 영향을 끼친다는 것을 보여 준다.[89] 사람들은 내집단을 "신뢰할 수 있고, 유능하며, 도덕적이고, 평화적"이라고 인식하는 반면에, 외집단은 대체로 "신뢰할 수 없고, 경쟁적이며, 난폭하다."고 여긴다. 이런 내집단 편애와 외집단 비하는 많은 실험연구와 인류학 연구에서 발견되어 왔다.[90] 이 양극화는 사법 절차의 당사자주의적 특성에 의해 더 극대화된다.

집단은 범죄수사를 유죄 결론으로 몰아갈 수 있다. 집단 구성원들끼리는 외집단에 대해 유사한 관점과 믿음 그리고 고정관념을 공유하는 경향이 있다.[91] 집단이 공유하고 있는 목표, 범죄수사의 경우에는 범죄와 싸우는 목표를 수행할 때 집단 구성원들은 응집력을 발휘한다.[92] 공동의 목표는 구성원들끼리 의견이 일치하도록 그리고 그들이 집단의 규범에 순응하도록 한다.[93] DNA 면죄 사례의 한 남성을 기소했던 검찰은 당시를 되돌아보며 다음과 같이 말하였다. "그때 나는 아마도 경찰이 했던 말들을 의심 없이 믿었던 것 같다. 검찰과 수사관들은 모두 한 팀이라는 생각을 하고 있었던 것 같다."[94]

집단은 특히 동질적인 경우에 선택적인 태도로 정보를 탐색하고,[95] 확증편향을 범하며,[96] 위협에 대해서는 피상적인 정보처리에 뒤따르는 분노로 반응한다는 것이 밝혀졌다.[97] 과도한 결속력은 병적으로 집단사고를 하는 상태에 이르게 한다.[98] 중요한 것은 집단이 구성원들에 대해 탈억제 효과disinhibiting effect를 가짐으로써, 그들이 각자의 역량대로 행동해야 한다는 억제로부터 벗어나게 해 준다.[99] 예를 들어, 집단이 일반적으로 과음을 허용하는 분위기이면 집단 구성원들이 과음할 가능성은 더 높아진다.[100] 집단으로 행동하면, 개인일 때보다 타인에게 전기충격을 가하는 일[101]이나 적에게 매운 소스를 먹이는 일[102]과 같이 비윤리적인 행동을 하는 데 더 대범해진다는 것이 발견되었다. 이렇게 집단을 통해 강화된 대범함은 구성원들의 도덕적 책임감을 감소시킨다.[103] 특히 난폭한 행위에 대한 책임을 다른 구성원들에게 돌릴 수 있을 때, 개인들은 각자가 지녀야 할 도덕적 책임감을 회피하는 경향이 있다.[104] 또한 같은 집단에 소속되어 있다는 이유만으로 다른 구성원들이 저지르는 악행을 무시하고 간과하거나 알고도 모른 척하기 쉽다.[105]

고집

경찰 수사의 역동에 내재한 잠재적인 문제점은 수사가 진행됨에 따라 수사관들이 하나의 가설에만 지나치게 몰두한다는 것이다. 수사관들은 사건에 대한 그들의 이론을 추구하는 데 막대한 시간과 자원을 소모하며, 때때로 이론이 옳다는 것을 증명하는 데 개인 자본을 투자하기까지 한다. 사건 수사에 개인적인 투자까지 감행하려는 동기는 범인으로 지목된 용의자가 구속된 상태일 때 극대화된다.

오류를 인정하는 것은 긍정적인 자기개념[106]—특히 개인의 능력,[107] 도덕성,[108] 일관성[109]—을 유지하고 싶은 인간의 보편적인 욕구를 위협하는 일이다. 이 욕구는 자신의 관점에서든 타인의 관점에서든 긍정적인 자기개념을 유지하려는, 즉 자기개념에 대한 개인적인 욕구와 사회적인 욕구 모두를 포함한다.[110]

사람들은 자신의 행동 방식이 잘못되었다는 것을 보여 주는 증거가 있음에도 불구하고 이를 계속해서 고수하려는 경향이 있음을 보여 주는 많은 실험 연구들이 있다.[111] 고집 강화escalation of commitment 현상에 대한 한 가지 설명은, 사람들은 기존의 행동 방식을 유리한 쪽으로 왜곡함으로써 실수를 부인할 수 있다는 것이다.[112] 연구들에 따르면 기존의 행동을 고수하려는 사람들은 정보를 편파적으로 탐색하는 경향이 있는데, 이는 장차 내릴 결정을 준비하기 위해서라기보다는 이미 내린 결정을 정당화하기 위해서다.[113] 게다가 사람들은 결정을 정당화하기 위해 주어진 정보를 왜곡된 방식으로 해석하기까지 한다.[114] 고집 강화 현상은 실제 상황에서도 관찰되어 왔다. NBA에서 몸값이 비싼 선수들은 경기 성과와 상관없이 더 특별한 대우를 받으며,[115] 악성대출에 대해 호의적인 생각을 갖고 있는 은행 지점장들은 이런 대출 제도를 시행하는 데 더욱더 전념하는 경향이 있으며,[116] 공연 관람권을 소유한 사람들 중 이를 제값에 구매한 사람들이 공연에 참석할 확률이 더 높으며,[117] 관리자들은 자신이 고용한 직원에 대해 과대평가를 하는 경향이 있다[118]는 것이 발견되었다. 고집 효과는 범죄 수사를 모사한 연구에서도 발견되었다. 참가자들은 연구 초반에 단순히 용의자를 지명하도록 지시를 받았는데, 이는 용의자의 유죄를 강하게 믿도록 유도함으로써 연구 내내 다른 관점을 배제하는 편파적인 태도를 유지하도록 하기 위함이었다. 참가자들은 용의자에 대한 자신의 초기 판단을 확증해 주는 부가적인 정보들을 찾는 경향이 있었으며, 이 판단과 부합하는 방식으로 정보들을 평가하였다.[119]

연구는 왜곡된 범죄 수사에 고집을 증가시키는 특징들이 다수 포함되어 있다는 것을 발견했다. 오류에 대한 개인의 책임감,[120] 실수를 은폐하려는 의도,[121] 잘못된 결정이 미치는 파급력,[122] 오류가 수반하는 위험,[123] 매스컴의 관심[124] 등이 증가할수록 고집도 함께 증가하는 것으로 나타났다. 모순적이게도 오류가 오랜 기간 지속되고 심할수록 이 오류가 교정될 가능성은 더 적어진다.[125]

잘못된 행동 방침에 대한 고집은 집단에 의해서도 강화된다. 집단은 실패한 행동 방침을 더욱더 고수하려는 경향이 있는데,[126] 이런 경향은 개인일 때보다 더 자주 발생한다.[127] 더 중요한 것은 집단은 구성원들을 통제하고 지배할 수 있는 강력한 힘을 가지고 있다는 것이다. 보통 내부 고발자들에게 가혹한 반응을 하는 것처럼, 집단에서의 이탈은 비난과 적대감 그리고 외면을 불러온다.[128] 집단은 개인일 때보다 훨씬 더 강한 응징을 할 수도 있다.[129] 응집력이 강한 집단일수록 집단 이탈에 대한 비난도 더 강하다.[130] 따라서 경찰 개인이 제기하는 어떤 의혹이나 의심도 집단의 합의에 대한 도전으로 간주되고, 경찰 문화에서 중시하는 충성심에 반하는 것으로 여겨질 수 있다.[131]

더 나아가, 수사관들은 그들의 수사 방식에 대한 강한 확신을 가지고 있기 때문에 오류를 인정하기가 쉽지 않다. 실패한 수사를 통해 "목격자를 항상 신뢰할 수 없고, 기억은 틀렸을 수도 있고, 무고한 사람들이 자백을 할 수도 있고, 과학적 범죄수사의 감정 결과가 정확하지 않을 수도 있다."는 것을 알 수 있다. 그러나 수사관들이 그들의 수사방식을 철저히 신뢰하고 법정에서는 이것을 옹호하며 앞으로의 수사에도 동일한 방식을 적용한다는 점으로 미루어 보아, 앞서 언급한 수사 오류에 관한 이야기는 수사관들에게 다소 당황스럽게 느껴질 수 있다.

요약하자면, 고집효과는 우선 가설에 이의를 제기하는 정보, 즉 용의자의 결백을 지지하거나 다른 사람이 범인이라는 것을 보여 주는 증거들을 왜곡할 수 있다. 유죄에 대한 고집으로 인해 유죄판결은 말할 것도 없고, 이미 진척이 된 수사나 제기된 공소를 뒤집는 일도 어려워질 수 있다.[132] 형사소송의 대상이 되는 건 어렵지 않지만, 일단 그런 상태가 된 후에 이를 뒤집는 것은 매우 어려울 수 있다.[133] 검찰들의 행동에서도 고집현상을 찾아볼 수 있다. 가장 두드러지는 행동은, DNA 검사 결과와 같은 강력한 증거로 인해 무죄가 입증이 된 이후에도 피고인에 대해 기소를 계속 진행할 때다.[134] 한 예로, 캘리포니아 오렌지 카운티의 검찰은 차량탈취 및 무장강도 혐의를 받는 용의자의 DNA와 지문 감식 결과 그가 결백하다는 것이 드러났음에도 용의자를 기소했다. 검찰의 기소 결정을 옹호했던 지방 검사보Assistant District Attorney인 마크 로젠버그Marc Rozenberg는 다음과 같이 말하였다. "만약 아무도 그를 지목하지 않았더라면, 우리는 이 사건을 기소하지 않았을 것이다."[135] 검찰은 무죄를 증명하는 DNA 증거가 있음에도 또 다른 15명의 피고인을 기소했고, 이후에 피고인들은 모두 무죄방면되었다.[136]

통합된 동기: 당사자주의적 재판의 견인력

지금까지 살펴본 바에 의하면, 수사관들은 공방을 벌이는 사건에서 그들이 유죄 판단을 하도록 유도하는 일련의 축적된 동기들을 가진다. 사실, 상황은 더 미묘하다. 수사관들은 당연히 진범을 찾아야 한다는 목표와 동시에 무고한 사람에게 죄를 씌우는 것을 피해야 한다는 목표에 의해서 동기화된다. 두 가지 상반된 목표의 균형을 맞추는 것은 어려운 일이며, 스트레스를 야기하는[137] 역할 갈등의 상황[138]에 처할 수 있다. 수사관이 이런 갈등을 어떻게 해소하는지는 여러 가지 환경적, 성격적 요인에 의해 좌우된다.

어렵고 치열한 수사환경에서는 진실 추구의 목표가 등한시되는 위험이 있다. 첫째, 수사관의 관점에서 무고를 피해야 한다는 것은 단지 추상적인 원칙일 뿐, 구체적이고 사실적인 동기가 되지 못한다. 이런 원칙 자체는 수사에 반드시 필요한 것이 아니므로 종종 수사의 걸림돌로 여겨진다. 수사관들은 대개 결백한 사람에게 죄를 씌우는 것을 피한 공로보다는 범인을 체포한 공로로 보상과 인정을 받는다(경찰국장이 위험한 범죄자가 아직 잡히지 않은 상태임에도 불구하고, 무고한 사람을 아직 체포하지 않는 데 성공했다는 것을 공표하기 위해 기자회견을 연다고 상상해 보아라). 둘째, 수사관의 두 가지 상반된 목표는 각기 매우 다른 피드백 메커니즘을 가지고 있다. 앞서 말했듯이, 특히 언론의 주목을 받는 사건이 해결되지 못하면 수사관 개인과 경찰 조직 전체에 즉각적이고 분명한 영향을 미칠 수 있다. 반대로, 무고한 사람을 범인으로 오인한 사실은 아마도 발견되지 않고 덮여질 것이다. 모순적이게도, 수사관의 의심이 잘못되었다는 사실은 의심이 만들어 낸 강력한 (그러나 잘못된) 증거에 의해 묻힐 수 있다. 수사관의 실수가 몇 달, 몇 년, 혹은 몇 십 년이 지난 언젠가 드러날 것이라는 가능성은 범인을 잡느라 정신이 없는 당시의 긴박한 순간에는 큰 영향력을 가지지 못한다.[139] 셋째, 대부분의 사람들이 그렇듯 수사관들도 자신의 능력에 대해 비현실적으로 긍정적인 관점을 가지기 때문에[140] 자신이 실수를 저질렀다는 것을 믿지 않으려는 경향이 있다. 실제로, 경찰과 판사들은 그들의 관할권 내에서는 적어도 무고한 사람이 유죄판결을 받는 일은 없다고 믿는 경향이 있다.[141] 마지막으로, 수사관들은 종종 유력한 용의자들, 구체적으로는 그들의 전과 기록에 자연스럽게 주의를 기울이게 된다. 종종 이런 용의자들은 특정한 혹은 또 다른 범죄 행위에 가담했으며, 운 좋게 과거에 처벌을 피했다고 여겨질 수 있다. 수사관들은 이런 용의자들에게 거짓 혐의를 씌움으로써 괴로움을 덜 느낄 것이며, 심지어 용의자들이 과거에 처벌받지 않았던 것을 바로잡을 기회라고 여길 수도 있다.

요약하면, 어떤 상황에서는 더욱더 대립적이고 유죄 편향된 태도를 유도하는 수사의 목표와 동기들 때문에 진실 추구가 등한시될 수 있다.[142] 대법관 로버트 잭슨Robert Jackson은 당사자주의적 구조의 이 견인력(역자 주: 진실을 발견하는 것보다 당사자주의적 구조에 의한 다툼에 더 집중하도록 하는 힘, 수사가 유죄 편향되도록 이끄는 힘을 의미)에 대해 "범죄의 비밀에 대한, 때때로 경쟁적인, 중차대한 일"라고 특징지었다.[143] 물론 사법권의 특성, 부서의 일 처리 방식, 그리고 지역별 전문가의 특성에 따라 당사자주의적 구조에 의한 압박의 정도는 다르다. 그 차이는 수사를 진행하는 사람에 따라서도 발생한다. 수사관들은 서로 다른 전문적 자질—아마도 그들의 내성, 진실성, 적합성, 보상에 민감한 정도에 의해 영향을 받는—을 갖추고 있다. 최고의 경찰기관에서 근무하는 최고의 경찰관은 당사자주의적 재판의 압박을 잘 견뎌 내고, 철저하고 공정한 수사를 진행할 것으로 믿을 만하다. 그러나 전문적 자질이 부족한 경찰관이 극도의 압박 속에서 수행한 수사는 당사자주의적 견인력에 의한 더 큰 손실을 야기할 수 있다. 과학적 범죄수사 전문가들이 개발한 과학적 수사 방법들은 유죄 편향된 특성을 가진다는 점에서 당사자주의적 견인력이 수사기관에 미치는 영향은 뚜렷하다. 이런 수사 방법들의 대부분은 적절한 과학적 근거를 갖추지 못했으며, 심지어 어떤 것들은 쓰레기 과학junk science에 지나지 않는다.[144] 진실추구의 목표는 사건 해결에 대한 부담이 가장 강한, 즉 세간의 주목을 받는 사건일 때 가장 무시되기 쉽다.[145] 어떤 경우에 당사자주의적 견인력은 고의적인 경찰의 부정행위를 야기하며,[146] 심지어 경찰관이 법정에서 허위증언testilying, 즉 거짓말을 하게 만든다.[147] 그러나 수사 과정에서 있을 수 있는 고의적인 부정행위는 여기서 주로 다루려는 주제가 아니다.

범죄 수사와 기소 과정에 미치는 당사자주의적 구조의 압박은 경찰 문화와 관행에도 내재화될 수밖에 없다.[148] 이러한 내재화는 범죄에 대한 경찰의 강경한 태도를 점차적으로 강화시키는 근본적 원인이 된다.[149] 이런 태도는 결국 유죄 판단을 하려는 경향을 만들어 낸다.

정합성 효과

난해한 사건의 두드러진 특성 중 하나는 다수의 증거들로부터 추론이 이루어진다는 것인데, 추론된 것들은 모두 단일한 사실적 평가로 통합되어 이분법적인 결론의 형태로 표현되어야 한다. 수사 과정의 정보들에는 불확실성, 비교불가능성, 갈등이 존재한다는 점에서, 이 과제는 결코 만만한 것이 아니다. 일례로, 사코Sacco와 반제티Vanzetti 사건에서는 재판에 제시된 증거들을 분석하여 300개가 넘는 사실들과 진술들을 가려냈다.[150] 주어진 정보들을 그 정보에 대한 개인의 동기나 감정을 비롯한 과제의 다른 측면들과 통합하기 위해서는 인지적 처리도 필요하다. 이런 통합 작업을 수행하는 인지적 처리는 수사의 정확성에 또 다른 위험이 될 수 있다.

복잡한 판단 과제에서의 정보통합은 정합성 효과coherence effect에 대한 수많은 연구들이 핵심적으로 다루는 주제다. "공존하는 것들은 서로 모순 없이 맞아 들어가야 한다(what goes together, must fit together)."는 게슈탈트적인 개념은 이 심리적 현상을 잘 나타낸다. 사건에 대한 일관된 정신 모형을 이용하는 경우에, 즉 대부분의 증거들이 강력하게 결론을 지지할 때 까다로운 수사가 효율적이고 수월하게 이루어질 수 있다.[151] 정합성 효과는 양방향성을 가진 추론 과정을 통해 발생한다. 주어진 사실들에 기초하여 선호하는 결론을 도출해 내는 것과 마찬가지로 주어진 사실들을 이미 내려진 결론과 더욱더 일관되도록 다듬는다.[152] 이런 과정은 대부분 무의식 수준에서 발생한다.[153] 정합성 효과는 정보를 암기하거나 암기한 정보를 다른 사람에게 설명해 주는 것과 같은 일반적인 인지 처리 과제뿐만 아니라 의사결정 과제에서도 발견되었다.[154] 정합성 효과 그 자체는 꽤 유용하다. 정합성 효과는 사람들이 가장 어렵고 복잡한 과제에서도 결론을 내리고 판단을 할 수 있도록 도와주기 때문이다. 그러나 수사와 판결 과정에는 심각한 영향을 끼칠 수 있다.

첫째, 정보들을 각기 다른 결론을 지지하는 두(또는 그 이상의) 범주들로 구분함으로써 일관성을 얻을 수 있다. 선호하는 결론을 지지하는 증거는 더 중요해지는 반면, 기각된 결론을 지지하는 증거는 덜 중요해진다. 따라서 인지처리 과정을 통해 초반에는 갈등상태에 있던 증거가 이후에는 확실히 어떤 결정을 지지하는, 즉 한쪽으로 치우친 증거로 변모한다. 다시 말해, 증거는 현재의 결정과 일관되게 된다. 정보들을 범주화함으로써 특정 대안을 다른 것들보다 더 우세하게 만들고, 개인은 자신의 행동에 확신을 가질 수 있다. 예를 들면, 한 연구는 참가자들에게 절도 사건을 소개해 주면서 목격자의 범인지목, 범죄 동기, 출처가 불분명한 돈, 알리바이와 같은 증거들과 함께 사건을 판단하는 데 무관한 여러 증거들을 함께 제시했다. 그 결과, 참가자들은 자신이 지지하는 결론과 일관되도록 증거의 유죄 또는 무죄 입증 정도를 평가하는 경향이 크다는 것을 발견했다.[155] 심지어 모호하고 상충되는 증거들이라도 범주화를 통해 명확한 결론을 내릴 수 있게 된다. 사건에 대해 확신을 가지게 하는 증거의 표면적 강도가 어느 정도는 객관적인 사건 평가보다는 인지 과정의 결과물이라는 것을 인정해야 한다. 따라서 수사관의 판단을 지지하는 증거는 실제보다 더 강력하고 확증적이라고 지각되는 경향이 있을 것이다.

본질적으로 정합성 효과는 유죄와 무죄 결정을 모두 부풀릴 수 있다는 점에서 방향성을 가지지 않는다. 그러나 이것은 다른 편파요인들(특히 동기나 확증편향)과 결합하면서 전체 사건에 대한 판단을 편파적 요인들이 이끄는 방향으로 왜곡시킬 수 있다.[156] 앞서 언급한 스웨덴 경찰관들을 대상으로 실시한 확증편향 연구에서도 정합성 효과는 존재했다. 이 연구에서, 목격자 진술이 수사관의 가설과 일치할 때 수사관은 목격자를 더 믿을 만한 사람으로 지각했고, 사건 당시의 주변 환경은 실제보다 더 좋았다고 여겼으며, 일주일 동안 목격자의 기억이 훼손된 정도도 덜하다고 판단하였다.[157] 이와 유사하게, 앞서 살펴본 수사 과정을 모사한 연구에서도 모호한 정보들이 참가자가 배정받은 역할과 상응하는 방식으로 평가된다는 것이 발견되었다.[158]

정합성 효과의 두 번째 특징은, 각각의 정보들은 개별적으로 평가되는 것이 아니라 판단자의 정신모형과 얼마나 일관되는지에 따라 평가된다는 것이다. 게슈탈트식 정보 처리의 상호연결성 때문에 각각의 증거들은 다른 증거들의 평가와 지각에 영향을 끼칠 수 있고, 궁극적으로는 사건 전반에 대한 인식에 영향을 줄 수 있다. 이런 비독립적 특성이 가지는 한 가지 중요한 측면은, 강력한 유죄 증거 한 개가 증거 전체를 유죄 의심이 가는 증거들로 만들 수 있다는 것이다. 마찬가지로 강력한 무죄 증거 한 개는 무죄 판단을 야기할 수도 있다. 비독립성은 자연스럽게 정합성 효과 혹은 정합성 전환coherence shift에 방향성을 추가함으로써 전체 증거들을 원하는 결론에 부합하는 방향으로 유도한다. 하나의 증거가 나머지 증거들과 사건 전반에 대한 판단에 미치는 우회적인 영향력은 앞서 언급한 절도사건 연구에서도 관찰되었다. 용의자가 범죄 현장 근처에 있었다는 정보를 추가함으로써 유죄 판단을 할 확률을 높일 수 있었다. 흥미롭게도 이 추가된 정보는 목격자의 범인지목 증거에 대해서는 높은 신뢰감을, 용의자가 소지하고 있던 돈에 대한 해명에 대해서는 낮은 신뢰감을 갖게 함으로써 모든 증거들이 유죄를 입증하는 것으로 평가하도록 유도했다.[159] 이와 유사하게 명예 훼손 소송에서 용의자의 행동에 선의가 있었다고 말해 주면 참가자들은 무죄를 지지하는 다양한 법적, 사실적 추론들을 많이 하는 반면, 용의자의 행동에 나쁜 의도가 있었다고 말해 주면 유죄를 지지하는 추론을 더 많이 했다.[160] 즉, 이런 외적인 조작이 사건의 다른 부분과 직접적인 관련이 없더라도 인지 체계의 우회적인 연결을 통해 우리의 판단에 영향을 끼칠 수 있다.

　우회적 효과는 외부적인 정보가 목격자의 진술을 오염시킬 수 있다는 것을 보여준 수많은 연구들에서 우연히 발견되었다. 용의자가 자백했다는 이야기를 들은 경우에 목격자들은 라인업에서 해당 용의자를 더 많이 지목하는 경향이 있었고, 다른 용의자가 자백했다는 이야기를 들은 경우에는 덜 지목하는 경향이 있었다.[161] 제3장에서 논의된 일련의 연구들에서는, 라인업에서 틀린 사람을 지목한 목격자들에게 (허위로) 긍정적인 답변을 해 주었다("잘했어요. 용의자를 잘 지목했습니다."). 이 피드백은 목격자가 자신의 지목에 높은 확신감을 갖도록 해 줄 뿐만 아니라, 사건에 대한 목격을 둘러싼 여러 판단들—총기를 소지한 남자를 얼마나 제대로 봤는지, 그 남자 얼굴의 구체적 특징들을 얼마나 잘 설명할 수 있는지, 그의 얼굴을 얼마나 집중해서 봤는지, 그를 알아보는 것이 얼마나 쉬웠는지, 그리고 라인업에서 그를 얼마나 빨리 알아볼 수 있는지—을 왜곡시켰다.[162] 보통 이런 판단들은 제3자(수사관, 검찰관, 배심원)에게는 증거의 신빙성에 대한 지표로 보이기 때문에, 사건의 결과에 상당히 중요한 영향을 미칠 수 있다. 위 연구에서 진범은 라인업에 등장하지 않았기 때문에 결국 모든 참가자들의 범인 지목은 틀린 것이라는 점에서, 표면적인 보강증거들도 오도하는 증거

들이다.[163]

    우회적 영향은 숙련된 범죄 수사관들을 대상으로 수행한 연구들에서도 발견되었다. 폴리그래프polygraph 분석가들은 용의자가 자백했다는 이야기를 들었을 때 그런 이야기를 듣지 않았을 때 보다 모호한 데이터를 거짓 반응으로 해석하는 경향이 더 많았다.[164] 다수의 지문 감식가들은 용의자가 범죄를 자백했다는 정보나 용의자가 구속되었다는 정보의 영향을 받았다.[165] 우회적 영향이 경찰 수사에 미치는 오염효과는 심각한 문제이며, 제6장에서 논의될 내용에 의하면 배심원 의사결정에서도 마찬가지다. 수사관들은 종종 제보자, 동료 수사관, 목격자, 언론매체, 물적 증거와 같은 다양한 정보들에 노출되는데, 이런 정보들의 신뢰수준은 제각각이다. 잘못된 정보는 다른 정보들에 대한 평가를 왜곡시킬 수 있고 결국 수사 방향에도 영향을 미칠 수 있다.

편파된 추론의 다섯 가지 기제

    편파 작동의 흔한 다섯 가지 기제 혹은 전략들을 살펴봄으로써 편파된 추론 과정을 보다 잘 이해할 수 있다. 이들은 개별적으로 혹은 통합된 형태로 작용한다.

    선택적 틀짓기 전략   선호하는 결론과 증거의 양립성을 강화시키는 한 가지 방법은 수사관의 가설을 지지하는 방향으로 수사의 틀을 잡는 것이다. 이런 전략은 제롬 브루너Jerome Bruner와 그의 동료들에 의해 일찌감치 발견되었고,[166] 훗날 이를 모사하는 많은 연구들이 있었으며, 확증전략positive test strategy,[167] 확인편향verification bias[168]이라고 불려 왔다. 이 전략은 "가설이 진실일 경우에 기대되는 특징들"을 찾는 것이라고 묘사되었다.[169] 예를 들어, 사람들은 자신과 대화하고 있는 사람이 내향적인지를 판단하라는 지시를 받으면 내향성을 확인하는 질문들을 하는 경향이 있으며(예를 들면, "당신은 어떤 상황에서 자신이 좀 더 외향적이었으면 좋겠다고 생각합니까?"), 반대로 대화하고 있는 사람이 외향적인지를 판단하라는 지시를 받으면 외향성을 확인하는 질문들을 하는 경향이 있다(예를 들면, "만일 당신이 파티에서 분위기를 살리고 싶으면 어떻게 하겠습니까?").[170] 수사 작업의 틀짓기framing를 어떻게 하느냐에 따라 수사 방침이 달라진다는 것은 쉽게 알 수 있다. 제4장의 내용을 보면 질문방식의 미묘한 차이는 목격자들의 반응에 쉽게 영향을 미칠 수 있다. 확증 전략은 면접관의 암묵적인 추정에 목격자가 자연스럽게 긍정하도록 유도하는 질문을 만들어 낼 것이다. 또한 제5장에서 논의할 모의 수사 과정에 대한 연구에 따르면, 유죄 가능성이 높다고 믿는 수사관들이 유죄 추정의 질문들을 더 많이 하는 경향이 있었고, 결국 용의자로부터 유죄 반응들을 더 많이 이끌어 냈다.[171]

선택적 노출　특정 결론에 도달하기 위한 또 다른 방법은 가설을 검증할 목적으로 증거를 선택하는 것이다. 연구에 따르면 사람들은 선호하는 가설을 확증하는 정보를 추구하는 반면, 가설과 부합하지 않는 정보들은 회피하려는 경향이 있다.[172] 이런 경향은 뉴스매체를 선택하는 일에서도 분명히 드러난다(Fox News와 MSNBC 시청자들의 정치적 견해를 비교해 보라).[173] 마찬가지로, 최근에 차를 구매한 고객들은 구매하려고 했지만 실제로 구매하지는 않은 차에 대한 광고보다 실제로 구매한 차에 대한 광고를 더 많이 읽는 경향이 있다.[174] 그뿐만 아니라 사람들은 자신에 대해 비판적인 정보보다는 호의적인 정보를 더 추구한다는 것을 실험적으로 증명한 연구도 있다.[175] 이런 선택적인 태도는 종종 범죄 수사에서 정보가 부족한 경우에 더 심해진다.[176] 또한 선택적 태도는 반대 가설을 약화시키는 증거들을 적극적으로 선호하는 형태로도 나타난다.[177]

선택적 검토　정보의 평가 기준을 달리함으로써 원하는 결론을 얻을 수도 있다. 연구에 따르면 사람들은 지지하는 결론과 부합하는 정보를 평가할 때 더 관대한 평가 기준을 적용하는 경향이 있다.[178] 사람들은 반대 입장과 다툴 때 더 많은 노력을 기울이고 반박적인 사고와 불필요한 반론을 더 많이 한다.[179] 지능검사에서 좋지 않은 점수를 받은 사람들은 검사의 타당도에 대해 이의를 제기하는 경향이 있지만, 좋은 점수를 받은 사람들은 검사 결과를 그대로 받아들이는 경향이 있다.[180] 마찬가지로 특정 질병에 걸릴 확률이 높다고 알려진 의료검사 결과에는 회의적으로 반응하지만, 그렇게 알려지지 않은 검사의 결과는 기꺼이 수용하는 경향이 있다.[181] 논문 심사위원들도 자신의 견해와 상충되는 연구결과를 제시한 논문의 오자를 더 많이 알아채는 경향이 있다.[182]

편파된 평가　　정보를 평가할 때의 객관성은 어떤 수사에서든 진실을 얻기 위한 열쇠가 된다. 편파된 추론의 가장 흔한 형태는 왜곡된 증거 평가다. 편파된 평가[183]가 가지는 특성들은 앞서 언급한 연구들에 잘 나타나 있다. 행위자의 인종에 따라 타인을 밀치는 행동을 호의적 혹은 공격적으로 평가하고,[184] 선호하는 선거후보 정치인의 토론능력이 경쟁자보다 훨씬 우수하다고 평가하며,[185] 축구 경기에서 발생한 신체적 접촉의 원인이 경쟁팀의 선수인 경우에는 반칙이라고 믿지만 응원하는 팀의 선수인 경우에는 타당한 접촉이었다고 믿는 경향이 있고,[186] 선택한 말이 경주에서 이길 확률을 부풀리는 경향이 있다.[187] 게다가 편파된 판단은 과학적 범죄수사를 통한 증거 조사에서도 존재했다.[188]

선택적 중지　　마지막으로, 선호하는 가설을 뒷받침하는 충분한 양의 증거들을 찾은 후에는 더 이상 증거를 탐색하지 않으려는 경향을 보여 주는 소수의 연구들도 있다.[189] 이것은 경찰 수사가 성급하게 종료될 수도 있다는 것을 의미한다. 특히 경찰의 생각과 불일치하는 정보는 제대로 고려되기도 전에 조사가 끝날 수도 있다.[190] 베테랑 형사인 댈러스Dallas는 그가 결백한 사람에게 죄를 뒤집어씌웠다는 것을 알고 난 후에, "당신이 (범인을 잡을 것이) 매우 확실한 가능성이 매우 높은 사건slam-dunk case를 가졌다고 생각해 보세요. 그럼 당신도 그 사건을 철저히 조사하지 않았을 거예요."라고 설명하였다. 그리고 나서 댈러스는 잘못된 수사가 "당신을 괴롭히는 것"은 오직 유죄 판결이 잘못되었다는 것이 증명된 이후뿐이라고 덧붙였다.[191]

수사의 불투명성

형사사법절차 내에 존재하는 감찰 메커니즘이 수사의 오류들을 바로잡을 것이라는 희망에는 이유가 있다. 수사관 업무의 결과물은 결국 그의 상관, 검찰, 판사, 피고 측 변호인, 혹은 배심원들에 의해 평가될 것이고, 이들은 모두 비판적인 시선으로 수사관이 제시한 증거들을 판단할 것이다. 이런 제도적인 감찰장치는 다른 사람들 앞에서 자신의 수행을 입증해야만 하는 소위 설명해야 하는 책임감accountability에 대한 심리적 구성개념과 유사하다. 이 구성개념은 누군가가 스스로 청중의 눈에 어떻게 비춰지는지에 따라 칭찬을 받거나, 부정적인 반응에 고통을 받을 것을 기대하는 것을 가리킨다. 필립 테트로크Philip Tetlock와 동료들의 연구에 따르면 이 책임감은 비평가들로부터 나올 법한 반론을 미리 예측하여 실수를 미연에 방지함으로써 자기비판에만 의존해서는 열등한 성과를 냈을 수도 있는 일의 성과를 향상시킨다. 이 책임감은 증거에 더 세심한 주의를 기울이게 하고, 확신감과 정확성의 차이를 더 명백히 구분할 수 있게 해 주며, 사고 과정의 정교함을 증가시키고, 관련 없는 판단에 대한 감정의 영향을 감소시킨다는 것이 발견되었다.[192]

그러나 형사사법절차 내에 존재하는 다층적인 감찰 기제에도 불구하고, 설명해야 하는 책임감은 의도했던 효과를 내지 못할 수도 있다. 물론 이 책임감이 가지는 개선의 효과는 감찰자가 주어진 사안을 잘 알고 있는 경우에 국한된다.[193] 이 책임감은 업무가 감찰자의 시야에서 멀어질수록 실효성이 없는 구성개념이다. 즉, 이것은 업무의 투명성에 영향을 받는다. 그러나 범죄 수사는 예외 없이 모두 불투명하다. 수사과정을 기록(서면, 녹음, 혹은 녹화를 통해)하는 관행은 수사기관에 따라 천차만별이지만, 기록을 완전히 혹은 객관적으로 하는 경우는 드물다. 라인업 담당자들이 직접 보고한 바에 따르면, 그들 중 33%는 라인업 과정을 서면으로 기록하지 않으며, 27%는 사진으로 기록하지 않는다고 한다.[194] 다수의 관할구역에서 담당자들의 7%만이 라인업 진행 과정을 영상으로 녹화한다.[195] 이러한 불투명성은 목격자가 누구를 지목했는지, 지목에 대한 확신감은 어느 정도였는지, 용의자와 관련해 어떤 다른 진술들을 했는지, 지목하는 데 시간이 얼마나 소요되었는지, 라인업 담당자가 목격자에게 어떤 말을 했는지 알 수 없게 만든다. 제6장에서도 논의하겠지만 이런 정보들은 목격자의 범인지목을 평가하는 데 매우 중요할 수 있다. 목격자 증거가 포함된 미국 대법원 사건의 절반에서는 목격자의 범인식별 절차가 불완전하게 기록되어 있었다(그럼에도 불구하고, 예외 없이 그것도 순조롭게, 누락된 정보를 제대로 고려도 하지 않은 채 목격자 증거의 신빙성에 대한 논의를 진행하였다).[196]

대부분의 공동 목격자에 대한 면담에서 기록된 것들은 주로 수사관이 앞서 기록한 것을 회고하여 다른 말로 바꾼 것들이다. 이런 관행은 목격자가 제공하는 막대한 양의 정보 손실을 낳는다. 아동 수사 면담자들을 대상으로 한 연구는 아동 진술의 20~40%와 면담자가 아동에게 했던 질문 내용의 80% 이상이 보고서에서 누락되었다는 것을 발견하였다.[197] 마찬가지로 실제 아동학대 사건의 면담 사례를 연구한 결과, 면담을 진행하는 동시에 면담 내용을 그대로 기록하려고 했음에도 불구하고 아동이 보고한 정보의 1/4과, 면담자가 했던 질문들의 절반 이상이 보고서에서 누락되었다.[198] 플로리다의 숙련된 수사관들을 대상으로 한 연구는 목격자 진술의 2/3 정도가 제대로 기록되지 않았고, 심지어 수사관들이 했던 질문들은 전혀 기록되지 않았다는 것을 발견하였다.[199] 목격자들이 이보다 훨씬 더 많이 기억할 것이라고 기대할 만한 근거는 거의 없다. 수사 과정의 불투명성은 질문 방식이나 목격자 진술에 포함된 아주 작은 단서들에 의한 오류처럼 알아차리기 힘든 방식으로 발생할 수 있기 때문에 문제가 된다. 객관적인 기록의 부재가 야기하는 문제는 특히 용의자의 진술을 얻는 데 사용되었던 수사 방식이 논쟁이 되는 용의자 신문 상황에서 극대화될 수 있다. 그러나 수사관들도 알다시피, 법정에서 발생하는 이러한 논쟁에서 대부분의 경우 용의자보다는 수사관의 말이 더 신뢰를 얻기 마련이다. 요약하자면, 수사의 불투명성은 많은 법적 증거들을 모호하게 만들고 수사관들로 하여금 설명해야 하는 책임감에 주의를 덜 기울이도록 만든다.[200]

브랜든 메이필드 사건 수사

오리건 주의 변호사이자, 알 카에다AI Qaeda 테러공격에 가담한 혐의를 받은 브랜든 메이필드Brandon Mayfield에 대한 수사는 경찰수사가 잘못된 방향으로 흘러갈 수 있다는 것을 제대로 보여 주는 좋은 예다. 특히 이 사건은 FBI(미국연방수사국)와 미국 법무부(Department of Justice: DOJ) 감사관에 의해 철저하게 수사되었다는 점에서 더욱더 시사하는 바가 크다.[201] 오랫동안 지문감정의 오류율이 0%라고 주장해 왔고, 법정에서도 이를 여러 차례 인정받아 왔던 지문감식가들은 메이필드 사건에 큰 충격을 받았다.[202] 또한 이 사건은 심지어 권위가 높은 전문가도 잘못된 수사의 역동에 영향을 받을 수 있고, 결국에는 설득력 없는 주장을 할 수 있다는 것을 보여 준다.

2004년 3월 FBI는 스페인 국립 경찰서로부터 마드리드Madrid 통근열차에 대한 알 카에다의 무차별 테러공격 사건 수사에 도움을 달라는 요청을 받았다. 컴퓨터화된 지문 감식 결과는 메이필드의 지문이 잠재적인 테러 가담자의 지문과 일치할 가능성이 높다는 것을 시사하였다. 메이필드는 용의자로서 적합한 조건을 갖추고 있었다.

퇴역 군인이었던 메이필드는 이슬람교로 개종을 했으며 이집트 여성과 결혼했다. 그는 과거에 자녀 양육권 분쟁에서 테러 음모로 유죄판결을 받은 무슬림Muslim 남성의 변호를 맡은 이력도 가지고 있었다.[203]

먼저 FBI 고위 지문 전문가가 지문 감식을 통해 메이필드와 테러범의 지문이 일치한다는 판단을 내렸다. 추후 30년 이상의 경력을 가지고 은퇴한 FBI 지문 분석가도 동일한 판단을 내렸다. 이 과정은 FBI 지문 분석 책임자의 관리 및 감독 아래에 진행되었다. 2주 후, 연방 검찰은 연방법원에 메이필드를 "중요 증인(참고인)" 자격으로 구속수사하기 위해 영장을 신청했다. 영창신청은 메이필드와 범인의 지문이 100% 일치한다고 주장한 FBI의 진술서에 주로 근거했다.[204] 메이필드는 체포되었고, 전해지는 바에 따르면, 그는 자신이 사형을 선고받을 수 있는 범죄에 가담한 혐의로 조사를 받는 중이라고 들었다.[205] 추후 법정에서 지정한 또 다른 지문 분석가도 메이필드가 테러범이라는 FBI의 주장을 지지했다. 그러나 얼마 지나지 않아 스페인 경찰은 테러범의 지문이 사실은 알제리Algeria 국적의 다우드 아후네인Daoud Ouhnane이란 남성의 것임을 발견했다. 반론의 여지가 없이 명백한 이 결과를 검토한 후, FBI는 메이필드에 대한 지목을 철회하고 그를 석방시켰다.

메이필드의 지문이 마드리드 열차 테러범의 것과 일치한다고 언명되던 순간부터, 수사는 멈출 수 없는 화물 열차처럼 앞으로 나아가기 시작했다. FBI 보고서 저자의 말에 의하면, "일단 첫 번째 지문 감식관이 메이필드가 범인이라는 태도를 형성하자, 이후의 지문 감식들도 이에 물들게 되었다."[206] 게다가 메이필드를 용의자로 지명한 FBI의 동기는 명백했다. FBI가 마드리드 열차 테러사건을 해결하는 데 매우 관심이 있었다는 것은 분명한 사실이다. 테러범을 찾아내는 일은 이라크 전쟁에서 미국의 동맹국으로서 스페인 정부의 협력을 확보하는 데 도움이 될 수 있었다. 또한, 우호관계에 있는 유럽 국가의 땅에서 벌어진 알 카에다 테러사건을 해결하는 일은 테러와의 세계 전쟁에서도 미국에게 이득이 될 수 있는 일이었다. 마지막으로, 미국 이슬람교인을 알 카에다 집단과 연관시킴으로써 미국 정부의 자국 내 테러방지 노력에 대한 명분을 제시할 수 있었고, 특히 논란의 여지가 많은 「애국자 법(Patriot Act; 역자 주: 미국 「애국자 법」은 9·11 테러 이후 제정된 테러 방지를 위한 법이다.)」과 같은 법률에 대한 지지를 얻어 낼 수 있었다. 실제로, 세간의 이목을 끌었던 메이필드 사건의 주 원인은 잘못된 지문 감식이라고 FBI 보고서에 언급되어 있다.[207]

메이필드 사건은 FBI 감식관들이 사건 정보를 선별적(편파적)인 태도로 처리한다는 것을 보여 준다. DOJ 보고서에 언급되었듯이, FBI가 중시했던 몇몇 지문 감식 기준들은 일련의 메이필드 지문들 중 오직 하나의 지문에서만 확인되었다.[208] 다시 말해, 감식관들은 그들의 가설을 확증해 주는 정보에만 초점을 맞추었고, 똑같이 신뢰할 만한 정보임에도 가설에 반하는 정보는 무시했다. 또한 감식관들은 선별적으로 증거를 조사했다. 타당성 논란이 있었던 지문 비교 작업은 다수의 세부적인 지문의 특징들("3 수준" 세부사항들)이 유사한지에 근거해 수행되었다.[209] 감식관들은 타당성 논란에도 개의치 않고 메이필드의 지문에서 발견된 매우 세부적인 특징들의 유사성을 가지고 지문 일치를 정당화하려 했다.[210] 그러면서 메이필드 지문의 나머지 상당 부분은 범인의 것과 일치하지 않는다는 사실은 철저하게 무시했다.[211]

메이필드 사건의 수사에는 편파된 증거 평가가 만연해 있었다. FBI는 메이필드와 테러범의 지문에서 15개의 유사한 특징들이 발견됐다고 발표했다. DOJ 보고서에 따르면, 감식관들은 테러범 지문의 일부 흐릿하고 애매한 특징들도 메이필드의 것과 유사하다고 해석했다.[212] 이 지문은 다우드의 오른 쪽 세 번째 손가락에서 나온 것임이 밝혀졌지만, FBI는 이 지문이 메이필드의 왼쪽 집게손가락 지문과 일치한다고 하였다.[213] 또한 감식관들은 "후진Backward" 추론을 통해 존재하지도 않은 추가적인 유사성들을 "발견"했다.[214] 그뿐만 아니라 이 사건을 수사하는 과정에는 집단 효과도 존재했다. FBI 보고서에 명시되어 있듯이, FBI 2번, 3번 감식관들의 지문 감식은 집단 단결의 압박에 의해 제약을 받았을 가능성이 있다. "불일치하는 것은 기대했던 반응이 아니었다."[215] 게다가 집단 효과는 FBI 감식관들의 지나친 자신감과 스페인 감식관들에 대해 느끼는 우월감에서도 명백히 드러났다.[216]

아마도 이 사건에서 가장 주목할 만한 점은, FBI팀이 수사 초기에 메이필드를 범인으로 지목한 것에 너무 집착했다는 것이다. FBI로부터 수사 결과를 받은 지 얼마 되지 않아, 스페인 경찰은 FBI측에 그들의 지문 감식이 잘못되었다는 것을 알려 주었다. 그러나 FBI가 감식 결과를 재검토하도록 하는 데 성공하지 못했다. 오히려 FBI는 스페인 수사관들과 마드리드에서의 만남을 주선해 자신들의 지문 감식 결과가 타당하다는 것을 납득시키려고 했다. 8일이 지난 후 열렸던 이 모임은 원만하게 진행되지 못했다. 스페인 경찰관의 보고에 따르면, FBI는 스페인은 단지 7개의 유사성만을 발견했지만, 자신들은 15개의 유사성을 발견했다고 주장하였다.[217] 스페인측 대표는 그들과 FBI의 지문 분석 결과의 불일치에 대해서 계속 지적했지만, "미국인들을 이해 시키기에는 역부족인 것 같았다." 스페인 경찰 지문 감식 책임자는 FBI에 대해 "그들 은 모든 것에 있어서 그들만의 명분을 가지고 있었다."고 이야기했고, 덧붙여 "그렇 지만 나는 그것을 이해할 수 없었다."고 말했다.[218] 이 모임의 마지막에, FBI는 스페 인측으로부터 지문을 재검토하겠다는 약속을 받아 냈다. FBI의 압박은 계속되었다. 스페인 경찰관의 말에 의하면, 모임 이후 3주 동안 FBI는 "우리에게 끊임없이 연락을 취했고" "그들은 우리에게 압력을 가했다."[219] 또한 메이필드 사건은 수사의 불투명 성 때문에 생기는 문제들이 부각된 사건이었다. 비록 이 수사가 FBI의 편의에 맞춰 진행되었음에도 불구하고, FBI는 그들의 결론에 대한 근거를 기록하지 않았다.[220] 결 국 수사 실패에 대한 정확한 원인들은 알려지지 않았다.

또한 이 사건은 잘못된 수사에 대한 집착이 사법절차에 부차적인 악영향을 줄 수 있음을 보여 준다. 법정에서 FBI와 그들의 변호사들은 잘못된 수사에 대한 구실을 만 들기 위해 메이필드의 구속영장을 옹호하는 사실무근의 왜곡된 진술을 했다. 미국 정부는 범인의 지문분석을 두고 스페인측이 FBI의 수사 결과에 "만족감을 느꼈고" 따 라서 스페인 경찰이 분석을 재검토하기로 약속했다며 스페인 경찰과 FBI 사이에 골 치 아픈 불일치가 있었다는 것에 대해 사실과는 다르게 전달하였다.[221] 또한 FBI는 메 이필드가 실제로 스페인에 간 적이 있다는 것을 입증하기가 곤란했다. 메이필드의 스 페인 방문 기록이 존재하지 않았고, 심지어 그는 여권도 가지고 있지 않았다. 이 주장 을 입증할 증거가 없는 것에 대해서 연방 정부의 진술서에는 다음과 같이 언급되어 있었다. "아마도 메이필드가 가명을 쓴 채 스페인에 방문했을 것으로 생각된다."[222] 메이필드를 마드리드 테러사건의 주범으로 몰기 위해, 연방 수사관들은 메이필드의 자택과 사무실에서 "다수의 스페인 문서들"을 압수했다고 주장했다. 그러나 이 문서 들은 메이필드의 어린 자녀가 스페인어 수업 시간에 제출했던 숙제들이었다.[223]

FBI가 제시한 증거들은 메이필드가 유죄판결은 물론이고 사형 선고를 받기에도 충 분했다는 점은 주목할 만하다. 메이필드는 미국의 유명한 범죄 연구소들에서 과학적 으로 검증되었고, 이후에 법원이 지정한 전문가에 의해서도 한 번 더 검증받은, 꽤 확 고한 유죄 증거들 앞에 직면했다. 보통의 상황이었다면 FBI의 실수를 밝히는 일은 불 가능했을 것이다. 진범에 대한 논란의 여지가 없는 명백한 지문 일치 증거가 없었다 면 메이필드의 운명은 완전히 달라졌을 것이다.

개선을 위한 권고

이 장에서는 경찰 수사의 진행 방식을 살펴보았고, 특히 수사의 역동적 특성들을 중점적으로 다루었다. 수사를 제대로 수행하려면 세심한 인지 처리가 이루어져야 하지만, 범죄 수사의 현실이 경쟁적이라는 점에서 이것은 어려운 일이 될 수 있다. 인지적 편파들은 대부분 그 자체로는 방향성을 띠지 않고, 선호하는 수사 결론이 무엇이든지 그 결론을 강화하는 역할을 한다. 한편으로, 수사 과정은 대립적이고 유죄 확증적인 결론으로 수사를 유도하는 다양한 동기적 영향에 의해 심하게 좌우될 수 있다. 사실상 인지적, 동기적 요인들은 종종 동시에 작용하면서 편파된 수사의 근원을 제공한다.

앞서 언급한 것들은 모두 수사관에 초점을 맞추고 있다. 구체적으로 수사관들이 어떤 식으로 정보를 찾고, 검증하고, 평가하는지에 대해 중점적으로 알아보았다. 즉, 수사의 역동적인 과정 중 오직 한 측면만을 주로 다루었다. 또 다른 중요한 측면인 증거(주로 증언)에 대한 수사의 영향에 대해서는 다루지 않았다. 본서의 다음 세 장에서는 수사 가설이 목격자 증언에 어떻게 영향을 미치는지, 그리고 목격자들이 이 가설에 순응하도록 설득하는 방법이 무엇인지에 대해 다룬다. 수사관들은 수사 역동을 확대하기 위해서 수사 가설을 지지해 주는 확증적인 증거들을 만들어 냄으로써 가설을 확고한 결론으로 바꾸는 경향이 있다. 제6장에서도 논의되듯이, 이런 사이비-증거보강pseudo-corroboration은 범죄수사 결과에 강력한 영향을 미친다. 사건에 대한 초기의 잘못된 생각은 수사가 진행되는 동안에도 계속 유지되는 경향이 있는데, 특히 당사자주의적 견인력이 강한 경우에 이런 경향은 더욱더 빈번하게 나타난다.

당사자주의는 영미사법 절차가 가지는 특징들 중 하나이지만, 수사단계에서는 근본적으로 부적절하다는 데에는 논란의 여지가 없다. 진상조사의 장치로써 성과를 거두기 위해, 당사자주의는 사실에 대한 서로 반대되는 입장들의 대립을 요구한다. 실제로 수사는 경찰과 주state에 속한 수사기관들에 의해 거의 독점되다시피 한다. 해당 주는 범죄 현장, 물적 증거, 데이터베이스database, 피해자, 대부분의 목격자들에 대해 사실상 독점적으로 접근한다. 또한 해당 주는 증거 수색과 몰수, 범인 구속, 범인을 위협하기 위한 장치로서 공소권 행사를 하는 일에서도 독점권을 가진다. 반면에 피고측은, 특히 피고인이 구속된 경우라면, 사건에 대해 매우 제한된 조사를 할 수 밖에 없다. 그러나 심지어 용의자들이 수사관과 똑같은 수사권을 가질 수 있다고 하여도, 유색 인종 용의자들의 대다수는 그것을 활용할 수가 없다. 실질적으로 수사는 일방 적인 준準대립 절차로 진행되며, 대개 점검을 받거나 저지당하지도 않는다. 한 손으 로 박수를 치는 것과 같은, 이 일방적인 수사는 진실 규명을 하는 데 부적절한 방법을 사용함으로써 당사자주의적 절차가 가지는 이점들을 없앨 수도 있다. 다음으로 살펴 볼 것은 경찰 수사의 정확성을 높이기 위한 몇 가지 대안들에 관한 것이다.

편파에서 벗어나기: 다른 대안들

확증편향에 맞서는 자연스러운 방법은 편파를 버리는 것이다. 편파를 버리는 한 가지 가능한 방법은 건전한 회의주의와 수평적 사고를 촉진하는 것이다. 다시 말해, 대안가설을 만들어 내는 데 필요한 기제들을 갖추는 것이다.[224] 이 같은 제안은 영국 경찰 훈련에 실제로 도입되었고,[225] 캐나다에서는 법으로 규정되기도 하였다.[226] 편파 를 버리는 데 다소 성공적이었던 실험적 개입은 사람들에게 "반대되는 가설을 고려" 해 보라고 지시를 하는 것이었다.[227] 마찬 가지로 수사관들로 하여금 대안 가설들을 고려해 보고, 그것들을 기각하는 이유를 구체화해 보라고 지시할 수 있다.

분명히 이런 개입은 환영받아 마땅하지만, 개입이 주는 효과에는 한계가 있다는 것을 염두에 두어야 한다. 탈脫편파를 위한 지시들은 비교적 약한 인지적 오류들, 부 주의로 인해 태만해진 사고를 바로잡는 것과 같은 일에는 성공적이라는 것이 밝혀졌 다.[228] 그러나 동기적 요인들과 인지적 편파들이 혼합되는 경우에는 이런 개입이 덜 성공적이라는 것이 밝혀졌다.[229] 탈편파 지시만으로는 경쟁적인 범죄 수사에 종종 존 재하는 강력한 동기적 편파들을 극복하기 어려울 수 있다. 이런 개입은 오히려 선호 하는 가설을 더욱 강화시키는 역효과를 가져올 수 있다.[230]

기능적 분리

수사의 무결성을 달성하기 위한 또 다른 방법은, 선호하는 가설에 대한 비판적인 검토가 가능한 절차들을 도입하는 것이다. 그 목적은 수사 과정을 철저하게 검토하여 수사가 잘못된 방향으로 진행되는 경우 그것을 교정하기 위한 것이다. 변증법적 추론dialectical reasoning은 일부의 구성원들을 지정하여 지배적인 주요 가설과 반대되는 이론을 제시하도록 하고 경쟁 가설들의 장·단점에 대해 구조화된 토론을 벌이도록 하는 개입방법이다.[231] 이런 방법은 이전의 선택에 전념하는 경향을 줄여 준다고 밝혀졌다.[232]

기능적 분리는 멋들어진 해결책이긴 하지만 실제로는 까다로운 작업이며, 이를 통해 과연 의도된 효과를 얻을 수 있을지 의구심이 들 수 있다. 이 방법은 지정된 사람들이 실제로 지배적인 주요 가설에 반대를 하는 경우에는 효과적일 수 있지만, 이들이 마치 역할 놀이를 하는 것처럼 꾸며 낸 반대를 하는 경우에는 비효과적일 수 있다.[233] 반대가설을 제기하도록 요구받은 사람이 실제로는 상대편과 같은 관점을 취하고 있는 경우라면 진정한 분리가 실행되기 어렵다. 범죄 수사의 맥락에서 보면 지정된 수사관들은 보통 상대편 수사관들과 같은 기관에서 근무하는 동료들이고, 따라서 유사한 훈련을 받았고 법질서에 대해서도 유사한 태도를 가지고 있을 것이다. 동료의 의견에 무조건 반대하는 악마의 변호deil's advocate를 하는 것이 임무였던 네덜란드 범죄 분석가들을 대상으로 한 연구에서도 분리 실패의 사례를 찾아볼 수 있다. 수사팀 내에서 지지받는 수사 가설들은 옹호하면서 그럴듯한 대안 가설들은 무시하려는 경향 때문에 반대자 역할을 하는 분석가들의 중요한 공헌이 약화되었다는 것을 기억하라.[234] 이런 문제가 프랑스 사법체계에서는 치안판사 역할의 효율성을 제한하는 것으로 보인다.[235]

만약 기능적 분리가 성공할지라도 오래 지속되지는 못할 것이다. 일반적으로 반대자들은 주변으로부터 반감을 사기 때문에[236] 장기적으로 영향력을 가지기 어려울 것이다. 게다가 진정한 심리적 분리는 내집단 갈등이라는 병리적인 특성을 수반할 수밖에 없다. 내집단 갈등은 수사 과정에 방해가 되고 가치 있는 수사를 하는 데 걸림돌이 된다. 그뿐만 아니라 개입 실패는 오히려 역효과를 불러일으킬 수 있다. 의사결정자들이 반대이론을 인정하고 그 즉시 이것을 반박하는 것은 그들에게 모든 반대이론이 설명되었다는 공허한 느낌을 주고, 따라서 이들은 자신이 내린 결론의 정확성에 대해 과장된 자신감을 갖게 된다.[237] 이런 상황은 앞서 살펴본 브랜든 메이필드 수사에서도 살펴볼 수 있다. 이 사건에서, 법정에서 지정해 준 전문 지문 분석가는 자신의 동료였던 FBI 분석가들과 마찬가지로 잘못된 결론에 이르렀고, 결국 동료들의 실수를 악화시키는 결과를 낳았다.

그러나 검토를 촉진하는 분위기 속에서 신중하게 고안된 기능적 분리는 성공적일 수 있다. 크레이그 왓킨스Craig Watkins의 관리하에 있는 댈러스 카운티Dallas County의 지방 변호사 사무소가 그 훌륭한 예다. 왓킨스는 정확성의 문제를 전면에 내세웠고, 2007년에는 내부적으로 판결 무결점 부서Conviction Integrity Unit를 설립하였다. 이 부서는 유죄판결을 받은 재소자들의 무죄 주장을 검토하고, 이를 재수사하기 위해 세워졌다.[238] 이 부서가 운영되기 시작한 지 4년 만에, 유죄선고를 받았던 수감자들 중 14명이 사실은 무죄임이 밝혀졌다.[239] 다른 사법권에서는 무죄 위원회를 설립하였는데 이기구는 준●사법부 단체로 무죄임을 타당하게 보여 줄 수 있는 재소자들의 사건을 재검토하기 위해 설립되었다.[240] 기능적 분리는 처음에 무고한 사람들이 범죄 혐의로 기소되고 유죄판결을 받는 일을 사전에 예방했을 때 가장 효과적이고 유익한 결과를 낳을 것이다.

수사기관 개선

수사의 준대립적 성격을 완화하기 위한 가장 야심 찬 방법은 수사관 업무에 대한 제도적인 보상과 동기들을 개선하는 것이다. 우선 수사관들의 유죄 판단을 부추기는 제도적인 압박을 줄이기 위해서 범죄 해결의 목표를 상당 기간 동안 멀리해야 한다는 것이다. 이러한 개선은 현재의 보상 체계를 진실 추구의 목표가 우선이 되는 보상 체계로 바꿀 것이다. 이것을 달성하기 위해 경찰의 수사 책임을 범죄 해결에 직접적인 책임이 없는 국가기관에 위임하는 방법도 있다. 적절한 국가기관의 후보는 이 목적을 위해 설립된 사법부 하위기관이 될 수 있다.[241] 특별 훈련을 받은 판사의 감독 아래에서 전문 수사관들이 수사를 맡아야 할 것이다. 항공 사고에 관한 수사는 연방 항공국Federal Aviation Authority의 직권으로 이루어지는 것처럼 범죄 수사도 상위 관리자의 감독 아래에 수행되어야 한다. 또한 수사 보고서에는 유죄 증거와 무죄 증거 모두에 대한 자세한 설명이 포함되어야 할 것이고, 검찰측과 피고측은 이 정보들을 공유해야 할 것이다.

이 개선방안은 여러 관료 기관들에 대한 전면적인 점검을 요구할 것이다. 제1장에서 논의했듯이 이런 유형의 강력한 개선방안들이 진지하게 검토되어야 한다. 그러나 여기서 제안하는 권고사항들은 중·단기적으로 실행 가능한 변화들에 초점을 두고 있으며, 수사관 개인 혹은 부서 수준에서 적용이 가능한 것들이다.

투명성: 수사 과정 전자기록

범죄 수사의 정확성을 향상시키는 가장 그럴듯하면서도 실행 가능한 방법은 수사 과정을 투명하게 하는 것이다. 이것은 이 책에서 제안하는 가장 중요한 두 가지 권고사항들 중 하나다. 목격자들과의 모든 교류들, 즉 라인업, 면담, 신문 내용은 전부 기록되고 보존되어야 한다. 다른 수사 절차들—특히 과학적 범죄수사를 통해 증거를 조사하는 경우—도 꼼꼼하게 기록되어야 한다. 기록은 최적의 매체—보통 시청각 매체—를 통해 이루어져야 한다. 심지어 기록에는 법정에서는 언급되지 않을 불리한 수사 내용들, 기소를 뒷받침해 주지 않는 목격자와의 면담과 같은 증거도 포함시켜야 한다. 중요한 것은, 사건에 개입된 모든 당사자들이 이 기록을 이용할 수 있어야 한다는 것이다.

다음 장들에서 논의되겠지만 수사에 대한 완전하고 믿을 수 있는 기록을 남기는 것은 준대립절차의 악영향을 완화시키고, 수사의 투명성과 정확성을 향상시키는 방법이다. 투명한 수사는 전반적인 형사사법절차에 이용되는 증거의 질을 향상시킬 뿐만 아니라, 수사 과정 자체를 개선하는 데도 기여할 것이라 예상된다. 수사기록에 대한 접근성을 높이는 것은 수사관들의 업무 책임감도 높일 것이다. 자신의 업무 성과가 다른 이들의 비판적인 시선에 노출될 수 있다는 것을 자각함으로써, 어떤 수사 가설들을 도출할지, 어떤 정보를 검증할지, 어떻게 정보들을 수집할지, 수집한 정보들을 어떻게 평가할지를 결정하는 문제에 대해 더 신중해질 수 있다. 투명성은 경찰기관의 훈련 수단, 관리·감독, 그리고 업무의 품질을 보증해 주는 것이므로, 수사관들이 모범적인 수사 관행을 따른다는 것을 보장해 줄 수 있다. 또한 투명성은 경찰의 위법한 행위를 막아 준다.[242] 게다가 수사에 대한 기록은 정보 수집 도구의 역할을 할 수 있다. 완전하고 정확한 수사 기록은 자칫하면 알아채지 못하고 잊혀질 수 있었던 범죄와 관련된 세부정보들을 포착하게 해 준다.[243]

다음의 권고사항들은 더 정확하고 투명한 증거를 얻고, 당사자주의적 견인력을 감소시키기 위한 것들이다.

1. 수사기관은 수사 절차를 전문화하고 체계화해야 한다. 수사 절차는 모범적인 수사 관행 프로토콜에 근거해야 한다.
2. 수사기관은 수사 과정 전체를 기록해야 한다.
3. 수사기관은 직원들의 열린 사고를 격려하고 보상해 주어야 하며, 업무의 복잡한 특성들에 적격한 자질을 갖춘 인력을 배치해야 한다.
4. 수사기관은 오류의 가능성에 대한 민감도를 증진시켜야 한다.
5. 수사 과정에서 발생한 실수들은 사실대로 보고되어야 한다.

제3~5장에서는 형사 재판에 가장 빈번하게 사용되는 증거들에 대해 최선의 수사 실무를 위한 권고사항들을 제공할 것이다.

Chapter

03

"저 사람이 범인이에요!"
가해자에 대한 목격자 지목

어느 날 아침, 플로리다주 탤러해시에서 한 젊은이가 은행으로 걸어 들어갔다. 그 젊은이는 입금표를 작성한 후, 은행원에게 가서 미국우체국the United States Postal Service에서 발행한 10달러의 우편환을 현금으로 환전해 달라고 하였다. 은행원은 그 우편환에 적힌 총금액이 조악하게 110달러로 위조되어 있다는 것을 바로 알아차렸다. 은행원은 환전을 거부했고 그 젊은이는 우체국에서 실수한 것이라고 주장하면서 은행원에게 변경 내용에 서명이 되어 있는 것을 보여 주었다. 은행원이 계속해서 환전을 거부하자, 그는 화를 내며 은행을 나가 버렸다. 이것은 약 1분 30초 동안에 벌어진 일이다. 4~5시간이 지난 후에, 한 여자가 은행으로 들어와 자신을 경찰관이라고 소개하면서 그 환전 사건에 대해 은행원과 면담하기를 원했다. 면담을 마친 후 경찰관은 은행원에게 여섯 장의 사진 중에서 용의자를 지목할 것을 요구하였다.

이 은행원은 플로리다 주립대학Florida State University의 목격자 연구팀이 진행하는 현장연구에 참여한 47명 중 한 명이었다. 은행원들 중 55%는 환전을 요구했던 남자를 정확히 지목했다. 다시 말하면, 그들 중 절반 가까이가 다른 사람을 지목하거나 용의자를 선택하는 데 실패한 것이다. 특히, 사진들 중에 용의자의 사진이 없는 경우에도 37%의 은행원들은 누군가를 선택하였다. 당연히 이러한 지목은 모두 틀린 지

목이다.[1]

이 장에서는 범죄 가해자들에 대한 목격자 지목을 다룬다. 신원사건identity case; whodunit cases에서 피고인을 가려내는 것은 매우 중요한 문제다. 용의자는 목격자의 지목이 아니더라도 DNA 또는 다른 생물학적 일치, 감시 카메라 그리고 전자기록 등과 같은 방식으로도 식별될 수 있지만, 목격자에 의한 지목은 용의자 식별의 가장 일반적인 형태이며, 수사investigation와 기소prosecution를 위한 필수적인 도구다. 한 통계에 따르면, 미국에서는 매년 약 77,000명의 용의자가 목격자에 의해 지목된다.[2] 지목된 용의자에게 수사가 집중되는 경향이 있다는 점에서, 용의자 지목은 대체로 사건 수사의 중요한 시점에 이루어지고, 종종 이 지목이 사건의 결과를 확정 짓는다.

라인업lineup에서 가해자 지목은 목격자에 의해서 제공되는 정보의 일부일 뿐이다. 목격자는 지목하는 과정에서 목격 당시 주변의 밝기, 가해자와의 거리, 노출 시간과 라인업에서 가해자를 지목할 당시의 확신감과 같은 자신의 지목을 뒷받침할 수 있는 많은 다른 정보들도 제공한다. 또한 목격자는 가해행동을 비롯하여 범죄와 용의자를 연결 지을 수 있는 다양하고 구체적인 세부사항들과 같이 매우 중요하고 광범위한 정보도 제공한다. 범죄 사건에 관한 기억은 제4장에서 다루기로 하고, 이 장에서는 가해자에 대한 지목, 특히 사람들이 가장 일반적으로 사용하는 단서인 얼굴 특징들에 기초한 지목만을 다룰 것이다.[3]

목격지목이라는 성가신 문제에 대한 이해를 높이기 위해 방대한 연구들이 이루어졌다. 사람들은 낯선 사람을 얼마나 잘 알아보고 지목할 수 있는가? 왜 사람들은 잘못된 목격지목을 하는가? 지목절차는 수사절차의 영향을 얼마나 받는가? 지목의 신뢰도를 높이기 위해 법 집행 기관들에서는 무엇을 할 수 있는가? 밝혀진 바에 따르면, 이 간단해 보이는 과제는 매우 복잡하다. 이 분야에서 광범위한 연구가 수행되어 왔음에도 불구하고—학술지에 출판된 라인업 연구는 450건 이상이며 안면 인식 연구는 2,000건을 넘는다[4]—우리는 이 문제에 대해 완전히 파악하지 못하고 있다. 방대한 요인들이 지목에 영향을 준다는 점에서, 연구자들이 관련된 모든 요인들을 연구하는 것은 불가능하며, 그 요인들 사이의 상호작용에 대해서는 말할 것도 없다.

지목 절차에는 우범자 사진첩mugshot books, 쇼업showups, 사진 열거photographic arrays와 실물 라인업live lineups이 포함된다. 우범자 사진첩은 주로 경찰관이 생각하고 있는 용의자가 없는 경우에, 가해자에 대한 단서를 얻는 수단으로 사용된다. 목격자는 이전에 용의자였던 적이 있지만 조사 중인 범죄와는 어떠한 관련성도 없는 많은 사람들의 사진들 중에서 용의자를 찾아내야 한다. 쇼업은 다른 사람들은 전혀 포함되지 않고, 오직 용의자만 포함되는 범인식별 절차이며, 목격자는 '그' 사람이 가해자인지 여부에 대해서 말해야 한다. 이 절차는 경찰차 안, 범죄 현장 및 병원 등의 현장에서 진행되는 구조화되지 않은 절차다. 사진 열거(사진 라인업 또는 사진 펼치기라고도 함)와 실물 라인업은 가장 구조화되고 신뢰로운 범인식별 절차다. 사진 라인업 또는 실물 라인업은 경찰이 의심하는 용의자가 있고 그의 신원에 대한 확신을 구하려고 할 때 수행된다. 이 절차에서 용의자는 다섯 명 또는 그 이상의 다른 사람들foils or fillers과 함께 라인업을 구성한다. 목격자는 이들 사이에서 가해자를 지목해야 한다. 이 장에서와 마찬가지로 실험 연구들은 사진 라인업과 실물 라인업에 주로 초점을 맞추고 있다. 특별한 경우가 아니라면, 이 장에서 라인업이라는 용어는 이 두 절차 모두를 의미한다.

범인식별에 대한 연구들은 첫 단계에서 표적인물target person을 목격하는 것으로 시작한다. 연구에 참가한 목격자들은 표적인물이 범죄를 저지르는 장면을 묘사한 비디오를 시청하거나 누군가 교실로 들어가 교수의 가방을 훔치는 것과 같은 범죄 장면을 실제로 목격한다. 두 번째 단계에서 목격자는 라인업에서 표적인물을 지목해야 한다. 어떤 실험 절차에서는 라인업에 표적인물이 포함되어 있고(표적-제시 라인업; target-present lineups), 이 절차는 경찰이 실제 가해자를 찾아서 라인업에 배치할 수 있는 상황을 조작하기 위해 설계된 것이다. 다른 실험 장면에서는 표적인물이 라인업에서 빠져 있다(표적-부재 라인업; target-absent lineups). 후자의 절차는 경찰이 무고한 사람을 의심하여 실제 가해자 대신 그 사람을 라인업에 배치한 경우를 재현한 것이다. 이 절차에서 수사의 운명은 가해자가 없다고 말할 수 있는 목격자의 능력에 달려 있다.

목격자의 반응은 다음의 다섯 가지 중 하나다. 목격자가 표적인물을 옳게 선택했을 때의 지목은 바람직한 결과인 진실-긍정true-positive, 또는 적중hit이라고 하며, 실제 상황에서 정확한 유죄판결에 기여한다. 표적인물이 아닌 무고한 다른 사람이 선택되었을 경우의 지목은 오류-긍정false-positive, 또는 오경보false alarm이며, 실제 상황에서 이것은 잘못된 유죄판결로 이어질 가능성이 있다. 표적-부재 라인업에서는 라인업에 표적인물이 없기 때문에, 누구를 지목하더라도 오경보에 해당한다. 목격자는 누구도 선택하지 않기로 결정할 수 있고, 표적인물이 없다고 말함으로써 라인업을 기각할 수 있다. 실제로 가해자가 라인업에 없다면, 이 기각은 진실−부정true-negative이며, 이 결과는 경찰들을 다시 초기 수사단계로 돌려보낸다. 실제로 가해자가 있는 경우에 목격자가 라인업을 기각하는 것은 오류−부정false-negative이며, 이것은 유죄인 사람을 방면하는 결과를 가져올 수 있다. 결과적으로, 목격자는 라인업의 누구도 알지 못한다고 말할 수 있지만 가해자가 라인업에 있을 가능성을 배제할 수는 없다.

지목의 정확성

목격지목 연구들의 가장 중요한 발견은 목격지목이 일반적인 인식보다 매우 부정확하다는 것이다. 실제 사건과 실험 연구에서의 목격자에 대한 수많은 관찰 결과들은 비교적 안정적인 패턴으로 나타난다. 실제 사건으로부터 얻은 자료는 45%도 안 되는 목격자들이 용의자를 선택하고, 약 35%는 누구도 지목하지 않으며, 약 20%가 무고한 다른 사람들을 선택한다는 것을 보여 준다.[5] 이 자료의 대부분은 미국에서 사용하고 있는 지목 절차보다 일반적으로 더 우월한 절차를 사용하고 연구자들에게 접근성이 더 좋은 영국의 경찰기록으로부터 얻어진 것이다. 미국의 일부 자료도 이와 유사한 패턴을 보여 준다. 20년 동안 새크라멘토에서 수행된 지목 절차에서 50%의 목격자가 용의자를 지목했고, 26%가 누구도 지목하지 않았으며, 24%가 무고한 다른 사람을 지목하였다.[6] 이러한 실제 자료는 실험실에서 얻어진 결과와 놀랍도록 유사하다. 94개의 실험연구에 대한 메타분석meta-analysis은 46%의 목격자들이 가해자를 정확히 선택하였고, 33%는 선택을 거부하였으며, 21%가 무고한 다른 사람을 선택하였다는 것을 보여 주었다.[7]

위에서 언급한 실험 자료들은 용의자가 포함되어 있는 라인업에 대한 자료다. 이러한 라인업은 경찰이 실제 가해자를 찾아서 라인업에 배치한 경우에 해당하는 것이다. 그러나 현실에서, 경찰이 의심하는 사람이 언제나 실제 가해자는 아니다. 따라서 보다 신뢰로운 목격자 증언의 평가 기준을 얻기 위해서는 표적인물이 없는 라인업에서 목격자의 수행을 확인해 보아야 한다. 이 표적−부재 라인업에서, 옳은 응답은 표적이 라인업에 없다는 것뿐이다. 그러나 많은 연구들은 거의 절반에 가까운 목격자

들(48%)이 명백히 무고한 누군가를 선택한다는 것을 지속적으로 보여 주고 있다.[8]

목격자들이 낯선 사람들을 지목하는 데 어려움을 겪는 것이 어떻게 실제로 유죄인 사람들을 유죄판결 할 가능성을 해치는지 아는 것은 어렵지 않다. 심지어 표적인물이 라인업에 있더라도 목격자들의 1/3이 누군가를 지목하는 데 실패한다(35%가 누구도 선택하지 않는다는 것을 기억하라). 누군가를 선택한 목격자들 중 약 1/3이 표적인물 대신 무고한 다른 사람을 선택한다(누군가를 선택한 65% 중 20%가 틀린 지목을 한다). 따라서 종합하면, 라인업에 배치되었던 실제로 유죄인 가해자 중 절반가량이 지목되지도, 처벌되지도 않는 것이다(누구도 선택하지 않은 35%와 틀린 지목을 한 20%의 합). 또한 이 연구는 잘못된 유죄판결에 대한 가능성을 열어 두는 것과 마찬가지인 무고한 용의자가 표적인물로 잘못 지목될 위험성에 대한 통찰도 제공한다. 무엇보다, 목격 지목이 언제나 옳은 것은 아니다. 표적-제시 라인업의 자료들은 누군가를 지목하는 목격자들 중 오직 2/3만이 표적인물을 옳게 지목한다는 것을 보여 준다(누군가를 선택한 65% 중 45%가 옳은 지목). 따라서 실제 표적인물이 있는 경우에도 세 사람 중 한 명은 무고한 사람을 선택한다.[9] 표적-부재 라인업에서 무고한 다른 사람을 선택하는 비율은 특히 높은데, 50%의 목격자들은 명백하게 누군가를 잘못 선택한다. 이후에 논의된 바와 같이, 목격자들이 전혀 본 적 없는 사람들을 지목하는 비율이 높다는 것은 낯선 사람에 대한 지목이 누군가를 선택하고자 하는 과도한 경향성에 의해 영향을 받는다는 것을 보여 준다. 쇼업 절차에는 무고한 사람들이 잘못된 유죄판결을 받을 위험이 만연하고, 이 절차에서의 모든 실수는 용의자에게 죄를 뒤집어씌우는 경향이 있다.

목격지목의 신뢰도에 대해 염려해야 하는 또 다른 이유가 있다. 목격지목의 신뢰도를 평가하기 위한 이차적인 방법은 용의자가 없는 라인업에서 목격자가 어떻게 반응하는지 확인하는 것인데, 이 평가는 표적-제시 라인업과 표적-부재 라인업에서 목격자의 수행을 비교함으로써 가능하다. 목격자는 용의자가 라인업에 있을 때는 용의자를 옳게 지목하고 없을 때는 누구도 지목하지 않아야 신뢰롭다고 할 수 있다. 밝혀진 바에 의하면, 옳은 지목의 반 정도만 이러한 신뢰도의 이중 준거double criterion를 충족시킨다. 나머지 반은 표적인물이 라인업에 있을 때는 옳게 그를 선택하지만 없을 때는 무고한 다른 사람을 선택한다.[10] 신뢰도의 이중 준거를 충족하지 못하는 옳은 지목은 불안정하고, 스티븐 펜로드Steven Penrod에 따르면 그럴듯한 교육된 추측에 불과하다.[11] 이러한 목격지목에 기초하여 피고에게 유죄판결을 하는 것은 심각한 정책적 이슈를 불러일으키는데, 그 불안정성에도 불구하고 목격지목이 상당한 확신감과 함께 습관적으로 재판에 제시되고 있기 때문이다.

종합하면, 실험 및 현장 연구를 통해 얻은 자료들은 목격지목의 정확성에 대한 암담한 그림을 보여 준다. 목격지목의 1/3이 잘못된 지목이며, 옳은 지목 중 절반은 불안정하다. 결국, 목격지목 중 1/3만이 신뢰할 수 있는 정확한 지목이라고 할 수 있다. 목격지목에 기초하여 피고인에게 유죄판결을 내릴 수 있기 때문에 우리는 이러한 종류의 증거를 다루는 데에 많은 주의를 기울여야 한다. 이후에 논의된 것처럼 목격지목의 신뢰도에 대한 불신은 옳은 지목의 수가 다소 줄어들더라도 라인업 절차를 개선해야 한다는 입장을 지지한다.

신뢰도가 문제시됨에도 불구하고, 일반적으로 목격자의 지목 증언은 사건의 결과에 강력한 영향을 미친다. 용의자에 대한 지목은 그가 유죄라는 것을 증명하기 위한 수사의 강도를 높일 것이고, 제2장에서 논의된 것과 같이 이것은 그 결론과 부합하는 증거들을 더 많이 수집하도록 할 가능성이 있다. 목격지목은 또한 검사로 하여금 피고측 변호인의 완강함을 꺾기 위해, 그리고 일심 법원 재판장들의 사건해결을 돕기 위해 기소하거나 유죄협상을 제시하도록 유도할 것이다. 제6장에서 논의할 내용과 같이, 제3자인 사실판단자들은 목격지목의 정확성을 매우 신뢰하는 경향이 있다. 사실판단자들은 목격지목의 신뢰도를 위협하는 많은 요인들에 민감하지 못하고 따라서 목격자들이 정확한지를 가늠하는 데 능숙하지 못하다. 오래전부터 잘못된 목격지목이 잘못된 유죄판결의 가장 흔한 원인으로 알려져 온 것은 놀랄 일도 아니다.[12] 이것은 면죄 사례들에서 반복적으로 발견되며 이들 중 거의 3/4이 잘못된 목격지목에 의한 것이다.[13] 이 사건들 중 많은 사건들에서 잘못된 목격지목은 피고인에게 불리한 유일한 증거였다.

기본적인 기억 과정

이 장의 나머지 부분에서는 목격자 지목의 정확성을 설명하는 과정과 정확성에 영향을 주는 요인들을 다룬다. 사실, 낯선 사람을 알아보는 것은 기억의 작용이다. 목격자들은 그들이 범죄 현장에서 본 사람에 대한 기억과 라인업에 있는 용의자가 일치하는지를 결정하기 위해 소환된다. 일반적으로 기억과정은 세 개의 하위 과정으로 구성되어 있다. 그것은 부호화encoding, 유지retention 및 인출retrieval이다.[14] 이 세 국면 각각의 과정을 방해하는 요인들이 목격지목의 정확성을 복잡하게 한다는 것이 연구들의 결론이다.

부호화　기억은 어떤 대상, 사람, 또는 사건에 대한 정보를 획득하는 부호화로부터 시작된다. 한 사람의 이미지에 대한 기억은 주로 그의 외모에 대한 부호화에 의존한다. 사람들이 본래 낯선 사람들의 얼굴을 부호화하는 데 능숙하지 않다는 것은 절대적인 사실이다. 우리 기억 체계는 우리들이 수십, 수백 개의 이미지와 하루 동안 우리가 마주치는 수천 명의 낯선 사람들을 기억하기 위해 자원을 소비하도록 내버려 두지 않는다.[15] 부호화는 종종 범죄 사건의 목격조건이 최적이 아닐 때 방해를 받는다.

유지　부호화 단계 이후에 기억은 인출을 위해 저장된다. 이 유지 기간 동안, 기억은 쇠잔decay하여 약화되는 것이 일반적이다. 유지된 기억은 대중매체, 수배 전단지 또는 법정에 노출된 용의자의 이미지 등과 같은 다양한 원천에 의해서 오염되기 쉽다. 오염은 사건을 함께 목격한 사람과의 대화 또는 수사 면담investigative interview 과정에서 가해자에 대한 정보에 노출됨으로써 발생하기도 한다.

인출　기억 과정의 정점은 기억된 이미지를 의식적 인식으로 가져오는 것, 즉 기억의 인출이다. 인출은 범죄 사건이 자발적으로 떠오를 때, 또는 친구들이나 형사에게 사건에 대해 이야기할 때와 같이 기억 과정의 다양한 시점에서 일어난다. 목격지목의 맥락에서 인출은 라인업에 있는 사람들 중 누군가를 범죄의 가해자로 인식할 수 있는지를 결정하는 지목 절차에서 이루어진다. 지목 절차는 목격자의 기억만을 이끌어 내어 표적인물과의 직접적인 대응을 촉진하는 것이 이상적이지만, 실제로는 숱한 어려움과 잠재적인 편파를 일으킬 수 있는 매우 복잡하고 다양한 측면을 가진 과제다. 사람들은 그 사람에 대한 신뢰로운 기억이 없는 경우에도 누군가를 선택하고자 하는 경향이 있기 때문에 지목 절차에는 목격지목의 정확성을 위협하는 요소가 내재되어 있다. 이러한 과도한 선택경향over-inclination to choose은 목격자가 라인업에 가해자가 있다고 생각하는 경우와, 용의자가 라인업의 다른 사람들과 현저히 다를 때 특히 강하다. 따라서 이러한 경향성은 목격지목 절차에 의해서 쉽게 악화되거나 조작될 수 있다.

과도한 선택경향은 목격자들에게 그들이 첫 번째로 선택한 사람이 가해자가 아니라는 것을 알려 준 후에 다시 한 번 용의자를 지목할 기회를 주었던 연구들에서 명백하게 나타난다. 목격자들 중 60% 정도는 그들의 기억이 잘못되었다는 것을 인정하거나 과제를 피하기보다는, 또 다른 사람을 선택했다.[16] 과도한 선택경향은 심지어 비공식적인 상황에서도 쉽게 증명되는 강력한 현상이다.[17] 이 현상은 피험자들에게 로널드 코튼 사건에 대한 다큐멘터리를 보여 준 직후 몇 분 이내에 실시한 표적-부재 라인업에서 용의자를 지목하게 했던 한 연구에서도 나타났다. 71%나 되는 피험자들이 누군가를 선택하였고, 지목된 모든 사람들은 필연적으로 무고한 사람들이었다. 이 비율은 영상을 보지 않은 피험자들이 누군가를 선택한 비율과 다르지 않았다 (74%).[18] 실제로 제니퍼 톰슨은 그녀를 폭행한 사람을 지목하고자 하는 과도한 경향성을 명백하게 가지고 있었다(제2장 참조). 톰슨이 했던 두 번의 지목은 모두 약한(동시에 잘못된) 재인에 기초하고 있었다. 사진 라인업에서, 그녀는 여섯 장의 사진 중 네 장을 제외시키고 나머지 사진들 사이에서 고민하였다. "내 생각에는 이 둘 중 하나에요─이 사람인 것 같은데, 저 사람인 것 같기도 해요." 그리고 그녀는 골딘 형사에게 말했다. "제 생각엔 이 두 사람이에요."[19] 톰슨은 8일 후 실물 라인업에서 코튼을 선택하면서도 망설였다. 네 번째에 서 있던 무고한 대학생을 한참 동안 살펴본 후 그녀는 골딘을 보며, 가해자는 "네 번째와 다섯 번째 중에" 있다고 말했다. 그리고 몇 초더 생각한 후에 다섯 번째에 서 있던 로널드 코튼을 지목하였다.[20]

많은 연구들이 잘못된 목격지목의 원인을 설명하기 위해 노력하였다. 대중적인 믿음과 반대로, 인간의 기억은 비디오 녹화와는 매우 다르다. 인간의 많은 인지적 특성들과 마찬가지로 목격자 지목은 다양한 요인들의 불특정한 조합에 의해 영향을 받는다. 이러한 요인들은 기억의 정확성에 큰 영향을 미칠 수 있다. 예를 들면, 한 연구는 같은 사건의 동일 표적인물에 대한 목격 조건을 변화시킨 결과 정확성 수준이 14%에서 86%로 변화하는 것을 보여 주었다.[21] 이 과정에 영향을 주는 요인들은 정확성 요인accuracy factors이라고 불린다(그러나 이 요인들은 제시되면 정확성을 감소시킨다.).

정확성 요인의 한 가지 유형은 사건 요인incident factors으로, 주로 기억의 부호화와 함께 고려된다. 이 요인들은 범죄사건 자체에 대한 목격자의 관찰과 관련이 있는데, 예를 들면 범죄 현장의 조명, 목격자와 가해자 사이의 거리와 노출 시간이 여기에 포함된다. 대부분의 경우 사건 요인에 의한 잘못된 목격지목은 자연발생적으로, 즉 수사절차의 직접적인 개입 없이도 발생한다. 두 번째 유형인 절차 요인system factors은 기억의 유지와 인출 단계와 관련이 있다. 이 요인들에는 경찰이 공식적으로 가해자에 대한 지목 증거를 확보하기 위해 수행하는 절차가 포함된다. 아래에 논의된 연구들이 보여 주는 것처럼, 절차 요인들은 목격자들이 누군가를 선택하지 않았을 만한 라인업에서 그들이 누군가를 선택하도록 유도하거나, 심지어 경찰이 의심하는 특정인을 지목하도록 유도할 가능성을 내포하고 있다. 절차 요인들은 근본적으로 사법체계의 통제하에 있기 때문에 개선될 여지가 있다. 절차 요인들은 1978년 개리 웰스Garry Wells가 발표한 영향력 있는 논문 덕분에 많은 학문적인 관심을 받았다. 이 영역의 연구들은 사후에 사건을 판단judging하기보다는 미래지향적으로 절차를 개선할 것을 더 강조하였다.[22]

사건 요인과 절차 요인은 서로 상호작용한다. 약한 기억흔적일수록 유지와 인출 단계에서 편파를 유발하는 요인들에 더 취약하다. 바람직하지 못한 방식으로 진행된 라인업은 가해자에 대한 기억이 명확한 사람에게는 쉽게 영향을 미치지 못하는 반면, 가해자를 잘 기억하지 못하는 사람에게는 많은 영향을 미친다. 실제로, 표적인물에 대한 기억이 약한 경우에 강한 오염이 발견된다.[23] 시간의 경과는 기억을 점점 약화시키고 오염에 취약하게 만든다는 면에서 이중의 피해를 입힌다.

다른 많은 종류의 인간적인 오류와 마찬가지로, 잘못된 목격지목은 인지cognition와 메타인지metacognition의 동시적인 실패다. 일반적으로 메타인지는 그들의 신념, 판단, 기억과 같은 사람들의 인식 상태를 자기 스스로 아는 것과 관련이 있다. 많은 연구들이 사법절차의 진행을 방해할 수 있는 오류들이 메타인지적 오류와 동반된다는 것을 보여 주었다. 예를 들면, 사람들은 일반적으로 자신의 기억 실수를 잘 알아채지 못하고 부정확한 기억을 사실인 것처럼 느낀다.[24] 따라서 무고한 사람에 대한 매우 확신적이고 단정적인 잘못된 목격지목은 순전히 실수에 의해서 발생할 수 있는 것이다.

용의자 관찰: 사건 요인

기억은 초기에 부호화된 정보보다 더 나을 수 없다. 부호화를 방해하는 요인들을 확인하기 전에, 심지어 최적의 조건에서도 낯선 사람의 얼굴에 대한 부호화가 강하지 않다는 것을 알 필요가 있다. 일련의 연구들은 사람들이 바로 5초 전에 본 얼굴을 재인하는 것이나 심지어는 동시에 본 얼굴들을 짝짓는 것에도 어려움을 겪는다는 것을 발견하였다.[25]

빈약한 부호화는 제3자와의 대화 중간에 한 사람을 다른 사람으로 대체한 일련의 연구들에서 관찰된다. 대학의 캠퍼스에서 수행된 한 연구에서는 실험 협조자가 보행자를 멈춰 세우고 길을 물어보았다. 대화 도중에, 두 명의 다른 실험 협조자가 문 하나를 함께 들고 대화를 하고 있는 두 사람 사이를 가로질러 갔다. 그 문 때문에 시야가 가려진 동안, 문을 들고 있던 사람 중 한 명이 대화를 하던 실험 협조자와 역할을 바꾸고 보행자와 대화를 계속하였다. 연구들은 거의 절반 정도의 피험자들이 그들과 대화를 나누던 사람이 바로 몇 초 전까지 이야기하던 사람과 다른 사람이라는 것을 알아채지 못하였다는 것을 발견하였다.[26] 이 결과는, 목격자를 응대하던 사람이 카운터 뒤에서 잠시 앉았다 일어나면서 다른 사람으로 대체되는 것과 같은 다양한 상황에서도 반복적으로 나타났다.[27] 또 다른 연구에서는 피험자의 60% 정도가 슈퍼마켓 강도 사건을 묘사하는 영상에서 표적인물의 변화를 알아채지 못하는 것으로 나타났다.[28]

얼굴에 대한 빈약한 부호화는 피험자들에게 두 명의 얼굴사진을 보여 주고 누가 더 매력적인지를 선택하도록 한 스웨덴의 한 연구에서도 나타났다. 피험자들이 사진을 선택한 직후에, 실험자는 사진을 바꾸어 선택되지 않은 사진을 보여 주면서 왜 선택한 사람이 더 매력적인지를 설명하도록 하였다. 여기서도 역시 소수의 피험자들만이 사진이 바뀐 것을 알아차렸고, 이 결과는 피험자들이 직전에 본 사진에 대한 약한 기억을 가지고 있다는 것을 시사한다. 게다가, 피험자들은 실제로 자신들이 그 사람을 선택한 이유와 모순되는 이유를 들고 있었음에도 불구하고, 자신들의 선택에 대한 그들의 설명은 합리적이고, 심지어 설득력이 있어 보였다.[29] 이 발견은 광범위한 현상을 설명하기 때문에 주목을 받는다. 사람들은 그들의 추정되는 신념, 판단 또는 행동이 심지어 오류이고 상상에 의한 것일지라도 그것들에 대한 좋은 이유를 제공하려는 경향이 있다. 즉, 가능한 설명이 없을 때 설명이 요구된다면 사람들은 그것들을 만들어 내고 이것은 알 수 있는 것보다 많은 것을 이야기하는telling more than we can know 현상이라고 불려 왔다.[30]

이 연구들에서는 목격(관찰) 조건이 양호했다. 목격자는 표적인물을 가까운 거리에서, 좋은 조명 조건에서, 상당한 시간 동안 방해받지 않고 보았다. 대부분의 실제 사건에서는 목격 조건이 이러한 이상적인 조건에 미치지 못한다. 아래에 열거된 사건 요인 각각은 목격지목의 신뢰도를 약화시키는 데 기여한다. 이 요인들은 많은 사건들에서 중요한 역할을 하지만, 이 목록이 모든 가능한 요인들의 전부는 아니다.

거리와 조명 Distance and illumination   부호화는 시각 체계가 처음으로 지각한 이미지를 필요로 한다. 어떤 사물의 지각에 명백하게 영향을 미치는 두 가지 요인은 목격자와 표적의 거리와 범죄 현장에 있었던 조명의 밝기다. 이 요인들의 효과는 유사하다. 즉, 사물이 작고 조명이 약할수록, 지각된 이미지는 약하다. 빌렘 바게나르Willem Wagenaar가 이끄는 독일의 연구자들은 이 두 요인에 기초한 정량적인 지침을 제공할 방법을 찾아 왔다. 대체적인 결과는 옳은 목격지목의 비율을 의미하는 신뢰로운 지목의 진단성diagnosticity이 대략 "15의 법칙"을 따른다는 것으로, 이 법칙은 15룩스lux 이상의 조명 수준과 15미터보다 가까운 거리에서 이루어진 목격지목은 수용 가능하다는 것이다. 명백하게, 거리가 20미터를 넘어갈수록 정확성은 낮아지고 40미터에서는 악화된다.[31] 거리가 멀어짐에 따라 지목 정확성이 낮아진다는 것은 캐나다의 현장연구에서도 관찰되었다.[32]

독일의 연구에서도 조명이 3룩스(조명이 좋지 않은 도시의 길거리와 동일)까지 낮아지면 정확성이 급격히 감소하고, 밝은 달빛 아래에서의 정확성은 우연수준인 것으로 나타났다. 심지어 이 두 가지 특성 중 하나가 매우 좋을 때, 즉 거리는 가깝지만 조명은 약할 때에도 오경보 비율은 높게 나타났다. 이것은 로널드 코튼 사건에서도 나타났는데, 제니퍼 톰슨은 자신을 폭행하던 사람을 가까이서 보았지만 당시의 조명은 약했다.[33] 이 현상에 대한 가능한 설명은 이 요인들 중 하나가 강력하면 피험자들은 자신의 지목이 실제보다 더 정확하다고 느낀다는 것이다. 이 설명은 누군가를 선택하는 것은 기억의 객관적 강도에 영향을 받지 않고 오히려 그들의 기억에 대한 믿음, 즉 그 자체로 오류를 범하기 쉬운 메타기억의 영향을 받는다는 것과 일맥상통한다.

특정 사례를 평가할 때 이 자료들을 지나치게 문자 그대로 적용하지 않도록 유념해야 한다. 우선, 이 자료들은 자세한 준거들이 아닌 대략적인 범주들을 제공한다. 또한 이 자료들은 대개 다른 요인들의 수준이 최적치 이하이기 때문에 감소되는 목격 조건의 상한선을 적용하였다. 더 중요한 것은, 실제 사건에서는 거리와 조명에 대한 객관적인 측정치가 없는 경우가 많기 때문에 이 연구들을 실제 사례에 적용하는 것이 매우 복잡하다는 것이다. 더 나은 대안이 없기 때문에 조사관이나 사실판단자들은 목격자들의 자기보고에 의존해야만 한다. 이러한 의존성이 문제의 원천이라는 증거가 있다. 거리 추정에 대한 연구결과들은 실망스러운데, 특히 추정이 기억에 의해서 이루어질 때는 더욱 그러하다. 사람들은 거리를 과소추정하는 경향이 있고, 거리가 멀어질수록 이 과소추정이 증가한다는 것이 일관된 결과다.[34] 캐나다의 현장연구에 참여한 피험자들은 거리를 1/3까지 과소추정하였고, 범위를 사용하여 추정하도록 했을 때는 실제 거리가 추정된 범위 밖에 있는 경우가 반 이상이었다.[35] 표적과의 거리를 과소추정하는 것은 목격 조건이 실제보다 더 좋았던 것처럼 착각하게 만들고, 이것은 목격의 정확성을 과대추정하도록 한다.

조명의 정도를 파악하기 위해 목격자의 자기보고에 의존하는 것 역시 위험하다. 인간의 눈은 주변의 조명 수준에 자동적으로 적용한다. 극단적이지 않은 조명의 범위에서, 사람들은 일반적으로 자신을 둘러싼 환경의 조명 수준에 대해 인식하지 못한다. 편안한 커피숍의 조명이 낮다는 것은 커피숍에서 나와 밝은 곳으로 가기 전까지는 알 수 없다. 목격자 지목에 대해서 미국 대법원의 법제가 가지는 하나의 약점은 목격 조건에 대해 목격자의 자기보고에 과하게 의존하고 있다는 것이다.[36]

노출 시간 Duration of exposure 유사한 일련의 연구들이 표적에 대한 노출 시간의 효과를 입증해 왔다. 당연히 연구결과들은 노출 시간이 짧을수록 목격지목의 정확성이 낮아진다는 것을 보여 준다. 한 연구는 노출 시간을 45초에서 12초까지 낮추는 것이 정확성 수준을 1/3까지 낮춘다는 것을 발견하였다.[37] 사람들이 표적에 노출된 시간을 과대추정하여 자신의 지목을 실제보다 더 강력한 것처럼 보이게 만든다는 점을 고려하면, 실제 사건에서 시간에 대한 신뢰로운 측정치를 얻기는 힘들다. 앞서 설명하였던 은행원 실험에서 은행원들은 실제로는 고작 평균 90초였던 노출 시간을 평균 4.2분이라고 추정하였다. 다른 연구에서는, 목격자들이 강도에 노출된 시간 30초를 평균 82초까지 추정하였다.[38] 특히 스트레스가 있는 상황에서 시간을 과대추정하는 경향이 있다.[39] 더 근본적으로, 은행원 연구는 시간 추정이 추정 방식에 매우 종속적임을 증명하였다. 노출된 시간을 다시 생각하면서 스톱워치를 사용하도록 했을 때, 은행원들은 스톱워치 없이 추정하였을 때보다 평균적으로 거의 4배나 짧게 보고하였다.[40]

목격자 스트레스 Witness stress 사건을 관찰할 당시 목격자의 스트레스 수준도 목격 지목의 정확성에 영향을 미친다. 실험실 연구들에 대한 메타분석은 어느 수준까지는 불안 수준이 높아지면 목격지목의 정확성이 증진되지만, 더 높아지면 정확성을 손상시킨다는 것을 보여 주었다. 높은 수준의 스트레스는 목격지목의 정확성과 범죄 사건에 대한 기억에 부정적인 영향을 미친다.[41] 실제로 범죄 사건을 경험할 때의 스트레스는 실험실에서 경험하는 스트레스보다 훨씬 강도가 높을 것이라는 점에서 실제 범죄 현장에서의 목격지목 정확성은 실험실 상황에서 관찰된 수준보다 낮을 가능성이 있다. 미군 생존학교 훈련 프로그램the U.S. Army survival school training program의 실제 현장에서 다루는 두 종류의 신문 유형 중 하나는 다른 하나보다 더 스트레스가 많고 폭력적이다. 여기서도 스트레스의 부정적인 효과는 반복적으로 나타났다. 낮은 스트레스의 신문을 받은 훈련생들은 그들의 신문관interrogator을 2배 이상 옳게 지목하였고, 무고한 다른 사람을 훨씬 더 적게 선택하였다.[42] 유사한 효과가 런던 던전London Dungeon 여행의 공포 전람회에서 진행되었던 현장 연구에서도 나타났다.[43] 마찬가지로, 예방접종 주사를 맞은 사람들은 나중에 스트레스가 없는 상황에서 상호작용한 사람들보다 자신에게 주사를 놓은 사람을 잘못 지목하는 경향이 더 컸다. 목격지목의 정확성은 이들 중 혈압이 가장 많이 상승한 사람들에게서 가장 낮았다.[44] 제니퍼 톰슨은 폭행을 당했을 때 전혀 평정을 잃지 않았던 것처럼 보였지만, 그녀는 상당한 스트레스를 경험하였다고 보고하였다. 그녀의 말을 인용하면, 그녀는 "내가 살게 될까 죽게 될까?" 하는 걱정에 사로잡혀 있었다고 한다.[45]

무기 존재 Weapon presence 　　무기의 존재는 스트레스의 특별한 원인이다. 한 연구는 표적인물이 무기를 휘두르고 있을 때, 특히 그 무기가 목격자를 향해 있을 때 목격지목의 정확성이 감소한다는 것을 보여 주었다.[46] 이 현상에 대한 그럴듯한 설명은 무기가 목격자의 이목을 집중시켜서 사람의 얼굴 특성에서 무기로 주의의 방향을 바꾼다는 것이다.[47] 목격자의 안구운동을 추적한 한 연구는 목격지목의 정확성 감소가 무기에 대한 안구고정과 직접적으로 관련되어 있다는 것을 발견하였다.[48] 실제 상황에서는 목격자를 향하고 있는 무기가 목격자의 스트레스 수준에 훨씬 더 강한 영향을 미칠 것으로 믿는 것이 타당할 것이다.

출처 혼동 Source confusion; transference errors 　　잘못된 목격지목은 목격자가 가해자와 닮았지만 무고한 사람을 가해자와 혼동하였을 때 발생할 수 있다. 다시 말하면, 목격자는 표적을 정확히 인식하였지만, 정확한 상황, 시간, 또는 그 사람을 본 장소 등을 표적과 연합하는 것에서 오류를 범했을 수 있다. 무고한 사람과의 마주침을 범죄 현장과 혼동하는 것은 무해한 유사성을 유죄를 뒷받침하는 증언으로 돌변하게 할 수 있다. 이러한 종류의 오류는 기억의 출처를 감시하는 데 실패한 것으로 이해될 수 있다(더 자세한 논의는 제4장 참조).

　목격자들은 가끔 그들이 다른 맥락에서 본 무고한 사람과 가해자를 혼동하곤 한다. 이 사람들은 목격자의 근처에서 일하거나, 거주하거나 또는 범죄 현장에 매우 가까이 서 있던 행인일 수 있다. 전이오류transference errors라고 알려져 있는 이 현상은, 1995년에 오클라호마 시의 앨프리드 P. 뮤러 연방정부청사Alfred P. Murrah Federal Building를 폭파하는 데 관여했다고 여겨졌던 존 도 2John Doe 2를 찾기 위한 헛된 노력을 유발하였다.[49] 전이 효과는 실험실에서도 증명되었다. 한 연구에서, 피험자들은 면허가 있는 여자 안마사에게 마사지를 받은 후, 누가 방에 있었는지 연구자에게 이야기하였다. 4주 후, 절반 정도의 피험자들이 누가 안마사였고 누가 연구자였는지를 혼동하였다.[50] 또 다른 연구에서, 목격자는 슈퍼마켓에 있는 세 여성 중 한 여성이 와인 한 병을 훔치는 장면을 묘사한 비디오를 보았다. 와인을 훔친 사람이 포함되어 있지 않은 라인업에서 도둑을 지목하도록 했을 때, 피험자 중 절반 이상이 도둑 옆에 서 있던 사람 중 한 명을 선택하였고, 다섯 명 중 한 명은 도둑 옆에 서 있던 사람을 라인업에 있던 다른 사람과 혼동하였다.[51]

자기-인종 효과 Own-race effect　　자기-인종 효과 또는 타-인종 편파cross-race bias 현상에 대해 상당수의 연구들이 진행되었다. 사람들은 자신들과 다른 인종 또는 다른 민족의 사람들을 지목할 때 자신과 동일한 인종 또는 민족의 사람들을 지목할 때보다 덜 정확하다.[52] 거의 5,000명의 피험자들이 포함된 91개의 연구에 대한 메타분석은 타-인종 편파가 비교적 강하고 확고하게 나타난다는 것을 보여 주었다. 이 연구들을 통틀어서, 사람들은 다른 인종의 사람들보다 자신과 동일한 인종 사람들의 얼굴을 1.4배나 옳게 지목하는 것으로 나타났다. 게다가, 다른 인종의 얼굴을 잘못 선택한 비율은 자신들의 인종에서 잘못 선택한 비율보다 1.5배나 높았다. 타-인종 편파는 대칭적이다. 즉, 다양한 종의 구성원들에게 유사하게 적용된다.[53] 이 현상의 원인은 아직 완전히 밝혀지지 않았지만, 그 원인들에는 인지적, 사회적 요인의 조합이 포함될 것이다.[54] 이 효과는 인종 간 접촉의 정도에 의해서 조절된다는 증거가 있는데, 즉 다른 인종 구성원과의 접촉이 많은 사람은 편파되는 정도가 약하다.[55] 같은 이유로 목격자들은 다른 연령대의 표적을 지목하는 것에도 덜 정확하다.[56] 이 자기 연령대 편파own age bias는 실제 사건에서 다른 연령대의 사람에 대한 목격지목이 대부분 동일 연령대의 사람들을 대상으로 수행된 실험실 연구들에서의 평균적인 결과보다 덜 정확할 수 있다는 것을 시사한다.

독특하고 특이한 특성 Idiosyncratic distinctive features　　목격지목의 결과는 용의자의 특이한 특성에 의해서도 영향을 받는다. 연구에 따르면 범죄에 대한 고정관념과 마찬가지로, 사람들은 얼굴이나 목소리에 대해서도 긍정적 또는 부정적인 범주로 수렴되는 특정한 고정관념을 가진다.[57] 특정 조건에서는, 우연히 범죄에 대한 고정관념과 들어맞는 신체적 외형을 가진 사람들이 라인업에서 선택되기가 더 쉽다.[58] 다른 특이한 특성들에는 매부리코, 매우 큰 귀 또는 심지어 "잘생김" 등과 같은 독특한 신체적 특징들이 포함될 수 있다. 매우 독특한 가해자들은 단지 목격자들이 그들을 더 잘 기억한다는 이유로 정확하게 지목되기 쉽다. 동시에, 독특한 외모의 용의자는 비슷한 외모의 다른 사람들을 찾는 것이 어렵기 때문에 덜 공정한 라인업 절차를 받을 수 있다.[59] 매우 독특한 특성을 가지는 가해자가 우연히 그 독특한 특성들을 공유하는 무고한 사람과 혼동되는 것 또한 가능하다.

용의자 지목: 절차 요인

　　다른 연구들은 경찰 조사나 재판 전pretrial 절차에서 제시되는 요인들에 대하여 검증하였다. 당연히, 이 절차 요인들은 법 집행 기관law enforcement agencies에 의해서 직접적으로 통제되는 요인들이다. 이어지는 논의에서는 절차의 수행과 목격지목 민감성에 대해 설명한다. 우선, 공식적인 목격지목 절차가 진행되는 동안에 발생하는 요인들에 초점을 맞출 것이고, 그다음으로는 목격지목 절차에서 기억의 인출에 영향을 주는 복잡한 요인군을 검토할 것이다.

라인업-전 요인: 유지 단계

　　얼굴 조합 구성 Face composite construction　　　경찰이 초기에 실마리를 가지고 있지 않은 수사에서, 목격자는 가해자의 얼굴 조합composite을 구성해 보도록 요청받을 수 있다. 얼굴 조합은 가해자를 지목할 수 있을지도 모르는 다른 사람들에게 재인의 단서를 제공하기 위한 것이다. 얼굴 조합은 컴퓨터 프로그램의 그래픽 도구나 몽타주 작성가에 의해 그려질 수 있다. 민감해 보이는 이 절차의 두 가지 면에 집중할 필요가 있다. 첫 번째는 회상된 얼굴의 이미지와 닮은 얼굴 조합이 제한되어 있다는 점이다. 한 연구는 네 명 중 한 명만이 표적인물에 대한 얼굴 조합을 보고 라인업에서 그 표적인물을 성공적으로 지목했다는 것을 보여 주었고, 이것은 우연 수준보다 결코 높지 않았다(1/6).[60] 낮은 유사성에 대한 가능한 설명은 얼굴 조합을 구성하는 데 사용된 방법과 얼굴을 기억에 저장하는 인지적 메커니즘의 불일치와 관련이 있다. 특징-기반 절차를 통해서 구성된 얼굴 조합들은 별개의 얼굴 특징들을 추가하여 이미지를 통합하는 방식으로 만들어진다. 반대로, 얼굴에 대한 기억은 게슈탈트, 즉 형태를 구성하는 방식Gestalt-like process으로, 전체적인 경향이 있다.[61]

　　두 번째는 얼굴 조합을 구성하는 것이 가해자에 대한 목격자의 원래 기억을 약화시키거나 오염시킬 수 있다는 것이다. 이 문제는 얼굴 조합을 구성하는 것이 표적인물을 지목하는 데 있어서 무고한 다른 사람을 지목하거나 누구도 지목하지 못할 가능성을 높임과 동시에 정확성 수준을 낮춘다는 것을 보여 준 실험에 의해서 설명된다.[62] 제니퍼 톰슨의 잘못된 목격지목이 얼굴 조합 구성 이후에 이루어졌다는 것을 상기하라. 이 목격지목에는 한 시간 반이나 소요되었으며, 그녀는 지목하기가 "헷갈린다."고 말하였다.[63] 톰슨이 구성한 얼굴 조합은 로널드 코튼과 실제 범인인 바비 풀둘 모두와 닮은 점을 가지고 있었다.[64]

용의자에 대한 묘사 Descriptions of suspects   수사의 항로는 종종 가해자에 대한 목격자의 묘사에 의해서 결정된다. 그러나 목격자의 묘사에 의존하는 것이 언제나 도움이 되는 것은 아니며 오류의 근원이 될 수 있다. 일반적으로, 사람들이 낯선 사람들에 대해 언어적으로 묘사한 것은 모호한 경향이 있다.[65] 얼굴 기억에 대한 전체적인 인상은 언어적으로 묘사되기가 쉽지 않다. 네덜란드에서 수행된 광범위한 소장자료 분석을 통하여 이 묘사들이 묘사적이지 않은 경향이 있다는 것을 발견하였는데, 그 묘사된 정보들은 대부분 성별, 인종, 키와 나이처럼 일반적인, 즉 개인적이지 않은 특성이나 복장, 장신구와 같은 일시적인 특성들이었다. 이 묘사들의 5%만이 구체적인 얼굴 특징에 대한 것이었고, 그중 1/3 이상은 부정확한 것으로 나타났다. 수염(턱수염과 콧수염)에 대한 거의 모든 묘사는 경찰 데이터베이스의 사진과 일치하지 않았다. 이 연구에서는 정확한 묘사와 부정확한 묘사를 구별할 단서를 전혀 찾지 못했다. 특히, 완결성 또는 정교화 정도는 빈약한 지표인 것으로 나타났다. 세부적인 묘사의 정확성은 덜 세부적인 묘사의 정확성과 다를 바 없었다.[66] 마찬가지로, 은행원에 대한 현장 연구에서 목격자들의 용의자에 대한 묘사와 그들이 용의자를 옳게 지목하는 능력과는 아무런 관계가 없다는 것을 발견하였다고 위에서 논의한 바 있다.[67] 많은 다른 연구들도 묘사의 정확성과 그에 뒤따르는 목격지목의 정확성이 일반적으로 약하거나 일관적이지 않은 관계를 가진다는 것을 발견하였다.[68]

기억 쇠잔 Memory decay   목격지목 절차의 결과에 영향을 주는 한 가지 분명한 요인은 가해자를 목격한 이후에 경과된 시간의 양이다. 인간 기억의 가장 기본적인 현상은 기억이 시간이 지날수록 쇠퇴한다는 것이고, 이것은 유지 기간이 짧을수록 더 정확한 목격지목을 할 수 있다는 것을 의미한다.[69] 최근의 메타분석은 기억이 부호화 직후에 급격히 약화되지만, 쇠잔속도가 평평해지기까지 망각의 비율은 점진적으로 감소한다는 것을 보여 주었다. 연구들은 부호화 시점에서 약 일주일이 지나면 감소폭이 커진다는 것을 보여 주었다.[70] 약 일주일 동안의 이 불연속성은 사건 이후 일주일이 지나서 보는 경우보다 한 달이 지나서 보는 경우에 용의자를 지목하는 비율이 반 정도 감소한다는 것을 보여 준 런던경찰국에 의해서 수행된 640건의 목격지목으로부터 얻은 실제 자료와 일관된다.[71] 캘리포니아 새크라멘토의 소장 자료에서는 초기 일주일에 55%였던 목격지목의 비율이 그 이후에 45%로 떨어지는 보다 중간 정도의 망각 효과가 관찰되었다.[72] 시간의 경과는 또한 사람들의 외모 변화와도 관련되어 있었다. 당연히, 표적의 변화가 심할수록 그들이 재인될 가능성이 감소하였다.[73]

연이은 보기 Successive viewings   범죄 수사 과정은 종종 우범자 사진첩, 쇼업, 사진 라인업, 실물 라인업과 법정 내 지목으로 구성되는 다중의 범인식별 절차를 포함한다. 문제는 단순한 반복도 목격자의 기억을 변경시킬 수 있고, 모르는 사람을 친숙하게 할 수 있다는 것이다. 사실, 기억은 단 한 번만 측정되었을 때 신뢰로울 수 있다. 실험 연구들은 무고한 사람들이 포함된 우범자 사진첩에 노출되었던 피험자들이 이어지는 라인업에서 그 무고한 사람을 선택하는 경향이 있었고, 실제 가해자를 선택할 가능성이 낮다는 것을 보여 주었다.[74] 이러한 결과는 1,600명 이상의 피험자들을 대상으로 하는 32개의 연구를 종합한 메타분석에서 확인되었다.[75] 이 현상은 우범자 사진 효과mugshot effect라고 알려져 있는데, 사진 라인업[76]과 쇼업[77]에도 적용되기 때문에 연이은 보기 효과successive viewing effect로 여겨지는 것이 적절하다. 기억 연구들로부터 얻은 증거들은 연이은 보기 효과에 의해서 증가한 오류들이 대개는 의식적이지 않다는 것을 시사한다. 즉, 목격자들은 그 사람이 친숙하다고 느끼기 위해서 그를 본 것을 의식적으로 회상하지는 않는다는 것이다.

연이은 보기의 유해한 효과는 소장 자료들에 의해서 증명되었다. 새크라멘토에서 수행된 경찰 절차에 대한 연구에서는 첫 번째 지목과 비교했을 때 두 번째 지목에서 용의자를 지목한 비율이 유의하게 높은 것으로 나타났다. 첫 번째 지목에서 용의자를 지목하지 못했던 목격자 중 거의 절반이 이후의 절차에서는 누군가를 지목하였다.[78] 문제는 시간이 경과하면 기억의 많은 부분은 강화되기보다는 약화된다는 것이다.[79] 시간이 경과할수록 목격지목 비율이 증가한다는 것에 대한 가능한 설명은 목격자의 기억이 연이은 보기에 의해서 오염된다는 것이다.[80]

연이은 보기 효과를 유발하는 원인 중 하나는 기억의 인지적인 측면에서 비롯된다. 기억은 어떤 대상에 노출되는 것만으로도 변경될 수 있다. 따라서 경찰서에서 용의자의 사진에 노출되는 것이 범죄 현장에서 본 가해자에 대한 기억에 간섭할 수 있고 용의자의 사진이 목격자에게 친숙해 보이게 할 수 있다. 이 친숙성 효과$_{familiarity\ effect}$는 목격자로 하여금 자신의 재인이 범죄 현장에서 표적을 본 것에서 기인한 것인지 이전의 경찰 절차에서 기인한 것인지 기억하는 것을 힘들게 만든다.[81] 연이은 보기 효과의 또 다른 원인은 첫 번째 절차에서 한 사람을 선택한 것의 사회적인 측면에서 기인한다. 이 발언 효과$_{commitment\ effect}$(역자 주: 자신의 말이나 판단을 유지하려는 경향)는 일관되고, 신뢰로우며, 유능해 보이려는 만연한 동기에 의해서 유발되는 것으로 이해된다. 공개적인 발언은 개인적인 발언보다 더 큰 효과를 발휘하는 것으로 나타났다.[82] 더욱이, 연이은 보기에서 한 사람만 반복적으로 제시된다면 목격자는 그 사람을 형사들이 지목한 용의자라고 생각할 수 있다. 또한 목격자는 반복되는 라인업 절차를 해당 수사가 마무리될 수 있도록 보다 협조적이고 유용한 역할을 하라는 압력으로 생각할 수 있다.

    연이은 보기의 왜곡 효과는 심각한 문제다. 연이은 보기의 각 절차가 목격자 기억에 대한 독립적인 검사였다면, 같은 용의자에 대한 일관적인 지목을 목격자의 정확성에 대한 증거로 해석할 수 있다. 그러나 모든 절차에 대해서 각 검사가 편파 효과를 가진다는 점에서, 반복 검사는 정확하기 어렵다. 이것은 단지 같은 오류를 쉽게 반복할 수 있다는 것을 의미할 수 있다. 많은 DNA 면죄 사례에서, 용의자들은 반복적인 절차 이후에 잘못 지목되었다. 이 용의자들은 모두 모든 범인식별 절차에 포함되었던 유일한 사람이었다. 연이은 보기의 시행은 그것을 "편파된 사진 라인업"이라고 이름 붙인 피고측 변호인들 사이에서 오랫동안 불만의 근원이었다.[83] 특히 목격자들이 첫 번째 시도에서 가해자에 대한 빈약한 기억을 보여 준다면 매우 위험하다. 망설임, 머뭇거림 그리고 느린 지목은 일반적으로 약한 재인을 나타낸다. 로널드 코튼에 대한 제니퍼 톰슨의 지목이 약한 재인에 뒤따른 연이은 보기의 산물이라는 것을 기억하라. 그녀의 지목은 발언 효과에 의해서 강화되었을 것이라고 의심할 만하다. 그녀는 자신의 두 번째 지목에 대해 이렇게 설명했다. "저에게는 정말 다행이었어요. 사진을 보고 지목했던 것 말고요. 제가 그의 사진을 보고 그 사람이라고 확신했던 거예요. 그리고 실물 라인업에서 그를 봤을 때도 그 사람이라고 확신했어요. 다시 말하지만, 신뢰로운 목격자로서, 당신은 그 두 절차를 같이 진행해야 했어요."[84] 톰슨의 라인업 지목이 이전의 절차에 의해서 왜곡되었건 그렇지 않건, 그녀는 이 가능성에 대해서 전혀 모르고 있었다. 법정에서 그녀가 증언한 바에 따르면, "나는 라인업에서 사진을 봤다거나 실물을 봤다는 이유로 그를 지목한 것이 아니에요. 난 그 사람이 내 집에 있던 사람(범인)이기 때문에 지목한 거예요".[85] 수사 과정을 통해서, 폭행범에 대한 톰슨의 약한 기억 흔적은 엄청난 확신감을 동반한 설득적인 증언으로 변형되고 강화되었다. 바비 풀에 대한 그녀의 실제 기억은 코튼의 이미지로 완전히 대체되었다. 심지어 그녀의 실수가 밝혀진 이후에도, 그녀는 말했다. "나는 아직도 로널드 코튼을 봐요…. 그 얼굴을 마음속에서 지울 수만 있다면 뭐라도 했을 거예요. 그런데 할 수가 없어요. 그건 그냥 내 머릿속에 있어요."[86]

가장 신뢰할 수 없는 목격자들은 처음에 무고한 다른 사람을 지목했다가 경찰의 용의자로 자신의 지목을 바꾼 사람들이다. 가해자에 대한 빈약한 기억을 가지고 있는 이 목격자들은 경찰의 영향력에 취약하고, 지목을 하려는 과도한 경향이 있다. 요약하면, 이러한 목격자들은 전혀 신뢰롭지 못하고, 용의자를 지목하는 데 아무런 역할을 하지 못한다.

외부 정보 Extraneous information   가해자에 대한 목격자의 시각적 기억은 연이은 보기 이외의 원인들에 의해서도 오염될 수 있다. 연구자들은 목격자를 표적인물과 닮은 시각적 이미지에 노출시키는 것이 원래 기억에 간섭을 일으킬 수 있다는 것을 보여 주었다. 예를 들면, 표적인물과 닮았지만 다른 특징들을 포함하고 있는 합성 이미지들을 목격자에게 보여 주는 것은 표적인물과 동일한 특징들을 가진 무고한 사람들에 대한 지목 확률을 높인다.[87] 생존학교 훈련에 등록한 군인들을 대상으로 한 최근의 한 연구는 훈련생들을 그들의 조사관들과 (틀리게) 연관된 사진 이미지에 노출시키는 것이 나중에 그들이 조사관들의 얼굴을 식별하는 능력을 감소시킨다는 것을 발견하였다.[88] 지목은 언어적 정보에 대한 노출에 의해서도 오염될 수 있다. 언어적 전파는 표적인물에게 (실제로는 없는) 콧수염이 있다는 것을 언급하는 것만으로도 콧수염이 있는 무고한 다른 사람에 대한 지목률이 높아진다는 것을 밝혀낸 한 연구에서 증명되었다.[89] 이 오염은 이후에 제시되는 실제 표적이 포함된 라인업에서의 지목에도 영향을 주었다.[90] 언어적 전파는 목격자가 제공한 언어적 묘사와 그들이 만드는 합성 이미지에도 영향을 준다.[91] 오염은 유도질문misleading questions에 대한 노출에 의해서도 유발된다.[92] 실제 생활에서 목격자들은 종종 공동 목격자cowitnesses, 경찰 수사관을 비롯하여 배포된 용의자 합성사진 또는 미디어에서의 묘사를 포함하는 다양한 출처로부터의 정보에 노출되기 때문에 오염의 위험은 심각하게 다루어져야 한다.

라인업-전 확신감 Pre-lineup confidence　　목격지목 절차를 수행할지에 대한 결정은 종종 목격자에 의한 단서, 특히 목격자가 이야기하는 가해자를 지목할 수 있는 스스로의 능력에 대한 믿음에 의해 영향을 받는다. 라인업-전의 높은 확신감 수준은 라인업 외에 할 수 있는 것이 아무것도 없을 때, 형사로 하여금 라인업을 수행하도록 고무시킬 수 있다. 라인업-전 확신감은 목격지목 절차를 통해 형사의 희망과 기대를 잠재적으로 높임으로써 해당 용의자의 유죄성에 대한 형사의 믿음에 영향을 줄 수 있다. 그러나 연구들은 라인업-전 확신감이 옳은 목격지목을 할 수 있는 목격자의 능력을 정확히 진단하지 못한다는 것을 보여 준다. 다시 말하면, 표적을 성공적으로 지목할 수 있다고 예측하는 목격자들이 덜 성공적일 것으로 예측하는 목격자들보다 더 정확하지는 않다. 로널드 코튼 사건에서, 골딘 형사는 가해자를 알아볼 수 있다는 제니퍼 톰슨의 확신감에 큰 영향을 받았다.

범인식별 절차: 인출 단계

미국의 20,000개에 달하는 사법기관에서 사용하는 범인식별 절차와 그 진행 방법은 매우 다양하다.[93] 자료에 따르면, 범죄 기소에서 사용되는 범인식별 절차의 절반 정도는 쇼업이며,[94] 3/4 정도는 사진 라인업이다.[95] 따라서 다른 절차들보다 더 정확한 것으로 여겨지는 실물 라인업은 목격지목 절차의 일부만을 차지하는 것이다.[96] 더 중요한 것은, 쇼업 절차가 목격지목 절차의 만능패wild card라는 것이다. 이 절차는 가장 광범위하게 사용되며, 가장 적게 연구되었고, 아마도 가장 오류가 많을 것이다.

목격자들의 반응이 그것을 이끌어 내기 위해 사용된 절차의 영향을 얼마나 받았는지는 중요한 문제다. 경찰에게는 라인업에 있는 다른 사람들의 무고함이 알려져 있기 때문에, 대부분의 잘못된 지목은 잘못된 유죄판결로 결론지어지지 않는다는 것을 명심해야 한다. 문제는 목격자가 경찰이 의심하는 사람을 선택하리라는 것인데, 심지어 범죄 현장에서 그를 알아보지 못했더라도 그렇게 할 것이라는 것이다. 이 일은 무고한 사람에 대한 지목의 1/5 정도(아래에서 논의된 것과 마찬가지로 또는 더 많이)로 무작위로 일어나고, 경찰의 용의자가 어느 정도 두드러지거나 목격자가 그를 주시하고 있을 때에도 일어난다. 이러한 오류들은 잘못된 유죄판결의 기반이 된다.

라인업 설계

쇼업Showups   가장 간편한 범인식별 절차는 쇼업이다. 쇼업은 한 명의 용의자를 목격자에게 제시하고 재인할 수 있는지를 예/아니요로 간단히 응답하도록 요구한다. 쇼업 절차는 목격자의 기억이 쇠잔하거나 가해자의 외모가 변화하기 이전에 빨리 구성할 수 있다는 장점이 있다. 또한 이 절차는 재인에 대한 범주적 판단을 하는 절대적 판단absolute judgments을 하도록 하는 장점이 있다. 이 사람이 용의자입니까, 아닙니까? 아래에 논의한 것처럼, 일반적으로 절대적 판단은 상대적 판단relative judgments보다 우월하다. 그럼에도 불구하고, 이 절차는 심각한 단점을 가지고 있는데, 선택할 수 있는 다른 사람이 없기 때문에 판단오류의 가능성이 표적들에게 골고루 분산되는 것을 방해하고, 진행하는 사람으로부터 목격자의 지목 신뢰도를 평가할 수단을 박탈한다. 가장 중요한 것은, 다른 사람의 부재가 경찰이 목격자에게 해당 표적이 그들의 용의자라는 것을 효과적으로 알림으로써, 강한 암시적인 영향으로 이어질 수 있다는 것이다.

실험실 연구들은 쇼업과 라인업이 유사한 수준의 옳은 목격 지목률을 가지지만, 쇼업은 틀린 지목이 일어나기 더 쉬운 경향이 있고,[97] 특히 표적인물과 무고한 용의자가 닮았을 경우에는 그런 경향이 더 강하다는 것을 보여 준다.[98] 실제 쇼업은 실험실 자료보다 덜 정확한데, 쇼업은 급박한 추격 중에 용의자를 즉각 체포하기 위해서, 목격자의 감정이 격앙되어 있을 때 빠르게 행해진다. 이 절차는 대개 범인식별 프로토콜에 대한 훈련을 받지 않은 순찰경찰에 의해서 행해진다. 더욱이, 쇼업은 암시성이 매우 높은 조건, 즉 용의자가 순찰차 뒷좌석에 수갑을 차고 앉아 있거나 경찰의 서치라이트searchlights를 받고 있는 조건에서 행해진다. 새크라멘토의 소장 자료에 의하면, 쇼업에서의 용의자 지목률이 다른 유형의 라인업에서보다 크게 높았고(각각 76% vs. 48%), 사진을 이용한 쇼업에서 가장 높은 것(83%)으로 나타나 이 절차는 잠재적인 편파를 가지는 것으로 나타났다.[99] 실제 사건에서 쇼업이 주로 사용되고 있다는 점은 쇼업 절차가 잘못된 목격지목의 중요한 원인이라고 믿을 만한 좋은 근거라고 할 수 있다.

동시적 설계와 순차적 설계 Simultaneous and sequential design   수사관이 라인업을 수행하기로 결정하면, 그는 표적인물들을 동시적으로 제시할 것인지 순차적으로 제시할 것인지를 결정해야 한다. 동시적 라인업에서는 일반적으로 모든 표적인물들이 서로 나란히 서서 동시에 제시된다. 목격자는 지목할 준비가 될 때까지 자신의 속도에 맞추어 원하는 순서대로 그들을 본다. 이것이 고전적인 라인업 방식이다. 순차적 라인업은 연속적인 쇼업 절차와 유사하다. 이 절차에서는 목격자에게 한 번에 한 명의 표적인물을 보여 주고 다음 표적인물을 보여 주기 전에 그 인물이 범인인지를 여부를 판단하도록 한다. 동시적 라인업에서의 지목은 라인업 구성원들이 가해자와 유사한 정도를 거의 고려하지 않고 라인업 구성원들을 서로 비교하여 가해자와 더 유사한 사람을 지목하는 것으로 가정되는 상대적 판단이다. 문제는 동시적 라인업에 가해자가 없을 때, 목격자에게 가해자와 가장 닮은 무고한 누군가를 지목하고자 하는 경향이 과도하게 발생할 수 있다는 것이다.[100] 반대로, 순차적 라인업은 모든 표적인물들에 대해서 가해자에 대한 목격자의 기억과 각 표적인물의 유사성을 독립적으로 결정하도록 하는, 절대적 판단을 요구하는 우월한 절차다.

비록 그 효과가 명확하지는 않지만, 연구들은 순차적 라인업이 동시적 라인업보다 전반적으로 더 정확하다는 것을 보여 준다. 실험 연구 자료는 순차적 절차가 라인업의 인물을 모두 보고 지목하려는 목격자들의 경향성을 감소시키기 때문에 혼재된 결과를 가져온다는 것을 보여 주었는데, 표적-부재 라인업에서는 무고한 사람에 대한 지목이 더 적었고(32% vs. 54%), 그 정도는 덜했지만, 표적-제시 라인업에서의 옳은 지목도 더 적게(44% vs. 52%) 나타났다.[101] 최근에 수행된 현장 연구들의 주된 결과는, 순차적 절차가 용의자에 대한 지목률을 감소시키지 않으면서 틀린 지목을 감소시킨다는, 동시적 절차를 뛰어넘는 보다 큰 장점을 보여 주었다.[102]

라인업 구성 Lineup Composition   목격지목의 신뢰도는 라인업의 구성, 특히 용의자와 라인업의 다른 사람들 사이의 유사성에 매우 민감하다. 라인업은 목격자가 누군가를 지목할 확률이 전체 표적인물들에게 평등하게 분포될 때 가장 정확할 수 있다. 잘 구성된 라인업에서 용의자를 지목하는 것은 유용한 수사적 정보를 제공한다. 용의자가 두드러진 라인업은 목격자의 기억에 대한 의미 있는 검증을 제공하지 못하고, 제한된 증명력probative value을 갖는다. 더 중요한 것은, 그러한 라인업이 무고한 사람에게 수사의 초점을 맞추도록 하는 위험성이 있다는 것이다.[103] 그것은 누군가를 선택하는 것 이상이다. 예를 들면, 표적과 닮은 사람이 한 명뿐인 표적-부재 라인업 연구에서 목격자의 79%가 표적과 닮은 무고한 개인을 지목하였다.[104] 동시에, 용의자와 매우 유사해 보이는 다른 사람들을 포함하는 라인업은 재인을 너무 어렵게 만들기 때문에 증명력이 없고, 실제로 그런 라인업은 흔치 않다.

미국에서 수행되는 대부분의 라인업은 다섯 명의 다른 사람들을 포함한다.[105] 이 다섯 명의 구성원들은 가해자에 대한 언어적 묘사와 일치해야 하며 라인업에 있는 다른 구성원들과 두드러지게 다른 외모를 가지고 있어서는 안 된다.[106] 그들 중 일부만 가해자에 대한 묘사와 일치할 때에는, 그 구성원들에게 오류의 위험이 집중되고, 그들 중 한 명이 지목될 확률이 증가한다. 표적인물과 눈에 띄게 다른 사람으로 라인업을 구성하는 것은 표적인물이 지목될 가능성을 높인다.[107] 따라서 라인업의 정확성은 일반적인 라인업의 크기(구성원의 수)로 측정되어서는 안 되며, 용의자에 대한 묘사와 일치하는 구성원의 수와 누가 실제로 지목될 수 있는지에 의해서 측정되어야 한다.[108] 일반적으로, 라인업 구성원들의 수를 제한하는 것은 용의자에게 불리한 조작을 하는 것이다.

잘못 설계된 라인업의 제한적인 정확성을 강조하는 실험적인 방법은 모의 목격 mock witness 패러다임이다. 이 연구들에서는 용의자를 본 적이 없는 피험자들에게 목격자의 언어적 묘사에만 기초하여 그를 지목하도록 하였다. 이 피험자들은 용의자에 대한 시각적 기억 흔적이 전혀 없으므로, 이들이 용의자를 지목하는 비율은 표적인물 수의 역수, 즉 1/6보다 커서는 안 된다. 특정한 표적인물을 더 많이 선택하는 것은 라인업이 그에게 편파되어 있음을 시사한다. 10건의 실제 라인업에 대한 실험실 검증에서 40%의 모의 목격자가 용의자를 지목했고, 이것은 2.5명의 표적인물이 있는 라인업에서의 무선 오차와 같다. 이러한 라인업의 정확성은 용의자가 평균 1.5명의 라인업 구성원과 함께 라인업에 배치되었을 때의 정확성보다 나을 것이 없다.[109]

라인업 편파는 용의자를 보지 못했거나 그에 대한 어떤 설명도 듣지 않은 피험자들에게서 높은 비율로 지목된 용의자가 있는 경우에 더 명백하게 나타난다. 용의자에 대한 기억이나 지식이 없는 상태에서 이루어지는 목격지목은 명백하게 개인 또는 사진의 특수성에서 비롯된 (사진에 있는 암시적인 표시 또는 이상한 포즈와 같은) 암시적인 단서들에 기초한 것이다.[110] 이러한 절차는 진단적 가치가 부족하고,[111] 매우 큰 문제다. 용의자들은 그들이 가해자와 유사한 복장을 하고 있을 때 역시 두드러진다.[112] 특히, 이 효과는 쇼업 절차에서 용의자의 복장이 특이한 경우에 강하다.[113]

라인업은 오직 한 명의 용의자와 의심을 받고 있지 않은 다른 사람들로 구성되어야 한다는 것이 중요하다. 라인업에 한 명 이상의 용의자를 배치하는 것은 지목된 용의자가 가해자라고 여겨지는 확률을 증가시키기 때문에 실제로 목격지목의 신뢰도를 검증하지 못한다.

라인업 진행

범인식별 절차 자체는 문제될 것이 없는 간단한 과제인 것처럼 보일 수 있다. 그러나 범인식별 절차는 목격자들의 기억 또는 그 기억의 빈약함과는 상관없이 목격자들이 누군가를 지목하도록 유도하거나 지목에 대한 그들의 확신감을 증폭시킬 여지가 많다.

지시문의 표현 Wording of instructions 목격지목의 불확실성에 대해 한 가지 명확한 것은 라인업 진행자가 목격자에게 제시하는 지시문의 뉘앙스nuance가 가지는 암시성이다. 연구들은 단지 라인업에 가해자가 "있을 수도 있고, 없을 수도 있다."는 것을 언급해 주는 것만으로도 목격자의 지목 정확률이 전반적으로 높아진다는 것을 보여 준다. 비일관적이기는 하지만, 이러한 지시를 포함하는 것이 옳은 지목을 약간 낮추기는 해도 잘못된 목격지목을 감소시키는 것으로 나타났다.[114] 이 효과의 그럴듯한 원인은, 기본적으로 목격자들이 라인업에 가해자가 있을 것이라고 가정하는 경향이 있고, 이 가정은 그들의 지목 역치threshold를 낮추는 경향이 있다는 것이다. 이 가정은 목격자가 상대적 판단 전략을 사용하도록 고무시키기 쉽고, 선택하려는 경향성을 증가시킨다. 가해자가 부재할 수 있다는 내용을 지시문에 포함시키는 것은 목격자 연구의 기본적인 요건이 되었다. 이 내용을 포함하지 않는 지시문은 "편파된" 지시문이다.

암시적인 의사소통 Suggestive communication   때때로 경찰은 법정에서 사용되기에 충분한 증거가 없으면서도 범인의 신원에 대한 강한 의심을 가지고 있다. 이런 상황에서 라인업을 수행하는 것은 목격자가 그 용의자를 선택하거나 최악의 경우 무고한 다른 사람을 선택할 수도 있기 때문에 수사의 위험 요소가 된다. 실제 상황에서는 목격자의 1/3이 누구도 지목하지 않고, 세 번의 지목 중 한 번은 틀린 지목이라는 것을 기억하라. 수사가 어려워질 수도 있다는 생각에 수사관은 목격자가 용의자를 지목하도록 유도할 수 있다.

용의자의 신원에 대해 목격자와 명시적으로 의사소통하는 것은 목격자가 그 용의자를 선택하도록 조종하는 가장 효과적인 방법이다. 이것 또한 명백히 부적절하지만 용의자의 신원은 언어적이거나 비언어적인 방식 모두를 통해 은밀하게 전달될 수 있다. 그리 많지 않은 연구들이 발견한 바에 따르면, 라인업 진행자가 용의자의 신원에 대해 알고 있을 때 목격자는 표적인물이 라인업에 있는지 여부와 관계없이 그 사람을 지목할 가능성이 더 높았다.[115] 이 결과는 지목하려는 경향이 가장 강할 때, 즉 편파된 지시문을 사용하는 동시적 라인업에서 가장 뚜렷했다.[116] 용의자의 신원을 알고 있는 진행자는 그렇지 않은 진행자보다 목격자가 누구도 지목하지 않은 경우에는 다시 한 번 라인업을 보게 하였고, 용의자를 선택하지 않은 경우에는 그 용의자의 사진을 천천히 넘기는 등의 의사전달을 위한 행동을 하였으며, 목격자에게 더 많은 압력을 주었다.[117] 암시성의 강도는 라인업 수행에 진행자가 개입하는 정도와 진행자와 목격자의 물리적 근접성의 영향을 받는 것으로 나타났다.[118] 또 하나의 실험은 한 목격자의 목격지목이 같은 진행자에 의해 수행되는 별개의 지목절차에 참여하는 또 다른 목격자의 지목에도 영향을 줄 수 있다는 것을 증명하였다. 라인업 진행자는 용의자의 신원에 대해 알지 못하더라도 이 정보를 전달할 수 있다.[119] 이 모든 효과들은 악의적인 의도는 물론, 의식적인 인식 없이도 얻어지는 것으로 보인다. 진행자와 목격자 모두 어떠한 암시적인 정보를 전달하지도 받지도 않았다고 보고하였다.

암시는 라인업 절차 밖에서 목격자의 지목을 바꿀 만한 추가적인 정보를 제공함으로써 전달될 수도 있다. 이것은 경찰이 목격자에게 용의자가 범죄 현장에서 체포되었다거나 도난당한 지갑을 소지하고 있다가 잡혔다는 등의 유죄를 입증하는 증거를 제공하는 쇼업 절차에서 일어나기 쉽다. 이와 같은 암시는 라인업에서 목격자의 지목에도 영향을 줄 수 있다. 예를 들면, 라인업에서 목격자의 지목은 목격자가 처음 지목하였던 사람에게 강력한 알리바이가 있다거나[120] 다른 사람이 범행을 자백했다는 것을 알게 되는 것[121]의 영향을 받는다.

확신감 증폭 Confidence inflation　　　제6장에서 논의한 바와 같이, 목격자의 확신감은 제3자—가장 중요하게는 배심원—가 목격의 지목 신뢰도를 평가하는 방식에 강력한 영향을 줌으로써 판결 과정에서 매우 중요한 역할을 한다. 또한 확신감은 경찰 수사관이나 검찰이 사건 발생 가능성과 사건의 강도를 확정하는 데에 사용된다. 목격자의 확신감은 어느 정도까지는 목격지목의 정확성에 대해 실제로 진단적 역할을 한다. 그러나 이 진단성은 확신감에 대한 진정한, 비편파된 측정치에 의존하는데, 이 측정치를 언제나 얻을 수 있는 것은 아니다. 확신감은 가변적인 구성개념이고, 수사 과정에서 쉽게 왜곡될 수 있다. 예를 들면, 확신감은 공동 목격자가 같은 사람을 지목했는지 여부에 따라서 증폭되거나 축소될 수 있다.[122]

많은 연구가 목격자의 확신감이 라인업 진행자의 피드백에 의해서 쉽게 조작된다는 것을 보여 주었다. 이 연구들은 용의자의 실제 신원을 암시하는 것이 아니라, 라인업에서의 목격자 지목에 대한 전혀 악의 없는 피드백에 초점을 맞추었다. 목격자에게 그들의 지목이 경찰의 의심을 확인해 주는 것이라고 (허위로) 말하는 것은 ("좋아요, 당신은 용의자를 지목했어요.") 확신감의 상당한 증가를 가져온다.[123] 이 피드백 효과의 견고함은 2,400명 이상의 피험자를 포함하는 20개 연구들에 대한 메타분석 결과에서도 밝혀졌다.[124] 인위적으로 증폭된 확신감은, 가해자를 목격할 당시의 주변 상황에 대한 목격자의 설명, 가해자에게 목격자가 기울였던 주의의 양, 그리고 목격자 기억의 명확성과 같은 기억의 다른 측면들도 함께 증대되도록 한다.[125] 이렇게 과대평가된 보고는 이후 목격자 증언의 표면적인 강도를 강화하는 효과가 있다. 게다가, 법원의 법제에 따르면 이러한 보고는 목격자의 정확성에 대한 신뢰로운 지표로 간주되며, 결함이 있고 암시적인 범인식별 절차에 의해서 얻어진 지목의 증거능력admissibility을 뒷받침한다.[126] 피드백의 왜곡 효과는 피드백의 영향을 받았다는 것을 부정하는 사람과 그렇지 않은 사람 모두에게 똑같이 강하게 나타난다는 점에서, 의식적인 인식 수준 아래에서 일어난다고 할 수 있다.[127] 이러한 피드백의 효과는 제2장과

제6장에서 논의된 정합성 효과의 또 다른 예다.

확신감에 대한 피드백 효과는 영국 경찰에 의해서 수행된 실제 범인식별 절차에서도 검증되었다. 목격자들은 지목 후에 확신감을 보고하고, 경찰관으로부터 그들이 용의자를 지목했는지 무고한 다른 사람을 지목했는지에 대한 진실된 피드백을 받았다. 무고한 사람을 지목한 사람들의 확신감은 저하된 반면, 용의자를 지목한 사람들의 확신감은 증폭되는 피드백 효과의 명백한 패턴이 결과로 나타났다.[128] 제니퍼 톰슨의 지목은 진행자 피드백의 효과에 대한 명백한 예를 제공한다. 그녀는 코튼의 사진을 선택한 직후에 대해 다음과 같이 회상하였다, "그들은 나를 보고 말했어요. '우리는 이 사람이 그 사람이라고 생각했어요.'" 이어지는 실물 라인업에 대해서는, "나는 방에서 걸어 나왔고, 그는 나를 보고 말했어요. '같은 사람이에요. 내 말은, 그 사람이 당신이 사진에서 고른 사람이에요.'"[129]라고 회상하였다. 이 피드백은 아마도 전체 과정을 통해서 톰슨의 확신감을 증폭시키는 역할을 했을 것이다.

라인업 실무

최적의 라인업 수행을 위한 국가적 기준이 부재한 상태에서, 약 20,000개의 법 집행 부서들은 그들이 적합하다고 생각하는 방식으로 라인업을 자유롭게 수행하고 있다. 많은 부서들은 라인업에 대한 기준이 되는 정책이나 절차를 가지고 있지 않으며,[130] 라인업 진행자들에 대한 훈련도 임의적이고 일관되지 않은 것으로[131] 나타났다. 500명 이상의 경찰관에 대한 최근의 한 조사에서 옳은 반응이 12%에서 91% 범위인 목격자의 지목 정확성에 영향을 주는 요인들에 대해 경찰관들은 부적절하고 비일관적인 지식을 가지고 있음이 밝혀졌다. 특히, 오직 30%의 경찰관만이 시간이 지남에 따라 기억이 급격히 쇠퇴한다는 것을 인식하고 있었고, 그들 중 절반은 우범자의 사진에 노출되는 것이 이후의 범인식별 절차에 영향을 줄 수 있다는 것을 알지 못했으며, 거의 절반이 초기의 암시적이고 편파적인 라인업 이후에 공정한 라인업을 수행하는 것이 가능하다고 믿었다. 동시에, 80% 이상이 무기 효과에 익숙했고, 그들 중 3/4은 높은 스트레스가 목격지목의 정확성을 손상시킬 수 있다는 것을 알고 있었다. 비슷한 지식수준이 범인식별 절차를 수행하는 경찰관들에게서 관찰되었다. 예를 들면, 경찰관의 30%가 용의자가 가해자라는 직감에 기초한 라인업을 보여 주고, 그들 중 1/4 미만이 절차를 녹화하고, 95% 정도가 목격자에게 지목 후 피드백을 제공한다. 그나마 다행인 것은 경찰관의 80% 이상이 용의자가 라인업에 있을 수도, 없을 수도 있다는 것을 알려 준다는 점이다.[132]

잘못된 유죄판결로 알려진 몇 개의 사건에 대한 비평에서는 실제 상황에서 목격자의 지목이 잘못되는 몇 가지 방식을 기술하고 있다. 아래의 모든 사건에서, 용의자들은 재판에서 목격자의 잘못된 지목에 의해서, 완전히는 아니더라도 상당한 영향을 받아 유죄 판결을 받았다. 이후에 그들은 DNA 증거에 의하여 모두 면죄되었다.

일부 잘못된 목격자의 지목은 우연적 요인들에 의해서 발생하였고, 이것은 일반적으로 출처 혼동(전이 오류)에 의한 자연적인 오류다. 이 사례들에서, 수사 과정이 이 오류에 기여하는 바는 대부분 목격자의 실수를 알아채는 데 실패하는 것이다. 예를 들면, 많은 사람들이 목격자가 가게에서 쇼핑을 하는 중에,[133] 길을 걷는 중에[134] 또는 엘리베이터 안에 있을 때[135] 자연적으로 인지된다. 일리노이의 한 남자는 피해자의 아들이 팔려던 오토바이를 보기 위해 피해자의 집을 방문하고 나서 3일 후에 발생한 범죄 사건의 가해자로 지목되었다.[136] 병원에서 일하던 버지니아의 한 남자는 그 병원의 간호 학생이었던 피해자에 의해서 잘못 지목되었다.[137] 목격자들은 그들이 사는 동네에 살았던 사람,[138] 같은 회사에 근무했던 사람,[139] 같은 아파트 단지에 살았던 사람,[140] 또는 이전에 피해자의 아파트나 건물에 방문했던 사람들[141]을 잘못 지목하였다. 이것은 커크 블러즈워스와 대릴 헌트 사건에서의 가능한 원인이었는데, 이 사건에서는 주요 목격자가 이 용의자들을 텔레비전에서 본 후에 지목하였다.[142]

그러나 알려져 있는 대부분의 잘못된 목격지목에서, 목격자의 오류는 수사 과정과 심하게 뒤엉켜 있다. 이후에 제시되는 예들은 경찰이 틀린 목격지목을 유도하고, 악화시키고, 강화시키는 데 얼마나 광범위하게 기여하는지를 보여 준다. 수사 절차에 대한 기록이 전체적으로 빈약하기 때문에, 우리는 정확히 무슨 일이 있는지에 대해 부분적인 지식밖에 가질 수 없다. 그러나 이 제한적인 증거들은 잘못된 유죄 판결을 이끌어 내는 범인식별 절차에 대한 심각한 의심을 갖게 하기에는 충분하다.

잘못 지목된 많은 사람들은 목격자가 묘사한 범인의 모습과 일치하는 유일한 표적이 자신뿐인 라인업, 예를 들면 자신이 유일한 라틴 아메리카계 사람,[143] 유일한 파란 눈의 백인,[144] 유일한 금발의 남성[145]이었던 라인업에서 지목되었다. 다른 용의자들은 다른 구성원들에 비해서 그들이 상대적으로 두드러진 절차에서 지목되었다. 미주리의 한 남성은 오렌지색의 죄수복을 입을 유일한 사람이 자신뿐이었던 라인업에서 지목되었다.[146] 위스콘신 사건에서, 용의자는 라인업에서 배치된 사람 중 가장 작고, 가장 젊고, 가장 매력 있는 사람이었다. 용의자는 노동자 복장을 하고 있었고 안경도 쓰지 않았던 반면, 많은 라인업 구성원들이 전문적인 복장과 넥타이를 매고, 안경을 쓰고 있었다.[147] 텍사스의 한 남성은 목격자가 그 사람이 가해자와 "비슷한" 유일한 사람이었다고 한 라인업에서 지목되었다.[148] 다른 용의자들은 암시적인 쇼업 절차에서 지목되었다. 예를 들면, 캘리포니아의 한 남성은 SWAT 팀에 둘러싸여 수갑을 차고, 셔츠를 탈의한 채로 자신의 앞마당에 서 있을 때 쇼업을 통하여 지목되었다.[149]

다른 절차들에서는 라인업 진행자가 용의자의 신원에 대해 심하게 암시적이었다. 펜실베이니아의 한 남성은 그의 사진에 경찰이 강간으로 체포되었던 경험이 있는 사람들을 표시할 때 사용되는 "R"이라는 표시가 되어 있었던 사진 라인업에서 지목된 후에 강간 혐의에 대해 유죄 판결을 받았다.[150] 오하이오의 한 남성은 그의 사진에 피해자가 제공한 묘사와 일치하는 그의 키, 몸무게, 그리고 나이가 적혀 있었던 사진 라인업에서 지목되었다.[151] 멕시코 국적의 한 남성은 일리노이 법정에서 형사가 그를 골라내어 피해자에게 그 사람이 "그자"인지를 물어봤던 라인업의 지목 결과에 기초하여 유죄 판결을 받았다.[152] 캘리포니아의 한 남성은 목격자가 그의 사진이 있는 현상수배 전단을 본 후에 지목되었다.[153] 셔츠를 탈의한 남성에게 강간을 당했던 텍사스의 한 여성은 범죄사건 이후 일 년이 지나 우편으로 발송된 사진 라인업에서 그녀의 가해자를 지목하였다. 그 용의자는 라인업에서 두 명뿐이었던 셔츠를 탈의한 남성 중 한 명이었다.[154] 뉴욕의 한 강간 사건 피해자는 쇼업에서 그녀의 가해자를 지목하기를 거부하였는데, 경찰에게 재촉 당하고 용의자의 4세 때 사진을 본 후에, 쇼업 절차에서 그를 가해자로 지목하였다.[155]

라인업 기록이 없는 경우가 다반사지만 많은 사건들에서 목격자들에게 편파적인 지시문을 사용하는 것으로 나타났다. 캘리포니아 사건에서, 형사는 목격자가 머뭇거리자 라인업에 가해자가 있다고 설득하고, 지목을 하도록 권하였다.[156] 텍사스의 한 재판에서, 목격자는 "나는 그 사람이 아닌 것 같다고 했는데 라인업 진행자는 내가 지목을 잘 했다고(make a positive ID) 했어요. 나는 '예' 또는 '아니요'라고 말했어야 했어요."라고 보고하였다. 망설이던 목격자는 이어서 용의자를 지목하였다.[157] 라인업 지시문은 또한 목격자들 스스로의 기억에 대한 의심을 가라앉혔다. (제1장에서 논의되었던) 피터 로즈가 면죄된 이후 언론 인터뷰에서, 피해자는 경찰이 "로즈의 유죄를 입증하는 다른 증거들을 가지고 있을" 것이라고 생각해서 경찰들을 따랐던 것이라고 설명하였다.[158] 비슷하게, 제니퍼 톰슨도 코튼이 범죄에 연루되었다는 물적 증거가 있다는 것에 안심하였다.

경찰 조사에 의해 유발된 잘못된 목격지목은 목격자가 제공한 정보가 시간의 흐름에 따라 변화했던 많은 사건들에서 명백했다. 몇몇 사건에서, 목격자들은 자신들이 초기에 경찰에 제공했던 묘사와 크게 다른 용의자를 지목했다. 미주리 사건에서 피해자는 자신의 가해자를 깔끔하게 면도한, 키는 6피트 2인치(188cm)인 "데이비드 레터맨David Letterman" 같이 앞니가 벌어진 사람으로 묘사하였다. 7일 후에 그녀는 4명으로 구성된 라인업에서, 콧수염이 잔뜩 있고, 5피트 10인치(177cm)의 키, 그리고 부러진 이를 가진 무고한 용의자를 지목하였다.[159] 한 아프리카계 미국인은 텍사스 법정에서 강간 피해자의 목격지목에 의해 유죄 판결을 받고 종신형에 처해졌는데, 심지어 그녀는 초기에 경찰에게 그녀의 가해자가 백인이라고 하였다.[160] 일리노이의 한 남성은 처음에 자신의 가해자가 다이아몬드 귀걸이에 문신을 하고, 영어를 쓴다고 했던 목격자에 의해서 지목되었다. 그녀가 지목한 남성은 귀를 뚫지도, 문신이 있지도 않았으며, 스페인어밖에 할 줄 몰랐다.[161] 매사추세츠의 한 남성은 실제로 그가 콧수염과 염소수염을 기르고 있었고 사시斜視; crossed eyes가 아니었음에도 불구하고, 자신의 가해자가 깔끔하게 면도하였고, 사시였다고 묘사한 목격자에 의해서 지목되었다.[162] 플로리다의 악명 높은 "버드로드 강간범Bird Road Rapist"은 다수의 피해자에 의해서 영어를 구사하는 라틴 아메리카계 사람이고, 체중이 약 200파운드(91kg), 키가 최소 6피트(183cm)인 것으로 묘사되었다. 이 범죄로 유죄 판결을 받은 루이스 디아즈Luis Diaz는 체중이 134파운드(61kg)였고 키는 5피트 3인치(160cm)였다. 그는 그 당시 영어로 말하지 않았다.[163] 일부 사건에서 목격자는 심지어 경찰관에게 그들이 가해자를 잘 보지 못했다고 말한 후에도 용의자를 지목하였다. 제1장에서 논의되었던 피터 로즈와 월터 스나이더의 사건도 그 예다.[164] 많은 목격자들이 법정에서는 그들이 실제로 라인업에서 지목했던 것보다 훨씬 더 강력하게 증언했다.[165]

많은 사건들에서 이전의 절차에서 용의자를 지목하는 데 실패한 목격자들은 연이은 보기 직후에 무고한 용의자를 지목했다. 공통적으로 무고한 용의자는 모든 절차에서 나타난 유일한 표적인물이었다. 텍사스의 한 증인은 몇 번의 사진 라인업에서 용의자를 지목하는 데 실패하였다. 그녀는 범인의 몽타주를 보고 용의자를 지목하였고, 이후에는 실물 라인업에서도 그를 지목하였다.[166] 뉴욕의 한 증인은 범죄 사건이 있은 그다음 날 피고인을 지목하는 데 실패하였지만, 45일이 지난 후에는 그를 지목하였다.[167] 인디애나의 한 사건에서, 한 목격자는 두 번의 실물 라인업에서 용의자를 지목하는 데 실패하였지만, 사진 라인업에서 마침내 용의자를 지목하였다.[168] 조지아의 한 남성은 사진 라인업에서 용의자를 지목했지만 이후의 실물 라인업에서는 지목하지 못했던 한 목격자의 증언과 실물 라인업에서는 용의자를 지목했지만, 사진 라인업에서는 지목하지 못했던 또 다른 목격자의 증언에 기초하여 유죄 판결을 받았다.[169] 웨스트 버지니아의 한 사건에서는, 강간 피해자가 8개월에 걸쳐서 경찰과 반복적으로 면담하였다. 세 번째 면담에서, 목격자는 사진 라인업에서 자신이 피고인을 알고 있으며, "그 사람은 아니다."라고 말하면서 피고인을 제외시켰다. 네 달 후에, 여러 차례 경찰 면담을 한 그녀는 실물 라인업에서 자신이 제외시켰던 그 남성을 지목하였다. 법정에서, 그녀는 그 남성이 자신을 강간한 사람이라는 것에 의심이 없다고 진술하였다.[170] 버지니아의 한 남성은 35세 여성에 대한 강도와 강간죄로 유죄판결을 받았다. 초기에 피해자는 경찰에게 가해자의 얼굴을 보기에는 방이 너무 어두웠다고 말했다. 사건 다음 날 진행된 사진 라인업에서 그녀는 피고인의 사진을 지목하지 않았다. 형사와 사건에 대해 이야기하여 피고인에 대한 정보를 알게 된 이후, 피해자는 다시 그의 사진을 보더니 그의 눈썹이 낯익다고 말했다. 법정에서 그녀는 완벽한 확신감을 가지고 그를 지목했다.[171]

더 큰 문제는 일부 용의자들이 이전의 절차에서는 다른 사람을 지목했던 목격자에 의해 지목된다는 것이다. 조지아[172]와 오클라호마[173]에서 그러한 목격지목에 기초하여 감옥에 보내진 사람들이 있다. 테네시의 한 사건에서, 가해자는 사진 라인업에서는 피고인을 지목하지 않았고, 그녀의 남자친구는 무고한 사람을 지목하였다. 실물 라인업에서, 그녀는 용의자를 지목하였지만, 남자친구는 또 다시 무고한 사람을 지목하였다. 그럼에도 불구하고, 재판에서 둘은 용의자를 지목하였다.[174]

목격자의 지목을 오염시키는 부실한 절차의 잠재력은 많은 목격자들로부터 무고한 피고인이 지목된 사건들에서 가장 명백하다. 버드로드 강간범이라고 생각되어 연쇄 강간으로 유죄 판결을 받은 플로리다의 한 남성은 최소한 여덟 명의 피해자에 의해 지목되었다.[175] 커크 블러즈워스는 다섯 명에 의해서 지목되었다.[176] 로널드 코튼은 제니퍼 톰슨뿐만 아니라 2차 피해자와 다른 행인에 의해서도 지목되었다. 다중의 잘못된 목격지목은 많은 다른 사건들에서도 나타난다.[177]

경찰 라인업에는 무고한 사람이 포함되는 상황의 불확실성이 초래하는 잘못된 목격지목의 위험성이 산재되어 있다. 그것은 특정한 옷을 입고 있었던 것,[178] 사소한 교통법규 위반minor traffic violation 기록에 사진이 있는 것,[179] 몽타주와 닮은 점이 있는 것,[180] 범죄 현장에서 1마일(1.6km)정도 떨어진 카페에서 이상하게 행동하는 것,[181] 가해자가 있었을 것 같은 아이스링크에서 스케이트를 타는 것,[182] 피해자 가까이에 사는 것,[183] 수배 중인 사람과 같은 이름을 가진 것,[184] 또는 교도소의 제보자로부터 호명되는 것[185]만으로도 충분하다.

개선을 위한 권고

이 장에서 다루는 연구들은 특히, 심각한 범죄의 기소를 위해서 범인식별이 필수적인 경우에, 낯선 사람의 얼굴에 대한 인간 기억의 약점과 가해자 지목에 대한 사회적 요구 사이의 불일치가 문제가 됨을 지적한다. 연구들에서 증명된 바와 같이, 낯선 사람에 대한 목격자의 지목은 이 과정에 개입하는 다양하고 잘 드러나지 않는 많은 인지적이고 사회적인 요인들 때문에 골치를 앓는다. 얼굴에 대한 기억은 희미한 것에서부터 강한 것까지, 목격자의 지목 범위도 순전히 허위인 것에서부터 매우 정확한 것까지 광범위하고 다양하다. 목격자의 지목은 때때로 약한 부호화에 기초하고, 따라서 지목을 전혀 못하거나 잘못된 지목으로 이어지기 쉽다. 기억은 의식 수준에 기초하여 구성되고, 저장되고, 유지되는 가변적이고 단기적인 정신적 상태이며 인간의 통제 하에 있지 않다. 개리 웰스와 그 동료들은 기억이 잘못 처리함으로써 손상되거나 파괴될 수 있는 섬유 조각의 혈액 표본과 같은 다른 흔적 증거들과 마찬가지로 보존되어야 한다고 주장하였다.[186] 사실, 이 주장은 한 걸음 더 나아가야 한다. 약병에 밀봉되어 보관된 혈액 표본 또는 밀폐된 플라스틱 용기에 있는 섬유와는 다르게, 기억은 부서지기 쉽고 구멍이 많으며, 쇠잔과 오염에 취약하다. 이것 자체로 기억은 더 세심한 주의를 받을 만하다. 점진적으로 사라지고 희미해지는 이미지, 다른 장면에서의 이미지와 혼동하는, 다른 출처의 이미지를 혼합하는, 그리고 압박이 있으면 그 이미지를 변경하는 짓궂은 녹취 도구가 더 정확한 용어일 것이다. 이 도구를 통해서 만들어진 기억은 주관적으로 정확하고 순수하다고 여겨진다는 점에서 더 불안정하다. 목격자의 어깨에 지워진 유죄판결의 무게에 비추어 볼 때, 목격자는 신뢰로운 기억의 흔적이 없더라도 결국 용의자로 보이는 사람을 지목할 것이다.

목격자 연구가 직면한 중요한 문제는 어떻게 사법 절차에 연구를 적용할 수 있는가 하는 것이다. 가능한 적용 방법 중 하나는 목격 증언의 사후 신뢰도 평가를 돕는 것이다.[187] 이 평가는 경찰 수사관이 그들의 사건 강도를 측정하고 앞으로의 수사 방향을 정하는 데 도움을 줄 수 있다. 마찬가지로, 이 평가는 검찰의 기소, 교섭negotiations 여부, 그리고 재판 전략을 결정하는 데 도움을 줄 수 있다. 목격자의 지목 정확성 평가는 사실판단자들이 피고인의 유죄성을 결정하는 것을 돕는 데 사용될 수도 있다. 사건 및 체계 요인 모두 잠재적으로 특정 목격지목의 사후 평가에 정보를 줄 수 있다. 주어진 목격지목의 정확성을 판단하기 위해 이 모든 요인들을 종합하는 것은 매우 어려운 과제다. 극단적인 사례를 제외하고는, 어떤 목격자 연구자도 특정한 목격지목의 정확성에 대한 명확한 판단을 제시하는 모험을 감행하지는 않을 것이다. 그럼에도 불구하고, 이러한 요인들의 효과에 대해서 아는 것은 목격지목을 무조건적으로 믿기보다는 섬세하고 현실적으로 평가하게 할 것이다.

연구가 법 집행 기관에 도움을 줄 수 있는 또 다른 방법은 타당한 정확성 지표를 제안하는 것이다. 많은 연구들이 목격자의 반응 시간과 초기 확신감이 목격자의 지목 정확성에 대한 유망한 지표라는 것을 발견하였다. 용의자를 빠르게 지목한 목격자들은 결정하기까지 시간이 오래 소요된 목격자들보다 일반적으로 더 정확하다. 연구들은 정확한 목격지목이 30초 이내에 이루어질 가능성이 높다는 것을 발견하였다.[188] 최근의 연구들은 지목에 대한 목격자의 반응시간과 확신감을 조합함으로써 정확성 평가가 더 개선될 수 있다는 것을 보여 준다. 한 연구는 10초 이내에, 높은 확신감을 가지고 이루어진 지목은 느리고 확신감이 낮은 지목보다 상당히 더 정확하다는 것을 발견하였다.[189] 독일의 방대한 현장 연구에서는 6초 이내에, 90% 이상의 확신감을 표현하는 목격자와 더 느리고 낮은 확신감을 표현하는 목격자 사이에서 큰 차이를 발견하였다.[190] 향후 연구에서는, 형사와 검사가 빠르고 확신적인 결정에 큰 신뢰를 주는 역할을 해야 할 것이다(물론, 모든 절차가 적절히 행해지고 목격자의 기억은 어떤 방식으로도 오염되지 않았다는 것을 가정함). 마찬가지로, 1분 또는 그 이상의 시간이 소요되고 확신감이 높지 않은 지목은 신중을 기하여 다루어져야 할 것이다.[191]

이러한 연구들의 가장 중요한 결실은 정책 제안을 하는 것, 특히 경찰이 초기에 잘못된 목격지목을 유도하는 것을 방지하기 위해 체계 요인들을 예방적으로 사용할 것을 제안하는 것이다. 몇몇 목격자 연구자들은 정책 개선을 위해 법 집행 기관과 공동으로 작업해 왔다. 이 작업의 중요한 첫 걸음은 화이트 페이퍼White Paper라고도 알려진, 1998년에 있었던 미국 법심리학회American Psychology-Law Association의 과학적 개관 논문의 출판이었다.[192] 이 논문은 미국 법무부 산하 법무연구소Department of Justice's National Institute of Justice에서 발행하는 법 집행 지침Guide for Law Enforcement의 개발을 이끌어 냈다.[193] 개선된 절차의 몇몇 유형을 더 많은 주와 시에서 진행하는 것을 보면 알 수 있듯이, 이 종류의 권고사항은 점차 정제되어 법 집행 실무에 투입되고 있으며,[194] 보다 널리 적용될 것이다.

아래의 권고사항들은 최적의 진행 프로토콜을 제공하기 위한 것이다. 이 권고사항들은 목격자의 지목 정확성을 최대화하고, 그 절차의 투명성을 최대화하기 위한 두 가지 목적을 가지고 있다.

1. 얼굴 조합을 구성하는 것은 가능하면 피한다.
2. 라인업이 쇼업보다 선호되어야 한다. 실물과 비디오 라인업이 사진 라인업보다 선호되어야 한다.
3. 용의자는 그의 유죄를 뒷받침할 만한 상당한 증거가 없는 경우에 범인식별 절차에 포함되어서는 안 된다.[195]
4. 목격자는 라인업 이전에는 어떤 출처를 통해서라도, 용의자에 대한 어떠한 식별 정보에도 노출되지 않아야 한다.
5. 라인업은 사건을 목격한 이후 최대한 빨리 진행되어야 한다.
6. 라인업은 용의자 한 명과 의심의 여지없이 무고한 다섯 명 또는 그 이상의 다른 사람들로 구성되어야 한다.
7. 용의자 외의 다른 구성원들은 가해자에 대한 목격자의 묘사와 일치해야 하지만, 용의자와 눈에 띄게 달라서는 안 된다.
8. 용의자는 라인업에서 자신의 위치를 결정할 수 있어야 하며, 다른 라인업에서는

위치를 변경할 수 있어야 한다.

9. 목격자는 반드시 라인업에 가해자가 "있을 수도 있고 없을 수도 있다."는 지침과 "가해자가 없어요." 또는 "모르겠어요."라는 반응도 괜찮다는 지침을 받아야 한다.

10. 표적인물들은 (동시에 제시되는 것보다는) 순차적으로 제시되어야 한다.

11. 모든 범인식별 절차는 "이중맹목" 절차이어야 한다. 진행자는 용의자의 신원에 대해 알지 못해야 한다. 목격자는 진행자가 용의자의 신원에 대해 알지 못한다는 것을 알고 있어야 한다.

12. 진행자는 용의자의 신원을 드러낸다거나 암시적이라고 해석될 수 있는 어떤 말이나 행동도 삼가야 한다.

13. 목격자는 반드시 확신감에 대해 말한 직후에 자신의 재인 여부에 대해 말해야 한다. 목격자가 목격진술을 끝내기 전까지는 그에게 어떠한 피드백도 주어서는 안 된다.

14. 목격자가 재인했다고 말하기까지 소요된 시간을 측정하고 기록해야 한다.

15. 가능한 한 목격자는 단 한 번의 범인식별 절차에 참여해야 한다. 연이은 보기가 요구되는 경우에는, 모든 절차에 같은 구성원을 포함시키기 위해 필요한 모든 노력을 해야 한다.

16. 어느 시점에서든지 용의자가 아닌 다른 구성원을 지목한 목격자는 용의자에 대한 지목 증언을 해서는 안 된다.

17. 초기 목격지목에서 용의자를 지목하지 못하고, 망설이면서 결정하거나 낮은 확신감을 표현하는 목격자들은 용의자에 대한 기억이 뚜렷하지 않은 것으로 간주해야 한다.

18. 가능하다면 전체 절차를 비디오 녹화로 기록해야 한다. 기록에는 사용된 이미지와 제시된 지시문이 포함되어야 한다. 목격자는 절차 전반에 걸쳐서 녹화되어야 한다.[196]

이 권고사항들 중 대부분이 전반적인 정확성을 높인다는 점에 대해서는 논쟁의 여지가 없다. 라인업에 한 명의 용의자만 배치하는 것, 용의자로 하여금 라인업에서 그의 자리를 결정할 수 있게 해 주는 것, 목격자가 지목에 대한 자신의 확신감을 말하기 전에 피드백 주는 것을 제한하는 것, 그리고 목격자가 지목하는 데까지 걸린 시간을 측정하는 것과 같은 절차를 통한 정확성의 손실을 의심할 이유는 거의 없다.

이 밖의 권고사항들은 잘못된 목격지목을 줄이기 위해 의도된 목적과 옳은 목격지목이 감소하는 의도하지 않은 효과 사이의 모순을 포함하고 있을 수 있다. 예를 들면, 용의자에 대한 묘사와 일치하는 무고한 구성원을 섭외할 것과 진행자가 용의자의 신원에 대해 모르고 있어야 한다는 것은 모순이다.[197] 목격지목 절차의 목적은 목격자의 기억을 확인하는 것이지, 경찰의 예감을 확인하는 것이 아니기 때문에 이 권고사항들은 심각한 딜레마를 일으키지 않는다. 라인업에서 용의자를 두드러지게 하는 것과 라인업 진행자가 용의자의 신원을 목격자에게 누설하는 것은 모든 과정의 진단적인 가치를 망치고 이 절차를 우습게 만든다. 관계자들은 이와 같은 라인업 실시의 역동적인 작용을 조심해야 한다. 목격자가 용의자를 지목하도록 유도하는 것이 가능하다는 믿음은 수사관들이 언제, 어떻게 라인업을 진행할지 결정할 때 덜 엄격한 기준을 사용하도록 하고, 심지어 유죄 증거가 약할 때에도 용의자의 신원을 누설하도록 할 수 있다. 장기적으로, 이러한 절차는 이후에 목격자의 지목 정확성을 약화시킬 수밖에 없다.

잘못된 목격지목의 감소와 옳은 목격지목의 감소를 교환하는 것은 때때로 더 문제가 된다. 예를 들면, 동시적 라인업을 순차적 절차로 대체하자는 제안은 잘못된 목격지목과 옳은 목격지목을 모두 감소시킬 수 있는 개선방안으로, 그런 경우에 해당한다.[198] 심지어 누군가는 그들이 원하는 효과가 그들이 의도하지 않은 상반된 효과보다 큰 경우에도 이러한 혼재된 결과를 가져올 것으로 기대되는 개선방안을 실시하기를 꺼릴 수 있다. 이러한 권고사항에 호의적인 한 주장은 잘못된 목격지목을 줄이는 것의 이점이 옳은 목격지목을 줄이는 것의 위험보다 규범적으로 중요하다는 주장이다. 잘 알려진 사법 정책의 견해는 우리가 유죄인 한 사람을 풀어 주는 것보다 무고한 한 사람을 유죄 판결하는 것에 대해서 더 염려해야 한다는 것이다. 그러나 이러한 권고사항들에 대해 호의적인 더 강력한 주장도 있다. 목격지목의 절차는 표적이 라인업에 있을 때는 목격자가 표적을 지목할 수 있어야 하고, 없을 때는 지목하지 않을 수 있어야 한다는 신뢰도의 이중 준거를 충족시킬 때 가장 믿을 만하다는 것을 기억하라. 또한 용의자를 옳게 지목한 목격자들 중 절반 정도만이 실제로 이 신뢰도 기준을 충족시킨다는 것을 기억하라. 목격지목의 나머지 반은 불안정하고, 따라서 사람들을 감옥에 보내기에는 불확실한 근거를 제공한다.[199] 따라서 미미한 (그리고 가장 불안정한) 옳은 목격지목이 어느 정도 감소하는 것이 다른 면에서는 바람직한 개선방안을 좌절시킬 만한 타당한 이유로 간주되어서는 안 된다는 결론이 도출된다.

가장 중요한 권고사항은 라인업 절차에 대한 완벽한 기록을 만들어야 한다는 것이다. 이 기록은 반드시 사용된 이미지, 제시된 지시문, 목격자의 지목 결과 및 다른 진술들, 반응 시간, 그리고 라인업 동안 목격자를 둘러싼 환경을 포함하여야 한다. 잘 수행된 범인식별 절차에 대한 신뢰롭고 완전한 기록의 유용성은 기억 쇠잔, 오염, 그리고 수사와 재판 전 절차에 의해서 유발되는 다른 편파들의 효과를 최소화시킨다는 것이다. 만약 라인업을 기록하는 것이 최소한 라인업이 진행되는 동안 수사관 또는 라인업 진행자에 의한 어떠한 암시도 제거하지 못한다면 이 기록은 최소화되어야 한다. 또한, 기록의 유용성은 목격자들이 그들의 원래 반응을 유지하도록 하고, 따라서 그들의 증언을 바꾸려는 모든 시도로부터 그들을 보호하는 것이다. 다시 말하면, 그 기록이 증언을 최초의 상태로 유지하는 것을 도울 것이다. 이 기록은 사실판단자들과 다른 의사결정자들에게 목격자의 지목 신뢰도 평가를 위해 가능한 최선의 정보를 제공해야 한다.

이 모든 권고사항들이 법무부에서 발행한 지침과 같이 정식으로 진행 프로토콜에 구속력을 가지도록 받아들여진다면 최대의 이득을 얻을 수 있을 것이다. 규정된 프로토콜은 경찰 수사관이 적절한 수사방법을 기준으로 삼을 수 있도록 할 것이다. 이 프로토콜은 사실판단자들이 해당 사건에서 사용된 절차를 평가하는 것을 도울 수도 있을 것이다. 한 연구에서는 일반인들이 표준 이하의 라인업 절차에는 민감하지 않지만, 법무부의 공식적인 지침과 차이를 보이는 라인업 절차에서 단점이 확인되는 경우에는 목격지목의 낮은 신뢰도를 인지하게 된다는 것을 보여 주었다.[200]

비약적인 발전: 컴퓨터 라인업

현재 많은 사법권에서 범인식별 절차의 개선이 이루어지고 있고, 이와 같은 진보는 매우 반갑고 중요한 것이다. 그러나 이러한 단편적인 접근에는 한계가 있다. 실행되는 개선방안은 오랫동안 연구자들과 법 집행 기관이 타협한 결과물이다. 결과적으로, 겨우 몇몇 사법권의 경찰서에서 제한된 범위의 개선만이 이루어졌을 뿐이다. 특히, 법무부 지침은 절차를 이중맹목으로 진행하고 비디오 녹화해야 한다는 중요 정책을 권고하는 것으로 축소되었다. 다른 접근법들이 연구의 잠재력을 더 잘 실현할 수 있을지 심사숙고하는 것이 우리의 의무다.

　체계적 실패의 핵심적인 원인, 즉 라인업의 구성과 진행에 인간이 개입하는 것으로부터 벗어나기 위한 패러다임적 변화가 필요한 때가 되었다. 라인업은 컴퓨터로 대신 수행되어야 한다. 컴퓨터를 이용한 범인식별 절차의 수행 가능성은 몇몇 연구자들에 의해서 언급되었고,[201] 그 목적으로 많은 컴퓨터 프로그램이 개발되었다.[202] 컴퓨터 라인업은 현재 네 개의 경찰 부서와 공동으로 진행 중인 현장 연구의 일환으로 수행되고 있다.[203]

　다음은 목격지목에서 더 나은 정확성과 투명성을 얻기 위해 고안된 컴퓨터화된 체계에 대한 청사진이다. 이 체계는 위에서 논의된 기존의 권고사항들 중 일부를 혼합하거나, 개선하거나 삭제한 것이다. 권고된 체계에서는 모든 체계 요인들이 사실상 자동화된, 자가 작동되는, 그리고 쉽게 만들어 낼 수 있는 컴퓨터화된 체계를 통해 다루어진다. 이 체계가 우연적 요인에 의해 발생하는 오류들까지 교정할 수는 없겠지만, 자연히 기억 쇠잔의 불리한 효과를 잠재적으로 줄일 수 있을 것이고, 외부 정보에 의한 오염을 부분적으로 예방할 수 있을 것이다. 목격자는 탁상용 컴퓨터 또는 노트북을 사용하여 독립적으로 범인식별 절차를 수행할 수 있으며, 이 절차에서는 비디오 영상으로 된 표적의 이미지가 스크린에 나타날 것이다. 영국에서 현재 행해지고 있는 바와 같이, 라인업은 매우 큰 데이터베이스(주 단위, 또는 국가 단위)에서 추출된 비디오 이미지로 수행될 것이고, 모든 이미지는 용의자에 대한 묘사에 기초하여 만들어지고, 시각적 유사성이 분석될 것이다. 라인업의 구성은 수사와 관련이 없는 목격지목 전문가의 감독하에, 컴퓨터화된 프로그램을 사용하여 수행될 수 있다.[204]

　이 절차는 법 집행 관계자의 직접적인 개입이 없이 수행될 것이다. 모든 지시문은 컴퓨터를 통하여 글자 또는 음성으로 제공될 것이고, 다양한 언어로 제공될 것이다. 구성원들의 데이터베이스가 방대하므로, 라인업은 상당한 수의 사람들로 구성될 것이다(여덟 또는 그 이상). 필요하다면, 음성 표본도 포함될 수 있다. 목격자들은 자신의 지목을 컴퓨터에 입력하고, 지목하기까지 소요된 시간은 기록될 것이다.

　아직 많은 세부사항들이 해결되어야 하고 불가피한 방해요인들이 많겠지만, 권고되는 체계는 현재의 절차가 내포하고 있는 많은 오류들을 교정할 수 있는 매우 큰 잠재력을 가지고 있다. 첫째로, 이 체계는 목격자의 지목 정확성을 높일 수 있을 것이다. 이 라인업은 위에 언급된 제안들을 포함하여 앞으로의 연구들에 기초한 최선의 수행과 일치하는 표준화된 프로토콜에 따라 수행될 것이다. 라인업이 매우 신속하게 준비되고 수행될 수 있기 때문에, 기억 쇠잔을 최소화하고 논란의 여지가 있는 쇼업 절차의 필요를 감소시킬 수 있다. 사진보다 더 풍부하고 질이 좋은 시각적 정보를 제공하는 비디오 이미지를 사용함으로써 정확성 또한 높일 수 있을 것이다.[205] 음성 정보를 포함하는 것이 가능하다면, 이것은 목격지목이 음성 지각, 유창성, 어조, 사투리와 언어 손상에 의해 도움을 받을 수 있는 사건에서 추가적인 이점을 제공한다. 중요한 것은 신속하고 신뢰로운 검증을 제공함으로써, 연이은 보기 절차가 불필요해진다는 점이다. 이 체계는 경찰 관계자를 제외시킴으로써 완전한 맹목 절차를 효과적으로 제공하고, 따라서 목격자를 암시적인 단서 또는 라인업 진행자와의 의사소통으로부터 보호할 것이다.

이 체계는 또한 투명성이 매우 높다는 이점을 제공한다. 절차가 진행되는 내내 스크린에 고정된 비디오카메라와 마이크는 목격자와 지목 당시 그의 주변 환경을 기록할 것이다. 컴퓨터와 목격자를 영상 녹화하는 것은 사용된 이미지, 제시된 지시문, 목격자에게 전달된 정보와 목격자의 반응에 대한 자세한 설명을 포함하는 전체 절차에 대한 완전한 설명을 가능하게 할 것이다. 거기에는 목격자의 지목, 확신감, 반응 시간, 그리고 목격자의 지목 전략을 알려 주는 언어적 진술, 망설임, 능력, 또는 마음의 변화 등이 속한다.

권고된 시스템을 통해서 범인식별 절차는 적은 비용으로 보다 편리하게 진행될 것이며, 진행자는 더 쉽게 절차를 운영할 수 있게 될 것이다. 풍부한 라인업 구성원을 제공하는 것은 라인업의 진단성을 높이기 위해 적절한 구성원을 과도하게 탐색하는 것을 불필요하게 할 것이다. 필요하다면, 라인업은 병원이나 목격자의 집과 같이 멀리 떨어진 장소에서 적절한 감독하에 인터넷으로 수행될 수도 있다. 이 점에서, 극소수의 특정한 장소에서만 절차가 수행되는 영국의 체계보다 더 편리하고 효과적일 수 있다.[206] 목격자, 용의자, 형사와 변호인들이 동시에 한자리에 모일 필요 없이, 라인업이 신속하고 유동적으로 계획될 수 있다. 용의자를 촬영하는 것은 몇 분이 채 걸리지 않을 것이고,[207] 컴퓨터화된 준비와 진행은 보다 신속할 것이다. 용의자를 직접 마주하지 않아도 된다는 점은 목격자, 특히 강간 피해자 또는 폭행당한 아동들이 종종 보고하는 공포와 불안감을 경감시킬 것이다. 이 방식은 서로 다른 사법권에 적합하도록, 심지어 특정한 상황에 적합하도록 프로그램을 작성할 수 있을 만큼 융통성이 있다. 절차를 수정하기 위해 소프트웨어를 갱신하면 되기 때문에, 비용이 드는 번거로운 인력 재교육이나 문서화된 절차를 수정하는 것이 불필요하고, 수사 실패로부터 오는 부산물을 최소화할 것이다.

이 체계는 법 집행 관계자의 구미에 맞을 가능성이 높기 때문에 이 체계가 도입될 가능성이 높다. 바람직하고 필연적인 기술 발전에 따라 컴퓨터화된 체계로의 전환은 현실화될 것이다. 여기에 대해서는 법 집행 관계자도 어떤 비난이나 불만을 가지지 않는다.

범인식별 절차의 정확성과 투명성을 높이면 모든 관계자들이 얻는 것은 많아지고 잃는 것은 적다는 점을 명심해야 한다. 법 집행 기관은 실제 가해자를 더 잘 식별해 낼 수 있을 것이고, 무고한 용의자를 더 잘 가려낼 수 있을 것이다. 검찰은 목격지목이 정확하고 그 절차가 공정하다는 것을 배심원들에게 납득시키기 더 좋을 것이다. 검찰은 또한 이 시스템이 사실상 형사와 라인업 진행자에 의한 실수를 제거한다는 사실에 감사해야 한다. 당연히, 피고측 변호인은 무고한 고객의 무죄를 증명하기 위한 더 좋은 기반을 가지게 될 것이고, 라인업의 부적절성에 대한 사소한 항의를 덜 하게 될 것이다.

04 "바로 그런 일이 있었던 거예요"
범죄 사건에 대한 목격자 기억

　제3장에서는 목격자들이 목격한 범죄의 가해자를 알아보고 지목하는 능력에 대해 다루었다. 이 장에서는 범죄 사건에 대해 목격자가 제공하는 보다 넓은 범위의 증언을 다룬다. 사건에 대한 증언은 전형적으로 사건이 일어난 시간과 장소, 사건에서 있었던 말의 내용, 일련의 행위, 사용된 물건, 무엇이 누구에 의해서 행해졌는지를 결정하는 데 도움이 되는 많은 다른 요인들을 중심으로 어떤 일이 일어났는지를 기술한다.[1]

　사건에 대한 기억은 귀책사건과 신원사건 모두와 관련이 있다. 사건에 대한 목격자의 설명은 피고인의 책임여부를 결정하는 데 도움을 줄 수 있다. 가해자의 발언에 대한 정확한 증언은 가해자의 의도를 파악할 수 있도록 하고, 죽음을 초래한 술집의 싸움에 대한 정확한 보고는 그 아수라장에서 무슨 일이 있었는지 확인하는 데에 도움을 줄 수 있다. 같은 이유로, 가해자가 했던 말을 잘못 기억하는 것은 사건을 가중폭행aggravated assault으로 보이게 할 수 있고, 술집 싸움의 순서를 혼동하는 것은 정당방위self-defense 행위를 일급 살인으로 만드는 등의 일을 초래할 수 있다. 따라서 사건에 대한 틀린 기억은 잘못된 무죄판결 또는 범죄 행위가 아닌 행동에 대한 유죄판결, 또는 피고인의 행동에 대해 과도한 책임을 선고하는 결과를 유발할 수 있는 잠재력이 있다.

사건에 대한 기억은 신원사건에서도 역시 결정적일 수 있다. 때때로 사건에 대한 기억은 중요하면서도 유일한 범인식별의 수단이다. 예를 들면, 루이지애나의 한 남자(DNA 증거에 의해 이후에 면죄됨)는 그의 차에 대한 두 목격자의 지목에 기초하여 사형이 선고될 수 있는 살인사건에 연루되었다.[2] 사건에 대한 기억은 자주 용의자를 나타내는 다른 증거들 보통, 라인업에서의 용의자 지목을 보강함으로써 범죄와 용의자를 연결 짓는 것을 돕는다. 제2장에서 논의된 바와 같이, 잘못된 기억은 로널드 코튼에 대한 지목을 보강하는 역할을 하였다. 두 번째 피해자가 자신의 아파트에서 발견된 빨간 손전등을 가해자가 자신에게서 훔쳐 간 것과 유사한 것이라고 알아봤던 것을 기억하라.[3] 오하이오의 한 남자는 자신의 장모를 강간하고 살해한 혐의에 대해 유죄판결을 받았다. 검찰의 주요 증인이었던 그의 조카는 가정사로 인한 언쟁 뒤에 살인이 일어났다고 증언하였다.[4] 피고인의 옷,[5] 부츠,[6] 문신,[7] 장갑,[8] 자동차[9]를 비롯하여 칼[10]이나 장난감 총[11]과 같은 다양한 물건들에 대한 목격자의 재인에 부분적으로 기초하여 이루어진 유죄판결들도 있다. 이 모든 사건들의 피고인들은 재판에서 유죄판결을 받았고 이후에 DNA 검사에 근거하여 면죄되었다.

이 모든 증언들이 정확한 기억에 기초했고, 이 무고한 사람들이 실제 가해자와 어떤 특징들을 공유하고 있었다는 것은 이론적으로는 가능하다. 무고한 용의자가 범인의 차와 비슷한 차를 가지고 있을 수 있고, 범인과 같은 옷을 입었을 수 있고, 범인의 문신과 같은 문신을 과시했을 수도 있다. 이 모든 잘못된 기억들이 자연적인 오류에 의해서 발생했다는 것 또한 이론적으로는 가능하다. 그러나 이 모든 가능성에도 불구하고, 이러한 증언들은 사실 사법체계와 증인들의 상호작용을 통해 유도된 잘못된 기억이었다. 유인된 오류는 경찰의 개입 없이는 잘못된 기억을 만들어 내는 것이 불가능한 사건들에서 가장 두드러진다. 예를 들면, 여섯 살짜리 강간 피해자는 피고인의 조부모 집을 강간이 일어난 장소로 지목하였고, 그곳의 인테리어에 대해 정확하고 자세한 설명을 제공하였다. DNA 검사에 의해서 다른 남자가 범죄를 저지른 것으로 밝혀진 바, 그 피해자는 자기가 묘사했던 집을 보거나 방문한 적이 없었던 것으로 밝혀졌다.[12]

유인된 오류의 영향은 증인이 시간이 지남에 따라 자신의 진술을 경찰의 용의자와 일치하도록 바꾸는 사건에서 역시 두드러진다. 예를 들면, 월터 스나이더는 버지니아 법원에서 35세 여성에 대한 강도와 강간 혐의로 유죄판결을 받았다. 재판에서, 스나이더에 대한 피해자의 지목은 그녀를 공격한 사람에게 특별한 냄새가 났다는 그녀의 증언에 의해 보강되었다. "기름과 지하실 냄새가 섞인 향 냄새" 이 증언은 스나이더에게 완벽하게 들어맞았다. 수사가 계속되면서 밝혀진 바에 따르면, 그는 그의 부모님 집의 지하실에 살고 있었고, 그의 직업이 보일러 기사이기 때문에 기름을 만지는 것으로 드러났다. 증인의 기억은 스나이더에 대해 알려진 사실과 일치하도록 변화되어 갔음이 명백해 보였다. 경찰에게 한 그녀의 첫 번째 진술에서, 그녀는 그녀를 공격한 사람에게서 땀, 술 그리고 담배 냄새가 났다고 말했다.[13] 테네시에서 두 명의 증인은 가해자가 보행장애 때문에 다리 보조기구를 사용한다는 것을 알고 난 직후에 경찰에게 가해자가 절뚝거렸다고 진술하였다.[14] 버지니아의 에드워드 호나커Edward Honaker는 젊은 여성에 대한 유괴와 성폭행 혐의로 유죄판결을 받았고, 세 번의 종신형에 34년을 추가로 선고받았다. 초기의 경찰 보고서에 따르면, 피해자는 그녀가 "그 끔찍한 경험에서 가해자를 명확히 볼 수 없었다."고 진술하였다. 그녀는 경찰에게 가해자가 큰 십자가 목걸이를 하고 있었고, 보조석 문이 녹슨 밝은색 차량을 운전했다고 진술하였다. 이것들 중 어떤 것도 호나커나 그의 차와는 일치하지 않았다. 그러나 재판에서 피해자는 호나커를 지목하였다. 실제로는 작았던 그의 십자가 목걸이를 재인하였고, 녹 자국이 없는 파란 그의 차를 재인하였다.[15] 다시 말하지만, 이 모든 사건의 용의자들은 재판에서 유죄판결을 받았고, 이후에 DNA 증거에 의해서 면죄되었다.

사건의 구체적인 세부사항에 대한 기억은 대개 사건이 있은 후에는 증명할 수 없다. 범죄 사건에 대한 전자 기록이나 명백한 물리적 흔적이 없이는, 술집의 싸움에서 피고인이 피해자를 치기 전에 한 정확한 말, 구타의 정확한 순서, 그리고 피해자가 총을 가지고 있었는지 여부와 같은 중요한 사실을 증명하는 것이 거의 불가능하다. 사건에 대한 기억 오류는, 신뢰할 만한 외부적인 증거 없이는 반박할 수 없다.

이 장은 피해자와 용의선상에 있지 않은 참고인cooperative witnesses으로부터 그들의 기억 증언을 확보하는 것에 대해 다룬다. 이 과정을 수사 면담이라고 한다. 제5장에서는 신문interrogation이라고 불리는, 범죄를 저질렀을 것으로 의심받는 사람들에 대한 면담과정을 다룰 것이다.

정확성과 완결성

가장 일반적인 수준에서, 사건에 대한 기억은 두 가지 중요한 특성을 갖는다. 그것은 완결성completeness과 정확성accuracy이다. 기억은 사건에 대한 종합적인 설명을 제공하기 위해 필수적인 모든 세부사항들을 포함하고, 그 세부사항들이 정확할 때 신뢰할 수 있다. 물론, 증인 기억의 정확성은 그 기억에 의존하는 판결의 무결성에 결정적인 역할을 한다. 정확성은 기억 연구자들과 법심리학자들 모두의 주된 관심사다. 연구들은 아래에서 논의될 수많은 사건 및 절차 요인에 의해 좌우되는 사건에 대한 기억이, 목격지목과 별반 다르지 않게 다양한 범위의 정확성을 갖는다는 것을 보여 준다. 그러나 우리는 광범위한 실험 연구와 현장 연구로부터 사건 기억의 정확성을 대략적으로 알 수 있다. 대부분의 연구들에서 정확성 수준이 80% 정도로 수렴된다고 할 때, 범죄사건에 대한 기억 정확률에 대한 최선의 추정치는 65%와 95% 사이이다. 이 비율은 서로 다른 면담 프로토콜을 사용한 2,400명이 넘는 참가자를 포함하는 55개 연구들에 대한 메타분석에 의해서 밝혀졌다.[16] 영국 경찰 훈련생과 스코틀랜드 경찰관들에 대해 수행된 연구들과[17] 실제로 범죄를 목격한 사람들에 대해 수행된 연구들에서도[18] 유사한 정확성 수준이 나타났다.

이런 정확률이 고무적이기는 하지만, 두 가지 사항을 명심해야 한다. 먼저, 이 결과들은 증인이 보고한 다섯 가지의 세부사항 중 하나 정도는 사실이 아니라는 것을 의미한다. 하나의 특정한 주요 세부사항이 결정적인 역할을 하는 사건에서, 이 오류율은 문제가 될 수 있다. 더 중요한 것은, 이 비율들이 상대적으로 적절한 조건에서의 정확성을 나타낸다는 것이다. 아래에 논의된 것처럼, 유도된 기억 오류는 증인이 사건 해결에 중요한 정보를 제공하는 데 실패하고 경찰이 강력한 면담 기법을 사용하여 누락된 사실들을 얻으려고 할 때 발생하기 쉽다.

기억 정확성에만 초점을 맞추면 사건 기억을 범죄 수사에 적용할 때의 중대한 측면인 목격자 기억의 완결성을 놓치게 된다.[19] 범죄 수사는 종종 특정한, 때로는 일상생활에서 우리가 무시하기 쉬운 매우 하찮은 세부사항들—특정한 말, 자동차 번호판의 끝 두 자리 숫자, 로고 하나, 또는 장신구 하나—에 의해 결정되곤 한다. 자연히, 불완전한 기억은 사건을 해결하기 위해 필요한 정보보다 적은 정보를 형사에게 제공하도록 한다. 그 결과로, 범죄 사건은 해결되지 못하고 가해자는 처벌받지 않고 거리를 활보할 수 있다. 기억 불완결성은 기억 정확성에 대해 간접적이지만 중요한 영향을 미칠 수 있는데, 그 효과는 불완전한 기억에 의한 증거 부족이 종종 집중적인 수사를 유발하고 허위 기억을 만들어 낼 가능성을 증가시킨다는 것이다.

연구자들은 기억의 완결성 그 자체는 연구하지 않는 경향이 있지만, 많은 연구들은 연구 목적과는 별개로 기억 완결성에 대한 측정치들을 포함한다. 전반적으로, 이 연구들은 사람들이 범죄 수사에서 실제로 차이를 만들어 낼 수 있는 특정 세부사항의 1/4 정도만 기억한다는 것을 발견하였다.[20] 다시 말하면, 증인들의 기억에서는 범죄사건 해결에 중요할 수 있는 특정한 세부사항의 대부분이 생략되는 경향이 있다.[21]

범죄와 관련된 사건 기억이 완전한 경우가 드물다는 것은 놀랄 일이 아니다. 사람들은 제한된 주의 집중력을 가지고 있고, 어떤 상황의 모든 세부사항 하나하나에 주의를 기울일 수 없다. 술집에서 있었던 싸움을 볼 때, 한 목격자는 말싸움을 하는 사람들 중 하나를 보고 있어서 칼을 휘두르는 다른 사람을 알아채지 못했을 수 있고, 다른 목격자는 말싸움하는 사람의 장신구에 집중하고 있어서 그의 문신을 알아채지 못했을 수 있다. 연구들은 복잡한 사건을 관찰하는 것에도 어느 정도의 거래가 포함된다고 하였다. 즉, 어떤 한 면에 주의를 집중하는 것은 사건의 다른 측면에 대한 주의를 감소시킨다는 것이다. 특히, 가해자에 대한 기억과 사건에 대한 기억 사이에서 이러한 상호교환이 발견되어 왔다.[22]

사건 당시에 목격자가 범죄사건의 해결을 위해 어떤 세부사항이 필요할지 안다는 것은 당연히 불가능하다. 만약 사건에서 정당방위가 주장된다면, 누가 싸움을 시작했는지를 기억하는 것이 중요하고, 만약 피고인이 알리바이가 있다고 주장한다면, 사건이 일어난 정확한 시간을 기억하는 것이 중요할 것이며, 만약 피해자가 칼에 찔렸다면, 말싸움하던 사람 중 누가 칼을 꺼냈는지를 기억하는 것이 중요해질 것이다. 따라서 수사의 운명은 다소 무선적인 확률, 즉 궁극적으로 사건을 해결하는 데 중요한 특정한 사실을 목격자가 정확하게 알아채고 기억할 확률에 의존하는 것이다.

목격자들의 불안전한 기억 때문에 신속한 사건해결이 좌절되면, 형사들은 목격자들이 누락된 세부사항에 대해 기억해 내도록 하기 위해 집중적으로 수사한다. 형사들은 수차례 면담을 진행할 것이고, 이 면담에서 그들은 반복적으로 질문하고, 시급한 분위기를 전달하며 목격자가 더 많은 정보를 제공하도록 압력을 가하는 경향이 있다. 이 집중적인 면담의 주요 특징은 부족한 정보를 끌어낼 수 있을 것이라고 여겨지는 기억 작업memory work을 하느라 목격자가 지친다는 것이다. 적절한 환경에서는 집중적인 면담이 실제로 부족한 세부사항에 대한 정확한 기억을 이끌어 낼 수 있다. 아래에 논의된 것처럼, 경우에 따라서 사람들은 이전에는 회상할 수 없었던 사실을 회상하기도 한다.[23] 그러나 목격자들은 주로 기억 부족 때문에 형사들이 원하는 특정한 세부사항을 회상하는 데 실패한다. 이러한 환경에서, 집중적 면담은 세 가지 결과 중 하나를 이끌어 낼 수 있다. 첫째, 면담이 성과가 없을 때, 사건은 미제로 남는다. 둘째, 기억 작업은 작화confabulation로 이어질 수 있는데, 즉 부족한 기억을 메우기 위해 유도된 허위 기억을 유발할 수 있다. 수사적 압박에 대한 반응으로 이러한 기억이 발생되는 바, 이 기억은 사건에 대한 형사의 이론과 일치하기 쉽다. 셋째, 기억 작업은 형사들이 제공한 정보와 함께 목격자의 기억을 오염시킬 수 있는 풍부한 조건을 제공함으로써 허위 기억을 만들어 낼 수 있다. 따라서 이후의 증언은 경찰의 직감이라는 옷을 입은 성실한 목격자의 기억이다.

이 장에서는 인간 기억의 일반적인 특성들을 논의한 후에, 기억의 보고를 강화시키거나 약화시키는 것으로 알려진 사건 요인과 체계 요인을 검증하였다. 목격지목 영역에서와 마찬가지로, 연구들은 기억의 완결성과 정확성을 최대화하고 틀린 기억을 유도하는 것을 방지하기 위해 법 집행 기관을 돕는 예방적 도구로써 가장 유용하다. 다음으로, 극단적인 경우는 제외하고 단정적인 결론을 내리는 것은 현명하지 못한 일이지만, 누군가는 그 요인들을 특정 기억의 신빙성을 추정하기 위해 활용할 수 있을 것이다.

인간의 기억: 일반적 특성

인간의 기억 능력은 흥미롭다. 기억 체계는 인간의 인지에서 중요한 역할을 한다. 누군가는 단지 셀 수 없이 많은 생활 사건들을 회상하는 능력, 많은 일반 지식을 저장하는 능력, 언어를 구사하는 능력과 수천 개의 단어를 쓸 수 있는 능력에 감탄할 수도 있다. 동시에, 우리는 자주 기억에 실패하기도 한다. 저녁 파티에서 고작 몇 분전에 소개받은 대화 상대의 이름을 잊거나 자동차 열쇠를 어디에 두었는지 기억하지 못하는 것과 같은 상황을 생각해 보라. 많은 사람들이 그들이 가진 시계의 모양 또는 차의 계기판을 묘사할 수 없다. 기억의 실패는 우리 삶의 중요한 측면들에서도 발생한다. 연구들은 환자들이 의사를 방문한 직후에 의사들의 의학적 조언 중 절반 정도를 잊어버린다는 것을 보여 주었다.[24] 이 일은 만성질환 환자들에서도 일어난다.[25] 사람들은 또한 자신들이 진료받은 경험을 회상하는 데 취약한 경향이 있다.[26]

연구들이 보여 주는 것처럼 사건에 대한 기억은 부호화, 유지 및 회상을 둘러싼 환경과 관련된 다양한 특성들에 크게 의존하고 있기 때문에 전반적으로 좋다 또는 나쁘다로 특징지어질 수 없다. 대니얼 샥터Daniel Schacter가 관찰했던 것처럼, 인간의 기억은 강력할 수도 있고 약할 수도 있다.[27] 사법체계가 직면한 문제는 혼란을 야기하고, 미덥지 않은 인간의 기억 능력일지라도 그것에 기초한 증언 없이는 판결들이 이루어질 수 없다는 것이다.

인간의 기억에 대해 널리 알려진 개념은 매우 순진하다. 워싱턴 디씨의 배심원 자격이 있는 1,000여 명의 시민들을 대상으로 한 조사에서, 응답자의 약 3/4이 자신들은 훌륭한 기억을 가지고 있다고 주장하였다. 거의 절반 정도는 외상적 사건에 대한 기억이 마치 "누군가의 뇌에 찍히거나 새겨지는", 재현될 수 있는 비디오 녹화와 같은 것이라는 데 동의하였다.[28] 이 낙천적인 관점은 일반인들에게만 제한되지 않는다. 유사한 반응이 경찰관들의 1/3에게서도 나타났다.[29] 이 카메라 은유에 대한 믿음은 캐나다 경찰관에 대한 조사에서도 나타났다.[30] 영국 경찰관을 대상으로 한 조사에서도 3/4 정도의 경찰관들이 목격자들은 대개 정확하다고 말하였다.[31]

기억 객관성에 대한 낙천적인 관점은 오래전부터 뇌가 기억된 사건을 단순히 복제하고 재현해 내지 않는다는 것을 보여 주는 연구들에 의해서 부정되어 왔다. 몇 십 년에 걸쳐 진행된 연구들은 기억 체계가 관찰된 사건의 기억 단편들로부터 기억내용을 구성한다는 것을 보여 준다. 기억 체계는 다양한 정보원으로부터 정보를 통합하고 이해가능하고 쓸모 있는 기억을 구성하기 위해 정보를 생성해 낸다.[32] 이 과정은, 정확한 기억과 허위 기억 모두를 만들어 낸다는 것에 유의해야 한다.

기억의 구성적 본성은 캠브리지Cambridge의 심리학자 프레드릭 바틀릿Fredrick Bartlett의 중요한 연구에서 소개되었다. 바틀릿은 그의 학생들에게 "유령들의 전쟁The War of the Ghosts"이라는 아메리칸 인디언 민화를 읽도록 하고, 그 내용에 대한 기억을 확인하였다. 보고된 기억 내용들에는 원래 이야기에는 포함되어 있지 않았던 많은 세부사항들이 포함되어 있었고, 원래 이야기에 등장했던 정보들은 별로 없었다. 변형된 이 야기들에는 전형적으로 영국 학생들에게 친숙한 서사적 요소들이 추가되어 있었고 친숙하지 않은 요소들은 누락되어 있었다. 심지어 특정 단어들은 대체되기도 하였는 데, 참가자들은 "카누canoe"를 "보트boat"로, "물개 사냥hunting seals"을 "낚시fishing"로 대 체하였다. 다시 말하면, 이야기에 대한 기억은 학생들 각자가 가진 세상에 대한 지식 패턴과 그 종류의 이야기에서 기대할 수 있는 내용, 즉 도식에 더 어울리는 이야기로 변하였다.[33] 이야기의 재구성은 명백하게 이해하고 기억하기 편리한 이야기를 만들 었지만, 원래 내용의 왜곡을 수반하였다.[34]

기억 체계의 중요한 특성은 기억이 단일한 실체가 아니라는 것이다. 오히려 기억 된 사건은 기억 흔적의 임시적인 군집을 포함한다. 퍼지-흔적 이론fuzzy-trace theory에 따르면, 사건에 대한 기억은 사건에 범죄적 중요성을 부여하는 핵심적인 사건, 즉 주 요 의미gist로 구성된다. 술집 싸움의 예에서 그 의미는 사람들이 말다툼을 하였고, 누 군가가 칼을 꺼냈으며, 한 사람이 칼에 찔렸다는 것이다. 기억은 또한 일반적으로 사 건의 특정한 세부사항과 부합하는 경험의 표면적 수준인 감각적인 측면, 즉 오고 갔 던 정확한 말, 자동차 등록 번호나 로고 등을 담고 있는 축어적verbatim 흔적으로 구성 된다. 퍼지-흔적 이론의 주된 발견 중 하나는 의미적 흔적과 축어적 흔적이 같은 방식 으로 부호화 또는 저장되지 않고, 같은 단서에 의해 회상되지 않는다는 것이다. 의미 적 흔적과 축어적 흔적은 또한 다른 비율로 망각되며, 후자는 전자보다 훨씬 빠르게 쇠잔한다.[35] 따라서 심지어 목격한 범죄를 대략적으로 기억하는 목격자들도 종종 사 건 해결을 위해 필요한 많은 특정한 세부사항들은 잊어버린다.

기억을 이해하는 데 기여한 또 다른 중요한 이론은 출처 탐지틀source monitoring framework로, 마샤 존슨Marcia Johnson과 그녀의 동료들에 의해 발전하였다. 이 접근법의 전제는 기억이 실용적 의미를 갖기 위해서는 그것의 출처에 귀인할 수 있어야 한다 는 것이다. 예를 들면, 꺼내어진 칼에 대한 기억은 그것이 발견된 시간과 장소, 맥락 과 연결되지 않으면 의미가 없다. 유용한 기억이 되기 위해서는, 그 칼이 수사 중인 술집 싸움에서 발견되었는지, 다른 술집의 싸움, 영화, 꿈, 아니면 누군가의 상상에서 나온 것인지를 회상할 필요가 있을 것이다. 따라서 사건에 대해 기억하는 것은 목격 한 내용의 물리적인 맥락과 생각, 상상 그리고 그에 동반하는 느낌뿐만 아니라 그 맥 락과 기억을 관련짓는 사람의 능력에 의존한다. 다시 말하면, 무언가를 정확하게 기억하려면, 그는 기억의 출처를 탐지하고 확정할 수 있어야 한다.[36] 허위 기억의 공통적인 원인은 다른 출처의 개입과 간섭을 허용하면서 기억내용이 그 출처로부터 분리된다는 것이다. 기억의 출처 탐지 실패는 한 사건에서 회상된 요소를 다른 사건에 속한 것으로 생각하는 것과 같은 출처 혼동source confusion으로 이어질 수 있다.[37] 따라서 술집 싸움의 목격자는 가해자가 입었던 재킷을 전날 밤 같은 바에서 다른 누군가가 입었던 재킷과 혼동하거나 가해자가 한 말을 말싸움을 하던 다른 사람이 한 말로 혼동할 수 있다.

기억의 단편적인 속성 때문에, 기억의 정확성과 지속성은 이 모든 조각—의미, 주변적 세부사항, 기억 출처—들이 종합적인 기억으로 결합되는 정도에 따라 결정된다.[38] 결합에서의 실패 또는 시간이 지남에 따른 와해는 기억 손실과 기억 오류 모두의 주된 원인이다. 연구들은 기억의 불완결성과 부정확성 모두에 기여하는 요소들을 규정하는 데 도움을 준다.

불완전한 기억

기억 문제의 한 가지 분명한 유형은 기억의 부재다. 언급했듯이, 사건에 대한 기억은 전형적으로 범죄와 관련이 있을 수 있는 세부사항의 일부만을 포함하고, 이것은 목격자들이 언제나 사건 해결에 중요한 모든 세부사항에 대한 사실 그대로의 기억을 가지고 있지 않다는 것을 의미한다. 불완전한 기억의 원인은 다양하다. 첫째, 위에서 언급했듯이, 사건에 대한 지각은 사람들의 제한된 주의 능력에 의해서 제약을 받는다. 주의를 기울이지 않은 세부사항은 지각 체계에 입력되지 못하기 때문에 기억될 수 없다. 시각적 주의의 선택적인 특성은 피험자들이 비디오 클립을 보고 있는 동안 인지적 방해 과제를 제시했을 때, 많은 피험자들이 부수적인 사실, 즉 화면의 중앙에서 고릴라 복장을 하고 가슴을 두드리던 사람을 알아채지 못하였다는 것을 보여준 설득력 있는 연구에서 소개되었다. 이 현상이 부주의맹inattentional blindness이다.[39]

그러나 하나의 사실에 주의를 기울이고 그것을 부호화하는 것은 미래의 특정 시점에 기억이 그것을 회상해 낼 것을 보장하지는 않는다. 사람들은 그들이 지각한 사건과 세부사항 중 작은 부분에만 접근성을 유지하며 이것은 시간이 지남에 따라 기억이 쇠잔하기 때문이다.[40] 한 세기 이상에 걸쳐서 수행되었던 연구들을 종합한 방대한 메타 분석은 시간이 지남에 따른 기억 유지는 일반적으로 사건 직후 상대적으로 급격하게 감소하고 이후에는 점차 서서히 감소하는 대수 함수를 따른다는 것을 보여 주었다.[41] 기억 쇠잔은 약하게 부호화되고 빈약하게 기억될수록 빠르게 진행된다. 앞서 언급했듯이, 심지어 목격자가 사건의 의미를 기억하고 있을 때에도, 목격자는 종종 중요한 축어적 세부사항을 망각할 수 있다.

일반적인 망각 곡선forgetting curve의 한 가지 주목할 만한 예외는 어떤 기억은 이후의 검사에서 더 잘 상기된다는 것이고, 이 현상은 회상reminiscence이라고 알려져 있다.[42] 기억 증진은 이후의 기억 검사가 다른 회상 단서를 사용할 때 일어날 가능성이 가장 높다.[43] 회상은 부족한 중요 세부사항을 증거로 제공함으로써 실제로 범죄 수사를 진전시킬 수 있지만, 이러한 이득은 빈번하지 않으며 제한적이다.[44] 회상의 이점은 면담과 면담 사이에 발생하는 기억 쇠잔의 영향에 의해 감소하기 쉽다.[45] 회상이 유발하는 문제는 수사관이 목격자에게 압력을 가할 만한 이유를 제공한다는 것이고, 이 압력은 종종 허위 기억 창조의 시발점이 된다.

자서전적 기억은 일반적인 망각 곡선의 또 다른 예외다.[46] 사람들은 실험실 연구에서 종종 사용되는 개인과 관련 없는 항목보다 개인적으로 관련이 있고 중요한 사건에 대해 더 좋은 기억을 가지는 경향이 있다. 범죄 사건은 그 사건이 개인적인 중요성을 갖는 목격자와 피해자에게 자서전적 기억을 발생시키기 쉽다. 범죄 사건에 대한 기억은 여러 번 마음속에서 반복되기 쉬우며, 이 반복은 기억흔적이 강화되고 다시 연결되는 효과를 불러온다. 일부 연구는 사람들이 특별한 자서전적 사건에 대해서는 예외적으로 정확하고 지속적인 기억을 가진다는 것을 보여 주었고, 특히 기대하지 못했던, 정서가 개입된, 그리고 중대한 사건에 대한 기억이 그렇다는 것을 보여 주었다. 챌린저호 폭발사고Challenger disaster와 9·11 테러와 같은 사건에 대한 연구들에 기초하여, 이 분야의 연구들은 기억 체계가 이 특별한 사건을 거의 지워지지 않는 주변적인 세부사항과 함께, 섬광 아래에서 찍힌 사진처럼 머릿속에 새겨 놓는다고 제안한다.[47] 범죄 사건의 맥락에서, 섬광 기억flashbulb memories은 목격자가 심지어 범죄 사건의 주변적인 세부사항에 대해서도 매우 강한 기억을 가지고 있다는 것을 보여 주기 위해 인용되어 왔다. 이 주장은 과장되어 있는 듯하다. 첫째, 연구결과들이 혼재되어 있다.[48] 둘째, 이러한 연구들에서 검증된 세부사항들은 주로 자서전적인 세부사항들로만 구성되어 있고, 이 세부사항들은 어려운 실제 범죄사건을 해결하는 데 거의 도움이 되지 않는다.[49] 마지막으로, 섬광 기억은 틀린 세부사항에 대한 높은 수준의 확신감과 선명함을 갖는다고 밝혀졌다는 점에서 오히려 오류를 만들어 낼 수 있다.[50]

허위 기억

사건 기억에 대해 주로 우려해야 할 것은 어떤 조건들하에서는, 사람들이 실제로 목격하지 않았거나 일어나지 않았던 일에 대한 기억을 보고한다는 것이다. 허위 기억은 자연발생적으로 발생할 수 있고, 다른 사람과의 상호작용이나 오염을 유발하는 정보에 노출됨으로써 외부적으로 만들어질 수도 있다. 허위 기억을 보고하려는 경향성은 심지어, 사람들이 "모르겠어요." 또는 "기억나지 않아요."라고 말할 수 있을 때에도, 기억하지 못하거나 기억할 수 없는 사건에 대한 긍정적인 반응을 제공하고자 한다는 사실을 보면 명백히 알 수 있다.[51] 이 현상은 전혀 정보를 제공하지 않는 것보다는 어떤 정보든—정확한지, 거짓인지, 또는 추측한 것인지에 관계없이—제공하려고 하는 과도한 경향성과 유사하다.

자연발생적인 허위 기억 Spontaneous false memories 당연히, 기억은 그 기초가 되는 지각에 의존한다. 사람들은 일반적으로 물리적인 특성들을 추정함에 있어서 부정확하다고 밝혀져 왔는데, 거리에 대한 체계적인 과소추정,[52] 소요된 시간에 대한 과대추정,[53] 그리고 속도에 대한 잘못된 추정[54]을 한다. 사람들은 또한 키, 몸무게, 나이에 대한 판단[55]과 같이, 다른 사람들의 특성을 추정하는 데에도 빈약한 수행을 보이는 경향이 있다. 게다가, 인간의 지각은 사람의 도식과 고정관념[56]뿐만 아니라 동기와 목표[57]에도 의존적이라는 것이 밝혀져 왔다.

자연발생적인 기억 오류는 사람들이 사건을 이해 및 기억하기 쉽고 세상의 이치에 맞도록 만들기 위해서 자신의 기억을 왜곡시킨다는 것을 보여 주는 연구들에 의해 증명되었다. 바틀렛의 연구에서, 영국 대학생들의 기억이 그들에게 익숙하지 않은 미국 인디언 민화를 그들에게 더 친숙한 이야기로 바꾸었다는 것을 기억하라. 사건에 대한 사람들의 실용적인 해석은 그들의 기억을 방해하는 경향이 있고, 따라서 관찰된 사건에 대한 기억은 그들 자신이 구성한 기억으로 대체된다는 것을 보여 주는 연구에서도 유사한 현상을 찾아볼 수 있다. 예를 들면, "비밀문서를 벽난로 속에 던져 버린" 한 스파이에 대한 문장을 기억하도록 요구받은 사람들은 그 스파이가 실제로 그 문서를 태웠다는 기억 보고를 하는 경향이 있었고,[58] "책들의 무게 때문에 허술한 선반이 약해졌다."와 같은 문장을 기억하도록 요구받은 사람들은 그 선반이 부서졌다는 기억 보고를 하는 경향이 있었다.[59] 이것들이 비이성적인 추론은 아니지만, 그들은 관찰한 사건에 대한 정확하지 않은 내용이고, 따라서 이것은 허위 기억이다. 게다가, 그 스파이가 불이 붙지 않은 벽난로 속에 단지 문서를 숨겼거나 그 허술한 선반이 온전하게 남아 있었다면, 그 기억은 틀릴 수 있다. 다른 연구들은 사람들에게 서사적인 주제를 공유하는 서로 다른 문장을 상기하라고 했을 때, 사람들은 그것들을 하나의 기억으로 통합하는 경향이 있다는 것을 보여 준다.[60] 하나의 이야기에 대한 기억은 그 이야기의 결과에 의해서 왜곡될 수 있다는 것 또한 발견되었다. 남자가 여자를 강간한 것으로 끝나는 한 커플의 데이트에 대한 이야기를 들을 피험자들은 청혼으로 끝나는 동일한 사건에 대해 들은 피험자들보다 그 데이트를 더 위험하고 성적으로 문란한 것으로 회상하였다.[61] 범죄 사건의 결과가 언제나 부정적이라고 할 때, 목격자는 용의자의 행동을 그 결과와 더 일관되게 회상하는 경향이 있을 수 있다.

사람들의 기억은 고정관념에 의해서도 영향을 받는다. 이것은 들은 이야기를 다시 이야기할 때 고정관념이 어떻게 잠입하는지를 보여 준 고든 올포트_{Gordon Allport}에 의한 초기의 연구들에서 입증되었다.[62] 또 다른 연구는 한 여자를 여종업원으로 묘사하거나 도서관 사서로 묘사하는 것이 그녀의 생활 습관, 음악 취향, 집안 장식 등의 다양한 세부사항에 대한 사람들의 기억을 바꾸어 놓는다는 것을 발견하였다.[63] 도쿄에서 수행된 한 현장 연구에서, 가게 점원들은 실제로는 녹색이었던 어떤 고객의 서류가방을 검은색(가장 일반적인 색)이라고 기억하였다.[64] 사람들은 또한 그들의 가설[65] 또는 그들이 결정한 것[66]과 일치하는 사실들에 대해 더 좋은 기억을 가지는 경향이 있다.

자연발생적인 허위 기억의 강력한 증거는 충돌사고에 대한 기억_{crashing memories}이라고 불리는 일련의 연구들에서 확인할 수 있다. 1993년 10월 4일, 화물 수송기 한 대가 암스테르담에 있는 11층짜리 아파트 건물과 충돌하였다. 한 시간 안에 텔레비전 방송국 직원들이 현장에 도착했고, 이후에 충돌 현장과 뒤따라 일어난 화재가 광범위하게 보도되었다. 충돌은 예기치 않게 일어났기 때문에, 비행 중인 수송기 또는 건물과 충돌하는 순간을 묘사하는 텔레비전 영상은 없었다. 열 달 후, 네덜란드 연구자들은 "수송기가 아파트 건물과 충돌하는 순간"의 텔레비전 영상을 보았는지 여부를 물으면서 사건에 대해 조사하였다. 응답자들의 55%가 존재하지 않는 그 영상을 본 것을 기억한다고 보고하였고,[67] 기억할 수 없는 사실에 대한 기억을 설명했다. 이 응답자 집단은 충돌의 구체적인 세부사항, 즉 언제 화재가 발생했는지에 대해 질문을 받았다. 응답자들의 2/3가 화재 발생을 묘사하는 (상상된) 응답을 하였다. 두 번째 연구에서, 응답자의 3/4 정도가 충돌 이전 수송기의 각도에 대한 기억을 보고하였다. 다시 말하지만, 충돌 이전의 수송기에 대해 녹화된 영상이 없기 때문에, 이 응답자들은 화재의 발생 또는 수송기의 비행 경로에 대한 진짜 기억이 있을 리 없었다.[68] 또 다른 네덜란드의 연구자들은 2002년 선거일 하루 전, 한 정치인 암살을 묘사하는 (존재하지 않는) 텔레비전 장면에 대한 불가능한 기억을 발견하였다.[69] 마찬가지로, 영국 응답자의 거의 절반 정도는 다이애나비Princess Diana의 생명을 앗아 간 자동차 충돌을 묘사하는 (존재하지 않는) 영상을 본 적이 있다고 하였다.[70]

자연발생적인 기억 오류는 또한 사람들이 서로 다른 기억의 특성들을 통합할 때에도 발생하는데 이 현상은 기억 결합memory conjunction 이라고 알려져 있다. 예를 들면, 결합 오류는 'blackmail'과 'jailbird'라는 단어를 제시받은 사람이 이어지는 기억 검사에서 'blackbird'를 기억한다고 보고할 때 발생한다.[71] 결합 오류는 또한 사람들로 하여금 장소, 시간 그리고 사건을 혼동하게 할 수 있다.[72] 자신들의 일기에 기록된 사건을 확인할 때, 사람들은 한 사건과 다른 사건의 사실을 혼합하고, 어떤 사건에 어떤 사람들이 있었는지를 혼동한다는 것이 발견되었다.[73] 사람들은 또한 그들이 단지 상상 속에서 했던 행동과 실제로 행했던 행동에 대한 기억을 혼동한다는 것도 발견되었다.[74]

유도된 허위 기억 Induced false memories 기억은 또한 목격자들이 범죄 사건에 대한 기억을 공동 목격자와 공유하는 경우, 방송매체로부터 사건에 대해 알게 되는 경우, 또는 경찰 수사관으로부터 어떤 정보를 들은 경우와 같이 외부적인 출처에 의해서도 만들어질 수 있다. 이러한 예에서 목격자는 실제로 기억하지 못하거나 전혀 본 적이 없는 사실에 대해 증언할 가능성이 높다. 위의 출처들이 정확한 경우에는, 그것이 만들어 낸 기억이 실제로 증언의 정확성을 높일 수 있다. 그렇지만 아무 생각이 없는 목격자가 신빙성의 허울을 쓰고 수사관의 이론을 알리기 위한 대변인의 역할을 할 수 있다는 것을 알아야 한다. 이 상황은 유도하는 것이 틀린 것일 때, 그래서 유도된 기억이 틀린 기억으로 이어질 때 더 문제가 된다. 이런 유형의 허위 기억은 부정확한 판결의 위험을 내포할 뿐만 아니라, 수사를 오염시킬 수 있고 오류를 퍼뜨리는 경로가 될 수 있다.

유도된 기억은 목격자가 공동 목격자로부터의 어떤 정보를 받아들이거나 텔레비전에서 범죄에 대한 보도를 보게 되는 경우와 같이 어떠한 악의가 없이도 발생할 수 있다. 유도된 기억은 대개 표준 이하의 수사기법의 결과로 발생하는 경찰에 의한 비의도적인 사건 정보 노출에서 기인할 수도 있다. 최악의 경우, 허위 기억은 사건을 강화하고 심지어 조작하기 위해 중요한 정보를 주입하는 열성적인 경찰 수사관에 의해 의도적으로 유도될 수도 있다.

유도된 허위 기억에 대한 주요 연구들은 목격한 사건에 대한 허위 정보에 사람들을 노출시킴으로써 사건에 대한 원래 기억에 간섭이 일어날 수 있다는 것을 보여 준다. 특정한 사실에 대한 기억이 목격자에게 없는 경우, 이러한 노출은 그들이 실제로 그 기억을 회상해 냈다고 틀리게 믿도록 할 수 있다. 피험자들의 상당수가 그들에게 제공된 틀린 오정보의 일부를 포함하는 기억을 보고하였는데, 이러한 노출은 목격자들이 직접 본 사실에 대한 기억 역시 변형시킬 수 있다. 사후 오정보postevent misinformation 효과로 알려진 이 현상을 검증한 연구들은 전형적으로 세 단계로 구성된다. 피험자는 한 사건을 목격하고(대개는 비디오 클립, 연출된 사건, 또는 슬라이드 쇼), 그 후에 목격한 사건과 일치하지 않는 정보에 노출되며, 이후에 사건에 대한 기억 검사를 받는다.

이 분야 연구의 고전적인 업적은 엘리자베스 로프터스Elizabeth Loftus와 그녀의 동료들에 의해서 이루어졌다. 자동차 사고를 묘사하는 슬라이드 쇼를 본 후에, 피험자들은 그 사고에 대한 질문을 받았다. 일부 피험자들에게 제시된 질문들 중 하나는 부정확한 시각적 사실을 전제하였다(예를 들면, 슬라이드에서는 실제로 교차로에 양보신호가 있었지만, 교차로에 정지신호가 있었음을 암시하는 질문). 이어지는 기억 검사에서, 피험자들의 상당수가 정지신호를 보았다고 보고하였다.[75] 다른 연구에서는, 피험자들에게 자동차 한 대가 포장하지 않은 시골길을 따라 주행하는 비디오 클립을 보여 주고

"그 자동차가 헛간을 지나갈 때"의 속도를 추정하도록 하였다. 실제로, 그 비디오 클립에는 헛간이 없었다. 일주일 후, 6명 중 1명의 피험자들은 헛간을 보았다고 보고하였다.[76] 기억은 또한 사후 면담의 의미적 내용에서 약간의 변화를 주는 것만으로도 변경될 수 있다. 자동차 사고를 묘사하는 비디오를 본 후에, 사고 차량들이 "서로를 향해 돌진했을smashed" 때 자동차들의 속도를 추정한 피험자들은 그 차들이 "서로 부딪쳤을hit" 때 자동차의 속도를 추정한 피험자들보다 자동차들의 속도를 더 높게 추정하였다.[77] 마찬가지로, 목격자들에게 강도가 어떤 종류의 장갑을 끼고 있었는지 묻는 것이 (존재하지 않았던) 장갑을 보았다는 보고를 증가시키고, 네 번째 강도의 외모에 대해 묻는 것이 (심지어 실제로 세 명만 보았음에도 불구하고) 네 번째 강도를 보았다는 보고를 증가시키는 것으로 나타났다.[78] 이 발견은 방송매체 보도, 공동 목격자와의 대화, 그리고 수사관에 의해 제공되는 정보를 포함하는 다른 방식의 노출을 사용한 많은 다른 연구들에서도 나타났다.[79]

사후 오정보는 주변적인 세부사항에 대한 사람들의 기억을 변화시키는 데 특히 효과적인 것으로 나타났다. 한 연구는 자극으로 사용된 장면에서 누군가 슬쩍 훔쳐 간 물건에 대한 오정보를 제시하는 것은 피험자들의 기억에 거의 영향을 미치지 않았다는 것을 보여 주었다. 피험자들의 93%가 그 물건이 사후 기술문에 암시되었던 담배 한 갑이 아닌 와인이었다고 옳게 응답하였다. 그러나 그 장면의 배경과 관련된 세부사항에 대한 오정보를 제공하는 것은 피험자의 3/4 정도로 하여금 허위 기억을 보고하도록 하였다.[80] 다른 연구에서는, 피험자들에게 주변적인 세부사항에 대한 오정보를 제공할 때 정확률이 주요 대상과 관련된 오정보를 제공할 때 정확률의 반 정도로 나타났다.[81]

다른 연구들은 오정보가 기억의 요지를 왜곡시킬 수도 있고, 심지어 전체 사건에 대한 기억을 허위로 주입할 수도 있다는 것을 보여 주었다. 주입된 기억이라고 불리는 이 분야의 연구들은, 로프터스와 피크렐Pickrell이 수행한, 사람들에게 전혀 일어나지 않았던 특별한 어린 시절의 경험에 대한 기억을 보고하도록 만들 수 있다는 것을 보여 준 연구로부터 시작되었다. 이 연구들에서, 피험자들은 그들의 부모가 증명한 바, 절대 일어나지 않았던 사건, 즉 상점에서 길을 잃은 것과 같은 다양한 사건을 다시 설명하도록 요구받는다. 처음에 피험자들은 모두 그러한 사건에 대해서 어떠한 것도 기억나지 않는다고 하였다. 그러나 두 번째와 세 번째 인터뷰에서, 1/4에서 절반 정도가 그 사건을 기억한다고 보고하였다.[82] 다양한 연구들에서, 피험자들은 열기구를 탔던 것,[83] 익사의 위험에서 구조원에게 구조되었던 것,[84] 간호사가 그들의 새끼손가락에서 피부 샘플을 채취한 것,[85] 동물에게 심각하게 공격받은 것,[86] 결혼식에서 뛰어다니고 신부 부모님의 건너편에 있는 펀치 볼punch bowl을 두드리던 것[87]과 같은 허위 기억을 보고하게 되었다. 또 다른 연구에서는, 피험자의 1/3 정도가 디즈니랜드Disneyland에 갔다가 살아 있는 벅스버니Bugs Bunny 캐릭터를 만난 것을 회상하였는데, 벅스는 워너브라더스Warner Brothers의 캐릭터이기 때문에 이것은 매우 있을 법하지 않은 일이다.[88]

이러한 연구들은 회복된 기억에 대한 주장을 다루는 사건들, 즉 여러 해 동안 억압되어 있었다고 주장되는 아동기 기억에 주로 기초한 범죄의 기소에 대한 논쟁과 거의 직접적으로 연관되어 있다. 사람들이 상상된 범죄를 저지른 것에 대한 혐의를 받는 일은 거의 없기 때문에, 완전 허구인 사건에 대한 기억은, 전통적으로 형사 사건에서 중요한 역할을 하지 못하는 경향이 있다. 그러나 이러한 연구들은 암시에 대한 기억 체계의 취약성을 증명하고 허위 기억의 발생을 촉진하는 조건을 강조한다는 점에서 중요하다.

실제 기억과 허위 기억의 구별

범죄 수사에서 허위 기억의 영향은 그 기억의 부정확성에 대한 목격자들의 자각에 광범위하게 의존한다. 만약 목격자들이 그들의 기억이 빈약하고 틀릴 수도 있다는 것을 인식한다면, 허위 기억에 대해서는 걱정할 이유가 없을 것이다. 이 자각은 아마도 목격자들이 자신들의 증언을 억제하거나 제한하도록 할 수 있을 것이다. 인지의 모든 다른 면들과 마찬가지로, 기억 체계는 메타기억metamemory이라고도 알려진, 사람의 메타인지 체계와 밀접하게 연관되어 있다. 메타기억 판단은 사람들이 그들 기억의 출처를 탐지하는 능력과 관련이 있고, 이 능력은 기억된 사실이 사건에서 실제로 지각된 것인지, 사후 정보에 의해 유도된 것인지 또는 내적으로 발생한 것인지에 대한 결정을 도울 수 있다. 연구들은 메타기억의 실패가 흔한 일임을 보여 준다.[89]

사람들의 실제 기억은 허위 기억과 구별될 수 있다는 믿음을 지지하는 증거들이 있다. 몇몇 연구들은 실제 기억이 더 선명하고 논리적이며, 세부사항이 풍부하고, 높은 자신감을 동반한다는 것을 밝혀내었다.[90] 예를 들면, 주입된 기억 패러다임을 통해서 만들어진 허위 기억의 일부가 그런 경우다.[91] 그러나 이러한 차이는 확고하지 않고 일률적으로 강력하지도 않다.[92] 이 두 종류의 기억을 구분하는 것에서의 어려움은 아마도 그것들이 같은 기제에 의해서 만들어진다는 사실과 관련되어 있을 것이다.[93] 허위 기억과 실제 기억의 구분은 특히 기억이 그 출처와 약하게 연결되어 있거나 쇠잔되어 가고 있을 때 어렵다. 메타기억에서의 차이는 특별하고 개인적으로 관련이 있는 경험에 일반적으로 뒤따르는 반복적인 회상 때문에 흐려지는 경향이 있다.[94]

허위 기억과 불완전한 기억이 가지고 있는 수수께끼 같은 면 중의 하나는 그들이 구체적인 세부사항들로 가득 차 있는 경향이 있다는 것이다. 지난주의 일상 활동을 회상하지 못했던 사람들은 그들의 활동에 대해 (허위)기억을 보고하는 경향이 있다.[95] 서로 '충돌'하는 자동차들에 대해 질문을 받은 피험자들('서로 부딪치는' 자동차에 대한 질문을 받은 피험자들과 대조적으로)은 사고 현장에서 (존재하지 않았던) 깨진 유리를 보았다고 보고하는 경향이 있었다.[96] 언급했듯이, (존재하지 않았던) 암스테르담 비행기 충돌의 비디오를 보았다고 보고한 네덜란드 피험자들의 대다수는 불길이 즉시 시작되었고, 비행기가 건물과 충돌하기 전에 수평으로 날고 있었다고 회상하였다.[97] 열기구를 탔던 것을 틀리게 회상하도록 유도된 피험자들도, 두려웠던 감정과 그들의 얼굴을 스치는 바람의 느낌을 비롯하여 그 경험에 대해 다양한 세부사항을 보고하는 경향이 있었다.[98] 유사하게, 새끼손가락에서 피부 샘플을 채취한 허위의 경험을 회상했던 피험자들은 병원 냄새가 고약했다고 보고하였고,[99] 결혼식에서 펀치 볼을 두드린 것을 기억해 낸 피험자들은 그것으로 인해 그곳이 어질러져서 그들의 장난 때문에 곤란했었다고 보고하였다.[100] 디즈니랜드에서 벅스버니를 만났다고 허위로 보고한 피험자들의 약 2/3는 그들이 벅스버니와 악수를 했고, 거의 절반은 벅스버니를 끌어안았다고 말했다. 다른 사람들은 벅스버니의 귀 또는 꼬리를 만졌고 그가 "무슨 일이야, 선생?" 하고 말하는 것을 들었다고 기억하였다. 심지어 한 피험자는 그에게 당근을 준 것을 기억한다고 보고하였다.[101] 허위의 그리고 불완전한 기억을 메우기 위해 세부사항을 만들어 내는 것은 우리가 아는 것보다 더 많은 것을 말하는 현상의 또 다른 예다.

허위의 그리고 불완전한 기억과 동반되는 세부사항은 무선적으로 만들어진다기

보다는 그 상황에 있는 것이 그럴듯하고 전형적인 정보에 기초하는 경향이 있다. 다시 말하면, 사람들은 그들의 도식에 근거하여 그들이 특정 종류의 상황에서 일반적으로 볼 것으로 기대하는 내용으로 부족한 세부사항을 채우는 경향이 있다.[102] 예를 들면, 사람들은 지난주에 그들이 한 일을 보고할 때, 평소에 그들이 하는 일을 했다고 보고하고, 자동차 충돌 장면에서 깨진 유리를 보았다고 보고하는 경향이 있다.[103]

실제가 아닌 불완전한 기억을 세부적이고 친숙한 내용으로 채우는 것은 범죄 사건의 결과에 영향을 줄 수 있다. 제6장에서 논의할 내용과 마찬가지로, 풍부한 세부사항을 포함하는 기억은 제3자에게 신뢰를 얻을 가능성이 높다. 또한 풍부하고 세부적인 기억은 목격자 자신의 기억에 대한 메타기억의 자신감을 강화하는 경향이 있다.[104] 실제가 아닌 불완전한 기억을 채우는 데 사용되는 도식은 종종 틀린다. 예를 들면, 충돌사고에 대한 기억 연구에서, 응답자의 대다수는 비행기가 건물과 충돌하기 전에 수평으로 날고 있었다고 하였는데, 이것은 아마도 사람들에게 비행기가 공항에 도착하고 공항에서 이륙하는 동안 수평으로 나는 것에 가장 익숙하기 때문일 수 있다. 그러나 이 경우, 비행기가 건물에 충돌할 때 비행기는 거의 수직으로 강하하고 있었기 때문에 허위 기억은 부정확했다. 마찬가지로, (존재하지 않았던) 열기구를 타는 동안 그들의 얼굴에 바람이 스쳤다는 피험자들의 기억도 부정확하다. 실제로는 열기구를 타고 있을 때 그 주변의 공기는 잔잔하다.[105] 그렇다면, 목격자의 어떤 진술이 그가 실제로 지각한 사실을 반영하고 있는지 결정하는 것이 문제일 것이다.

사건 기억 요인

특정 기억의 신뢰성에 대한 일반적인 판단을 내리기에는 인간 기억의 작동이 너무나 복잡하고 가변적이라는 것은 이제 명백하다. 방대한 기억 연구들은 어려운 수사에서 기억 내용의 정확성에 영향을 줄 수 있는 많은 요인들을 찾아내었다. 어떤 요인들은 사건 요인과 절차 요인 모두에 속하기도 한다는 것을 명심해야 하지만, 이 요인들을 구별하는 것이 유용하다. 두 유형의 요인들 모두 주어진 사건에서 기억의 신뢰성에 대한 실마리를 제공할 수 있다. 그러나 절차 요인은 법 집행 기관이 초기에 허위 기억을 예방할 수 있도록 도울 수 있다는 점에서 특별히 관심을 받는다. 극단적인 사례를 제외하고는, 단일한 요인이 기억의 신빙성을 결정하는 일은 드물다. 그보다는, 기억의 견고함 또는 연약함은 전형적으로 사건 및 절차 요인들의 조합에 의해 좌우된다.

일반적으로, 주어진 기억에 대한 이 요인들의 효과는 그것이 기초하고 있는 기억 흔적의 강도에 크게 의존한다. 강한 기억이 더 안정적이며 오래 유지되는 경향이 있다. 강한 기억은 변경, 간섭 및 혼동에도 더 잘 견디고, 따라서 오염될 가능성이나 허위 기억으로 대체될 가능성이 적다. 마찬가지로, 약하고 쇠잔한 기억은 기억 요인의 영향에 가장 취약하다. 제6장에서 논의되듯이, 기억 강도는 획일적인 특성이 아니다. 목격자가 한 사건의 어떤 부분에 대해서는 강하고 정확한 기억을 가지고 있을 수 있지만, 다른 부분에 대해서는 빈약한 기억을 가지고 있거나 기억이 전혀 없을 수 있다.

사건 요인

목격지목의 맥락에서 논의했듯이, 사건 요인의 영향을 받는 오류는 전형적으로 자연발생적인 오류다. 예를 들면, 자연발생적인 오류는 목격자가 수사에 결정적인 특정 세부사항에 주의를 기울이지 못했거나, 그 세부사항에 대해 잊어버렸을 때, 또는 아무런 외부적인 개입 없이 그 기억에 다른 사건의 세부사항이 스며들 때 발생한다. 사건 요인의 가장 중요한 군집에는 부호화 당시의 관찰 조건이 포함된다. 제3장에서 논의했듯이, 관련된 관찰 조건은 조명, 사건과의 거리, 노출 시간, 날씨 조건 등을 포함한다.[106] 이어지는 내용에서는 추가적인 사건 요인들을 다룬다.

정서적 각성 Emotional arousal　부호화는 사건의 정서적 강도와 그것의 개인적 중요성에 따라서 강화된다. 많은 범죄사건, 특히 폭력 사건은, 사람들의 삶에서 극단적이고 특별한 사건이며 정서적 각성 수준이 높다. 기능적 자기공명 영상functional magnetic resonance imagining: fMRI을 사용하는 뇌 연구와 호르몬 검사는 강렬한 부정적 감정이 사건에 대한 더 강한 기억으로 이어짐을 보여 준다.[107] 그러나 전형적으로 높은 각성은 주의의 초점을 주변적인 세부사항으로 좁힌다. 영국의 경찰 훈련 학교에서 수행된 한 현장 연구는 각성을 유발하는 사건에 대한 기억이 더 정확하지만, 더 적은 수의 세부사항을 포함한다는 것을 발견하였다.[108] 유사한 결과가 스코틀랜드 경찰Scottish police personnel에 대한 연구에서도 관찰되었다.[109] 또 다른 연구는 각성이 사건의 폭력적인

부분에 대한 기억은 증가시키지만, 뒤이어 무슨 일이 있었는지에 대한 기억은 약화
시킨다는 것을 발견하였다.[110] 다시 말하면, 각성은 사건의 요점에 대한 기억은 강화
시키지만, 주변적인 세부사항에 대한 기억은 감소시키는 것처럼 보이며, 이 현상은
터널 기억tunnel memory으로 알려져 있다.[111] 정서적 각성을 유발하는 사건은 "주의를 낚
아채는attention grabbing" 것으로 묘사되어 왔다.[112] 존 윌크스 부스John Wilkes Booth에 의한
에이브러햄 링컨Abraham Lincoln 암살이 예가 될 수 있다. 매우 많은 군중이 살인을 목격
하였음에도 불구하고, 스트레스가 심한 그 사건 동안 정확히 무슨 일이 일어났는지
에 대해서는 합의점이 거의 없다.[113]

기억 공고화 Memory consolidation   한번 부호화되면, 이후 기억의 탄력성은 그 조각들
의 성공적인 결합, 다시 말하면, 요점, 주변적 세부사항 그리고 기억 출처의 조합에
크게 의존한다. 기억 결합은 지각에 뒤따르는 공고화 과정에 의해서 가능하다.

기억 공고화는 기억이 인출된 횟수에 크게 영향을 받는다. 실험실 연구들은 반복
적인 회상이 기억 손실을 줄여 주고,[114] 그것에 대한 회상 가능성을 높이는 친숙함 또
는 유창성을 강화시킨다는 것을 보여 준다.[115] 기억 공고화는 또한 기억을 다른 사람
에게 이야기하는 것에 의해 증진될 수 있으며, 이것은 그 자신에게 기억을 되풀이하
는 것과 유사한 효과를 가진다. 범죄 사건의 극적이고 때때로 외상적인 속성 때문에,
목격자와 피해자들은 일반적으로 그들의 경험을 공동 목격자, 가족 구성원, 친구들,
치료자, 대중매체, 심지어 낯선 사람들과 공유하려는 경향이 있다.[116] 많은 사례에서,
이러한 이야기는 이후에 경찰 수사관과 검찰과도 공유될 것이다.

기억하고 있는 것에 대해 이야기하는 것은 목격자의 기억 내용에 영향을 줄 수 있
다. 조사 연구 자료는 기억에 대한 이야기가 정보를 전하기 위해서뿐만 아니라 즐거
움이나 동정심을 유발하거나, 관심을 끌기 위해서도 이루어진다는 것을 보여 준다.
듣는 사람이 달라지기 때문에, 모든 이야기의 거의 절반 이상이 다른 상황에서 다르
게 이야기된다. 응답자들은 그들의 이야기가 종종 과장, 축소, 선택 또는 정보의 보충
과 같은 일종의 왜곡을 포함한다고 보고하였다. 이러한 변형은 이야기의 목적에 의
해서 야기된다.[117] 이 조사 연구 자료는 실험 결과들과 일치한다. 한 이야기를 다른
방식으로 말하는 것은 그 이야기에 대해 말한 대로의 부수적인 기억을 형성하는 효
과가 있으며,[118] 이것이 말하는 것이 믿는 것saying-is-believing이라는 현상이다.[119] 이 현

상에 대한 한 가지 가능한 원인은 이야기가 특정한 목적에 부합하도록 그 사건에서 선택적으로 되뇌어진 특성들을 포함한다는 것이다.[120] 이것은 목격자 이야기의 반복적인 발화가 범죄 수사의 나중 단계와 법정에서의 증언에 영향을 줄 것이라고 기대할 만한 충분한 근거가 된다.

기억 내용 Memory content   기억의 질은 기억되는 사건의 유형에 의해서도 달라진다. 많은 재판이 언어적 의사소통을 증거로 포함하기 때문에 대화에 대한 기억은 범죄 수사에 중요하다.[121] 예를 들면, 사건 당시에 있었던 말들은 사건을 해결함에 있어서 피고인의 정신 상태를 결정하는 결정적인 수단이 될 수 있다. 피고인이 "난 널 죽일 거야, 잭I'm going to kill you, Jack."이라고 말했는지 "난 너에게 말할 거야, 잭I'm going to tell on you, Jack."이라고 말했는지 증언하는 것은, 특히 만약에 잭이 결국 죽은 것으로 드러났다면, 말하는 사람의 의도를 결정하기 위한 중요한 시사점을 가지고 있을 수 있다. 대화에 대한 기억은 자연히 사용된 단어의 의미적 모호성을 줄이기 위하여 듣는 사람의 해석에 의존한다. "우리는 다른 짐을 기다리고 있어."라는 말은 마약 거래의 맥락에서 있었던 것인지 또는 세탁을 하는 중에 있었던 것인지에 따라 다른 내용을 시사할 것이다.[122] 또한 대화에 대한 해석은 듣는 사람과 말하는 사람이 같은 관점, 사투리 또는 추론적 관행을 가지고 있지 않은 경우에는 제한될 수 있다.[123]

범죄 수사에서 언어적 의사소통이 가지는 가치는 일반적으로 표현된 문장 자체에 내재되어 있다. 퍼지 흔적 이론과 일관되게, 연구는 진술의 요점에 대한 정확성과 실제로 사용된 단어에 대한 정확성에는 굉장한 차이가 있다는 것을 증명하였다. 개인 간의 대화는 사용된 정확한 단어의 흔적을 쉽게 없애고 요점에 대한 흔적만을 남기는, 의미 탐색에 의해 이끌려 가는 것이다. 그 결과로, 사람들은 대화에 대한 빈약한 기억을 가지는 경향이 있다. 범죄 혐의에 대한 대화 기억을 확인한 한 연구는 피험자들이 평균적으로 거의 15개의 요점적 사항을 회상한 반면, 실제로 사용된 표현은 평균 0.5개를 회상한다는 것을 발견하였다.[124] 연구들은 독자들이 어떤 글에 사용된 정확한 단어를 인지하는 것이 매우 짧은 시간 동안만 가능하다는 것을 보여 준다. 특히, 쓰여진 글에 실제로 사용된 표현에 대한 기억은 그 글의 의미나 내용에 대한 기억 손상 없이, 8음절 내에서 잊혀지는 경향이 있다.[125] 대화 당사자들도 본인들의 대화 내용에 대해 빈약한 기억을 갖고 있는 것으로 나타났다. 여성 피험자들은 그들의 네 살짜리 자녀와 나눈 대화에서 아이가 한 말과 자신이 스스로 한 말을 기억하는 데 어려움이 있는 것으로 나타났으며, 그리고 가끔은 특정한 말을 정확히 누가 했는지를 혼동하는 것으로 나타났다.[126] 또 다른 연구는 사람들이 그들이 하려고 했던 말, 그러나 실제로는 하지 않은 말을 한 것으로 기억한다고 보고할 수 있다는 것을 보여 준다.[127] 여기서도 링컨 대통령의 살인을 둘러싼 사건이 유익하다. 링컨은 그의 암살이 있었던 밤에 위독한 상태에서 살아남아 있었고, 많은 보좌관들과 의사들에게 둘러싸여 근처의 기숙사에 있는 작은 방에 누워 있었다. 그다음 날 아침, 그가 숨을 거둔 직후, 링컨의 비서인 에드윈 스탠턴Edwin Stanton은 지금은 가장 유명한 묘비명이 된 말을 하였다. 이상한 것은 그 작은 방에 모여 있던 사람들 중 누구도 스탠턴이 "이제 그는 역사 속에 있습니다Now he belongs to the ages."라고 했는지 "이제 그는 천사들과 함께 있습니다Now he belongs to the angels."라고 했는지 증명할 수 없었다는 것이다.[128]

사건의 시점과 순서는 범죄 수사에 중요할 수 있는 또 다른 유형의 정보다. 사건이 언제 일어났는지를 아는 것은 그 시간에 다른 곳에 있었던 것으로 밝혀진 사람을 용의선상에서 제외시키는 것처럼 범죄 현장에 있었던 누군가를 범죄와 관련시킬 수 있다. 연구는 사람들이 정확한 날짜와 시간을 기억하는 데 상당한 어려움을 겪고, 따라서 시간구별 오류time-slice errors를 범하는 경향이 있다는 것을 암시한다.[129] 몇 주 전의 특정한 날에 무엇을 했는지를 기억하라고 했을 때, 많은 사람들은 달력 또는 가족의 도움과 같은 기억 외적인 것들의 도움이 필요할 것이다.[130] 문제는 기억 체계가 기억된 사건에 시간을 찍어서 표시를 남기는 기제를 포함하고 있지 않기 때문에 발생하고, 이것은 우리 삶의 순간들을 순서적으로 나열할 신뢰로운 방법이 없다는 것을 의미한다. 이 시간적 설명의 부족은 기억의 출처에 대한 접근을 약화시키고 한 사건과 그다음 사건의 결합 오류에 중요한 역할을 한다.[131] 심지어 한 사건에 대해서 목격자가 강한 기억을 가지고 있는 경우에도, 종종 그 사건이 일어난 시간에 대해서는 빈약한 기억을 가지고 있다.[132] 시간구별 오류는 사건을 시간적으로 배열하는 과정에서의 실수로 이어지기 쉽다. 예를 들면, 9·11 사건에 대한 사람들의 기억은 시간적 배열에서의 오류를 포함하는 것으로 나타났다.[133] 범죄 수사의 맥락에서, 시간구별 오류는 사건의 부정확한 묘사로 이어지기 쉽고, 제6장에서 논의할 바와 같이, 이 오류는 또한 무고한 용의자가 자신의 행동을 재구성하고 정확한 알리바이를 제공하는 것을 어렵게 할 수 있다.[134]

목격자 동기 Witness motivations   목격자의 동기는 처음에 그들이 정보를 제공하고자 하는 의지에 영향을 줄 수 있다. 더 깊은 수준에서, 사람들의 기억은 개인의 명성과 스스로에 대한 가치를 증진시키고자 하는 일반적인 욕구를 포함하는 개인적인 목표에 의해 꾸며지는 것으로 나타났다. 예를 들면, 자신의 고등학교 성적에 대해 대학생들이 회상한 것을 공식적인 성적표와 비교했을 때, 피험자의 80%가 실제 성적보다 더 높게 보고한 반면, 6%만이 더 낮게 보고하였다.[135] 유사하게, 표준화된 대학 입학 시험 점수에 대한 기억은, 특히 수행이 낮은 학생들에 의해 높게 보고되었다.[136] 사람들의 기억은 그들의 결정을 따라 왜곡된다는 것을 기억하라.[137] 기억이 동기적 영향에 취약한 것은 동기에 의해서 지각이 결정되기도 하기 때문이다.[138] 범죄 수사의 맥락에서, 목격자들은 수사를 돕고자 하며 피고인이 처벌을 받는 것을 보길 원하거나 주목받고자 하기 때문에, 심지어 약하거나 존재하지 않는 기억을 가지고 있더라도 정보를 제공하려는 경향이 있을 것이라는 추가적인 걱정거리가 있다. 이 경향성은 자연발생적인 허위 기억을 만들어 내는 결과를 낳을 수 있고, 또한 유도된 허위 기억에 대한 목격자의 취약성을 증가시킬 수 있다.

공동 목격자 영향 Cowitness influences   목격자의 기억은 그 사건을 목격한 다른 사람들과 주고받은 정보에 의해서도 영향을 받을 수 있다.[139] 호주의 조사 연구 자료는, 일반적으로 경찰과의 면담 이전에, 극적인 사건을 목격한 사람들 중 대다수가 자발적으로 공동 목격자와 정보를 교환한다는 것을 보여 주었다.[140] 기억을 공유하는 것은 기억에 대한 개인의 확신감을 인위적으로 높이거나 감소시킬 수 있다.[141] 또한, 공동 목격자와의 대화는 기억 내용의 혼합을 야기할 수 있는데, 이것이 기억 동조memory conformity라고 알려진 현상이다. 연구들은 기억 검사 이전에 공동 목격자와 증거에 대하여 이야기하는 것이 사람들로 하여금 그들이 실제로 목격하지 못한 범죄가 행해지는 것을 보았다거나,[142] 실제로는 없었던 공범을 보았다거나,[143] 없었던 총을 보았다[144]고 보고하게끔 한다는 것을 보여 주었다. 기억 보고는 공동 목격자가 함께 질문을 받았을 때에도 왜곡되는 것으로 나타났다.[145] 이러한 영향은 특히 사건에 대한 약한 기억을 가지고 있는 목격자에게서 강하다.[146] 기억 동조는 오클라호마의 연방 건물Oklahoma Federal Building 폭발 사건에서 나타났다.[147] 명백하게, 공동 목격자 영향은 실제 기억과 허위 기억 모두를 만들어 낼 수 있다.

절차 요인

위에서 언급한 것과 마찬가지로, 사건에 대한 기억의 정확성은 사건 요인, 절차 요인, 또는 이 둘의 조합에 의해서 영향을 받는다. 절차 요인은 수사 절차와 목격자의 기억을 이끌어 내기 위한 행동을 포함한다는 것을 기억하라. 옳지 않은 면담이 기억 손실과 허위 기억의 위험을 증가시키는 것처럼, 절차 요인은 올바르게 수행될 때에만 형사들에게 중요한 정보를 제공할 것이다. 심각한 범죄에 대한 수사가 가해자의 신원을 확정하기 위한 증거 부족 때문에 지연되는 것을 생각해 보라. 형사들은 이론을 만들었고 마음속에 용의자가 있지만, 그를 체포하고 기소하는 데 필요한 특정한 증거를 목격자가 제시할 수 없다. 이 경우, 오직 목격자의 기억 불완결성만이 사건을 해결하는 것을 방해한다. 적절한 훈련과 절차가 없기 때문에, 미국 등지에 있는 대부분의 형사들은 일반적으로 그들이 직관적으로 목격자의 기억을 불러일으킬 수 있고 목격자가 제공할 수 없었던 사실을 이끌어 낼 수 있다고 믿는 질문 기법에 의존한다. 이것은 전형적으로 수사의 강도를 높이고 목격자에게 기억 작업을 하도록 재촉하는 것이다. 이 절차의 문제는 일반적으로 목격자에게 형사들이 갈망하는 세부사항에 대한 접근 가능한 순수한 기억이 없다는 것이다. 기억 작업에서 얻어진 세부사항은 언제나 유도된 기억의 산물이고, 그것들은 목격자의 작화, 추측, 또는 수사관에 의해 암시된 정보를 반영한다. 이 허위 기억은 일반적으로 사용되는 어떤 면담 기법에 의해서라도, 형사의 의식적인 의도가 없어도 쉽게 만들어질 수 있다. 어느 쪽이든, 이러한 기억은 형사의 의심을 목격자의 순수한, 믿을 만해 보이는 기억으로 가장하여 수사를 망가뜨릴 준비가 되어 있다.

면담 기법 Interviewing techniques 방대한 연구가 기억을 상기해 내는 사람들의 능력은 회상이 시도되는 방식에 의존한다는 것을 보여 주었다. 자연히, 좋은 면담 기법이 목격자가 기억하지 못하는 사실을 만들어 낼 수는 없지만, 나쁜 면담 프로토콜은 보고된 기억의 완결성과 정확성을 쉽게 낮출 수 있다. 특히, 연구는 기억 내용이 황급한 질문과 간섭뿐만 아니라 패쇄형 질문, 복수의 질문과 단답형 질문에 의해서 손상된다는 것을 보여 주었다.[148] 사실, 경찰관은 상습적으로 이러한 부적절한 면담 기법에 의존한다. 이러한 패턴은 미국,[149] 영국,[150] 캐나다,[151] 독일[152] 및 노르웨이[153]의 형사와 수사관들에게서 발견되어 왔다.

또 다른 문제는 경찰 면담 자체가 목격자로 하여금 면담관에 의해서 암시된 사실을 보고하도록 유도함으로써 목격자의 기억을 오염시킨다는 것이다. 위에서 언급된 사후 오정보에 대한 연구들은 사람들의 기억 내용이 암시적인 정보에 의해서 쉽게 오염됨을 보여 주었다. 예를 들면, 목격자들에게 자동차가 헛간 옆을 얼마나 빠르게 지났는지를 묻는 것이 사람들이 실제로 영상에 없었던 헛간을 보았다고 보고하도록 하고, 사람들에게 강도의 장갑이 무슨 색이었는지를 묻는 것이 실제로 강도가 장갑을 끼고 있지 않았음에도 불구하고 그들이 장갑을 본 것으로 기억하도록 한다는 것을 기억하라.[154] 또한 이러한 사후 오정보는 대중매체의 보도에 노출되는 것, 공동 목격자와의 대화, 그리고 사건에 대한 다른 정보원에 의해서도 제시됨을 기억하라. 목격자들은 이전의 면담에서 그들이 보고했다고 주장하는 기억 내용에 대해서도 유도될 수도 있다. 목격자들의 과거 기억 보고에 대해 잘못 전달하는 것은 그들의 이후 기억 보고가 그 잘못 전달된 내용을 따르도록 왜곡시킬 수 있는 것으로 나타났다.[155]

실제 수사 면담에 대한 접근 가능한 자료는 암시된 기억의 가능성에 대해 염려할 만한 많은 원인들을 제공한다. 영국 경찰관에 의해서 수행된 실제 면담에 대한 한 연구에서는, 그들이 사용하는 질문의 약 15%가 유도질문인 것으로 나타났다.[156] 숙련된 캐나다 경찰관에 대한 조사에서는 일반적으로 목격자에게 관련 사실을 상기시켜 줄 필요가 있다고 정당화하면서 유도 질문을 허용하는 것으로 나타났다.[157] 워싱턴주에서 있었던 실제 아동 성학대 사건에서 사용된 질문의 20%는 성학대를 암시하는 질문이었다.[158] 범죄 수사 경험이 많은 아동보호 전문 면담관에 의해 수행된 가상의 면담에 대한 한 연구에서는 사용된 질문 6개 중 1개가 유도하는 질문이었고, 그중 반은 부정확하였고 따라서 오도하는misleading 질문인 것으로 나타났다.[159]

수사 전반에서, 목격자가 사후 오정보에 노출될 기회는 매우 많다. 오정보는 물리적 대상, 시각적 이미지 또는 사건에 대한 이야기에 의해서 전달될 수 있다.[160] 목격자들과 형사들은 의사소통할 기회가 많고, 이 내용은 기록되지 않으며, 일반적으로 피고인에게 공개되지 않는다. 어떤 사건에서는 검찰측 목격자, 특히 피해자가 법 집행 기관의 직원과 가깝게 지내고 연락을 지속하기도 한다. 예를 들면, 제니퍼 톰슨은 자신이 골딘 형사와 재판 전에 20회 정도 의사소통했다고 증언하였다.[161] 암시적인 영향이 의식적인 자각 없이도 전해질 수 있다는 것을 기억하라. 심지어 지나가는 말

또는 어떤 이미지에 대한 우연한 노출이 목격자의 기억을 변형시킬 수 있고 따라서 오류를 유도할 수 있다.

반복과 노력 Repetition and effort   기억 작업의 한 가지 중요한 구성 요소는 목격자에게 질문을 반복하는 것이다. 반복적인 질문은 특히 그 질문이 유도적이거나 암시적인 정보를 전달할 때 위험하다. 암시된 세부사항의 반복은 그것들을 더욱 친숙하게 느껴지도록 하고 따라서 실제 기억과 혼동되기 쉽게 하는 것으로 나타났다.[162] 반복적으로 회상하려고 시도하는 것은 주입된 기억 연구의 주요 특징이다. 예를 들면, 열기구 연구에서 처음에는 피험자 중 누구도 열기구를 탔던 기억을 보고하지 않았다. 일주일 후에 진행된 세 번째 면담이 되어서야, 피험자들의 절반이 가상의 열기구 탑승에 대한 정보를 보고하였다.[163] 마찬가지로, 펀치 볼 실험에서도 처음에 물었을 때에는 누구도 펀치 볼을 두드린 것을 회상하지 못했다. 첫 번째 면담이 끝났을 때, 피험자 6명 중 1명이 그 기억을 보고하였고, 세 번째 면담이 끝날 때까지 그 숫자는 전체 표본의 1/3 이상으로 증가하였다.[164] 반복적인 질문은 또한, 정확성과 관계없이 목격자들의 기억에 대한 그들 자신의 확신감을 강화시킨다.[165] 반복적인 질문의 부정적인 효과는 면담 회기가 더해질수록 증가한다. 면담 사이의 시간 경과는 목격자들로 하여금 그들 기억의 출처를 탐지하는 능력을 약화시키므로 허위 정보와 결합될 가능성을 증가시킨다.[166] 게다가 질문의 반복은 목격자들에게 다른 반응이 요구된다는 신호로 해석될 수 있고, 따라서 목격자들이 순순히 수사관들이 바라던 반응을 제공하도록 할 수 있다. 이러한 경우에는, 반복이 실제로 목격자의 기억 변화 없이 목격자의 진술을 바꾼다.[167]

기억을 이끌어 내기 위해 일반적으로 사용되는 또 다른 방법은 목격자들이 회상하기 위해 노력하도록 격려하는 것이다. 과도한 노력은 언제나 역효과를 낳는다. 연구는 회상을 위해 더 노력하라고 권하는 것이 허위 기억의 발생에 기여함을 보여 준다.[168] 연구는 또한 회상 수행이 보상에 의해 증진되지 않는다는 것을 보여 준다. 예를 들면, 목격자에게 더 많은 세부사항을 보고하는 것에 대해 금전적인 보상을 제공하는 것은 회상을 증진시키지 않지만, 정확성과 확신감에 대한 그들의 추정치는 증가시킨다.[169]

상상과 작화 Imagination and confabulation　　기억 회상을 돕는 또 다른 전략은 목격자가 그들의 상상 속에서 사건을 재구성하도록 하는 것이다. 그러나 이 기법은 자주 허위 기억을 발생시킨다. 예를 들면, 목격자들이 보지 못한 사실에 대한 물리적 특성을 설명하라고 요구받거나,[170] 상상된 사건에 그들이 감정적으로 어떻게 반응했는지를 설명하라고 요구받는 경우[171]에 허위 기억이 발생했다. 사람들에게 그들이 회상할 수 없는 사실을 추측하거나 지어내라고 강요하는 것은 이어지는 기억 검사에서 허위 기억을 만들어 냈다. 이 결과는 그들이 보았지만 기억하지 못하는 것과 전혀 보지 않았기 때문에 기억이 불가능한 것에 대한 질문 모두에서 나타났다.[172] 허위의 사건에 대해 상상하라는 지시는 주입된 기억 연구의 핵심이다. 예를 들면, 펀치 볼 연구에서는 허위의 사건에 대해 상상하라는 지시가 단지 그것을 생각하라는 지시를 했을 때보다 훨씬 더 높은 비율로 허위 기억을 만들어 냈다.[173]

　종합하면, 허위 기억의 가능성은 다양한 사건 요인과 절차 요인의 혼합된 효과에 의해 증가된다. 예를 들면, 상상의 효과는 (유도하는) 긍정적인 피드백[174]과 반복에 의해 증가된 작화의 효과에 의해서 더욱 심해진다.[175] 반복은 또한 상상하기는 했지만 실제로는 행하지 않은 행동을 한 기억이 있다고 보고할 가능성을 증가시키는 것으로 나타났다.[176]

　허위 기억이 만들어질 가능성은 회상의 시점에서 목격자가 한 특정한 진술과도 관련이 있다. 수면이 박탈된 피험자들은 암시에 더 취약하지만 휴식을 취한 피험자들보다 확신감은 낮지 않은 것으로 나타났다.[177] 사람들은 또한 그들이 술에 취해 있다고 믿을 때 더 암시에 취약한 것으로 나타났다.[178] 허위 기억의 가능성은 목격자의 개인적 특성과도 관련이 있다. 일련의 연구들은 긍정반응성acquiescence[179]과 공상 경향성 fantasy proneness[180] 척도에서 높은 점수를 보이는 목격자들이 암시에 대한 취약성이 높다는 것을 보여 주었다.

확신감과 확신감 증폭

　기억과 관련된 일반적인 현상은 사람들이 자신들의 기억을 과도하게 확신하는 경향이 있다는 것이다. 예를 들면, 한 연구에서는 정확성이 60%인 기억의 확신감이

90%인 것으로 나타났다.[181] 또 다른 연구에서는 25%의 부정확한 기억이 최대의 자신 감을 가지고 보고되는 것으로 나타났다.[182] 사람들은 또한 그들 기억의 완결성에 대 해서도 과도하게 확신한다. 한 연구에서는 목격자들이 범죄 현장의 세부사항 중 15% 만을 기억함에도 불구하고, 그들이 71%를 회상하였다고 믿는 것으로 나타났다.[183]

경찰 면담이 범죄 수사에 시사하는 중요한 점 하나는 이 면담이 목격자 기억의 정 확성에 관계없이 그 기억에 대한 그들의 확신감을 증폭시킬 수 있다는 것이다. 많은 연구들은 반복되는 질문에 의해 정확성이 아닌 확신감이 증가된다는 것을 발견하였 다. 이 효과는 부정확한 반응[184]과 불가능한 기억, 즉 보지 못한 사실에 대한 추정된 회상에 대해서 가장 강했다.[185] 사건을 상상하도록 피험자에게 지시하는 것은 허위 기억에 대한 높은 수준의 확신감을 낳는 것으로 나타났으며,[186] 이 현상을 상상 증폭 imagination inflation이라고 부른다.[187] (틀린) 추측에 대한 긍정적이고 확인적인 피드백은 목격자의 확신감 증가를 가져온다.[188] 앞서 언급했듯이, 허위 기억에 대한 확신감은 공동 목격자와의 의사소통[189]과 회상하려는 노력[190]에 의해서도 증폭된다.

제6장에서 논의하듯이, 허위 기억에 동반된 높은 수준의 확신감은 검찰이 확신감 있는 목격자와 사건을 해결하려고 할 가능성이 높고, 사실판단자들도 그런 목격자들 을 믿을 가능성이 높다는 점에서 특히 유해하다. 더욱이, 증폭된 확신감은 다른 오류 들을 촉발할 수 있다. 예를 들면, 목격자들의 기억을 칭찬하는 것은 이어지는 범인식 별 라인업에서 자신의 선택에 대한 확신감을 증폭시키는 결과를 낳는다.[191]

인출: 경찰 면담

기억 인출은 개인이 인출할 사실에 대해 정확한 기억을 가지고 있는 한은 비교적 간단한 인지 과제다. 기억이 존재하기는 하지만 약할 때, 인출하려는 시도에는 훨씬 더 복잡하고 오류와 오염에 취약한 과정이 관여한다. 개인이 어떤 사실을 기억한다 고 보고할지 여부는 그 기억의 그럴듯함과 그 기억과 개인적인 지식 체계와의 일관 성에 종종 의존할 것이다. 예를 들면, 사람들은 의학적 진술이 변호사가 한 것이라기 보다는 의사가 한 것이라고,[192] 보수적인 정치적 발언은 민주당원a Democrat이 했다기 보다는 공화당원a Republican이 했다고[193] 잘못 보고하기 쉽다. 사람들은 또한 다음과 같은 논리적 추론 또는 휴리스틱heuristics에 의존한다. "샘은 그런 걸 말하는 유일한 사람이야, 그러니까 샘이 그걸 말했을 거야."[194] 인출은 면담자에 의해 조작된 다른 정보와 목격자의 기억이 일치하는지에 의해서도 좌우되기 쉽다. 예를 들면, 피험자들에게 천안문 광장 시위Tiananmen Square protest에 대한 조작된 사진을 보여 주는 것이 그 사건에 대한 피험자들의 기억 보고를 바꾸어 놓았으며,[195] 허리케인에 의해서 폐허가 된 마을의 사진을 보여 주는 것이 피험자들이 그 사건의 인명 피해에 대해 읽은 적이 있다고 잘못 회상하도록 만드는 경향이 있는 것으로 나타났다.[196] 기억 인출은 사람들이 정확한 기억과 부정확한 기억을 구별하기 위해 사용하는 기준에 의해서도 영향을 받는데, 다시 말하면, 이것은 과도하게 보고하는 것과 더 적게 보고하는 것 사이의 상대적인 비용에 대한 목격자의 민감성이다.[197]

기억 인출은 인출을 둘러싼 사회적 역동에도 민감하다. 연구는 사람들이 듣는 사람의 기대에 맞추어 자신들의 기억을 보고하는 경향이 있다는 것을 보여 주는데, 이 현상이 곧 청중 조율audience tuning이다. 인출은 또한 면담자의 피드백에도 민감하다.[198] 목격자의 기억이 빈약하다고 면박을 주는 것은 오정보에 대한 그들의 피암시성[199]과 그들이 보고하는 허위 기억 비율을 증가시키며,[200] 이것은 심지어 이후의 면담에서도 허위 기억을 증가시킬 수도 있다.[201] 허위 기억은 (실제로는 불가능한) 사건에 대해 목격자가 기억할 수 있을 것이라고 스스로 믿도록 오도함으로써 악화될 수도 있다.[202] 암시는 지식이 있을 것이라고 여겨지는 누군가에 의해 제공될 때 가장 효과적이다.[203] 이 모든 효과들은 해결되지 않은 심각한 범죄 사건에 대한 강압적인 경찰 수사와 같이, 스트레스가 심한 사회적 역동이 있을 때 여지없이 더 잘 나타난다. 면담자는 주로, 주state의 권위를 대변하고 대개는 사건에 대해 더 잘 알고 있는 형사들이다. 좋은 의도를 가지고 있고, 협조적이지만 완전히 도움이 되지는 않는 목격자가 수사를 돕기 위해 최선을 다하고자 하는 충동을 크게 느낄 것이다.

개선을 위한 권고

목격자에 의해 꾸며진 사건에 대한 기억은 귀책사건과 신원사건 둘 모두에, 즉 거의 모든 범죄 수사에 존재한다. 특정한 세부사항에 대한 목격자의 기억은 종종 사건

해결로 이어지는 열쇠가 된다. 사건에 대한 증언을 가능하게 하는 기억 체계는 인간 인지의 강력한 특성이다. 동시에, 그것은 쉽게 망가지고, 따라서 두 가지 유형의 잘못된 판결을 낳을 수 있는 연약한 체계다. 목격자가 유죄를 입증하는 필수적인 사실에 대한 기억을 제공하지 못하면 주로 유죄판결을 내리지 못하거나 재판이 열리지 않음으로써 실제 가해자의 혐의가 취소되거나 그가 무죄판결을 받는 데 기여하기 쉽다. 그러나 허위 기억을 동반하는 목격자의 진술은 무고한 사람을 유죄로 만들기 쉽다. 허위 기억의 해로운 영향은 사법체계를 운영하는 많은 사람들을 포함한 대부분의 사람들이 인간 기억의 약점과 인출 기법의 취약성을 충분히 인정하지 않기 때문에 만들어진다. 중요한 세부사항을 탐색함에 있어서, 경찰 수사에서 상습적으로 사용되는 문제적인 면담 절차에 대한 지나치게 과도한 믿음이 있다.

실제로 기억 실패에 의한 오류는 종종 사건해결을 위해서 지각 또는 부호화되지 않았거나, 잊혀졌거나, 오염되어 목격자가 회상할 수 없는 정보를 요구하는 것에서 발생한다. 어려운 수사는 대개 사람들이 알아채지 못하거나, 빠르게 잊거나, 또는 쉽게 혼동하는 경향이 있는 매우 작은 세부사항에 전적으로 의존한다. 기억 부족은 형사들로 하여금 원하는 정보를 얻어 내기 위해 목격자들에게 기억 작업을 하도록 압력을 가하게 한다. 연구들은 계속되는 면담이 기억된 사실을 미미하게 증가시키지만, 허위 기억을 상당히 증가시킬 수 있다는 것을 보여 준다.

연구들은 이 두 유형의 오류를 모두 줄이기 위한 지침을 제공한다. 경찰 면담관은 인간 기억의 연약함과 그것을 잘못 다룸으로써 그들이 초래할 수 있는 큰 피해에 대해 인지하고 민감해져야 할 필요가 있다. 제3장에서 언급했듯이, 기억은 자연히 쇠잔하고 오염의 위험에 지속적으로 노출되는, 특별히 손상되기 쉬운 유형의 흔적 증거처럼 다루어져야만 한다. 면담자는 주변적인 세부사항, 대화에서의 실제 표현에 대한 정보, 시간과 날짜에 대한 목격자의 기억이 수사에 필요한 것들을 충족시키지 못할 수도 있다는 것을 예상해야만 한다. 좋지 못한 면담 기법은 목격자의 기억을 오염시키기 쉽다는 사실에도 특별한 주의를 기울여야 한다.

가장 중요한 권고사항은 경찰 면담관들이 론 피셔Ron Fisher와 에드워드 게이슬맨 Edward Geiselman이 개발한, 인지 면담Cognitive Interview 프로토콜을 고수해야 한다는 것이다.[204] 연구에 기초한 이 교묘한nuanced 기법은 정확성은 낮추지 않으면서 어느 정도 더 세부적인 기억 내용을 얻어내는 것으로 나타났다.[205] 인지 면담은 경찰 면담의 전문성을 증가시키고, 수사관이 각기 다른 질문 방식을 사용하는 것을 제한하는 역할을 할 것이다. 인지 면담은 협조적인 목격자를 면담하기 위해 권고되는 프로토콜로써, 영국 경찰에 도입되었다.[206] 좋은 면담을 위한 다른 권고사항들은 다음과 같다.

1. 면담은 사건이 발생한 후에 가능한 빠른 시간 내에 진행되어야 한다.
2. 목격자를 개별적으로 면담해야 하며, 다른 사람과 이야기하지 못하도록 주의를 주고, 가능하다면 격리된 장소에서 면담해야 한다.
3. 면담자는 목격자들이 스스로 지각한 것과 다른 출처로부터 알게 된 것을 구분하기 위해 노력하도록 격려해야 한다.
4. 면담자는 목격자의 상태(예: 피로, 알코올 의존)와 그들의 성격 유형(예: 높은 긍정 반응 경향성, 공상경향성)에 따라 질문을 조정해야 한다.
5. 면담자는 목격자에게 수사에 대한 어떠한 정보도 전달하는 것을 삼가야 한다.
6. 면담자는 어떤 방식으로든 유도질문을 하거나 원하는 반응을 암시해서는 안 된다.
7. 면담자는 목격자가 상상, 짐작 또는 추측하는 것을 포함하는 기억 작업을 수행하기 위해 더 열심히 노력하도록 설득하거나 재촉하는 것을 삼가야 한다.
8. 면담자는 목격자에게 피드백이나 격려를 해 주어서는 안 되고, 기억이 약해진 것에 대해 실망감을 표현해서도 안 된다.
9. 연이은 면담은 필요할 때에만 수행되어야 한다. 면담자는 이전에 사용되지 않았던 타당한 방법을 사용하지 않는 한, 같은 사실에 대하여 한 번 이상의 면담에서 질문해서는 안 된다.
10. 모든 면담은 전체적으로 전자기기를 통해 기록되어야 한다.

모든 면담이 전체적으로 기록되어야 한다는 권고사항의 중요성은 더 말할 필요도 없다. 그 한 가지 이유는, 기록을 하는 것이 목격자의 기억에 대한 보다 완전한 설명을 제공할 것이 분명하기 때문이다. 사실상 목격자 반응의 주요 내용들 중 많은 부분과 모든 실제 세부사항들이 면담이 종료되기 전에 면담자에게서 잊혀진다. 제2장에서 소개한 전문 면담가들을 대상으로 했던 연구에서 목격자가 제공한 관련 사실의 절반 이상이 이후의 대화 요약에서 누락되는 것으로 밝혀졌음을 기억하라. 전자기기를 사용한 기록은 이러한 세부사항을 포착할 것이 분명하다. 전자기기를 사용한 기록은 면담의 질도 높일 것이다. 형사들은 목격자의 진술을 필기하거나 기억하려고 애쓰는 것보다 정보를 이해하고 이후의 질문을 계획하는 데 집중할 수 있을 것이다. 면담 기록에 대한 접근가능성은 수사관들을 훈련하고 그들의 면담 수행을 감찰하기 위한 유용한 도구를 제공할 것이다. 미국과 전 세계의 경찰 수사관들에 의해 질이 낮은 형태의 질문들이 널리 사용되고 있는 바, 이러한 관리가 정당화될 수 있다.

　　면담을 기록하는 것은 사실판단자들이 목격자의 기억 내용의 정확성을 평가하는 데 특히 도움이 될 것이다. 이 기록은 목격자 이야기의 흐름, 확신감과 유창성뿐만 아니라 설명의 정합성과 일관성을 전달하는, 원래의 면담을 있는 그대로 직접 제공할 것이다. 이 기록은 또한 수사관의 압력, 질문의 반복, 재촉과 상상 또는 작화 요구를 비롯한 진술을 이끌어 내기 위해 사용된 수사 방법들에 대한 통찰을 제공할 것이다. 중요한 것은, 면담 기록이 진술된 기억이 실제로 목격자에 의해서 회상된 것인지 또는 수사관에 의해서 암시된 것인지에 대한 판단을 도우리라는 점이다.

05 "인정해, 당신은 유죄야"
용의자 신문

    범죄의 소추에 널리 이용되는 증거 유형은 피고인 스스로 죄를 인정하는 진술이다. 보통 이런 진술들은 피고인이 경찰서에 구금되어 신문을 받는 동안에 얻어진다. 종종 자백은 전형적인 증거들이 부재하는 경우에 사건을 기소할 수 있는 유일한 수단이다. 그렇기 때문에 역사적으로 자백을 얻기 위해 용의자의 인권과 신체 불가침권(bodily integrity, 역자 주: 생명 및 신체의 안전과 신체의 자유 등에 대한 권리)이 심각하게 침해되었다는 것은 놀랄 일도 아니다. 이것에 대해 미국의 대법관 휴고 블랙Hugo Black은 "고문대rack, 엄지손가락을 죄는 고문 기구thumbscrew, 형거wheel, 독방감금, 장기간의 신문, 교차 신문 등은 십자가, 단두대, 화형대, 교수형 올가미와 함께 용의자에게 신체적 훼손과 정신적 고통을 남겼다."며 애통해했다.[1]

    표면적으로, 범죄를 자백하는 것은 반드시 자신을 심각한 형사처벌의 대상으로 만드는 일이다. 실제 유·무죄의 여부와 상관없이 자백을 하는 것은 극도로 자멸적인 행위다. 현행법에서는 자백은 임의적이어야 하고,[2] 용의자는 진술을 거부할 권리와 어느 시점에서든 조사에 응하기를 중단[3]할 권리를 가진다고 규정되어 있다는 점에서, 자백하는 행위는 특히나 당황스럽다. 그러나 용의자들은 자주 자백을 한다. 전체 신문의 거의 50%에서는 용의자로부터 유죄를 인정하는 진술이나 자백을 받아 낸다고 추산된다.[4] 이것은 신문을 매력적인 수사 도구로 만든다. 그러나 가끔 무고한 사람들이 자백을 한다는 사실은 신문이 불안정한 수사 도구가 될 수 있다는 것을 나타낸다. 이 장에서는 수사 절차의 정확성에 초점을 둘 것이다.

자신의 죄를 인정하는 진술들은 범죄 사실들 중 특정 부분만 인정하는 것부터 범죄를 저질렀다는 것을 완전히 자백하는 것에 이르기까지 그 범위가 다양하다. 앞으로의 논의는 자백을 유도하는 신문에 초점을 둘 것이다. 또한, 죄의 일부만을 인정하도록 유도하는 신문과 공범으로 의심되는 용의자에게 죄를 덮어 씌우도록 유도하는 신문에 대해서도 다룰 것이다. 신문이란 제4장의 주제였던 혐의를 받지 않는 협조적인 증인들과는 달리 대개는 수사에 비협조적인, 범죄를 저지른 것으로 의심되는 사람에게 질의하는 것을 의미한다. 또한 신문은 다른 누군가에게 죄를 덮어 씌워줄 용의자를 데려오기 위해 설계될 수도 있다.

신문을 통해 자백을 얻는 데 실패하면 검찰이 승소할 가능성이 낮아지고, 심지어는 기소를 포기해야 할 수도 있다. 자백을 얻지 못하면 실제로 죄가 있는 용의자에게 잘못된 무죄 판결을 내리게 되지만, 무고한 용의자에게는 마땅히 옳은 판결을 내릴 수 있을 것이다. 다른 모든 유형의 증거들과 마찬가지로 자백 증거도 진실이거나 거짓일 수 있다. 진실한 자백은 죄를 지은 용의자들을 처벌하도록 한다는 장점이 있지만, 무고한 용의자들에게서 얻은 허위 자백은 잘못된 유죄 판결로 이어지기 쉽다.

신문이 잠재적으로 허위 자백을 야기할 수 있다는 것에 대해서는 이제 논란의 여지가 없다. 예를 들면, 악명 높았던 센트럴 파크 조거Central Park Jogger 사건에서 다섯 명의 십대들이 강간과 잔혹한 폭행을 자백했다.[5] 뉴욕에 사는 제프리 데스코빅Jeffrey Deskovic은 고등학교 같은 반 친구를 강간하고 살해했다고 자백하였다.[6] (제1장에서 언급했던) 브루스 고드척은 절도와 강간 모두를 자백하였다. 네브래스카의 비어트리스에서는 여섯 명의 사람들이 다수의 자백에 근거해 유죄 판결을 받았다.[7] 지금까지 언급했던 사람들은 추후 DNA 검사를 통해 면죄되었고 그들의 자백이 모두 거짓이었다는 것은 피할 수 없는 사실이 되었다. 밝혀진 면죄 사례들의 15~25%는 허위 자백과 관련이 있었다.[8] 2004년에 출간된 소장자료 연구는 자백이 허위라는 것이 명백히 밝혀진 125개의 사례들을 보고하였고,[9] 이후로도 허위 자백 사례는 상당히 증가해 왔다. 그 연구에서 관찰된 허위 자백들을 분석한 결과, 자백은 자발적으로 이루어졌고 보통은 정신적 장애가 있는 용의자나 다른 사람의 죄를 숨기려는 용의자에 의한 것이었다. 어떤 사례들에서는 결백한 용의자들이 수사가 진행되는 동안 스스로를 유죄라고 믿게 되었다. 그러나 가장 흔한 경우는 무고한 용의자들이 스스로 결백하다는 것을 알면서도 자백을 하는 경우다.[10] 분명한 것은 이런 허위 자백들이 언제나 수사 과정에서 유도된다는 것이다.

미국 경찰기관에서 가장 많이 사용하는 용의자 신문 기법은 시카고에 본사를 둔 사업체인 존 리드사John E. Reid & Associates가 고안한 것이다. 수년간 10만 명이 넘는 경찰관들이 리드Reid 면담/신문 기법에 대한 교육을 받아 왔다. 경찰관들을 대상으로 한 대규모 조사에 따르면, 경찰관들의 절반 이상이 리드 기법을 교육받았다.[11] 리드 기법은 리드사가 출간한 『범죄자 신문과 자백Criminal Interrogation and Confessions』이라는 교재에 소개되고 있으며, 이 책은 현재 제 4판이 출간되었다.[12] 리드사 홈페이지에 소개된 글에 따르면, 이 교재는 "법원과 변호사들에게 면담/신문 기술 분야의 '바이블'이라고 평가되며," 중국어, 일본어, 터키어로 번역되어 출간되고 있다.[13] 또한 리드사는 이 기법을 교육받은 사람들이 얻어 낸 자백의 거의 전부가 법원에서 증거로 인정되었다고 자부한다.[14] 그뿐만 아니라 이 신문 프로토콜은 진단 기능도 가지고 있다고 강조한다. 리드사 회장인 조셉 버클리Joseph Buckley는 공개 토론회에서 "우리는 무고한 사람을 신문하지 않는다."라고 말하였다.[15] 특히, 리드사는 리드 기법으로 훈련 받은 수사관들은 거짓말을 하는 사람을 정확히 구분할 수 있는 비율이 85%라고 주장한다.[16] 리드신문 기법은 수사기관에서 널리 사용되고 있기 때문에 이후 논의의 초점을 이 기법에 둘 것이다.

다른 신문 기법들과 마찬가지로, 리드 기법은 유죄인 용의자와 무죄인 용의자들을 구별하고 유죄인 용의자로부터 자백을 얻어 내는 이중의 목적을 달성하고자 한다. 리드 기법이 소개된 교재에는 신문의 2단계 접근법이 명시되어 있다. 진단하는 것에 초점을 맞추고 있는 '비대립적 신문전 면담'에 이어서 유죄 인정을 받아 내기 위해 설계된 '대립적 신문'이 이루어진다.

리드 기법에 따르면 면담은 용의자로부터 정보들을 수집하고, 그와 라포를 형성하며, 결정적으로 신문을 할 것인지 여부를 결정하기 위해 실시된다. 신문을 하겠다는 결정은 수사 단계에서 매우 중요한 시점이 될 수 있다. 이 결정을 통해 기소를 제기하기 위한 신문이 개시될 수 있고, 신문을 통해 자백이 나올 수도 있으며, 따라서 피고인의 운명도 이 신문에서 거의 정해지기 때문이다. 수사관들은 용의자가 숨기는 것이 있다고(거짓말을 하고 있다고) 믿을 만한 객관적인 증거가 없는 경우에도 신문을 하도록 권고받는다. 그러므로 종종 신문을 진행하겠다는 결정은, 거짓말을 하는 용의자를 정확하게 가려내는 수사관의 능력에 달려 있다. 용의자의 입장을 기각할 수 있는 객관적인 증거가 부재하는 경우, 거짓말은 용의자의 행동에 기초하여 판단되어야 한다.

거짓말 탐지

상당히 많은 연구들이 사람들의 거짓말 탐지 능력에 대해 다루어 왔다. 물론 거짓말 탐지는 진실을 말하는 자와 거짓을 말하는 자의 행동이 다르다는 것을 우선적으로 전제한다. 실제로, 왜 사람들이 거짓말을 할 때와 진실을 말할 때 다른 현상을 경험하는지에 대한 많은 이론적 근거들이 있다. 대개 거짓말은 거짓말하는 사람을 탄로 날지도 모른다는 두려움이나 부정직함에 대한 죄책감을 동반하는 잠재적으로 위험한 상황에 노출시킨다. 거짓말로 인한 각성은 일반적으로 타인들이 관찰할 수 있을 만한 생리적인 상태를 동반한다. 진실을 말하는 사람들과는 달리, 거짓말을 하는 사람들은 침착함을 가장하기 위해 행동을 조절해야 한다. 또한 자신의 이야기를 그럴듯하고 일관되게 만들어야 할 뿐 아니라, 이야기의 개연성을 점검하기 위해 추가적인 인지적 노력도 기울여야 한다.[17]

거짓말의 단서   문제는 이런 현상학적 경험들이 독특하면서도 파악이 가능한 행동 패턴들로 나타나는가의 여부다. 모두가 잘 아는 피노키오의 모험The Adventure of Pinocchio 속 주인공과 비교해 보면, 거짓을 구분하는 일의 어려움들을 이해하는 데 도움이 될 것이다. 피노키오의 거짓말은 완벽한 단서를 드러내기 때문에 쉽게 탐지할 수 있다. 피노키오를 보는 사람들은 그가 거짓말을 하고 있다는 것을 빨리 알 수 있기 때문에 단서를 찾기 위해 그를 유심히 살펴볼 필요도 없고, 거짓말과 관련된 독특한 행동 지표들을 찾기 위해 시간을 허비할 필요도 없다. 피노키오는 거짓말을 할 때마다 물리적 변화가 나타나기 때문에 그의 거짓말 단서에는 모순이 있을 수 없다. 소설에서 자세히 묘사해 준 덕분에 피노키오의 거짓을 판단하는 단서는 명백하다. 즉, 우리는 그가 진실을 말할 때는 코가 얼마나 작은지, 거짓을 말할 때는 코가 얼마나 커지는지 알 수 있다. 또한 그가 거짓을 말할 때는 코가 자라지만 진실을 말할 때는 그렇지 않다는 점에서, 이 단서는 피노키오의 진실성과 완벽하게 부합한다. 사실상 이러한 특징들은 현실에는 전혀 적용되지 않는다.

현실에서 거짓말을 탐지하기 위해서는 우선 실제로 어떤 단서들이 거짓말과 관련이 있는지 알아야 한다. 거짓말을 탐지할 때 사용할 만한 총 158개에 이르는 단서들은 우리가 생각할 수 있는 거의 모든 행동적 특성들을 다루고 있다.[18] 가장 일반적으로 사람들은 얼굴 표정, 몸짓, 머리 움직임, 다양한 신체적 움직임 등과 같이 시각적으로 분명한 신체적 단서에 의존한다. 특히 한 가지 단서—시선 회피와 응시, 지속적인 눈맞춤—는 매우 두드러진다. 시선회피의 진단성에 대한 믿음은 모든 문화권에 존재하는 것 같다. 58개국 11,000명의 응답자들을 대상으로 실시한 한 조사에서, 응답자들은 거짓말과 관련이 있을 것으로 생각되는 103개의 단서들을 자발적으로 제시하였다. 응답자의 2/3가 시선회피를 언급하였고, 이것은 다른 단서들보다 2배 이상 많이 언급이 되었다.[19] 시선회피는 여섯 살 된 어린 아동도 사용하는 단서였다.[20] 이후에 논의되겠지만 시선회피는 경찰 훈련 교육 자료에서도 중요하게 다루어지는 거짓말의 단서이기도 하다. 다른 단서들은 진술에 포함된 정보의 풍부함, 진술의 일관성, 응답 길이와 같이 말하는 사람의 언어적 표현과 관련되어 있다. 또 다른 유형의 단서는 말할 때 함께 나타나는 특징들과 관련이 있다. 이런 준언어적paraverbal인 단서들에는 목소리의 높낮이, 응답 대기 시간, 침묵, 말을 하는 중간에 하는 "아" "음"과 같이 소리들이 포함된다.

중요한 문제는 이런 단서들이 실제로 거짓말을 가려낼 수 있는지의 여부다. 총 6,000명의 참가자들이 포함된 120개의 연구 자료를 바탕으로 수행된 메타분석 결과, 거짓말하는 사람들은 다양하고 탐지하기 어려운 방식으로 진실을 말하는 사람들과 다르게 행동한다. 분석된 158개의 단서들 중에서 상당수는 거짓말을 구분하지 못하는 것으로 밝혀졌다. 즉, 상당수의 단서들이 거짓말하는 사람들에게서 더 많이 또는 더 적게 나타나지 않았다. 마찬가지로, 시선회피를 포함한 여러 신체적 단서들도 거짓말과는 관련이 없는 것으로 나타났다.[21] 일반적으로 사람들은 거짓말을 하면 많은 신체적인 행동 단서들이 나타날 것이라고 믿는 경향이 있지만, 실제로 이 단서들은 거짓말을 할 때 오히려 억제되는 것으로 나타났다.[22] 타당한 것으로 밝혀진 소수의 단서들은 대부분 언어적인 것(특히, 진술에 포함된 세부사항의 빈약함, 진술의 비일관성, 모호성, 비협조적인 진술)과 준언어적인 것(목소리의 높낮이, 긴장상태)이었다.

그러나 신빙성 있고 보편적인 일련의 거짓말 단서들이 존재하고, 우리가 그것들을 잘 안다고 가정하더라도 어떤 진술이 진실인지 거짓인지를 결정하는 것은 어려운 일 일 것이다. 수사관들은 먼저, 특정 용의자가 거짓말을 할 때 나타나는 단서들이 어떤 것인지 알아야 할 것이다. 다음으로는 용의자가 진실을 말할 때 혹은 거짓을 말할 때 그 특정 단서, 즉 신체의 자세, 혹은 손놀림이 어떻게 나타나는지 알아야 할 것이다.[23] 수사관들은 모든 가능한 단서들을 단번에 관찰해 내야 하고(내가 방금 용의자의 손가락 움직임을 보았나? 그녀가 말할 때 머리를 끄덕였던가?), 그것들을 올바르게 해석해야 하며 (손가락의 움직임은 진실을 의미하나, 거짓을 의미하나, 아니면 아무 의미도 없나?), 관찰된 단서들과 관찰되지 않은 단서들(나는 두 번의 손가락 움직임과 한 번의 수상쩍은 머리 움직임을 알아챘는데, 용의자는 오랜 시간 동안 눈 마주쳤고 구부정하지 않았으며 팔짱은 한 번만 꼈었다)을 모두 고려하면서 모든 정보들을 하나의 이분법적인 판단으로 통합해야 한다. 이 과정이 수사관이 바쁘게 질문을 제시하면서, 용의자가 제공한 정보들을 처리하고, 다른 증거와 상반되는 반응들을 점검하면서, 앞으로 무슨 질문을 할 것인지 계획하는 것과 동시에 이루어져야 한다. 우리가 이런 까다로운 알고리즘algorithms을 해결하기 위한 명시적 지식을 갖추고 있지 않다는 것은 명백해 보인다. 그러나 이러한 과제는 암묵적으로 처리될 수 있다.

진실을 말하는 사람과 거짓을 말하는 사람을 구별하기　상당수의 연구들이 사람들의 진실과 거짓을 구분하는 능력에 주의를 기울여 왔다. 24,000개 이상의 거짓말에 대한 판단 결과들을 도출한 총 206개 실험 연구들의 방대한 자료를 메타분석한 결과, 다소 단순한 결론이 내려졌다. 사람들은 진실과 거짓을 잘 구별하지 못한다. 종합하면, 이를 정확하게 구별할 확률은 평균 54%이다. 가장 높게 보고된 정확률은 73%였고, 가장 낮게 보고된 정확률은 31%이었다.[24] 이 결과들은 통계적으로 동전 던지기의 확률보다 아주 조금 더 나은 수준이다. 거짓말을 탐지하는 사람들의 능력은 거의 보편적이고 동등하며, 아주 미미한 차이만 있을 뿐이다.[25] 예를 들어, 어떤 목격자 진술의 진실성을 판단한 125명의 참가자들 중 절반이 조금 넘는 사람들(54%)은 그가 진실을 말하고 있다고 판단했고, 나머지(46%)는 거짓말을 한다고 판단하였다.[26] 알데르트

브라이Aldert Vrij가 지적했듯이, 사람들은 거짓말을 하는 것을 그것을 탐지하는 것보다 훨씬 더 잘한다.[27] 사람들의 제한된 거짓말 탐지 능력의 역효과는 지나친 자신감에 의해서 더 악화된다. 18개의 연구들에 대한 메타분석 결과, 사람들의 실제 거짓말 탐지 정확률은 57% 이지만 자신의 정확률이 73% 정도라고 생각하는 것으로 나타났다. 전반적으로 정확성과 자신감 사이의 상관은 거의 0이었다.[28] 제7장에 언급되어 있듯이 토론 후에 증가된 거짓말에 대한 판단 확신감은 눈에 띄는 정확성 증진이 없이도 증폭되었다.

누군가는 앞서 언급한 연구들이 실제 범죄 수사에 적용될 수 있는지에 대해 회의적인 관점을 가질 수 있다. 자신의 자유를 지키기 위해 (혹은 다른 사람이 자유를 빼앗기 위해) 하는 거짓말들은 실험 상황에서 하는 거짓말보다는 훨씬 더 분명한 행동적 징후들을 나타낼 것이고, 따라서 관찰자가 이것들을 더 잘 알아차릴 수 있을 것이다. 따라서 이 연구들의 외적 타당도를 높이기 위한 한 가지 방법은, 거짓말이 탄로 나지 않은 참가자들에게 보상을 제공한 연구들만 검토하는 것이다.[29] 전반적으로 이 연구들에서는 이렇게 보상을 주는 것이 큰 차이를 만들어 내지 못한다는 것을 보여 주었다. 거짓말에 대한 진단성이 상당히 높았던 네 개의 단서들 중 오직 하나의 단서, 즉 목소리 높낮이만이 최소효과 이상의 효과가 있었다.[30] 시선회피는 거짓말과 상당히 관련이 있는 것으로 밝혀졌지만, 그 관련성은 불안정하고 빈약했다.[31] 사실 연구들은 타인으로부터 믿음을 얻고자 하는 동기가 강할수록 의심스러운 행동을 더 많이 하는 경향이 있고, 따라서 이 동기가 증언의 진실성 여부에 관계없이 그 사람에 대한 신빙성을 감소시킨다는 것을 시사한다.[32] 외적 타당도를 높이는 두 번째 방법은 참가자들에게 그들의 실수를 숨기도록 한 연구들만을 검토하는 것이다. 이 연구들에서는 네 가지의 거짓말 단서들을 발견했고 그들 중 오직 하나의 단서, 즉 긴장감만이 최소효과 이상의 효과를 가졌다.[33] 이 연구들에서 시선회피는 거짓말과 관련이 없는 것으로 나타났다.[34]

중요한 문제는 경찰 수사관의 수행과 관련된 것이다. 일반인이 사용하는 거짓말 단서에 수사관들도 의존하는 경향이 있다는 점에서, 수사관들로부터 우수한 성과를 기대하기 어렵다.[35] 순찰경찰, 형사, 세관원, 교도관들을 포함한 거짓말 탐지 전문가들로부터 가장 자주 언급된 거짓말 단서는 시선회피였다.[36] 하지만 재소자들은 오히려 그것에 의존하지 않으려고 조심했다.[37] 경찰관들과 거짓말 탐지 전문가들을 대상으로 한 실험 연구들은 혼재된 결과들을 보여 주었는데,[38] 어떤 연구들은 거의 65%라는 다소 과장된 정확률을 발견했다. 연구들은 과연 거짓말 탐지에 대한 동기가 강할수록 정확률이 높아지는지 의심할 만한 근거를 제시하기는 하지만,[39] 실제 상황에서는 사건 맥락에 대한 지식을 가지고 실험실보다 더 나은 수행을 할 수 있을 것임을 시사한다.[40]

수사관 편파　보통 용의자를 면담하기로 하는 결정은 그에 대한 예비적인 의혹에 기초하고 있다는 점에서, 실제 상황에서의 거짓말 탐지는 범죄 수사의 역동에 영향을 받을 수 있다.[41] 용의자에 대한 초기의 의혹은 수사관 편파investigator bias, 즉 용의자를 유죄로 간주하는 경향성을 초래하기 쉽다.[42] 제2장에서 논의했듯이 이러한 선입견은 초기의 의혹을 강화하려는 확증편향을 야기할 수 있다. 수사관 편파의 순환적 특성은 용의자가 부정직하다고 (가상으로) 믿도록 유도된 참가자들은 용의자가 실제로 시선을 회피한 것보다 더 많이 시선을 회피했다고 과대 추정하는 경향이 있음을 보여 준 연구에서 명백히 드러난다.[43] 이러한 선입견들은 리드 기법에 의해서도 분명히 강화된다. 리처드 레오Richard Leo가 참석한 수사관 교육 현장에서 훈련생들은 교육관들에게 "경험 법칙the rule of thumb"에 따라 용의자는 진실하지 않다고 배웠다.[44] 리드의 교재는 심지어 용의자에 대한 수사관의 의혹을 실제 사실과 동일시하기까지 한다. 예를 들면, 범죄에 대한 책임을 부인하는 용의자들은 "진실을 말하기를 거부하는 것"은 헛된 짓일 뿐이라는 경고를 듣기도 한다.[45] 거짓말 탐지에 대한 과도한 자신감은 수사관 편파의 고유한 특성 중 하나이며,[46] 따라서 수사관들은 용의자의 유죄에 더욱 확신을 가지고 행동한다.

방향 제시　최근에 연구자들은 과학적으로 더 정교한 거짓말 탐지 기법들을 개발하기 시작했다. 한 가지 기법은 용의자로부터 더 많은 정보들을 수집하고, 이것들을 용의자에게 불리한 쪽으로 이용하는 것이다.[47] 예를 들어, 증거의 전략적 사용Strategic Use of Evidence: SUE 기법은 처음부터 모든 증거들을 가지고 용의자와 대면하지 않고, 부정직한 용의자가 수사관이 가진 증거들과 상충되는 진술을 할 때까지 해당 증거들을 노출시키지 않는 방법이다. 이 기법은 일반인[48]과 경찰 훈련생[49] 모두 정확한 판단을 내릴 확률을 높여 주는 것으로 나타났다. 또 다른 실험 연구는 용의자의 인

지 부하cognitive load를 증가시킬수록 거짓말 탐지가 향상될 수 있다는 것을 보여 준다.[50]

행동 분석 면담

경찰 프로토콜은 수사관의 거짓말 탐지 능력에 크게 의존한다. 리드 기법은 행동 분석 면담Behavioral Analysis Interview: BAI이라 불리는 프로토콜을 실시하도록 한다. 대개 면담은 용의자가 거짓말을 하고 있는지를 확인하는 것에 집중되는데, 일반적으로 거짓말은 곧 유죄를 나타낸다.[51] BAI 프로토콜은 거짓말 단서들의 목록, 즉 진실을 말하는 사람과 거짓말하는 사람을 구분한다고 알려진 행동 목록으로 시작한다. 이 목록은 태도, 언어적 반응, 준언어적 행동들을 포함하는 16개의 거짓말 단서들과 다수의 구체적인 비언어적 단서들을 포함하고 있다. 그다음으로 범죄 사건과 관련된 15개의 질문들로 구성된 구조화된 면담을 제공한다. 면담 질문들은 유죄인 용의자와 무고한 용의자로부터 각각 다른 반응들을 이끌어 낸다고 소개되어 있다. 이 단서들과 용의자 반응들은 뒤따르는 신문 절차에서 사용된다.

행동 분석 기법이 기초하고 있는 개념은 거짓을 말하거나 진실을 숨기는 것은 불안을 야기하고 따라서 이를 감소시키기 위한 일련의 행동을 유발한다는 것이다. 리드 교재에는 다음과 같이 쓰여 있다.

거짓말은 불안을 야기하고, 진실하지 않은 용의자가 면담 중에 보여 주는 많은 행동 징후들은 그의 내적 불안을 감소시키기 위한 의식적이거나 무의식적인 노력들을 반영한다. 이런 기본적인 개념은 용의자의 언어적, 준언어적 그리고 비언어적 행동들을 평가하는 근거가 된다. 기본적으로 용의자의 마음과 몸은 거짓말과 연관된 불안감을 해소하기 위해 함께 작동한다.[52]

BAI가 제안하는 거짓말 단서들과 이 기법이 예상하는 반응들은 모두 이런 불안-기반 명제들을 따른다. 특히 이 프로토콜은 비언어적 단서들에 크게 의존하는데, 시선회피 단서에 중점을 둔다. 진실하지 않은 용의자들은 "질문에 대답을 할 때 마치신의 가호라도 빌듯이, 바닥을 내려다보거나 측면을 쳐다보거나 천장을 올려다본다."[53] 유죄인 용의자들은 또한 "유죄에 대한 신체적 반응들—자세를 바꾼다거나, 다리를 꼰다거나, 먼지를 제거하려는 것처럼 옷을 턴다거나, 구부정하게 앉아 있다거나, 수사관과 가능한 거리를 두기 위해 의자를 뒤로 민다거나"—을 보일 것으로 기대된다.[54] 반면에, 무고한 용의자는 수사관의 눈을 똑바로 응시할 것이다. 그는 "의자에 꼿꼿한 자세로 앉을 것이고, 수사관과 직접적인 소통을 위해 수사관과 가까이에 앉을 것이다. 중요한 진술을 하는 동안에 진실한 용의자는 자신의 진술을 강조하기 위해 수사관을 향해 몸을 기울일 것이다."[55]

BAI 프로토콜의 한 가지 분명한 문제점은 비언어적 행동 단서에 지나치게 의존한다는 것이다. 위에서 언급했듯이 이는 수사관들이 진실을 말하는 사람과 거짓말하는 사람을 제대로 구별하는 데 도움이 되지 않을 것이다. 이 프로토콜의 정확성을 의심할 만한 다른 이유들도 있다. 리드의 교재는 수사관들에게 진실과 거짓이 구분되는 무수히 많은 용의자 진술들을 소개한다. 실제로, 이것들은 기억하기에는 너무나 많다. 이들 중 다수는 모호하고 막연한 추측들에 근거한 것이다. 예를 들면, "맹세합니다." "정말로" "내가 기억하기에는"과 같은 표현들은 거짓을 가리킨다고 설명한다.[56] 반면에, "나는 범죄와 아무 관련이 없다." "말도 안 된다. 나는 전혀 아무 상관이 없다."와 같은 표현들은 진실을 가리킨다고 설명한다.[57] 수사관들은 누가 범행을 저질렀는지 아는지를 묻는 질문에 대해 용의자가 "알려 주고 싶지만, 나도 아는 바가 없습니다."와 같은 대답을 한다면 거짓이라고 추론하고, "아뇨, 모릅니다."와 같이 대답을 한다면 진실을 추론하라고 권고받는다.[58] 수사관들은 다음의 짝을 이루는 진술들에 대해 서로 상반된 판단을 내릴 수 있다고 배운다. "나는 전혀 아무렇지 않습니다."와 "나는 긴장되고 무섭습니다." (현재 기분이 어떤지 묻는 질문에 대해), "내가 만약 그런 짓을 했다면, 나는 절대 살아갈 수가 없습니다."와 "그건 옳지 않은 일이니까요." (범행을 저지르지 않았다는 근거를 말해 보라고 했을 때), "당신은 창고의 방화범을 찾으려 하는 것 같은데요."와 "창고에서 무슨 일이 일어났는지에 관해 나와 이야기를 하고 싶은 것 같네요." (면담의 목적을 아는지 물었을 때). 이 프로토콜에 따르면, 이 세 쌍의 진술들 각각에서 첫 번째 진술은 진실을, 두 번째 진술은 거짓을 가리킨다.[59]

프로토콜이 제시하는 다양한 지표들이 꽤 모호하다는 점에서 지표들 사이에 모순이 존재한다는 것은 놀라운 일도 아니다. 예를 들면, 프로토콜에 따르면 결백한 용의자들은 수사관에게 더 협조적일 것이며, 면담이 자신의 혐의를 벗을 기회라 생각하고 더 긍정적인 자세로 임할 것이다.[60] 그러나 또한 무고한 용의자들은 수사관의 취조에 대해 억울함을 표현할 것이다.[61] 즉, 그들은 자신에게 혐의를 씌우는 수사관에게 퉁명스럽고 분노 가득한 태도로 반응하고,[62] 혐의를 강력하게 부인하려 할 것이다.[63] 진실한 용의자들은 자신감 있고 명료하며 단호한 반응들을 보일 것이라고 자주 예측된다.[64] 그러나 너무 강한 부인은 거짓의 지표가 될 수 있다고 말한다.[65] 무고한 용의자들은 면담에 앞서 사건 해결에 도움이 될 만한 아이디어를 제공할 것이라고 기대된다(이것을 '셜록 홈스 효과'라고 부른다).[66] 그러나 반복적으로 같은 의견을 표명하는 것은 거짓의 지표가 될 수 있다고 말한다.[67] 마찬가지로 대답이 지체되는 것도 거짓의 지표로 볼 수 있다.[68] 그러나 한 리드 전문가는 "연달아 빠르게, 속사포같이 질문을 하면 용의자가 거짓말을 하기가 더 쉬워진다."고 주장한다.[69]

몇 가지 수칙들은 너무 모호해 거짓말 탐지에 전혀 소용이 없다. 예를 들면, 리드 교재에는 진실한 용의자들도 "불안해할 수 있고, 그러면서 자신의 대답이 수사관으로부터 신뢰를 받고 있는지에 대해 무관심할 수도 있다. 친절하기는 하지만 그들은 주로 억제되어 있다."고 모순되게 말하고 있다.[70] 진실하지 않은 용의자들은 수사관을 방해하려 하고 방해하기에 앞서 (특별하게 반대한다는 의사를 표현할 목적으로) 한쪽 손의 검지를 다른 손 검지에 올려놓는 자세를 취하는 경향이 더 많다고 설명한다.[71] 하지만 이 책은 궁극적으로 용의자의 진실성을 판단하는 방법에 대해서는 조언하기를 피하고 있다. 이 책은 단지 "전반적인 용의자 행동평가만 제시"할 뿐,[72] 각각의 대답들에 대해 어떻게 점수를 부여하고 평가해야 하는지, 애매하고 모순되는 대답들은 어떻게 다루어야 하는지, 거짓을 결정하는 기준은 무엇이 되어야 하는지에 대해서는 적절한 지침을 제시하지 않고 있다.[73]

이 프로토콜의 또 다른 심각한 문제점은 정직하지 않은 용의자들에 대해 다소 만화 같은 이미지를 제시하고 있다는 것이다. 전반적으로 유죄인 용의자는 자신의 죄의식을 온몸으로 풍기는 것처럼 묘사한다. 예를 들어, 죄가 있는 용의자들은 수사관의 취조에 "다소 애원하는 표정으로, 부드럽게 부인하는" 반응을 할 것이라고 말한다.[74] 또한 그들은 가해자에 대한 가벼운 처벌을 지지하거나 그에게 다시 한 번 기회를 줘야 한다고 말하는 것과 같은 뻔히 보이는 수사관의 술책에 쉽게 넘어갈 것이라고 말한다.[75] 즉, 현실에서 거짓말하는 사람들이 거짓말을 숨기려고 노력한다는 사실은 무시한다. 거짓말에 성공하든 실패하든 거짓말하는 사람들은 종종 진실되게 보이려고 행동을 조절한다.[76] 발달심리학자들에 의하면 아동은 이미 세 살 때부터 거짓말을 하기 시작하고, 성장하면서 거짓말하는 능력도 계속 향상된다.[77] 거짓말 탐지 검사 영역에는 거짓말하는 것을 숨기려는 시도(대응수단)[78]와 그 시도를 알아내는 수단들(대응수단에 대응하기)[79]에 대한 잘 확립된 연구 문헌들이 있다. 리드사는 거짓말 탐지 훈련기법을 고안한 기업으로서 거짓말하는 것을 숨기려는 행동들에 대해서도 잘 인지하고 있어야 한다.[80] 하지만 리드사의 프로토콜은 이와 관련한 문제들을 수사관과 공유하고 있지 않으며, 수사관을 똑바로 응시하는 용의자가 진실을 말하고 있기 때문인지 아니면 진실을 말하는 것처럼 보이기 위해서인지를 구별하는 방법도 제공하지 않고 있다.

BAI 프로토콜은 불안-기반 명제들에 지나치게 의존하기 때문에 결함이 발생하기도 한다. 앞서 언급했듯이 이 프로토콜은 유죄인 용의자들은 불안해하는 반면, 무고한 용의자들은 그렇지 않을 것이라는 가정에 근거하고 있다. 그러나 이런 전제는 무고한 용의자들도 범죄 혐의를 받고 수사 대상이 된다는 사실만으로도 불안해할 수 있다는 명백한 사실을 무시한다. 놀랍게도 프로토콜의 저자들은 이런 가능성을 공공연하게 인정한다. 그들은 무고한 용의자들도 혐의를 뒤집어쓸 가능성과 자신이 받게 될 수 있는 처우, 혹은 수사를 받으면서 자신의 다른 과오나 창피한 행동들이 밝혀질 수도 있다는 두려움 때문에 불안할 수 있다는 것을 안다.[81] 그러나 저자들은 불안 상태가 지속되는 기간을 근거로 용의자의 진실성을 쉽게 파악할 수 있다고 주장한다. 이 중요한 주장은 "면담이 진행될수록 무고한 용의자는 수사관의 질의가 자신에게 혐의를 씌우기 위함이 아니라는 것을 알고 불안감을 낮추고 평온해진다. 반대로, 진실하지 않은 용의자의 불안감은 지속되거나 면담이 진행되면서 더 증대된다."라는 두 문장으로 끝난다.[82] 대부분의 이러한 주장들이 리드 기법의 지지를 받아 만들어졌기 때문에 저자들은 이 주장을 뒷받침하는 어떤 증거도 제시하지 않는다. 이런 추측된 주장들이 부정확한 것이라면, 계속해서 불안을 느끼는 무고한 용의자는 유죄로 보여질 것이기 때문에, 정직한 용의자들의 불안은 진단적 가치를 가지는 모든 프로토콜을 무용지물로 만든다는 결론을 내려야 할 것이다. 그러나 리드 기법이 제시하는 정직한 용의자와 그렇지 않은 용의자의 불안 상태가 맞는 것이라 할지라도, 이 구별되는 불안 상태가 면담을 통해 얻어질 수 있는지는 의문스럽다. 이 교재는 언제 용의자의 긴장감이 진단력을 가지기 시작하는지, 어떻게 수사관이 이 중요한 순간을 포착할 수 있는지에 대해 어떠한 지침도 제공하지 않는다. 또한 그 불특정한 시점에 대한 모든 추론들은 진단에 도움이 되지 않으며 아무 의미도 없다는 결론을 내린다.

리드 기법이 제안하는 거짓말의 단서들과 예상 행동들은 실험을 통해 검증된 것이 아니라, 존 리드 개인이 1940년대에 시카고 경찰서에서 거짓말 탐지 검사자로 일하던 시절에 관찰한 것들을 토대로 고안된 것이라는 점을 명심해야 한다.[83] 실제로 조사된 자료에 의하면 프로토콜이 권고하는 단서들과 예상 행동들은 비전문가인 일반인들의 직감과 매우 흡사하다.[84] 그러나 리드사에서는 리드 기법이 85% 정도 정확하게 거짓말하는 사람을 가려낼 수 있다고 주장한다. 이 주장은 1994년에 출간된 매우 큰 결함을 가진 단 하나의 사례 연구에 주로 근거한 것이다.[85] 첫째, 이 연구는 통제집단을 포함하고 있지 않으며, 따라서 리드 기법의 효과에 대해 많은 것을 설명해 줄 수 없다. 둘째, 이 연구는 용의자 진실성의 실체적 진실ground truth에 대한 신뢰로운 측정치를 포함하지 않았다. 저자들은 60개의 사건들 중 단지 2개의 사건에 대해서만 "반박의 여지가 없는 증거"들에 의해서 실체적 진실이 결정되었다고 주장하였지만, 두 사건 모두 용의자가 결백했던 것으로 밝혀졌다.[86] 즉, 연구자들은 어떤 용의자가 거짓말을 하는지 혹은 진실을 말하는지 정확하게 구별할 수 없었으며, 이것은 연구의 내적 타당도에 심각한 의구심을 제기하도록 한다. 셋째, 연구 데이터는 소수의 참가자들로부터 얻은 것이었고, 참가자들은 회사 직원들이거나 회사와 관련된 이들이었기 때문에 연구 결과를 쉽게 일반화시킬 수 없다는 문제가 있다. 마지막으로, 이 연구는 후속연구들에서 충분히 반복 검증이 되지 않았다. 이 연구를 복제한 두 개의 연구 중 하나는 비非과학 저널에 출판되었고 다른 하나는 어디에도 출판되지 않았다.[87]

이후 BAI 프로토콜은 훨씬 까다로운 실험 연구의 대상이 되었다. 후속연구에서 연구자들은 용의자의 유죄성에 대한 실체적 진실을 알고 있었고, 중립적인 일반 사람들을 대상으로 실험을 진행했으며, 이들을 무선적으로 처치 집단과 통제 집단을 할당했다. 그럼에도 BAI는 진실을 말하는 사람과 거짓말하는 사람을 구분하는 데 효과가 없다는 것이 밝혀졌다. 심지어 BAI 프로토콜은 이 연구에서 관찰된 일부 행동들과 상충되기도 했다. 진실한 진술을 했던 참가자들은 면담에 덜 협조적인 것처럼 보였다. 그들은 질문에 대해 더 얼버무렸으며, 더 많은 불쾌감을 표현했고, 더 많이 다리를 꼬았고, 더 많이 자세를 바꾸었다.[88] 또 다른 연구는 참가자들에게 BAI 프로토콜을 이용할 수 있도록 훈련을 시킨 결과 그들의 거짓말 탐지 정확성은 낮아지는 반면에 자신감은 증가했다는 것을 발견하였다.[89]

요약하면, BAI 프로토콜은 흔히 가지고 있는 그러나 진단적이지 않은 빈약한 직관들의 불협화음이나 마찬가지다. 이 프로토콜의 타당도가 추측에 기반한 명제들[90]이나 흔한 경구警句들[91]에 의해 강화될 수는 없다. 그렇지만 이 프로토콜은 여전히 북미 경찰기관의 범죄수사에 큰 영향력을 행사하고 있다. BAI 프로토콜의 매력은 수사관들의 선입견을 정당화하기 위한 비전문적인 틀을 제공하여 계속해서 용의자 신문을 진행할 수 있도록 한다는 것이다.[92] 또한 프로토콜은 거짓말을 나타내는 틀린 단서에 대한 수사관의 믿음도 타당화한다.[93] 실제로 수많은 허위 자백들이 추측에 근거한 잘못된 거짓말 탐지 결과로 만들어졌다. 예를 들면, 제프리 데스코빅은 고등학교 친구의 죽음에 대해 지나친 감정적 반응을 보였다는 이유로 용의자로 간주되었고,[94] 반면에 게리 고저Gary Gauger와 마이클 크로우Michel Crowe는 애인의 죽음에 대해 감정적 반응을 너무 적게 보였다는 이유로 수사관들로부터 의혹을 받았다.[95]

신 문

만약 면담이 끝날 때까지 용의자가 거짓말을 한다고 여겨지면, 수사관들은 대개 이어서 신문 절차를 진행할 것이다. 용의자가 죄를 인정한다는 것은 자멸적인 행위이기 때문에, 실제로 죄가 있더라도 용의자들은 자백하기를 강하게 거부할 것이다. 결국 자백을 얻어 내는 것은 용의자에게 상당한 압박을 행사하지 않고서는 성공하기 어려운 일이다. 소위 3급 기법third-degree methods이라고 불리며 1930년대에 용의자로부터 자백을 얻어 내는 데 우선적으로 사용되던 신체적 고문이 법으로 금지된 이후, 신문 기법은 심리적 압박에 주로 의지하는 방식으로 변화하였다.[96]

신문을 위한 유일한 기법이나 양식이 존재하는 것은 아니다. 신문은 수사관 개인과 경찰 기관의 특색에 따라 각기 다른 방식으로 진행된다. 또한 신문은 사건에 따라 혹은 용의자에 따라 다르게 진행되기도 한다. 그러나 미국 경찰기관의 신문은 대부분의 수사관들이 공유하고 있는 일련의 수칙들을 따른다. 이 수칙들은 흔히 가지고 있는 직관이나 유사한 교육과정을 통해 얻어진 것들이다. 미국의 전형적인 경찰 신문은 극히 대립적이다. 신문은 범죄 수사 중 가장 명백하게 대립적인 특성을 띠는 부분이며, 따라서 공정하고 객관적인 진실 추구라고 묘사되는 경찰의 일과 가장 반대되는 일이기도 하다. 신문의 강도는, 중대한 범죄—주로 살인사건이나, 그 밖에 세간의 이목을 끄는 다른 사건들[97]—사건을 종결시킬 수 있는 다른 증거가 거의 없을 때 (자백을 얻기 위해) 강도 높은 신문이 이루어지는 경향이 있다는 사실에 의해 부분적으로 설명된다. 수사가 이렇게 진전된 단계에 이르기까지 수사관들은 대개 사건해결을 위해 상당한 양의 시간과 노력을 투자하면서 용의자가 유죄일 것이라고 결론을 내린다. 일반적으로 수사관들은 수사에 개인적으로 깊이 관여하기 때문에 용의자의 유죄에 대한 확신은 한층 더 두터워진다. 수사의 성공과 실패에 수사관의 자존심과 명예가 달려 있기 때문에 더욱더 용의자 신문을 진행하려고 한다.

제6장에서 논의하듯이 자백은 강력한 유죄 증거다. 그러나 자백의 막강한 힘에도 불구하고—그리고 아래에서 언급했듯이 오류에 대한 자백의 취약성에도 불구하고—수사관행은 취조실의 현실에 대해 허용적이고 무관심한 법의 원리를 따른다. 이 법의 원리는 또한 수사 과정 특유의 불투명성과 반칙적인 행위가 더 심해지면서 비난이 급속히 악화되는 것 때문에 어려움을 겪고 있다.

거듭 말하지만 미국 경찰기관에서 가장 널리 사용되는 신문 기법은 리드사의 프로토콜, '신문을 위한 리드 9단계Reid Nine Steps of Interrogation'다.[98] 신문은 일반적으로 용의자가 미란다Miranda 권리를 읽고 이 권리를 포기하겠다고 동의한 후에 개시가 된다. 신문의 첫 번째 단계는 범죄 혐의를 직설적으로 명시하면서 용의자와 직면하는 것인데, 용의자에게 혐의를 씌우는 것은 신문 전반에 걸쳐 반복적으로 일어난다. 신문하는 동안 수사관은 용의자가 혐의를 부인하려는 것을 막고, 또 혐의를 피할 수 있는 어떤 대안적인 이야기도 꺼내지 못하도록 막을 것이 권고된다. 또한 수사관이 용의자의 기분을 다루는 법에 대해서도 설명되어 있다. 마지막으로 이 프로토콜은 어떻게 용의자가 잘못을 인정하도록 유도할 수 있는지, 이것을 어떻게 하나의 완전한 자백으로 바꿀 수 있는지에 대해 지침을 제공한다. 이 프로토콜에 따라 진행된 신문에서 얻어 낸 자백은 얼마나 정확할까? 이것은 중요한 문제다.[99] 제6장에서 논의되었듯이 배심원들은 자백 증거에 엄청난 신뢰감을 가지고 있으며, 진실된 자백과 허위 자백을 잘 구분하지 못한다.

신문을 통해 정확한 결론을 끌어내는 한 가지 방법은 수사관들이 용의자의 진실성을 평가할 때 도움을 주어 면담 중에 일어나는 틀린 거짓말 탐지 결과를 교정하도록 해 주는 것이다. 그러나 신문 프로토콜은 거짓말을 탐지하는 데 필요한 어떤 수단과 도구도 포함하고 있지 않기 때문에 이런 방법에 희망을 둘 필요가 없다. 수사관들은 신문전 면담에서 그들이 사용했던 것과 동일한(빈약한 진단성을 가진) 방법을 신문에도 이용한다. 수사가 진전될수록 용의자의 유죄에 대한 수사관들의 확신과 몰입은 더 강해지고, 이것은 수사관들로 하여금 진실을 가리키는 다른 정보들을 덜 탐색하거나 받아들이지 않도록 하기 쉽다. 실제로 연구들은 수사관들이 진실한 자백과 허위 자백을 잘 구분하지 못한다는 것을 보여 준다.[100]

대신에 유죄인 용의자와 무고한 용의자에 대해 신문이 각각 다른 효과를 가진다면, 즉 유죄인 용의자로부터는 자백을 이끌어 내지만 무고한 용의자로부터는 그렇지 않다면, 신문을 통해 정확한 결과를 얻을 수 있을 것이다. 그 가능성을 파악하기 위해서는 신문 절차와 그 절차가 신문 대상자에게 미칠 수 있는 영향을 자세히 검토할 필요가 있다. 우선 실제 형사 사건들에 대한 관찰 연구와 소장자료 연구들, 주로 리처드 레오와 그 동료들의 연구에 초점을 두어야 할 것이다.[101] 지금부터 논의할 내용은, 주로 사울 카신Saul Kassin과 크리스티안 마이스너Christian Meissner가 했던 실험 연구들에 관한 것이다.

관찰 및 소장자료 연구

신문의 두 가지 특성 조합이 자백을 유도하는 데 큰 역할을 하는 것처럼 보인다. 첫째, 용의자는 수사관의 요구에 기꺼이 따라야만 한다. 신문은 보통 협소하고 창이 없으며 외부와 단절되도록 특별히 구성된 공간에서 이루어진다. 이러한 환경은 용의자를 고립시키고, 바깥세상과의 소통, 접촉 그리고 모든 지원 수단을 단절시켜 버린다. 신문의 기본은 용의자의 유죄를 주장하는 것이다. 신문이 이루어지는 동안 수사관은 지속적으로 그리고 확고하게 용의자에게 범죄 혐의를 씌우며, 용의자가 부인하면 단호하고 적극적으로 이것을 반박한다. 무죄 주장은 용의자가 목소리를 채 내기도 전에 공격받거나 저지된다. 용의자에게 비난을 퍼붓고, 또 그의 혐의 부인을 약화시킴으로써 용의자로 하여금 자신이 궁지에 몰렸고 수사관에게 압도되고 있음을 느끼게 만든다. 허기지고, 피곤하고, 불안하고, 낙담한 용의자의 관점에서 수사관의 요구에 순응하는 것은 현재의 고통스러운 과정들을 끝내고 수사관에게 호의를 얻을 수 있는 유일한 방법인 것처럼 보일 수 있다. 실제로 자백한 수많은 용의자들은 단지 수사관의 분노 세례를 멈추고 취조실에서 나와 집으로 가기 위해(물론 그들이 일단 심각한 범죄에 대해 자백하면, 집에 가는 것은 절대 허락되지 않는다) 자백한다는 서명을 했다고 말한다. 예를 들면, 뉴저지의 한 남성은 40시간 중 약 30시간 동안 질문을 받은 끝에, 그의 두 자녀를 죽였다고 자백했다. 훗날 그는 "단지 경찰관이 나를 혼자 내버려 두기를 원했다."며, 증거들이 더 발견되면 그의 결백이 밝혀질 것이라고 믿었다고 말했다.[102] 놀랄 것도 없이 많은 용의자들은 신문이 끝나는 즉시 그들의 자백을 철회한다.

둘째로, 수사관들은 용의자가 자백이 최선이라고 생각하도록 유인해야 한다. 용의자가 불가피하게 자백을 하겠다는 비논리적인 결정을 하도록 만들기 위해서는 자백하는 것이 혐의를 부인하는 것보다 더 유리해 보이도록 만들어서, 상황에 대한 용의자의 인식을 왜곡시켜야 한다. 대법원이 용의자에게 신체적 폭력, 피해와 처벌을 이용한 위협, 혹은 관용에 대한 약속을 직접 또는 간접적으로 행하는 것을 금지하자 용의자의 의사결정 과정에 대한 왜곡이 명백해졌다.[103] 그 결과로, 신문 프로토콜들은 용의자의 자백을 얻기 위한 대안적인 방법들에 의존하게 된다. 특히, 리드 기법은 법정에서 허용될 것으로 생각되는 최소화minimization와 최대화maximization[104]라고 하는 신문 기법들의 사용을 옹호한다.

보통 최소화는 용의자에게 범죄의 심각성을 축소하는 메시지를 전달함으로써 효과를 얻는다. 대개 이런 메시지들은 "범행은 그렇게 심각하지 않았고, 피해자는 운이 나빴을 뿐이며, 다른 누구라도 용의자와 같이 행동했을 것"이라는 수사관의 개인적인 견해를 포함한다. 실제로 범행을 저지른 용의자들은 이런 이야기를 들음으로써 죄책감을 완화시킬 수 있을 것이다. 중요한 것은 최소화가 실제 용의자의 유죄성과 관련 없이 혐의의 심각성을 완화시키는 경향이 있다는 것이다. 법적으로는 범죄의 심각성을 최소화하는 것이 관용에 대한 암묵적인 약속이 될 수는 없지만, 용의자가 처한 상황의 절박성을 고려하면, 용의자는 자신이 받을 처벌이 경감될 수도 있다고 생각할 수도 있다. 아래에서도 논의되었듯이, 실험 연구에 따르면 일반인들은 최소화에 사용되는 메시지들을 관용에 대한 암묵적인 약속으로 이해하는 경향이 있다.

어떤 의심도 없이 상황을 용의자에게 불리하게 만드는 최대화는 가장 많이 사용되는 신문기법이다. 최대화를 통해서 용의자에게 전달되는 암묵적인 메시지는 자백을 하지 않더라도 유죄판결을 받을 것이고, 특히 범죄 혐의의 심각성(보통 살인 사건인 경우)과 이에 상응하는 처벌의 강도(무기징역 혹은 사형)를 고려할 때 그는 무거운 처벌을 받게 되리라는 것이다. 최대화에서는 수사관에게 협조하는 것만이 그가 처한 끔찍한 상황을 완화시키는 유일한 방법이라는 것이 강조된다. 반박이 불가능한 강력한 유죄 증거를 용의자에게 제시함으로써 유죄판결의 가능성을 극대화시킬 수도 있다. 아마도 이러한 증거는 오염되지 않은 증거일 수도 있지만, 종종 수사관들은 증거를 조작하거나 용의자로 하여금 강력한 유죄증거가 존재한다고 믿게 하기 위해 속임수를 쓰기도 한다. 때때로 이러한 증거들은 용의자의 사건을 증명하는 것을 돕는 것처럼 위장되어 용의자를 좌절시킬 수단으로 만들어질 것이다. 예를 들어, 수사관은 용의자에게 폴리그래프polygraph나 (그럴듯해 보이는) 다른 장치들을 제안하며 거짓말 탐지 검사를 받도록 설득시킬 수 있다. 수사관은 실제 검사 결과와 상관없이 용의자에게 그의 검사 결과가 거짓말을 가리킨다고 말할 것이다. 신문 절차의 다른 측면들과 마찬가지로 용의자에게 거짓말을 하고 증거를 날조하는 것은 법정에서 비난받아왔다.[105]

다수의 용의자가 범행에 가담했다고 의심되는 경우에 수사관은 종종 한 용의자의 자백—실제 자백 또는 수사관에 의해 꾸며진 자백—을 이용하여 다른 용의자에게서도 자백을 받아 내려고 할 것이다. 이런 형태의 최대화는 후자의 용의자를 말 그대로 죄수의 딜레마prisoner's dilemma에 빠지게 한다. 죄수의 딜레마에 빠진 용의자들은 차선책을 선택하는 경향이 강하다. 조사에 따르면 허위 자백의 30% 정도는 여러 명의 무고한 용의자들이 자백을 한 경우다.[106] 공동 피고인들에게 죄를 덮어씌우기 위한 신문에 약속과 위협이 사용된다는 것은 의심할 여지가 없다. 실제로 몇몇 수사관들은 아무렇지 않게 용의자에 대한 협박 금지 규정을 어긴다. 최근 일리노이주 의회Illinois General Assembly에서 사형제도 폐지를 두고 벌어진 토론에서 취조실의 현실을 살펴볼 수 있는 흔치 않은 기회가 있었다. 대표로 나온 전직 FBI 요원 짐 사시아Jim Sacia는 태연한 태도로 용의자를 사형 선고로 위협하는 것이 경찰의 범죄사건 해결에 도움이 되기 때문에 사형제도가 유지되어야 한다고 주장했다.[107] 사형 선고를 받게 될 것이 두려워 수사관의 가혹한 유인책에 굴복하는 것은 용의자의 입장에서는 실제로 가장 합리적인 방법일 수도 있다.

용의자로부터 범행을 인정하는 진술을 확보한 수사관에게는 용의자가 "혐의를 보다 완전히 인정하고, 범죄 행위의 배경과 세부적인 내용들을 밝히는, 즉 법적으로 용인되는 타당한 자백이 될 수 있는" 진술을 하도록 유인할 것이 권고된다.[108] 제6장에서 논의되었듯이 자백은 범죄 사건에 대한 세부적인 내용까지 포함하고 있을 때 판사, 배심원, 그리고 변호사들에게 더 많은 신뢰를 받는 경향이 있다. 다시 말하면, 자백 진술의 풍부함은 곧 자백의 확실성을 나타내는 지표가 된다. 용의자의 자백이 그가 실제로 알고 있는 것을 반영하는 한 내용이 풍부한 자백 진술은 실용적인 단서인 것처럼 보인다. 결백한 사람들이 범죄를 자백하는 것과 마찬가지로, 그들은 그들의 허위 자백을 갖가지 보강 정보들로 꾸미기도 한다. 실제로 허위 자백을 했던 DNA 면죄자들의 대다수는 그 범죄 행위에 대한 상세한 정보들을 제공하였다. 이러한 자백들은 대부분 널리 알려지지 않은, 실제 가해자와 경찰만이 알 수 있는 세부사항들을 포함하고 있었다. 그러한 세부사항들이 수사관들을 통해서 무고한 자백하는 사람들에게 어떻게도 전달되는 것은, 그것이 고의든 아니든 피할 수 없다.

실험 연구

경찰에서 사용하는 신문 기법들은 실험 연구의 대상이 되어 왔다. 신문에 대한 실험적 접근에서 특히 외적 타당도가 문제가 되는데, 그 이유는 진지하고, 익숙하지 않으며, 중대한 사안이 걸린 실제 신문 상황을 모사하는 것이 어렵기 때문이다. 그러나 연구들은 신문 과정의 몇 가지 구체적인 측면들에 대해 중요한 통찰력을 보여 주었다. 실험 연구의 결과들이 관찰 및 소장자료 연구의 발견들과 일관될 뿐만 아니라 사례 연구들에서 개인들이 보고한 내용과도 일치한다는 사실은 주목할 만하다.

앞서 제2장에서 논의하였던 수사의 다른 측면들과 마찬가지로 신문도 확증편향의 영향을 받을 수 있다는 것이 발견되었다. 구체적으로 연구들은 용의자의 유죄에 대한 수사관의 초기 믿음이 편파된 신문과 수사의 결론을 야기할 수 있다는 것을 보여 준다. 한 연구에서 용의자가 유죄라고 믿도록 유도된 모의 신문에서는 유죄를 가정하는 질문들이 더 많이 사용되었고, 허위 증거를 제시하거나 관용에 대한 약속을 하는 것과 같이 자백을 유도하기 위한 기법들도 더 많이 사용되는 경향이 나타났다. 이러한 선입견은 신문이 진행되는 동안에도 없어지지 않았다. 신문이 끝날 때까지, 용의자가 유죄라고 믿었던 수사관들이 용의자가 무죄라고 믿었던 수사관들보다 23%나

더 많이 그들의 초기 믿음을 확증하려는 경향이 있었다. 게다가 초기에 용의자가 유죄라고 믿었던 수사관들은 용의자의 행동에도 명백한 영향을 주었는데, 용의자들은 수사관의 질문에 훨씬 더 방어적인 태도로 응답하였다.[109]

신문에서의 최소화와 최대화가 가지는 효과에 대해 검증한 연구들도 있다. 최소화는 일반적으로 관용에 대한 암묵적인 약속으로 이해되는 반면, 증거의 강도를 과장하는 최대화는 심한 처벌에 대한 암묵적인 위협으로 받아들여질 수 있는 것으로 나타났다.[110] 한 연구에서는 실제로 부정행위를 한 참가자들을 신문했는데, 최소화를 이용하면 죄가 있는 참가자들에게서 자백을 받을 확률이 거의 두 배이지만, 결백한 참가자들에게서 자백을 받을 확률은 세 배나 증가한다는 것이 발견되었다. 이 연구에서 주목할 점은 누적된 신문 기법들이 자백 확보에 강력한 효과가 있다는 것이다. 최소화를 일종의 (자백의 긍정적인 결과와 계속적으로 범죄를 부인하는 것의 부정적인 결과를 암시하는) '협상'과 결합하면 허위 자백을 얻어 낼 확률이 상당히 증가했다.[111]

신문 과정의 부가적인 측면들을 검증한 연구들도 있다. 한 실험 연구에서는 결백한 참가자들이 처음부터 그들의 권리를 포기하고 신문을 받겠다고 동의할 확률은 유죄인 참가자들의 두 배인 것으로 나타났다. 권리를 포기했던 결백한 참가자들의 3/4 정도는 자신의 결백함 때문에 권리를 포기했다고 보고했다. 즉, 그들은 잘못한 것이 아무것도 없었고, 숨길 것이 전혀 없었다고 느꼈다.[112] 또 다른 연구에서는 허위 증거가 자백 유도에 미치는 효과를 검증하였는데, 허위로 목격자 진술을 제시함으로써 자백을 얻어 낼 가능성을 더 높일 수 있는 것으로 나타났다.[113] 참가자들에게 금전적 손실의 압력을 주어 범행을 인정하게 만들었던 네덜란드의 한 연구에서도 유사한 결과가 발견되었다.[114] 그뿐만 아니라 결정적인 증거를 가지고 있는 것처럼 엄포를 놓기만 해도 허위 자백을 얻어 낼 확률이 증가한다는 것을 보여 주는 연구도 있다.[115]

미란다 원칙

미국 형사사법체제의 한 가지 특징은 1966년 Miranda v. Arizona 재판의 판결로 확립된 미란다 원칙The Miranda Doctrine이다. 미란다 원칙 혹은 미란다 경고는 용의자들에게 침묵할 권리가 있고, 그들이 하는 모든 말은 법정에서 그들에게 불리하게 작용할 수 있으며, 그들이 변호사를 선임할 경제적 여유가 되지 않을 경우에는 무료로 변호사를 선임할 자격이 있다는 것을 고지한다.[116] 미란다 원칙은 범죄 신문에 장애물로 여겨져 왔고, 경찰에게는 굉장한 실망감의 근원이었다.[117] 그럼에도 미국의 수사관들이 실제로는 미란다 체제에 상당히 익숙해졌다는 것은 명백해 보인다.[118] 사실 자백이 미란다 원칙에 위배된다는 이유로 배제되는 일은 극히 드물다. 앞서 언급했듯이 리드사에서는 자신들의 신문 기법으로 얻은 자백의 99%가 법정에서 증거로 인정이 된다고 과시하였다.[119] 미란다 원칙 때문에 신문에서 자백을 얻을 가능성이 낮아진다는 것을 보여 주는 증거는 거의 없다.[120] 주요 통계에 따르면 용의자들의 80%가 미란다 권리를 포기하거나 법적으로 미란다 권리를 포기한 것으로 간주된다.[121]

종종 용의자들은 그들을 신문하는 수사관들에게 자신의 입장에 대해서 말할 것인지, 아니면 그냥 수사관들이 듣고 싶어 하는 말을 할 것인지 선택하게 된다. 용의자가 침묵을 선택한 경우에 수사관은 미란다 권리의 중요성을 과소평가하거나, 용의자에게 환심을 사려고 하거나, 아니면 미란다 권리의 포기는 용의자의 입장을 털어놓을 절호의 기회가 될 수 있다고 설득하면서 용의자가 미란다 권리를 포기하도록 유도할 것이다. 때때로 수사관들은 미란다 원칙에 얽매이지 않으면서, 즉 '비공개'로 용의자들을 신문한다. 비공식적으로 진행되는 신문에서 용의자는 자신의 진술이 훗날 불리하게 작용할 것이라고 생각하지 않는다.[122] 그러나 실제로 수사관은 이렇게 비공식적으로 얻은 진술들을 이용하여 또 다른 유죄 증거를 얻거나 법정에서 피고인의 증거를 반박할 수 있다. 객관적인 신문 기록이 부재하는 상황에서 수사관들은 용의자에게 미란다 경고를 고지했다고 허위로 주장할 수도 있고, 이는 미란다 고지 여부에 대한 피고측과 검찰측의 다툼을 야기한다. 이 다툼에서 법원은 언제나 수사관들의 편을 들어 준다.

밝혀진 바에 의하면 미란다 보호책은 실제로 신문 절차를 용이하게 해 준다. 강압적인 신문으로부터 용의자를 보호하겠다는 본래의 목적과 상반되게, 이 원칙은 이제 주로 강압적인 신문에 대한 의혹을 감추기 위한 수단이 되었다. 수년간 법원에서는 자백을 증거로 인정할지를 결정하는 문제에 대해 자백의 신빙성에만 초점을 두던 관행에서 벗어나, 현재에 와서는 자백의 임의성voluntariness에도 초점을 맞추고 있다.[123] 법원은 미란다 경고의 가치를 과대평가한 나머지 용의자들이 미란다 권리를 포기한 경우에는 그들이 신문을 받는 동안에 강압이 없었던 것으로 간주한다.[124] 법원은 용의자에게 미란다 권리를 부여하는 것이 "증거능력을 인정받는 실질적인 티켓"이 되고, 자백의 임의성에 대한 문제도 "타당하게 미란다 권리를 포기한 것이 확인됨과 동시에 종결되는 경향"이 있다고 언급하였다.[125] 용의자가 미란다 권리를 포기함으로써 임의성을 침해하는 미심쩍은 신문 기법들이 합법화될 수 있으며, 용의자의 허위 자백에 대한 책임감으로부터 수사관을 자유롭게 해 주는 것처럼 보인다.

허위 자백의 가능성

리드 기법을 옹호하는 사람들은 이 신문 기법이 매우 정확하다고 주장한다. 리드의 교재에 따르면 "이 기법을 따르는 신문의 어떤 단계에도 무고한 사람을 자백하도록 하는 경향은 없으며," 리드 기법은 수사관들에게 "모든 신문 단계가 합법적일 뿐만 아니라 도덕적으로 정당하다."는 것을 확신시켜 준다.[126] 조지프 버클리는 "많은 전문 수사관들의 경험에 따르면, 용의자가 허위 자백을 하는 빈도는 극히 드물다."며 사실상 반박하기 힘든 주장을 하기도 했다.[127] 그러나 신문 절차는 무엇보다 유죄인 것으로 추정되는 용의자에게 자백을 얻기 위해 설계되었다. 그렇다고 해서 리드 기법이 오직 유죄인 용의자들의 자백을 이끌어 내는 데에만 적격하다고 믿을 수 있는 근거는 없다. 신문의 강압적인 힘에 용의자들이 굴복하게 될 때, 즉 수사관이 물리적인 압력을 가해 그들을 굴복하게 만들거나 상황에 대한 용의자의 인식을 바꾸는 데 성공하는 경우에, 용의자들이 자백할 확률이 가장 높을 것이다. 연구에 따르면 실제로 자백을 얻어 낼 가능성은 주로 신문 강압성의 범위와 강도 그리고 신문 시간에 의해 결정된다.[128] 소장자료 연구에 따르면 허위 자백을 얻어 낸 신문들은 평균 12시간에 걸쳐 진행되었으며, 이것은 보통 신문 시간보다 몇 배나 더 긴 시간이다.[129] 압력에 굴복하기 쉬운 취약한 인구계층, 즉 정신적 장애를 가지고 있거나, 정신적으로 지체되어 있거나, 청소년들을 대상으로 하는 신문에서 높은 비중으로 신문의 강압적 특성이 나타났다.[130] 전형적인 용의자는 영화 「양들의 침묵 The Silence of the Lambs」의 교활하고 냉정한 한니발 렉터 Hannibal Lecter와는 전혀 다르다.

사울 카신은 무고한 사람도 허위 자백을 할 위험이 있다는 것을 설득력 있게 주장하였다.[131] 투명성 착각 Illusion of Transparency 현상과 일관되게 사람들은 타인이 자신의 내면 상태에 대해 실제보다 훨씬 더 많이 알고 있을 것이라고 착각하는 경향이 있다.[132] 따라서 결백한 용의자들은 순진하게도 자신의 무고함이 곧 신문 상황에서 벗어나 그를 자유롭게 해 줄 것이라고 믿을 수 있다. 그들은 숨길 것이 하나도 없다고 느끼기 때문에 오히려 신문에 비협조적이면 유죄로 오해를 받을 수 있다고 생각한다. 관찰 연구들은 전과기록이 없는 용의자들이 미란다 권리를 더 많이 포기하는 경향이 있고, 따라서 신문의 대상이 되는 경우도 더 많다는 것을 보여 주었다.[133] 앞서 논의했던 모의 신문 연구들에서 결백한 참가자들은 숨길 것이 없다고 느끼기 때문에 죄가 있는 참가자들보다 두 배나 더 많이 그들의 미란다 권리를 포기하고 신문을 받는 경향이 있었다는 것을 상기하라.[134] 요약하면, 미국 형사사법체계에 만연해 있는 면담과 신문 기법들은 결백한 사람들로 하여금 그들이 저지르지 않은 범죄를 자백하도록 유도할 가능성이 있다.[135]

PEACE 기법

현재 영국에서 사용되는 신문 기법은, 1970년대에 잘못된 신문에 기초한 것으로 드러난 유죄 판결이 화제가 되면서 해당 신문 기법을 개선한 것이다. 1984년에 영국 의회는 「경찰 및 형사 증거법Police and Criminal Evidence Act: PACE」을 제정하였는데, 이 법에 따라 범죄 수사의 진행 절차들을 전면적으로 개편되었다.[136] 1993년에 영국의 내무부 Home Office는 한 걸음 더 나아가 PEACE라고 알려진 수사 신문을 위한 틀을 보급하였다.[137] 이 접근법은 다음의 원칙들에 의해 만들어졌다(2007년에 개정됨).

- 범죄 수사에서 신문의 목적은 사건에 대한 정확하고 신뢰로운 설명을 얻기 위함이다.
- 신문은 정당한 방법으로 진행되어야 한다.
- 취약한 사람들을 대할 때는 항상 각별한 배려를 해야 한다.
- 수사 면담을 할 때에는 수사적인 마음가짐으로 접근해야 한다.[138]

PEACE 기법의 틀은 두 가지 특별한 신문 방법들로 구성이 되어 있다. 협조적인 면담 대상자들을 위한 인지 면담(4장에서 언급했던)이 있고, 비협조적인 면담 대상자들을 위한 대화 관리conversation management 기법이 있다.[139]

대화 관리 기법은 용의자에게서 얻은 정보들을 우선적으로 이용하는 방법이다. 많은 면담들이 사건에 대한 용의자의 설명에 큰 비중을 둔다. 용의자로부터 완전하고 완벽히 이해될 수 있는 설명을 얻기 위해 수사관은 매우 수동적이고 용의자가 이야기할 분위기를 조성해야 한다. 이 단계에서 수사관은 용의자가 말하는 어떤 것에도 이의를 제기해서는 안 된다. 그러나 수사관은 진실을 캐려고 연달아 질문을 할 수도 있고, 사건에 대한 특정 이슈나 자신의 생각과 모순되는 점들에 대해서는 면담 중에 기록을 할 수도 있다. 만약 용의자의 진술이 자신이 받고 있는 혐의가 잘못된 것임을 증명한다면 그를 용의선상에 두고 하는 수사는 종결되어야 한다. 그러나 만약 용의자의 진술이 수사관이 갖고 있는 의혹을 해소시키지 못하면 수사관은 이런 모순과 불일치한 점들에 이의를 제기하기 위해 다음 단계로 넘어갈 수 있다. 용의자가 혐의를 인정하는 것 외에는 그 어떤 다른 진술도 하지 못하도록 차단시키는 문책하는 방식accusatory protocol과는 전혀 다르게, 대화 관리 기법은 용의자가 충분히 정보를 제공하도록 격려한다. 이 방법은 용의자에게 자신을 변론할 정당한 기회를 제공할 뿐만 아니라, 수사관에게도 용의자의 주장에 이의를 제기하는 데 필요한 자료를 제공해 준다. 대화 관리 접근법은 수사관이 용의자에게 공격적인 태도를 취하지 못하도록 하며, 최소화, 최대화, 협박 또는 강압적일 수 있는 다른 어떤 신문 기법들에 의존하는 것을 허용하지 않는다.

신문을 위한 PEACE 기법과 거짓말 탐지를 위한 전략적인 증거제시 기법 모두 정보를 정교하게 사용하는 것에 의존한다. 이 접근법은 미국 텔레비전 시리즈에서 리처드 포크Richard Falk가 연기한 주인공 형사 콜롬보Detective Columbo를 떠올리게 한다. 용의자와 직면하거나, 그를 비난하거나, 강압적으로 대하기보다는 친근하게 수다를 떨고 상냥하게 대하는 수사관이 주로 용의자로부터 얻은 정보들에 기반한 다양한 술책들을 통해 용의자의 거짓되고 모순되는 진술들을 폭로하여 결국 그를 덫에 걸려들게 한다.[140] 한 예비 연구는 리드 기법의 큰 특징인 혐의 제기 위주의 신문에 비해 비강압적인 신문이 훨씬 용의자의 유죄를 잘 진단할 수 있다는 것을 보여 준다.[141]

영국 신문 절차가 혐의 제기 위주에서 정보 중심적인 방법으로 탈바꿈한 것은 하루아침에 일어난 일이 아니다. 1991년 영국 내무부의 후원 아래 당시의 경찰 신문에 대한 비판적인 평가를 실시했고, 그 결과 신문 관행의 심각한 한계점들이 드러났으며, 그 후에 PEACE 기법이 도입되었다. PACE의 긍정적인 인식에도 불구하고 신문은 여전히 유죄에 대한 추측에 근거해 진행되었고, 상당한 심리적 압박을 포함하고 있었다.[142] 이러한 문제점들은 경찰과 법 심리학자들 공동의 노력을 통해 관리 및 기획된 대규모의 경찰훈련 프로그램을 촉발시켰다.[143] 최근의 조사에 따르면 PEACE 기법은 영국의 수사관들에게 전폭적인 지지를 얻고 있다. 게다가 실제 신문 기록에 대한 연구에 따르면 경찰이 이 신문 기법의 주요 원칙들을 잘 따르고 있는 것으로 나타났다. 주목해야 할 점은 수사관들이 금지된 최대화, 최소화, 위협 등을 사용하는 것을 피하고, 용의자를 낙담시켜 충분한 변론의 기회를 빼앗는 것도 삼가게 되었다는 것이다.[144] 지금까지 연구자들은 PEACE 기법으로 전환한 것이 진실하거나 허위인 실제 자백의 비율에 미치는 효과를 확인할 수 없었다.[145] 그럼에도 불구하고 영국 경찰관들의 전폭적인 지지를 받고 있다는 것은 그들이 느끼기에 이 기법이 수사 진행에 장애가 되지 않다는 것을 시사한다. PEACE 기법은 뉴질랜드[146]와 노르웨이[147] 경찰에서도 채택되었고, 스웨덴과 덴마크[148] 경찰에 미치는 영향력도 증가하였다.

개선을 위한 권고

아마도 자백은 형사사법 처리과정에서 다른 어떤 증거보다도 핵심적일 것이다. 신문의 관행이 어두운 역사를 가지고 있고 신문을 받는 용의자의 존엄성을 해칠 위험이 있다는 점에서, 경찰은 특히 무고한 용의자들로부터 허위 자백을 유도할 수 있는 신문 기법들을 멀리해야 한다. 이 장에서 살펴본 연구들은 거짓말 탐지와 신문 진행에 더 많은 정보를 가지고, 의식적으로, 세심하게 접근할 것을 권고한다.[149] 거친 경찰들의 신문 기법에서 콜롬보와 같은 현명한 경찰들의 신문 기법으로 변화하면서 형사사법체계는 많은 이득을 볼 수 있었다. 신문 관행의 개선을 위한 구체적인 권고사항들은 다음과 같다.

1. 수사관들은 거짓말을 탐지할 때 신체적 단서에 의존하지 않아야 한다. 행동 분석 면담 또는 이와 유사한 프로토콜들은 그 타당도가 과학적으로 입증되고, 오류율이 평가되어 용인될 수 있는 수준이라는 것이 밝혀지기 전까지는 사용되어서는 안 된다.
2. 거짓말을 탐지할 때, 수사관들은 증거의 전략적 사용 기법처럼 용의자가 제공한

정보에 더 많이 비중을 두어야 한다.

3. 추후의 연구들을 참고하여 수사관은 용의자의 인지적 부담을 증가시키는 면담 기법을 이용해야 한다.

4. 신문을 진행할 때 수사관들은 혐의 제기를 위주로 하는 방법이나 강압적인 방법 의 사용을 줄이고, 용의자로부터 정보를 얻는 데 집중할 수 있도록 덜 대결적인 신문 절차를 사용해야 한다.

5. 대법원은 자백의 증거능력 인정에 대한 기존의 관대한 태도에 대해 재고해야 한 다. 특히 용의자의 의지를 꺾을 수 있는 신문 방법들의 사용을 금지하거나 엄격 히 규제해야 한다.

어떤 신문 기법을 사용하든지, 용의자 면담과 신문이 진행되는 동안에는 그 과정 을 완전하고 객관적으로 기록을 하는 것이 가장 중요하다. 무수히 많은 평론가들과 전문 단체들은 신문을 기록할 것을 요구해 왔고,[150] 미국의 많은 주와 수백 개의 경찰 기관에서 이미 신문을 기록하는 관행이 정착되어 가고 있다.[151] 특히 조사에 응답한 경찰관의 80% 정도는 신문 과정 전체를 녹화해야 한다고 생각했다.[152] 이 책에서 전 반적으로 논의된 것처럼, 취조실에서 일어난 일에 대해 접근을 허용하는 것은 자백 의 자발성과 신빙성에 대해서 사실에 민감한 판단을 하는 데 많은 도움을 줄 수 있다. 제8장에서는 이런 권고사항이 가지는 많은 장점들을 제시할 뿐 아니라 여기에 회의 적인 입장에 대한 답변들도 제시하고 있다. 그러나 전자기록 자체가 편파를 야기할 수 있다는 것을 염두에 두어야 한다. 카메라 관점camera perspective, 틀짓기framing, 조명 lighting, 편집editing과 같은 요인들은 신문 영상의 내용을 지각하는 데 영향을 줄 수 있 다. 따라서 신문 녹화는 모든 편파들의 위험을 최소화할 수 있는 방식으로 이루어져 야 한다.[153]

Chapter

06 "피고인은 유죄입니다"
재판에서의 사실인정

앞선 네 장에서는 형사사법절차 중 수사단계에 대해 다루었다. 이 장과 다음 장은 형사소송, 재판에 관한 것이고, 재심의 역할에 대해서도 간략하게 다루고자 한다.

법의 지배the rule of law를 가장 상징적으로 구현하는 것이 재판이다. 미국 연방대법원은 형사재판을 '단호하고, 경이로우며',[1] '무엇보다 가장 중요한'[2] 일이라고 표현한 바 있다. 또한 재판은 "우리가 알고 있는 법의 핵심"[3]이며 법제도의 가장 가치 있는 자산[4]으로 간주된다. 형사재판의 다양한 목적 중에 가장 중요한 목적은 피고인의 범죄사실 여부를 판단하는 것, 다시 말해 죄가 있는 사람과 없는 사람을 구별하는 것이다. 이러한 과제를 심리학에서는 진단과제diagnostic task라고 부른다. 재판의 진행과정을 이끄는 기본원리는 소송의 합리주의 전통the rationalist tradition of adjudication에 기초하는 바, 그 전통은 제시되는 증거를 통해 합리적인 결론을 도출하는 것을 중요시하는 법 전통이다.[5] 그 전통에서 재판이 추구하는 궁극의 목표는 '옳은 결정getting it right'에 이르는 것이다(역자 주: 옳은 결정은 정확한 결정과 다른 개념이다. 정확한 결정은 객관적 사실과 부합하는 결정이지만, 옳은 결정은 합리적인 목적에 부합하는 결정을 말한다).

미국의 정치인들과 법조인들은 현행 재판제도가 형사사법제도의 목적을 달성한다는 것에 대체적으로 동의한다.[6] 제도에 결함이 전혀 없는 것은 아니지만,[7] 그 결함이 형사절차를 크게 훼손하지는 않는다는 것이다. 연방대법원은 옳은 판결을 이끌어 내는 헌법 원리들의 탁월한 능력,[8] 당사자주의 절차의 우수성,[9] 진실을 노출시키는 반대심문의 효율성,[10] 옳은 결론의 도출을 보장하는 배심평의,[11] 항소심과 인신보호법원의 검증 기능,[12] 그리고 제도의 여왕벌 격인 배심원에 의한 사실인정의 전반적 적합성[13]을 기회가 있을 때마다 반복적으로 극찬해 왔다. 또한 배심원은 판사의 설시를 이해하고 따르는 능력이 충분하고,[14] 애매한 증거들도 잘 다룰 줄 알며,[15] 거짓말을 탐지해 낼 수 있고,[16] 편향된 정보를 무시할 수 있고,[17] 편견을 극복할 수 있고,[18] 자신이 가지고 있는 모든 편파를 공개적으로 인정하는 능력이 있다[19]고 여겨진다.

두 개의 장(제6장, 제7장)은 형사재판이 형사사법제도의 높은 인식론적 요구를 충족하는지 검토한다.[20] 두 장의 초점은 사실판단자, 즉 배심원과 판사의 진단능력에 맞추어져 있다. 제2장부터 제5장까지 다루었던 증언 자체의 정확성이 아니라, 사실판단자가 증언을 정확하게 평가하는 역량에 대해 다루고자 한다. 대부분의 형사재판에서 사실인정의 기능을 수행하는 사람은 배심원이므로, 두 장에서의 논의는 배심원의 수행능력에 초점이 맞춰져 있다. 그러나 배심원의 수행능력을 판사의 능력과 비교하려는 것은 아니다. 많은 연구들이 중요한 사실인정 능력에서 직업법관과 일반인 사이에 그다지 큰 수행 차이가 없다는 것을 보여 준다.[21] 이 장에서 다룰 인간 인지의 한계는 두 의사결정자(판사와 배심원) 사이에 존재할 수 있는 차이를 초월하는 것이다. 배심원이 판사보다 더 선호되는 사실판단자인지에 대한 논쟁은 나중에 다룰 것이다.

형사사법제도의 주된 약점, 즉 판결의 기반이 되는 증거가 불명이거나, 때로는 그 질이 손상되는 경우가 많다는 점에 대해 먼저 살펴보고자 한다. 두 번째로 형사재판에 흔히 나타나는 유형의 진술/증언들로부터 정확하고, 사실에 기반한 추론을 도출해 내는 사람들의 능력에 관한 연구들을 고찰할 것이다. 세 번째로는 그 섬세한 과제에 개입되는 다른 문제들을 설명하고자 한다. 제7장에서는 정확한 사실인정에 방해되는 요소들을 극복하기 위해 설계되고, 재판절차에 장착된 여러 법적 보호조치들의 효과에 대해 설명할 것이다.

증거의 신빙성

수준미달의 수사

범죄수사를 하는 경찰에서부터 증거의 진실성을 훼손하는 문제들이 시작된다. 제2장부터 제5장에 거쳐 설명했던 내용을 떠올려 보면, 범죄수사는 거의 20,000개에 달하는 서로 다른 수사기관에서 보유한 절차, 관례, 교육프로그램에 의해 이루어지는데, 그것들은 적절치 못한 경우가 종종 있다. 결과적으로, 수사/조사에 의해 획득되는 증거의 신뢰도는 특정 부서, 조사관, 혹은 사건에 따라 달라진다. 최우수 수사실무의 기준을 충족하지 못하는 수사절차는 고도로 오염된 증거를 만들어 내기 쉽고, 잠재적 오류를 유도해 낼 가능성이 높다. 예를 들어, 형편없는 라인업에 의해 잘못된 범인식별이 이루어질 수 있고, 암시적 질문에 의해 기억에 오류가 생길 수 있으며, 강압적인 조사에 의해 무고한 사람이 허위 자백을 할 수도 있다. 간단히 말해서, 관습적으로 이루어지는 수사/조사 절차에 의해 얻어지는 증거는 크고 작은 오류에 취약하다.

증언의 합성

증인들의 증언이, 경찰에서 증언했던 최초의 내용과 상당히 달라진 형태로 합성되어synthesized 재판에서 보여진다는 점에 주목해야 한다. 수사과정과 재판준비절차pretrial process를 거치는 동안, 증거는 훼손되고, 오염되며, 정확도는 상당히 저하된다. 초기 생진술이 법정에 적합한 형태로 합성되는 방식으로 변화하는 것처럼, 증언은 피고 혹은 피해자 어느 한쪽으로 점점 더 치우치게 되고, 포괄적 형태로 변화하며, 더 확고해지는 경향이 있다. 다음에 논의된 바와 같이, 가장 이상적인 조건에서도 당사자들이 서로 다투는 사건에 대한 엇갈리는 증언으로부터 옳은 추론을 하는 것은 쉽지 않은 일이다. 하물며, 이러한 합성된 현실로부터 진실을 해독해 낸다는 것은 믿기 어려운 일이다.

편파된 증언

가장 이상적인 증인은 자신이 감각한 것을 그대로 전달하는 송출관과 같은 사람일 것이다. 그러나 현실에서는 증인들이 종종 범죄사건을 둘러싼 사회적 비극에 복잡하게 얽혀 있고, 재판 결과에 대하여 첨예한 이해관계를 가진다. 자신을 방어하기 위해 진술을 하는 피고인은 언제나 형사처벌을 피하려는 동기를 가지므로, 항시 의심의 대상이다. 피해자이자 목격자인 사람은 일반적으로 신뢰롭다고 여겨지고, 그래서 대부분 동정의 대상이 되지만, 그들 역시 특정한 결론, 즉 가해자로 보이는 사람이 처벌받는 방향으로 동기화된다. 제니퍼 톰슨은 "난 코튼의 유죄를 밝혀서, 그자가 영원히 감옥에서 썩기를 바랐어요."라고 숨김없이 분명하게 표현하였는데,[22] 이는 대부분의 범죄 피해자들이 느끼는 감정이다. 제2장에서 논의했던 바와 같이, 검사측 증인은 국가와 피고인측 사이의 일종의 집단적 갈등에 참여하는 상황에 처해지고, 그 갈등상황에서 사법기관팀에 속하게 되는 것이 일반적이다. 집단 소속감은 사실의 지각, 감정상태, 쟁점 관련 동기에 영향을 미친다.[23] 제니퍼 톰슨은 "코튼이 유죄판결을 받도록 해야 한다."고 검사가 자신을 재촉했고, 검사로부터 자신의 증언이 강력하다는 칭찬을 받았다고 진술했다.[24] 코튼이 마침내 유죄선고를 받을 때, 그녀는 법정에서 샴페인을 터트리는 세레머니를 벌여 검사의 사무실로 쫓겨나기도 했다.[25] 그러한 목격자의 표출된 동기는 그 목격자가 말하는 증언의 설득력을 강화하여,[26] 재판 결과에 심대한 영향을 줄 수 있다.

일견 아무런 이해관계가 없어 보이는 증인조차도 당사자주의 절차에 휘말리면, 한쪽 당사자측에 서 있는 자신을 발견하게 된다. 증인을 준비시키는 과정이 증거를 흔드는 한 가지 요인이다. 변호인은 언제나 재판이 시작되기 전에 증인을 준비시킨다. 이러한 관행은 위증교사에 가깝지만,[27] 그러지 않으면 또한 의뢰인에 대한 직업적 책임을 방기하는 것이 되기도 한다. 변호인은 증인이 하게 될 증언의 내용을 미리 의논하고, 어떤 증언을 해야 할지를 가르쳐 줄 수도 있으며, 증인이 맥락에 맞게 기억을 재구성하도록 권유할 수도 있다. 또한 변호사는 증인에게 적용 법률에 대해 설명해 줄 수도 있고, 적대적인 반대심문에 대한 대비를 준비시킬 수 있고, 증언을 예행 연습시킬 수 있고, 다른 단어와 표현 등을 사용하도록 제안할 수도 있다.[28] 요컨대, 변호사는 특정 결론에 들어맞는 증언을 만들어 낼 수 있는 상당한 재량을 가지는데, 이는 증언의 사실 부합성을 약화시킨다. 한 연구는 증인이 모의변호사와 인터뷰한 후, 증언이 변호인측에 호의적으로 편향되는 것을 보여 주었다. 이러한 효과는 변호사 역할을 한 사람이 다른 사람을 조종하는 성향을 가질 때 더 크게 나타났다.[29] 또 다른 연구에서는 검사측 증인에게 피고인측 변호인의 적대적인 반대심문이 있을 것임을 사전에 경고하는 것이 증인의 유죄 증언을 강력하게 만들고, 결국 유죄를 판단하는 배심원의 비율을 높였다. 이 효과는 사실과 다른 증언을 한 증인에서 가장 두드러지게 나타났다.[30] 또한 증언은 증인이 당사자들 중 누구에 의해 소환되었는가에 따라 편향될 수 있다. 한 연구에서는 단순한 행인이었던 증인도 한쪽 당사자를 지지하는 증인으로 소환하면 그 방향으로 증언이 편향되는 것을 보여 주었다.[31] 한쪽 당사자 쪽에 속하게 되는 것은 절차가 진행됨에 따라 동지애로 발전한다.

허위 보강증거

소위 보강증거의 모호한 의미 때문에 증거평가가 더욱 난해해지기도 한다. 추론이란 일반적으로, 별개의 증거들이 동일한 결론을 지지하면서 수렴하는지를 확인해 보는 것이다. 많은 수의 증거들이 서로를 강력하게 보강할수록 그 증거들이 특정 결론을 지지하는 것으로 여겨지는 것이 원칙이다. 그러나 실제로는 보강증거가 판단을 호도하여 오판을 유도할 수 있다. 제2장부터 제5장까지 논의한 것처럼, 증거의 수집과 해석은 수사과정의 역동성에 의해 심한 영향을 받는다. 정상적인 수사의 결론을 더 확고하게 하기 위한 추가증거의 축적은 보통 이미 수집된 증거에 근거해서 이루어진다. 따라서 추가증거의 축적을 촉진하는 시초 핵심증거가 잘못되었을 때, 수사과정 전체를 관통하며 오류의 단계적 축적이 이루어질 수 있다.

보강증거가 있다는 것은 강력한 증거들에 의해 옳은 결론이 뒷받침된다는 것을 의미하지만, 보강증거는 또한 수사 과정에서 오류를 숨기기 위해 조작된 허위증거에 불과할 수도 있다. 강력하고 확증적인 일련의 보강증거로 뒷받침된 검사측 증거들에 의해 유죄오판이 이루어진 사건들에서 이러한 유형의 허위 보강증거들이 실제로 관찰된다. 그러한 유형의 보강증거는 유죄오판이 이루어진 69명 중 (무죄를 증명하는 DNA 증거가 폭로되기 이전, 항소심 등에 의해서) 증거불충분을 인정받아서, 결국 판결이 뒤집힌 사례가 단 1명에 불과한 이유를 설명해 준다. 특히, DNA로 면죄된 사람의 절반 이상은 이러한 주장(증거불충분 주장)을 제기할 생각조차 하지 않았다.[32] 그 사건들에서는 심지어 항소심 판사와 판결 후 절차post-conviction process의 법관에게도 증거가 매우 설득력 있고 강력한 것으로 여겨졌던 것이다.[33]

수사의 불투명성

증거평가에 대한 또 다른 심각한 장애는 기록되지 않는 경찰의 수사/조사가 많다는 사실이다. 믿을 만한 기록이 남아 있지 않기 때문에 범죄사건을 가장 정확히 묘사할 수 있는 증인의 생진술이 유실되고, 수사/조사가 불투명하기 때문에 증언이 사실인지, 아니면 조사과정에서 유도된 것인지를 사실판단자가 평가할 수 없게 된다. 따라서 사실판단자는 라인업에서 수사관이 목격자에게 용의자를 지목해 준 것인지, 증인이 특정사실을 처음으로 말한 것인지, 아니면 수사관에 의해 암시된 것인지, 수사기관의 조사실에서 약속이나 협박이 있었는지 등을 확인할 방법이 없다.[34] 제2장에서 언급한 것처럼, 수사관의 1/3은 어떠한 기록도 하지 않은 채 라인업을 실시하고, 4명 중 한 명만이 라인업 절차를 사진으로 기록하며, 극히 소수가 신문과정을 기록한다.[35] 수사관들은 증인과의 면담이 끝나기도 전에 증인이 제공한 정보의 상당부분을 잊을 뿐만 아니라, 자신이 어떤 질문을 했는지도 제대로 기억하지 못했다. 더 미묘한, 그래서 간과되기 쉬운 수사/조사 절차의 특성에 의해서도 증인이 제공하는 정보가 완전히 오염될 수 있기 때문에, 수사/조사의 불투명성은 심각한 문제다.

그럼에도 불구하고, 수사관들은 자신이 수사/조사한 것을 법정에서 증언하는 경우가 빈번하고, 그것도 매우 상세하게 증언한다. 수사관의 그러한 증언은 최소한 부분적이나마 사실과 다른 부분이 있게 마련이다. 그 이유는 신뢰로운 기록 없이 조사과정의 모든 의미를 기억하는 것이 불가능하기 때문이다. 더욱이 수사관의 증언은 용의자가 유죄판결을 받게 하려는 동기는 차치하고라도, 스스로를 공신력 있는 전문가로 보이게 하려는 동기에 의해 채색된다. 수사관은 증언대에서 증인의 진술에 영향을 주었음을 상습적으로 부정한다. 그러한 부정이 틀린 것은 아니다. 수사관은 증인의 오류를 유발할 수 있는 어떤 행동도 의도적으로 한 바가 없고, 그의 행동이 증인의 진술에 영향을 미쳤다는 것을 알지 못하며, 본인이 한 행동을 스스로 기억하지 못하기 때문이다. 그러나 어떤 경우에는, 수사관이 철저하게 거짓말, 소위 '허위증언'을 하는 경우도 있다.[36] 증인의 진술에 영향을 주었다는 것을 부정하는 이유가 무엇이든, 수사관의 진술은 피고인의 진술과 상반되는 경우가 다반사다. 이러한 불일치는 가장 크게 수사를 좌우하면서도 가장 베일에 싸여 있는 신문의 내용에 대한 진술에서 빈번하게 발생한다. 믿을 수 있는 기록 없이는, 서로 상반되는 수사관과 피고인의 진술은 양방의 맹세 경쟁으로 전락할 수밖에 없다. 문제는, 그 맹세 경쟁에서 항상 수사관이 이기게 마련이라는 것이다.

요약하면, 수사/조사 기록의 부재는 배심원이 증언의 신빙성을 평가할 수 있는 기회를 박탈한다. 불완전하고 편파된 정보만 제공받는 배심원은 사건에 대한 일방의 이야기를 맹목적으로 신뢰하거나, 증인의 자신감이나 몸짓 등의 피상적이고, 호도 가능성을 가진 단서들에 의존해서 증언을 믿을 것인지 여부를 판단할 수밖에 없다.

증언평가

다음으로는 형사재판에서 빈번하게 제시되는 유형의 증언으로부터 사실을 추론하는 인간의 능력에 대한 연구들을 살펴보고자 한다. 이 연구들은 증언의 신빙성을 가늠할 수 있는 별개의 정보, 예를 들면 DNA 일치 여부 혹은 CCTV 영상 등이 사실판단자에게 주어지지 않은 상황에 초점을 맞추는 것들이다. 그런 상황에서 판단자는 증인의 증언 자체에만 의존해서 추론을 하게 된다. 이 연구들은 대부분 위에서 논의한 여러 가지 악성요인들이 없는, 비교적 순조로운 조건에서 취득된 증언들에 관한 것이다. 다시 말해서, 이 연구들은 현실의 실제 배심원들이 직면하는 것보다 훨씬 질이 우수한 증언을 해독해야 하는 사실판단자들의 역량을 검증하는 것들이다.

목격자의 범인지목

제3장에서 논의한 바와 같이, 알려진 유죄오판의 75%는 목격자에 의해 무고한 용의자가 범인으로 잘못 지목된 것이 주된 오판요인이다. 수천 개가 넘는 실제 사례들과 실험결과들이 보여 주듯이, 목격자에 의한 범인지목의 1/3은 틀린다. 그 자연발생적인 지목오류들 중 일부는, 예를 들어 범인이 아니라는 것을 수사기관이 알고 있는

라인업의 가짜 용의자들filler을 목격자가 범인으로 지목하는 경우와 같이, 배심원에게까지 도달하지 않는다. 반면에 수사관의 유도 혹은 암시에 의해 목격자가 무고한 용의자를 범인으로 지목하게 되는 유도된 오지목induced misidentification은 배심원에게까지 이르게 된다. 그래서 문제의 핵심은 법정에서 사실을 판단하는 사람이 목격자의 범인지목이 정확한 것인지의 여부를 얼마나 잘 간파해 내는가다.

목격지목 정확성에 대한 일반적 신념   목격증언의 정확성을 판단하는 사람들의 능력을 평가하기 위한 출발점은 인간의 일반적인 지목능력에 대한 사람들의 믿음이 어느 정도인지를 가늠해 보는 것이다. 일반화된 신념에 의해 판단이 좌우될 수 있기 때문에, 그러한 신념은 매우 중요하다. 사람들은 인간의 능력을 과대평가한다는 것을 많은 연구들이 일관되게 보여 준다. 한가지 예로, 사람들은 자신의 능력을 과대평가한다. 배심원 자격을 가진 워싱턴 시민들에 대한 대규모 조사연구에서 사람들의 비현실적인 신념이 노출되었는데, 2/3의 응답자들이 "나는 사람의 얼굴을 절대 잊지 않는다."는 문항에 동의하였고, 3/4이 "나는 뛰어난 기억력을 가지고 있다."는 문항에 동의하였다. 충격적인 사건에 대한 기억이 그 사건에 대한 비디오 기록만큼 정확하다는 데 동의하지 않은 사람은 겨우 절반밖에 되지 않는다.[37] 사람들은 여러 종류의 실험과제에 대해서도 자신의 능력을 과대평가한다. 예를 들면, 표적인물을 지목하는 과제에서 97%의 참가자들이 자신은 표적인물을 정확히 식별할 것으로 예상하였으나, 실제로 정확히 식별한 사람은 50%에 불과하였다.[38]

사람들은 타인의 능력 또한 과대평가하는 경향이 있다. 한 연구에서, 참가자들은 초점이 맞지 않은 사진의 얼굴을 알아보는 사람들의 능력을 과대평가하였다.[39] 또 다른 연구에서는, 목격자가 라인업에서 무고한 사람을 범인으로 지목할 것이라고 추정한 참가자는 1/6에 불과하였지만, 그 참가자들 중 80%가 범인지목에서 오류를 범하였다.[40] 배심원 자격을 가진 플로리다주 거주자 중 약 80%는 상점 직원의 범인지목 능력을 과대평가하였다. 이런 연구결과들에 비추어 볼 때, 10개의 배심단 중 7개에서는 최소한 10명의 배심원들이 목격자의 증언을 과잉신뢰할 것으로 추정된다.[41]

모의재판 연구에서도 목격자의 범인지목에 대한 과잉신뢰가 발견된다. 예를 들어, 캐나다 온타리오주 지방법원에서 수행된 연구에 의하면, 모의재판 배심원들은 69%의 목격자들의 범인지목을 정확한 것으로 판단하였지만, 실제로 정확한 목격자는

50%였다.[42] 유사한 다른 연구에서는, 80%의 배심원들이 목격자의 지목을 믿었지만, 목격자를 믿은 배심원들 중 58%만 그 믿음이 옳은 것이었다.[43] 또 다른 연구에서는 실제 정확성이 54%였지만, 참가자들은 68%의 목격지목을 정확한 것으로 판단하였다.[44]

목격지목 정확성에 대한 진단능력　　이러한 실증연구들의 핵심은 사람들이 정확한 목격지목과 부정확한 목격지목을 잘 구별하지 못한다는 것이다. 한 연구에서는 모의재판 배심원들이 부정확한 목격자보다 정확한 목격자를 더 신뢰하였다.[45] 그러나 온타리오주 법원에서 이루어진 모의재판 연구의 배심원들은 정확한 목격자를 부정확한 목격자보다 더 신뢰하지 않았고,[46] 세 개의 다른 연구들에서는 오히려 부정확한 목격자의 범인지목을 더 믿었다.[47] 특히 주목할 만한 것은, DNA 감정에 의해 범인이 아니라는 것이 입증되었음에도 불구하고, 목격자가 범인으로 지목하여 유죄판결을 받은 실제 형사재판 피고인들이 상당수 있다는 것이다.[48] 그 피고인들은 몇년이 지난 후 DNA가 합치하는 진범이 밝혀진 후에야 비로소 석방되었다.

정확성 요인에 대한 민감성　　이와 같은 진단능력의 부재는 사람들이 목격지목의 정확성을 좌우하는 요인들에 대해 전반적으로 둔감하다는 것을 의미한다. 지목의 정확성은 사건특정적인 요소들에 의해 크게 좌우되기 때문에, 동일한 목격지목에 대해서도 어떤 요인들로 지목의 정확성을 판단하는지에 따라서 판단의 정확성이 낮게는 14%에서 높게는 86%까지 크게 유동한다.[49] 따라서 정확한 지목과 부정확한 지목을 구별하기 위해서 배심원들은 그 요인들이 무엇인지 알아야 하고, 그 요인들이 목격자의 범인지목에 어떤 영향을 주는지 알고 있어야 한다.

조사연구들은 사람들이 정확성 요인을 잘 모른다는 것을 보여 준다. 한 연구에 의하면, 대학생들과 배심원 자격을 가진 일반성인들이 정확성 요인에 대한 질문들 중 정답을 맞히는 것은 채 절반도 안 된다. 우연에 의한 정답률(25%) 보다는 높지만, 전반적으로 열악한 인식수준이다.[50] 일련의 다른 연구들은 배심원 자격을 가진 시민들과 (목격지목의 정확성 요인을 잘 알고 있는) 전문가들의 반응을 비교한 결과, 30개의 문항들 중 4개에서만 시민들의 반응이 전문가들의 반응과 일치하였다.[51] 앞서 언급한, 배심원 자격을 가진 워싱턴시 시민들에 대한 조사에서도 목격자 지목의 정확성을 좌우하는 요인들에 대한 열악한 인식이 확인되었다. 대다수 응답자들이 목격자가 보이는 자신감을 과도하게 중요시하였고, 거의 75%의 응답자들이 라인업 절차를 진행하는 수사관의 편향된 지시/설명이 초래하는 악영향을 인식하지 못하였으며, 거의 절반이 맹목라인업(blind lineup, 역자 주: 경찰이 지목하는 용의자가 누구인지 모르는 수사관에 의해 진행되는 라인업 절차)의 장점을 이해하지 못하였다.[52]

한 대규모 실험연구에서는 목격자의 기억력, 라인업 지시, 라인업의 크기 등과 같이, 목격지목 정확성을 좌우하는 것으로 알려진 9개의 요인들에 대해 모의재판 배심원들이 전적으로 둔감하다는 것이 발견되었다. 반면에, 모의배심원들은 목격자가 보이는 자신감에 의존해서 정확성 여부를 판단하였는데,[53] 뒤에서 논의되듯이, 목격지목 정확성에 대한 자신감의 진단가치는 미약하다. 다른 연구는 목격 당시 주변의 밝기, 범인과의 거리, 목격지속 시간 등의 목격상황 요인들의 영향에 대해서도 전반적으로 둔감하다는 것을 발견하였다.[54] 또한, 모의배심원들은 타-인종 편파(역자 주: 범인과 목격자가 인종이 다를 때 목격지목이 부정확해지는 현상)[55]와, 편향된 라인업 지시[56]에 대해서도 둔감성을 드러냈고, 라인업의 구성원들과 용의자 사이의 외모 유사성이 정확성을 저해하는 것도 명확히 인식하지 못하였다.[57]

사람들이 목격 당시의 상황에 대해 얼마나 둔감한지는 열악한 상황에서 이루어진 목격에 대해서 강한 과잉신뢰를 가지는 것을 보면 확실히 알 수 있다. 한 연구에서는 목격증인들의 32%가 범인을 정확히 지목하였지만, 모의배심원들은 그 목격증인들의 62%가 정확한 것으로 믿었다.[58] 또 다른 연구에서는 이상적인 상황에서 범인을 목격한 목격증인이 정확하다고 판단하는 정도(71%)와 세 가지의 열악한 상황에서 목격한 목격증인을 정확하다고 판단하는 정도(각각 65%, 68%, 67%)에 차이가 없었다.[59] 심지어 42%의 응답자들은 신뢰할 수 없는 것이 거의 자명한 목격지목도 정확하다고 믿었다.[60]

한 가지 추가해야 할 것은, 배심원들이 설혹 목격지목 정확성을 저해하는 요인들이 무엇인지 잘 알고 있더라도, 그 요인들에 대한 신뢰할 만한 정보가 없으면 정확성 판단이 저해될 수 있다는 것이다. 대부분의 경우, 범인과의 거리, 경과시간, 목격 당시의 주변 밝기 등을 알고 있는 것은 목격자 자신뿐이기 때문에, 배심원들은 그 요인들에 대한 정보 역시 목격자에게 의존할 수밖에 없다. 제3장에서 설명한 바와 같이, 목격자들은 거리를 축소해서 평가하는 경향이 있고, 시간을 과장해서 평가하는 경향이 있으며, 조명이 어둡다는 것을 잘 인식하지 못하는데, 목격자들의 그러한 경향은 모두 정확성 평가를 부풀리는 것이기 때문에, 많은 연구들은 정확성 요인에 대한 목격자의 그러한 자기보고에 대해 의문을 제기한다. 더욱이, 그 요인들에 대한 목격자 자신의 판단은 외적 조작에 매우 취약하다. 목격자에게 긍정적인 피드백을 주면("잘 했어요. 용의자를 정확히 지목했습니다."), 목격상황이 좋았다고 말하고, 범인의 얼굴에 더 주의를 기울였다고 반응한다.[61]

증인의 자신감　배심원들이 목격자의 범인지목 정확성을 목격자의 자신감에 의존해서 판단한다는 것을 보여 주는 연구들은 상당히 많다. 한 연구는 목격자의 실제 정확성보다 자신감이 배심원의 결정을 더 잘 예측하는 요인이라는 것을 발견하였다.[62] 모의배심원들은 자신 있는 목격자의 지목을 자신 없는 목격자의 지목보다 2배 더 신뢰한다.[63] 자신의 범인지목이 "완전히 확실"하다고 말하는 목격자는 "확실한 편이다."고 말하는 목격자보다 3배 더 신뢰를 받는다.[64] 또 다른 연구에서는, 검사측 목격증인이 "100% 자신한다."고 말하면, "100% 자신한다고 말할 수는 없다."고 말할 때보다 유죄판단이 50% 증가하였다.[65] 다른 연구에서는, 목격자가 자신의 범인지목을 "절대 확신"한다고 말하면, "전혀 확신 못한다."고 말할 때보다 유죄판단율이 현저히 높아졌다(62% vs. 38%).[66] 목격자의 자신감은 목격상황요인들에 대한 배심원의 민감성도 둔화시킨다.[67]

만약 자신감이 정확성의 지표라면, 정확성 대신 자신감을 판단하는 것이 훨씬 쉬울지도 모른다. 그러나 불행히도 실험연구들은 자신감이 정확성에 대한 지표가 전혀 아니라는 것을 보여 준다. 목격자의 정확성과 자신감의 통계적 상관은 0.4 정도다.[68] 비록 정적인 관계지만, 진단성이 강한 것은 아니다. 기저율(역자 주: 목격자가 무작위로 범인을 지목하는 경우의 정확률)을 50%로 가정하는 경우, 상관계수 0.4는 자신의 지목을 절대 확신한다고 말하는 목격자 중 70%만 실제로 정확하다는 것을 뜻한다.[69] 특히 중요한 점은 만들어진(합성된) 증언(역자 주: 검사, 변호사, 경찰의 조언과 코치를 받은 증언)일수록 부풀려진 자신감을 동반할 수 있는데, 그 때문에 정확성과 자신감의 관계는 더 약화된다. 앞서 언급하였듯이, 자신감이란 공동목격자가 용의자를 범인으로 지목하거나, 용의자에게 불리한 다른 증거를 알게 되거나, 용의자를 반복적으로 보게 되는 경우 등의 각종 이유로 인해 왜곡되기 쉬운 불안정한 정서다. 수사관이 목격

중인에게 가식적으로 긍정적 피드백("잘했어요. 용의자를 정확히 지목하셨어요.")을 주면 그 목격중인의 자신감이 커지고, 더 나아가서 그 목격중인의 지목에 대한 배심원의 신뢰가 증가된다는 것은 잘 알려져 있다.[70] 따라서 가장 이상적인 상황에서도 목격자의 자신감은 정확성을 반영하지 못하고, 다만 목격자의 지목에 대한 사람들의 신뢰만 비현실적으로 증가시킨다. 재판에서 증언하는 목격자의 대부분은 자신감이 넘치는 목격자들인데, 그 이유는 검사들이 자신감에 찬 목격자가 존재하는 사건을 주로 기소하는 경향이 있기 때문이다.

법정 내 범인지목   목격증언의 정확성을 평가하는 배심원의 능력은 광범위하게 관행적으로 이루어지는 법정 내 지목절차에 의해 더 약화된다. 목격자가 라인업에서 범인을 지목한 것에 대해 배심원이 일말의 의심을 가진다 하더라도, 그 의심은 목격 증인이 자신의 눈앞에서 피고인을 범인으로 지목하는 법정 안의 광경에 의해 압도되어 버리기 때문이다. 목격자가 법정에서 피고인을 범인으로 지목하는 것은 실제로는 요식행위에 불과한 것이지만,[71] 그럼에도 불구하고 사실판단자에게는 강력한 영향력을 행사한다. 보는 것이 믿는 것이라는 말도 있듯이, 직접 보는 것은 다른 사람을 통해 듣는 것보다 훨씬 설득적이다.[72] 한 연구에 의하면, 라인업에서 누가 범인인지 전혀 분별하지 못하여 지목을 포기한 목격자가 법정에서 범인을 지목하자, 42%의 참가자들이 그 목격자의 지목을 신뢰하였다.[73] 더 나아가서, 법정에서 이루어지는 범인지목은 피고인에 대한 단죄 분위기 속에서 이루어지기 때문에 목격증인에게 더 강한 확신감을 준다. 예를 들어, 일리노이주의 한 재판에서는 목격자가 피고인을 가리키며 "저 사람이 나를 강간했어요."라고 말하였다.[74] 또 다른 목격자는 피고인을 지목하며 "나는 저 얼굴, 피부색, 목소리를 절대 잊지 않을 것입니다."라고 말하였다.[75] 조지아주에서 한 목격자는 법정에서 자신은 120% 확신한다고 말하였고, 그 사건의 양형절차에서 판사는 "이보다 더 또렷한 목격지목을 본 적이 별로 없다."고 말하면서 45년 형을 선고하였다.[76] 일리노이주의 또 다른 재판에서는 법정에서 목격자가 "나는 아직도 확신합니다. 저 사람과 예수님 이외에 그 어두운 골목에 나와 함께 있었던 다른 사람은 없어요. 추호도 모호한 것이 없다고 맹세합니다."라고 말하였다.[77] 그 모든 피고인들은 유죄판결을 받았고, 복역 중에 DNA 검사로 결백이 밝혀져 석방되었다. 검사들이 목격자가 법정에서 범인을 지목하도록 해야 한다고 늘상 주장하고, 변호인들이 그것을 극구 기피하는 것은 절대 이상한 일이 아니다.

범인의 신원을 다투는 재판에서는 항상 법정 내 범인지목이 이루어진다. 유죄오판이 이루어진 재판들 중 법정 내 범인지목이 있었던 사례들을 보면, 예외 없이 목격자가 무고한 피고인을 틀림없는 범인으로 지목하였다. 그럼에도 불구하고, 법정에서 범인을 지목하는 절차가 학문적 관심의 대상이 되는 경우는 거의 없다. 그 잘못된 절차관행의 문제는 실증연구를 해야 할 필요도 없을 만큼 너무나 자명한 것이기 때문에, 그 잘못된 관행에 대한 학문적 무관심을 실험심리학의 책임으로 돌릴 수도 없는 일이다. 그러나 법학자들과 정책을 결정하는 사람들의 무관심은 이해하기 어렵다.[78] 법정 내 범인지목은 유무죄 판단을 결정적으로 좌우하지만, 증거로서의 증명력은 실상 거의 없거나, 명백히 오판을 초래할 수 있는 정도의 수준이다.

법정 내 범인지목의 가장 큰 결함은 그 절차가 강력한 유도성 혹은 암시성을 가진다. 법정의 물리적 구조는 누가 피고인인지를 한눈에 알아볼 수 있는 형태다. 간단히 말해서, 증인은 회색양복을 입은 변호사의 옆에 앉아있는 사람을 손가락으로 가리키기만 하면 된다. 실제 범인을 보지 못하였더라도, 심지어 우연히 법정에 들른 여행객일지라도, 피고인을 알아보는 것은 누구나 다 쉽게 할 수 있는 일이다. 이런 노골적인 암시성은 라인업 절차에 개입되는 암시, 불완전한 지시 혹은 수사관에 의한 암시와는 비교할 수 없이 강력한 것이다.[79]

법정 내 지목의 정확성을 떨어뜨리는 또 하나의 요인은 범죄의 발생 후 경과된 시간이다. 지목의 정확성은 망각과 왜곡을 초래하는 시간의 흐름에 취약하다. 대부분의 경우, 법정 내 지목은 목격자가 수사과정, 재판준비절차 그리고 공판절차를 통해서 용의자(피고인)의 모습을 이미 여러 차례 반복적으로 접하게 되는 연장선상의 끝에서 이루어진다. 목격자가 피고인의 모습을 사전에 여러 번 볼 수 있도록 법이 허용하는 것은 그렇게 함으로써 목격자가 자신의 기억을 더 잘 유지할 수 있고, 용의자가 범죄발생 당시에 본 진범인지 혹은 수사과정에서 이루어진 지목절차 중 개입된 오염원에 의해 잘못 지목된 사람인지를 더 잘 판별할 수 있다는 가정에 기초한다. 제3장에서 설명한 바와 같이, 이것은 근거 없는 가정이다. 최초의 지목절차에서 목격자가 용의자를 범인으로 지목하지 않았던 경우에도, 그 후에 용의자의 모습을 반복적으로 보게 되는 것은, 여러 번 보아서 익숙해진 것을 더 잘 알아보게 되는 친숙성 효과를 초래한다.

더 중요한 것은 법정 내 지목을 둘러싼 사회적 환경이 매우 강력한 사명감 효과를 만들어 낸다는 것이다. 목격증인은 피고인을 범인으로 지목하지 못하면 자신이 무능하거나, 믿을 수 없거나, 도움이 되지 않는 사람으로 보이게 되는 것을 불안해한다. 그러한 책임감은 법정에서 권위와 위엄을 갖춘 판사와 줄지어 앉아 있는 배심원들을 마주한 채 자신의 증언이 사건해결에 가지는 중요성을 의식하면서 사람들의 집중된 시선 속에 서 있을 때 극대화된다. 이런 상황에서는 이미 경찰에게 진술하였고, 그 진술을 법정에서 반복하겠다고 검사와 약속했던 증인이 법정에서 그 모든 것을 뒤집는 진술을 하는 것이 거의 불가능하다.

법정 내 지목을 허용하는 정책은 많은 다른 문제들로 확장된다. 때로는 법정 내 지목이 목격자의 최초의 그리고 유일한 지목인 경우도 있다. 그 경우에는, 목격자의 기억이 과연 정확한 것인지를 확인하는 보강수사, 조사, 검토 없이 지목이 이루어진다.[80] 이 관행이 특히 문제가 되는 경우는 목격자가 라인업에서 범인을 지목했을 때의 단호함과 확신감보다, 법정 내 지목에서 보인 확신감이 더 강할 때다. 제니퍼 톰슨은 라인업에서 로널드 코튼을 범인으로 지목할 때는 매우 주저하는 모습을 보인 반면, 법정에서는 확신에 찬 모습으로 코튼을 지목하였다. 목격자가 초기의 라인업에서 범인지목에 실패한 경우, 그리고 라인업에서 무관한 사람을 지목했던 경우에, 법정 내 지목을 허용하는 것은 심각한 문제다. 초기 라인업에서의 지목 실패는 범인에 대한 신뢰로운 기억이 목격자에게 없다는 것, 그래서 법정 증언을 허용할 정도로 목격자를 신뢰해서는 안 된다는 것을 나타내는 지표로 인식되어야 한다.

가장 충격적인 것은 법정 내 지목이 유도/암시적인 라인업의 결함을 치유하는 수단으로 사용된다는 사실이다. 대법원은 유도성을 가진 절차로 얻어진 증언은, 그 절차와 분리된 출처에서 나오는 경우에만 증거능력을 인정해야 한다고 주장하였다.[81] 다시 말해서, 애초에 잘못된 지목절차의 결함이 법정 내 지목과 같은, 이후의 지목절차에 의해 치유될 수 있다는 것이다. 대법원의 이런 견해는 증인이 오염된 지목절차가 아니라, 범죄현장을 향해서 기억을 더듬어 갈 수 있다는 믿음에 기초한다. 제3장에서 살펴본 바와 같이, 초기에 잘못된 지목절차는 그 이후의 모든 지목을 왜곡시키고, 증인들은 자신에게 용의자가 친숙하게 느껴지는 진짜 이유를 제대로 알지 못한다. 법정 내 지목 관행은 그것이 치유하려는 오염된 절차에 의해 오히려 오염되는 심각한 위험을 간과하는 것이다.

법정 내 지목절차는 그 자체만으로도 유도성과 암시성을 가지는데, 더 나아가서 그보다 더 유도적이고 암시적인 정보에 의해 왜곡된다. 법원은 재판 하루 전, 범죄로부터 3년이 지난 시점에 찍은 피고인 사진을 검사가 재판 직전에 목격자에게 보여 주고,[82] 목격자에게 법정 내부를 답사하게 한 후 피고인이 앉을 자리를 알려 주며,[83] 피고인이 수의를 입고 있고, 수갑을 차고 있으며, 유니폼을 착용한 경위들에게 둘러싸여 있을 것이라고 설명해 준 경우에도,[84] 그 목격자의 법정 내 지목을 허용하였다. 역설적이지만, 최상의 조건에서도 법정 내 지목절차는 진단적 가치가 없다는 점을 고려하면, 목격증거를 획득하기 위한 검사의 이런 과도함이 과연 진단적 가치를 조금이라도 높일 수 있을지 매우 의심스럽다.[85]

법정 내 지목이 워낙 광범위하고 관행적으로 이루어지고 있기 때문에 피고인측 변호인들은 그것에 대해 적법절차 위반의 문제를 제기할 엄두조차 내지 못한다.[86] 그럼에도 불구하고, 일부 극소수의 변호인들은 피고인석에 피고인이 아닌 다른 사람을 앉히는 시도를 하여 대항하기도 하였다. 그런 사례들 중 일부에서는, 목격증인이 피고인석에 앉아 있는 사람(피고인이 아닌 다른 사람)을 범인으로 지목하였다. 판사들은 당연히 격노하였고, 그 변호인들은 법정모독죄로 처벌을 받았다. 일리노이주의 한 재판에서는 판사가 "피고인이 마땅히 있어야 할 자리"에 다른 사람을 앉게 하여 혼동을 초래했다고 변호인들을 호통치기도 하였다. 주 대법원은 그 변호사들의 법정모독죄에 대해서 유죄를 인정하면서, 변호사들의 행동은 법정의 위엄과 권위를 실추시켰다고 말하였다.[87] 법정모독죄의 적용이 나름의 정당성을 가진다고 하더라도, 그러한 법원의 반응은 사건의 진짜 중요한 핵심, 법정 내 지목이 증거로서의 가치가 없다는 점과 그것의 패착을 도외시한다는 점에서 주목된다.[88]

사건기억 증언

형사재판에서 다루는 증거의 상당 부분은 범죄사건에 관한 증인들의 말이다. 사건에 대한 사람들의 증언을 평가하는 일은 두 종류의 서로 다른 판단양식에 의해 이루어진다. 배심원이 증인의 정직성을 의심할 만한 이유가 있을 때에는, 증인이 거짓말하는지의 여부를 판단하는 것이 평가의 핵심이다. 배심원이 증인의 정직성을 의심하지 않는 경우에는, 기억과 진술의 정확성을 평가하는 것이 핵심이 된다. 거짓말 판단에 관해서는 제5장에서 다루었고, 뒤에서 다시 논의할 것이다. 여기서는, 증인이 거짓말하는 것은 아니지만, 스스로의 착오에 의해 잘못된 증언을 하는지 여부를 평가하는 경우를 논의하고자 한다.

사건에 대한 증인의 기억을 평가하는 것은 옳은 기억과 틀린 기억을 구별하는 것으로 집약된다. 제4장에서 살펴본 바와 같이, 방대한 심리학 연구들은 인간의 기억이 강력한 인지적 도구이긴 하지만, 때로는 고장이 나기도 하고, 오류와 오염에 취약하다는 것을 보여 준다. 예를 들면, 사람들의 기억은 예외 없이 불완전해서 사건을 해결하기 위해 필요한 모든 세부정보를 포함하지 않는다. 인간의 기억은 사건의 핵심, 즉 깊은, 실용적 의미를 기억하는 일에서는 강력한 성능을 자랑한다. 반면에, 구체적인 말과 사건의 세부적 요소들은 애초에 인지되지 않고, 인지되더라도 빠르게 망각되며, 쉽게 오염/왜곡될 수 있다. 더 나아가서, 사람들의 기억은 언제나 정확한 것도 아니다. 허위 기억이 저절로 생기기도 하고, 다른 사건의 기억과 혼동되기도 하며, 기억의 공백이 허위 사실로 채워지기도 하고, 사건의 의미가 기대와 선입견에 맞추어 해석된 형태로 기억되기도 한다. 증인의 허위 기억은 수사기관의 잘못된 조사방법이나 잘못된 정보에 의해 만들어지기도 한다. 사람들이 사건에 대한 다른 사람들의 기억을 얼마나 잘 평가하는지에 대해서 심리학 연구들은 우리에게 많은 것을 알려 주는데, 많은 실험연구들에 의해 그 평가의 정확성이 일반적으로 낮고, 최대 75%를 넘지 않는다고 알려졌다(기억의 정확성을 동전던지기로 평가할 때의 정확성은 50%다).[89]

다른 사람의 기억을 평가할 때 사람들이 자주 사용하는 한 가지 단서가 기억에 대한 진술의 생생함vividness이다. 진술의 생생함은 자세히 구체적으로 진술하는 것을 말한다.[90] 일련의 연구들은 편의점 강도살인 사건에서 검사측 목격증인의 진술이 하찮은(쓸데없는) 사소한 사실들을 얼마나 많이 포함하고 있는가에 따라 그 진술에 대한 신빙성 판단이 달라진다는 것을 보여 주었다. 특히, 범인이 총을 쏘기 전에 편의점 진열대에서 집은 물건들의 상표(크리넥스, 타이레놀, 펩시콜라 등)를 자세히 열거하는 증인의 진술이, 다른 모든 내용은 동일하지만 그냥 "물건 몇 개"라고 설명하는 진술에 비해서 월등히 높게 신뢰할 수 있는 것으로 평가되었다.[91]

기억 정확성을 평가하기 위해 사람들이 사용하는 두 번째 단서는 증인 진술의 일관성consistency이다.[92] 많은 연구들이 증인, 증언의 비일관성이 증인에 대한 신빙성, 유죄확률의 추정, 그리고 유무죄 판단에 영향을 준다는 것을 발견하였다.[93] 세 번째 단서는 증인의 확신감confidence이다.[94] 범인지목의 경우와 마찬가지로, 사실판단자들은 높은 확신을 가진 증인의 말을 더 쉽게 믿는다. 한 연구에서, 사실판단자들은 검사측 증인이 확신에 찬 증언을 한 경우, 그렇지 않은 경우에 비해서("완전히 확실합니다." vs. "확실하다고 말할 수 있습니다.") 피고인의 유죄확률을 더 높게 추정하였고, 유죄판단 비율도 높아졌다.[95] 확신감의 그러한 효과는 다른 연구들에서도 재확인되었다.[96]

문제는 사람들이 사용하는 그러한 단서들이 정말로 기억 정확성을 반영하는 지표인지의 여부다.[97] 만약 그러한 단서들이 정확성을 반영하지 않는다면, 혹은 미약하게 반영할 뿐이라면, 그 단서들이 오판을 초래하는 것은 두말할 필요가 없다. 실증연구들은 그러한 단서들의 진단성에 대해서 심각한 의문을 제기한다. 특정 사실에 대한 기억이 그 사실에 대한 구체적 요소들을 풍부하게 포함하고, 그래서 그 기억의 정확성을 신뢰하는 것은 잘못된 것이 아니다. 그러나 일부 세부사항이 풍부하게 기억된다고 해서, 그 사건의 다른 요소에 대한 기억도 정확할 것으로 신뢰할 수는 없다. 제4장에서 살펴보았듯이, 기억이란 하나로 통합된 개체가 아니다. 기억은 그 출처별로 여러 개로 쪼개지고, 사람에게 각기 다른 중요도와 의미를 가지며, 뇌의 각기 다른 장소에 저장되고, 각기 다른 속도로 소멸/망각되는 단편조각들로 구성된다. 따라서 사건의 한 요소에 대한 기억의 정확성이 다른 요소에 대한 기억의 정확성을 반영하지 않는다.[98] 목격증인이 재판에서 다투어지는 쟁점사실과 관련성이 없는 사소한 세부사항, 예를 들면 강도가 편의점 주인의 돈을 강탈하기 전에 진열대에서 골라 들었던 물건들의 상표를 잘 기억한다고 해서, 범인을 정확히 지목하거나, 범인이 타고 도주한 자동차를 정확히 기억하는 것은 아니다. 더욱이, 사건의 여러 요소들에 대한 기억은 서로 역관계를 가진다. 범죄사건을 둘러싼 주변상황에 대해 더 잘 기억할수록, 범인지목의 정확성은 떨어지는 것으로 알려졌다.[99] 일관성 단서의 유용성에 대해서도 유사한 문제가 있다. 사건의 특정 요소에 대한 목격자의 일관된 진술이 기억 전반의 정확성을 의미하는 것은 아니다. 실제로, 기억 일관성과 기억 정확성의 통계적 관계는 고작 0.3 정도인 것으로 알려져 있다.[100]

널리 이용되는 확신감 단서의 진단성도 심각한 의문의 대상이다. 사람들은 일반적으로 기억내용을 진술할 때 과도한 확신감을 보인다. 예를 들면, 사람들 중 60%가 정확한 기억을 가진 경우에도, 그 사람들 중 90%는 자신의 기억이 정확하다고 고집하는데,[101] 가장 강력한 확신감을 표방하는 사람들도 25%는 틀린 기억을 가지고 있었다.[102] 사건기억의 정확성과 확신감의 상관은 0.0부터 0.6 사이에서 나타나는데, 그나마도 매우 불안정하다.[103] 일단의 연구들에 의하면, 확신감과 정확성의 관계가 통계적으로 유의한 수준에 이르는 경우에도 그 확신감 단서는 실제 관계가 의미하는 것보다 훨씬 더 중요시되고, 과장되는 경향이 있다.[104]

위에서 언급한 세 가지 단서들의 진단성은 합성된(만들어진) 증언이 제시되는 경우에 더 현저히 떨어진다. 제4장에서 설명한 바와 같이, 사람의 말을 토씨까지 그대로 기억해야 할 때, 생각이 안 나거나, 표면적 세부특징들이 망각되면, 사람들은 그 기억의 공백을 메우려는 경향을 가진다. 사람들은 자신이 가진 도식schema, 기대, 고정관념 등으로 그 공백을 메워 망가진 기억을 되살려서, 세상에 대해 실용적인 이해를 유지하려고 한다. 기억의 공백과 간격은 다른 사람 혹은 기타 외적 출처에 의해 제공되는 암시에 의해서 메워지기도 한다. 그래서 풍요로워진 기억은 범죄사건에 대한 사실판단자의 판단을 호도할 뿐만 아니라, 목격자 기억의 신뢰성 또한 쉽게 부풀릴 수 있다. 게다가 세부사실을 풍부하게 제공하는 증언에 대한 사람들의 직관적인 믿음은 법정에서 쉽게 조작될 수도 있다. 치밀한 검사와 변호사들은 자기측 증인에게 사소한 세부사항에 대한 언급을 진술에 많이 포함하도록 독려하고, 그런 증인과 증언을 칭찬하며, 사소한 세부사항을 말하지 않거나 틀리게 말하는 상대방측 증인을 공격하고, 궁지로 몰아넣는다. 일관성 단서의 진단성 또한 마찬가지로 의심스러운 것인데, 재판을 준비하는 동안, 만들어진 진술은 여러 차례 반복적으로 연습되기 때문이다.[105] 그 단서 또한 증인에게 일관된 진술을 독려하고, 그런 증인과 증언을 칭찬하며, 사소한 세부사항을 말하지 않거나 틀리게 말하는 상대방측 증인을 공격하고, 궁지로 모는 검사와 변호사의 조작에 취약하다.[106]

확신감 단서의 유용성은 합성된 증언에서 더 악화된다. 사건 기억에 대한 증인의 확신감은 수사절차 과정에서 부풀려지는 반면, 정확성은 망각과 오염에 의해 감소한다. 수사과정에서 이루어지는 반복되는 질문, 사건을 함께 목격한 다른 목격자와의 교류, 상상과 조작, 수사관으로부터의 피드백 등에 의해 정확성은 증가하지 않지만, 확신감은 증가한다. 목격자의 진술에 대해 가식적(가짜) 피드백을 주는 경우, 확신감과 정확성의 상관은 0.6에서 0.0으로 떨어졌고,[107] 기억해 내려는 목격자의 동기를 높여 주는 경우, 확신감과 정확성의 상관이 0.6에서 0.4 혹은 0.5로 감소하는 것이 발견되었다.[108]

자백증거

또 하나의 중요한 증거유형은 법정 밖에서 획득되는 진술인 바, 피고인 자신의 자백 혹은 피고인이 범인임을 암시하는 다른 사람들의 진술이다. 자백은 "최고의 증명력을 가진 치명적 증거"[109] 혹은 "피고를 와해하는 폭탄"[110]으로 인식될 정도로, 유죄를 증명하는 강력한 증거라고 널리 인정된다.

자백은 당연히 믿을 수 있는 것으로 인식되고 있고, 그러한 인식은 법정에서도 검사들에 의해 더 공고해진다.[111] 그러나 자백이 항상 신뢰할 수 있는 것은 아니고, 그 때문에 정확한 사실인정에 심각한 위협이 되기도 한다. 제5장에서 논의한 바와 같이, 자백은 흔히 무고한 용의자와 죄지은 용의자를 구별하는 것이 아니라, 용의자가 범인이라는 것을 밝힐 목적으로 동원되는 수사방법에 의해 용의자로부터 "받아"진다. 용의자가 범인이라는 가정은 용의자가 수사관에게 거짓말한다는 판단에 기초하는데, 그 판단 또한 근거가 없는 경우가 허다하다. 배심원들은 자백이 허위라는 것을 간파하기 어렵기 때문에 허위 자백은 자연히 유죄오판으로 이어질 확률이 높다. 사법체계는 자백의 임의성을 판단하는 배심원의 능력에만 의존한 채, 임의성에 대한 의문이 제기되는 경우에도 낮은 증거능력 기준을 적용하여 자백을 증거로 인정한다.[112] 따라서 배심원이 진정한 자백과 허위 자백을 얼마나 잘 구별하는지를 파악하는 것이 중요하다. 얼마 안 되는 실증자료는 배심원의 그 능력에 의문을 제기한다. 두 개의 연구는, 결국 허위라는 것이 밝혀진 자백을 포함한 실제 재판 사례들을 분석하였다. 그런 재판들 중, 3/4에서는 유죄판결이 이루어졌는데, 배심원들이 4개의 허위 자백 중 최소한 3개를 믿는다는 것을 의미한다.[113] 알려진 유죄오판 사례들 중 상당수에서 배심원들은 강력한 반대증거가 존재하는 경우에도 자백을 신뢰하였다. 제프리 데스코빅은 DNA 검사에서 범인이 아니라는 것이 밝혀졌음에도 유죄판결을 받았다.[114] 센트럴 파크에서 조깅을 하던 여성이 살해된 사건에서도 십대 피고인들이 DNA 검사에서 배제되었고 그 피고인들의 진술이 모두 엇갈리고 불일치했음에도 불구하고 유죄판결을 받았다.[115] 네브라스카 베아트리스의 한 강간살인 사건에서는 수사기관이 한 사람에 의한 단독범행이라는 것을 알려 주었음에도 불구하고, 배심원들은 6명의 남녀가 함께 범한 범죄라는 자백진술을 믿었다.[116] DNA 검사로 면죄된 한 사람은 재판에서 같은 DNA 증거가 제출되었음에도 불구하고 판사에 의해 유죄판결을 받았다.[117]

연구들은 허위 자백이 가능하다는 것을 사람들이 믿지 못한다는 것을 보여 준다. 사람들은 경찰이 무고한 사람을 신문하지 않을 것이고, 강압적인 신문이 허위 자백이 아니라 진짜 자백을 이끌어 낼 것으로 믿는 경향이 있다.[118] 허위 자백의 가능성에 대한 이런 둔감성의 근원은 사람들 중 90% 이상이 자신은 자기가 범하지 않은 범죄를 허위로 자백하지 않을 것으로 생각한다는 데 있다.[119] 그 논리를 확장하면 범죄를 자백하는 사람은 죄가 있는 것이라는 결론에 이르게 된다. 배심원들은 또한 강압적인 수사도 용인할 수 있는데, 그 이유는 진짜 자백을 이끌어 내기만 한다면 방법의 부도덕성은 정당화된다는 믿음이 있기 때문이다.[120] 강압적인 수사의 폐해를 알고 있는 경우에도, 사람들은 자신의 판단을 바꾸지 않으며, 심지어는 용인할 수 없는 자백을 배심원이 무시하지 않은 것을 판사가 꾸짖어도 배심원들은 판단을 바꾸지 않는다.[121] 제7장에서 논의하겠지만, 배심원들의 판단은 종종 그들의 개인적인 가치와 신념에 휩쓸리는데, 그러한 개인적인 가치와 신념이 법원칙과 항상 일치하는 것은 아니다. 주목해야 할 것은, 도를 넘는 강압적인 수사를 금하는 법이 있음에도 불구하고, 판사들도 그 법을 항상 일관되게 따르지는 않는다는 것이다.[122]

만약 배심원들이 강압수사의 위험성을 잘 인지하고 있고, 그 인지에 기초하여 판단한다고 하더라도, 실제 형사재판에서 자백의 진정성을 변별하는 것은 극도로 어려운 일이다. 그 이유는 경찰이 수사과정에서 자백의 신빙성을 훼손하는 요소들을 숨기기 때문이다. 사람들이 자백의 정확성을 평가하기 위해 보편적으로 사용하는 단서는 일반 대중이 알 수 없는 구체적 범죄 사실들에 대한 용의자의 진술이다.[123] 그러나 제5장에서 설명한 바와 같이, 보통의 허위 자백도 범행에 대한 매우 상세한, 완벽한 진술로 가득 차 있다. 경찰수사라는 것은 그 자체가 피고인의 단순한 범행인정을 아주 정교하게 구성된 이야기로 변환시키는 것이다.[124] DNA 검사로 나중에 면죄된 40개의 자백 사례들 중 38개의 자백이 범죄의 구체적 사실들을 풍부하게, 그리고 아주 자세히 포함한 것이었다. 법정에서 예외 없이 검사는 자백의 구체성과, 그 구체적 사실들이 범인이 아니면 알 수 없는 것들이라는 점을 강조하였다.[125] 한 검사는 "피고인이 그렇게 많은 구체적 사실들을 정확히 추측하는 것은 수학적 불가능"이라고 주장하기도 하였고,[126] 또 다른 검사는 피고인이 "세부적 사항을 말하고, 또 다른 세부사항을, 그리고 또 다른 세부사항을, 또 다른 세부사항을 말했다."고 하면서, 자백이 강요된 것이라는 피고인의 주장을 일축하였다.[127] 허위로 자백이 이루어지는 경우에는 일반 대중이 알 수 없는 세부사항들이 수사관에 의해 용의자에게 주입된다는 사실을 기억해야 한다.[128] 그러나 대부분의 DNA 면죄 사례들을 분석해 보면, 법정에서 수사관들은 자신들이 범죄와 관련된 사실들을 용의자에게 노출시켰다는 것을 완강히 부인하는 것이 일반적이다.[129] 수사관들은 용의자가 자유의지에 의해 자백했음을 인정하는 문구를 자백서에 포함하기도 하였다.[130] 그러한 증거에 대해서, 배심원은 자백의 신빙성을 의심할 수 있는 여지가 전혀 없을 뿐만 아니라, 의심한다고 하더라도 그 의심을 확인할 수 있는 다른 수단이 없다.

알리바이 증언

알리바이 증거를 평가하는 것도 사실판단자에게는 대단히 어려운 일이다. 원칙대로라면, 알리바이 증거는 경우에 따라 판단을 결정적으로 좌우할 수 있는 것으로 보인다. 한 사람이 서로 다른 두 장소에 동시에 존재할 수 없기 때문에, 알리바이는 당연히 무고한 피고인의 혐의를 부정하는 증거다. 그러나 현실에서는 알리바이 증거를 취득하기도 매우 어려울 뿐만 아니라, 그 증거를 제시해도 곡해되기가 매우 쉽다. 알리바이 증거에 대한 과학적 연구는 매우 희박하다. 그러나 존재하는 연구들은 용의자가 알리바이 증거를 확보하는 것이 얼마나 어려운지, 그리고 그 증거로 제3자의 믿음을 얻는 것은 얼마나 더 어려운지를 잘 보여 준다.[131] 알리바이는 배심원과 경찰뿐만 아니라, 검사, 판사, 심지어는 변호인까지도 납득시켜서 무고한 피고인이 구사일생할 수 있는 수단이다. 알리바이의 신빙성을 판단하는 것은 거짓말 탐지와 매우 유사하다. 알리바이가 불신되면 유죄판단으로 이어진다. 여기에서는 알리바이 주장에 대한 평가가 어떻게 이루어지는지에 초점을 맞추어 논의하고자 한다.

현실적으로, 무고한 사람이 알리바이를 확보하는 것은 어려운 일이다. 그 이유는 인간의 기억이 시간의 흐름을 따라가는 능력이 매우 낮기 때문이다. 제4장에서 논의한 바와 같이, 사람들은 날짜, 시간, 사건의 순서를 잘 기억하지 못하고, 때로는 각기 다른 사건들의 내용을 혼동해서 기억하기도 하며, 혹은 그때, 그곳에 누가 있었는지 전혀 기억하지 못하기도 한다. 범죄행위는 범인에게 기억할 만한 일이지만, 무고한 사람에게는 그때 있었던 일이나 사건은 기억할 만한 것이 아니다. 무고한 용의자는 특정한 과거 시점에 자신이 무엇을 했는지 기억하기 어렵고, 그 시점에 알리바이를 제시하려는 동기를 가지고 미리 대비하는 것도 아니다. 그럼에도 불구하고, 범죄혐의에 직면한 무고한 용의자는 과거 특정 시점에 자신이 어디서, 누구와 무엇을 했는지에 대해 다른 사람에게 물어보거나, 달력/일기를 뒤적여 보거나, 영수증 등의 물증을 찾아볼 시간적 여유도 없이, 그 즉시, 그 자리에서 알리바이를 제시하려는 충동에 사로잡힌다. 그래서 진실은 밝혀지게 마련이라는 믿음을 가진 무고한 사람은 부정확한 알리바이를 성급하게 제시할 수 있다. 그러한 부주의는 유죄판결에 수반되는 처벌이 얼마나 심각한 것인지를 고지받기 전이거나, 형사의 추궁에서 빨리 벗어나려는 욕구가 강할수록 더 쉽게 생긴다. 특히, 자영업자와 같이 불규칙한 생활을 하거나, 일정한 직업이 없거나, 일정한 거처가 없는 사람들은 알리바이를 확보하기 매우 어렵다. 재판에서 유죄판결을 받고 복역 중 DNA 검사에 의해 면죄된 사람들의 1/3은 재판에서 알리바이를 주장했던 사람들이다.[132] 피고인이 주장하는 알리바이가 객관적으로 확인되지 않으면, 그 알리바이 주장은 사실판단자들에게 범행을 은폐하려는 시도로 간주된다. 그 이유는 심대한 처벌 가능성에 직면한 무고한 사람은 범죄 발생 시점에 자기가 어디서 무엇을 했는지를 정확하게 밝히는 것이 당연하다는 믿음을 사람들이 가지고 있기 때문이다. 그래서 알리바이가 없는 것은 그 자체로 유죄증거가 된다.

무고한 용의자는 잘못된 알리바이를 제시할 수도 있다. 그 알리바이가 경찰조사에 의해 사실이 아닌 것으로 밝혀지면, 그것은 용의자에 대한 강력한 유죄심증을 형성한다. 때로는 용의자가 나중에 정보를 찾아서 최초의 잘못된 알리바이 주장을 수정하기도 한다. 수정된 알리바이 주장은 용의자를 구제할 수 있어야 하지만, 실제로는 용의자가 진술을 오락가락하는 것으로 판단되어 혐의가 더 굳어지는 결과를 초래한다. 때때로 무고한 용의자가 다른 사람을 보호하기 위해서, 아니면 해당 사건과 무관한 다른 사건을 은폐하기 위해서 사실이 아닌 알리바이를 의도적으로 주장할 수도 있다는 사실을 간과해서는 안 된다. 그래서 사소한 범죄를 감추려는 의도로 틀린 알리바이를 주장하는 용의자는 더 중대한 범죄의 혐의를 받기도 한다.

용의자가 알리바이를 진실되고 정확하게 주장하는 경우에도, 그것을 확실히 입증하지 못하면 범죄혐의에서 벗어나지 못한다. DNA 분석으로 유죄오판이 알려진 사람들 중 68%는 재판에서 알리바이 주장을 하였지만, 소용이 없었다.[133] 알리바이 주장을 증명하지 못하면 피고인에게 치명적인 결과가 초래된다. 한 연구에 의하면, 피고인의 알리바이를 확인해 줄 목격증인이 법정에서 성공적으로 증명해 주지 못하면 그것이 오히려 피고인에 대한 유죄심증을 높이는 부작용을 초래한다.[134] 알리바이 주장은 승차권, 영수증, 여권에 찍히는 출입국 도장, CCTV 녹화자료 등의 물증에 의해 확인된다. 그러나 사람들이 여기저기를 다니면서 자신의 소재와 경로에 대한 물적 증거를 확보하고, 기록하고, 보관하는 경우는 거의 없다. 그러한 물증이 있고, 그것을 제시하는 경우에도, 위조 혹은 조작의 의심을 받는 경우가 비일비재하다.[135] 미국과 캐나다의 법정에서 알리바이를 주장했던 피고인들 125명 중 그러한 물적 증거에 의해 알리바이가 인정된 경우는 1/10도 채 되지 않는다.[136]

알리바이는 일반적으로 용의자가 범죄가 이루어진 시간에 다른 장소에 있었다는 목격자의 증언에 의해 입증된다.[137] 그러나 혼자 사는 사람처럼 혼자서 많은 시간을 보내는 사람이 있기 때문에 목격자에 의한 보강증거가 언제나 있는 것은 아니다. 더욱이 목격증인이 범죄가 일어난 당시에 자신의 소재를 증명하지 못하거나 사소한 주변정보를 틀리게 기억하는 경우, 또는 목격증인의 기억이 믿을 만하지 못한 것으로 인식되는 경우에는 피고인 알리바이가 입증되지 않을 가능성이 높다.

알리바이 주장은 흔히 그것을 확인해 주어야 하는 목격증인에 대한 불신 때문에 그 신뢰성이 무너진다. 다수의 연구들에 의하면, 그 목격증인이 피고인과 모르는 낯선 사람, 주민, 상점직원 등인 경우에는 피고인의 유죄확률을 낮출 수 있지만, 그 증인이 피고인의 친구나 가족인 경우는 그렇지 않다.[138] 그러한 연구결과는 전혀 놀랄 일이 아닌 바, 조사연구에서도 사람들은 사랑하는 사람이 감옥에 가는 것을 보느니 차라리 경찰에게 거짓말을 할 것이라고 응답하였다.[139] 사람들이 혼자 있지 않을 때는 대부분 그렇게 "믿을 수 없는" 사람들과 함께 있는 것이기 때문에, 그런 사람들의 증언에 대한 불신감이 알리바이 입증을 매우 어렵게 만든다. 앞에서 언급한 125개의 알리바이 사례에서, 오직 2개의 사례에서만 친구나 가족이 아닌 다른 사람에 의해 알리바이가 입증되었다.[140] DNA 분석에 의해 면죄된 사람들이 재판에서 주장했던 대부분의 알리바이는 가족, 여자친구, 혹은 친구들이 확인해 주었지만, 그럼에도 불구하고 피고인들은 유죄판결을 면하지 못하였다.[141] 로널드 코튼의 재판에서는 여러 명의 가족들이 코튼이 그날 저녁에 집에 있었다고 증언하였다. 그러나 배심원 중 한 명은 그 가족들의 증언에 대해 "그 사람들은 모두 같은 말만 할 뿐이었다."고 반응하면서, "코튼이 소파에 앉아 있었다고 서너 명이 진술한 후에는 다음 증인이 무슨 말을 할지 듣지 않아도 뻔했다. 내가 보기에는 그 사람들이 모두 말을 맞춘 것 같았고, 어떻게 말할지 지침을 받은 것 같았다. 그런 정황에 의해, 유죄가 될 수밖에 없어 보였다."[142]고 말하였다. 교도소 복역 중, DNA 분석에 의해 면죄된 티모시 콜Timothy Cole의 재판에서는, 검사가 콜의 동생과 친구가 증언한 알리바이를 비난하면서, 그 증인들을 "자기 친구를 구하기 위해 무슨 일이든 하려는 무례하고 교활한 거짓쟁이"라고 매도하였다.[143] 검사와 변호인들이 모두 잘 알고 있다시피, 알리바이는 무고한 피고인을 위한 강력한 방패가 될 수 있지만, 실제로는 무기력해지는 경우가 많고, 심지어는 피고인을 파멸시키는 무기가 되는 경우도 종종 있다. 알리바이 증거는, 그것이 제대로 확보되건, 확보되지 않건, 탄핵되건, 변조되건, 거의 모든 경우에, 사실판단자가 정확한 사실을 발견하는 능력을 매우 쉽게 저해시킨다.

거짓말 판단

피고인 진술에 대한 평가는 정직성 평가와 불가분의 관계를 가진다. 정직한 것과 정확한 것은 동일하지 않지만, 거짓말을 한다는 것은 부정확성을 나타내는 지표다. 거짓말 탐지는 경찰조사 절차에서도 핵심적 역할을 하지만, 법정에서도 마찬가지로 결정적인 역할을 한다. 많은 형사사건에서 각 당사자측의 증인들은 서로 상반된 증언을 하고, 그들 중 누군가는 거짓말을 한다. 소송에서 승소하는 한 가지 효과적인 방법은 상대방측의 증언을 거짓말로 채색하는 것이다. 아주 사소한 것이라도, 증인이 거짓말했다는 것이 납득되면, 그 증인의 증언 전체가 불신되고, 종국에는 패소하는 결과를 초래할 수도 있다. 흔히 거짓말 판단은 피고인에 집중되는데, 그 이유는 피고인이 증언을 하건, 하지 않건, 피고인의 정직성은 처음부터 의심의 대상이고, 그 의심은 줄곧, 그리고 끝까지 사라지지 않기 때문이다. 난해한 사건일수록 애매한 증거들이 많고, 애매한 증거들은 판단을 할 수 없는 불편한 상황으로 배심원들을 내몰기 때문에, 어려운 사건에서 배심원들은 거짓말 판단에 더 많이 의존해서 사실판단을 한다. 증인이 거짓말했다고 판단하면, 판단불능 상태를 타개할 수 있다. 그런 경우에 신뢰할 수 있는 확실한 외적 증거가 없다는 것은 판단이 단지 증인의 태도나 품행에 의해 이루어진다는 것을 의미한다.

전체 사법제도는 거짓말을 탐지하는 배심원의 능력에 크게 의존한다. 연방대법원은 "우리의 형사재판제도는 배심원이 거짓말 탐지기라는 본질적 전제에 기초한다."
고 천명한 바 있다.[144] 그래서 배심원들은 증거의 신빙성을 판단할 때 증인의 태도에
의존하라는 명시적 지침을 받기도 한다.[145] 제5장에서 자세히 설명되었지만, 증인의
태도를 보고 거짓과 진실을 구별하는 것은 매우 어려운 일이다. 그것을 잘하기 위해
서는, 거짓말하는 사람과 진실을 말하는 사람이 진술의 진실성을 표시하는 단서들을
발산해 내고, 그 표시를 사실판단자가 정확히 지각, 해석할 수 있어야 한다. 그런 가
능성을 가진 단서들은 무수히 많다. 예를 들어, 『법률사전Black' s Law Dictionary』에서는 태
도라는 용어를 20개의 준언어적, 시각적 단서로 정의하고 있는데, 그것들 중에는 증
인의 망설임, 웃음, 흥분, 묘사, 하품, 눈동자 움직임, '감感. air of candor' 등이 포함된
다.[146] 학자들은 사람들이 흔히 사용하는 그런 형편없는 단서들을 158개 찾아내었고,
그것들 대부분은 말하는 사람의 시선(눈동자 움직임)과 같이, 많은 사람이 신뢰하지만
실상은 거짓말 탐지에 무용지물인 것들이다. 설혹 거짓말하는 사람의 행동이 진실을
말하는 사람과 다르다 하더라도, 그것은 사람마다 천태만상으로 다르다. 그래서 거
짓말 진단을 위한 정확한 단서가 존재한다고 해도, 사람들이 그 단서들을 모두 지각
하고, 정확히 해석하며, 확실한 정직성 추론을 위해 종합한다는 것은 믿기 어려운 일
이다. 많은 연구들은 말하는 사람의 태도를 보고 거짓말을 탐지하는 것은 동전던지
기로 탐지하는 것보다 더 정확하지 않다는 것을 보여 준다.

법정에서의 거짓말 탐지는 특히 어렵다. 대부분의 증인들이, 피고인은 특히, 배심
원이 믿어주기를 갈망하기 때문에 긴장도가 높아지기 때문이다. 법정의 물리적 제약
도 거짓말 탐지를 어렵게 만드는 요인이다. 미묘한 표정변화는 증인과 멀리 떨어진
배심원이 포착하기 어렵고, 증인의 특이한 신체 동작은 증인석 탁자, 난간 등에 가려
져 보이지 않는다. 목소리의 떨림 등의 다른 단서들은 특별한 장비가 없는 한, 배심원
의 감각으로 감지되지 않는다.[147]

법정에 늘상 등장하기 마련인 '합성 증언'에서 거짓을 탐지하는 것은 정말 어렵다.
증인들은 자신의 증언이 최대한 그럴듯해지도록 재판 전에 여러 차례 연습하고 조정
한다. 그러한 연습과 조정 과정을 통해서, 증인의 말은 여러 가지 다른 증거들과 잘
맞아떨어지도록 만들어지고, 세부 요소들이 섬세하게 장식된다. 그런 사전 연습과
조정은, 특히 거짓을 말하는 증인이 가질 수 있는 양가감정, 복잡한 문제에 개입되는
것에 대한 거리낌, 망설임 등을 극복하게 해 주고, 거짓증언을 하는 당시에는 우물쭈

물하거나, 응답을 못하는 등의 흔히 사용되는 소위 거짓말 단서들을 노출시키지 않고 증언할 수 있게 만들어 준다.[148] 실제로 많은 연구들이 미리 준비된 진술에서 거짓을 판단할 때, 사람들의 거짓말 탐지 정확성은 준비되지 않은 진술에서 판단할 때와 비교하면 현저히 낮다는 것을 보여 준다.[149] 그중 한 연구에서는 사람들이 거짓진술을 여러 번 반복하는 증인의 말을 진실을 말하는 증인의 말보다 더 신뢰하는 것이 발견되었다.[150]

거짓말을 탐지하는 것이 근본적으로 어려운 일이기 때문에, 편파와 증거 외 정보들에 대해서도 취약성을 가진다. 한 연구는 증인이 사건과 상관없는 다른 일의 맥락에서 신뢰로웠다는 인상을 판단자들에게 심어 주면, 판단자들이 그 증인의 진술을 더 많이 신뢰하고, 반대의 인상을 심어 주면 그 증인의 진술을 더 많이 의심하는 것을 발견하였다.[151] 또 다른 연구에서는 증인을 친절하고, 호감이 가며, 매력적인 사람으로 평가하는 판단자들은 실제 진실성과는 상관없이 그 증인의 진술을 신뢰하였다.[152] 거짓말 탐지는 또한 탐지의 정확성과는 상관없는 확신감(확고함)을 수반한다. 실제로 거짓말 판단에 대한 확신감과 정확성의 상관은 거의 0이다.[153] 더욱이, 연구들에 의하면, 다수의 사람들이 집단토론에 의해 거짓말 여부를 판단하면 그 판단의 정확성은 증가하지 않지만, 판단에 대한 확신감은 크게 증가한다.[154] 요약하면, 열악한 정확성과 과도한 확신감, 그리고 거짓말 판단에 수반되는 심각한 결과는 거짓말 탐지를 소송절차에 내재된 중대한 문제가 되도록 한다. 이 결론은 또한 소송절차에서 사실판단자로 하여금 거짓말 여부를 판단하게 하고, 그 판단을 권장하기까지 하는 지혜에 대해 심각한 의문을 제기하는 것이다.

연구들은 또한 항소법원과 재판 후 절차 법원이 일심법원의 사실인정에 개입하는 것을 꺼리는 관행에 대해서도 의문을 제기한다.[155] 연구들에 의하면, 시각적 자극에만 의존하는 거짓말 탐지는 가장 부정확하고, 시청각자극, 청각자극 그리고 증언의 속기록에 기초한 거짓말 탐지는 서로 유사한 정도의 정확성이 있다.[156] 다시 말해서, 증인의 표현된 신체적 태도는 기록된 언어적 증언에 기초한 거짓말 탐지의 정확성에 더 이상 보태는 것이 전혀 없다(역자 주: 미국의 항소심은 서류심인 까닭에 항소심에서는 법정에 증인을 출석시키지 않고, 따라서 시각적 자극을 함께 활용해서 이루어진 일심의 사실판단에 항소심이 개입하지 않으려는 경향이 있는데, 거짓말 탐지와 관련해서는 항소심 법원의 그러한 경향은 근거가 약하고, 항소심에서도 증언 속기록 등의 서류에 의해서 증인의 거짓말 여부를 판단해야 한다는 의미).

사실인정을 어렵게 하는 기타 요인들

사실판단을 둘러싼 환경의 여러 특성들이 사실인정을 더 복잡하게 만든다. 법정은 합리적이고, 통찰력과 분별력 있는 의사결정을 할 수 있는 이상적인 환경이 아니다. 법정 환경은 증거로부터 합리적인 추론을 이끌어 내기 위해 고안된 절차의 역량을 억압하는 요인들로 가득 차 있다. 성공적인 변호인들은 그러한 요인들에 잠재하는 편파성에 대해서 잘 알고 있을 것이다. 그 요인들은 피고인의 유무죄 여부와 무관한 것이기 때문에, 그것들이 사실인정에 초래하는 편파적 영향은 실로 우려의 대상이다. 잠재적인 유죄요소를 가진 사건은 가혹한 유죄협상의 대상이 될 수 있고, 재판이 이루어지는 경우에는, 유죄가 판단될 가능성이 매우 높다. 마찬가지로, 편파적인 무죄요소를 가진 사건은 기소 자체가 기각될 수도 있고, 무죄로 판단될 가능성도 높다.

유죄협상 단계에서 사건들이 걸러진다는 사실 또한 사실인정을 왜곡시킬 수 있는 요인이다. 절대다수의 형사사건들이 유죄협상으로 처리된다. 재판까지 이어지는 사건들은 유죄협상이 실패하는 극히 일부분이다. 이러한 '선별'은 재판사건들의 성격에 대한 두 가지 의미를 가진다. 첫째는, 일부 무고한 사람들이 손익계산을 해야 하는 유죄협상을 거부하고, 자신의 무죄를 굳게 믿고, 재판을 선택한다는 것이다. 이러한 현상은 실제 사례들에서도 확인되고,[157] 실험연구에서도 확인된다.[158] 즉, 심각한 유죄증거가 존재함에도 불구하고, 실제 무고한 사람들이 실제 범죄를 저지른 사람들보다 재판을 선택하는 경우가 더 많다는 것이다. 따라서 재판사건들 중에는 무죄판결을 받는 피고인들이 유죄판결을 받는 피고인들보다 더 많아야 한다. 둘째로, 유죄협상에 임하는 검사와 변호인은 공히, 배심원의 판단에 대한 예측에 의존한다.[159] 따라서, 배심원의 판단을 예측하기 어려운 사건일수록, 즉 증거가 모호한 사건일수록, 재판에 회부되기 쉽다. 다시 말해서, 재판에 회부되는 대다수의 사건들은 배심원에게 모호한 증거를 제시할 수밖에 없고, 따라서 판단이 어려운 사건들이다. 이것이 또한 의미하는 바는, 재판사건들은 편파적인 영향에 취약한 사건들이라는 점이다. 실제 재판들과 실험실 자료들은 모두 증거가 명확하고 강할 때, 판단이 편파의 영향을 받지 않는다는 것을 보여 준다. 판단이 서로 팽팽히 경합하거나, 증거의 신뢰성이 모호할 때는 사법절차가 취약해진다.[160] 서로 적대적이고 양극화된 조건에서, 모호하고 상충되는 증거에 기초하여, 중차대한 사안에 대해 결정하게 하는 것은 배심원들의 의사결정 역량을 심각하게 제한하는 일이다.[161]

법정에서의 설득

영미의 형사재판이 가지는 한 가지 두드러진 특징은 구술심리에 크게 의존한다는 것이다. 그래서 재판은 궁극적으로 양당사자들이 사실판단자로 하여금 자신의 입장을 믿고, 지지하도록 설득하는 것이다. 따라서 소송이란 필연적으로 설득을 위한 노력이다.

가장 보편적인 설득방법은 이야기를 하는 것이다. 각기 고립된 단편적인 정보들과 달리, 말 혹은 이야기는 듣는 사람을 정신적으로 다른 시간과 공간으로 이동시키고, 일상적인 감정과 인지 반응을 일시적으로 바꾼다. 듣는 사람의 비판적인 평가를 부분적으로 무력화함으로서, 화자는 듣는 사람이 보통은 거부할 것도 수용하게 만들 수 있다.[162] 낸시 페닝턴Nancy Pennington과 리드 헤이스티Reid Hastie가 수행한 일련의 연구들은 배심원들이 재판에서 주어진 정보들을 이야기와 유사한 형식으로 자연스럽게 끼워 맞춘다는 것을 보여 준다. 사람들은 인간행동에 대하여 자기에게 익숙한, 직관적으로 떠오르는 도식들을 중심으로 이야기를 구성하여 복잡한 증거들을 이해한다.[163] 따라서 이야기 구성에 잘 들어맞는 증거가 재판에 제시될 가능성이 높고, 배심원에게 더 설득적으로 받아들여지기 쉽다.[164]

법정에서의 설득이 이야기에 의해 이루어져서는 안 될 이유는 전혀 없고, 어떤 다른 방식에 의해 증거가 이해되어야 하는지에 대한 규칙이나 법이 있는 것도 아니다. 게다가 현실적으로 참된 증거가 거짓 증거보다 훌륭한 이야기를 당연히 더 잘 구성할 것으로 생각된다. 그러나 좋은 이야기가 반드시 정확한 이야기인 것은 아니다. 이야기의 그럴듯함은 사실추론을 압도할 수 있고, 그래서 사실판단자의 사실인정은 이야기 구성 기술을 가진 증인과 검사, 변호사 등에 의해 좌우될 수 있는 위험에 노출된다.

법정에서의 설득 드라마에는 이야기 구성보다 더 걱정해야 할 것이 있다. 많은 사회심리학 연구들에 의하면, 설득은 중심통로와 휴리스틱(혹은 주변) 통로를 통해 이루어진다. 전자는 합리적인 추론을 할 수 있도록 사실과 주장을 체계적으로 전달해서 설득을 이끌어 내는 대화 통로이며, 법이 구현하려는, 이치에 맞는 판단을 목표로 하는 설득기제다. 후자는 피상적인 설득도구들, 즉 연합, 유사성, 은유, 정서적 호소 그리고 이야기 꾸미기로 구성된 설득기제다. 연구들에 의하면, 설득은 증거에 의해 뒷받침되는 분석적 추론보다는, 휴리스틱적이고 피상적인 단서들에 의해 압도되는 경우가 많다.[165] 설득은 정확성과 관련 없는 수많은 휴리스틱에 의해 영향받는데, 그 휴리스틱 중에는 정서적 호소,[166] 은유,[167] 아이러니,[168] 의미 없는 질문들,[169] 유머[170] 그리고 말하는 사람에 대한 호감[171] 등이 있다. 설득은 듣는 사람의 태도와 소속집단,[172] 기분상태,[173] 자신감[174] 등의 특성에 의해서도 좌우된다. 사람들은 정보의 객관적 신뢰성보다는 자신의 개인적 경험에 더 큰 비중을 두어 주어진 정보를 평가한다.[175] 사람들은 또한 비디오, 컬러사진, 문서 등의 정보전달 매체에 의해서도 영향을 받는다.[176]

당사자주의 절차에서 서로 경쟁하는 검사, 변호사가 여러 종류의 휴리스틱 설득기제를 사용하는 것은 전혀 놀랄 일이 아니다. 전통적인 소송 변론 매뉴얼과 변호사들을 위한 교육 자료들을 그냥 훑어만 보아도, 법조인들이 휴리스틱 설득을 얼마나 진지하게 대하는지 쉽게 알 수 있다. 예를 들면, 변호사들은 적절한 복장을 착용하라는 충고도 있고, 진지하게 보여야 한다는 충고도 있으며, 배심원들이 지루하지 않게 해야 하고, 이야기를 들려주어야 하며, 단순명료해야 하고, 배심원석으로부터 적당한 거리를 유지해야 하며, 무엇보다도, 변호사들의 전형적인 말투를 사용해서는 안 된다는 지침도 있다.[177] 어떤 매뉴얼은 "좋은 사람"으로 보여야 하고, 자신감 있어 보여야 하며, 시종일관 배심원과 눈을 맞추어야 하고, 배심원들의 취향에 맞는 복장을 착용하며, 목소리의 크기와 높낮이, 그리고 말을 끊는 지점 등을 적절히 변화시켜야 한다는 지침을 주기도 한다.[178] 널리 사용되는 변호사 교육 매뉴얼의 제목들을 보면, "연기 요령과 배심재판 전략" "변호사는 배우에게 무엇을 배워야 하는가?" 등이 있다.[179] 어떤 변호사들은 배심원과 더 밀접해지기 위해서 심리상담을 받기도 한다.[180] 재판컨설팅 산업이 융성하게 발전한 것도 휴리스틱 설득의 잠재력 때문이다. 예를 들면, 미국재판컨설팅협회에서 발간한 2011년 9월호 뉴스레터에는 변호사들에게 예술적인 기피 기술, 배심원의 인지편파를 활용하기, 증인에게 증언을 준비시키기 위한 심리학적 기술 등이 설명되어 있다.[181] 결론적으로, 사실판단은 재판 과정에 마구 잡이로 나타나는 잡다한 특성들과 변호사들의 수사적(역자 주: 修辭, 말을 다듬고 꾸며 서 정연하게 하는) 기술, 그리고 그러한 비진단적인 설득기제에 민감한 판단자의 특성 에 대해 매우 취약한 것이다.

증거가 아닌 정보

영미 재판의 핵심 특징은 재판에서 인정된 증거(역자 주: 증거능력이 있는 증거)에 기 초해서 사실인정이 이루어져야 한다는 것이다. 증거로 인정되지 않은 정보나 사람이 결정에 영향을 주어서는 안 된다.[182] 때로는 증거능력 없는 정보가 언론보도의 형태 로 유입되기도 하는데, 그러한 정보는 대부분 경찰과 변호인에 의해 유포되는 것이 다. 증거능력 없는 정보는 배심원 선정절차(역자 주: 재판 전에 검사와 변호사가 배심원 후보자들에게 여러 가지 질문을 해서 배심원을 기피하거나 선정하는 절차)에서 나오기도 하고, 증인과 변호사의 자의적인 언급, 법정 안팎의 가십, 또는 배심원의 상상의 산물 인 경우도 있다.[183]

증거능력 없는 정보가 의사결정 과정에 스며들고, 그래서 유무죄 판단을 좌지우지 할 수 있다.[184] 재판 전 언론보도pretrial publizity의 효과는 실제 재판과 실험실에서 모두 확인된다. 실제 재판 참가자들에 대한 연구는 피고인의 유무죄 여부에 대한 배심원 들의 믿음이, 그 배심원들이 해당 사건에 대한 언론보도에 노출된 정도와 정적인 상 관을 가지는 것을 발견하였다.[185] 인디애나주의 179개 재판에 관한 연구에서는 배심 원들이 언론보도에 많이 노출된 재판에서 유죄판결 비율이 높았다.[186] 언론보도효과 의 존재와 정도는 소규모 지역에서 큰 사회적 관심이 된 사건에 대한 재판에서 가장 크게 나타났다. 예를 들면, 오클라호마 TV 방송국이 실시한 여론조사 결과, 재판이 시작되기도 전에 응답자의 67%가 이미 피고인을 유죄라고 믿는 것으로 나타났다. 그 피고인은 실제로 유죄판결을 받았고, 사형선고를 받았으며, 10년이 지난 후에야 비 로소 DNA 검사로 면죄되었다.[187]

증거능력 없는 정보에 노출되는 것의 효과는 실험실에서도 관찰된다. 많은 연구들 에 의하면, 피고인 소유의 총기와 살인의 관련성에 대한 암시,[188] 피고인의 의심스러 운 과거 행적,[189] 피고인이 평소에 친구가 거의 없고 불량한 행동을 자주 했다는 사실,[190] 사건 당일에 피해자와 피고인이 말다툼을 했던 사실[191] 등을 보도하는 신문기사를 본 배심원들은 그런 기사를 보지 않은 배심원들보다 유죄판단을 많이 하였다. 한 메타분석 연구는 총 5,000명의 실험참가자가 포함된 44개의 실증연구를 종합한 결과, 증거능력 없는 정보에 노출되는 것은 유죄판단 비율을 16% 상승시킨다는 것을 발견하였다.[192] 재판 전에 범죄의 잔혹성을 사진과 비디오 등으로 생생하게 보도하는 것은 인쇄된 문자로만 보도하는 것보다 더 큰 편파적 효과를 가진다.[193] 어떤 경우에는, 판사가 배심원들에게 그러한 증거능력 없는 정보를 판단에서 배제하라는 설시를 하기도 하지만, 그러한 판사 설시의 효과는 제7장에서 자세히 설명될 것이지만, 매우 제한적이다.

증거능력 없는 정보의 영향에 대한 한 가지 설명은 배심원들이 정의로운 판단을 하기 위해서 증거능력에 관한 법적 규칙을 의도적으로 무시하기 때문이라는 것이다. 또 다른 설명은 배심원들이 의식하지 못하는 가운데 자기도 모르게 영향을 받는다는 것으로, 잠시 후 설명될 정합성 효과 때문이라는 것이다. 증거능력 없는 정보의 영향은 제4장에서 설명된 바와 같이, 출처감시source monitoring의 실패에 의해 더 가속된다. 즉, 배심원들이 자신이 알고 있는 특정한 정보가 법정에서 증거로 제시된 것인지, 아니면 다른 출처로부터 알게 된 것인지를 언제나 잘 구별하는 것은 아니기 때문이다.[194]

정서적 자극

정서적인 흥분을 자아내는 사건은 합리적인 사실인정을 추구하는 법과 편파적 증거 사이에 극도로 높은 긴장상태를 유발한다. 일상에서도 사람의 판단은 자신이 의식하지 못하는 가운데 시시각각 경험하는 감정에 휩쓸리기 때문에, 의사결정에서 감정을 배제하라고 요구하는 것은 비현실적인 몰이해라고 할 수 있다. 하물며, 강력한 감정을 자아내는 상황에서 감정을 배제하고 판단하는 것은 정말 어려운 일이다. 제2장에서 살펴본 바와 같이, 배심원들은 때로는 분노, 혐오, 격정을 자아내는 잔혹성과 불의를 경험한다. 그런 강렬한 분노는 증거를 피상적으로 평가하게 만들고, 다른 사람에 대한 적대적인 판단을 하는 경향을 만들어 낸다. 구체적으로, 분노는 부정적인 일에 대해 개인을 비난하는 경향을 강화시키고, 타인의 행동을 의도적인 것으로 해석하게 만들고, 허약한 증거에 집착하게 만들고, 다른 가능성과 참작사유를 무시하게 만든다. 분노는 또한 고정관념, 복수심, 침해에 대한 맞대응 욕구 등을 강화시킨다. 배심원들이 감정의 동요에 취약하다는 것을 법 제도가 이미 잘 알고 있고, 그래서 감정에 동요되지 말라는 주의를 수시로 배심원들에게 해 주는 것도 사실이다.[195] 그러나 문제는, 그러한 주의가 일반적으로 효과가 없을 뿐만 아니라, 효과가 없다는 것을 법조인들이 매우 잘 알고 있다는 것이다.

실험연구들은 끔직한 증거가 배심원들의 판단을 왜곡시킬 수 있다는 것을 확인하였다. 한 연구에서는 칼에 찔려 살해된 피해자의 처참한 모습 사진을 본 모의배심원들은 복수심, 격정, 쇼크, 불안 등의 부정적 감정을 경험하여, 유죄판단 비율이 두 배이상 높아지는 것을 발견하였다.[196] 잔혹한 토막살인 사건 시나리오를 이용한 호주의다른 연구에서도 유사한 결과가 발견되었다.[197] 중요한 점은, 그 연구들에서 판단의쟁점은 "범인이 누구인가?"이고, 그 쟁점에 대한 판단은 범행의 잔혹성과는 상관이없다는 것이다.[198] 그 연구들의 배심원들은 끔찍한 범죄에 대해 누군가를 처벌해야할 필요를 느꼈던 것으로 보이고, 재판을 받고 있는 사람을 당연한 처벌대상으로 여겼던 것으로 보인다. 증거법의 표현을 빌리면, 잔혹한 증거는 증명력은 없고, 강력한편견을 잉태한 증거다.[199]

분노는, 끔직한 증거가 없어도, 검사와 변호사의 모두발언 혹은 최후변론에 의해유발될 수 있다. 예를 들어, 대릴 헌트의 재판에서 검사는 "강간살해를 당한 피해 여성은 자신의 몸에서 끈적이는 액체가 흘러나오는 것을 느꼈겠지요? 그 피해자가 그때 자신의 몸에서 생명이 풀밭으로 스물거리며 흘러 나가는 것을 느꼈을까요?"[200]라고 말하여 배심원들의 눈물을 자아내기도 하였다. 자백은 범행에 대한 생생하고세세한 설명이 피고인의 입으로부터 직접 현출되는 것이기 때문에, 분노감정을 자아내는 특히 강렬한 메커니즘을 가진다. 크리스 오초아Chris Ochoa의 사건에서는, 강간살해에 대한 상세한(그러나 모두 거짓인) 기술이 법정에서 큰 소리로 낭독되었는데, 법정에서 그것을 듣고 있던 피해자의 모친은 심한 충격을 이기지 못하고 화장실로 달려가 구토를 하기도 하였다.[201] 특별히 감정을 동요시키는 것이 없는 평범한 재판절차에서도, 증인석에 앉은 피해자가 자신이 겪은 피해상황을 진술하면서 눈물을 흘리는등의 요소에 의해 배심원의 정서는 쉽게 동요될 수 있다.[202]

유무죄 판단은 각종 다양한 도덕적 가치 평가(선, 악 판단)에 대해서도 취약성을 가진다. 배심원들은 사건에 관계된 사람들, 피고인과 피해자는 물론이고, 증인, 경찰, 변호인에 대해서 긍정적이거나, 부정적인 감정을 경험하게 마련이다. 연구들에 의하면 도덕적 가치 평가는 판단과 결정에 막중한 영향을 준다.[203] 실제로, 검사와 변호사들은 재판에 관련된 다양한 사람들을 긍정적으로, 혹은 부정적으로 보이게 하기 위해 지대한 공을 들인다.[204] 어떤 무고한 피고인의 재판을 담당했던 검사는 그 피고인을 "당신이 평생 살면서 볼 수 있는 가장 무서운 사람"이라고 배심원에게 말하기도 하였다.[205]

인종 고정관념

사실인정 절차의 공정성을 위협하는 또 하나의 요인은 인종 고정관념이다. 소수인종 사람들이 여러 다양한 생활영역에서 인종차별을 받는 것을 보면,[206] 사법절차에서도 그러한 차별을 받는 것은 놀랄 만한 일이 아니다. 실험연구들은 피고인의 인종에 대한 고정관념과 부합하는 범죄 사건에서, 인종편견이 유무죄 판단에 개입한다는 것을 잘 보여 준다. 예를 들면, 횡령범죄에서는 백인 피고인이 흑인 피고인보다 유죄판결을 받을 확률이 더 높은 반면, 차량절도나 강도범죄에서는 그 반대다. 범죄가 고정관념과 일치하면 정보처리가 더 피상적이고 확증편향적으로 이루어지고, 범죄행위를 피고인의 내적인 성격에 더 많이 귀인하며, 재범확률도 더 높게 추정된다는 것을 연구들이 보여 주고 있다.[207]

그러한 연구결과들은 인종 고정관념과 강하게 결부된 강간사건의 비율이 높은 DNA 면죄 사례들의 자료와도 일치한다. 강간죄로 유죄판결을 받았던 DNA 면죄 사례들의 73%가 소수인종 피고인들이었지만, 강간죄로 유죄판결을 받은 사람들 중에 소수인종은 50% 정도에 불과하다.[208] 이러한 패턴은 피해자가 백인일 때 더 강하다. 흑인 남자가 백인 여자를 강간하는 사례는 모든 강간사건의 20%도 안 되지만,[209] 강간죄로 유죄판결을 받고 복역 중 DNA 분석으로 면죄되는 사람들의 약 50%가 백인 여자를 강간한 혐의로 유죄판결을 받았던 흑인 남자들이었다.[210]

인종효과는 양형 특히, 사형선고에서도 관찰된다. 제7장에서 설명할 내용과 같이, 백인 피해자를 살해한 흑인 피고인은 다른 피해자-피고인 조합보다 사형 선고를 받을 확률이 높다. 그런데 일부 흑인 피고인들은 다른 흑인 피고인들보다도 더 심한 취급을 받는다. 흑인 피고인들 중에서도 얼굴모습이 넓은 코, 두꺼운 입술, 검은 피부 등, 아프리카인의 특징을 많이 가진 사람들은 그러한 얼굴 특징을 덜 가진 흑인 피고인보다 더 무거운 처벌을 받는 경향이 있다.[211] 그러한 연구결과는 징역형 자료에서도 나타나고,[212] 사형 선고 자료에서도 발견된다.[213]

정합성 효과

정합성 효과(제2장 참조)는 배심원 의사결정에서 매우 중요한 역할을 한다. 정합성 기반의 추론coherence-based reasoning은 많은 정보들을 취합해서 가부간의 결정을 이끌어 내는 인지과정을 설명해 준다. 그 인지과정은 공존하는 것들은 서로 모순 없이 맞아 들어가야 한다는 게슈탈트 원리에 기반한 정보처리 과정이다. 결론이 증거들에 의해 강력하게 지지되는 정합성이 정신모형에 형성되면, 복잡한 결정도 때로는 효과적으로, 쉽게 이루어질 수 있다. 인간의 인지체계는 떠오르는 결론을 뒷받침하는 증거들을 최대한 강화하고, 반대되는 증거를 최대한 억제하여 복잡성과 판단 딜레마를 줄이려는 특성이 있다. 인지체계의 그러한 특징은 결론이 사실들로부터 유도되기도 하고, 사실들이 서로 모순 없이 조화를 이루도록 결론에 의해 재구성되기도 하는 양방향 추론bidirectional reasoning 에 의해 이루어진다.

정합성 효과의 한 가지 핵심적 특징은 증거들이 서로 비대칭적인(역자 주: 세력에서 큰 차이가 나는) 두 개의 상반된 진영으로 분열하고, 그중 하나는 보강증거들에 의해 강력하게 지지되지만, 나머지 하나는 지지되지 않는 형국이 만들어진다는 것이다. 예를 들면, 서로 관련성이 없는 일련의 증거들—목격진술, 동기, 출처가 밝혀지지 않은 현금, 알리바이 주장—을 포함하는 차량절도 사건에서, 사실판단자들은 그 모든 증거들을 서로 모순 없이 조화롭게 유죄판단, 혹은 무죄판단 중 하나로 수렴되는 전체로 이해하려는 강한 경향을 가진다.[214]

그러한 분열은 복잡한 사안에 대해서도 판단을 가능하게 해 준다는 점에서 분명히 적응적인 면이 있다. 그러나 동시에, 형사재판의 유무죄 판단의 경우에는 판단의 정확성에 매우 심각한 문제를 초래할 수 있다. 그러한 분열은 유죄판단을 증거들에 의해 강력하게 뒷받침되는 정확한 판단으로 보이게 만들어서 사실인정을 유죄로 몰아가는 잠재력을 가진다. 첫째로, 배심원들이 유죄심증을 가지기 시작할 때, 그 심증과

맞지 않는 무죄증거들은 증명력이 낮은 것으로 간주된다. 따라서 일반적으로 합리적 의심을 불러일으키기에 충분한 증거들도 사실판단자의 마음속에서는 무시할 만한 것으로 치부된다. 둘째로, 증거가 애매하고 복잡한 경우에도 정합성 효과는 사실판단자가 자신의 판단에 대하여 강력한 확신감을 가지게 만든다.[215] 확신감 수준은 정합성 수준과 상관관계를 가지는 것이 밝혀졌다. 즉, 증거들의 분열과 비대칭성이 클수록, 확신감이 높아진다.[216] 다시 말해서, 확신감은 인지적 정보처리에서 불가피하게 인위적으로 발생하는 부산물이다. 그러한 정합성 효과와 확신감이 유죄판단을 위해 정해진 고도의 증명기준을 무력화시킬 수 있다는 것은 그리 이해하기 어려운 일이 아니다.[217] 무죄증거를 평가절하하고, 유죄증거의 증명력을 높이 평가하면, 처음에 유죄 쪽으로 단지 기울기만 했던 심증도 그 증명기준을 초과할 정도로 강력해진다.[218]

정합성 효과의 두 번째 핵심 특징은, 각각의 증거가(다른 증거와 논리적 종속관계를 가지지 않는 한) 고유한, 불변의 정보가치를 가진다는 원칙, 즉 사법판단에 관한 합리주의 전통이 가지는 중요한 규범적 원칙에 대한 위협이다. 게슈탈트 현상에 내재하는 상호연관성 때문에, 모든 증거들은 모든 다른 증거들, 그리고 최종적인 판단 자체와도 연관성을 가진다. 판단에 의해 증거들이 영향을 받을 수 있다는 비독립성의 이러한 특성 때문에 각 증거들은 논리적 관계가 없는 다른 증거들의 영향 또한 받을 수 있다. 이러한 순환적 상호영향의 결과로, 하나의 강력한 유죄증거에 사실판단자를 노출시키는 것은 모든 증거를 유죄증거로 보이게 할 수 있고, 하나의 강력한 무죄증거에 노출하는 것은 모든 증거들이 무죄판단을 향하는 것으로 보이게 만들 수 있다. 순환적으로 상호영향을 주는 현상은 하나의 특정 증거와 일치하는 방향으로 결론을 몰고 가는 결과를 만든다. 위에서 언급한 절도사건에서, 만약 용의자가 범죄현장 근처에 있었다는 정보가 추가되면, 그 정보와 상관없는 다른 증거들을 더 유죄지향적으로 해석하는 결과가 생긴다.[219] 마찬가지로, 명예훼손 혐의로 피소된 피고인을 선의를 가진 사람으로 기술하면 무죄를 나타내는 모든 법적, 사실적 주장들이 강력해지고, 반면에 탐욕적인 사람으로 묘사하면 반대 주장들이 강해진다.[220]

증거들이 상호 종속되는 현상은 그 현상과는 다른 현상을 규명하기 위해 수행된 모의배심재판 연구들에서도 종종 발견되곤 한다. 한쪽 당사자가 제시하는 증거에 대한 의미해석은 반대편 당사자가 제시하는, 전혀 무관한 다른 정보에 의해서도 바뀌다. 예를 들어, 증인이 증언을 하면서 쓸데없는 세부사항을 시시콜콜하게 언급하면, 반대편 증인의 증언에 대한 신빙성이 낮아지고,[221] 그런 쓸데없는 세부적 진술이 사실이 아니라는 것이 밝혀지면, 반대편 증인에 대한 신빙성이 높아지며,[222] 검사측 증인의 자신감이 높아지면 피고인의 알리바이 증거가 약해진다.[223] 그러한 현상은 당사자들 중 일방에서 제시한 서로 다른 증거들 사이에서도 나타난다. 유죄증거가 제시되면 범인의 몽타주와 피고인이 더 비슷하게 보인다.[224] 또한, 하나의 증거가 증거능력을 상실하거나 증명력이 현저히 약해지면, 동일한 당사자가 제시하는 다른 증거들의 신빙성도 모두 실종된다.[225]

증거들이 고정된 것이 아니고, 서로 독립적이 아니라는 것은 재판 전 언론보도나 근거 없는 추측성 정보 등의 증거능력 없는 정보가 초래할 수 있는 오염효과를 이해하는 데 큰 도움이 된다.[226] 배심원들이 증거능력 없는 정보와 언론보도 등에 노출되면 판단 그 자체뿐만 모든 증거들에 대한 해석이 바뀔 수 있다. 예를 들어, 살인사건의 피고인이 평소에도 폭력성을 가진 외톨이였다는 소문이 알려지면, 배심원들의 유죄판단 비율이 높아지고, 순찰경찰, 장의사, 피해자의 부모, 그리고 사회복지사의 증언을 더 유죄지향적으로 해석한다.[227] 피고인이 자신에게 불리한 진술을 하면 다른 증인들의 진술도 유죄를 뒷받침하는 것으로 해석된다.[228] 피고인의 전과기록이 알려지는 경우에도 유사한 현상이 발생한다.[229] 따라서 정합성 효과는, 제7장에서 살펴볼 바와 같이, 증거능력 없는 정보를 무시하라는 판사의 설시가 왜 소용이 없는지를 이해하는 데 도움이 된다. 배심원들이 판사의 설시에 충실하여 증거능력 없는 정보를 무시하였더라도(쉬운 일은 아니지만), 그 정보가 다른 모든 합법적 증거들에 이미 끼친 편파성을 극복하기는 더 어려운 것이다.

개선을 위한 권고

이 장에서 살펴본 연구들은 형사재판의 진단능력에 대해 의문을 제기한다. 사실인정의 정확성이 저하되는 가장 큰 이유는 유무죄 판단의 근거가 되는 증거의 질이 불명이고, 때로는 저급하기 때문이다. 그러나 증거의 질이 우수한 경우에도 사실인정이 더 쉬워지는 것은 아닌데, 그 이유는 형사재판에 제시되는 전형적인 증거 유형들이 정확성을 평가하기 어려운 것들이기 때문이다. 사실인정이 이루어지는 환경이 잠재적으로 유무죄 판단을 편향시킬 수 있는 요인들로 가득 메워져 있기 때문에, 정확한 추론을 이끌어 내는 일은 더욱 어려워진다.

적법절차가 파손되는 문제의 핵심은 정확성이 의심스러운 증거에 과도하게 의존하는 것이므로, 개선은 당연히 그러한 증거들을 생산하는 일차적인 책임을 가진 절차, 즉 수사단계에 초점이 맞추어져야 한다. 배심원들에게 보다 신뢰할 수 있고 투명한 증거를 제공하는 것은 사실인정을 훨씬 쉽게 만들어 주고, 판단을 더 정확하게 만들어 줄 것이다. 반면에, 소송절차는 장엄한 전통에 뿌리를 내린 당사자주의 구조로 고착되었기 때문에, 개선의 대상이 되기 어렵다. 사실 이 장에서 논의된 많은 문제들은 쉽게 개선되기 어려운 것들이다. 예를 들면, 그럴듯한 이야기를 들려주는 방식의 변론, 휴리스틱을 활용하는 설득, 판단자의 감정을 흔드는 요소 등의 효과를 제거할 수 있는 마땅한 해결책은 없다. 또한 인종 고정관념이 법정에 스며들어 오는 것을 막기도 어렵고, 정합성 효과를 제거하거나 감소시킬 수 있는지도 지극히 의심스럽다.[230]

그렇다 하더라도, 소송절차에 개선가능성이 아주 없는 것은 아니다. 사실인정 절차의 진단성을 향상시킬 수 있는 방안들을 제안하는 실증연구들이 있다. 제8장에서 논의할 바와 같이, 배심원들에게 라인업 절차와 목격증인의 인터뷰를 촬영한 영상을 보여주면 목격지목의 정확성을 더 잘 판단한다. 제3장에서 목격자가 범인을 더 빨리 알아보고, 그것에 대해 확신감을 가질수록 목격지목이 신뢰롭다는 연구결과들을 살펴보았다. 따라서 목격증인의 범인지목 속도와 확신감을 아는 것은 그 증인의 범인지목이 정확한지를 판단하는 데 매우 중요하다. 그것이 가능하기 위해서는, 배심원들이 정확성 단서의 활용에 대해 교육을 받아야 하는데, 그런 교육은 전문가에 의해 이루어질 수 있다. 전문가 증언은 비진단적인 요인들을 배제시키고, 실제로 진실을 반영할 수 있는 요인들에 대해 주의를 환기시켜 주므로, 사실인정에 기여할 수 있다. 전문가 증언이 사실인정에 가지는 효과에 대해서는 많은 연구가 이루어지지 못했지만, 현재까지 존재하는 연구들은 전문가 증언이 사실인정을 다소 향상시킨다는 것을 보여 준다.[231] 그러나 현실에서는, 피고인이 전문가 증언의 혜택을 받기는 어려울 뿐만 아니라, 일부 법원에서는 그러한 전문가 증언을 금지하기까지 한다.[232] 전문가 증언에 대한 그러한 제약이 완화되어야 할 충분한 이유들이 있다. 개선을 위한 그 밖의 다른 권고사항들은 다음과 같다.

1. 잘못된 수사절차를 통해서 얻어진 증언을 허용하는 것에 대해서 판사들은 보다 엄격한 태도를 가져야 한다.

2. 잘못된 절차로 진행된 라인업에 의한 목격자의 범인지목을 증거로 허용해서는 안 된다.[233]

3. 경찰에서의 범인지목 없이, 목격자가 법정에서 범인을 지목하게 해서는 안 된다. 또한 경찰에서의 범인지목도 지목절차에 유도성/암시성이 있는 경우에는 증거로 허용해서는 안 되고, 용의자를 지목하지 않았거나, 피고인이 아닌 다른 용의자를 지목한 목격자의 증언을 허용해서는 안 된다.

4. 자백은 자발적(임의적)이고 신뢰로운 경우에만 증거로 허용해야 한다.[234] 자발성이 있거나, 미란다 권리를 포기한 경우에도, 신뢰롭지 않을 가능성이 있는 자백은 증거로 허용해서는 안 된다.

5. 자백의 증거능력을 인정하기 위한 기준은 현행 "증거의 우세preponderance of evidence" 기준보다 더 높아야 한다.

6. 판사는 알리바이 증거로부터 잘못된 추론이 이루어질 수 있는 위험을 배심원에게 설명해 주어야 한다.

7. 배심원에게 거짓말 여부를 판단하기 위해 품행(몸짓, 표정, 말투 등) 증거를 사용하라고 하는 판사의 지침은 폐지되어야 한다. 판사는 배심원에게 증인의 품행으로 거짓말 여부를 판단하는 것의 위험에 대해 설명해 주어야 한다.

8. 항소심과 재판 후 절차의 판사는 일심 재판기록을 보고 증언의 진실성에 대해 적극적으로 판단해야 한다.

9. 판사는 배심원들이 증거능력 없는 정보에 노출되지 않도록 보다 적극적인 노력을 해야 한다.

10. 판사는 잔혹하거나, 기타 강한 감정을 유발하는 증거는 그것이 판단과 직접적인 관련성이 있거나, 필수적인 경우가 아니라면 허용하지 않아야 한다.

07 진실을 밝혀내기
재판의 사실판단 메커니즘

　　앞 장에서는 사실판단자들이 난해한 재판에서 제시되는 증거들로부터 옳은 추론을 이끌어 내는 능력에 방해가 되는 요소들을 살펴보았다. 그러나 논의된 내용 중 대부분이 사법절차의 맥락에서 다소 벗어난 상황에서 사람들의 수행에 국한되어 있었다. 법적 사실판단은 사법절차의 제도적 맥락에서는 다르게—아마도 더 나은 것처럼—보일 수 있다. 판결 절차는 판결의 정확성을 보장할 것으로 여겨지는 많은 메커니즘들을 제공한다. 미국의 형사재판에 대한 높은 평가는 이러한 메커니즘들이 그 역할을 성공적으로 수행할 수 있다고 가정한다. 이 장에서는 이 메커니즘의 효과성을 다룰 것이다.

반대심문

　　공개법정에서의 증인에 대한 반대심문은 당사자주의 제도의 특징 중 하나다. 반대심문은 수정헌법 제6조the Sixth Amendment에 의해 보장되는 증인을 대면할 권리와 변호인의 조력을 받을 권리를 근본적으로 정당화하는 절차 중 하나다.[1] 그 상징적이고 정치적인 중요성에 더하여 반대심문은 오랫동안 "두드려서 진실을 드러낸다(beat and bolt out the Truth)."[2]고 믿어져 온 강력한 진단 도구로 간주된다. 존 위그모어John Wigmore를 인용하면서, 미국 대법원은 반대심문이 "진실을 밝혀내기 위해 만들어진 어떤 절차보다도 뛰어난 법적 장치"[3]라고 반복적으로 공표해 왔다. 반대심문은 위증false testimony을 저지하거나 밝혀냄으로써 절차의 진단성을 높일 수 있다.

위증 방지

반대심문은 증인이 될 수 있는 사람들의 위증을 예방하는 효과가 있을 수 있다. 공개법정에서 곤란한 질문들을 받게 될 것이라는 기대는 그들이 거짓으로 진술하는 것을 저지할 수 있다. 이 저지 효과가 실제로 절차의 정확성에 기여하리라는 것은 어느 정도 명백하다. 그러나 이 효과의 한계가 무시되어서는 안 된다. 우선, 이 저지 효과가 거짓말을 할 수 있는 증인을 제지할 수는 있으나, 정직하지만 (기억)실수를 범한 증인이 있는 더 난해한 사건에서도 영향력을 가질 수 있을지는 의심스럽다. 제4장에서 논의했던 것처럼, 기억 연구들은 사람들이 자신이 가지고 있는 기억 내용의 정확성과 무관하게 자신의 기억을 믿는 경향이 있다는 것을 보여 준다. (기억)실수를 하는 증인도 자신의 기억이 정확하다고 믿는다는 점에서, 그들이 허위 기억을 이야기하는 것이 억제될 가능성은 정확한 증언을 하는 증인이 실제로 정확한 기억을 이야기하는 것이 억제될 가능성보다 더 높지 않을 것이다.

저지 효과는 증인이 증인석에 서는 것에 대한 두려움을 거의 느끼지 않을 때에도 감소할 수 있다. 증인들은 그들의 진술과 모순되는 믿을 만한 증거가 전혀 없을 때 두려움을 거의 느끼지 않는다. 예를 들면, 사적인 장소에서 일어난 범죄의 피해자가 자신일 때 또는 자신이 범죄사건을 목격한 유일한 사람일 때와 같이, 자신이 증거의 유일한 제공자일 때 그렇다. 또한 증인의 증언이 나머지 증거들에 의해서 보강되는 경우에는 증인의 진술과 배치되는 믿을 만한 증거가 전혀 없을 것이다. 그러나 제6장에서 논의된 바와 같이, 추정되는 확증은 단지 준–확증pseudo-corroboration, 즉 오류가 있는 조사 과정의 역동성이 만들어 낸, 사람들을 오도하는 산물에 불과할 것이다. 역설적이게도, 보강증거 자체는 틀린 증언에 의해서 잘못된 방향으로 흘러갔던 수사에서 발견되었을 가능성이 있고, 다시 그 틀린 증언을 보강할 수 있다. 재판에서 증언을 하는 경찰 수사관은 일반적으로 반박 증거에 의한 공격을 받지 않는다. 수사의 불투명성은 그들에게 불리한 어떠한 사실도 그들의 증언을 반박할 수 없다는 것을 의미한다.

배심원들이 증인들을 믿으려는 마음이 강하다는 것을 알고 있을 때에도 그들은 거의 두려움을 느끼지 않는다. 증인이 동정을 유발하는 피해자이거나, 또는 대부분의 사법권에서는 경찰관 또는 공무원인 경우에 이런 일이 발생한다. 증인들이 자신들은 어차피 의심을 받을 것이라고 예상할 때에도 증인석에 서는 것을 두려워할 이유가 거의 없다. 배심원들이 증인을 믿지 않으려는 경향이 강하다는 것을 알고 있는 증인도 두려워할 이유가 없는데, 일반적으로 증언을 하기 위해 고용된 전문가 증인이 그런 경우다. 이 전문가 증인들은 자신들을 고용한 측의 입장을 취하는 경향이 있고, 상대측의 공격을 강하게 받을 것을 너무나 잘 알고 있다.[4]

위증의 발견

반대심문이 재판의 진단성을 높일 수 있는 또 다른 방법은 반대심문을 하면서 실수와 거짓말을 실시간으로 밝혀내는 것이다. 이러한 위증의 발견(이 발견을 '페리 메이슨의 순간Perry Mason moments이라고 부른다)이 배심단에게 제시되는 증거의 정확성을 증가시킬 것은 분명하다. 그러나 이런 극적인 예는 흔치 않다. 제6장에서 논의된 것처럼, 증인들은 으레 변호인들에 의해서 반대심문에 대비가 되어있다. 이 준비 과정에서 증인들은 그들의 증언을 손질하고 증언이 최대한 신뢰롭게 보이도록 만든다. 또한 이 과정에서 증인들은 반대심문 동안에 있을 수 있는 일들과 그에 잘 대처하는 방법을 지도받기도 한다.

페리 메이슨의 순간이 빈번하지 않은 것은 증인석에서 증인이 무언가를 폭로하게 하는 것에는 전략적 위험이 따르기 때문이기도 하다. 증인이 거짓말하는 것을 드러내기 위한 시도를 했다가 실패하는 것은 매우 위험할 수 있다. 한 예로, 증인에게 반복적인 질문을 하는 것은 그에게 자신의 진술을 되풀이할 수 있는 기회를 주는 것이나 마찬가지다. 더 중요한 것은 반대심문을 잘 견디는 것이 증언을 더 강하게 보이도록 할 수 있고, 그 증인의 효과를 강화할 수 있다. 그래서 유명한 격언이 있다. "대답을 알지 못하는 질문은 하지 말아라."[5] 반대심문의 효과는 정보적인 측면에서 불리한 피고측 변호인에게 특히 제한적이다. 형사 피고인의 대다수가 범죄를 효과적으로 조사할 자원도, 전문성도, 법적 권한도 부족하다. 검찰은 증거에 대한 사실상의 독점권을 가지고 있지만, 무죄증거를 공유할 의무는 제한되어 있다.[6] 따라서 피고측은 종종 진실에 다가가기 위한 최고의 도구라고 칭찬을 받는 반대심문이 효과적으로 사용되고 있다는 것을 인정하지 않는다. 활발한 반대심문이 있는 사건은 그 사건이 약하다(역자 주: 결정적인 증거가 없다)는 것을 보여 주는 신호로 해석될 수도 있다. 또한 과도하게 적대적으로 느껴져서 사실판단자들에게 반감을 갖게 할 수도 있다.[7] 다시 말하지만, 배심원들은 일반적인 검사측 증인들(피해자, 경찰관 및 목격자)을 난처하게 만드는 것에 대해 부정적으로 반응하는 경향이 있기 때문에 이 우려는 피고측 변호인에게만 해당된다.[8]

게다가 반대심문은 정직하고 정확한 증인의 증언조차도 약화시킴으로써 절차의 진단성을 감소시킬 수 있다.[9] 실제로, 일부 논평가들은 반대측 증인의 신뢰성을 공격하는 것은 당사자주의 체계에서 변호인이 그의 고객에게 약속한 전문적인 임무라고 주장하기도 한다.[10] 최근의 한 연구는 (아마도 정직한) 증인들을 현실적인 반대심문에 참여시키자 그들 중 거의 3/4이 4개의 중요한 사실 중 최소한 하나에 대한 그들의 증언을 바꿈으로써 증인들의 증언이 달라진다는 것을 보여 주었다.[11] 이 연구에서는 증언이 바뀐 것이 부가적으로 그 증언의 정확성을 감소시켰지만, 이론적으로, 실수했던 증인의 증언이 바뀌는 것은 실제로 그 증거의 정확성을 증가시킬 수 있다. 증인의 신뢰성을 약화시키기 위한 한 가지 방법은 질문들을 복잡한 언어, 즉 소위 변호사어 lawyerese로 바꾸어 다시 하는 것이다. 이러한 질문들은 유도질문, 부정문 또는 이중부정문이나 다중구조multipart를 가지는 질문들이다. 연구들은 이러한 질문들이 틀린 반응과 "모르겠다"는 반응 비율을 높인다는 것을 보여 주었다.[12] 변호사어로 다시 하는 질문은 증인들의 정확성과는 무관하게 확신감을 감소시키고,[13] 따라서 증인의 확신감이 가지는 진단적 가치를 약화시키는 것으로 나타났다.[14]

경우에 따라 증인에 대한 의심을 불러일으키려는 시도가 반대심문 절차에 어느 정도의 신랄함과 심지어는 잔인함을 불러올 수 있다. 재판에서의 변호를 위한 한 안내서는 증인을 사냥하는 모습을 떠올리게 한다. "그가 빠져나가려고 하는 모든 틈을 막아라." 또는 "그가 말하도록 강요하라—너무 빨리 덫을 놓지 마라."[15] 당연히, 증인에 대한 개인적인 공격은 더 나아가 그 증인이 증언하는 측에 대한 공격이 될 수 있고 따라서 증인들의 증언을 동요시킬 수 있다. 검사측 목격자를 적대적인 반대심문에 대비시키는 것이 그 목격자 증인의 증언이 유죄를 뒷받침하는 강도를 강화시키고 인위적으로 유죄판결을 증가시킨다는 것을 기억하라.[16]

반대심문은 증인을 그들 증언의 정확성보다는 다른 특성들에 기초하여 선택하게 함으로써 절차를 위태롭게 할 수 있다. 변호인들은 성격이나 낮은 지능 등의 특성 때문에 반대심문의 격렬함을 "잘 견디지 못할" 수 있는 정직하고 신뢰로운 증인들을 증인석에 세우지 않기로 결정할 수 있다. 마찬가지로, 변호인은 심지어 증인이 그의 정직성과 그가 하는 설명에 대한 신뢰성을 의심하고 있더라도 반대심문을 잘 견뎌 낼 것이라고 생각되면 그 증인을 증인석에 세우고 싶을 것이다. 따라서 반대심문은 증인석에서 거짓말을 하는 증인을 저지하여 진실을 찾아내는 것을 돕기는 하겠지만, 그 효과와 가능성은 한계가 있고, 오히려 그 절차의 정확성에 대해 역효과가 있을 수도 있다.[17]

배심원 설시

형사사건에서 판단을 배심원들에게 맡기는 것을 정당화할 수 있는 가장 큰 이유는 배심원들이 상식에 기초해서 판단할 것이기 때문이다.[18] 동시에, 민주주의의 근본적인 요소는 유죄 결정이 법에서 공식적으로 기술하고 있는 바에 부합해야 한다는 것이다.[19] 배심단의 평결이 적절한 사법규칙을 따르도록 하기 위해 사법절차가 추구하는 일차적인 방법은 재판장이 배심단에게 설시를 하는 것이다. 형사상 관련 죄목의 정의와 더불어, 배심 설시에는 증거제일주의primacy of trial evidence, 무죄추정 원칙the presumption of innocence, 입증 기준the standard of proof과 같이 평결을 내리기 위해 고려되어야 할 많은 규칙들이 포함되어 있다. 법적으로 정당한 평결에 이르기 위해서 배심단은 이 규칙들을 규정된 대로 적용해야 할 필요가 있다. 때때로 배심단은 고의로 배심 설시를 무시함으로써 배심단 무효 판결(jury nullification, 역자 주: 배심단 무효 판결은 배심단이 피고인에게 무죄를 평결할 때 발생할 수 있다. 특히 피고인이 법에 반하는 행위를 했다는 것은 인정하지만, 그것으로 처벌을 받아서는 안 된다고 생각할 때, 즉 배심원들이 해당 법률에 동의하지 않을 때 발생한다.)에 이르기도 한다.[20] 그러나 여기서는 배심 설시를 적

용하는 데 무의식적으로 실패하는 경우에 대해서만 다루기로 한다.[21]

법에 대한 충성심과 항소심에서 일심 판결이 파기될 수도 있다는 두려움 때문에 일심 판사는 배심원들에게 법규에 충실한 설시를 한다. 심지어 법규에 충실한 설시를 하는 것이 대부분 사람들의 이해력을 벗어날 때에도 그렇게 한다. 배심 설시는 복잡하고, 어려운 용어들이 많으며, 익숙하지 않은 정신 작용, 심지어는 불가능한 정신 작용을 요구한다. 그러나 사법 체계는 배심원들이 설시받은 대로 따를 수 있다는 가정에 과도하게 의존하며, 법원은 습관적으로 이 가정에 대한 신뢰를 드러낸다. "사법 체계가 기초하고 있는 핵심적인 가정은 배심원들이 일심 판사가 그들에게 제시하는 설시를 잘 따르리라는 것이다."[22] 이 신념의 근간에는 배심원들이 인간행동을 변별하는 날카로운 눈을 가졌고 도덕성에 대한 감각이 발달되어 있을 뿐만 아니라, 심지어 그 법이 배심원의 개인적인 정의에 대한 감각과 모순되는 경우에도 법의 명령을 매우 잘 따를 수 있다는 믿음이 있다. 배심원들이 배심 설시를 얼마나 잘 이해하고 적용하는지는 경험적인 문제일 뿐이다. 이어지는 논의에서는 배심 설시의 두 가지 주된 기능에 대해 다룰 것이다. 이 두 가지는 배심원들이 올바른 의사결정을 하도록 안내하는 기능과 잠재적인 편견으로부터 그들의 판단을 보호하는 기능이다.

지침으로서의 설시

배심 설시가 배심원들의 의사결정에 얼마나 도움이 되는지 그 효과를 가늠하는 한 가지 방법은 배심원들이 설시를 얼마나 잘 이해하는지 측정하는 것이다. 방대한 양의 연구들이 배심원들의 수행은 법이 암묵적으로 가정하는 완벽한 또는 완벽에 가까운 이해에는 크게 못 미친다는 것을 보여 준다. 연구들에서는 설시에 대한 이해 비율이 우연 수준 정도인 13%에서 73%의 범위로 나타났다.[23] 배심 설시가 실제로 법에 대한 배심원들의 이해를 증진시키는지 여부에 대한 자료는 혼재되어 있어서 약간의 이해 증진이 발견된 연구[24]와 설시를 받은 배심원들과 설시를 받지 않은 배심원들이 설시 내용에 대해 알고 있는 정도는 유사하다는 결과를 보여 주는 연구[25]가 모두 존재한다. 설시 내용에 대한 이해는 배심원들이 부정확한 선입견을 가지고 있거나 배심원들에게 익숙하지 않은 정신 작용을 요구하는 경우에 특히 낮았다.[26] 영국에서 수행된 한 연구는 사람들이 자신의 지적 한계를 인정하지 않으려는 경향이 있다는 것을 발견하였다. 이 연구에서는 응답자 중 31%만이 판사의 설시를 이해하였음에도 불구하고, 응답자 중 2/3가 자신들이 설시의 내용을 올바르게 이해했다고 생각하였다. 특히, 설시가 서면으로 제시되면 설시의 내용을 이해한 사람들의 수는 거의 절반까지 증가하였다.[27]

　일반인들이 법적 상황에 배심 설시를 적용하는 능력에 대해서도 유사한 의구심이 든다. 워싱턴주와 플로리다주의 배심원들을 대상으로 한 연구에서는 설시를 받은 참가자와 받지 않은 참가자가 설시의 내용을 적용하는 데 유사한 수행을 보인 것으로 나타났다.[28] 특히, 배심원들의 평결은 제시된 설시의 영향을 받지 않는 것으로 나타났다. 살인 사건에 대해 결정할 때, 모의 배심원들은 살인에 대한 두 개의 다른 정의를 제공받았음에도 불구하고 동일한 평결을 내렸다.[29] 유사한 결과가 강간[30]과 정신이상insanity의 피고인[31]에 대한 서로 다른 설시의 효과를 비교한 실험들에서도 발견되었다.

　아마도 배심 설시의 가장 큰 장애물은 법과 정의에 대한 선입관을 가지고 있는 배심원들일 것이다. 사람들의 결정은 그들이 설시받은 내용보다 그들 자신의 개인적인 선입관과 일관되게 내려지는 경향이 있다.[32] 일반인들은 심지어 강도, 가택침입, 납치와 같은 범죄의 정의에 대해 설시를 받은 후에도 그들이 이미 가지고 있던, 대체로 잘못된 이 범죄들에 대한 지식을 계속해서 적용하였다.[33] 증명의 기준으로 90%의 역치를 사용하라는 설시를 분명히 받은 경우, 모의 배심원들은 설시 받은 역치(90%)와 설시를 받지 않았을 때에 그들이 보고했던 역치(78%)의 평균인 85%의 기준을 사용하였다.[34] 특히, 판사들 역시 법적 규칙을 정의에 대한 그들의 개인적인 감각과 일관되게 사용하는 것으로 생각된다.[35]

치유적 설시

　또 다른 형태의 배심 설시는 편파된 절차를 "치유"하기 위한 것이다. 치유적 설시는 대개 증거능력이 없는 잠재적인 정보가 배심원들에게 노출되었을 때 그것을 교정하기 위해 사용된다. 이러한 노출은 재판 전 언론보도의 형태로 법정 밖에서부터 시작될 수 있고, 무의식적으로 또는 고의로 법정 안에서 변호인이 한 말들로부터 시작될 수도 있다. 때때로 변호인은 법관에게 무효심리mistrial 요청을 하겠지만, 이 이의제기는 거의 실패한다. 법관들은 노골적으로 이의제기를 기각하거나, 이의제기를 수용하기보다는 배심원들은 그 정보를 무시해야 한다는 내용의 설시를 할 것이다.

사법적 경고의 잠재적 치유능력에 대해 의심할 만한 많은 심리학적 근거들이 있다. 정신과정의 아이러니함에 대한 연구들은 사람들로 하여금 어떤 생각을 억제하게 하는 것이 매우 어려운 일이며, 억제하라는 지시는 심지어 그 생각에 대한 현저성 salience을 증가시키는 역효과를 낳는다는 것을 보여 주었다.[36] 유사하게, 심리적 저항 이론reactance theory에 대한 연구들은 사람들이 자신의 자유를 제한하는 것에 대해 부정적으로 반응한다고 주장한다. 박탈당한 자유의 가치를 높이는 것은 저항 반응 중 하나다. 결국 배심원들은 그들이 무시해야 하는 정보를 더욱 강조하게 되는 것이다.[37] 회견 편파hindsight bias에 대한 연구들은 사람들이 이미 가지고 있는 정보가 없는 자신의 지식 상태를 생각하는 데 어려움을 겪는다는 것을 보여 준다.[38] 신념보존 현상belief perseverance phenomenon에 대한 연구는 심지어 사람들은 자신들이 이미 가지고 있는 신념이 신뢰롭지 않다는 것을 알게 되더라도 그 신념에 고착되는 경향이 있다는 것을 보여 준다.[39] 편견적인 지식의 잔존 효과는 정합성 효과에 의해서도 설명될 수 있다.[40]

치유적 설시의 효과성에 대한 연구 결과들은 다소 혼재되어 있다.[41] 어느 정도의 명확성을 얻으려면, 첫째, 개인적인 정책 선호뿐만 아니라 정보에 대한 지각된 증명력과 신뢰성 모두와 관련된, 정의에 대한 사람들의 개인적인 신념의 역할을 인정하면 된다. 예를 들면, 도청된 자백이 잘 들리지 않을 때[42] 또는 정보원이 의심스러울 때[43]와 같이, 그 정보가 신뢰롭지 않아 보이는 경우에는 정보를 무시하라는 설시가 효과적인 것으로 나타났다. 반대로, 이 설시는 피고인의 유죄에 대한 신뢰롭고 증명력이 있다고 여겨지는 정보의 효과를 제거하지는 못했다.[44] 유죄를 입증하는 대화가 불법적인 도청에 의해서 얻어진 경우[45] 또는 불법적 수사에 의해 살인무기를 입수한 경우[46]와 같이, 어떤 정보를 배제해야 하는 이유가 "법적 기교legal technicalities"로 생각되는 경우에도 이러한 설시는 효과가 없었다. 또한 치유적 설시는 피고인의 나쁜 성격을 나타내는 증거character evidence의 효과,[47] 하나의 재판에 병합된 다수의 범죄,[48] 증거 외적인 암시[49]를 중화하기 위해 사용된 경우 효과가 없는 것으로 나타났다. 요약하면, 사람들은 증거를 무시하는 것이 그들의 정의에 대한 감각과 일관될 때에는 증거를 무시하라는 설시를 따르지만, 모순될 때에는 설시를 따르지 않는 것으로 보인다.[50] 법관들도 유사하게 행동한다는 것을 눈여겨볼 필요가 있다. 직업 법관들에 대한 연구에서는 법관들이 그들 스스로 증거능력이 없다고 규정했던 증명력 있는 정보에 흔들린다는 것을 발견하였다.[51]

치유적 설시에 대한 연구결과를 명확히 하는 두 번째 방법은 증거를 완전히 배제하도록 하는 설시와 제한적인 목적으로만 인정하도록 하는 설시를 구분하는 것이다. 제한적 목적의 설시는 분쟁중인 정책적 사안을 중재하고자 만들어졌다.[52] 예를 들면, 피고인의 전과 기록을 증거로 인정해야 할 때, 증거법은 이전에 유죄판결을 받았던 경험이 피고인이 현재의 범죄를 저질렀다는 가능성에 대한 추론을 뒷받침하는 목적으로는 사용되어서는 안 되지만, 혐의의 다른 측면을 증명하거나 피고인의 증언에 대한 신뢰성을 의심하기 위해서는 사용되어도 좋다고 절충하는 것이다.[53] 이 명백한 모순을 가능하게 하기 위해서, 법관들은 법규에 따라 "해당 증거를 적절한 범위 내에서만 사용하고 그에 따라 배심원들에게 설시"해야 한다.[54] 제한적 목적의 설시는 사람들이 그들의 인지 과정을 성공적으로 통제할 수 있다는 믿음을 전제한 것이다. 이 가정은 연구결과와는 상반된다. 많은 사회적 판단이 자동적으로 일어나고,[55] 따라서 의식적 통제를 방해한다.[56] 의지에 따라 정보를 사용했다 사용하지 않았다 하는 것이 일상생활에서는 찾아볼 수 없는 부자연스러운 일이라는 점에서, 이 설시가 허용할 수 없는 결론을 이끌어 내는 것을 방지하는 데 근본적으로 비효과적이라는 것은 놀라운 일이 아니다. 많은 모의 배심원 연구들은 배심원들에게 피고인의 전과 기록을 노출하면, 증거의 사용을 제한하라는 설시에도 불구하고 유죄판결 비율이 더 높아진다는 것을 발견하였다.[57] 한 메타분석 연구는 이전의 범행에 대한 증거가 대개 치유적 설시에 저항력을 가지고 있다는 것을 보여 주었다.[58] 역설적이게도, 전과기록의 사용을 제한하라는 설시는 오직 그것의 표면적으로 정당화된 목적, 즉 피고인의 증언에 대한 신빙성을 손상시키는 경우에만 약한 효과를 가지고, 그마저도 혼재되어 있다.[59]

법원은 오래전부터 치유적 설시의 효과성에 대해 회의적이었다. 대법관 로버트 잭슨Robert Jackson은 이 설시를 "완전한 허구"[60]라고 하였고, 재판장 러네드 핸드Learned Hand는 배심단의 역량을 넘어서는 "정신 훈련"[61]이라고 규정하였다. 재판장 제롬 프랭크Jerome Frank는 이 설시를 "제대로 된 사법적 정의 구현에 위해를 가하는" "일종의 '사법적 거짓말'"이라고 하였다.[62] 증거능력이 없는 증거를 무시하는 것은 "종을 울리지 않는 것(역자 주: 이미 울린 종을 다시 안 울리게 하는 것과 같이 불가능한 일이라는 의미)"[63]과 배심원석에 던져진 스컹크 냄새를 무시하는 것[64]에 비유되기도 했다. 법원은 최근까지도 이 회의주의를 잘 받아들이지 않았다. 버거Burger, 렌퀴스트Rehnquist와 로버츠Roberts가 수석재판관으로 있는 법원은 배심원들이 증거능력이 없는 증거를 무시하라는 설시를 받으면 그렇게 할 수 있다고 주장하였다.[65]

증거능력이 없는 증거에 노출되는 것의 현실적 영향력은 치유적 설시의 제한된 효과성을 능가한다. 연구들에서는 논란이 되는 증거의 증거능력을 인정하겠다는 법관의 결정은 실제로 평결에 대한 그 증거의 영향력을 증가시키는 역효과를 낳는다는 것을 보여 주었다.[66] 이러한 역효과가 발생할 수 있다는 것은 변호인들에게는 심각한 딜레마다. 편견적인 증거에 이의를 제기하지 않으면 배심원들이 그 정보에 노출되기 때문에 위험해진다. 그러나 그 증거에 이의를 제기하면, 최선의 경우에는 상대적으로 효과가 없는 치유적 설시가 제시될 것이고, 최악의 경우에는 사실상 편견적 효과가 증대될 것이다. 이 모험적인 상황은 종종 피고인의 전과기록과 같이 실제로 편견적인 사실이 있고, 이 사실이 이미 피고인을 수사하고자 하는 경찰의 결정에 기여했으며, 그 기소를 따르기로 한 검찰의 결정에도 기여했다면, 피고인에게는 이중처벌이 된다.

사형 선고

사형 선고가 가능한 재판의 사법적 의사결정에서는 배심 설시의 역할이 무엇보다 중요하고 배심원들의 수행에 대한 오해가 결정적인 역할을 한다.[67] 1970년대 이후부터, 사형에 대한 논쟁의 핵심은 사형 집행의 합헌성이 아닌 사형을 결정하는 과정의 공정성이었다. 현재의 법은 두 개의 대표적 판례에 의해 구축되었다. Furman v. Georgia(1972) 판례에서 다수의 법관들은 사형판결은 가혹하고 기이한 처벌이므로 수정헌법 제8조the Eighth Amendment에 위배된다고 결정하면서, 현존하는 억제되지 않은 배심원의 재량권이라고 매도하였다.[68] 4년 후에, Gregg v. Georgia(1976) 판례에서 법원은 설시를 받는 재량권(역자 주: 판결은 배심원의 재량에 달려 있지만 합리적인 법적 판단을 위해 판사의 설시를 받아 재량권을 발휘하도록 함), 즉 개인화된 정의를 충분히 허용하면서도 배심원의 재량을 통제할 수 있는 양형판단 체계를 도입한 조지아주의 제도를 승인함으로써 소송절차를 다시 진행하게 하였다.[69] 법원은 이 제도를 "형을 선고하는 권한은 주어진 적절한 정보와 설시를 통한 지침을 보장하는 신중하게 설계된 법규"라고 선언하였다.[70]

설시를 받는 재량권 제도(역자 주: 배심원들의 재량권을 설시를 통해 통제하는 제도)의 구체적인 형태는 시간이 지나면서, 그리고 사법권에 따라 다소 달라지지만, 이들은 세 가지 중요한 특성을 공유한다. 첫째, 배심단은 피고인의 책임을 증가시킬 수 있는 가중요인aggravating factors 중 최소한 하나를 찾아야 한다(예를 들면, 경찰을 살해하거나 다수의 피해자를 죽임). 일반적으로 가중 요인을 결정하는 것은 만장일치로, 합리적 의심 없이 이루어져야 한다. 그러나 가중요인이 있더라도 사형 선고가 자동적인 것은 아니다. 배심원들은 피고인의 삶에 인정을 베풀어 줄 수 있는 요소가 있는지도 고려해야 한다.[71] 이 감경요인mitigating factors은 합리적 의심보다는 더 낮은 기준인 증거의 우월성 기준(또는 기준이 없음)을 적용하거나 배심원들의 만장일치를 강요하지는 않는 방식으로 확립될 수 있다. 감경요인은 법률에 열거되어 있을 필요가 없지만, 피고인에 대한 비난을 줄일 수 있는 모든 사실을 포괄할 수 있다. 결국 배심원들에게는 사형과 대안적인 처벌(주로 가석방 없는 종신형) 사이에서 결정해야 할 때 감경요인과 반대되는 가중요인에 어떻게 가중치를 부여해야 하는지에 대한 결정 규칙decision rule이 주어지는 것이다.

사형제도의 적법성 또는 합법성은 설시받은 그대로 절차를 잘 따르는 배심원들의 능력에 크게 의존한다. 사형 선고가 가능하지 않은 재판에서도 배심원들이 설시를 그대로 이해하고 적용하기가 어렵다는 점에서, 그들이 지침에 기술된 복잡하고 익숙하지 않은 정신적 활동을 완벽하게 해낼 수 없으리라는 것은 놀랄 일도 아닐 것이다. 크레이그 해니Craig Haney와 모나 린치Mona Lynch는 일련의 연구에서 배심원 자격이 있는 캘리포니아 주민들을 대상으로 캘리포니아의 사형 선고 설시에 대한 이해를 확인하였다. 응답자들은 설시를 세 번 듣고 나서야 가중과 감경이라는 용어를 잘 정의할 수 있었다. 응답자의 절반도 안 되는 사람들이 이 용어들에 대해 부분적으로만 옳은 응답을 하였고, 8%의 응답자만이 법적으로 옳은 응답을 하였다.[72] 특히 흥미로운 것은 피고인이 살아남을 수 있는 유일한 기회를 제공하는 감경요인에 대한 오해다. 응답자들 중 1/4이 가중요인 중 두 개를 감경요인으로 오인하였고, 1/3 이상이 가장 중요한 감경요인인 "범죄에 대한 정상 참작이 가능한 모든 상황"을 사형 선고를 지지하는 근거로 잘못 해석하였다.[73] 응답자들은 중요한 모든 결정 규칙에 대해서도 잘 이해하지 못하였다. 절반 정도의 응답자들만이 감경요인이 가중요인보다 많을 때에는 사형 선고가 불가능하다고 (옳게) 응답하였고, 15%는 두 요인들이 동등할 때 사형 선고가 불가능하다고 (옳게) 응답하였다. 응답자들 중 40%는 감경요인보다 가중요인이 많으면 의무적으로 사형판결을 내려야 한다고 (틀리게) 응답하였다.[74] 추후 연구에서 해니는 2006년에 캘리포니아주에 도입된 심리언어적으로 개선된 설시 덕택으로 이해도가 향상되었다는 것과 배심원들에게 설시의 주제에 관해 구체적인 특정 사건의 예를 들어 설시함으로써 이해도가 어느 정도 향상될 수 있다는 것을 발견하였다. 그러나 이 수정된 설시들을 사용하여도 설시의 내용에 대한 이해도는 여전히 매우 낮았다.[75]

리처드 위너Richard Wiener와 그의 동료들은 미주리주의 사형 설시에 대한 배심원들의 이해도를 확인하는 일련의 연구들을 수행하였다. 이 연구들은 전반적인 이해도가 추측을 하는 것보다 약간 나은 수준인 55~60%인 것을 발견하였다.[76] 특히, 가중요인을 판단하는 것은 만장일치여야 한다는 것, 법률에 열거되어 있지 않더라도 감경요인으로 고려할 수 있다는 것, 그리고 상쇄되는 요인들에 대해 가중치를 부여하는데 사용하는 결정 규칙을 비롯한 절차의 중요한 특성들에 대해서는 빈약한 수준이었다.[77] 일리노이,[78] 플로리다,[79] 오하이오[80] 및 테네시[81]에서 사용되는 설시에 대한 연구에서도 매우 저조한 이해도가 관찰되었다.

설시를 받는 재량권 제도의 주된 역할은 사형을 선고하려는 배심원들의 재량을 제한하는 것이라는 점에서, 낮은 이해도는 이 절차에 의해서 보장되는 보호장치들을 약화시키는 경향이 있다. 연구들에서 관찰된, 배심원들이 잘못 이해하고 있는 부분들은 모두―특히 가중요인을 판단하는 기준을 낮추고, 감경요인의 범위를 좁히고, 가중요인이 있더라도 징역형에 투표할 자유를 인정하지 않는 등―법이 요구하는 것보다 더 높은 사형 선고 비율을 낳는다. 실제로 연구들에서는 이해도와 사형 선고 사이의 일관된 관계를 발견하였다. 배심원들은 설시의 내용을 잘 이해하지 못할수록, 사형에 투표한다.[82] 이와 유사하게, 사형 집행을 지지하는 사람들은 설시에 대한 이해도가 낮은 경향이 있어서 이해도는 사형에 대한 배심원들의 지지와 부적 상관관계가 있었다.[83] 따라서 사형에 투표하는 것에 강한 혐오감을 표명하는 배심원들을 배제하는 절차인 사형능력 확인절차(death qualification, 역자 주: 사형이 선고될 수 있는 재판에서 개인적, 도덕적, 감정적 이유로 누구에게도 사형이 선고되어서는 안 된다는 신념을 가진 사람을 배심단에서 배제하는 절차, 이 절차에서 배제되는 사람을 사형을 선고할 능력이 없다는 것을 의미한다.)는 설시에 대한 배심단의 전반적인 이해도를 낮추고 따라서 사형 선고 가능성을 높인다.[84] 설시에 대한 이해도는 인종편파와도 상호작용한다. 특히 피해자가 백인인 경우, 흑인 피고인에게 사형을 선고하는 경향과 낮은 이해도는 매우 큰 관련이 있는 것으로 나타났다.[85]

실험실 및 현장 연구결과들은 14개의 주에서 이루어진 350개의 사형 선고가 가능한 사건에 참여하였던 1,200명의 배심원들을 심층 면담한 사형재판의 배심 프로젝트의 자료와 매우 일관된다. 이 연구들 중 한 연구에서는 거의 절반에 가까운 배심원들이 특정한 상황에서는 사형이 "불가피한 처벌"이라고 믿음으로써 감경요인의 개념을 근본적으로 잘못 이해하고 있는 것으로 나타났다. 감경요인을 찾아내지 못한 배심원들은 설시를 옳게 이해한 배심원들보다 사형 판결을 하는 경향이 다섯 배나 더 강했다. 배심원들은 비난받아 마땅한 살인 혐의일수록 (언제나 틀린) 의무적인 사형판단을 더 많이 함으로써 정의에 대한 그들의 선입견이 가지는 영향력이 나타났다.[86] 사우스캐롤라이나의 많은 배심원들은 법에 직관적으로 그럴듯한 특정 가중요인에 대한 기술이 있었다고 틀린 응답을 하였으나, 그러한 내용은 설시된 적이 없었다.[87]

설시를 받는 재량권 제도의 단점과 관련하여 가장 많이 언급되는 증거는 실제 양형 자료다. 많은 계량경제학 연구들이 그레그 재판(역자 주: 사형을 유지하거나 재도입하려는 주의 모델이 되는 재판; Gregg v. Georgia, 1976) 이후post-Gregg에 사형 선고가 원칙 없이 이루어지고 있다는 것을 보여 주었다. 데이비드 발두스David Baldus와 그 동료들이 대표적인 연구를 수행하였고, 이 연구는 퍼맨Furman 사건과 그레그 사건이 있었던 조지아주에서의 사형 선고에 대한 것이었다. 이 연구에서는 1973년에서 1979년 사이에 결정된 2,484개의 살인 사건을 인종차별을 중심으로 검토하였다. 연구결과, 배심단의 양형 판단은 피고인과 피해자의 인종에 의해 영향을 받은 것으로 나타났다. 백인 피고인이 백인을 살해하였을 때 사형 선고 비율은 8%였지만, 흑인을 살해하였을 때는 3%였다. 반면에, 흑인 피고인이 백인을 살해한 경우 사형 선고 비율은 22%였지만, 흑인을 살해하였을 때는 1%였다.[88] 이 연구의 결과는 McCleskey v. Kemp(1987)의 재판에서 소개되었지만, 설시를 받는 재량권 제도의 억제력에 대한 판사들의 믿음을 뒤흔들어 놓는 데에는 실패하였다.[89] 사형 선고에서 나타나는 인종차별은 북부에 있는 주들[90]을 비롯한 많은 다른 사법권에서도 나타나며, 미국의 회계감사원General Accounting Office에 의해서도 확인된 바 있다.[91] 요약하면, 극찬을 받았던 설시를 받는 재량권 제도는 설시에는 지침으로써의 효과가 별로 없을 뿐만 아니라 오히려 더 많은 재량을 허용한다는 것을 보여 주었다. 사형 선고는 Furman v. Georgia(1972) 재판에서 위헌이라고 밝혀졌던 그 편견적인 방식으로 계속되고 있다.

공정성에 대한 배심원들의 확신감

사람들의 판단이 그들의 태도, 선호, 생각, 도덕적 신념 등의 영향을 받는다는 것은 잘 알려져 있다. 사법제도는 배심원 의사결정에 대한 이들의 영향을 인식하고 인정하고 있다. 그런데 실제로 배심원들로부터 그 요소들을 제거하려는 노력은 불가능하고 어리석은 생각이다. 동시에, 형사 사건에서 배심원들의 결정이 그들의 선입견에 압도당하면 사법절차의 무결성이 위협받기 때문에 그 특유의 영향이 과도해 지는 것은 억제할 필요가 있다. 그렇기 때문에 수정헌법 제6조는 공정한 배심단으로부터 재판받을 권리를 보장한다. 편파된 배심원을 배제하는 것은 배심원 선정 절차의 주된 목적이다.[92] 누군가를 배심단에 포함시킬 것인지 여부를 결정하는 중요한 요인은 편파되지 않을 수 있다는 그 자신의 확신감이다. 공정성에 대한 확신은 재판 도중에는, 증거능력 없는 정보에 계속해서 노출되는 것과 같이 편향이 유발되었을 것으로 의심될 때, 이 의심을 진정시키기 위해서도 유사한 방식으로 사용된다.

사법제도 내에서 공유되는 인식은 배심원들이 그들 스스로의 객관성을 평가할 능력이 충분하다는 것이다. 법원은 "누군가로 하여금 그가 무엇을 생각하고 있는지에 대해 생각하게 만드는 불특정적인 요소들"을 알기 어렵다는 것을 인정하면서도 배심원들은 그 난국에 대처할 수 있다고 주장한다. "정직한 사람으로 살고자 신 앞에 맹세한 사람은 그 자신이 어떤 문제에 대해 편파된 마음을 가졌는지 말할 능력이 있다."[93] 배심원들이 자신의 공정성에 대해 확실하게 단언할 수 있는지는 경험적인 문제다.

배심원들이 자신의 공정성에 대해 단언할 수 있으려면, 첫째, 배심원들은 충분한 자기반성을 통해서 그들의 결정에 실제로 영향을 준 요인을 특정할 수 있어야 한다. 심리학에서는 오래전부터 서술적 지식declarative knowledge과 절차적 지식procedural knowledge을 구분해 왔다. 사람들은 개인의 신념, 판단 또는 감정적 상태와 같은 생각의 내용을 꽤나 정확하게 보고할 수 있는 서술적 지식에는 대체로 신뢰롭게 접근할 수 있다. 동시에, 이러한 정신 상태에 도달하기 위해 사용되는 인지적 메커니즘 및 과정에 대해서는 자기반성을 하지 못한다.[94] 특히, 사람들은 그들의 판단과 행동에 실제로 영향을 주는 환경적 요인에 제한적으로만 접근할 수 있다.[95] 그러나 사람들은 상습적으로 자신의 내성적 능력이 믿을 만하다고 고집하며,[96] 그들의 판단과 행동에 대한 원인이 무엇인지 물었을 때 곧바로 거짓된 설명을 늘어놓는다. 이 현상이 바로 아는 것보다 더 말하는 현상이다.[97]

자기반성의 한계는 편견을 인정해야 할 때 더 확연해진다. 합리성, 의존성 및 예측성을 중시하는 문화에서는 편견이 경멸적인 의미를 가진다. 긍정적인 자아개념과 공적 이미지를 유지하려는 일반적인 동기는 편파되었음을 인정하는 것을 방해한다. 특히, 사람들은 자신이 공정하고 객관적이라고 믿는 경향이 있다.[98] 사람들은 자신의 판단이 경우에 따라 편파되었을 수 있다고 인정할 수 있지만, 현재의 판단 또는 어떤 특정한 판단이 편파되었다는 것은 잘 인정하지 않는다.[99] 한계를 가진 자기반성과 편견을 인정하는 것에 대한 반감은 결합되어 객관성에 대한 착각illusion of objectivity을 만들어 낸다.[100]

편견을 인정하는 것의 불편함은 배심원 행동에 대한 연구들에서도 관찰된다. 모의 배심원들이 그들이 영향력을 부인했던 추가적 요인들에 의해 동요된다는 것이 지속적으로 발견되었다. 이러한 결과는 범죄에 대한 방송매체의 보도,[101] 피고인의 전과기록,[102] 섬뜩한 사진[103] 및 강요된 자백[104]에 노출된 배심원들에 대한 연구에서 나타났다. 공정하게 보이려는 동기는 법정이라는 환경과 공평하고 공정할 것을 스스로 공언한 것에 의해서 더 강해진다. 요약하면, 스스로 공정하고 객관적일 수 없다고 말하는 사람들을 배심원 의무에서 배제하는 것은 필요하지만,[105] 사법제도는 객관성에 대한 배심원들의 호언장담을 너무 믿어서는 안 된다.

검찰의 책임

사법 절차의 독특한 특성 중 하나는 검찰에 무죄추정 원칙과 합리적 의심을 초월하는 증명 기준standard of proof beyond a reasonable doubt과 같은 무거운 입증의 책임을 부여한다는 것이다. 이 두 기준의 비대칭성은 사법 체계가 공언한 잘못된 유죄 또는 무죄 판결에 대한 모순된 거부감에서 비롯된 것이다. 법원은 "죄인을 풀어 주는 것보다 무고한 사람에게 유죄판결을 하는 것이 훨씬 나쁘다."고 공표한 바 있다.[106] 이 비대칭성은 잘 알려진 바와 같이 "법에 의하면, 무고한 사람 한 명을 고통받게 하는 것보다 죄인 열 명을 풀어 주는 것이 낫다."는 블랙스톤Blackstone의 선언에 의해 수량화되었다.[107] 이 기준들은 법적 담론에서 널리 극찬을 받고 있지만, 정확한 의미와 실용적 효과는 명백하지 않다.

무죄추정 원칙

무죄추정 원칙에 대한 한 가지 가능한 계획은 이 원칙이 법 집행 기관과 법원을 겨냥하도록 하는 것이다. 이 원칙은 형사사법 절차 전체를 통틀어 이들 기관의 업무를 관장하는 그 무엇보다 중요한 원칙이기 때문이다. 이 원칙에 따르면, 모든 불명확함과 재량권에 의한 판단은 피고인에게 유리한 관점에서 결정되어야 한다. 그러나 법원은 이러한 해석을 기각해 왔다. 법원은 이 원칙이 판결 과정을 돕는 수단으로써 재판 단계에 있는 사실판단자들을 향해야 한다고 주장한다.[108]

무죄추정의 원칙이 의사결정에 도움을 줄 수 있는 한 가지 방법은 피고인이 형사소추를 받았다는 사실로부터 발생하는 가능한 의심에 대항하는 것이다.[109] 사실판단자들은 심지어 검찰측이 증거를 제시하기 전에도 용의자를 범인으로 간주할 수 있다. 아니라면 왜 용의자가 재판에 회부되었겠는가? 한 조사에 따르면, 일반인들은 피고인의 초기 유죄 가능성(역자 주: 피고인에 대한 증거를 제시 받기 전에 추정한 유죄 가능성)을 50%에 가깝게 추정한다.[110] 이 추정은 직관적으로는 합리적인 것처럼 보이지만, 무죄추정의 원칙이 요구하는 기준은 이것보다 훨씬 높다. 법적 설시가 이 의심에 대항하기에 충분히 강력한지와 그 의심을 형사사법 체계의 규칙에 적합한 수준에 정박시킬 수 있는지는 경험적인 문제다. 이 문제는 아직 해결되지 않았다. 아직 배심원들이 이 설시를 옳게 이해하는지 불분명하다. 와이오밍의 한 현장 연구는 배심 설시를 받은 배심원들의 40%는 피고인이 받고 있는 혐의를 그의 유죄 증거로 생각한다는 것을 발견하였다.[111] 한 실험실 연구는 무죄추정이 정반대의 효과를 가지고 있다는 것을 증명하였다.[112] 반면에 다른 연구에서는 모의 배심원들이 초기 유죄 가능성은 낮게 추정하지만, 검찰측의 증거들을 제시받기 시작하면서 그 추정치를 빠르게 폐기하는 것으로 나타났다.[113]

무죄추정의 원칙은 검찰에게 증거제출 책임burden of production, 즉 소추에 대한 증거를 제출할 책임을 지우고 피고인을 자신의 무죄를 증명할 필요성으로부터 해방시키는 규정의 예를 제시함으로써 의사결정에 도움을 줄 수도 있다. 연구들은 배심원들이 일상생활의 경험과는 거리가 먼 비대칭적인 책임 부담을 언제나 이해하는 것은 아니라는 것을 보여 주었다. 플로리다의 표준 배심 설시를 받은 후, 플로리다 법원이 조사한 배심원들의 절반만이 피고인이 그의 무죄를 증명하기 위해 어떤 증거도 제시할 필요가 없다는 입장을 유지하였고,[114] 또 다른 플로리다 배심원 집단의 1/3이 검찰의 책임을 옳게 이해하였다.[115] 책임의 소재에 대한 오해는 미시간 배심원 표본의 2/3[116]와 와이오밍 배심원의 1/5[117]에게서도 나타났다. 결국, 무죄추정의 원칙은 만약 피고인에게 불리한 증거가 유죄입증을 위한 필수적인 기준을 넘기지 못한다면 그 피고인은 무죄판결을 받아야 한다고 상정함으로써 타이브레이커tiebreaker(역자 주: 어느 쪽으로도 결정하지 못하는 팽팽한 상태를 해소하기 위한 기준이라는 의미)와 같은 역할을 한다. 우려해야 할 이유는 또 있는데, 설시를 받은 플로리다의 배심원들 중 1/4이 양측의 증거들이 동등하게 합리적이라면, 피고인은 유죄판결을 받아야만 한다고 생각했다.[118]

입증 기준: 합리적 의심을 초월하는 증명

형사사법 절차의 특정적인 입증 기준—합리적 의심을 초월하는 증명—은 수년 동안 상당한 학문적 관심을 받아 왔지만, 여전히 정의하기 어렵고 매우 논쟁적인 주제로 남아 있다.[119] 우선, 이 기준이 사실판단자의 주관적 심리상태에 관한 것인지 또는 증거 자체의 특성에 대한 것인지에 대해서 상당한 이견이 있다. 대부분의 법 해설자들은 전자의 설명에 동의하지만,[120] 이 기준이 유죄 가능성을 평가하기 위한 수량적 기준을 상정하고 있는지 또는 증거가 유죄를 입증하는 정도에 대한 누군가의 역치를 규정하고 있는지에 관해서는 이견이 있다.[121] 법정 실무와 법 관련 문헌들에서 두드러지게 나타나는 후자의 역치 개념은[122] 확신감에 대한 측정치와는 다른, 근본적으로는 메타인지적인 판단이다. '합리적'이라는 기준의 적절한 의미, 즉 이것이 의심의 강도에 관련된 것인지 의심의 기저에 있는 합리성에 대한 실체적인 판단에 관련된 것인지에 대해서도 이견이 있다.[123] 또 다른 논쟁은 배심원들에게 이 기준에 대한 정의와 설명을 제공하는 것의 적절성에 초점을 맞추고 있다. 몇몇 해설자들과 법원은 이 기준이 해석 없이 배심원들에게 전달되어야 한다고 제안하지만,[124] 다른 쪽에서는 그 정의에 대한 해석이 제공될 필요가 있다고 주장한다. 후자의 주장을 하는 사람들 중 일부는 의심 그 자체, 예를 들면 "그저 가능한 의심이 아닌, 추론에 근거한, 상상할 수 있는 어쩔 수 없는 의심"[125]과 같은 해석을 제공하는 것에 초점을 맞춘다. 그러나 많은 설시에서는 이 '의심 없음'[126]을 "납득할 수 있는 확신firmly convinced",[127] "변함없는 유죄an abiding conviction",[128] "안정적인 신념settled belief"과 "거의 틀림없음near certitude"[129]이라고 표현한다. 실제로는, 많은 사법권에서 다양한 정의와 설명을 혼용하고, 따라서 설시는 통제할 수 없다. 예를 들면, 루이지애나의 한 사형 선고는 여덟 가지 방식으로 정의된 합리적 의심을 초월하는 증명의 기준을 제시한 배심 설시에 기초하였다.[130]

입증 기준에 대한 현재까지의 연구들은 많은 부분을 해결하지 못한 채 남겨 두었다. 많은 연구들이 사람들에게 이 기준의 주관적인 개념을 확률적 역치로 물어봄으로써 그 효과를 측정하려고 하였다. 이 연구들에서 평균적인 반응은 거의 85%였고,[131] 이것은 법적 담론에서 일반적으로 가정하는 90% 이상에 약간 못 미친다.[132] 이 기준은 사건의 특성에 따라 변함이 없어야 하지만, 같은 연구에서 사건의 특성을 달리하였을 때 이 역치는 79%에서 94%까지 변화하는 것으로 나타났다.[133] 특히, 기준에 대한 평가치들은 편차가 컸다. 한 연구에서 대부분의 응답자들은 완전한 확신을 주장하였음에도 응답의 평균은 64%이었다.[134] 미시간 배심원 표본의 거의 70%[135]와 배심원 자격이 있는 500명의 응답자들을 대상으로 한 캐나다 연구에 참여한 응답자의 절반 이상[136]이 100%의 역치를 보고 하였다. 영국에서 수행된 조사에서는 배심원들의 절반과 조사에 참여했던 법 전문가 및 치안판사의 거의 1/3이 100%의 확신을 역치로 보고하였다.[137] 물론 유죄판결을 하기 위해 완벽한 확신을 요구하는 것은 사실상 불가능하다. 여기에 대해서는 실험실 연구와 실제 자료가 명백히 모순된다. 이 높은 기준은 무죄오판에 대한 유죄오판의 적절한 비율에 관한 일반인들의 직관과도 잘 맞지 않는다.[138]

판결에 대한 입증 기준의 효과를 검증한 소수의 실험 연구들만이 혼재된 결과를 보여 준다. 그러나 대략적이고 부분적일지라도, 이 기준은 실제로 그 의도된 효과를 내려고 고군분투한 것으로 보였다. 몇몇 연구들에서는 (당연히 그래야 하는 것처럼) 합리적 의심이 없는 기준을 설시하는 것이 증거의 우월성 기준을 설시하는 것보다 유죄판결 비율을 낮춘다는 것을 발견하였다.[139] 또 다른 실험에서는 이 기준이 단독으로는 이렇다 할 효과를 가지지 못하지만 무죄추정의 원칙에 대한 설시와 함께 제시되었을 때는 유죄판결 비율을 낮춘다는 것을 발견하였다.[140] 그러나 주 법원을 위한 국립센터National Center for State Courts: NCSC가 수행했던 300개 이상의 실제 재판을 대상으로 한 현장 연구는 우리가 이러한 결과들에 대해 다시 생각해 보도록 한다. 이 연구는 각 사건에서 증거 강도와 판결 사이의 관련성을 발견하였다. 예상할 수 있듯이, 증거의 강도가 강할수록 배심원들이 유죄에 투표하는 비율은 높아졌다. 그러나 배심원들 스스로 검찰의 증거가 중간 정도의 강도라고 느낄 때는 절반 이상의 배심단이 피고인에게 유죄를 평결하였고, 증거가 약하다고 느낄 때는, 놀랍게도, 5개 배심단 중 하나의 배심단만 피고인에게 유죄를 평결하였다. 유사한 판단 경향성이 이 사건들을 주재했던 법관들에게서도 관찰되었다.[141]

입증 기준이 유죄판결 비율을 감소시키는 기능을 한다는 것이 밝혀졌더라도, 필연적으로 판결의 정확성을 높여 주는 것은 아니다. 이 기준은 단지 유무죄를 분류하는 기제일 뿐이고 그 자체로서는 어떠한 진단적 특성도 없다. 진단적 특성은 특정한 사건에서 증거의 정확성을 옳게 평가하는 사실판단자의 능력에 의존한다. 연구들이 시사하듯이, 만약 피고인의 유죄성에 대한 사실판단자의 지각이 실제의 유죄성에 상응하지 않는다면, 이 기준이 무고한 피고인과 유죄의 피고인을 구별하기 위해 할 수 있는 것이 거의 없다. 결국 높은 기준은 무죄인 피고인과 유죄인 피고인 모두에게 무죄판결을 내리는 결과를 낳을 수밖에 없다.

배심 평의

지금까지의 논의는 주로 개별적인 배심원들의 수행에 초점을 두었다. 그러나 형사 판결은 평의과정 이후에 집단에 의해서 내려진다. 의사결정의 권한을 배심단에게 부여하는 것은 민주주의의 대의代議와 토론의 이상을 실현하고 절차에 적법성을 부여한다.[142] 여기서 중요한 문제는 배심 평의가 판단의 정확성을 높이는 데 기여하는가다.

평의의 효과를 보여 주는 현장 연구들은 매우 교훈적이다. 실제 배심원들에 대한 재판-후 면담에서는 매우 간단하지만 가치 있는 발견을 하였다. 이는 최종판결은 거의 예외 없이 평의에서의 첫 투표 결과에 의한 직접적인 영향을 받는다는 것이다. 전체 사건의 94%에서 초기의 다수 의견이 그 재판의 판결이 되었다.[143] 캘빈Kalven과 지젤Zeisel의 초기 연구에서는 첫 번째 투표에서 6명 이상이 유죄에 투표한 경우에는 94%의 배심단이 피고인에게 유죄판결을 하였고, 유죄에 투표한 사람이 6명이 안 되는 경우에는 97%의 배심단이 무죄판결을 하였다.[144] 인디애나주에서 수행된 179개의 형사 재판에 대한 연구[145]와 켄터키주의 43개 재판에 대한 연구[146]에서도 유사한 결과가 나타났다. NCSC의 현장 연구에서는 첫 투표와 최종 판결의 관련성이 미세하게 다른 것으로 나타났다.[147] 이러한 자료들로부터 얻을 수 있는 결론은 배심단이 토론을 통해서가 아니라 노골적인 다수결주의에 의해서 민주적으로 행동한다는 것이다.[148] 고전적인 영화 「12인의 성난 사람들Twelve Angry Men」에 묘사된 개별 배심원에 의한 위대한 공적은 첫 투표에서 11대 1로 시작된 34건의 평의에서 단 한 번도 일어나지 않았다.[149]

그러나 이러한 수적 우세의 압도적인 힘은 배심 평의가 전체 절차에 대해 바람직한 효과를 전혀 가지지 않는다는 결론으로 이어져서는 안 된다. 우선, 평의는 평균적인 의견을 밝혀내는 중요한 기능을 하고, 이 과정에서 배심단의 각 구성원이 가지고 있는 이상한 편견의 대부분을 제거한다. 평의가 판결의 기초가 되는 사실판단의 정확성을 향상시키는지에 대한 의문은 여전히 남아 있다. 이것은 초기의 의견이 거의 동등하게 나누어진 재판에서 특히 중요하다. 평의는 첫 투표 이전에 무엇이 밝혀지는지에 대한 이해를 위해서도 중요하다.

집단의 수행이 각 구성원들의 수행보다 나을 것이라는 것은 널리 직관되는 바다. 이 직관의 기저에는 지식과 판단을 모음으로써 집단이 내릴 수 있는 최선의 결정을 만들어 내고 최악의 것을 버린다고 가정하는 집단적 지혜에 대한 믿음이 있다. 그러나 연구들은 이 신념이 항상 현실에 부합하는 것은 아님을 보여 준다. 대부분의 연구들은 집단의 결정이 집단 구성원들 개개인의 수행보다 우월하거나 열등하다고 일반적으로 말할 수 없다는 것을 시사한다.[150] 몇몇 과제에서, 집단은 실제로 그 구성원들보다 나은 수행을 보였다.[151] 그러나 다른 과제에서는 서로 동등한 수행을 보이거나,[152] 각 구성원의 수행에 못 미쳤다.[153] 각각의 장점과 단점은 맥락적 요소와 집단-특정적인 요소에 의존한다.[154] 결정적으로, 집단의 결정에 대한 평의의 효과는 그날의 판결이 된 의견의 정확성에 의존할 것이다. 집단의 많은 사람들이 옳은 견지를 가지고 있을 때 집단은 옳은 결론에 다다르겠지만, 그들이 틀렸다면 평의는 오류를 촉진할 수밖에 없다.

정보를 이용한 설득

일반적으로 두 가지 형태의 설득을 통해 집단은 합의에 이를 수 있다. 이는 정보적 영향과 사회적 영향[155]에 의한 설득이다. 정보적 영향에 의한 설득은 청자의 입장을 바꾸게 하는 정보와 주장을 제공함으로써 이루어진다. 연구들은 배심원들이 서로 정보를 교환하는 세 가지의 방식이 판결의 정확성에 기여할 수 있다고 지적한다.

재판에서 제시된 증거에 대한 기억을 향상시키기   정보적 설득의 잠재적 공헌 중 하나는 재판에서 제시된 증거에 대한 배심원들의 기억을 향상시킨다는 것이다. 몇 시간 또는 며칠 동안이나 계속되는 증언들을 모두 기억하는 것은 불가능하기 때문에 배심원들은 저마다의 불완전한 기억 내용을 가지고 평의실에 들어간다.[156] 집단 토론은 구성원들의 기억을 한데 모아 기억의 완전성을 증가시키거나 더 정확하게 기억하고 있는 구성원들에 의해 오류가 수정되어 기억의 정확성을 증가시킴으로써 그 이점을 증명할 수 있다. 후자에 대해서, 연구들은 평의가 회상된 증거의 정확성에 거의 영향을 주지 못한다는 것을 보여 주는데, 이것은 주로 배심원들이 회상하는 사실의 대부분이 이미 정확하기 때문이다.[157] 이것은 고무적인 결과다. 그러나 기억의 완전성에 대한 문제들은 좀 더 복잡하다. 연구들은 각 구성원들의 평균적인 회상보다 종합적인 회상이 조금 더 완전하지만, 개별 구성원들이 회상한 누구의 기억과도 중복되지 않은 기억보다는 덜 완전하다는 것을 보여 주었다.[158] 모의 배심단 재판에서 집단의 회상을 검증한 연구는 평의가 배심원 기억의 완전성에 약간의 향상을 가져올 뿐이라는 것을 보여 주었다.[159]

배심 설시의 이해와 준수   배심 평의 동안 정보를 교환하는 것은 배심 설시에 대한 배심원들의 이해를 상당히 증진시킬 수 있었다. 포에베 엘스워스Phoebe Ellsworth가 수행한 대규모의 모의 배심 연구는 평의를 한 배심원들이 하지 않은 배심원들보다 지식이 더 풍부하지도 않았고, 그들의 이해도는 우연 수준 정도였다는 것을 발견하였다. 평의 도중 언급된 법적 문제에 대한 인용 중 절반 정도만 옳은 것이었다. 배심원들이 법에 대해 그들이 이해한 바를 바꾸도록 영향을 받았을 때, 그들은 실수를 교정하는 것처럼 정확한 이해를 오류로 대체할 수도 있었다. 의견의 정확성과 관계없이, 강하게 주장되는 의견이 옳다고 믿어지는 경향이 있다.[160] 캐나다의 한 연구는 배심원들이 법적 설시에 대해 논의했던 얼마 안 되는 사례에서, 61%의 진술만이 법적으로 옳은 것이었음을 밝혀냈다.[161] 미주리의 배심원 연구들 중 한 연구에서는 평의가 사형 설시에 대한 이해도에 약하지만 긍정적인 효과를 가지는 것으로 나타났지만 다른 모든 연구들에서는 효과가 없었다는 것을 발견하였다.[162] 캘리포니아의 배심원들에 대한 연구는 평의 후에도 사형 설시에 대한 이해도가 매우 낮다는 것을 발견하였다.[163] 또 다른 연구에서는 응답자들의 2/3가 옳게 이해했던 사형선고에 대한 설시 내용의 이해도는 평의에 의해서 증진되었지만, 절반이 안 되는 응답자들만이 옳게 이해했던 다른 두 설시에 대한 이해는 증진되지 않은 것으로 나타났다.[164] 평의는 치료적 설시를 준수하는 배심원들의 능력을 향상시킴으로써 정확성을 증진시킬 수 있었다. 여기서도 역시 평의는 기껏해야 혼재된 효과만을 보여 준다. 몇몇 예에서는 평의가 법외적 증거의 효과를 경감시켰다.[165] 그러나 다른 예에서는 효과가 없었으며,[166] 심지어 인정될 수 없는 증거의 영향력을 가중시키기도 하였다.[167]

추론 유도   결국 배심 평의는 증거에 기초하여 옳은 추론을 이끌어 내는 배심원들의 능력을 향상시킴으로써 판결 정확성을 증진시킬 수 있었다. 몇몇 연구들은 이

것이 그리 크지 않은 효과라는 것을 보여 준다. 사회심리학적 연구들은 집단의 사회적 판단에 대해 토론이 가지는 효과는 종종 수량화할 수 있지만 언제나 그렇지는 않다는 것을 발견하였다.[168] 거짓말 탐지에 대한 연구들에서는 집단 구성원들은 그들의 (실제로는 빈약한) 집단적 수행에 대해 더 확신하지만, 집단이 개인들보다 정확하지 않다는 것을 보여 주었다.[169] 최근의 한 연구는 집단 토론이 정합성 효과를 감소시키지 못한다는 것을 보여 준다.[170]

사회적 영향

정보적 설득은 까다로운 범죄 사건에서는 흔치 않은 명백히 옳고 분명한 결론이 있을 때 성공할 가능성이 높다.[171] 이렇게 좋은 조건이 아니라면, 필수 요건인 만장일치는 사회적 영향에 크게 의존하게 된다.[172] 실제로, 배심 평의의 두드러진 특징은 종종 사회적 압력에 의해서 만장일치에 이른다는 것이다. 배심 평의는 서로 다른 의견이 있을 수 있는 사건에서 만장일치 규칙을 따라 움직이는 비구조화된, 베일에 싸인, 낯선 사람들 사이의 일회적 절차다. 이 점에서 배심 평의에 사회적 압력이 만연한 것은 놀라운 일이 아니다.[173] NCSC의 연구에서는 3,000명 이상의 배심원들에 대한 면담을 실시하였다. 면담 결과, 배심단이 (불일치 배심단hung jury, 즉 만장일치에 이르지 못하는 배심단이 되지 않고) 평결에 이르도록 하는 요소들은 증거에 의한 것이 아니고 전적으로 사회적인 것이었다. 합의에 이르는 것은 다른 배심원들의 개방성과 합리성에 대한 지각, 한두 명의 배심원들에 의한 평의 주도, 그리고 배심단의 논쟁 정도와 같은 요인에 의해 가능한 것으로 나타났다.[174] 게다가, 이 연구에서는 만장일치가 실제 합의를 반영하지 않는다는 것을 밝혀냈다. 평결에 이르렀던 배심단의 거의 절반에서, 최소한 한 명의 배심원이 자신의 개인적 판단에 반하는 다수 의견에 투표하였다.[175] 다수의 의지에 대한 소수 배심원들의 묵종은 실험실 연구에서도 관찰되었다.[176] 자신의 생각을 바꾼 배심원들의 확신감은 최소한으로 낮은 경향이 있었지만 정확성은 그렇게 낮지 않은 경향이 있었다.[177] 사회적 압력의 강도는 평의가 진행되면서 증가하고,[178] 다이너마이트 차지dynamite charges라고도 불리는, 결론을 내지 못하고 있는 배심단을 다시 활기차게 할 목적으로 설계된 배심 설시에 의해 더욱 악화된다.[179] 배심 평의는 영향력이 있는 배심원이 타당한 결론에 이르렀다면 잠재적으로 이점이 있고,

그들이 틀린다면 해로우며, 타당한 결론에 이른 배심원과 틀린 배심원이 고르게 나뉘어 있다면 혼재된 결과가 나타난다.

실험실과 현장 연구의 자료는 배심원들, 특히 배심원 대표의 인종과 성별에 의한 사회적 영향도 시사한다. 179개의 인디애나 배심단을 대상으로 한 연구에서 배심단들은 배심원 대표가 유죄에 투표한 경우, 특히 배심원 대표가 백인 남성인 경우에 더 자주 유죄평결에 이른다는 것을 밝혀냈다.[180] 유사하게, 사형재판의 배심원 프로젝트에서 수행한 연구에서는 사형 선고 가능성에 대한 백인 남성 배심원의 영향력이 관찰되었다.[181] 이 효과는 사형 선고 연구의 모의 평의에서도 관찰되었다.[182]

배심 평의의 두 가지 추가적인 측면도 아주 흥미롭다. 첫째, 평의의 질이 배심단의 평의 유형 즉 평의가 증거에 대한 논의에서 출발하는지(증거-기반 평의) 또는 투표에서 출발하는지(평결-기반 평의)에 의한 영향을 받는다는 예비적인 증거가 있다. 후자의 유형은 더 논쟁적인 경향이 있는데, 배심원들이 투표하여 얻은 다수의 평결을 옹호하기 때문이다. 이 유형에서 증거 평가의 결과는 더 혼란스럽고, 법과 사실의 관련성은 잘 진전되지 않으며, 논쟁은 철저히 이루어지지 않으면서 배심원들의 마음에 드는 방식으로 이루어지는 경향이 있다.[183] 실제 배심단을 대상으로 한 대규모의 현장 연구에서는 평의의 초기 10분 안에 투표를 실시했던 배심단은 첫 투표를 실시하기 전에 더 오랫동안 평의했던 배심단보다 불일치 배심단이 되는 경향이 있었다.[184] 현실에서는 배심원들에게 배심단의 평의를 구성할 자유가 있으므로, 배심단들은 각기 다른 절차를 따를 가능성이 있다.[185]

둘째, 배심 평의가 결정을 양극화 하는 효과를 가진다는 것을 아는 것도 중요하다. 상당수의 연구들은 쟁점에 대해 집단적으로 논의하고 결정하는 것은 사람들이 이미 선택된 해결책을 더 강하게 지지하도록 한다는 것을 보여 준다.[186] 전형적으로 이 양극화는 높은 확신감을 동반한다.[187] 모의 배심단 연구들에서는 평의가 재판에서의 증거와 관련된 배심원들의 기억(정확성에 관련 없이),[188] 기억의 출처 감시,[189] 그리고 증거 강도에 대한 판단[190]의 확신감을 증가시킨다는 것을 발견하였다. 앞서 언급하였듯이, 집단 토론은 거짓말에 대한 판단에서도 구성원들의 확신감을 증대시키는 것으로 나타났다.[191]

이 양극화는 두 가지 현실적인 효과를 가질 수밖에 없다. 첫째, 의견이 나뉜 배심단을 양극화하는 것은 하위 집단들 사이의 틈을 더 깊게 하여, 정보적 설득이 일어날 가능성을 낮춘다. 이 효과는 다시, 표면적인 만장일치에 이르기 위한 사회적 압력을 증가시킨다. 둘째, 배심단 양극화는 배심원들이 초기에 가졌던 입장을 더 강화하는 효과가 있을 수 있다. 제6장에서 논의했던 정합성 효과로부터 유발되는 개인 내적 양극화와는 다르게, 집단의 양극화는 유죄 쪽으로 약간 기운 의견을 가지고 있던 한 배심원의 평결을 바꿀 수 있는 잠재력을 가지고 있다. 약간 기울었던 의견이 극단적으로 되는 것과 그에 동반한 확신감 증가는 그 배심단의 결정이 입증의 역치를 넘어 유죄를 판단하도록 움직일 수 있다.[192]

항소심과 사후재심

사법적 결과를 증진시킬 수 있는 또 다른 법적 안전장치는 배심단의 판결에 대한 사후재심post-trial review 절차를 진행하는 것이다. 재심의 두 가지 일반적인 형태는 상급 법원에서 진행되는 직접적인 항소절차[193]와 연방 또는 주 법원에서 수행되는 인신보호영장(habeas corpus="You may have the body", 역자 주: 인신구속이 잘못되었다는 이유로 석방을 허락하는 결정)[194]에 의한 추가적인 사후재심 절차다. 두 절차는 모두 궁극적으로 법원에 의해서 진행된다. 원칙적으로 사후재심은 재판 단계에서 내려진 잘못된 결정을 수정함으로써 절차의 정확성을 높이는 데 기여할 수 있다.

항소심과 사후재심 절차는 보다 객관적이고 권위적으로 유리한 관점에서 일심재판의 판결을 검증할 기회를 제공하고 따라서 판결 절차의 진단성을 높이는 잠재력을 가진다. 그러나 제8장에서 논의할 내용처럼, 항소와 재심 법원에 의한 심리의 범위는 엄격한 절차적 문제들로 제한되어 있다. 게다가, 심리를 진행하는 법원들은 조사를 전적으로 절차적 문제들에 국한시키고 사실에 대한 질문은 회피한다. 이 법원이 사실에 대한 검증에 개입하는 경우, 법원은 최대한 검찰에게 호의적인 관점에서 증거들을 조사하고 그들의 분석에 높은 입증의 기준을 적용한다(역자 주: 일심재판의 판결을 파기하기 위한 기준이 높기 때문에 일심 판결이 파기되는 경우가 드물다).

사실판단에 대한 의미 있는 심리의 범위가 제한적이라는 것은 DNA 면죄자에 대한 무죄를 입증하는 DNA 증거가 발견되기 이전에 법원이 내린 처분을 검토함으로써 명백해졌다. 브랜든 가레트Brandon Garrett는 DNA 면죄 사건들 중 초기의 250개 사건에서 DNA 면죄 이전에 진행되었던 항소심과 사후재심을 분석하였다. 판결문이 있는 165건 중에서, 유죄판결을 받은 69명의 수감자들은 검찰측 증거의 충분성에 이의를 제기하였지만, 이 수감자들 중 누구도 항소심에서 구제받지 못했다.[195] 또한 새로운 무죄증거를 바탕으로 이의를 제기하였던 수감자들 중 누구도 구제받지 못했다.[196] 범인식별절차의 타당성에 이의를 제기했던 잘못 지목되었던 사람들 70명 중에서도, 다섯 명만이 절차의 신뢰성이 낮았다는 것을 증명하는 데 성공하였고,[197] 자신이 한 자백의 증거능력에 이의를 제기했던 13명 중 오직 한 명만 구제받았다.[198] 법원에 탄원서를 냈던 38명의 DNA 면죄자 중에서는 한 명만 심리를 받았고,[199] 이 심리에서 그는 여섯 명의 다수 법관이 자신의 탄원서를 기각하는 것을 보아야만 했다. 무엇보다, 탄원한 사람의 요구는 궁극적으로 그의 무죄를 입증한 증거와 관련되어 있었다.[200] 전반적으로, 심리를 진행하는 법원들은 이미 내려진 유죄판결을 의심하지 않는 경향이 있었다. 절반 정도의 사건에서 법원은 유죄를 입증하는 증거에 대해서만, 경우에 따라 그것이 "압도적"이라고 하면서 사실 문제를 언급하였다.[201] DNA 면죄자들이 구제받을 확률은 그들과 유사한 상황에 놓였던 대응 집단matching group의 수감자들 중 DNA 또는 다른 면죄 증거로 자신의 유죄 판결을 반박하지 못했던 수감자들보다 높지 않았다는 것도 주목할 만하다(사형을 선고할 수 없는 사건에서 각각 9%와 10%).[202]

유죄판결을 받았던 많은 무고한 사람들이 자신의 유죄판결을 이끌어 낸 잘못된 증거들에 항의조차 하지 않았다는 것은 큰 문제다. 목격자에 의해서 잘못 지목된 사람들 중 절반만이 범인식별절차에 이의를 제기하였고, 자백에 기초하여 유죄판결을 받은 사람들 중 2/3에 못 미치는 사람들만이 그들이 받았던 신문의 적법성에 항의하였다.[203] 실제로, DNA 면죄자들이라고 해서 대응 집단의 수감자들(유죄로 간주되는)보다 더 많이 그들의 유죄판결에 항의하지는 않았다.[204] 무고한 사람들의 이러한 무관심은 자원의 부족, 사법체계에 대한 불신을 비롯한 다른 어떤 이유들과 표면적으로는 그들에게 개방되어 있는 합법적인 방법이 별다른 도움이 되지 않는 현실 때문이다.

결론 및 개선을 위한 권고

이 장에서 논의된 연구들은 절차의 진단성을 개선하기 위한 법적 메커니즘이 실제로, 어느 정도까지는 진단성을 증진시킨다는 것을 보여 준다. 그러나 넓은 범위에서 보면, 이 메커니즘은 효과적이지 않고, 심지어는 유해한 혼재된 효과를 가지고 있다. 종합하면, 제6장과 제7장의 결론은 판결 절차가 정확한 증거와 정확하지 않은 증거를 구별할 수 있는 능력은 매우 제한적이라는 것이다. 판결 절차에 대한 사회적 기대가 높다는 점에서,[205] 이것은 허위pseudo 진단성이라고 하는 것이 나을 것이다. 형사 판결은 대부분 수사 단계에서 결정되고, 재판은 주로 진단적이기보다는 상징적인 가치를 전달하는 의례적인 역할을 한다.[206]

이 결론은 미국 형사재판의 사실인정 능력을 칭송하는 유명한 해설가들의 관점과는 완전히 불일치한다. 첫째, 이 지지자들은 재판 사례의 거의 3/4에서 판사와 배심단의 판결이 일치한다는 것을 보여 주는 연구들을 근거로 든다.[207] 이 결과는 실제로 사실인정을 위한 배심단과 판사의 상대적인 적절성에 대한 논쟁과 관련이 있다. 그러나 실제로는 둘 중 누구도 진단적이라고 말하기 어렵다. 사실상, 동일한 재판 증거들을 제시받았을 때, 판사와 배심원들은 사실을 식별함에 있어서 유사한 어려움을 겪게 될 것이고, 유사한 패턴으로 판결을 내릴 것이다.[208]

둘째, 이 지지자들은 연구들이 증거의 강도가 판결을 결정하는 가장 중요한 요인이고, 사건의 다른 어떤 특성보다 영향력이 크다는 것을 보여 준다는 점을 근거로 든다.[209] 현장 자료에서는 유죄 증거의 강도에 대한 사실판단자들의 평가와 유죄판결 비율은 0.5의 상관관계를 가지는 것으로 나타났다.[210] 이 상관관계가 통계적으로 유의하다는 것은 고무적이다. 그러나 제한적인(낮은) 상관관계의 강도는 그 관계를 다시 생각해 보도록 한다. 브로콜리를 먹는 것과 학문적 수행 사이의 관련성을 기대할 수 없듯이, 어떤 두 변인의 관련성을 기대할 어떠한 이유도 없는 맥락에서는 이 약한 상관관계도 중요한 발견이다. 그러나 처음부터 강력한 관련성이 예견되거나 기대되는 맥락에서는 그렇지 않다. 이 절차가 사실판단을 위해 재판 증거에 크게 의존하고 있고 높은 정확성을 위해 헌신한다는 점에서, 증거에 의해서 설명할 수 있는 판결의 변산이 절반 이상도 되지 않는다는 것은 문제다. 판결의 많은 부분이 증거 외적인 요소, 즉 보증되지 않은 요소들에 의해 유도된다는 것이 불가피한 사실이다. 설명할 수 없는 변산은 최소한 판결 절차의 제한된 진단성에서 부분적으로 기인한다고 판단할 만한 근거가 있는 것이다.

보다 정확하고 투명한 증거를 사실판단자들에게 제시하는 것을 목표로 하는 많은 개선의 노력들이 수사 절차에서 직접적으로 이루어져야 한다는 제6장의 논의를 기억하라. 그러나 이 장에서 논의했듯이, 재판 메커니즘을 개선하는 것도 반드시 이점이 있다.

1. 당사자주의적 재판의 진단성을 높이려면, 검찰측과 피고인측의 정보적 비대칭성을 최소화해야 한다.
2. 배심 설시는 쉬운 언어를 사용하여 서면으로 제공되어야 한다. 배심 설시는 일반적인 오해를 명백히 해소하고, 가능하다면 어떻게 그것을 적용할 수 있는지에 대한 구체적인 예를 설시 내용에 포함해야 한다.
3. 일심재판의 판사가 배심 설시를 명확히 해 달라는 요청을 받으면, 그들은 반드시 (불분명한 것이 확실한) 설시를 단순반복하기보다는 배심원에게 도움이 될 수 있는 설명을 제공해야 한다.
4. 치료적 배심 설시가 효과적이지 않다는 점에서, 일심재판의 판사는 잠재적으로 편파적인 증거를 단호하게 제한해야 하고, 치료적 배심 설시에 의존해야 하는 상황을 피해야 한다. 제한적 목적에 대한 설시를 하는 것은 삼가야 한다.
5. 대법원은 설시를 받는 재량권 제도가 사형 판결이 편견에 따라 내려지는 것을 막지 못하고, 따라서 잔인하고 기이한 처벌을 금지하는 수정헌법 제8조에 위배되는 것임을 알아야 한다.
6. 일심재판의 판사는 공정성에 대한 배심원들 스스로의 확신감을 의심해야 하고 배심단을 구성하기 위해 신중한 검증을 거쳐야 한다.
7. 배심원들이 첫 투표를 하기 전에 충분한 토론을 하도록 장려해야 한다.
8. 항소심과 사후재심 법원은 상당한 무죄 증거에 대해 기꺼이 새로운 관점을 취해야 하며, 유죄판결에 대한 평가를 하기 위해서는 덜 엄격한 기준을 적용해야 한다(역자 주: 일심재판의 유죄판결이 옳은지 그른지 판단하기 위한 기준이 낮아야 한다는 의미로, 낮은 기준을 적용하면 일심판결을 파기하는 비율이 높아질 것이다).

Chapter

08 정확성을 위하여

정확성 결여

이 책의 핵심은 형사절차의 작동을 담당하는 사람들의 심리적 역량과 한계를 평가하면 그 절차에 대한 이해가 풍부해질 수 있다는 것이다. 형사판결은 그 판결이 출력될 수 있도록 절차에 입력되는 재료의 질을 넘어서 더 정확해질 수 없다(역자 주: 최종 생산물로서의 형사판결의 정확성이 그것을 만들기 위해 사용되는 원재료인 증거의 정확성보다 더 좋을 수 없다). 제2장부터 제5장까지는 절차를 병들게 만드는 문제들, 즉 형사판결의 토대가 되는 증거를 부실하게 만드는 수사단계를 다루고 있다.

제2장에서는 사실들이 점차 하나씩 누적되어 결론으로 귀결되는 범죄수사의 역동성을 검토하였다. 범죄수사의 핵심을 이루는 추론과정은 예단을 재확인하는 각종 인지적 편향에 본질적으로 취약하다. 수사절차가 틀린 사실이나 틀린 가설에 의해 촉발되면, 서로 강력하게 보강하는 잘못된 증거들을 가속적으로 만들어 낼 수 있다. 범죄수사는 또한 다양한 동기적 요소들에 취약하다. 수사관들은 사건을 해결해야 하는 조직의 압력, 정서적 긴장, 조직의 충성 요구, 그리고 최초의 수사방향을 고수해야 한다는 의무감을 경험한다. 이러한 동기들은 유죄혐의를 빨리 확정하려는 추동을 만들

어 내고, 범죄수사가 당사자주의적 성향(역자 주: 진실 규명보다 다툼에서 이기려는 욕구가 강해지는 경향)을 띠도록 만든다. 수사에 가해지는 이러한 추동은 빈약하고, 모호하며, 상호모순적인 증거들에 기초해서도 단호한 결정과 행동을 하려는 경향, 즉 인간의 인지적 메커니즘에서 파생되는 부산물인 소위 정합성 효과에 의해 더 강화된다.

제3장에서 살펴본 목격지목에 관한 연구들은 낯선 사람의 신원을 지목하는 과제의 취약성을 보여 준다. 목격증인들은 라인업에서 범인을 제대로 식별하지 못할 때에도 누군가를 선택하려는 경향을 가진다. 따라서 상당히 많은 범임식별이 부정확하고, 정확한 식별도 변덕스럽게 바뀔 수 있다. 식별의 정확성은 식별상황의 여러 요소들과 식별절차의 방식에 따라서 민감하게 좌우된다. 그럼에도 불구하고, 경찰은 그러한 심리학적 연구들에 주의를 기울이기보다는 수준 이하의 위험천만한 절차에 더 의존하는 경향이 있다. 많은 재판이 목격자의 범인식별에 의존해서 이루어지고, 그 식별이 사실판단자에게 강력한 영향을 주기 때문에 목격지목은 유죄오판이 생길 수 있는 풍요로운 토양이 된다.

제4장에서는 범죄사건에 대한 증인의 기억을 다루었다. 연구들은 사건에 대한 사람들의 기억은 항상 불완전하기 때문에 어려운 사건을 해결하는 데 필수적인 구체적 사실들을 형사에게 제공하기에는 미흡하다는 것을 보여 준다. 범죄수사는 또한 허위 기억에 의해서 왜곡될 수도 있다. 허위 기억은 일상생활에서 자주 경험되듯이 저절로 생기기도 하지만, 수사절차에 의해 유도될 수도 있다. 특히 연구들은 증인이 기억할 수 없는 구체적 사실을 파고드는 조사 관행이 증인의 허위 기억을 쉽게 유도한다는 것을 보여 준다.

제5장은 용의자에 대한 경찰의 신문을 다루었다. 신문절차는 흔히 용의자가 거짓말을 하고 있다는 판단에 의해 촉발되는데, 거짓말을 한다는 판단은 유죄예단과 열악한 정확성을 가진 경찰의 수사관행에 기초한다. 대부분의 미국경찰에서 사용하는 용의자 신문방법은 기본적으로 범죄혐의를 강요하는 방법인데, 심리적 강압psychological coercion에 의해서 자백을 이끌어 내는 것이다. 그러한 신문방법은 용의자가 실제로 범인인지의 여부를 민감하게 구별하지 못하고, 진짜 범인과 무고한 사람 모두로부터 자백을 이끌어 낼 잠재성이 강하다.

제6장과 제7장은 형사사법절차의 재판단계에서 유죄와 무죄를 구별하는 진단력을 다루었다. 즉, 진술과 증언의 정확성이 아니라 그 증언을 평가하고 그것으로부터 옳

은 결론을 도출하는 사실판단자의 능력이 이 장들의 주제였다. 제6장은 형사판결의 정확성을 좌우하는 가장 근본적인 문제는 모호하고 비일관된 증거의 신뢰도라는 사실을 지적한다. 법정에 오기까지, 증인의 진술은 전형적으로 생진술로부터 시작되어 법정에서 소비되는 데 적합한 합성진술로 진화한다. 그 과정에서 증언은 그나마 미약하게 남아 있던 신뢰도마저 상실하고 피고인의 유죄를 더 비난하는 형태로 변화한다. 증언은 증인의 동기와 사법절차에서의 역할(역자 주: 어떤 당사자측에 의해 채택된 증인인가에 따른 역할)에 의해서도 편향될 수 있다. 다른 증거의 신빙성을 명백하게 뒷받침하는 것으로 보이는 보강증거조차도 경찰수사의 확장적 특성과 상승작용에 의해 생기는 인위적 산물인 경우가 많다. 오류는 다른 오류를 만들어 내기 때문에 심지어는 방대한 보강증거들 전체가 잘못된 것일 수도 있다.

　어려운 형사사건에서 진실을 밝혀내는 것은 신뢰로운 증거가 있을 때에도 어려운 일이다. 연구들에 의하면 사람들은 목격증인이 범인을 정확히 식별한 것인지, 사건에 대한 기억이 정확한 것인지, 경찰신문에서 이루어진 자백이 용의자의 행위에 대한 진실을 포함하는지의 여부를 판단하는 데 어려움이 있다. 피고인이 알리바이를 주장하는 것은 어려운 일이지만, 그 주장을 하지 않는 것은 피고인에게 불리하게 해석된다. 또한 거짓말 여부에 대한 판단은 오래전부터 항상 부정확해 왔다. 또한 제6장은 증거 이외에도 법정환경에 존재하는 다양한 다른 요인들이 옳은 판단을 방해한다는 것을 보여 주었다. 그 요인들은 당사자주의 재판절차에서 지속적으로 격화되는 과도한 설득전략, 재판 전 언론보도, 정서적 동요, 인종 고정관념, 정합성 효과 등이다.

　제7장은 사실판단자가 안고 있는 문제들이 법 절차의 메커니즘에 의해 충분히 개선되지 않는다는 결론에 도달한다. 반대심문은 진실발견을 위한 최선의 엔진이라는 명성과 실제로는 전혀 걸맞지 않다. 판사의 법률 설시는 배심원에게 제대로 이해되지 못하고, 적용되지 못하며, 법에 대해 배심원들이 개인적으로 가지는 믿음과, 무엇이 정의인가에 대한 그들의 직관적 느낌에 의해 무시된다. 배심원들은 공정성을 보증하라는 요구를 받는 경우(역자 주: 선정절차 등에서 "당신은 배심원으로서 공정하게 판단할 수 있습니까?"와 같은 질문을 받는 경우)가 많지만, 그것을 스스로 보증할 수 있는 입장에 있지 않다. 검사에게 높은 수준의 입증 책임을 부과하지만, 그것이 절차의 정확성에 대해 가지는 효과는 미지수이고, 있다고 해도 미미한 수준에 불과하며, 배심원 평의의 효과도 역시 보편적으로 약하고 불확실하다. 항소법원은 일심법원 판결의

토대가 되는 사실들에 대해서는 제한적으로만 검토할 뿐이다.

종합하면, 수사절차는 알 수 없는 양의 진실과 오류를 함께 가지는 증거들을 만들어 내고, 재판절차는 그것을 구별해 낼 역량을 갖추지 못했다는 것이 이 책의 분석이 도달한 결론이다. 범죄수사의 제한된 정확성은 형사재판의 제한된 진단력과 더해져서 형사사법절차의 엄숙한 인식론적 요구와 그것이 공언하는 확실성에 걸맞은 정확성을 제공하지 못한다는 결론에 이르게 된다. 제7장은 정확성 차원에서 존재하는 절차의 결함들을 줄이기 위한 이 책의 권고사항들을 통합하고 그 권고들이 시행될 것을 제안한다. 그러나 제한적인 정확성에도 불구하고 기존의 형사사법절차가 바뀌지 않고 고집스럽게 유지되는 것은 두 가지의 중요한 심리적 기제 혹은 사고방식이 제도 안에 존재하기 때문이다. 우선은 그 두 가지의 심리적 기제에 대한 고찰이 필수적이다. 하나는 사실의 정확성에 대한 소외marginalization of factual accuracy이고, 또 다른 하나는 절차결함의 부정denial of the process' shortcoming이다.

사실의 정확성에 대한 소외

제대로 인식되지 않는 형사사법절차의 한 가지 특징은 그 절차가 정확한 사실판단, 즉 진실발견에 낮은 가치를 부여하는 이상한 현상이다. 사실판단—누가 어떤 범죄를 범했는가?—이 형사사법절차의 유일한 임무는 물론 아니다. 형사사법절차는 판결에 대한 대중의 신뢰를 높여야 하고, 사회의 가치를 구현해야 하며, 국가의 권위를 세워야 하고, 피해자의 문제를 해결해야 하고, 분쟁을 해소하는 등 일련의 임무를 수행해야 한다.[1] 그 절차는 또한 적절성, 비용효율성, 적시성, 헌법과 법률의 합치성, 관련자들의 사생활과 자치권 보호 등의 여러 가지 조건들을 충족해야 한다.[2] 따라서 모든 형사사법시스템이 당면하는 핵심 도전은 서로 상충하는 그러한 목적 및 조건들과 진실규명 사이의 균형을 어떻게 맞출 것인가의 문제다.

영미식의 소송개념을 근간으로 하는 미국 형사법 시스템의 기본틀은 수정헌법 제6조에 의거한다. 배심재판을 받을 권리, 상대측 증인을 맞대면하고 반대심문을 할 권리, 변호인의 조력을 받을 권리 등의 각종 절차적 권리가 피고인에게 보장된다. 이 제도의 핵심적 특징은 증언이 공개법정에서 증인의 입으로 직접 이루어져야 하는 '구술주의principle of orality' 다.[3] 미국연방대법원은 구술주의의 궁극적 목적을 판단의 정확성을 도모하기 위한 것으로 해석하고 있지만,[4] 미국의 형사사법절차를 이끄는 이 원칙은 진실의 모색에 명시적으로 반한다. 피고인에게 보장되는 것은 신뢰로운 증거나 정확한 판결이 아니라 절차적 권리다.[5] 예를 들어, 연방대법원은 "적법절차의 목표는 오류일 것으로 추정되는 증거를 배제하는 것이 아니라, 증거가 옳건 그르건, 그 증거의 사용에서 근본적인 불공정성을 방지하는 것이다."라고 판시하였다.[6] 연방대법원은 이어서 "피고인이 자신을 비난하는 사람을 맞대면할 권리를 가지는 것은 증거의 신뢰도를 보장하기 위한 것이지만 그것은 절차적인 보장이지 증거의 정확성을 내용적으로 보장하는 것은 아니다. 그 권리는 증거가 실제로 옳아야 한다는 의미가 아니고, 증거의 신뢰도가 반대심문의 엄격성에 의해 검증되는 특정한 방식으로 평가되어야 한다는 것을 뜻한다."고 판시하였다.[7] 전반적으로 이 판시는 절차적 공정성을 형사절차의 궁극적 가치로 본다.[8] 즉, 연방대법원의 분석을 주도하는 원칙은 절차적 공정성이다. 공정성에 관한 그러한 개념은 사람들이 마땅히 받을 것을 받아야 한다는 실질적 원칙을 대표하지 않는다(역자 주: 공정성에 관한 미국 연방대법원의 입장이 절차정의 개념에 집중되어 있고 분배정의 개념를 도외시한다는 의미). 절차적 공정성은 당사자주의적 경쟁에서 이기기 위한 전술적 우열에서 소송인들 사이의 균형을 맞추는 기계적 장치다. 따라서 당사자들이 대체로 대등한 조건에서 경기를 하면[9] 경기 중에 무슨 일이 생기든 상관없이,[10] 그 경기는 공정한 것으로 인식되는 식이다.

  사실의 정확성에 대한 소외는 형사사법절차의 처음부터 끝까지 나타난다. 제2장부터 제5장까지에 논의된 바와 같이, 수사절차는 과학적 연구 혹은 '최우수 수사실무'에 대한 고려 없이 설계되었다. 절차가 경찰서마다 제각기 다르고, 수준미달인 경우가 많다. 빈번히 사용되는 범죄수사와 관련된 과학은 확인가능한 과학적 기반이 빈약한 경우가 많고, 오용되거나 법정에서 부적절하게 설명/해석되기도 한다.[11] 유죄판결의 대다수는 재판에 의해서가 아니라 밀실에서 은밀하게 이루어지는 유죄협상에 의해 이루어진다는 것을 상기할 필요가 있다. 유죄협상이 이루어지면 그것을 공개된 법정에서 공식적으로 확인하는 절차를 거치기는 하지만, 법정에서의 그 상징적인 제스처는 유죄인정의 정확성이나 정직성을 보장하지 못한다. 유죄협상은 기본적으로 배심재판의 결과에 대한 예측을 중심으로 전술적인 고려에 의해 이루어지며 기소의 정확성과는 상관이 없다. 공정하고 불편부당한 배심을 구성하기보다는 각기 자신들에게 유리한 배심을 구성하려는 당사자들(검사와 변호인)에 의해 배심원 선정절차가 이루어지는 지역이 많다.[12] 제6장에서 언급하였듯이, 변호인과 검사는 자기측 증인들이 법정에서 어떻게 증언해야 하는지를 사전에 준비시키는데, 그것은 법조인들이 증언을 조정하는 것이다.[13]

당사자주의적 소송 형태는 사실의 정확성을 제고하는 장점이 있는 것으로 선전된다. 당사자들이 각기 자신들의 입장을 지지하는 가장 우수한 증거를 수집하고 제시하려는 동기에 의해 그 장점이 가능해진다는 것이다.[14] 타당해 보이는 추정이지만, 동기는 또한 편향을 양육하기도 한다는 점에 주목해야 한다.[15] 따라서 배심원들의 사실인정은 범죄사건에 관해 양립할 수 없는 두 가지 편파된 사건 이야기 중 하나를 선택하는 것으로 귀결된다. 더욱이, 법조인들이 자주 말하듯이, 재판은 범죄현장에서 실제로 무슨 일이 있었는지보다는 법정에서 무엇이 증명될 수 있는지에 관심을 가진다. 따라서 당사자주의 제도에서는 증언이 얼마나 진실에 일치하는가에 의해서가 아니라, 당사자주의적 경쟁에서 얼마나 상대방을 제압하는 위력을 발휘하는가에 의해 그 증언의 가치가 평가된다. 예를 들어, 확신감에 찬 목격자의 범인지목은 그것의 정확성에 대한 의구심이나 목격증인이 확신감을 가지는 이유에 대한 의문이 있을 때도, 그 자체로 검사의 막강한 무기가 된다. 또한 당사자주의 제도는 당사자들 간의 상호불신을 양육하는 최적의 환경이라는 점에도 주목해야 한다. 그 상호불신은 당사자들을 극단화시키고, 결과적으로 그들이 진실로부터 더 멀어지게 만든다.[16] 당사자들 사이의 정보 불균형은 당사자주의 절차가 진실을 정확히 발견하는 능력을 더 저해시킨다. 대부분의 피고인은 자신의 사건을 조사할 수 있는 자원, 전문성, 법적 권한이 없기 때문에 모든 증거는 검사에 의해 사실상 독점된다. 검사는 또한 피고인에게 유리한 증거를 피고인에게 제공할 의무가 거의 없다.[17] 이상하게도, 형사피고인은 자신의 자유를 박탈하는 데 사용될 수 있는 증거에 대한 정보를 요구할 수 있는 권한이 민사소송의 당사자들보다도 더 없다.[18]

사실의 정확성은 절차의 정상, 즉 배심원의 의사결정에서 특히 모호하고 혼란스럽다. 배심원들은 포괄적으로 유무죄 여부를 평결할 뿐이고,[19] 그 평결의 이유를 설명하지 않으며, 평결에 대해 책임지지 않는다.[20] 게다가 「연방증거법」 606조 b항은 평의과정을 비밀의 장막으로 덮고 있으며, 배심원들의 평의에서 어떤 논의가 오고 갔는지, 어떻게 평결이 도출되었는지에 대해 누설하지 못하도록 한다.[21] 그러면서 제도는 사실인정을 배타적으로 '배심원 영역province of jury'에만 가두어 두고 그것을 엄격하게 수호한다.[22] 어떤 일심판사는 고등학교에서 같은 반 친구를 강간하고 살해한 혐의로 유죄오판을 받은 무고한 피고인에게 다음과 같이 말한 바 있다: "당신은 무죄일지도 모릅니다. … 그러나 배심원들이 유죄라는군요."[23]

재판 이후에 유죄판결을 받은 피고인은 주 법원과 연방법원을 거치는 여러 경로를 통해서 그 유죄판결에 대한 재심을 청구할 수 있다. 형사사법절차는 유죄판결을 받은 피고인에게 항소와 재심의 길을 너무 많이 제공한다는 비난을 받기도 하지만, 그 경로들을 통해서 잘못된 사실인정이 수정될 가능성은 현실적으로 거의 없다. 실제로 많은 DNA 면죄 사례들도 그 생물학적 증거가 발견되기 전까지 항소법원과 재심법원에서 반복적인 재심리를 광범위하게 받은 것들이다.[24] 그럼에도 불구하고, 그 복잡하고 고비용이 드는 재심리들은 하나같이 그 기결수들이 무죄라는 결정적인 사실을 밝혀내지 못했던 것이다. 아마도 그 기결수들이 실제로 유죄인지에 대해 판사는 관심이 없었을 가능성이 높다.

항소법원과 재심법원의 효과성이 제한적일 수밖에 없는 한 가지 이유는 그러한 법원들에서의 재심청구가 재심청구 시한, 증거능력에 대한 이의제기의 적시성 요건(역자 주: 잘못된 증거의 채택을 이유로 항소하기 위해서는 일심법정에서 그 증거가 채택될 때 시기적절하게 이의제기를 했어야 한다는 보통법 규칙), 항소이유의 제한, 주장의 소진 등 일련의 미묘한 절차적 조건들에 의해 제한되기 때문이다.[25] 대다수의 피고인들이 유죄판결 이후의 일들을 변호인의 조력 없이 스스로 해야 된다는 것을 감안하면, 피고인들이 그 조건들을 충족하는 것은 무리다. 더욱이, 항소 혹은 재심의 청구를 받아들일 것인지의 여부를 판단하는 법원의 기준은 매우 엄격하다. 실제로 연방법원에서는 사형이 가능한 범죄가 아닌 기타 범죄혐의로 유죄판결을 받은 후 인신보호영장 심사를 청구하는 피고인들 중 0.4%에 대해서만 그 청구를 받아들인다.[26] 인신보호영장이 발부되는 소수의 사례들은 수사단계와 재판단계에서 법 절차상의 오류가 발견될 때에 한정되고, 사실의 오인을 이유로 인신보호영장이 발부되는 경우는 거의 없다. 사실오인에 대한 청구가 받아들여지기 어려운 핵심적 이유는 항소법원과 재심법원이 일심에서 이루어진 사실인정에 관여하는 것을 극도로 꺼리기 때문이다.[27] 사실의 오인에 대해 심리를 하는 경우에도, 검사측에 유리한 관점에서[28] 일심의 기록만 검토할 뿐이기 때문에 결국은 대부분 일심의 판단을 인정하는 것으로 끝난다. 그 법원들은 또한 매우 엄격한 기준으로 사실오인에 대한 재심 여부를 결정하며,[29] 일심의 유죄판결이 부족한 증거에 기초한 것이라는 주장에 대하여 '극도로 제한된sharply limited' 재심만 허용한다.[30] 예를 들면, 한 주 대법원은 인신보호영장을 위한 증거는 새로운 것이라야 하고new, 물증이라야 하며material, 일심에서 이미 논란된 사실이 아닌 다른 사실에 관한 것이고noncumulative, 그 자체로 확정적이며conclusive, 신빙성이 "특별히 높은 기준extraordinarily high standard"을 충족해야 하고, "검사의 모든 주장을 통째로 뒤집는undermine the prosecution's entire case" 것이라야 한다고 판시하였다.[31] 유죄판결을 뒤늦게 뒤집는 일은 새로운 증거를 확보할 수 있는 조사를 가로막은 장애물들에 의해 더욱더 어려워진다. 법원은 유죄판결을 받은 피고인에게 무죄를 밝힐 수 있는 생물학적 증거를 제공하도록 주 정부에 명령하는 것을 꺼려 왔다.[32] 마지막으로, 심히 의심스러운 사례들은 때때로 행정부의 처분에 맡겨지기도 하는데,[33] 설혹 무죄일 가능성이 매우 높다 하더라도 일단 유죄판결을 받은 피고인을 행정부가 석방하려면 상당한 정치적 비용을 감수해야 한다.[34]

사실의 정확성에 대한 소외는 상충하는 사회적 이해관계들을 위해 사실의 정확성을 포기하는 연방대법원 판단에서 가장 극명하게 나타난다. 대법원은 항상 오관의 방지보다는 다양한 이해들, 특히 관료조직의 이해를 더 우선시해 왔다. 예를 들면, 연방대법원은 목격자의 의심스러운 범인지목이 피고인에게 초래하는 위험을 대수롭지 않게 여기는 반면, 범인지목이 의심스럽다는 이유로 그 범인지목의 증거능력을 배제하는 것은 검찰에 대한 "가혹한 벌칙Draconian sanction"이라고 표현하였다.[35] 연방대법원은 또한 유죄협상에서 피고인이 자신에게 유리하고 검사의 주장을 탄핵하는 증거의 노출을 검사에게 요구할 권리를 부정하면서, 검사의 그 헌법적 의무는 "피고인의 유죄인정을 확보해야 하는 정부의 이해와 ……(중략)…… 사법의 효율적 운영과 심각하게 상충한다."[36]고 판시하였다. 배심원 중 한 사람이 다량의 술과 약물을 복용한 상태에서 재판에 임했다는 주장에 대한 증거조사를 해 달라는 피고인측의 요구를 기각하면서 연방대법원은 재판 확정의 필요성, (지나친 솔직성의 위험을 무시하면서) 솔직한 배심평의, 그리고 이상하게도, 사법제도에 대한 국민의 신뢰가 더 우선시된다고 판단하였다.[37]

타당성이 의심스러운 증거에도 증거능력을 인정한다는 허용적인 원칙[38]과 더불어, 사실의 정확성에 대한 연방대법원의 무관심은 부적절한 수사절차와 재판절차의 번식을 배양하는 기름진 토양이 되었다. 가장 신기한 것은 무죄를 "진실로 설득력 있게" 보여 줄 수 있는 사형수가 실체적 무죄actual innocence를 독자적으로 주장할 수 있는 권리를 헌법이 보장하는지에 대해서 연방대법원은 아직도 판단을 못하고 있다. 연방대법원의 망설임은 실체적 무죄의 주장을 허용하면 "사형사건을 종결지어야 할 필요성을 큰 혼란에 빠뜨린다."는 우려에서 기인한다.[39] 연방대법원은 사형수에게 그 권리가 있다는 것이 암시되기는 하지만, 그 권리를 허용한다고 하더라도 그 허용기준을 특별히 높게 설정해야 한다고 말하였다.[40] 최근에 대법관 안토닌 스칼리아Antonin Scalia는 "공정하고 완전한 재판에 의해 사형선고를 받았지만 나중에 자신의 실체적 무죄를 설득할 수 있는 사형수의 사형집행을 헌법이 금한다는 것을 연방대법원은 한 번도 주지해 본 적이 없다."[41]는 것을 우리에게 상기시킨 바 있다. 설혹 연방대법원이 실체적 무죄인 피고인이 사형당하지 않을 권리를 인정한다고 해도, 사형 이외의 다른 형으로 수감되어 수십 년 혹은 평생을 감옥에서 보낸 무죄 기결수에게는 아마도 인신보호영장을 인정하지 않을 것이다.

절차주의에 대한 숭배는 학계에도 존재한다. 미국의 로스쿨에서 가장 널리 교과서로 사용되는 형사절차 사례집들을 대충만 훑어보아도 정확성에 대한 결정적 의문을 다루는 내용은 극히 적은 일부분에 불과하고, 헌법적, 절차적 권리에 관한 내용이 지배적이라는 것을 알 수 있다. 형사절차에 대한 교육과 학문적 논의는 실체적으로 유죄인 피고인의 이익을 배려하기 위해 정확성을 희생하는 수색 및 압수의 원칙search and seizure doctrine에 몰입되어 있는 것이다.[42]

오류의 부정

사실의 정확성에 대한 광범위한 소외에도 불구하고, 형사사법절차를 옹호하는 사람들은 그 절차를 거쳐서 나오는 결과의 정확성을 맹신한다.[43] 그 사람들은 절차에 구비된 안전장치들을 잘 지키면 실체적으로 옳은 결과에 도달한다는 편리한 합의에 믿음을 가지는 것으로 보인다.[44] 영국의 한 법조인은 "배심원들의 평결은 실제로 진실을 발견한다."고 말하였다.[45] 대법관 산드라 데이 오코너Sandra Day O' Conner는 누구라도 헌법이 보장하는 각종 권리를 누리는 가운데 자신과 동등한 신분과 지위를 가진 배심원들에 의해 유죄가 밝혀졌다면, 그 사람은 법적으로나 사실적으로 무죄일 수 없다고 말하였다.[46] 형사사법절차가 언제나 죄 없는 사람이 유죄판결을 받는 환영에 사로잡혀 있지만, 그 걱정은 비현실적인 꿈일 뿐이라는 재판장 리네드 핸드Learned Hand의 표현에 널리 유포되어 있는 이 신념, 즉 유죄오판은 불가능하다는 신념이 잘 반영되어 있다.[47] 스칼리아 대법관은 유죄오판이 "무의미한 최소"에 불과하다고 치부하였다.[48] 또한 그는 검사들은 물론이고 심지어는 판사들의 치열한 저항을 극복하고 면죄 사례들이 많이 나타나는 현실은[50] 형사사법절차의 실패가 아니라 오히려 성공을 나타내는 징표라고 말하였다.[49] 법집행 기관에서 매일 형사사법체계를 운영하는 공무원들도 광범위하게 오류의 존재를 부정한다. 조사연구의 대상으로 참여한 경찰서장, 검사, 그리고 일심판사들의 대다수가 적어도 자신들의 관할 내에는 오판이 존재하지 않거나, 극소수만 존재할 뿐이라고 주장하였다.[51]

형사절차에 대한 노골적인 신뢰는 그 체계의 합법성이 위협받을 때 더 강화된다. 진실발견에 배타적 가치를 부여하는 유럽대륙의 직권주의 시스템[52]보다 당사자주의 시스템이 상대적으로 열등하게 비교될 때 당사자주의 절차를 방어하려는 의지는 더욱 날카로워진다. 당사자주의에 대해 비판을 하면 그 비판은 항상 직권주의 제도[53]가 '법적 국가주의legal nationalism'의 한 형태[54]라는 역비난에 직면하게 된다. 스칼리아 대법관은 다른 대법관이 소수의견에서 단지 오류가능성을 언급만 해도, 자기 나라만 잘난 줄 알고 남의 나라를 비난하기 좋아하면서 미국의 사형제도를 비판하는 유럽연합의 모국가에 가면 요란하게 환영받을 것이라고 비통해하였다.[55] 미국의 체계에 대한 비판은 내적 성찰을 불러일으키기보다는 그 체계의 정착을 촉진하고, 결함을 지적하는 것에 대한 혐오감만 더 강고하게 만드는 것으로 보인다.[56]

형사사법절차의 정확성에 대한 신념은 사실을 정확히 판단하는 배심원의 능력에 대한 깊은 신뢰에 기초한다. 연방대법원은 "미국 배심원의 좋은 감각과 판단"을 정기적으로 극찬하곤 한다.[57] 어떤 판사는 "사건의 진실을 발견하는 배심원들의 집단적 능력에는 신비로운 면이 있다."는 의견을 피력하기도 하였다.[58] 중요한 것은, 배심원에 대한 흔들림 없는 신뢰가 오류를 포함하는 증거를 배심원에게 제공하는 것에 대해서 연방대법원이 편안함을 느끼는 데 일조한다는 점이다. 연방대법원은 "신빙성 없는 요소가 강한 증거를 재판에서 증거로 인정하는 것도 우리 당사자주의 체계의 일부이다."라고 설명하였다.[59] 신빙성 없는 증거는 "배심원 방아에 늘상 들어가기 마련인 곡물"이라는 것이다.[60] 연방대법원은 자백증거를 배제하는 결정은 "배심원이 자백의 정확성을 판단하지 못해서 잘못된 유무죄 결정을 할지도 모른다는 두려움 때문이 전혀 아니다."라고 주장하였다.[61] 배심원들의 예리함을 칭송하면서 연방대법원은 증거의 중요성 자체를 평가절하하는 데까지 나아가고 있다. "목격자의 범인지목은 중요한 증거이지만, 그런 증언은 단지 증거일 뿐이며, ······ 당사자주의의 핵심—무결성integrity—자체를 구성하는 요인은 아니다."[62]

절차의 정확성에 대해 스스로 확신감을 가지는 것은 중요한 심리적, 사회적 욕구라는 점에는 의문의 여지가 거의 없다. 사람들은 현재의 지배적인 사회질서를 정의롭고 합법적인 것으로 좋게 평가하는 경향을 가진다.[63] 더 중요하게는, 국가가 무고한 사람의 인생을 망칠 수 있다는 생각은 그 자체로 체계의 통합성에 그림자를 드리우는 것이고, 그 절차의 운영을 담당하는 사람들의 혼에 위협을 가하는 것이다.[64] 역설적이게도, 그런 종류의 위협에 대한 자연적인 반응은 그것의 존재를 부인하는 것이다.[65] 따라서 형사사법체계는 복잡하고 취약하면서도 동시에 치명적인 절차의 약점을 건드리기보다는 그것의 엄밀성에 대한 마취적 집착에 안주한다. 대법관 로버트 잭슨의 말대로, 이 체계는 오류를 범하지 않기 때문에 국가의 형벌권을 위임받은 것이 아니고, 형벌권을 위임받았기 때문에 오류를 범하지 않는 것으로 스스로를 포장하는 것이다.[66]

정확성 미진에 대한 보완

개선의 가능성은 널리 유포된 두 가지 사고방식을 바꿀 수 있는 가능성 여부에 달려 있다. 형사사법절차를 설계하고, 감독하며, 운영하는 사람들은 정확한 판결의 도출에 우선권을 부여해야 하고, 현상태에서는 절차가 목적하는 바를 달성할 것으로 기대할 수 없다는 것을 인정해야 한다. 현재의 형사사법절차를 옹호하는 사람들은 그것이 그냥 놔두어도 좋을 만큼 잘 작동하고 있다고 주장한다.[67] 그러나 설혹 죄 없는 사람을 처벌하는 실패가 극소수이고 드물다고 하여도, 형사처벌의 엄중함에 비추어 볼 때, 더 높은 수준의 양심과 노력을 기울여 시스템에 대한 권한을 행사해야 한다. 제롬 프랭크가 말했듯이, 죄 없는 사람을 처벌하는 것은 "불가피할 때, 즉 그러한 불의를 회피할 수 있는 모든 현실적 실행수단을 다 사용한 후에라야 정당화될 수 있다. 그런데 때로는 모든 현실적 수단이 사용되지 않는다."[68]

형사사법체계는 사실의 정확성 문제, 특히 유죄오판의 문제에 대해서 치열하고 솔직하게 투쟁해야 한다. 체계의 다양한 임무들—판결에 대한 대중의 수용, 국가 권위의 확립, 사회적 가치의 구현—은 오판의 위험을 가능한 최소 수준으로 줄이지 않고서는 양심적으로 성취할 수 없다. 사람들이 국가의 형벌권에 순종하기를 바란다면, 먼저 효용성이 열악한 절차적 권리를 지켜 주기보다는 더 나은 대접을 그 사람들에게 해 주어야 한다.[69] 형사처벌은 정확한 판결을 위해 진지하게 애쓰는 사법체계에 의해서 합리적 의심의 여지를 초월하는 증명이 이루어진 후에 비로소 가능해야 한다.

이 책에서 논의된 연구들은 배심원들의 탁월한 능력을 맹신하는 것에 의문을 제기한다. 어려운 임무를 수행하는 배심원들이 괴상하고 부적절한 절차의 병든 효과를 막연히 추측하게 해서는 안 되고, 가능한 범위에서 가장 좋은 증거에 기초해서 추론하는 데 집중할 수 있게 해 주어야 한다. 신뢰도가 빈약한 증거는 서로 다투는 이해관계에 의해 쉽게 걸러진다는 이유로 "증거는 오직 증거일 뿐이다."[70]라고 낙천적으로 생각하는 것은 정당화될 수 없다. 바로 증거에 의해서 절차 전체가 꾸려져 나가는 것이다. 증거는 삶을 좌지우지하는 판결이 무엇인지 알려 주기도 하지만, 그것을 오염시키기도 한다. 그 점에서, 증거의 무결성을 향상시키는 것으로부터 해결책을 모색해야 한다.

현재의 증거제도에 의해서도 증거의 무결성이 보장될 수 있을 것으로 생각하기 쉽다. 「연방증거법」 403조는 증거가 초래하는 편견이 그것의 증명력을 상당히 압도한다고 판단될 때는 그것의 증거능력을 배제할 수 있다고 규정한다.[71] 그러나 현재의 증거제도가 제공하는 해결책은 현실적으로 적절하지 않다. 첫째로, 모든 유죄판결의 절대다수가 유죄협상의 용광로에서 만들어지는데 그 유죄협상에 대해 증거규칙은 아무런 역할도 하지 않는다. 따라서 피고인의 유죄인정에서 신뢰도가 없고 편견을 유발하는 증거가 걸러질 가능성이 없다. 둘째로, 신뢰도가 없는 증거를 제거하기 위해서는 일심 판사가 증거의 정확성에 영향을 주는 요인들에 대한 특출한 인식을 보유하고 있어야 한다. 그러나 많은 일심 판사들이 그 인식을 위한 과학적 지식을 가지지 못한 것으로 나타났다. 예를 들면, 판사들이 목격지목의 정확성에 영향을 주는 요인들을 알고 있는 정도를 조사한 연구에서 판사들 사이에 큰 편차가 나타났는데, 정답비율이 판사에 따라서 낮게는 19%부터 94%까지 분포하였고, 평균은 55%였다.[72] 그 판사들은 일반 학부 대학생들보다 더 많은 지식을 가지고 있지 않았고, 로스쿨 학생들보다는 지식수준이 더 낮았다.[73] 또 다른 조사연구에서는 문제의 60%에서 판사들의 응답이 전문가들의 응답과 다른 것으로 나타났다.[74] 마지막으로, 그리고 가장 중요한 것은 처음부터 신뢰로운 증거를 수집하는 것이 재판단계에서 부실한 증거를 골라내는 것보다 장기적으로 훨씬 우수한 방법이라는 사실이다. 하나의 잘못된 증거는 다른 잘못된 증거를 만들어 내므로 수사와 재판 전 절차 전체를 왜곡시킬 수 있다. 더 나아가서, 오류에 의한 증거를 재판에서 배제하면 기소 자체를 취하할 수밖에 없는 경우도 있는데, 그런 경우는 소중한 자원이 낭비되는 결과를 초래한다. 따라서 뒤늦게 생기는 기소취하의 가능성은 판사로 하여금 결함을 가진 증거를 배제하기 어렵게 하는 압력이 되며, 검사는 증거의 결함을 반박하거나 감추기 위해서 갑절로 애를 써야 하는 상황을 초래한다.

　제2장부터 제5장까지 서술된 바와 같이, 결함 있는 증거의 일차적, 근원적 원인은 경찰수사에 있고, 그러한 증거를 유발하는 오류는 흔히 수준 미달의 수사절차에 의해 생긴다. 따라서 범죄수사는 반드시 개선되어야 하고, 개선될 수 있으며, 기대되는 개선대상이다.[75] 제1장에서 언급하였듯이, 개선은 투쟁적인 당사자주의적 분단을 초월해야 하고, 그 대상은 오로지 오판에만 최대한 좁게 국한되어야 한다. 여기에서 제안되는 권고사항들은 단지 유죄오판만 줄이기 위하여 고안된 것이 아니고, 증거의 신뢰도와 무결성을 증가시키고, 경솔한 기소를 억제하며, 과도한 호전성을 완화하고, 절차를 관통하여 전문성과 공명정대함을 촉진하고, 궁극적으로 진범의 처벌을 증가시키기 위해 설계되었다. 이러한 절차의 온전한 통합성은 형사사법제도의 정당성을 향상시키게 될 것이다.

　증거의 정확성을 높이는 한 가지 자명한 방법은 범죄수사를 '최우수 수사실무' 절차에 따라 꼼꼼하게 하는 것이다. 최우수 수사실무를 준수하는 것은 정확한 증거에만 수사의 초점을 맞추고 잘못된 증거를 유도해 내는 경향을 최소화하는 것이다. 제2장은 수사절차의 관리에 관한 구체적인 권고사항들을 제공하였고, 제3장부터 제5장에서는 보다 나은 라인업 절차, 협조적인 증인의 면담 방법, 그리고 용의자 신문 방법을 제안하였다.

　앞의 장들에서 논의된 바와 같이, 증거의 무결성을 증진하는 방법으로 기대되면서

도 실현가능한 또 하나의 개선점은 범죄수사의 투명화다. 투명성은 모든 수사절차를
전자기록하고, 그 기록에 대한 당사자들의 접근성을 보장함으로써 확보될 수 있다.
제2장에서 투명한 수사는 수사절차 자체를 개선하는 효과를 가진다는 점을 설명하였
는데, 기록을 하고 그것을 남기는 것은 수사의 세밀한 부분에 대한 수사관의 책임감
을 높이고, 법 집행 기관에서의 수사관 훈련, 감독, 수사품질 통제를 위한 도구로써
활용되어 수사관들이 최우수 수사실무를 실천하는 것을 조력할 수 있으며, 경찰의
직권남용이나 위법을 억제할 수 있다. 그러한 기록은 또한 쉽게 사라져 버리는 세밀
한 과학적 범죄수사의 정보를 포착하기 때문에 사건해결을 위한 정보적 도구의 기능
도 한다.

최우수 수사실무 절차와 투명한 수사가 함께 구현되는 효과는 절차 전체를 더욱
신뢰로운 증거들로 채우고, 법 절차 전반에 극적인 충격을 준다. 더 정확하고 투명한
증언은 검사가 더 공정하고 정의로운 유죄협상을 제안할 수 있게 하고, 피고인이 장
기간의 투옥에 동의할지 여부를 결정하기 위해 자신의 상황을 더 잘 평가할 수 있도
록 해 준다. 증거의 무결성이 향상되면 고비용이 소모되는 복잡하고 난잡한 소송을
통해서 혼탁한 사실들을 걸러내야 하는 노력을 줄일 수 있게 된다. 궁극적으로는 재
판사건, 재심청구, 민사소송, 손해배상의 수를 줄이는 결과를 초래한다.

사건이 정식재판까지 갈 때는 향상된 질의 증거가 재판절차의 수준을 높인다. 증
거의 명료성은 당사자들 간의 불신을 줄이고, 재판절차에서 이전투구적 성향을 완화
한다. 검사의 정의롭지 못한 기소와 피고인의 경솔한 방어가 줄어들기 때문에 그럴
듯해 보이는 거짓 주장들의 범위가 축소된다. 검사들은 증거가 강한 사건들을 더 강
력하게 추적할 수 있는 입장에 놓이게 되고, 변호인은 잘못된 기소와 정부의 권력 남
용에 대항하여 의뢰인을 더 잘 방어할 수 있는 여유가 생긴다. 현재 이미 용의자 신문
을 녹화기록하고 있는 수사기관에서는 재판에서 자백증거를 배제해 달라는 피고인
측의 청구가 현저히 줄었고, 어떤 지역에서는 심지어 완전히 없어졌다고 보고하고
있다.[76] 경찰의 수사관들이 과도한 재판절차로부터 해방되면 재판의 다툼에서 이겨
야 한다는 당사자주의적 압박이 줄고, 따라서 사건해결에 더 많은 노력을 투입할 수
있게 된다.

말할 필요도 없이, 증언의 무결성이 향상되면 재판에서 판결의 정확성이 높아지는
직접적 효과를 창출한다. 사실판단자에게 범죄사건과 일치하는 증거를 제공하는 것

은 범죄현장에서 무슨 일이 있었는지를 더 잘 판단할 수 있게 한다. 녹화기록은 증인의 '생증언'을 효과적으로 포착하므로 기억의 소멸과 오염을 비롯해서 수사와 재판전 절차에서 생길 수 있는 편파와 왜곡의 효과를 최소화한다. 그러한 녹화기록이 존재하면 증인이 원래의 진술에 충실하게 하고, 증언을 바꾸게 하는 각종 압력을 줄여 준다. 또한 증언을 이끌어 낸 수사절차를 더 확실히 알 수 있다는 것은 사실판단자들에게 큰 도움이 된다. 최근의 연구에 의하면, 라인업 절차와 증인에 대한 최초면담을 녹화한 영상자료를 보여 주었을 때, 모의 배심원들이 목격지목의 정확성을 더 잘 평가하였다.[77] 더 나아가서, 수사기록을 접할 수 있으면 증언이 유도된 것인지, 수사 자체에 의해서 왜곡된 것인지의 여부를 사실판단자가 간파하는 데 도움이 된다. 예를 들어, 라인업 절차에서 묵시적인 암시가 있었는지, 면담에서 유도질문이 있었는지, 취조실에서 강압적 기법이 사용되었는지를 배심원들이 알 수 있으면 큰 도움이 될 수 있다. 사실판단자들은 편파적인 절차에서 이루어진 진술을 신중하게 취급하고, 건전한 수사방법에 의해 취득된 진술을 더 신뢰할 수 있게 된다.[78]

수사를 기록함으로서 생기는 장점들은 18세기 영국에서 사용된 증거제시 방법들이 오늘날에도 가장 좋은 방법은 아니라는 것을 깨닫게 해 준다.[79] 진술을 그대로 기억하는 능력이 기술적으로 존재하는 마당에, 재판에 오기까지의 과정에서 증언에 생기는 파손과 오염을 고려한다면, 구술주의에 대한 교조주의적 집착은 비합리적이고 심히 잘못된 것이다. 역사적으로, 구두진술의 원칙은 그것이 서류상의 진술보다 더 우수하다고 보았기 때문에 정립된 것이다.[80] 그러나 법정에서 이루어지는 '합성된' 구두증언은 전자기록된 증인의 생증언보다는 더 열등하기 때문에, 구술주의의 장점은 더 이상 의미가 없다. 구술에 의한 증거 제시는 증인들이 자신들이 한 생증언의 범위 내에서 진술을 할 때, 그리고 필요하다면 기록된 진술에 의해 법정증언이 보충될 수 있을 때 사실인정의 목적에 부응한다.

수사 기록을 만들라는 권고는 법집행 기관들의 저항에 부딪힐 것이 자명하다. 예를 들어, FBI는 범죄용의자의 구속신문을 녹화하는 것과 피고인측에 그 파일을 제공하는 것을 일언지하에 거부하였다.[81] 검찰의 증거를 광범위하게 공개하는 것에 대한 가장 강력한 반대는 그것이 증인을 협박과 매수에 노출시키고, 심지어는 신변위해의 위험에 빠뜨린다는 것이다.[82] 미국 상원은 1975년에 검사측 증인 리스트를 부분적으로라도 공개하도록 하는 입법안을 부결하였다. 상원의 부결은 부분 공개가 위험하고 위협적이며 매수와 사법방해를 촉발한다는 미국 법무성의 맹렬한 반대의견에 의한 것이었다.[83] 디스커버리(역자 주: Discovery는 영미의 소송제도에서 재판개시 전에 당사자들이 가진 증거와 서류를 서로에게 공개하여 재판의 쟁점을 정리하는 제도)의 확장이 어떤 장점을 가지는가에 대한 포괄적인 논쟁은 이 책의 범위를 벗어나는 것이지만,[84] 직관적으로 그럴듯하게 들리는 법무성의 주장은 실제로는 매우 과장되고 전체적으로 틀린 것이다. 증인에 대한 위협은 체계를 갖춘 폭력범죄 조직에 피고인이 소속된 매우 한정된 경우를 제외하면, 다른 경우에는 거의 문제가 되지 않는다. 절대다수의 중범죄들은 개인 범법자들에 의해 저질러지며, 그 사람들은 대부분 법 절차가 진행되는 동안 구속 상태에 놓이게 마련이므로 증인을 위협할 수 있는 수단과 도구를 가지지 못한다. 애리조나, 콜로라도, 뉴저지, 그리고 노스캐롤라이나를 비롯한 여러 주들에서 확장된 디스커버리 제도를 입법화하였고,[85] 플로리다와 버몬트를 위시한 다른 주들에서는 재판에 앞서 형사피고인이 검사의 증인을 배척할 수 있는 권리를 부여하고 있다.[86] 이 주들은 법무성이 예언하는 불미스러운 일을 어떤 형태로든 경험하지 못하였다.[87]

드물지만, 특정의 증인에 대하여 그러한 우려가 현실적인 경우에는 검사가 증인의 신분을 감추고 보호하기 위한 보호명령을 받아 낼 수 있고, 확장된 디스커버리 없이 절차를 진행할 수도 있다.[88] 더욱이 투명한 기록의 존재는 그러한 위협을 실제로 억제할 것으로 믿을 만한 충분한 이유들이 있다. 기록된 진술을 인용함으로써 증인은 피고인이나 피고인 측근으로부터의 압력에 맞서 저항하기에 더 편한 입장이 된다. 그 이유는 증인이 법정에서 증언하지 못하도록 막는다고 해서 피고인이 얻게 되는 것이 별로 없기 때문이다. 만약 증인이 법정에서 증언하지 못하도록 막더라도 기록된 진술이 검찰의 주장을 뒷받침하는 데 사용될 수 있다.[89]

수사를 기록하는 구체적 방법과 그것에 소요되는 비용은 수사기록을 포기하는 이유가 될 수 없다. 순찰차나 도보경찰들이 녹화장치를 부착하고 사람들과의 만남을 항시 기록하는 것이 점차로 쉬워지고 널리 확산되고 있다.[90] 수사관, 검사, 피고인측 변호인이 기록을 봐야 하는 시간을 비롯해서, 완전히 기록된 사건을 해결하는 것은 실제로 더 많은 자원을 소비하는 것은 사실이다. 그 비용을 부인할 수는 없지만, 그 비용은 또한 줄어드는 경솔한 소송과 유죄오판에 의해 발생하는 막대한 비용의 절감에 의해 상쇄된다. 더 중요한 것은, 그 비용이 이러한 개선의 결과로 생기는 절차의 무결성이 가져다주는 전반적 이익과 죄 없는 사람이 처벌되어 당하는 고통의 감소에 의해 정당화될 수 있다는 것이다. 게다가, 보관된 수사기록을 모든 사건에서 검토하지는 않는다 하더라도 투명한 증거는 여전히 많은 이익은 가져다준다. 수사가 녹화되고 그 기록이 모든 당사자들에게 제공될 수 있다는 것을 아는 것 자체가 수사관에게 더 큰 책임감을 가지게 해서 더 나은 수사를 하도록 만든다.[91]

수사를 기록하는 것에 대한 가장 강력한 지지자는 이미 자신들의 용의자 신문을 비디오로 녹화하고 있는 법 집행 기관들이다. 그 기관들의 경찰관들과 검사들의 통일된 반응은 열열한 지지다. 신문의 녹화는 법집행 기관이 보유한 유익한 도구가 되고 있을 뿐만 아니라, 변호사들로부터도 지속적인 지지를 받고 있다.[92] 어떤 미네소타 공무원의 표현처럼, 주 대법원이 명령한 신문녹화는 "우리가 억지로 삼킨 것 중에 최고로 좋은 것"이다.[93] 마찬가지로, 노스캐롤라이나 경찰청장은 "더 우수한 자료와 더 좋은 증거를 확보하는 것은 사건이 성공적으로 기소될 때 더 큰 힘을 발휘한다."고 설명하고 있다.[94]

이상적으로는, 형사사법절차의 개선은 개인의 자유에 대한 최종 결정권자이고, 모든 법 집행 기관과 주 법원들을 효과적으로 관할하는 미국 연방대법원에 의해 주도되어야 한다. 연방대법원은 또한 형사사법절차의 다양한 목적들이 가지는 우선순위를 대략적으로 결정하고, 그 우선순위에서 실체적 진실이 놓이는 위치를 결정할 수 있는 가장 좋은 입장에 있다. 연방대법원이 사법체계를 정확한 판결 쪽으로 운전하는 좋은 방안은 이미 거의 파탄 난 권리장전Bill of Rights의 적법절차Due Process 조항에 생명의 호흡을 다시금 불어넣는 것이다.[95] 적법절차 조항은 범죄 용의자와 피고인의 생명과 자유는 절대적으로 불가피한 최소한까지 오류가능성이 최소화된 절차에서가 아니라면 박탈될 수 없도록 하는 가장 기본적이고 실질적인 형태의 보호 장치로 이해된다. 이 접근방법(역자 주: 연방대법원이 적법절차 조항에 근거하여 개선을 주도하는 방법)은 경찰의 잘못이 없는 경우에도 증거의 무결성과 정확성을 진일보시키기 위한 헌법의 활용이 될 것이다.

연방대법원은 그렇게 할 것처럼 보이지 않는다.[96] 따라서 개선이 이루어진다면 그것은 다른 실체에 의해 이루어져야 한다. 다행히 형사판결의 정확성에 대한 연방대법원의 무관심에 의해 위축되지 않는 주와 지방조직들이 미국 전역에서 계속 늘어나고 있다. 일리노이, 뉴저지, 노스캐롤라이나, 위스콘신, 그 밖의 여러 주들의 법원과 의회가 보다 정확한 형사사법시스템을 향한 노력을 주도한다.[97] 크레익 왓킨스가 이끄는 텍사스 댈러스 카운티의 검찰청,[98] 매사추세츠의 서포크 카운티,[99] 매사추세츠의 노스햄프턴,[100] 그리고 캘리포니아 산타클라라 카운티의 15개 경찰서[101] 등 여러 지역의 법 집행 기관들에서 대범하고 조직적인 개선이 제도화되었다. 개선의 범위와 그 잠재력은 방대하다. 이 책에서 제기하는 대부분의 권고사항들은 개인경찰관, 검사, 판사, 경찰서장, 검사장, 검찰청장 그리고 주 법원과 의회 등 거의 모든 단계의 법 집행 기관과 정책 입안자들에 의해 즉각적으로 시행될 수 있다.

인간의 인지능력이 불완전하므로 형사관결의 정확성 또한 영원히 불완전할 수밖에 없다. 그러나 최우수 수사실무와 투명한 수사가 결합하면 더 높은 수준의 정확성을 가진 형사사법절차의 성취가 약속된다. 절실히 요구되는 그러한 개선을 미룬다면, 우리는 우리가 사용하는 증거를 의심하며 누구를 석방하고 누구를 처벌할지에 대해 항상 의구심을 가지면서 살아갈 수밖에 없다.

01. 서론

1. Rutenberg, S. (2006). Anatomy of a miscarriage of justice: The wrongful conviction of Peter J. Rose. *Golden Gate University Law Review, 37*, 7-37; 이노센스 프로젝트, 프로파일, Peter Rose. http://www.innocenceproject.org/Content/Peter_Rose.php.

2. Kreimer, S. F., & Rudovsky, D. (2002). Double helix, double bind: Factual innocence and postconviction DNA testing. *University of Pennsylvania Law Review, 151*, 547-617; 이노센스 프로젝트, 프로파일, Bruce Godschalk. http://www.innocenceproject.org/Content/Bruce_Godschalk.php.

3. *Commonwealth of Pennsylvania v. Bruce Godschalk*, 00934-87, Montgomery County, Jury Trial, May 27, 1987, pp. 138-139.

4. Junkin, T. (2004). *Bloodsworth: The true story of the first death row inmate exonerated by DNA*. Chapel Hill, NC: Algonquin Books; Dwyer, J., Neufeld, P., & Scheck, B. (2000). *Actual innocence: Five days to execution and other dispatches from the wrongfully convicted*, (pp. 213-222). New York: Doubleday. 또한 Department of Justice (1996). *Convicted by juries, exonerated by science: Case studies in the use of DNA evidence to establish innocence after trial*. http://www.ncjrs.gov/pdffiles/dnaevid.pdf.

5. Borchard, E. M. (1932). *Convicting the innocent*. Garden City, NY: Garden City

Publishing; Frank, J., & Frank, B. (1957). *Not guilty*. Garden City, NY: Doubleday.

6. 대부분의 범죄가 남성 범죄자에 의한 것이므로 이 책에서도 일반적으로 범죄자를 남성으로 취급한다.

7. 폭력범죄의 48%와 재산범죄의 38%가 경찰에 신고되는 것으로 추정된다. Department of Justice, Bureau of Justice Statistics (2006/2007). http://bjs.ojp.usdoj.gov/content/glance/tables/reportingtypetab.cfm.

8. 해결되는 범죄사건의 비율은 폭력범죄가 45%, 재산범죄가 17%다. 범죄별로는 살인의 64%, 폭행/상해의 55%, 강간의 40%, 절도의 27%가 해결된다. Federal Bureau of Investigation (2008). *Uniform crime reporting handbook, 2008: Crime in the United States*, table 25. http://www2.fbi.gov/ucr/cius2008/data/table_25.html.

   영국도 비슷한 양상을 보이는데, 중범죄의 약 절반이 신고되고, 그중 1/5이 기소된다. Crown Prosecution Service (2002). *Narrowing the justice gap*. http://www.cps.gov.uk/publications/prosecution/justicegap.html.

9. 무죄오판은 기소중지와 신뢰로운 유죄증거를 배제하는 증거규칙에 의해서도 발생할 수 있다. Pizzi, W. T. (1999). *Trials without truth: Why our system of criminal trials has become an expensive failure and what we need to do to rebuild it*. New York: NYU Press.

10. Gross, S. R. (2008). Convicting the innocent. *Annual Review of Law & Social Science, 4*, 173-192; Garrett, B. L. (2011). *Convicting the innocent: Where criminal prosecutions go wrong*. Cambridge, MA: Harvard University Press; Westervelt, S. D., & Humphrey, J. A. (2002). *Wrongfully convicted: Perspectives on failed justice*. Piscataway, NJ: Rutgers University Press; Gould, J. B. (2008). *The Innocence Commission: Preventing wrongful convictions and restoring the criminal justice system*. New York: NYU Press; Marshall, L. C. (2004). The innocence revolution and the death penalty. *Ohio State Journal of Criminal Law, 1*, 573-584 (p. 573).

11. Gross (2008), 앞의 주 10; Garrett (2011), 앞의 주 10; Marshall, 앞의 주 10.

12. *Kansas v. Marsh*, 548 U.S. 163, 193, 200 (2006). 판결에서 스칼리아 대법관의 보충의견. 스칼리아 대법관은 조슈아 마퀴스(Joshua Marquis)의 간단한 계산을 통하여, 지금까지 알려진 면죄 사례의 수를 전국의 재소자 수로 나누면 1%인 27/1,000(0.00027)에 불과하다고 하였다. Marquis, J. (2005). Myth of innocence, *journal of Criminal Law & Criminology, 95*, 501-522; Hoffman, M. B. (2007). The myth of factual innocence. *Chicago-Kent Law Review, 82*, 663-690.

   이 계산은 잘못되었다. 그 이유는(면죄 사례가 아닌) 유죄오판의 수를 알 수 없고, 분모에 유죄오판의 발생이 현실적으로 가능하고, 실제로 발생한 경우 그것을 알 수 있는 사례들의 수만 사용되어야 하기 때문이다. 분자와 분모를 모두 정확하게 설정할 수 없기 때문에, 어떤 현실적인 가정을 하더라도 오판의 비율은 마퀴스와 스칼리아가 계산한 것보다 훨씬 클 수밖에 없다. 샘 그로스(Sam Gross)는 스칼리아 대법관이 주장하는 오판비율은 "완전히 틀린 것이고 악의적인 오도"라고 하였다. Gross, S. R. (2006). Souter passant, Scalia rampant: Combat in the marsh. *Michigan Law Review First Impressions, 105,* 67-72 (p. 69).

13. 이노센스 프로젝트, http://www.innocenceproject.org/.

14. 면죄 사례에 대한 공식기록이 없기 때문에 정확한 숫자는 알 수 없다. 미시간 대학에서 샘 그로스와 그의 동료들이 집계한 자료에 의하면 1989년부터 2003년 사이에 알려진 면죄 사례의 수는 340개 정도였다. 2000년 이후에 매년 40개 정도의 사례들이 알려지고 있다. 그것들 중 DNA 검사에 의해 오판이 밝혀지는 경우는 절반이 채 못 된다. 나머지는 일반적인 종류의 증거들에 의한 사실인정에 의해 오판이 밝혀지는 사례들이다. Gross, S. R., Jacoby, K., Matheson, D. J., Montgomery, N., & Patil, S. (2005). Exonerations in the United States 1989 through 2003. *Journal of Criminal Law & Criminology, 95,* 523-560.

15. 샘 그로스와 동료들은 사형수들의 판결 중 4%가 오판일 것으로 추산하였다. 이 비율은 1973년부터 2004년 사이에 사형 선고를 받고 최장 21년 동안 사형집행의 위협 속에서 수감생활을 한 사형수들에 대한 것이다. Gross, S. R., O'Brien, B., Hu, C., & Kennedy, E. H. (2014). Rate of false convictions of criminal defendants who are sentenced to death. *Proceedings of the national academy of sciences, 111*(20), 7230-7235. 마이클 리싱거(Michael Risinger)는 강간살해 혐의로 유죄판결을 받은 사형수들 중 DNA 검사에 의해 면죄된 사례들을 연구하였는데, 오판비율을 최소 3.3%, 최고 5%로 추정하였다. Risinger, D. M. (2007). Innocents convicted: An empirically justified factual wrongful conviction rate. *Journal of Criminal Law & Criminology, 97,* 761-806. 이 추정된 비율들은 사형 선고들 중에 항소절차를 모두 거치고 사형선고가 확정된 사례들 중에서 추정된 것들이다. Gelman, A., Liebman, J. S., West, V., & Kiss, A. (2004). A broken system: The persistent patterns of reversals of death sentences in the United States. *Journal of Empirical Legal Studies, 1,* 209-261. 오판비율을 추정하는 연구들에 대해서는, Zalman, M. (2011). Qualitatively estimating the incidence of wrongful convictions—a postscript.

16. 모든 중범죄 사건에서 강간과 살인이 차지하는 비율은 2%가 채 못 되지만, 이들은 면죄 사례의 96%를 차지한다. Gross et al. (2005), 앞의 주 14. 다른 범죄들에서 유죄오판을 밝혀낼 가능성은 현실적으로 거의 없다.

17. 많은 죄 없는 사람들이 재판보다 유죄협상을 선택한다. 예를 들면, 로스앤젤레스의 램파트(Rampart) 스캔들 사건에서 무고한 사람 135명이 유죄를 인정하였고, 수치스러운 텍

사스의 툴리아(Tulia) 사건에서도 그랬다. Burcham, D. W., & Fisk, C. L. (2001). Symposium: The Rampart scandal: Introduction. *Loyola of Los Angeles Law Review, 34,* 537-543; Open Society Policy Center (2005). *Tulia: Tip of the drug war iceberg.* http://www.soros.org/resources/articles_publications/publications/tulia_20050101/tulia.pdf.

　　스스로 유죄를 인정하여 유죄판결을 받은 재소자가 그 판결을 뒤집는 것은 불가능에 가깝다. 그런 재소자들에게는 법적인 조력을 위한 자원이 제한적이어서, 검사, 판사, 심지어는 그들의 무죄주장을 믿어야 하는 변호인조차도 설득하기 어렵다. 가장 중요한 것은 그런 재소자들을 면죄시켜 줄 수 있는 증거를 조사하는 것이 많은 주에서 금지되어 있다는 것이다.

18. 유죄판결을 받은 후 면죄되기까지 평균 10년 이상이 걸린다. Gross et al. (2005), 앞의 주 14.

19. "신원사건과 귀책사건"에서 논의한 바와 같이, 귀책사건에서는 면죄가 불가능하다. 거의 모든 면죄 사례들은 엉뚱한 사람이 유죄판결을 받은 신원사건에서 나타나고 있다.

20. 강간사건 이외의 중범죄 사건들에서는 생물학적 증거가 약 10~15%로, 일부 사건들에서만 제한적으로 존재한다. Liptak, A. (2007. 7. 23.). Study of wrongful convictions raises questions beyond DNA. *New York Times.* Peter Neufeld의 인터뷰 인용. http://select.nytimes.com/ 2007/07/23/us/23bar.html?_r=1.

21. 예를 들면, 텍사스의 댈러스 카운티에는 증거를 재판 후에도 보존하는 표준절차가 있지만, 텍사스의 해리스 카운티에서는 줄곧 증거를 폐기해 왔다. 2011년 11월까지 댈러스 카운티는 DNA검사에 의해 22명을 면죄한 반면, 두 배가 넘는 인구를 가진 해리스 카운티에서는 8명이 면죄되었을 뿐이다. 버지니아주에서는 주 범죄 실험실에서 근무하던 작고한 메리 제인 버턴(Mary Jane Burton)이 보존한 생물학적 증거에 근거해서 8명의 무고한 재소자들이 면죄되었다. 증거를 보존하는 버턴의 습관은 실험실의 정책에 반하는 것이었다. Man exonerated in 1979 Newport News rape. (2011. 4. 13.). *Associated Press.* http://hamptonroads.com/ 2011/04/man-exonerated-1979-newport-news-rape.

22. 일부 면죄사례들은 폐기된 것으로 알려진 물증에 기초한 것들이다. 노스캐롤라이나의 드웨인 다일(Dwayne Dail)은 12세 여아를 강간한 혐의로 유죄판결을 받고 최소한 두 개의 종신형을 선고받았다. 18년이 지나, 다일은 그의 재판에서 사용된 증거가 오래전에 이미 폐기되었다는 통보를 받았다. 다일의 변호인인 크리스틴 무마(Christine Mumma)는 당시에 이미 작고한 형사의 개인사물함에 피해자의 나이트가운을 간직하고 있었다는 것을 알게 되었다. 그 나이트가운에 대한 DNA 검사에 의해 다일은 면죄되었고, 다른 재소자가 범인으로 밝혀졌다. Mumma, C. (2009). Wrongfully convicted: One lawyer's perspective. *NIJ Journal, 262.* http://www.nij.gov/journals/262/one-lawyers-tale.htm. 앞서 설명한 피터 로즈 사건에서도 로즈의 유죄판결을 위해 사용된 증거의 대부분이

폐기되었지만, 정액 시료가 버클리 소재 분석 연구실에서 실수로 거의 10년간 폐기되지 않고 남아 있었다. 로즈는 그 시료에 대한 DNA 분석 결과에 의해 석방되었다. Rutenberg (2006), 앞의 주 1. 케빈 버드(Kevin Byrd)의 경우에는 유죄증거들이 사무착오로 남아 있게 되었다. 버드는 종신형을 선고받고 12년을 감옥에서 살았다. 이노센스 프로젝트, 프로파일, Kevin Byrd, http:/www.innocenceproject.org/ Content/Kevin_Byrd.php.

네브라스카에서는 경찰관 한 사람이 제2의 용의자(진범)의 생물학적 증거를 23년 동안 보관하고 있었던 덕에 6명의 무고한 사람들이 면죄되었다. DNA tests clear 6 in 1985 slaying: Group's guilty pleas coerced, attorney general says (2008. 11. 7.). *KETV7.com*. http://www.ketv.com/news/17936340/detail.html. 마찬가지로, 로널드 코튼(제2장부터 제4장까지 논의)을 석방시킨 생물학적 증거도 순전히 마크 골딘 형사의 개인적인 결정에 의해 보존되었다.

23. 강간, 폭행, 절도로 유죄판결을 받은 앨런 뉴턴(Alan Newton)의 면죄는 그가 증거 재검사를 처음 신청한 지 12년 후에서야 이루어졌다. Dwyer, J. (2006. 6. 6.). 22 years after wrongful conviction—and after 12 years fighting for access to evidence—DNA proves Alan Newton's innocence. *New York Times*. 마찬가지로, 안토니 카포찌(Anthony Capozzi)의 경우에도 그의 최초 신청과 수차례에 걸친 지방검찰의 소환요구가 있은 후 15년 만에 이리 카운티 의료원에서 생물학적 증거가 분석되었다. 카포찌는 두 개의 강간 혐의로 뉴욕교도소에서 22년을 보낸 후 면죄되었다. Staba, D. (2007. 3. 29.). Located in hospital, DNA clears Buffalo man convicted in '80s rapes. *New York Times*. http://www.nytimes.com/2007/03/29/nyregion/29bike.html.

24. 계모를 강간 및 살해하고 6세의 조카를 강간한 혐의로 종신형을 선고 받은 클래런스 엘킨스(Clarence Elkins)의 면죄에서는 행운이 결정적이었다. 엘킨스의 DNA 재분석 요구는 오하이오 법원에서 거부되었는데, 엘킨스는 그가 진범이라고 의심하고 있던 다른 재소자와 우연히도 같은 교도소 건물에 수감되었다. 엘킨스는 그 사람이 버린 담배꽁초를 은밀하게 확보해서 검사를 요청하였다. DNA 검사 결과 그 재소자가 진범으로 밝혀졌고 엘킨스는 7년 반 동안 투옥된 후 석방되었다. 이노센스 프로젝트, 프로파일, Clarence Elkins. http://www. innocenceproject.org/Content/Clarence_Elkins.php.

제임스 커티스 가일스(James Curtis Giles)는 제보자에 의해 강간사건 용의자가 된 후, 사진 라인업에서 피해자에 의해 범인으로 지목되었다. 가일스는 피해자가 경찰에서 인상착의를 진술한 범인보다 나이가 10세 정도 더 많았고, 훨씬 더 뚱뚱했지만, 피해자는 그의 사진을 지목하였다. 가일스는 제보를 했던 사람이 자기가 제보하려던 범인은 제임스 가일스(James Giles)라는 이름의 다른 사람이었다고 털어놓은 후에야 DNA분석을 허락받았는데, 제보자가 실제 제보하려던 사람의 이름은 제임스 얼 가일스(James Earl Giles)였다. 가일스는 잔혹한 강간에 대한 유죄판결로 25년을 복역하고 가석방 상태에 있다가 DNA 검사로 면죄되었다. Bustillo, M. (2007. 4. 9.). Texas men's innocence puts a county on trial. *Los Angeles Times*. http://www.latimes.com/news/nationworld/nation/la-na-exonerate9apr 09,1,265991.story.

뉴욕의 로이 브라운(Roy Brown)은 성폭행과 살인혐의로 최소 25년, 최고 무기징역을 선고받았다. 그의 계부가 살던 집이 화재로 소실되어 브라운이 경찰의 수사보고서 사본을 요청하였는데, 경찰이 그간 재판에 제출하지 않았던 다른 보고서의 사본을 실수로 건네주었고, 그 사본에는 진범을 암시하는 내용이 포함되어 있었다. 브라운은 이미 작고한 진범의 딸에 대한 DNA 검사에 의해 면죄되었다. Santos, F. (2006. 12. 24.). With DNA from exhumed body, man finally wins freedom. *New York Times*. http://www.nytimes.com/2007/01/24 /nyregion/24brown.html; 이노센스 프로젝트, 프로파일, Roy Brown. http://www.innocenceproject.org/Content/Roy_Brown.php.

25. DNA 증거가 없는데도 면죄된 사례들 중 일부는 아주 특이한 상황을 보여 준다. 일리노이주에서 양친을 살해한 혐의로 유죄판결을 받은 게리 고저(Gary Gauger)는 경찰이 다른 사건의 수사를 위해서 지역을 감시하는 동안 자신이 그 부부를 살해했다고 떠벌리고 다닌 진범이 잡히는 바람에 무죄가 밝혀졌다. Warden, R. (2005). Illinois death penalty reform: How it happened, what it promises. *Journal of Criminal Law & Criminology, 95*, 381-426. 앤서니 포터(Anthony Porter)의 가족들이 포터의 사형집행에 대비해서 장례식을 준비하는 동안, 노스웨스턴 대학의 언론학과 학생들이 포터에 대한 유죄판결이 틀렸다는 것을 증명하고 진범의 자백을 녹음하였다. Warden (2005), p. 423. 두 명의 일리노이주 사형수들(페리 콥-Perry Cobb과 다비 틸리스-Darby Tillis)은 주검찰청의 검사가 몇 년 전에 자신과 여름철 아르바이트를 같이 한 적이 있는 사람이 살인 경험에 대해 말했던 것을 우연하게 기억해 낸 덕분에 무죄가 밝혀지게 되었다. Warden (2005), pp. 412-413.

26. 제3장의 라인업 실무 참조.

27. 대부분의 인간행동은 다양한 요인들에 의해 이루어지므로, 오류를 유발하는 정확한 단일 원인을 적시하는 것은 불가능하다. 그렇지만 내적이고 안정적인 요인에 의한 오류와 특별한 상황이나 다른 사람의 영향으로 유발되는 오류를 포괄적으로 구별할 수는 있다.

28. 예를 들어, 제임스 커티스 가일스를 기소했던 마이크 오코너(Mike O' Conner) 검사는 인터뷰에서 24년 동안 교도소에 수감되었다가 면죄된 무고한 사람(가일스)에 대한 기소를 다음과 같이 회고하였다. "라인업에서 그의 이름이 튀어나왔어요. 그리고 그 여자가 그를 지목했습니다. 다만 그가 엉뚱한 사람인 것으로 밝혀진 것뿐이죠." 또한 윌리 파운틴(Willy Fountain)을 기소했던 라나 마이어스(Lana Myers) 검사는 인터뷰에서 40년형을 선고받고 16년을 교도소에서 보낸 후 면죄된 사람에 대한 기소를 회고하면서 다음과 같이 말했다. "경찰은 그가 범인이 맞다고 생각했어요. 또 피해자도 그가 맞다고 생각했죠. 그런데 그 사람들이 아니었던 것이죠." Council, J. (2008. 6. 9.). Witnesses to the

prosecution. *Texas Lawyer.*

29. 피해자는 사진 라인업에서 오랫동안 형사와 실랑이를 한 후에 로즈를 범인으로 지목하였고, 목격자도 마찬가지였다. Rutenberg (2006), 앞의 주 1; 이노센스 프로젝트, 프로파일, Peter Rose, 앞의 주 1.

30. Kreimer & Rudovsky (2002), 앞의 주 2 ; 이노센스 프로젝트, 프로파일, Bruce Godschalk, 앞의 주 2.

31. Junkin (2004), 앞의 주 4, 12장. 두 명의 증인은 범인을 보았을 때 술에 취한 상태였고, 블리즈워스가 경찰에 연행되는 것을 TV에서 보고 난 후에 그를 범인으로 지목하였다.

32. Dwyer, Neufeld, & Scheck (2000), 앞의 주 4, pp. 45-77; 이노센스 프로젝트, 프로파일, Walter Snyder. http://www.innocenceproject.org/Content/Walter_Snyder.php.

33. Gould, J. B. (2008), 앞의 주 10.

34. Zerwick, P. (2007. 11. 16.). Murder, race, justice: The state vs. Darryl Hunt. *Winston-Salem Journal* ; Vertuno, J. (2009. 2. 7.). Judge clears dead Texas man of rape conviction. *Austin American-Statesman.* 헌트사건은 강렬한 다큐멘터리 영화로 제작되기도 하였다. Brown, K., Rexer, W., Stern R., Sundberg, A. (Producers), Stern, R., & Sundberg, A. (Directors). (2006). *The Trials of Darryl Hunt* [영화]. United States: Break Thru Films; 이노센스 프로젝트, 프로파일, Darryl Hunt. http://www.innocenceproject.org/Content/Darryl_ Hunt.php.

35. Castelle, G., & Loftus, E. F. (2002). Misinformation and wrongful convictions. In S. D. Westervelt & J. A. Humphrey (Eds.), *Wrongfully convicted: Perspectives on failed justice* (pp. 17-35). New Brunswick, NJ: Rutgers University Press; 이노센스 프로젝트, 프로파일, William O' Dell Harris. http://www.innocenceproject.org/Content/William_ ODell_ Harris.php.

36. 제3장의 라인업 실무에 더 많은 사례들이 예시되어 있다.

37. 앞서 언급한 바와 같이, 로즈는 두 명의 증인에 의해서 자신 있게 지목되었다 (Rutenberg, 2006, 앞의 주 1). 브루스 고드척은 피해자의 지목, 두 번째 피해자의 진술, 유치장 내 제보자의 진술, 혈흔감정 그리고 본인의 자백에 의해서 유죄판결을 받았다(이노센스 프로젝트, 앞의 주 2). 커크 블리즈워스가 일급살인 혐의로 기소되도록 만든 증거들은 다섯 명의 목격자, 족적감정, 자신의 유죄를 암시하는 피고인의 발언이며, 검사는 이 증거들이 "매우 강력"하다고 말했다(Dwyer, Neufeld, & Scheck, 2000, 앞의 주 4, p. 222). 뒤의 장들에서 논의된 사건인 로널드 코튼은 두 명의 피해자와 한 명의 목격자에 의한 지목, 고용주의 증언 그리고 물증에 기초하여 유죄판결을 받았다.

38. Saks, M. J., & Koehler, J. J. (2005). The coming paradigm shift in forensic identification science, *Science, 309*, 892-895. 이노센스 프로젝트에 의해 면죄된 첫 번

째 사례부터 225번째까지의 사례들에 대한 유사한 분석에서는 총합이 376%로 집계되었다. http://www. innocenceproject.org/understands/. 처음 250개의 DNA 면죄 사례들에 대한 분석은 과학적 범죄수사의 대상이 되는 증거(법의학적 증거)를 포함하는 사례들 중 60%에서 과학적 범죄수사 전문가의 타당하지 않은 잘못된 증언을 발견하였는데(재판 속 기록이 남아 있는 137건 중 80건의 사례), 그 비율은 분석된 전체 면죄 사례의 1/3에 해당한다. Garrett, B. L., & Neufeld, P. J. (2009). Invalid forensic science testimony and wrongful convictions. *Virginia Law Review, 95*, 1-97.

39. Saks와 Koehler(2005, 앞의 주 38)가 발견하였듯이, 유죄오판은 증거 이외의 요인에 의해서도 초래된다. 면죄 사례의 44%에 경찰의 위법/직권남용이 존재하고, 28%는 검찰의 위법/권한남용을 포함하며, 19%는 무능한 변호인이 법정 대리를 하였다.

40. 줄리우스 루핀(Julius Ruffin)은 강간과 가택침입 혐의로 버지니아주 배심원들에 의해 유죄판결을 받았다. 그는 21년 동안 교도소에 수감된 후 DNA 검사에 의해 면죄되었다. Gould (2008), 앞의 주 10.

41. Uviller, H. R. (1990). Acquitting the guilty: Two case studies of jury misgivings and the misunderstood standard of proof. *Criminal Law Forum, 2*, 1-43; Rosen, J. (1998). After "One Angry Woman." *University of Chicago Legal Forum*, 179-195 참조.

42. 일반적으로 소송당사자들이나 기타 재판 관련인들은 배심평결을 예측하는 것을 꺼린다.

43. National Research Council (2004). *Fairness and effectiveness in policing: The evidence* (Eds.), W. Skogan & K. Frydb (pp. 74, 227-228). Washington, DC: National Academies.

44. 형사사법절차와 관련된 사람들의 유형에 따른 한 가지 체계적 차이가 댄 카한(Dan Kahan)과 그의 동료들에 의한 연구에서 발견된 바 있다. Kahan, D. M. (2010). Culture, cognition, and consent: Who perceives what, and why, in "Acquaintance Rape" cases. *University of Pennsylvania Law Review, 158*, 729-813; Kahan, D. M., & Braman, D. (2008). The self-defensive cognition of self-defense. *American Criminal Law Review, 45*, 1-65.

45. 유죄협상 비율은 강간(88%), 강도(89%), 상해(92%) 등의 중범죄에서도 높다. 살인의 경우에도 약 2/3(61%)의 유죄선고가 유죄협상에 의해 이루어진다. Rosenmerkel, S., Durose, M., & Farole, D. (2009). Felony sentences in state courts, 2006—statistical tables. *U.S. Department of Justice, Bureau of Justice Statistics*, table 4.1. http://bjs. ojp.usdoj.gov/content/pub/pdf/fssc06st.pdf.

46. 유죄협상에 대한 비판에 대해서는, Alschuler, A. W. (1976). The trial judge's role in plea bargaining. *Columbia Law Review, 76*, 1059-1154; Stuntz, W. J. (2004). Plea bargaining and criminal law's disappearing shadow. *Harvard Law Review, 117*, 2548-

2569. Cf. Church, T. W. (1979). In defense of bargain justice. *Law & Society Review*, 13, 509–525. 무고한 피고인에 대한 유죄협상의 위험성에 대해서는, Alschuler, A. W. (2003). Straining at gnats and swallowing camels: The selective morality of professor Bibas, *Cornell Law Review*, 88, 1412–1424.

47. Gross et al. (2005), 앞의 주 14.

48. 이노센스 프로젝트는 처음 74개의 면죄 사례 중 37개에서 경찰의 위법/직권남용을 발견하였다. 위법/직권남용은 무죄증거 은닉, 지나친 암시성, 증거조작, 증인에 대한 강압, 자백강요 등이다. http://innocenceproject.org/understand/Government-Misconduct. php. Saks와 Koehler (2005, 앞의 주 38)가 보여 주듯이, 처음 86개의 DNA 면죄 사례들 중 44%가 경찰의 위법/직권남용을 포함한다.

49. 검찰의 위법/직권남용은 처음 74개의 DNA 면죄 사례들 중 33개에서 발견되는데, 무죄증거의 은닉, 증언이 허위인줄 알면서도 증거로 사용, 증인에 대한 압박, 부적절한 최종진술, 배심원을 호도하는 진술, 증거조작 등이다. http://innocenceproject.org/understand/Government-Misconduct.php. Saks와 Koehler(2005, 앞의 주 38)는 처음 86개의 DNA 면죄 사례들 중 28%에서 그와 같은 검찰의 위법/직권남용을 발견하였다.

50. Saks와 Koehler (2005, 앞의 주 38)에 의하면, 처음 86개의 DNA 면죄 사례들 중 27%가 틀렸거나, 호도하는 과학적 증언을 포함한다. 사람을 현혹하는 과학적 증언의 남용에 대해서는, Garrett, B. L., & Neufeld, R. J. (2009). Invalid forensic science testimony and wrongful convictions. *Virginia Law Review*, 95, 1–97; Giannelli, P. C. (1997). The abuse of scientific evidence in criminal cases: The need for independent crime laboratories. *Virginia Journal of Social Policy & the Law*, 4, 439–478; Mills, S., McRoberts, F., & Possley, M. (2004. 10. 20.). Forensics under the microscope—When labs falter, defendants pay. *Chicago Tribune*.

51. 「연방증거법」 403, 404(a) 그리고 404(b); Strong, J. W. (1999). *McCormick on evidence* (5th ed.). St. Paul, MN: West Group.

52. Stuntz, W. (2011). *The collapse of American criminal justice*. Cambridge, MA: Harvard University Press.

53. 공중변호인(public defender)과 법원이 선임하는 변호인(국선변호인)은 과중한 업무와 적은 보수로 인하여 업무의 제한을 받는다. 예를 들면, 국선변호인 경우에 사형이 배제되는 중죄사건(noncapital felony case)의 변호를 맡으면 시간당 $50~$60의 보수를 받는데, 이 금액은 사선변호인이 시간당 받는 보수의 약 1/4이다. 국가가 제공하는 조사비용은 없다. The Constitution Project (2009). Justice denied: America's continuing neglect of our constitutional right to counsel. http://www.constitutionproject.org/pdf/139.pdf.

54. 법 집행 공무원의 지역별 숫자는 Bach, A. (2009). *Ordinary injustice: How America*

holds court. New York: Picador Holt 참조.

55. 이 연구들의 내적 타당도와 구성개념 타당도(두 타당도 개념은 모두 연구자의 결론이 데이터의 결과와 부합하는 정도를 의미)를 의문시할 이유는 별로 없다. Aronson, E., Wilson, T. D., & Brewer, M. B. (1998). Experimentation in social psychology. In D. T. Gilbert, S. T. Fiske, & G. Lindzey (Eds.), *The handbook of social psychology* (4th ed., Vol. 1, pp. 99-142). New York: McGraw-Hill.

56. Lewin, K. (1935). *A dynamic theory of personality*. New York: McGraw-Hill; Ross, L., & Nisbett, R. E. (1991). *The person and the situation: Perspectives of social psychology*. New York: McGraw-Hill 참조.

57. Simon, D. (2010). In praise of pedantic eclecticism: Pitfalls and opportunities in the psychology of judging. In D. E. Klein & G. Mitchell (Eds.), *The psychology of judicial decision making* (pp. 131-147). New York: Oxford University Press.

58. McCloskey, M., Egeth, H., & McKenna, J. (1986). The experimental psychologist in court: The ethics of expert testimony. *Law and Human Behavior, 10*, 1-13; Konecni, V. J., & Ebbesen, E. B. (1986). Courtroom testimony by psychologists on eyewitness identification issues: Critical notes and reflections. *Law and Human Behavior, 10*, 117-126; Yuille, J. C., & Cutshall, J. L. (1986). A case study of eyewitness memory of a crime. *Journal of Applied Psychology, 71*, 291-301.

사형 선고가 가능한 배심단에서 배심원을 배제하는 것(death qualification, "사형능력 확인절차")에 대한 연구들을 비판하는 관점은 *Lockhart v. McCree*, 476 U.S. 162 (1986) 에서 렌퀴스트(Rehnquist) 대법관의 의견 참조. 그 관점에 대한 응답은, Ellsworth, P. C. (1991). To tell what we know or wait for Godot? *Law and Human Behavior, 15*(1), 77-90 참조.

59. Diamond, S. S. (1997). Illuminations and shadows from jury simulations. *Law and Human Behavior, 21*, 561-571; Bornstein, B. H. (1999). The ecological validity of jury simulations: Is the jury still out? *Law and Human Behavior, 23*, 75-91; Simon (2010), 앞의 주 57.

60. 수렴타당도(convergent validity) 개념은 Aronson, Wilson, & Brewer (1998), 앞의 주 55 참조.

61. 법심리학 연구의 구성개념 타당도(construct validity) 개념은 Simon (2010), 앞의 주 57 참조.

62. 실험의 결과를 과장하거나 혹은 축소해서 해석하는 것은 실험에서 통제된 요인들이 실험의 관심대상인 요인들과 생태계에서 어떻게 상호작용하는가에 달려 있다. 관심대상 요인의 효과를 억제하는 요인들을 통제하면 결과를 과장해서 해석하게 되고, 그것을 증

폭시키는 요인들을 통제하면 결과를 축소해서 해석하게 된다. 예를 들어, 개인 배심원들이 특정 편향성을 가진다는 것을 보여 주는 연구는 형사사법체계의 문제를 과장하는 결과를 초래할 수 있는데, 배심평의가 그러한 편향성을 교정할 수 있기 때문이다. 반면에 평의는 오히려 그러한 편향성을 더 강화할 수도 있어서 그런 경우에는 연구의 발견을 축소해서 해석하는 결과를 초래한다.

63. 제7장에서 논의된 바와 같이, 소송절차에 대한 제도적인 장치들이 그 절차의 정확성을 보장하는 것은 아니다.

64. 실험심리학의 관행에 의해서 통계적으로 유의한 결과는 그 결과가 우연(chance)에 의해 초래된 것일 확률(보통 0.05)에 기초한다(역자 주: 그 확률이 0.05보다 작으면 "유의하다"고 판단). 통계적인 유의도 자체는 약한 효과(예를 들면, 오류율이 24%에서 29%로 증가하는 것)와 강한 효과(예를 들면, 오류율이 24%에서 60%로 증가하는 것)를 구별하지 않는다. 또한 어떤 실험처치가 오류를 20%에서 30%로 증가시키는 것과 80%에서 90%를 증가시키는 것은 서로 매우 다른 의미를 가지는데, 통계적 유의도는 그와 같은 현상의 수준을 구별하지 않는다.

65. 로이드 와인렙(Lloyd Weinreb)은 "수사법원(investigating magistracy)"의 설립을 제안하였다. Weinreb, L. L. (1977). *Denial of justice*. New York: Free Press, p. 119. 조지 토머스(George Thomas)는 범죄수사와 재판 전(pretrial) 절차를 감독하는 "감독법관(screening magistrate)"을 제안하였다. Thomas, G. C., III (2008). *The Supreme Court on trial: How the American justice system sacrifices innocent defendants*. Ann Arbor: University of Michigan Press, pp. 193-227. 케이스 핀들리(Keith Findley)도 당사자주의 제도와 직권주의 제도의 강점을 결합하는 제도를 제안하였다. Findley, K. A. (2011). Adversarial inquisitions: Rethinking the search for the truth. *New York Law Review, 56*, 911-941. 영미사법제도와 대륙사법제도의 차이에 대해서는 Hatchard, J., Huber, B., & Vogler, R. (1996). *Comparative criminal procedure*. London: British Institute of International and Comparative Law; Van Koppen, P. J., & Penrod, D. S. (2003). *Adversarial versus inquisitorial justice: Psychological perspectives on criminal justice systems*. New York: Kluwer Academic Publishing.

66. 직권주의 제도에 대한 지배적인 기피에 대해서는, Sklansky, D. A. (2009). Anti-inquisitorialism. *Harvard Law Review, 122*, 1634-1704.

67. 직권주의 제도는 문제의 해결책이 아니라는 것을 알아야 한다. 그 제도가 높이 표방하는 진실발견의 가치는 범죄수사의 척박한 현실에 대해 완전한 저항력을 가지지 못한다. 재클린 호손(Jacqueline Hodgson)은 프랑스의 체계가 직권주의 모델의 이상을 구현하지 못하는 경우가 많다는 것을 발견하였다. 약 95%의 범죄는 판사(juge d'instruction, 역자 주: 판사의 조사를 의미하는 프랑스어)에 의해 조사되지 않고, 검사(procureur)의 지휘

아래 일반 경찰에 의해 조사된다. 후자의 경우는 영미의 모델과 다를 바 없는 기능을 할 뿐만 아니라 용의자의 권리에 대한 보호는 더 약할 것으로 생각된다. Hodgson, J. (2005). *French criminal justice: A comparative account of the investigation and prosecution of crime in France*. Oxford: Hart Publishing.

68. 개선방안들 중 일부는 입법이 필요할 수도 있다.

69. 처음 250개의 면죄 사례들 중 42%에서 진범이 밝혀졌다. Innocence Project (2010). 250 exonerated, too many wrongfully convicted, http://www.innocenceproject.org/news/250.php.

70. 오직 무고한 피고인만 보호하는 것의 중요성에 대해서는, Amar, A. R. (1997). *The constitutional and criminal procedures: First principles*, chap. 4. New Haven, CT: Yale University Press.

71. 이런 종류의 손익상계의 예는 제3장의 "개선을 위한 권고"를 참조.

72. 개선을 위한 설계는 잠재적 부작용을 고려해야 한다. 캐롤(Carol)과 조단 스타이커(Jordan Steiker)가 지적하는 바와 같이, 실체적 무죄를 전제하는 주장들은 양날의 칼이 될 수 있는데, 미국연방대법원과 의회는 공정한 재심을 받을 피고인의 권리를 거부하기 위해 바로 그러한 주장들을 사용해 왔다. Steiker, C. S., & Steiker, J. M. (2005). The seduction of innocence: The attraction and limitations of the focus on innocence in capital punishment law and advocacy. *Journal of Criminal Law & Criminology, 95*, 587-624.

　　개혁에 대한 회의적인 관점에 대해서는, Allen, R. J., & Laudan, L. (2008). Deadly dilemmas. *Texas Tech Law Review, 41*, 65-92.

73. 강간, 강도, 폭행 등의 다양한 중범죄들에서 체포부터 기소까지 걸리는 시간의 중앙치(median)는 4개월부터 8개월 사이에 분포하고, 살인의 경우는 약 일 년이다. Cohen, T. H., & Kyckelhahn, T. (2010). Felony defendants in large urban counties, 2006. *Department of Justice, Bureau of Justice Statistics*, table 10. http://bjs.ojp.usdoj.gov/content/pub/pdf/fdluc06.pdf. 실제로 재판까지 가는 사건들에서는 더 오래 걸리는 경우가 많다.

74. 생증거(raw evidence)의 우수한 정확성에 대한 예외도 있다. 때로는 증인의 최초진술이 틀리고, 다른 증인의 진술에 의한 오염/왜곡이 오히려 그 진술을 더 정확하게 만드는 경우가 있다. 정책적인 관점에서는 정확한 정보일지라도 증인의 진술에 영향을 주어서는 안 된다. 정확성이 약간 증가하는 것은 그러한 조작이 초래하는 많은 법적, 윤리적, 실무적 문제들을 정당화할 수 없다.

2. "그 남자가 용의자다"

1. 이 사건은 훗날 책으로 출간되었다. Thomson-Cannino, J., Cotton, R., & Torneo, E. (2009). *Picking cotton*. New York: St. Martin's Press. 이 사건은 벤 로에테르먼(Ben Loeterman)이 제작하고 감독한 다큐멘터리 영화인 「What Jennifer Saw, Frontline」 시리즈, PBS (1997)에 처음으로 소개되었다. http://www.pbs.org/wgbh/pages/frontline/shows/dna/. 이 책에서 다루었던 이 사건에 대한 소개는 일심의 재판기록(*State v. Cotton*, No. 257A85 Alamance Co. Super. Ct., January 7, 1985)과 재심(*State v. Cotton*, 318 N.C. 663 [1987], No. 257A85)의 항소 관련 서류에 근거한 것이다.

2. 비록 골딘 형사의 수사는 최선의 수사실무를 따르지는 않았지만, 오늘날 많은 사법권 내에서 실시되고 있는 수사 절차와 크게 다르지 않다. 효과적으로 자신을 변호해 줄 변호인을 고용할 능력이 없는 다른 많은 피고인들과 달리, 코튼은 운이 좋게도 법원에서 지정해 준 변호사 필립 모즐리(Philip Moseley)가 일심과 항소 재판에서 매우 능숙하게 그를 변호해 주었다.

3. 예를 들면, 브루스 고드척의 허위 자백을 유도했던 신문은 피해자들 중 한 명이 그의 사진을 지목한 이후에 바로 진행되었다. 이 피해 여성은 법정에서 자신의 지목을 굉장히 확신한다고 증언했지만, 실제로 그녀는 고드척을 지목할 당시 굉장히 주저하는 모습을 보였다. 그녀는 세 번째 사진 라인업에서 고드척을 지목했고, 각각의 라인업 절차에는 20분에서 30분 정도 소요되었다. *Commonwealth of Pennsylvania v. Bruce Godschalk*, 00934-87. Montgomery County, Suppression hearing, May 26, 1987, p. 23.

4. National Research Council (2004). *Fairness and effectiveness in policing: The evidence* (Ed.), Wesley Skogan & Kathleen Frydl(pp. 48-49). Washington, DC: National Academics Press. 771개 이상의 경찰서에서 경찰관을 한 명만 고용한다. 경찰서는 수사업무 외에도 여러 가지 비수사적인 업무들, 가령 법을 집행하는 일(대부분 순찰업무), 질서를 유지하는 일, 여러 가지 공공 서비스를 제공하는 일 등을 처리해야 한다는 것을 명심하라.

5. Innes, M. (2003). *Investigating Murder: Detective work and the police response to criminal homicide*. Oxford: Oxford University Press, p. 127.

6. National Research Council (2004), 앞의 주 4, p. 2; Skolnick, J. (1966). *Justice without trial: Law enforcement in democratic society*. New York: Wiley, pp. 66-68. Waegel, W. B. (1981). Case routinization in investigative police work. *Social Problems*, 28, 263-275.

7. Brownlie, A. R. (1984). *Crime Investigation, art or science? patterns in a labyrinth*. Edinburgh: Scottish Academic Press. 대개 수사관 훈련은 비공식적이고, 상급기관으로부

터 견습을 받는 효과적인 방법으로 진행이 된다. Manning, P. K. (2006). Detective work/culture. In J. Greene (Ed.), *Encyclopedia of police sciences* (p. 394). New York: Routledge.

8. Innes (2003), 앞의 주 5.

9. Skolnick (1966), 앞의 주 6; Neyroud, P., & Disley, E. (2007). The management, supervision, and oversight of criminal investigations. In T. Newburn, T. Williamson, & A. Wright (Eds.), *Handbook of criminal investigation* (pp. 549–571). Portland, OR: Willan Publishing.

10. U.S. Department of Justice, National Institute of Justice (2003). *Factors that influence public opinion of the police.* Washington, DC. http://www.ncjrs.gov/pdffiles1/nij/197925.pdf.

11. 세간의 주목을 받는 사건을 보도하는 언론 매체를 다루는 일은 수사관들이 직면해야 하는 부담스러운 일들 중 하나가 되었다. Mawby, R. C. (2007). Criminal investigation and the media. In T. Newburn, T. Williamson, & A. Wright (Eds.), *Handbook of criminal investigations* (pp. 146–169). Portland, OR: Willan Publishing.

12. Innes (2003), 앞의 주 5, p. 127. "황금 시간(golden hour)" 내에 수사가 진전되지 않으면 범죄 현장 증거, 목격자 기억이 오염될 위험이 있고, 범죄자에게 자신의 잘못을 덮을 수 있는 절호의 기회를 줄 수도 있다. Innes, M. (2007). Investigation order and major crime inquiries. In T. Newburn, T. Wiliamson, & A. Wright (Eds.), *Handbook of criminal investigation* (pp. 255–276). Portland, OR: Willan Publishing.

13. 스콜닉(Skolnick)이 발견한 바와 같이, 법률에 얽매이는 것은 직무를 처리하는 데 방해가 될 수 있다. Skolnick (1966), 앞의 주 6, 9~11장. 또한 National Research Council (2004), 앞의 주 4, p. 159 참조.

14. National Research Council (2004). 앞의 주 4, p. 3. 1970년대 이후, 경찰 수사 분야는 미국에서만 간헐적으로 연구되어 왔다. 앞의 책, p. 23. 그러나 최근의 많은 연구들은 영국에서 진행되고 있다.

15. 영국에서 진행된 살인 사건 수사에 관한 연구에 따르면, 가추 추론은 가장 많이 사용되는 수사 논리의 형태다. Innes (2003), 앞의 주 5, p. 184. 가추 추론에 대해서는, Anderson, T., Schum, D., & Twining, W. (2005). *Analysis of evidence* (2nd ed.). Cambridge: Cambridge University Press.

16. Carson, D. (2009). Detecting, developing and disseminating detectives' "creative" skills. *Policing & Society, 19*, 216–225.

17. Risinger, M. D. (2006). Boxes in boxes: Julian Barnes, Conan Doyle, Sherlock Holmes and the Edalji case. *International Commentary on Evidence, 4*(2).

18. Spalding, T. L., & Murphy, G. L. (1996). Effects of background knowledge on category construction. *Journal of Experimental Psychology: Learning, Memory, and Cognition, 22*, 525-538.

19. 이 효과는 설명 편파(explanation bias)라고 불려 왔다. Markma, K. D., & Hirt, E. R. (2002). Social prediction and the "allegiance bias." *Social Cognition, 20*, 58-86. 그러나 이 효과는 동기 요인으로부터 쉽게 영향을 받을 수 있다. 예를 들면, 참가자가 특정 팀을 지지할 경우에는 나타나지 않는다.

20. Carroll, J. S. (1978). The effect of imagining an event on expectations for the event: An interpretation in terms of the availability heuristic. *Journal of Experimental Social Psychology, 14*, 88-96.

21. Ross, L. D., Lepper, M. R., Strack, F., & Steinmetz, J. (1977). Social explanation and social expectation: Effects of real and hypothetical explanations on subjective likelihood. *Journal of Personality and Social Psychology, 35*, 817-829. 개관에 대해서는, Koehler, D. J. (1991). Explanation, imagination, and confidence in judgment. *Psychological Bulletin, 110*, 499-519. 또한, Gilbert, D. T., Krull, D. S., & Malone, P. S. (1990). Unbelieving the unbelievable: Some problems in the rejection of false information. *Journal of Personality and Social Psychology, 59*, 601-613 참조.

22. Tversky, A., & Kahneman, D. (1974). Judgment under uncertainty: Biases and heuristics. *Science, 185*, 1124-1130. 조건부 확률에 대한 과장된 믿음을 다룬 연구에 대해서는, Koriat, A., Fiedler, K., & Bjork, R. A. (2006). Inflation of conditional predictions. *Journal of Experimental Psychology: General, 135*, 429-447.

23. 이 효과는 믿음 보전 편향(belief perseverance)이라 불려 왔다. Anderson, C. A., Lepper, M. R., & Ross, L. (1980). Perseverance of social theories: The role of explanation in the persistence of discredited information. *Journal of Personality and Social Psychology, 39*, 1037-1049.

24. Bacon, F. (1620/1960). *The new organon and related writings.* New York: Liberal Arts Press, p. 50.

25. Doyle, A. C. (1981, 7). The adventures of Sherlock Holmes: A scandal in Bohemia. *Strand magazine*, p. 2.

26. Klayman, J. (1995). Varieties of confirmation bias. In J. R. Busemeyer, R. Hastie, & D. L. Medin (Eds.), *Decision making from the perspective of cognitive psychology* (vol. 32: The psychology of learning and motivation, pp. 385-418). New York: Academic Press; Nickerson, R. S. (1998). Confirmation bias: A ubiquitous phenomenon in many guises. *Review of General Psychology, 2*, 175-220.

27. Klayman (1995), 앞의 주 26, p. 386.

28. Revlin R., Leirer, V., Yopp, H., & Yopp, R. (1980). The belief-bias effect in formal reasoning: The influence of knowledge on logic. *Memory & Cognition, 8*, 584-592.

29. Edwards, K., & Smith, E. E. (1996). A disconfirmation bias in the evaluation of arguments. *Journal of Personality and Social Psychology, 71*, 5-24.

30. 앞의 책.

31. Koehler, J. J. (1993). The influence of prior beliefs on scientific judgments of evidence quality. *Organizational Behavior and Human Decision Processes, 56*, 28-55; Mahoney, M. J. (1977). Publication prejudices: An experimental study of confirmatory bias in the peer review system. *Cognitive Therapy and Research, 1*, 161-175.

32. Darley, J. M., & Gross, P. H. (1983). A hypothesis-confirming bias in labeling effects. *Journal of Personality and Social Psychology, 44*, 20-33.

33. Hirt, E. R., & Markman, K. D. (1995). Multiple explanation: A consider-an-alternative strategy for debiasing judgments. *Journal of Personality and Social Psychology, 69*, 1069-1086 (연구 3).

36. Edwards & Smith (1996), 앞의 주 29.

37. Greenhoot, A. F., Semb, G., Colombo, J., & Schreiber, T. (2004). Prior beliefs and methodological concepts in scientific reasoning. *Applied Cognitive Psychology, 18*, 203-221.

38. Fraser-Mackenzie, P. A. F., & Dror, I. E. (2009). Selective information sampling: Cognitive coherence in evaluation of a novel item. *Judgment and Decision Making, 4*, 307-316.

39. Kempton, J., Alani, A., & Chapman, K. (2002). Potential effects of the confirmation bias in house condition surveys. *Structural Survey, 20*, 6-12.

40. Wallsten, T. S. (1981). Physician and medical student bias in evaluating diagnostic information. *Medical Decision Making, 1*, 145-164. 또 다른 연구에서는 의대생들과 수련의사(resident)들의 71%가 그들에게 잠정적으로 제시된 진단과 동일한 진단을 내렸던 반면, 10% 미만이 제시되지 않은 가능한 다른 대안적인 진단을 내렸다는 것을 발견하였다. Leblanc, V. R., Brooks, L. R., & Norman, G. R. (2002). Believing is seeing: The influence of a diagnostic hypothesis on the interpretation of clinical features. *Academic Medicine, 77*(10), 부록. 또한 Pines, J. M. (2005). Profiles in patient safety: Confirmation bias in emergency medicine. *Academic Emergency Medicine, 13*, 90-94.

41. Graber, M. L., Franklin, N., & Gordon, R. (2005). Diagnostic error in internal medicine. *Archives of Internal Medicine, 165*, 1493-1499.

42. 심리치료사들은 내담자가 취업 지원자라고 소개받은 경우, 그들을 "매력적이다. 평범하

게 보인다." 그리고 "솔직하고 독창적으로 보인다."고 묘사하였다. 그러나 같은 내담자를 "환자"라고 소개한 경우, "의존적이고, 수동-공격적이며" "긴장되고, 방어적인 사람이며, 동성애로 갈등하는" 것으로 묘사했다. 동일한 사람들에 대한 다른 묘사는 두 정신 분석 치료자 집단 사이에서 극명하게 나타났지만, 행동 치료자들 사이에서는 차이가 덜 나타났다. Langer, E. J., & Abelson, R. P. (1974). A patient by any other name...: Clinician group difference in labeling bias. *Journal of Consulting and Clinical Psychology, 42,* 4-9.

43. Ben-Shakhar, G., Bar-Hilel, M. Bilu, Y., & Shefler, G. (1998). Seek and yeshall find: Test results are what you hypothesize they are. *Journal of Behavioral Decision Making, 11,* 235-249.

44. Ask, K., & Granhag, P. A. (2007a). Motivational bias in criminal investigators' judgments of witness reliability. *Journal of Applied Social Psychology, 37,* 561-591; Ask, K., Rebelius, A., & Granhag, P. A. (2008). The "elasticity" of criminal evidence: A moderator of investigator bias. *Applied Cognitive Psychology, 22,* 1245-1259.

45. 숙련된 분석가와 미숙한 분석가의 차이는 없었다. Kersholt, J. H., & Eikelbloom, A. R. (2007). Effects of prior interpretation on situation assessment in crime analysis. *Journal of Behavioral Decision Making, 20,* 455-465.

46. 이 전문가들은 그들도 모르는 사이에 실제로 예전에 동일한 지문을 분석했었고 지문 일치 판단을 내린 적이 있었다. 연구자들은 지문 전문가들에게 지문들이 불일치했다는 (틀린) 정보를 알려 주었다. 이 오정보는 한 명의 전문가를 제외한 나머지 전문가들의 지문 분석에 영향을 주었다. 다섯 명의 전문가들 중 세 명은 이전의 일치 판단을 불일치 판단으로 바꾸었고, 한 명은 "판독 불가"라고 결론 내렸다. Dror, I. E., Charlton, D., & Péron, A. E. (2006). Contextual information renders experts vulnerable to making erroneous identifications. *Forensic Science International, 156,* 74-78.

47. 경찰 수사에서 터널시에 대해서는, Martine, D. L. (2002). The police role in wrongful convictions: An international comparative study. In Saundra D. Westervelt & John A. Humphrey (Eds.), *Wrongfully convicted: Perspectives on failed justice* (pp. 77-95). New Brunswick, NJ: Rutgers University Press; Findley, K. A., & Scott, M. S. (2006). The multiple dimensions of tunnel vision in criminal cases. *Wisconsin Law Review,* 291-397; Risinger, M. D., Sakes, M. J., Thompson, W. C., & Rosenthal, R. (2002). The *daubert/Kumbo* implications of observer effects in forensic science: Hidden problems of expectation and suggestion. *California Law Review, 90,* 1-56.

48. 이것은 미국과 영국 모두 그렇다. National Research Council (2004), 앞의 주 4, p. 74; Bayley, D. H. (2005). What do the police do? In T. Newburn (Ed.), *Policing: Key readings* (p. 145). Portland, OR: Willan Publishing; Bayley, D. H. (1994). *Police for the*

future. New York: Oxford University Press, p. 27.

49. Lord, C. G., Ross, L., & Lepper, M. R. (1979). Biased assimilation and attitude polarization: The effects of prior theories on subsequently considered evidence. *Journal of Personality and Social Psychology, 37,* 2098-2109; Edwards & Smith (1996), 앞의 주 29 참조.

50. 이러한 가치관이 가지는 영향력은 캐나다, 호주, 프랑스, 영국, 그리고 미국의 경찰관들에게서 나타났다. Perrott, S. B., & Taylor, D. M. (1995). Attitudinal differences between police constables and their supervisors: Potential influences of personality, work environment, and occupational role. *Criminal Justice and Behavior, 22,* 326-339; Wortley, R. K., & Homel, R. J. (1995). Police prejudice as a function of training and outgroup contact: A longitudinal investigation. *Law and Human Behavior, 19,* 305-317; Furnham, A., & Alison, L. (1994). Theories of crime, attitudes to punishment and juror bias amongst police, offenders and the general public. *Personality and Individual Differences, 17,* 35-48; Sidanius, J., Liu, J. H., Shaw, J. S., & Pratto, F. (1994). Social dominance orientation, hierarchy attenuators and hierarchy enhancers: Social dominance theory and the criminal justice system. *Journal of Applied Social Psychology, 24,* 338-366. 스웨덴의 숙련된 범죄 수사관들과 학생들을 비교했던 한 연구에서는 수사관들이 모호한 증거를 유죄증거로 해석하는 경향이 훨씬 더 크다는 것을 발견했다. Ask, K., & Granhag, P. A. (2005). Motivational sources of confirmation bias in criminal investigations: The need for cognitive closure. *Journal of Investigative Psychology and Offender Profiling, 2,* 43-63.

51. 그러므로 확증편향은 정신 오염(mental contamination)의 범주에 포함된다. Wilson, T. D., & Brekke, N. (1994). Mental contamination and mental correction: Unwanted influences on judgments and evaluations. *Psychological Bulletin, 116,* 117-142.

52. 제이 쾰러(Jay Koehler)는 학자들이 타인의 연구를 평가할 때 자신의 견해와 부합하는지의 여부에 따라 편파된 평가를 내리지만, 그러한 영향력을 부정하면서 비난한다는 것을 발견했다. Koehler (1993), 앞의 주 31.

53. Ask, Rebelius, & Granhag (2008), 앞의 주 44; Dror, I. E., & Charlton, D. (2006). Why experts make errors. *Journal of Forensic Identification, 56,* 600-616.

54. Weinreb, L. L. (1977). *Denial of justice,* chap. 2, New York: Free press.

55. Cole, S. A. (2005). More than zero: Accounting for error in latent fingerprint identification. *Journal of Criminal Law & Criminology, 95,* 985-1078; Giannelli, P. C. (1997). The abuse of scientific evidence in criminal cases: The need for independent crime laboratories. *Virginia Journal of Social Policy & the Law, 4,* 439-478.

56. 법정행동준칙 모범규정(Model Rule of Professional Conduct) 3.8항. 미국 변호사 협회 (American Bar Association). 또한 *Berger v. United States*, 295 U.S. 78, 88 (1935); Weinreb (1977), 앞의 주 54, 3장 참조.

57. 동기화된 추론에 관한 연구들의 이론적 토대는 지바 쿤다(Ziva Kunda)에 의해 세워진 것들이다. Kunda, Z. (1990). The case of motivated reasoning. *Psychological Bulletin, 108*, 480–498, p. 480.

58. Ditto, P. H., Munro, G. D., Apanovitch, A. M., Scepansky, J. A., & Lockhart, L. K. (2003). Spontaneous skepticism: The interplay of motivation and expectation in responses to favorable and unfavorable medical diagnoses. *Personality and Social Psychology Bulletin, 29*, 1120–1132.

59. Wyer, R. S., & Frey, D. (1983). The effects of feedback about self and others on the recall and judgments of feedback-relevant information. *Journal of Experimental Social Psychology, 19*, 540–559.

60. Munro, G. D., Ditto, P. H., Lockhart, L. K., Fagerlin, A., Gready, M., & Peterson, E. (2002). Biased assimilation of sociopolitical arguments: Evaluating the 1996 U.S. presidential debate. *Basic and Applied Social Psychology, 24*, 15–26.

61. Hastorf, A. H., & Cantril, H. (1954). They saw a game: A case study. *Journal of Abnormal and Social Psychology, 49*, 129–134.

62. Boiney, L. G., Kennedy, J., & Nye, P. (1997). Instrumental bias in motivated reasoning: More when more is needed. *Organizational Behavior and Human Decision Processes, 72*, 1–24.

63. Brownstein, A. L., Read, S. J., & Simon, D. (2004). Effects of individual expertise and task importance of pre-decision reevaluation of alternatives. *Personality and Social Psychology Bulletin, 30*, 819–904.

64. 예: Larwood, L., & Whittaker, W. (1977). Managerial myopia: Self-serving biases in organizational planning. *Journal of Applied Psychology, 62*, 194–198; Risucci, D. A., Tortolani, A. J., & Ward, R. J. (1989). Ratings of surgical residents by self, supervisors and peers. *Surgery, Gynecology and Obstetrics, 169*(6), 519–526; Bass, B. M., & Yammarino, F. J. (1991). Congruence of self and others' leadership ratings of naval officers for understanding successful performance. *Applied Psychology, 40*, 438–454.

65. 이 연구에서는 한 대학생이 학문적 부정행위(커닝)를 저질렀다는 혐의로 수사를 받는 준범죄 상황을 사용하였다. Simon, D., Stenstrom, D., & Read, S. J. (2008. 9.). *On the Objectivity of Inventigations: An Experimnet*. Paper presented at Conference for Empirical Legal Studies, Cornell Law School.

66. 당사자주의적 불신은 상대측 수사관을 지각할 때, 스스로를 지각할 때보다 덜 객관적이고, 덜 신빙성이 있다고 지각하는 것을 통해서 명백히 드러났다.

67. Charlton, D., Fraser-Mackenzie, P., & Dror, I. E. (2010). Emotional experiences and motivating factors associated with fingerprint analysis. *Journal of Forensic Sciences, 55,* 385-393.

68. 전쟁 은유는 합법적인 분위기와 특별한 유형의 행동을 정당화하는 일련의 관습을 만들어 낸다. Lakoff, G., & Johnson, M. (1980). *Metaphors we live by.* Chicago: University of Chicago Press.

69. Klockers, C. B. (1985). *The idea of police.* Beverly Hills, CA: Sage Publications; Stenross, B., & Kleinman, S. (2003). The highs and lows of emotional labor: Detectives' encounters with criminals and victims. In M. R. Pogrebin (Ed.), *Qualitative approaches to criminal justice: Perspectives from the field* (pp. 107-115). Thousand Oaks, CA: Sage Publications; Charlton, Fraser-Mackenzie, & Dror (2010), 앞의 주 67.

  대의를 위한 처벌의 강도는 딘 보우먼(Dean Bowman) 검사가 재심에서 대릴 헌트의 유죄판결을 받아 낸 사례에서 알 수 있다. Think Film사에서 리키 스턴(Ricki Stern)과 앤 순트버그(Ann Sundberg)가 감독하고 제작한 영화 *The trials of Darryl Hunt* (2005)에 소개된 딘 보우먼과의 인터뷰에서 그는 "검사로서 가장 보람되는 순간은 자신이 올바른 일을 하고 있거나 올바른 일을 위해 최선을 다하고 있다는 것을 알게 될 때와, 진실은 언젠가 드러난다는 도덕적인 신념을 가지고 있다는 것을 깨달았을 때다. 검사는 그저 자신이 가야 할 길을 가야 하며, 어떻게든 자신의 신념을 믿고 앞으로 나아가야 한다. 그것이 진실이므로 반드시 승리할 것이라 확신함으로써, 검사는 어떤 장애물이 있어도 자신의 일에 매우 열정적일 수 있다고 생각한다."고 말하였다. 대릴 헌트는 훗날 DNA 검사를 통해 면죄되었고, 이것은 그가 감옥에서 18년 6개월을 보낸 후의 일이었다. http://www.innocenceproject.org/Content/Darryl_Hunt.php.

70. 범죄 자료가 FBI에 보고되기 위해서는 용의자가 체포되고 범죄 혐의로 기소된 후 검찰에 의해 법원으로 넘겨져야 한다. Federal Bureau of Investigation (2010). *Uniform crime reporting handbook.* http://www.fbi.gov/about-us/cjis/ucr/crime-in-the-u.s/2010/crime-in-the-u.s.-2010/methodology. 수사관들의 일상적 현실에서는 용의자를 체포하는 것이면 충분하다. Skolnick (1966), 앞의 주 6, pp. 167-173; Waegel (1981), 앞의 주 6.

71. Stern & Sundberg (2005), 앞의 주 69. 경찰국장 조지프 마스턴(Josheph Mastern)의 연설. 헌트가 18년 6개월을 감옥에서 산 후에 DNA 검사에 의해 면죄되었다는 사실을 상기하라.

72. Wilson, O. W. (1962). *Police planning*, p. 3. Springfield, IL: Charles C. Thomas; Skolnick (1966), 앞의 주 6, 8장 참조.

73. Skolnick (1966), 앞의 주 6; Waegel (1981), 앞의 주 6.

74. 뉴욕 경찰서에서 사건 해결률이 저조한 경찰은 그들의 동료나 부하직원 앞에서 질타를 당하거나 망신을 당해야 했다. Rashbaum, William K. (2010. 2. 6.). Retired officers raise questions on crime data. *New York Times*. http://www.nytimes.com/2010/02/07/nyregion/07crime.html?scp=1&sq=Retired%20officers%20raise%20questions%20on%20crime%20data&st=cse.

75. Waegel (1981), 앞의 주 6.

76. Rashbaum (2010), 앞의 주 74; Baker, A. (2010. 2. 7.). Former commander recalls pressures to alter reports. *New York Times*. http://www.nytimes.com/2010/02/08/nyregion/08captain.html; Rayman, G. (2010. 5. 4.). The NYPD tapes: Inside Bed-Stuy's 81st precinct. *The Village Voice*; Davies, N. (2003. 7. 11.). Fiddling the figures: Police cheats who distort force records. *The Guardian*. http://www.guardian.co.uk/uk/2003/jul/11/ukcrime.prisonsandprobation1.

77. 이 연구에 따르면, 해결된 범죄 사건의 30% 정도는 사건 현장에서 해결된 것이었고, 50%는 수사 초기에 순찰경찰에 의해 용의자가 지목됨으로써 해결된 것이었다. 나머지 20%는 형사들이 개입되어 해결되었지만, 이 경우 대부분은 목격자가 제공한 사건 정보나 일반 사무직원들도 할 수 있는 단순한 일상 추적을 통해 얻은 정보에 기초한 것이었다. Petersilia, J. (1977). The investigative function. In P. W. Greenwood, J. M. Chaiken, & J. Petersilia (Eds.), *The criminal investigation process*. Lexington, MA: D. C. Heath; Waegel (1981), 앞의 주 6; Stenross & Kleinman (2003), 앞의 주 69; National Research Council (2004), 앞의 주 4, pp. 74, 227-228.

　　영국에서는 살인 사건의 70% 정도가 저절로 해결이 된다고 추정한다. Innes, M. (2002). The "process structures" of police homicide investigations. *British Journal of Criminology, 42*, 669-688. 미국의 몇몇 사법권 내에서, 수사관들은 해결하기 쉬운 사건들을 "덩커스(dunkers, 역자 주: 농구의 덩크슛처럼 속 시원하게 단번에 해결된다는 의미)"라고 부른다. Manning (2006), 앞의 주 7.

78. Bayley (2005), 앞의 주 48, p. 145; Eck, J. (1992). *Solving crimes: The investigation of burglary and robbery*. Washington, DC: Police Executive Research Foundation.

79. National Research Council (2004), 앞의 주 4, p. 74; Tilley, N., Robinson, A., & Burrows, J. (2007). The investigation of high volume crime. In T. Newburn, T. Williamson, & A. Wright (Eds.), *Handbook of criminal investigation* (pp. 226-254). Portland, OR: Willan Publishing.

80. Innes (2003), 앞의 주 5, p. 15.

81. 월터 스나이더 사건(제4장에서 언급된)을 기소했던 조지프 맥카시(Joseph McCarthy)는

다음과 같이 말하였다. "강간 사건에서, 피해자와 검사 그리고 수사관 사이에 유대관계가 있는 경우가 있다. 그들은 힘든 시간을 겪고 있다. 이 유대감의 심리는 피해자, 검사 혹은 수사관이 그들과 무죄로 풀려나 거리로 다시 나오려는 남자(용의자) 사이의 방어선 끝자락에 있다는 것이다." Dwyer, J., Neufeld, P., & Scheck, B. (2000). *Actual innocence: Five days to execution and other dispatches from the wrongly convicted.* New York: Doubleday, p. 238. 13년 동안 어떤 살인 사건에 매달렸던, 캘리포니아에 있는 한 형사는 피해자의 엄마와 친밀한 관계를 가지게 되었다고 언급했다. "그녀는 내 가족의 일부이고 나도 그녀의 가족의 일부다." Therolf, G. (2007. 7. 7.). A "bitter joy" at murder arrests. *Los Angeles Times.* http://www.latimes.com/news/local/la-me-torrez7jul07,1,2429489. story?coll=la-headlines-california; 13년이 지난 후에 플라센티아의 형사는 새로운 DNA 증거를 통해, 칼 스테이트 풀러턴 대학의 한 학생이 칼에 찔려 죽은 사건에 그의 사촌 두 명이 관련되어 있다는 것을 밝혔다.

82. 감정적 반응들 사이의 관계에 대해서는, Kahneman, D., & Sunstein, C. R. (2005). Cognitive psychology of moral intuitions. In J. P. Changeux, A. R. Damasio, W. Singer, & Y. Christen (Eds.), *Neurobiology of human values* (pp. 91–105). Berlin: Springer.

83. Lerner, J. S., Goldberg, J. H., & Tetlock, P. E. (1998). Sober second thought: The effects of accountability, anger, and authoritarianism on attributions of responsibility. *Personality and Social Psychology Bulletin, 24,* 563–573; Goldberg, J. H., Lerner, J. S., & Tetlock, P. E. (1999). Rage and reason: The psychology of the intuitive prosecutor. *European Journal of Social Psychology, 29,* 781–795; Quigley, B. M., & Tedeschi, J. T. (1996). Mediating effects of blame attributions on feelings of anger. *Personality and Social Psychology Bulletin, 22,* 1280–1288. 또한 분노는 사건의 책임 분배에서 비난에 대한 판단을 매개한다는 것이 발견되었다. Feigenson, N., Park, J., & Salovey, P. (2001). The role of emotions in comparative negligence judgments. *Journal of Applied Social Psychology, 31,* 576–603. 강한 분노는 잘못을 상황적인 요인보다는 인간의 행동으로 돌리려는 경향을 증가시킨다. Keltner, D., Ellsworth, P. C., & Edwards, K. (1993). Beyond simple pessimism: Effects of sadness and anger on social perception. *Journal of Personality and Social Psychology, 64,* 740–752.

84. 예를 들면, 분노 유발은 참가자들이 라틴 아메리카계(Hispanic) 사람의 폭행 혐의와 체육 특기자의 부정행위 혐의가 사실이라고 믿는 경향성을 증가시켰다. Bodenhausen, G. V., Sheppard, L. A., & Kramer, G. P. (1994). Negative effect and social judgment: The differential impact of anger and sadness. *European Journal of Social Psychology, 24,* 45–62.

85. Ferguson, T. J., & Rule, B. G. (1983). An attributional perspective on anger and

aggression. In R. G. Geen & E. I. Donnerstein (Eds.), *Aggression: Theoretical and empirical reviews* (vol. 1, pp. 41-74). New York: Academic Press.

86. Mackie, D. M., Devos, Thierry, & Smith E. R. (2000). Intergroup emotions: Explaining offensive action tendencies in an intergroup context. *Journal of personality and Social Psychology, 79*, 602-616.

87. Dror, I. E., Péron, A. E., Hind, S. L., & Charlton, D. (2005). When emotions get the better of us: The effect of contextual top-down processing on matching fingerprints. *Applied Cognitive Psychology, 19*, 799-809.

88. 슬픔 유발은 그러한 효과가 없었다. Ask, K., & Granhag, P. A. (2007b). Hot cognition in investigative judgments: The differential influence of anger and sadness. *Law and Human Behavior, 31*, 537-551.

89. Tajfel, H., & Turner, J. (1979). An integrative theory of intergroup conflict. In W. G. Austin & S. Worchel (Eds.), *The Social psychology of intergroup relations* (pp. 33-47). Belmont, CA: Wadsworth; Abrams, D., & Hogg, M. A. (1990). *Social identity theory: constructive and critical advances*. New York: Springer-Verlag; Abrams, D. (1999). Social identity, social cognition, and the self: The flexibility and stability of self-categorization. In D. Abrams, & M. A. Hogg (Eds.), *Social identity and social cognition* (pp. 197-229). Malden, MA: Blackwell.

90. Brewer, M. B. (1979). In-group bias in the minimal intergroup situation: A cognitive-motivational analysis. *Psychological Bulletin, 86*, 307-324. 최근 연구는 내집단 평가에서 도덕성의 중요성을 강조한다. Leach, C. W., Ellemers, N., & Barreto, M. (2007). Group virtue: The importance of morality (vs. competence and sociability) in the positive evaluation of in-groups. *Journal of Personality and Social Psychology, 93*, 234-249. 인류학적 설명에 대해서는, Brewer, M. B., & Campbell, D. T. (1976). *Ethnocentrism and intergroup attitudes: East African evidence*. Beverly Hills, CA: Sage Publications; Phalet, K., & Poppe, E. (1997). Competence and morality dimensions of national and ethnic stereotypes: A study in six eastern-European countries. *European Journal of Social Psychology, 27*, 703-723.

91. 앞에서 언급했듯이, 경찰관은 법과 질서를 지향하는 태도를 고수하려는 경향이 있다. Perrott & Taylor (1995), 앞의 주 50; Wortley & Homel (1995), 앞의 주 50; Furnham, & Alison (1994), 앞의 주 50; Sidanius et al. (1994), 앞의 주 50 참조.

92. White, K. M., Hogg, M. A., & Terry, D. J. (2002). Improving attitude-behavior correspondence through exposure to normative support from a salient ingroup. *Basic and Applied Social Psychology, 24*, 91-103.

93. Back, K. W. (1951). Influence through social communication. *Journal of Abnormal and Social Psychology, 46*, 9-23; Swann, W. B., Jr., Gómez, Á., Seyle, D. C., Morales, J. F., & Huici, C. (2009). Identity fusion: The interplay of personal and social identities in extreme group behavior. *Journal of Personality and Social Psychology, 96*, 995-1011. 집단 규범에 대한 구성원들의 순응적인 태도에 대해서는, Roccas, S., Sagiv, L., Schwartz, S., Halevy, N., & Eidelson, R. (2008). Toward a unifying model of identification with groups: Integrating theoretical perspectives. *Personality and Social Psychology Review, 12*, 280-306.

94. Dwyer, Neufeld, & Scheck (2000). 앞의 주 81, p. 238. 월터 스나이더 사건에 대해서는 제4장 참조.

95. Kerschreiter, R., Schulz-Hardt, S., Mojzisch, A., & Frey, D. (2008). Biased information search in homogeneous groups: Confidence as a moderator for the effect of anticipated task requirements. *Personality and Social Psychology Bulletin, 34*, 679-691.

96. Schulz-Hardt, S., Frey, D., Lüthgens, C., & Moscovici, S. (2000). Biased information search in group decision making. *Journal of Personality and Social Psychology, 78*, 655-669.

97. Rydell, R. J., Mackie, D. M., Maitner, A. T., Claypool, H. M., Ryan, M. J., & Smith, E. R. (2008). Arousal, processing, and risk taking: Consequences of intergroup anger. *Personality and Social Psychology Bulletin, 34*, 1141-1152.

98. 어빙 재니스(Irving Janis)에 따르면, 집단사고는 집단의 강인함에 대한 환상, 집단적 합리화, 집단에 내재하는 도덕성에 대한 믿음, 외집단에 대한 고정관념, 반대자에 대한 압력, 자기검열(self-censorship), 만장일치에 대한 환상, 스스로의 생각을 보호하려는 노력(mind-guards)을 포함한다. 재니스는 사례 연구들에 기초하여, 집단사고의 방식이 현명하지 못한 결정을 야기한다는 것을 보여 주었다. Janis, I. L. (1972). *Victims of groupthink*. Boston: Houghton Mifflin; Janis, I. L. (1982). *Groupthink: Psychological studies of policy decisions and fiascoes* (2nd ed.). Boston: Houghton Mifflin.

99. 개인과 집단행동의 차이는 불연속성 효과(discontinuity effect)라고 불려 왔다. Insko, C. A., & Schopler, J. (1998). Differential distrust of groups and individuals. In C. Sedikides, J. Schopler, & C. A. Inkso (Eds.), *Intergroup cognition and intergroup behavior* (pp. 75-107). Mahwah, NJ: Lawrence Erlbaum.

100. Johnston, K. L., & White, K. M. (2003). Binge-drinking: A test of the role of group norms in the theory of planned behavior. *Psychology & Health, 18*, 63-77.

101. Jaffe, Y., Shapir, N., & Yinon, Y. (1981). Aggression and its escalation. *Journal of Cross-Cultural Psychology, 12*, 21-36; Jaffe, Y., & Yinon, Y. (1979). Retaliatory aggression in

individuals and groups. *European Journal of Social Psychology, 9*, 177–186.

102. Meier, B. P., & Hinsz, V. B. (2004). A comparison of human aggression committed by groups and individuals: An interindividual–intergroup discontinuity. *Journal of Experimental Social Psychology, 40*, 551–559.

103. Jaffe, Shapir, & Yinon (1981), 앞의 주 101.

104. Milgram, S. (1974). *Obedience to authority: An experimental view* (experiment 18, pp. 121–122). New York: Harper & Row.

105. Valdesolo, P., & DeSteno, D. (2007). Moral hypocrisy: Social groups and the flexibility of virtue. *Psychological Science, 18*, 689–690. 실제 사례에 대해서는, Moser, K. (2010. 4. 27.). San Francisco DA says office didn't know about problems at scandal-ridden crime lab, *The Recorder*, http://www.law.com/jsp/article.jsp?id=1202453216864&San_Francisco_DA_Says_ Office_Didn't_Know_About_Problems_at_ScandalRidden_Crime_Lab.

106. Baumeister, R. F., & Leary, M. F. (1995). The need to belong: Desire for interpersonal attachments as a fundamental human motive. *Psychological Bulletin, 117*, 497–529.

107. 예를 들면, 사람들은 "창의적"이고, "지적인" 특성들을 높이 평가하는 반면, "태만"하고, "무능력한" 특성들은 낮게 평가한다. Alicke, M. D. (1985). Global self-evaluation as determined by the desirability and controllability of trait adjectives. *Journal of Personality and Social Psychology, 49*, 1621–1630.

108. 공정하게 보이고 싶은 욕구에 대해서는, Loewenstein, G., Issacharoff, S., Camerer, C., & Babcock, L. (1983). Self-serving assessments of fairness and pretrial bargaining. *Journal of Legal Studies, 22*, 135–159.

109. Aronson, E. (1969). The theory of cognitive dissonance: A current perspective. In L. Berkowitz (Ed.), *Advances in experimental social psychology* (vol. 4, pp. 1–34). San Diego: Academic Press; Aronson, E. (1992). The return of the repressed: Dissonance theory makes a comeback. *Psychological Inquiry, 3*, 303–311.

110. Alicke (1985), 앞의 주 107에서 제시했듯이, 훌륭한 수사와 관련 있는 특성들은 "통찰력 있음" "분별력 있음" "신뢰할 수 있음"과 같은 것들이었다. 이 특성들은 사람들도 가장 강하게 추구하는 것들이기도 하다. Aronson (1969), 앞의 주 109.

111. Staw, B. M., & Fox, F. V. (1977). Escalation: The determinants of commitment to a chosen course of action. *Human Relations, 30*, 431–450; Garland, H., & Conlon, D. E. (1998). Too close to quit: The role of project completion in maintaining commitment. *Journal of Applied Social Psychology, 28*, 2025–2048 참조.

112. 개인의 이전 선택을 왜곡하는 것은 인지 부조화 이론과 유사하다. Festinger, L. (1957). *A theory of cognitive dissonance*. Evanston, IL: Row, Peterson; Harmon-Jones, E., &

Mills, J., (Eds). (1999). *Cognitive dissonance: Progress on a pivotal theory in social psychology*. Washington, DC: American Psychological Association. 인지 부조화 이론에 대한 참고문헌은 Bazerman, M. H., Giuliano, T., & Appelman, A. (1984). Escalation of commitment in individual and group decision making. *Organizational Behavior & Human Performance, 33*, 141-152에 제시되어 있다.

113. 편파적인 정보 탐색은 앞으로 내릴 결정에 대한 정보들보다는 이미 내려진 결정에 대한 정보들을 선호하는 경향에 의해 밝혀졌다. Beeler, J. D., & Hunton, J. E. (1997). The influence of compensation method and disclosure level on information search strategy and escalation of commitment. *Journal of Behavioral Decision Making, 10*, 77-91; Conlon, E. J., & Parks, J. M. (1987). Information requests in the context of escalation. *Journal of Applied Psychology, 72*, 344-350.

114. 예를 들어, 관리자들은 기존에 자신이 고용한 직원들을 평가할 때 그들의 업무 효율성, 발전 가능성, 승진 가능성 등을 과대평가하는 경향이 있다. Schoorman, F. D. (1988). Escalation bias in performance appraisals: An unintended consequence of supervisor participation in hiring decisions. *Journal of Applied Psychology, 73*, 58-62; Bazerman, M. H., Beekun, R. I., & Schoorman, F. D. (1982). Performance evaluation in a dynamic context: A laboratory study of the impact of a prior commitment to the ratee. *Journal of Applied Psychology, 67*, 873-876; Slaughter, J. E., & Greguras, G. J. (2008). Bias in performance ratings: Clarifying the role of positive versus negative escalation. *Human Performance, 21*, 414-426.

115. 구체적으로, 선발 경기에서 높은 비율로 선택된 선수들은 낮은 비율로 선택된 선수들보다 경기에 출전한 시간이 더 길었다. Staw, B. M., & Hoang, H. (1995). Sunk costs in the NBA: Why draft order affects playing time and survival in professional basketball. *Administrative Science Quarterly, 40*, 474-494.

116. Staw, B. M., Barsade, S. G., & Koput, K. W. (1997). Escalation at the credit window: A longitudinal study of bank executives' recognition and write-off of problem loans. *Journal of Applied Psychology, 82*, 130-142.

117. 연구에 따르면, 시즌 티켓을 원가에 구매한 사람들은 할인을 받고 구매한 사람들보다 공연에 참석할 확률이 더 높다. Arkes, H. R., & Blumer, C. (1985). The psychology of sunk cost. *Organizational Behavioral and Human Decision Processes, 35*, 124-140 (study 2).

118. Schoorman (1988), 앞의 주 114.

119. O'Brien, B. (2009). Prime suspect: An examination of factors that aggravate and counteract confirmation bias in criminal investigations. *Psychology, Public Policy, and*

Law, 15, 315–334.

120. Staw & Fox (1977), 앞의 주 111; Bobocel, D. R., & Meyer, J. P. (1994). Escalating commitment to a failing course of action: Separating the roles of choice and justification. *Journal of Applied Psychology, 79*, 360–363; Whyte, G. (1993). Escalating commitment in individual and group decision making: A prospect theory approach. *Organizational Behavior and Human Decision Processes, 54*, 430–455.

121. Harrison, P. D., & Harrell, A. (1993). Impact of "adverse selection" on managers' project evaluation decisions. *Academy of Management Journal, 36*, 635–643. Simonson, I., & Nye, P. (1992). The effect of accountability on susceptibility to decision errors. *Organizational Behavior and Human Decision Processes, 51*, 416–446 (study 6).

122. Staw & Fox (1977), 앞의 주 111.

123. Zhang, L., & Baumeister, R. F. (2006). Your memory on your self-esteem: Threatened egotism promotes costly entrapment in losing endeavors. *Personality and Social Psychology Bulletin, 32*, 881–893; Harrison & Harrell (1993), 앞의 주 121.

124. Beeler & Hunton (1997), 앞의 주 113; Bobocel & Meyer (1994), 앞의 주 120.

125. Garland & Conlon (1998), 앞의 주 111; Moon, H. (2001). Looking forward and looking back: Integrating completion and sunk-cost effects within an escalation of commitment progress decision. *Journal of Applied Psychology, 86*, 104–113; Boehne, D. M., & Pasese, P. W. (2000). Deciding whether to complete or terminate an unfinished project: A strong test of the project completion hypothesis. *Organizational Behavior and Human Decision Processes, 81*, 178–194.

126. Greitemeyer, T., Schulz-Hardt, S., & Frey, D. (2009). The effects of authentic and contrived dissent on escalation of commitment in group decision making, *European Journal of Social Psychology, 39*, 639–647; Bazerman, Giuliano, & Appelman (1984), 앞의 주 112.

127. Whyte (1993), 앞의 주 120.

128. Marques, J., Abrams, D., & Serôdio, R. G. (2001). Being better by being right: Subjective group dynamics and derogation of in-group deviants when generic norm are undermined. *Journal of Personality and Social Psychology, 81*, 436–447; Cota, A. A., Evans, C. R., Dion, K. L., Kilik, L., et al. (1995). The structure of group cohesion. *Personality and Social Psychology Bulletin, 21*, 572–580.

129. Jaffe & Yinon (1979), 앞의 주 101.

130. Schachter, S. (1951). Deviation, rejection, and communication. *Journal of Abnormal and Social Psychology, 46*, 190–207. 집단이 언제나 완벽하게 조화롭고 평등하다는 의미

가 아니다. 심지어 집단 내 갈등을 겪고 있을 때 집단은 내부적 계급화, 위계적 분열, 그리고 심지어 경쟁관계도 함께 갖추고 있다. Wit, A. P., & Kerr, N. L. (2002). "Me versus just us versus us all" categorization and cooperation in nested social dilemmas. *Journal of Personality and Social Psychology, 83*, 616-637. 그러나 대부분의 경우, 이런 차이점들은 집단 내에 존재하며 집단 간에는 발견되지 않는다.

131. Blockars, C. B., Ikkovic, S. K., & Haberfeld, M. R. (2006). *Enhancing police integrity.* Dordrecht: Springer; Savitz, L. (1970). The dimensions of police loyalty. *American Behavioral Scientist, 13*, 693-704; Westley, W. A. (1970). *Violence and the police: A sociological study of Law, custom, and morality.* Cambridge, MA: MIT Press. 경찰의 수사과에 선발되는 것은 보통 조직에 대한 헌신을 요구한다. 수사관 개인은 자신이 조직에 충성스러우며, 협동 작업을 잘한다는 것을 입증해야 한다. 충성심은 조직의 존속과 발전에 영향을 미친다. Manning (2006), 앞의 주 7. 리처드 세발로스(Richard Ceballos) 사건은 조직과 뜻을 달리하는 검사에 대항하는 집단 응집력의 한 예를 보여 준다. *Garcetti v. Ceballos*, 547 U.S. 410 (2006).

132. 예를 들어, 포드 하이츠(Ford Heights) 사건의 용의자가 세간의 주목을 끈 살인으로 기소된 후에, 시카고 경찰은 올바른 증거를 제시한 목격자를 무시하였다. Protess, D., & Warden, R. (1998). *A promise of justice*, chaps. 12, 14. New York: Hyperion.

133. 중국 영화 「변검」(King of Masks; 1996년, 오천명 감독)의 주인공은 이런 수사관의 본능을 잘 보여 주고 있다. "아주 미세한 바람도 당신을 감옥으로 보낼 수 있다. 하지만 아주 튼튼한 황소도 당신을 그곳에서 빼내 줄 수 없다."

134. 수사나 기소절차에서 발생한 오류들을 인정하지 않으려는 행태와 관련된 논의에 대해서는, Medwed, D. (2004). The zeal deal: Prosecutorial resistance to post-conviction claims of innocence. *Boston University Law Review, 84*, 125-183.

135. 제임스 오초아는 변호인인 스캇 보스윅(Scott Borthwick; 그는 무료 변론을 하는 변호인이었다)의 조언을 무시한 채, 범행에 대하여 유죄를 인정했다. 이후 범죄 현장에서 발견된 생물학적 증거에 의해 유사한 범죄로 수감 중이었던 다른 사람이 범인으로 지목되면서 무죄로 풀려나게 되었다. Reza, H. G. (2006. 11. 2.). Innocent man grabs his freedom and leaves town. *Los Angeles Times.* Moxely; R. S. (2005. 11. 5.). The case of the dog that couldn't sniff straight. *OC Weekly*; 이노센스 프로젝트, 프로파일, James Ochoa. http://www.innocenceproject.org/ Content/James_Ochoa.php.

136. Garrett, B. L. (2011). *Convicing the innocent: Where criminal prosecutions go wrong* (pp. 100-102). Cambridge, MA: Harvard University Press.

137. Cooper, C. L., & Grimley, P. J. (1983). Stress among police detectives. *Journal of Occupational Medicine, 25*, 534-540; Wright, A. (2007). Ethics and corruption. In T.

Newburn, T. Williamson, & A. Wright (Eds.), *Handbook of criminal investigation* (pp. 586–609, p. 605). Portland, OR: Willan Publishing.

138. 수사의 딜레마들은 윤리적 "지뢰지대"라고 묘사되어 왔다. Wright (2007), 앞의 주 137, p. 605.

139. 미래에 일어날 일의 중요성을 무시하는 경향에 대해서는, Ainslie, G., & Haslam, N. (1992). Hyperbolic discounting. In G. Loewenstein & J. Elster (Eds.), *Choice over time* (pp. 57–92). New York: Russell Sage Foundation. 또한 먼 미래에 일어날 일들은 대개 더 추상적으로 인식되는 반면, 가까운 미래에 일어날 일들은 보다 구체적이고 상세하게 지각되는 경향이 있음이 발견되었다. Trope, Y., & Liberman, N. (2003). Temporal construal. *Psychological Review, 110*, 403–421.

140. Dunning, D., Heath, C., & Suls, J. M. (2004). Flawed self-assessment: Implications for health, education, and the work-place. *Psychological Science in the Public Interest, 5*, 69–106.

141. Ramsey, R. J., & Frank, J. (2007). Wrongful conviction: Perceptions of criminal justice professionals regarding the frequency of wrongful conviction and the extent of system errors. *Crime & Delinquency, 53*, 436–470; Zalman, M., Smith, B., & Kiser, A. (2008). Officials' estimates of the incidence of "actual innocence" convictions. *Justice Quarterly, 25*, 72–100.

142. Leo, R. A. (2008). *Police interrogation and American justice.* Cambridge, MA: Harvard University Press. 영국의 다수 범죄학자들은, 사건의 구성을 편견에 따른 의사 결정과 검찰에 유리하면서 강한 사건으로 만들기 위한 사실의 조작을 포함하는 편파된 관행으로 묘사한다. McConville, M., Sanders, M., & Leng, R. (1991). *The case for the prosecution: Police suspects and the construction of criminality.* London: Routledge; Innes (2003), 앞의 주 5, pp. 214–216; Bayley (1994), 앞의 주 48, p. 27 참조. 반대 견해에 대해서는, Smith, D. J. (1997). Case construction and the goals of criminal process. *British Journal of Criminology, 37*, 319–346.

143. *Johnson v. United States,* 333 U.S. 10, 13–14 (1948).

144. National Academy of Science (2009). *Strengthening forensic science in the United States: A path forward.* Washington, DC: National Academies Press; Garrett, B. L., & Neufeld, P. J. (2009). Invalid forensic science testimony and wrongful convictions. *Virginia Law Review, 95*, 1–97; Mnookin, J. L. (2010). The Courts, the NAS, and the Future of Forensic Science. *Brooklyn Law Review, 75*, 1209–1275; Giannelli (1997), 앞의 주 55.

145. 일화적인 증거들은 세간의 주목을 끄는 범죄 사건일수록 당사자주의적 압박에 취약하

기 때문에 유죄 편향의 오류를 범하기 쉽다는 것을 시사한다. 주목할 만한 예로, 센트럴 파크에서 조깅을 하던 한 여자를 무차별적으로 폭행한 혐의로 다섯 명의 젊은이들이 유죄 선고를 받은 사례를 들 수 있다[Saulny, S. (2002. 12. 20.). Convictions and charges voided in '89 Central Park jogger attack. *New York Times*. http://www.nytimes.com/2002/12/20/nyregion/convictions-and-charges-voided-in-89-central-park-jogger-attack.html 참조.]; 성폭행과 납치 혐의로 기소된 3명의 듀크 대학 라크로스(lacrosse) 팀원[Wilson D., & and Barstow, D. (2007. 4. 12.). All charges dropped in Duke case. *New York Times*. http://www.nytimes.com/2007/04/12/us/12duke.html]; 2001년 치명적인 탄저균 공격에 가담한 것으로 의심을 받은 군 과학자인 스티븐 햇필(Steven Hatfill)에 대한 엄격한 추적[Shane, S., & Lichtblau, E. (2008. 11. 25.). New details on F.B.I.'s false start in anthrax case. *New York Times*. http://www.nytimes.com/2008/11/26/washington/26anthrx.html?_r=1]; 대만계 미국인 이문화(Wen Ho Lee)를 중국정부의 스파이로 잘못 의심하여 장기구금[New York Times (2001. 12. 13.) *F.B.I. faulted in nuclear secrets investigation.* http://www.nytimes.com/2001/12/13/us/fbi-faulted-in-nuclear-secrets-investigation.html]; 미국 디트로이트(Detroit)에서 알 카에다 "슬리퍼 작전 전투 조직(sleeper operational combat cell)"의 일원으로 혐의를 받았던 사람들의 유죄판결이 파기된 사례[Hakim, D., & Lichtblau, E. (2004. 10. 7.). After convictions, the undoing of a U.S. terror prosecution. *New York Times*. http://www.nytimes.com/2004/10/07/national/07detroit.html]; 9·11 세계무역센터 쌍둥이 빌딩 공격에 가담한 혐의를 받은 압달라 히가지(Abdallah Higazzi)로부터 얻은 허위 자백[Dwyer, J. (2007. 10. 31.). Roots of false confession: Spotlight is now on the F.B.I. *New York Times*. http://www.nytimes.com/2007/10/31/nyregion/ 31about.html?ref=abdallahhigazy]; 알래스카 상원의원 테드 스티븐스(Ted Stevens)에 대한 기소[Lewis, N. A. (2009. 4. 7.). Tables turned on prosecution in Stevens case. *New York Times*. http://www.nytimes.com/2009/04/08/us/politics/08stevens.html].

146. 제1장에서 언급했듯이, 경찰의 위법행위 중 거의 절반가량과 검찰의 위법행위 중 45%는 DNA 면죄 사례들에서 발견되었다. 또한, 이 사건들의 1/4가량에서 거짓이거나 오도 가능성이 있는 증거들이 발견되었다.

147. 허위증언(testilying)이라는 용어는 위증을 했던 경찰관들 때문에 생겨났다. 경찰의 부정부패를 조사하고 경찰서 내부의 부패된 관행을 척결하려는 위원회(위원장 밀턴 몰런; Milton Mollen)가 1994년 7월 7일에 설립되었다. Slobogin, C. (1996). Testilying: Police perjury and what to do about it. *Colorado Law Review, 67*, 1037-1060. 유명한 범죄학자 제롬 스콜니크(Jerome Skolnick)는 경찰에게 거짓말은 법적인 장애물을 처리하기 위한—동료 경찰관을 보호하기 위한, 혹은 범죄자 처리에 법원이 가하는 제한을 보상할 목적으

로 하는—관행이라는 것을 발견하였다. Skolnick, J. H. (1982). Deception by police. *Criminal Justice Ethics*, *1*(2), 40-54.

148. 첼린저 호 폭발 사고를 야기한 나사(NASA) 활동에 관한 다이앤 본(Diane Vaughn)의 연구에서 일종의 문화 변화가 나타났다. 극단적인 압박 속에서 일하는 나사 연구원들과 기술자들은 점진적으로 표준운영규정에서 벗어나는 행동을 하였고, 점차 잘못된 관행을 정규화하는 문화가 생겨났다. 잘못된 업무 관행을 따르려고 의도하지 않은 경우에도, 이 운영방식은 심각한 결함을 가진 의사결정을 이끌어 냈다. Vaughn, D. (1996). *The Challenger lunch decision: Risky technology, culture, and deviance at NASA*. Chicago: University of Chicago Press.

149. 시간의 경과에 따른 경찰관들의 태도 강화에 대해서는, Wortley & Homel (1995), 앞의 주 50; Gatto, J., Dambrun, M., Kerbrat, C., & De Olivera, P. (2010). Prejudice in the police: On the processes underlying the effects of selection and group socialization. *European Journal of Social Psychology*, *40*, 252-269; Perrott & Taylor (1995), 앞의 주 50.

150. 그 결과, 검찰측은 139개의 증거를, 피고인측은 199개의 증거를 가지고 있는 것으로 드러났다. Kadane, J. B., & Schum, D. A. (1996). *A probabilistic analysis of the Sacco and Vanzetti evidence* (pp. 80, 286-337). New York: John Wiley & Sons.

151. 여기서 정신모형(mental model)이라는 용어는 넓은 의미에서 구조화된 표상을 가리키기 위해 사용되었다. Markman, A. B. (1999). *Knowledge representation*. Mahwah, NJ: Lawrence Erlbaum.

152. Holyoak, K. J., & Simon, D. (1999). *Bidirectional Psychology: General*, *128*, 3-31; Simon, D., Pham, L. B., Le, Q. A., & Holyoak, K. J. (2001). The emergence of coherence over the course of decision making. *Journal of Experimental Psychology: Learning, Memory, and Cognition*, *27*, 1250-1260; Simon, D., Snow, C. J., & Read, S. J. (2004). The redux of cognitive consistency theories: Evidence judgments by constraint satisfaction. *Journal of personality and Social Psychology*, *86*, 814-837; Simon, D., Krawczyk, D. C., & Holyoak, K. J. (2004). Construction of preferences by constraint satisfaction. *Psychological Science*, *15*, 331-336; Simon, D., Krawczyk, D. C., Bleicher, A., & Holyoak, K. J. (2008). The transience of constructed preferences. *Journal of Behavioral Decision Making*, *21*, 1-14; Glöckner, A., & Betsch, T. (2008). Multiple-reason decision making based on automatic processing. *Journal of Experimental Psychology: Learning, Memory, and Cognition*, *24*, 1055-1075; Glöckner, A., Betsch, T., & Schindler, N. (2010). Coherence shifts in probabilistic inference tasks. *Journal of Behavioral Decision Making*, *23*, 439-462.

정합성 효과(coherence effect)에 대해서는, Simon, D., & Holyoak, K. J. (2002).

Structural dynamics of cognition: From consistency theories to constraint satisfaction. *Personality and Social Psychology Review*, 6, 283-294; Simon, D. (2004). A third view of the black box: Cognitive coherence in legal decision making. *University of Chicago Law Review*, 71, 511-586.

인지적 구조에 대한 개관은 Read, S. J., Vanman, E. J., & Miller, L. C. (1997). Connectionism, parallel constraint satisfaction processes, and Gestalt principles: (Re)introducing cognitive dynamics to social psychology. *Personality and Social Psychology Review*, 1, 26-53; Thagard, P. (2000). *Coherence in thought and action.* Cambridge, MA: MIT Press.

153. Holyoak & Simon (1999), 앞의 주 152, 연구 2, 3.

154. Simon et al. (2001), 앞의 주 152.

155. Simon, Snow, & Read (2004), 앞의 주 152.

156. Simon, Stenstrom, & Read (2008), 앞의 주 65.

157. Ask & Granhag (2007a), 앞의 주 44.

158. Simon, Stenstrom, & Read (2008), 앞의 주 65.

159. 마찬가지로, 피고인이 범죄 현장에서 멀리 떨어진 곳에 있었다는 정보는 나머지 증거들이 무죄를 입증하는 증거로 평가될 가능성을 높였다. Simon, Snow, & Read (2004), 앞의 주 152, 연구 3. 새 증거가 나머지 증거들에 대한 평가에 미치는 영향은, Holyoak & Simon (1999), 앞의 주 152, 연구 3; Simon, Krawczyk, & Holyoak (2004), 앞의 주 152, 연구 2에서도 관찰된다.

160. Holyoak & Simon (1999), 앞의 주 152, 연구 3.

161. 게다가 목격자는 용의자가 자백을 했다는 것을 알게 되면 심지어 이틀 전에 라인업에서 지목했던 용의자를 변경하기도 했다. Hasel, L. E., & Kassin, S. M. (2009). On the presumption of evidentiary independence: Can confessions corrupt eyewitness identifications? *Psychological Science*, 20, 122-126.

162. Wells, G. L., & Bradfield, A. L. (1998). "Good, you identified the suspect": Feedback to eyewitnesses distorts their reports of the witnessing experience. *Journal of Applied Psychology*, 83, 360-376; Wells, G. L., Olson, E. A., & Charman, S. D. (2003). Distorted retrospective eyewitness reports as functions of feedback and delay. *Journal and Experimental Psychology: Applied*, 9, 42-45.

163. 마찬가지로, 모의 수사관들은 목격자가 지목한 용의자의 얼굴이 다른 용의자들보다 실제 범인의 이미지와 더 비슷하다고 생각했다. 해당 용의자가 지목되지 않았다는 정보를 알게 되면 모의 수사관들은 실제 범인과 유사성이 낮다고 생각하는 경향이 있었다. 실제로, 범인의 얼굴로 제시한 이미지는 전혀 용의자의 얼굴에 기초하지 않고 만든 것이었다.

Charman, S. D., Gregory, A. H., & Carlucci, M. (2009). Exploring the diagnostic utility of facial composites: Beliefs of guilt can bias perceived similarity between composite and suspect. *Journal of Experimental Psychology: Applied, 15,* 76-90.

164. Elaad, E., Ginton, A., & Ben-Shakhar, G. (1994). The effects of prior expectation and outcome knowledge on polygraph examiners' decisions. *Journal of Behavioral Decision Making, 7,* 279-292.

165. 전문가들의 절반 정도는 그러한 정보의 영향을 받아 결국 그들이 처음에 내렸던 판단과는 정반대되는 결론에 도달했다. 12개의 관련 사건들(지문 일치 판단이 쉽지 않았고, 부정확한 정보가 제시된 사건들) 중에서, 세 개의 사건에 대한 전문가들의 이전 판단이 번복되었다. 주목할 점은, 어떤 추가 증거도 포함되지 않았던 12개의 난해한 사건들 중 두 사건에서도 그들의 이전 판단이 번복되었다는 것이다. Dror & Charlton (2006), 앞의 주 53.

166. Bruner, J. S., Goodnow, J. J., & Austin, G. A. (1956). *A study of thinking.* New York: Wiley. 프랜시스 베이컨(Francis Bacon)도 확증 전략을 시사하는 말을 했다. "인간 지성의 특이하고도, 지속적으로 반복되는 오류는 부정적인 말보다는 긍정적인 말에 의해서 보다 진취적이고 역동적으로 변한다는 것이다."[Bacon, F. (1844). *Novum organum or true suggestions for the interpretation of nature,* p. 21. London: Willian Pickering].

167. 유사한 전략인 가설-보호 전략(hypothesis-preservation strategy)은 자신의 가설이 참이라는 결론으로 이끌어 줄 질문들을 하는 방법이다. Klayman, J., & Ha, Y. W. (1987). Confirmation, disconfirmation, and information hypothesis testing. *Psychological Review, 94,* 211-228; Nickerson (1998), 앞의 주 26.

168. Wason, P. C., & Johnson-Laird, P. N. (1972). *Psychology of reasoning: Structure and content.* Cambridge, MA: Harvard University Press.

169. Klayman (1995), 앞의 주 26, p. 399. 조나단 베론(Jonathan Baron)에 따르면, 이 현상은 "가설을 검증하기 위해서, 가설이 참이라고 가정했을 때 나올 수 있는 결과에 대해 생각하고 그런 결과를 찾는 것 (그리고 다른 가설들이 동일한 결과를 낳을 수도 있다는 걱정은 하지 않는 것)"으로 기술될 수 있다. 베론은 이를 일치성 휴리스틱(congruence heuristic)이라고 하였다. Baron, J. (2000). *Thinking and deciding.* New York: Cambridge University Press, p. 162. 연구는 사람들이 사회적 판단에서 가설을 검증하는 데 사용하는 두 가지 정보 축적 전략들을 밝혔다. 그중 진단 전략(diagnostic strategy)은 주요 가설과 그에 대한 대안 가설 사이에 가장 두드러지는 차이점을 인정하게 만드는 질문들을 하는 것이다. 확증 전략(confirmative strategy)은 진단성에 크게 개의치 않고, 가설을 확증하는 질문들에 의존하는 경향이 있다. Skov, R. B., & Sherman, S. J. (1986). Information-gathering processes: Diagnosticity, hypothesis-confirmatory strategies, and perceived hypothesis confirmation. *Journal of Experimental Social Psychology, 22,* 93-121.

170. Snyder, M., & Swann, W. B. (1978). Hypothesis testing processes in social interaction. *Journal of Personality and Social Psychology, 36*, 1202-1212.

171. Kassin, S. M., Goldstein, C. C., & Savitsky, K. (2003). Behavioral confirmation in the interrogation room: On the dangers of presuming guilt. *Law and Human Behavior, 27*, 187-203.

172. 선택적 노출은 레온 페스팅거(Leon Festinger)의 인지 부조화 이론에서 중요한 핵심 주제 중 하나였다. Festinger (1957), 앞의 주 112, 6, 7장. Frey, D. (1986). Recent research on selective exposure to information. In L. Berkowitz (Ed.), *Advances in experimental social psychology* (vol. 19, pp. 41-80). New York: Academic Press; Snyder & Swann (1978), 앞의 주 170; Jonas, E., Schulz-Hardt, S., Frey, D., & Thelen, D. (2001). Confirmation bias in sequential information search after preliminary decisions: An expansion of dissonance theoretical research on selective exposure to information. *Journal of Personality and Social Psychology, 80*, 557-571.

173. 선택적 노출은 공화당 지지자들보다 민주당 지지자들이 더 많이 주시했던 1973년 미국 상원의 워터게이트(Watergate) 청문회에서도 관찰되었다. Sweeney, P. D., & Gruber, K. L. (1984). Selective exposure: Voter information preferences and the Watergate affair. *Journal of Personality and Social Psychology, 46*, 1208-1221.

174. Ehrlich, D., Guttman, I., Schönbach, P., & Mills, J. (1957). Postdecision exposure to relevant information. *Journal of Abnormal and Social Psychology, 54*, 98-102.

175. Holton, B., & Pyszczynski, T. (1989). Biased information search in the interpersonal domain. *Personality and Social Psychology Bulletin, 15*, 42-51.

176. Fischer, P., Jonas, E., Frey, D., & Schulz-Hardt, S. (2005). Selective exposure to information: The impact of information limits. *European Journal of Social Psychology, 35*, 469-492.

177. Kunda, Z. & Sinclair, L. (1999). Motivated reasoning with stereotypes: Activation, application, and inhibition. *Psychological Inquiry, 10*, 12-22.

178. 일반인들의 사법 판단에 대한 연구에 따르면, 참가자들이 법원의 결정에 동의하는 경우 그들은 법원의 추론 방법에 영향을 받지 않았지만, 그들이 법원의 결정에 동의하지 않는 경우에는 법원의 추론 방식이 달라질 때마다 반응을 하였다. Simon, D., & Scurich, N. (2011). Lay judgments of judicial decision making. *Journal of Empirical Legal Studies, 8*, 709-727.

179. Edwards & Smith (1996), 앞의 주 29. 유사한 현상이 정치학자들에 의해서도 발견되었다: Taber, C. S., & Lodge, M. (2006). Motivated skepticism in the evaluation of political beliefs. *American Journal of Political Science, 50*, 755-769.

180. Wyer & Frey (1983), 앞의 주 59. 유사한 연구결과에 대해서는, Pyszczynski, T., Greenberg, J., & Holt, K. (1985). Maintaining consistency between self-serving beliefs and available data: A bias in information evaluation. *Personality and Social Psychology Bulletin, 11*, 179-181.

181. Ditto et al. (2003), 앞의 주 58.

182. 연구결과에 동의하지 않았던 심사위원의 71%가 논문에 있는 사소하지만 논란의 여지 없는 결점을 찾아낸 반면, 연구결과에 동의한 심사위원 중에서는 25%만이 그 결점을 찾아 냈다. Mahoney (1977), 앞의 주 31.

183. 이런 기제는 편향된 동화(biased assimilation)라고도 불린다. Lord, Ross, & Lepper (1979), 앞의 주 49.

184. Duncan, B. L. (1976). Differential social perception and attribution of intergroup violence: Testing the lower limits of stereotyping of blacks. *Journal of Personality and Social Psychology, 34*, 590-598; Cohen (1981), 앞의 주 35.

185. Munro et al. (2002), 앞의 주 60.

186. Hastorf & Cantril (1954), 앞의 주 61.

187. Brownstein, Read, & Simon (2004), 앞의 주 61.

188. Dror, Charlton, & Péron (2006), 앞의 주 46; Dror & Charlton (2006), 앞의 주 53.

189. Shaklee, H., & Fischhoff, B. (1982). Strategies of information search in causal analysis. *Memory & Cognition, 10*, 520-530; Saad, G., & Russo, J. E. (1996). Stopping criteria in sequential choice. *Organizational Behavioral and Human Decision Processes, 67*, 258-270.

190. Ditto, P. H., & Lopez, D. F. (1992). Motivated skepticism: Use of differential decision criteria for preferred and nonpreferred conclusions. *Journal of Personality and Social Psychology, 63*, 568-584.

191. McGonigle, S., & Emily, J. (2008. 10. 12.). A blind faith in eyewitness: 18 of 19 local cases overturned by DNA relied heavily on unreliable testimony. *Dallas Morning News*, p. 1A.

192. Lerner, J. S., & Tetlock, P. E. (1999). Accounting for the effects of accountability. *Psychological Bulletin, 125*, 255-275; Tetlock, P. E. (2002). Social functionalist frameworks for judgment and choice: Intuitive politicians, theologians, and prosecutors. *Psychological Review, 109*, 451-471.

193. Tetlock, P. E., & Boettger, R. (1989). Accountability: A social magnifier of the dilution effect. *Journal of Personality and Social Psychology, 57*, 388-398; Lerner & Tetlock (1999), 앞의 주 192; Simonson & Nye (1992), 앞의 주 121.

194. Wogalter, M. S., Malpass, R. S., & Mcquiston, D. E. (2004). A national survey of police on preparation and conduct of identification lineups. *Psychology, Crime & Law, 10*, 69-82.

195. 최근에 라인업 절차의 개선을 시도했던 사법권 내에서는 수사관의 23%가 그 절차를 영상 녹화한다. Wise, R. A., Safer, M. A., & Maro, C. M. (2011). What U.S. law enforcement officers know and believe about eyewitness interviews and identification procedures. *Applied Cognitive Psychology, 25*, 488-500.

196. 불완전한 기록들은 *Coleman v. Alabama*, 399 U.S. 1 (1970)에서도 언급되었다; *Gilbert v. California*, 388 U.D. 263 (1967); *Neil v. Biggers*, 409 U.S. 188 (1972); *Simmons v. United States*, 390 U.S. 377 (1968); *Stovall v. Denno*, 388 U.S. 263 (1967); *United States v. Ash*, 413 U.S. 300 (1973).

197. Warren, A. R., & Woodall, C. E. (1999). The reliability of hearsay testimony: How well do interviewers recall their interviews with children? *Psychology, Public Policy, and Laws, 5*, 355-371. 후자의 발견은 엄마들에게 이전에 자녀와 나누었던 대화의 내용을 물어보는 연구들에서도 발견되었다. 그들은 6개의 질문들 중 오직 한 질문에 대해서만 제대로 대답을 할 수 있었다. Bruck, M., Ceci, S. J., & Francoeur, E. (1999). The accuracy of mothers' memories of conversations with their preschool children. *Journal of Experimental Psychology: Applied, 5*, 89-106.

198. 이 연구는 면담 과정에 대한 녹취록들을 비교하였다. Lamb, M. E., Orbach, Y., Stenberg, K. J., Hershknowitz, I., & Horowitz, D. (2000). Accuracy of investigators' verbatim notes of their forensic interviews with alleged child abuse victims. *Law and Human Behavior, 24*, 699-708.

199. Gregory, A. H., Schreiber-Compo, N., Vertefeurille, L., & Zambrusky, G. (2011). A comparison of US police interviewers' notes with their subsequent reports. *Journal of Investigative Psychology and Offender Profiling, 8*, 203-215.

200. 게다가 어떤 상황에서는, 설명할 책임감이 실제로 편파를 증가시킬 수 있다. 이 책임감의 좋지 않은 측면은 선제적인 자기비판보다는 순응하는 것이 청중의 승인을 얻어 내는 더 좋은 방법이라 여겨질 때 드러난다. 예를 들어, 차별 철폐 조치, 대학 등록금 인상, 핵무장과 같은 문제에 대한 입장을 물었을 때, 참가자들은 진보적인 생각을 가진 청중들 앞에서는 자신도 진보적인 입장을 표현하는 반면, 보수적인 생각을 가진 청중들 앞에서는 자신도 보수적인 입장을 표현했다. Tetlock, P. E., Skitka, L., & Boettger, R. (1989). Social and cognitive strategies for coping with accountability: Conformity, complexity, and bolstering. *Journal of Personality and Social Psychology, 57*, 632-640. 위압적인 상관이나 야망이 높은 검사에게 아첨을 하려는 수사관은 그들을 만족시킬 수 있을 만한 결론에 도달할 가능성이 더 높을 것이다.

201. FBI 보고서: Stacey, R. B. (2004). A report on the erroneous fingerprint individualization in the Madrid train bombing case. *Journal of Forensic Identification, 54*, 706. DOJ 보고서: Department of Justice, Office of the Inspector General of the Oversight and Review Division (2006a). *A review of the FBI's handling of the Brandon Mayfield case, Executive Summary*. Washington, DC. http://www.usdoj.gov/oig/special/s0601/exec.pdf.

202. *United States v. Llera Plaza*, 188F. Supp. 2d 549 (E. D. Pa. 2002). Cole (2005), 앞의 주 55.

203. 메이필드 사건을 맡았던 수사기관의 공식적인 보고는 수사오류와 메이필드의 종교는 아무 상관이 없다는 결론을 내렸다. Department of Justice (2006), 앞의 주 201, p. 18. 그러나 수사관이 군인 출신의 이 남성이 이슬람교에 포섭되어 테러리스트들과 계속적으로 연락을 취해 왔다는 사실을 간과했다는 것은 믿기 어려운 일이다. 조사관들 중 한 명은 만약 범인으로 지목된 사람이 이슬람교적인 특성[메이테그 정비사(Maytag Repairman)와 같은]을 가지지 않았다면, 그가 범인으로 지목된 것에 대해 굉장히 회의적인 시각으로 다루었어야 한다는 점을 인정했다. 앞의 책 p. 12.

204. Kershaw, S. (2004. 6. 5.). Spain and U.S. at odds on mistaken terror arrest. *New York Times*, p. A1. http://www.nytimes.com/2004/06/05/us/spain-and-us-at-odds-on-mistaken-terror-arrest.html?scp=1&sq=kershaw%20sarah%20spain%20us%20at%20odds&st=cse.

205. 앞의 책.

206. Stacey (2004), 앞의 주 201.

207. 앞의 책. DOJ 보고서는 사건이 세간의 주목을 받고 있다는 사실이 수사관들에게 영향을 끼쳤다고 볼 만한 증거는 없다고 보고했다. Department of Justice (2006a), 앞의 주 201, p. 11.

208. Department of Justice (2006a), 앞의 주 201, p. 8.

209. "3 수준"의 세부항목들은 지문 능선, 능선의 가장자리, 그리고 능선 중간의 작은 부분들 사이에 있는 사소한 개별적인 구멍, 점들을 포함한다. 이런 세부적인 항목들은 작고, 생김새가 굉장히 다양하고, 심지어 동일한 손가락에서도 다양한 지문들이 만들어질 수 있기 때문에 논란의 여지가 많다. 앞의 책.

210. 앞의 책.

211. 조사관들은 이 부분의 명백한 불일치에 대해서 "이중 터치(double touch) 이론"에 근거하여 설명하였고, 이 설명은 그 조사를 돕던 전문가들에 의해 단번에 기각되었다. 앞의 책, p. 9.

212. 앞의 책, p. 8.

213. 앞의 책, p. 12.

214. 앞의 책, p. 7.

215. Stacey (2004), 앞의 주 201.

216. Department of Justice (2006a), 앞의 주 201, p. 10.

217. 세부적인 특징들은 개인 지문의 능선들이 끝나거나 갈라지는 지점에 놓여 있었다.

218. Kershaw (2004), 앞의 주 204.

219. 앞의 책, 코랄레스(Corrales)의 말 인용.

220. Department of Justice (2006a), 앞의 주 201, p. 11.

221. Kershaw (2004), 앞의 주 204. 판사는 다음과 같이 언급하였다. "나는 스페인 당국으로 부터 지문과 관련한 어떤 진술서도 받지 못했다. 내가 가지고 있는 유일한 정보는 FBI에 자문을 의뢰했고, 그들이 지문은 100% 일치한다는 데 동의했다는 것이다." Department of Justice, Office of the Inspector General of the Oversight and Review Division (2006b). *A review of the FBI's handling of the Brandon Mayfield case* (p. 80). Washington, DC. http://www. judtice.gov/oig/special/s0601/Chapter2.pdf. DOJ 보고서는 진술서의 부정확 한 점들에 대해 "세부적인 것에 대한 유감스러운 부주의"라고 언급했다(앞의 책 참조, p. 268). 변호인의 업무는 DOJ 조사 범위 밖이었다.

222. Kershaw (2004), 앞의 주 204.

223. 앞의 책.

224. De Bono, E. (1968). *New think: The use of lateral thinking in the generation of new ideas*. New York: Basic Books 참조.

225. 수사관들은 수집한 모든 자료에 대해서 그 의미와 신빙성에 지속적으로 의문을 제기할 것을 권고받는다. National Centre for Police Excellence (2005). *Practice advice on core investigative doctrine* (p. 62). Cambourne, UK: Association of Chief Police Officers. 경찰 수사에 대한 영국의 법규(PACE)는 용의자의 범죄 혐의를 지지하거나 기각할 수 있는 모 든 타당한 질문들을 제기할 것을 요구한다.

226. 캐나다 법원들은 경찰관들에게 모든 가능한 정보들을 고려할 것을 지시했다. 경찰관들은 신빙성이 없다고 밝혀진 정보들만을 무시해야 한다. *Dix v. AG Canada*, 2002, para. 357.

227. Lord, C. G., Lepper, M. R., & Preston, E. (1984). Considering the opposite: A corrective strategy for social judgment. *Journal of Personality and Social Psychology, 47,* 1231-1243; Mussweiler, T., Strack, F., & Pfeiffer, T. (2000). Overcoming the inevitable anchoring effect: Considering the opposite compensates for selective accessibility. *Personality and Social Psychology Bulletin, 26,* 1142-1150. 몇몇 연구들은 하나의 반대 되는 가설뿐만 아니라 다른 가설들을 고려함으로써 편파에서 벗어날 수 있다는 것을 보여 준다. Hirt & Markman (1995), 앞의 주 33.

228. Arkes, H. R. (1991). Costs and benefits of judgment errors: Implications for debiasing. *Psychological Bulletin, 110,* 486-498. Mussweiler, Strack, & Pfeiffer (2000), 앞의 주 227.

229. 예를 들면, 비록 이 개입이 무작위 스포츠 게임에서 어떤 팀의 승리에 대해 설명하도록 했을 때에는 학생들의 사전 믿음을 줄이는 데 성공적이었지만, 자신들의 팀의 승리를 암시하도록 동기화되어 있을 때에는 사전 믿음의 편파를 제거하지 못했다. Markman & Hirt (2002), 앞의 주 19, 연구 1.

230. Sanna, L. J., Schwarz, N., & Stocker, S. L. (2002). When debiasing backfires: Accessible content and accessibility experiences in debiasing hindsight. *Journal of Experimental Psychology: Learning, Memory, and Cognition, 28*, 497-502; Hirt & Markman (1995), 앞의 주 33, 연구 3 참조.

231. 유사한 개입방법으로는 주요 가설의 비판에 반대이론을 제시하지 않고 단지 이의를 제기하는 이른바 악마의 변호(devil's advocate)가 포함된다.

232. 관련 문헌과 메타분석에 대해서는, Schwenk, C. R. (1990). Effects of devil's advocacy and dialectical inquiry on decision making: A meta-analysis. *Organizational Behavioral and Human Decision Processes, 47*, 161-176.

233. Greitemeyer, Schulz-Hardt, & Frey (2009), 앞의 주 126; Nemeth, C., Brown, K., & Roger, J. (2001). Devil's advocate versus authetic dissent: Stimulating quantity and quality. *European Journal of Social Psychology, 31*, 707-720. Gunia, B. C., Sivanathan, N., & Galinsky, A. D. (2009). Vicarious entrapment: Your sunk costs, my escalation of commitment. *Journal of Experimental Social Psychology, 45*, 1238-1244.

234. Kersholt & Eikelbloom (2007), 앞의 주 45.

235. 재클린 호지슨(Jacqueline Hodgson)이 발견한 바와 같이, 치안판사들은 종종 사건을 맡기 전에 경찰들이 수집한 증거들을 확인해 보는 경향이 있다. Hodgson, J. (2005). *French criminal justice: A comparative account of the investigation and prosecution of crime in France.* Oxford: Hart Publishing, p. 247.

236. Schachter (1951), 앞의 주 130; Nemeth, Brown, & Rogers (2001), 앞의 주 233.

237. Nemeth, C. J., Connell, J. B., Rogers, J. D., & Brown, K. S. (2001). Improving decision making by means of dissent. *Journal of Applied Social Psychology, 31*, 48-58; Nemeth, Brown, & Rogers (2001), 앞의 주 233.

238. http://www.dallasda.com/. 왓킨스(Watkins)사의 소식지 *The Justice Report* 의 2011년 여름 호는 1984년 경찰에 강간 혐의로 붙잡혀 유죄판결을 받은 한 남성이 훗날 면죄되었던 이야기를 제1면에 중요 소식으로 전달하고 있다. http://dallascounty.org/department/da/media/Summer2011.pdf.

239. 높은 면죄율은 댈러스 카운티가 전통적으로 종결된 사건의 증거들을 보존하고 있기 때문에 가능한 일이었다. 또한 이러한 관행은 적어도 몇몇 사건들에 대해서는 유죄판결을 검토하는 데 강력한 증거들을 제시할 수 있게 해 주었다.

240. 무죄 위원회(Innocence Commission)에 관해서는 이 책 제8장을 참조.

241. 제1장에서 언급했듯이, 로이드 와인렙은 "수사법원(investigating magistracy)"의 설립을 제안하였다[Weinreb (1977), 앞의 주 54, p. 119]. 조지 토머스는 범죄 수사와 재판 전 절차을 감독하는 "감독법관(screening magistrate)"을 제안하였다. Thomas, G. C. III (2008). *The supreme court on trial: How the American justice system sacrifices innocent defendants*. Ann Arbor: University of Michigan Press, pp. 193-227. 케이스 핀들리는 당사자주의 제도와 직권주의 제도의 강점을 결합하는 제도를 제안하였다. Findley, K. A. (2011/12). Adversarial inquisitions: Rethinking the search for the truth. *New York law school New York Law Review, 56*, 911-941

242. Kassin, S. M. (1998). Eyewitness identification procedures: The fifth rule. *Law and Human Behavior, 22*, 649-653.

243. 잘 알려진 RAND의 경찰 수사연구는 많은 수사 기록들이 불완전하고 약식으로 보관되어 있다는 것을 발견했다. 경찰 파일의 26~45%는 검사들이 중요하다고 여겼던 증거들과 관련된 것이었다. 저자들은 빈약한 수사기록이 높은 기각률과 유죄협상에서 검사의 입장을 약화시키는 결과를 낳았다고 가정하였다. Greenwood, P. W., Chaiken, J. M., Petersilia, J., & Prusoff, L. L. (1975). *The criminal investigation process*. Santa Monica, CA: RAND, Part III. 마찬가지로 숙련된 캐나다 경찰관들도 그들의 기록 습관이 사건을 기각하는 결과를 낳았다는 데 동의했다. Yulle, J. C. (1984). Research and teaching with police: A Canadian example. *International Review of Applied Psychology, 33*, 5-23.

3. "저 사람이 범인이에요!"

1. 용의자의 사진이 포함된 사진펼치기(photospread) 절차에 참여하였던 은행원들 중 48%는 환전을 요구했던 남자를 정확히 지목했고, 52%는 무고한 다른 사람을 지목하거나 제시된 사진들 중에 용의자가 없다고 틀리게 진술하였다. 결백한 사람들만 포함된 사진펼치기 절차에 참여하였던 은행원들 중 63%는 용의자가 없다고 옳게 진술하였다. Pigott, M. A., Brigham, J. C., & Bothwell, R. K. (1990). A field study on the relationship between quality of eyewitnesses' descriptions and identification accuracy. *Journal of Police Science and Administration, 17*(2), 84-88.

2. Goldstein, A. G., Chance, J. E., & Schneller, G. R. (1989). Frequency of eyewitness identification in criminal cases: A survey of prosecutors. *Bulletin of the Psychonomic Society, 27*(1), 71-74.

3. 지목은 복장, 장신구, 걸음걸이, 신체적 특징, 목소리 등과 같은 특징들에 기초해서도 이루어질 수 있다.

4. Cutler, B. L., & Penrod, S. D. (1995). *Mistaken identification: The eyewitness, psychology and the law.* New York: Cambridge University Press.

5. 밸런타인(Valentine)과 그 동료들이 개관한 314개의 범인식별 절차에 참여한 640명의 목격자들이 포함된 사례들에서, 41%가 용의자를 지목했고, 39%는 누구도 선택하지 않았으며, 21%는 무고한 다른 사람을 지목한 것으로 나타났다. Valentine, T., Pickering, A., & Darling, S. (2003). Characteristics of eyewitness identification that predict the outcome of real lineups. *Applied Cognitive Psychology, 17*, 969-993. Wright와 McDaid는 623개 범인식별 절차에 포함된 목격자 1,569명의 지목을 검증하였는데, 각각 39%, 41%, 20%로 위의 연구에 상응하는 비율이 나타났다. Wright, D. B., & McDaid, A. T. (1996). Comparing system and estimator variables using data from real line‧ups. *Applied Cognitive Psychology, 10*, 75-84. 더 적은 자료를 사용한 134개의 범인식별 절차에 대한 연구에서는 정확한 지목 비율이 약간 나아지기는 하였지만 무고한 사람들을 지목하는 비율은 유사한 것으로 나타났다(58%, 21%와 21%). Wright, D. B., & Skagerberg, E. M. (2007). Postidentification feedback affects real eyewitnesses. *Psychological Science, 18*, 172-178.

6. 이 자료는 해당 연구의 실물 라인업 58건에서 얻어진 자료다. 불행히도, 쇼업과 사진 라인업에 대한 경찰기록에는 선택하지 않은 경우와 무고한 다른 사람을 지목한 경우가 구분되어 있지 않아서 틀린 지목의 정확한 비율을 아는 것이 불가능하다. 이 연구는 374명의 가해자와 623개의 범인식별 절차를 포함하는 271개의 사건에 대해 이루어졌다. Behrman, B. W., & Davey, S. L. (2001). Eyewitness identification in actual criminal cases: An archival analysis. *Law and Human Behavior, 25*, 475-491.

   실제 사건에서의 정확률은 기록된 자료에 나타난 것보다 더 낮을 가능성이 있다. 경찰 수사관이 언제나 누가 실제 가해자인지(실체적 진실: the ground truth)를 알고 있는 것은 아니기 때문에 목격자가 경찰이 의심하고 있는 용의자를 선택했다는 것이 지목이 정확하다는 것을 필연적으로 의미하지는 않는다. 실체적 진실을 알 수 있는 것은 실험실 연구의 두드러진 장점 중 하나다.

7. Clark, S. E., Howell, R. T., & Davey, S. L. (2008). Regularities in eyewitness identification. *Law and Human Behavior, 32*, 198-218.

8. 나머지 반은 표적인물이 없다고 옳게 응답하거나 "잘 모르겠다."고 응답하였다(위의 연구). 이후에 논의된 것과 같이, "편파된" 지침과 함께 제시되는 표적-부재 라인업에서는 틀린 선택의 비율이 높다. 표적-부재 라인업에서 무고한 다른 사람들을 선택한 경우를 포함한다면 이 비율은 95%에 이른다. Wells, G. L., & Bradfield, A. L. (1998). "Good, you identified the suspect": Feedback to eyewitnesses distorts their reports of the witnessing experience. *Journal of Applied Psychology, 83*, 360-376; Brewer, N., & Wells, G. L. (2006). The confidence-accuracy relationship in eyewitness identification: Effects of

lineup instructions, foil similarity, and target-absent base rates. *Journal of Experimental Psychology: Applied, 12*, 11-30.

9. 이 실험에서 지목을 한 사람들(전체 69%) 중 옳은 지목을 한 사람들(46%)은 지목한 사람들의 2/3다. 접근이 가능한 실제 자료에서의 정확률은 지목을 한 사람들(65%) 중 옳은 지목을 한 사람들(45%)로 69%다.

   라인업에서의 모든 잘못된 지목이 무고한 사람을 가리키는 것은 아니기 때문에 무고한 사람들에 대한 위험은 잘못된 지목의 비율보다는 낮다. 일반적으로, 경찰은 특정한 한 용의자를 마음에 두고 있고, 라인업에 배치되는 다른 사람들은 모두 경찰의 의심을 받지 않는 사람들이다. 따라서 표적인물이 아닌 다른 누군가에 대한 지목은 선택된 사람에게 어떤 위험도 야기하지 않으면서 목격자의 기억에 대한 의심을 불러와야 한다. 그러나 잘못 지목된 다섯 명의 다른 사람들 중 한 명은 용의자가 될 것이고, 그는 위험에 처할 가능성이 있다. 이러한 가능성은 모범적인 절차와 이상적인 조건하에서 수행된 라인업과 관련되어 있다. 이 장 전체에서 논의된 것과 같이 실제 라인업의 많은 특성들은 목격자들로 하여금 경찰이 의심하고 있는 사람을 선택하도록 유도하고 있으며, 따라서 잘못된 유죄판결의 가능성을 증가시킨다.

10. 표적-제시 라인업에서 옳게 표적인물을 선택한 46% 중 19%는 용의자가 라인업에 없을 때는 누구도 선택하지 않았고 27%는 용의자가 라인업에 없어도 무고한 다른 사람을 선택하였다. 이 자료는 앞의 주 7(표 2), Clark, Howell과 Davey (2008)의 연구에 요약된 96개 연구에 대한 분석 결과다. 이 결과는 '표적에서 비표적(foils)으로의 전환'이라고 이름 붙여졌다. 표적-제시 라인업과 같은 방식의 표적-부재 라인업, 즉 표적인물의 자리를 다른 사람으로 대체하지 않는 방식의 라인업(교체 없는 제거 실험 설계; the removal without replacement experimental design)을 비교한 소수의 연구들은 이 현상에 대한 보다 엄격한 측정치들을 제시한다. 이 연구들에서 표적인물이 라인업에 있을 때 옳게 지목한 사람들의 수와 같은 수의 사람들 중 4/5가 표적인물이 없을 때에는 무고한 다른 사람을 선택하는 것으로 나타났다. 총 피험자 수가 거의 400명인 세 개의 연구들에서 표적-제시 라인업의 피험자 중 44%가 표적인물을 옳게 지목하였다. 표적-부재 라인업에서는 44% 중 1/5만이 당연히 그래야 하는 것처럼 누구도 선택하지 않았고, 4/5는 무고한 다른 사람을 선택하였다. 이 자료는 다음 연구들에 보고된 것이다. Wells, G. L. (1993). What do we know about eyewitness identification? *American Psychologist, 48*, 561; Clark, S. E., & Davey, S. L. (2005). The target-to-foils shift in simultaneous and sequential lineups. *Law and Human Behavior, 29*, 151-172. 컴퓨터로 생성한 얼굴 이미지에 대한 연구에서는 더 심각한 결과가 나타났다. 표적-부재 라인업에서 목격자의 100%가 무고한 다른 사람을 지목하였다. Flowe, H. D., & Ebbesen, E. B. (2007). The effect of lineup member similarity on recognition accuracy in simultaneous and sequential lineups. *Law and Human*

Behavior, 31, 33-52. 모든 자료는 미국에서 현재 가장 널리 수행되고 있는 라인업 방식인 동시적 라인업에 대해서 보고된 것이다.

11. Wallace, D. B., & Penrod, S. D. (출판되지 않은 원고). The decomposition and recomposition of eyewitness identifications: Eyewitness reliability, guessing and lineup bias; Penrod, S. D. (2003). Eyewitness identification evidence: How well are witnesses and police performing? *Criminal Justice Magazine, Spring*, 36-47, 54. 이 문제에 대한 유용한 논의를 해 준 스티븐 펜로드와 스티븐 클라크(Steven Clark)에게 감사를 표한다.

12. 에드윈 보차드(Edwin Borchard)는 65건의 잘못된 유죄판결 중 29건이 잘못된 목격지목을 포함하고 있었다는 것을 발견하였다. Borchard, E. M. (1932). *Convicting the innocent*. Garden City, NY: Garden City Publishing; Frank, J., & Frank, B. (1957). *Not guilty*. Garden City, NY: Doubleday; Gross, S. R. (1987). Loss of innocence: Eyewitness identification and proof of guilt. *Journal of Legal Studies, 16*, 395-453.

13. Gross, S. R., Jacoby, K., Matheson, D. J., Montgomery, N., & Patil, S. (2005). Exonerations in the United States 1989 through 2003. *Journal of Criminal Law and Criminology*, 95, 523-560; Garrett, B. L. (2011). *Convicting the innocent: Where criminal prosecutions go wrong*. Cambridge, MA: Harvard University Press; Innocent Project (2010). 250 exonerated, too many wrongfully convicted. http://www.innocenceproject.org/news/250.php. 잘못된 목격지목이 DNA 면죄 사례에 크게 기여한 까닭은 일반적으로 이 사건들의 대부분이 생물학적 증거에 의존하는 강간 사건이기 때문이다.

14. Brown, S. C., & Craik, F. I. (2000). Encoding and retrieval of information. In E. Tulving, & F. I. Craik (Eds.), *The Oxford handbook of memory*. New York: Oxford University Press, pp. 93-107.

15. 인간 기억에 대한 진화론적 설명에 대해서는, Nairne, J. S., & Pandeirada, J. N. (2008). Adaptive Memory: Remembering With a Stone-Age Brain. *Current Directions in Psychological Science, 17*, 239-243.

16. Hasel, L. E., & Kassin, S. M. (2009). On the Presumption of Evidentiary Independence: Can Confessions Corrupt Eyewitness Identifications? *Psychological Science, 20*, 122-126; Smith, A. K., & Hasel, L. A. (2011. 3.). *"I must have been mistaken" : How information about an alibi can corrupt eyewitness identification decision*. Paper presented at the annual meeting of the American Psychology-Law Society, Maiami, FL.

17. 이 현상을 보여 주기 위한 좋은 방법은 당신의 피험자들에게 표적인물이 있는 영상을 보여 준 후 라인업에서 그를 선택해 볼 것을 요구하는 것이다. 대중적으로 사용이 가능한 자료에 대해서는 http://psychology.iastate.edu/~glwells/theeyewitnesstest.html에서 찾아볼 수 있다. 이 검사는 표적-부재 라인업이기 때문에 모든 선택은 틀린 선택이다.

18. Davis, D., Loftus, E. F., Vanous, S., & Cucciare, M. (2008). "Unconscious transference" can be an instance of "change blindness". *Applied Cognitive Psychology, 22,* 605-623.

19. 재판기록, *State v. Cotton,* No. 257A85 (Alamance Co. Super. Ct., January 7, 1985), pp. 108-109.

20. 앞의 책, pp. 89, 343.

21. Lindsay, D. S., Read, J. D., & Sharma, K. (1998). Accuracy and confidence in person identification: The relationship is strong when witnessing conditions vary widely. *Psychological Science, 9,* 215-218.

22. Wells, G. L. (1978). Applied eyewitness-testimony research: System variables and estimator variables. *Journal of Personality and Social Psychology, 36,* 1546-1557. 웰스의 유형분류체계는 '절차 변인(system variables)'과 '평가자 변인(estimator variables)'을 구별하였다. 여기서 사용되는 사건 요인의 범주는 상당부분 웰스의 평가자 변인들과 중복되지만, 평가자 변인은 그 변인들의 심리적 효과에 더 초점을 맞추고 있으며, 사후에 목격 지목의 정확성을 추정하는 과정에서 그 변인들이 가지는 잠재적 가능성에 대해서는 덜 강조하고 있다.

23. 예를 들면, 시각적 자극에 대한 노출의 오염 효과(contaminating effect)는 원래 사건 발생 20분 후에 노출된 경우와 비교했을 때, 사건 발생 7일 후에 노출된 경우에 더 강하게 나타나는 것이 발견되었다. Jenkins, F., & Davies, G. (1985). Contamination of facial memory through exposure to misleading composite pictures. *Journal of Applied Psychology, 70,* 164-176.

24. Schacter, D. L. (2002). *The seven sins of memory: How the mind forgets and remembers.* New York: Houghton Mifflin, chap. 4; Mitchell, K. J., & Johnson, M. K. (2000) Source monitoring: Attributing mental experiences. In E. Tulving, & F. I. Craik (Eds.), *The Oxford handbook of memory.* New York: Oxford University Press, pp. 179-195.

25. Megreya, A. M., & Burton, A. M. (2008). Matching faces to photographs: Poor performance in eyewitness memory (without the memory). *Journal of Experimental Psychology: Applied, 14*(4), 364-372.

26. 대화를 하기 전에 보행자들은 실험 협조자와 약 20미터 거리에서 마주 보고 걸어오고 있었기 때문에 실험 협조자에 대한 명확한 시야를 가지고 있었다. 2~5분 동안 진행된 이 연구들에서 두 명의 실험 협조자들은 다른 옷을 입고 있었고, 키도 5센티미터 정도 차이가 났으며, 목소리에서도 명백한 차이가 있었다. Simons, D. J., & Levin, D. T. (1998). Failure to detect changes to people during a real-world interaction. *Psychonomic Bulletin & Review, 5,* 644-649. 이 실험 장면은 제1저자의 웹 페이지 http://viscog.beckman.uiuc.edu/djs_lab/demos.html에서 찾아볼 수 있다.

27. 이 연구에서는, 피험자의 3/4이 변화를 알아채지 못하였는데, 심지어 두 명의 실험 협조자는 머리색과 스타일이 달랐고, 얼굴 특징도 뚜렷하게 달랐으며, 목소리도 달랐다. Levin, D. T., Simons, D. J., Angelone, B. L., & Chabris, C. F. (2002). Memory for centrally attended changing objects in an incidental real-world change detection paradigm. *British Journal of Psychology, 93,* 289-302. 이러한 낮은 탐지 비율은 영상의 두 장면에서 배우들이 뒤바뀐 연구에서도 발견되었다. 여덟 개의 다른 영상에서, 장면 간에 대체된 배우들은 옷뿐만 아니라, 상이한 머리 스타일 등의 두드러진 다른 점들을 가지고 있었다. 여덟 개의 연구를 통틀어, 피험자들의 1/3만이 변화를 알아챘다. Simons, D. J., & Levin, D. T. (1997). Change blindness. *Trends in Cognitive Sciences, 1,* 261-267.

28. Davis et al. (2008), 앞의 주 18.

29. Johansson, P., Hall, L., Sikström, S., & Olsson, A. (2005). Failure to detect mismatches between intention and outcome in a simple decision task. *Science, 310,* 116-119.

30. Nisbett, R. E., & Wilson, T. D. (1977). Telling more than we can know: Verbal reports on mental processes. *Psychological Review, 84,* 231-259.

31. Wagenaar, W. A., & Van Der Schrier, J. H. (1996). Face recognition as a function of distance and illumination: A practical tool for use in the courtroom. *Psychology, Crime & Law, 2,* 321-332; Jong, M. D., Wagenaar, W. A., Wolters, G., & Verstijnen, I. M. (2005). Familiar face recognition as a function of distance and illumination: A practical tool for use in the courtroom. *Psychology, Crime & Law, 11,* 87-97.

32. 이 현장 연구에서는 15미터 거리에서의 명백한 변화를 발견하지 못했다. Lindsay, R. C. L., Semmler, C., Weber, N., Brewer, N., & Lindsay, M. R. (2008). How variations in distance affect eyewitness reports and identification accuracy. *Law and Human Behavior, 32*(6), 526-535.

33. 재판 기록, 앞의 주 19, p. 155.

34. Radvansky, G. A., Carlson-Radvansky, L. A., & Irwin, D. E. (1995). Uncertainty in estimating distances from memory. *Memory & Cognition, 23,* 596-606; Wiest, W. M., & Bell, B. (1985). Stevens's exponent for psychophysical scaling of perceived, remembered, and inferred distance. *Psychological Bulletin, 98,* 457-470.

35. Lidsay et al. (2008), 앞의 주 32.

36. Wells, G. L., & Quinlivan, D. S. (2009). Suggestive eyewitness identification procedures and the Supreme Court's reliability test in light of eyewitness science: 30 years later. *Law and Human Behavior, 33,* 1-24.

37. 이 연구에서 45초 동안 가해자에 대한 선명한 노출 조건의 영상을 본 피험자들의 95%가 가해자를 정확히 지목한 반면, 12초 동안 선명한 노출 조건의 영상을 본 피험자들에서는 이

비율이 29%에 불과하였다. 표적-부재 라인업에서, 긴 노출 조건의 영상을 본 피험자들의 41%가 무고한 사람을 선택하였고, 짧은 노출 조건의 영상을 본 피험자들 중 90%가 무고한 사람을 선택하였다. Memon, A., Hope, L., & Bull, R. (2003). Exposure duration: Effects on eyewitness accuracy and confidence. *British Journal of Psychology, 94*, 339-354.

앞의 주 21의 Lindsay, Read와 Sharma(1998)는 노출 시간을 3분에서 10초로 감소시키는 것이 목격지목의 전반적인 정확성을 거의 절반 수준으로 떨어뜨린다는 것을 발견하였다 (86%에서 44%).

38. Cutler, B. L., Penrod, S. D., & Martens, T. K. (1987). The reliability of eyewitness identification: The role of system and estimator variables. *Law and Human Behavior, 11*, 233-258.

39. Loftus, E. F., Schooler, J. W., Boone, S. M., & Kline, D. (1987). Time went by so slowly: Overestimation of event duration by males and females. *Applied Cognitive Psychology, 1*, 3-13.

40. 은행원들에게 그들이 소통한 시간을 스톱워치를 보면서 정신적으로 재구성하는 방식으로 평가하도록 했을 때 더 짧게(평균 67초) 추정하였다. 앞의 주 1의 Pigott, Brigham, & Bothwell (1990). Pedersen, A. C., & Wright, D. B. (2002). Do differences in event descriptions cause differences in duration estimates? *Applied Cognitive Psychology, 16*, 769-783.

41. 메타분석에 대해서는, Deffenbacher, K. A., Bornstein, B. H., Penrod, S. D., & McGorty, E. K. (2004). A meta-analytic review of the effects of high stress on eyewitness memory. *Law and Human Behavior, 28*, 687-706.

42. 이 프로그램은 엘리트로 구성된 전투 부대(combat unit)의 군인들을 감금과 고문에 준비시키는 프로그램이다. 이 연구에서, 전반적인 정확한 지목의 비율은 낮은 스트레스 심문 조건에서 68%, 높은 스트레스 조건에서 32%로 나타났다. 무고한 다른 사람을 선택하는 비율은 각 조건에서 30%와 59%였다. Morgan III, C. A., Hazlett, G., Doran, A., Garrett, S., Hoyt, G., Thomas, P., Baranoski, M., & Southwick, S. M. (2004). Accuracy of eyewitness memory for persons encountered during exposure to highly intense stress. *International Journal of Law and Psychiatry, 27*, 265-279.

43. 호러 라비린스(Horror Labyrinth)는 방문객들에게 무서운 경험을 선사해 주기 위해 설계된 미로다. 이 연구에서는 낮은 수준의 불안을 보고한 피험자들 중 3/4이 표적을 옳게 지목했고, 약 20%가 무고한 사람을 지목했다. 높은 수준의 불안을 보고한 피험자들 중에서는 1/5도 안 되는 사람들만이 표적을 옳게 지목하였고, 절반 이상이 무고한 사람을 지목하였다. Valentine, T., & Mesout, J. (2009). Eyewitness identification under stress in the London Dungeon. *Applied Cognitive Psychology, 23*, 151-161.

44. Peters, D. P. (1988). Eyewitness memory and arousal in a natural setting. In M. M. Gruneberg, P. E. Morris, & R. N. Sykes (Eds.), *Practical aspects of memory: Current research and issues* (vol. 1, pp. 89-94). Chichester, UK: John Wiley & Sons.

45. 재판 기록, 앞의 주 19, p. 241.

46. 한 메타분석 연구에서 무기의 존재가 목격지목의 정확성을 낮추는 데 중간 정도의 유의한 효과를 갖는다는 것을 보여 주었다. 사건 증거에 대한 목격자의 회상에 대해서는 더 큰 효과가 발견되었다. Steblay, N. M. (1992). A meta-analytic review of the weapon focus effect. *Law and Human Behavior, 16*, 413-424. 런던 경찰국(London Metropolitan Police)에 의해 수행된 실제 목격지목 640건에 대한 연구에서는 유의한 무기의 효과가 발견되지 않았다. 그러나 이 사건들의 일부만이 실험실 연구들에서 흔하게 선택하는(특히 미국에서) 무기인 총을 포함하고 있었다. Valentine, Pickering, & Darling (2003), 앞의 주 5.

47. 이러한 방해는 무기가 보기 드물고 위협적인 물건이라는 사실 때문에 나타난다. Hope, L., & Wright, D. (2007). Beyond unusual? Examining the role of attention in the weapon focus effect. *Applied Cognitive Psychology, 21*(7), 951-961.

48. Loftus, E. F., Loftus, G. R., & Messo, J. (1987). Some facts about 'weapon focus.' *Law and Human Behavior, 11*, 55-62.

49. 폭발이 있고 얼마 지나지 않아, FBI는 존 도2(John Doe 2)라고 불리는 제2의 관계자를 찾기 위해 수배를 내렸다. 폭발 이틀 전인 4월 17일 오후에 맥베이가 빌린 트럭을 받은 창고에서 일하고 있었던 두 명의 목격자들은 제2의 가해자에 대해 매우 자세하게 묘사하였다. 그들의 묘사에 기초하여 그려진 몽타주가 전국 방송에 집중적으로 내보내졌지만, 그런 사람은 찾을 수 없었고, 일반적으로 그는 애초에 존재하지 않는 사람이라고 믿어진다. 이 미스터리에 대한 그럴듯한 설명은 맥베이가 왔던 그다음 날, 폭발과는 전혀 상관이 없는 두 명의 남자가 같은 창고 근처에서, 비슷한 시간에, 그 전날 맥베이가 그랬던 것처럼 밴을 관찰하는 것이 목격되었다는 것이다. 이 두 남자 중 한 명은 맥베이와 닮은 자였다. 목격자들은 이 두 번째 남자가 맥베이라고 잘못 연합한 것으로 밝혀졌다. Memon, A., & Wright, D. B. (1999). Eyewitness testimony and the Oklahoma bombing. *The Psychologist. 12*, 192-205. 사건에 대한 보다 자세한 설명은, Loftus, E. F. (1996). *Eyewitness testimony*. Cambridge, MA: Harvard University Press, p. 142.

50. Mueller-Johnson, K., & Ceci, S. J. (2004). Memory and suggestibility in older adults: Live event participation and repeated interview. *Applied Cognitive Psychology, 18*, 1109-1127. 이 현상을 증명하는 다른 연구에 대해서는, Ross, D. F., Ceci, S. J., Dunning, D., & Toglia, M. P. (1994). Unconscious transference and mistaken identity: When a witness misidentifies a familiar with innocent person. *Journal of Applied Psychology, 79*, 918-930.

51. 옆에 있던 사람 두 명은 각각 목격자의 24%와 30%에 의해서 선택된 반면, 목격자의 13%는 라인업에 있던 무고한 다른 사람들을 선택하였다. Davis et al. (2008), 앞의 주 18.

52. 위에서 설명했던 은행원 연구와 유사한 한 현장 연구에서, 엘패소와 텍사스에 있는 편의점에서 일하는 서로 다른 인종의 직원들에게 방금 전에 직원들과 이야기했던 세 인종의 실험 협조자들을 지목하도록 하였다. 결과는 타-인종 편파를 증명하였다. 편의점 직원과 다른 인종의 표적에 대한 정확률은 낮았고, 오류율은 높았다. Platz, S. J., & Hosch, H. M. (1988). Cross-Racial/Ethnic Eyewitness Identification: A Field Study. *Journal of Applied Social Psychology, 18*, 972-984.

53. Meissner, C. A., & Brigham, J. C. (2001). Thirty years of investigating the own-race bias in memory for faces: A meta-analytic review. *Psychology, Public Policy, and Law, 7*, 3-35.

54. Wells, G. L., & Olson, E. A. (2001). The other-race effect in eyewitness identification: What do we do about it? *Psychology, Public Policy, and Law, 7*, 230-246. 사회적 요인을 지지하는 주장에 대해서는, Doyle, J. M. (2001). Discounting the error costs: Cross-racial false alarms in the culture of contemporary criminal justice. *Psychology, Public Policy, and Law, 7*, 253-262.

55. Wright, D. B., Boyd, C. E., & Tredoux, C. G. (2003). Inter-racial contact and the own-race bias for face recognition in South Africa and England. *Applied Cognitive Psychology, 17*(3), 365-373. 백인인 농구팬들은 농구팬이 아닌 사람들보다 흑인을 더 정확히 지목하는 것으로 나타났다. 가능한 설명은 거의 대부분이 흑인인 농구 선수들에 대한 노출이 농구팬들을 흑인 얼굴의 차이에 더 민감하도록 했다는 것이다. Li, J., Dunning, C., & Malpass, R. (1998. 3.). *Cross-racial identification among European-Americans: Basketball fandom and the contact hypothesis.* Paper presented at the biennial meeting of the American Psychology-Law Society, Redondo Beach, CA.

56. Rhodes, M. G., & Anastasi, J. S. (2012). The own-age bias in face recognition: A meta-analytic and theoretical review. *Psychological Bulletin, 138*(1), 146.

57. Yarmey, A. D. (1993). Stereotypes and recognition memory for faces and voices of good guys and bad guys. *Applied Cognitive Psychology, 7*, 419-431.

58. Flowe, H. D., & Humphries, J. E. (2011). An examination of criminal face bias in a random sample of police lineups. *Applied Cognitive Psychology, 25*, 265-273. 동시에, 범죄자의 전형적인 얼굴과 닮은 얼굴은 더 쉽게 인식되며, 따라서 더 잘 기억될 수 있다. MacLin, O. H., & MacLin, M. K. (2004). The Effect of Criminality on Face Attractiveness, Typically, Memorability and Recognition. *North American Journal of Psychology, 6*(1), 145-154.

59. 독특한 외모를 가진 사람들에 대한 공정한 라인업을 구성하는 것의 어려움에 대해서는,

Brigham, J. C., Ready, D. J., & Spier, S. A. (1990). Standards for evaluating the fairness of photograph lineups. *Basic and Applied Social Psychology, 11*, 149-163. 참조. Brigham, J. C., Meissner, C. A., & Wasserman, A. W. (1999). Applied issues in the construction and expert assessment of photo lineups. *Applied Cognitive Psychology, 13*, S73-S92 참조. 또한 Doob, A. N., & Kirshenbaum, H. M. (1973). Bias in police lineups-Partial remembering. *Journal of Police Science and Administration, 1*, 287-293.

60. Wells, G. L., Charman, S. D., & Olson, E. A. (2005). Building face composites can harm lineup identification performance. *Journal of Experimental Psychology: Applied, 11*, 147-156. 낮은 유사성은 그래픽 도구와 컴퓨터 시스템을 사용한 얼굴 조합 구성에서만 나타났다. 몽타주 작성가들이 만든 얼굴 조합에 대한 충분한 검증은 아직 이루어지지 않았다.

61. Farah, M. J., Wilson, K. D., Drain, M., & Tanaka, J. N. (1998). What is "special" about face perception? *Psychological Review, 105*, 482-498; Wells, Charman, & Olson (2005), 앞의 주 60.

62. 얼굴 조합을 만들었던 피험자 중 58%가 이어지는 라인업에서 누구도 지목하지 않았으며, 30%는 무고한 다른 사람을 지목하였다. 얼굴 조합을 만들지 않았던 피험자 중 84%는 표적인물을 정확히 지목하였고, 6%만이 무고한 다른 사람을 지목하였다. 이 연구는 이 저조한 수행이 이미지에 노출된 것보다는 사전에 얼굴 조합을 구성했던 것에 의해서 유발된다는 것을 시사한다. Wells, Charman, & Olson (2005), 앞의 주 60; Wells, G. L., & Hasel, L. E. (2007). Facial composite production by eyewitnesses. *Current Directions in Psychological Science, 16*, 6-10.

63. 재판 기록, 앞의 주 19, p. 324; Interview with Jennifer Thompson, *What Jennifer Saw, Frontline series*, PBS (1997). http://www.pbs.org/wghh/pages/frontline/shows/dna/interviews/thompson.html.

64. 두 이미지는 *Frontline* 웹사이트에서 확인 가능: http://www.pbs.org/wggbh/pages/fronline/shows/dna/.

65. Meissner, C. A., Sporer, S. L., & Schooler, J. W. (2007). Person descriptions as eyewitness evidence. In R. C. Lindsay, D. E. Ross, J. D. Read, & M. P. Toglia (Eds.), *Handbook of eyewitness psychology* (vol. 2: Memory for people, pp. 3-34). Mahwah, NJ: Lawrence Erlbaum.

66. 이 연구는 431개의 서로 다른 강도 사건의 목격자 1,313명에 의해서 제공된 2,299개의 묘사를 포함하고 있었다. van Koppen, P. J., & Lochun, S. K. (1997). Portraying perpetrators: The validity of offender descriptions by witnesses. *Law and Human Behavior, 21*, 661-685. 스웨덴 기록에 기초한 유사한 결과에 대해서는, Fahsing, I. A., Ask, K., & Granhag, P. A. (2004). The man behind the mask: Accuracy and predictors of

eyewitness offender descriptions. *Journal of Applied Psychology, 89,* 722-729.

67. Pigott, Brigham, & Bothwell (1990), 앞의 주 1.

68. 메타분석에 대해서는, Meissner, C. A., Sporer, S. L., & Susa, K. J. (2008). A theoretical review and meta-analysis of the description-identification relationship in memory for faces. *European Journal of Cognitive Psychology, 20,* 414-455.

69. 예를 들면, 표적을 본 직후에 범인식별 절차가 진행된 경우의 지목 정확성(62%)이 한 달 후에 라인업이 진행된 경우(47%)보다 높았음을 보여 주었다. Sauer, J., Brewer, N., Zweck, T., & Weber, N. (2010). The effect of retention interval on the confidence-accuracy relationship for eyewitness identification. *Law and Human Behavior, 34,* 337-347(지목을 한 사람들에 대한 자료).

70. Deffenbacher, K. A., Bornstein, B. H., McGorty, E. K., & Penrod, S. D. (2008). Forgetting the once-seen face: Estimating the strength of an eyewitness's memory representation. *Journal of Experimental Psychology: Applied, 14,* 139-150. 쇠잔 함수는 기억 반복의 양에 의해서 큰 영향을 받는다. 즉, 자주 반복된 기억이 오랫동안 지속된다. 빈번한 반복은 기억의 오염에도 역시 기여하는 것으로 알려져 있다.

71. Valentine, Pickering, & Darling (2003), 앞의 주 5.

72. Behrman & Davey (2001), 앞의 주 6 참조.

73. Read, J. D., Vokey, J. R., & Hammersley, R. (1990). Changing photos of faces: Effects of exposure duration and photo similarity on recognition and the accuracy-confidence relationship. *Journal of Experimental Psychology: Learning, Memory, and Cognition, 16*(5), 870-882.

74. 한 연구는 우범자 사진첩에서 같은 무고한 사람을 본 피험자들은 그 사람을 본 적이 없는 피험자들보다 이어지는 라인업에서 그를 선택할 확률이 높았고(30% vs. 20%), 가해자를 정확하게 지목할 확률은 낮다(59% vs. 80%)는 것을 발견하였다. Memon, A., Hope, L., Bartlett, J., & Bull, R. (2002). Eyewitness recognition errors: The effects of mugshot viewing and choosing in young and old adults. *Memory & Cognition, 30,* 1219-1227. 또 다른 연구에서는 우범자 사진 조사에서 무고한 사람을 고른 피험자들 중 단 10%만이 라인 업에서 실제 표적을 선택한 것으로 나타났다. 라인업에서 무고한 사람을 선택한 사람들 중 70% 정도는 자신이 우범자 사진첩 조사에서 선택하였던 무고한 사람을 선택하였다. Goodsell, C. A., Neuschatz, J. S., & Gronlund, S. D. (2009). Effects of mugshot commitment on lineup performance in young and older adults. *Applied cognitive psychology, 23*(6), 788-803. 또 다른 연구에서는 첫 번째 절차에서 누군가를 고른 피험자 들 중 33%(범인이 포함되어 있지 않았으므로, 모두 오류)만이 이어지는 라인업에서 범인 을 옳게 지목한 것으로 나타났다. 초기에 우범자 사진을 보지 않은 피험자들은 성공률이

높았다(69%). Brigham, J. C., & Cairns, D. L. (1988). The Effect of Mugshot Inspections on Eyewitness Identification Accuracy. *Journal of Applied Social Psychology, 18*, 1394–1410. 유사한 결과는, Dysart, J. E., Lindsay, R. C. L., Hammond, R., & Dupuis, P. (2001). Mug shot exposure prior to lineup identification: Interference, transference, and commitment effects. *Journal of Applied Psychology, 86*, 1280–1284; 그리고 Hinz, T., & Pezdek, K. (2001). The effect of exposure to multiple lineups on face identification accuracy. *Law and Human Behavior, 25*(2), 185–198.

75. 연구들을 통틀어, 우범자 사진첩을 이용하는 절차에 노출된 이후의 옳은 목격 지목률은 50%에서 43%로 낮아진 반면, 무고한 다른 사람에 대한 틀린 지목률은 15%에서 37%로 높아졌다. Deffenbacher, K. A., Bornstein, B. H., & Penrod, S. D. (2006). Mugshot exposure effects: Retroactive interference, mugshot commitment, source confusion, and unconscious transference. *Law and Human Behavior, 30*, 287–307.

76. Gorenstein과 Ellsworth의 연구에서는 첫 번째 사진 라인업에서 무고한 사람을 잘못 선택한 피험자들은 첫 번째 라인업을 거치지 않은 피험자들과 비교했을 때, 두 번째 라인업에서 가해자를 선택할 확률이 낮았다(22% vs. 39%). Gorenstein, G. W., & Ellsworth, P. C. (1980). Effect of choosing an incorrect photograph on a later identification by an eyewitness. *Journal of Applied Psychology, 65*, 616–622.

77. Valentine, T., Davis, J. P., Memon, A., & Roberts, A. (2012). Live Showups and Their Influence on a Subsequent Video Line-up. *Applied Cognitive Psychology, 26*, 1–23.

78. 66건의 연이은 보기 중, 첫 번째 지목절차에서 용의자를 지목한 비율은 45%였고, 두 번째 절차에서는 62%였다. 첫 번째 절차에서 용의자를 지목하지 못한 목격자들의 45%도 이후의 절차에서는 지목을 하였다. 단 27%의 사건에서, 목격자들은 첫 번째 절차에서 지목하지 못하고, 두 번째 절차에서도 지목을 하지 못하였다. 이후 절차에서의 지목 감소는 시간이 경과할수록 기억이 쇠잔한다는 점에서 기대할 수 있는 결과였을 것이다. Behrman & Davey (2001), 앞의 주 6.

79. 방대한 메타분석에서 53개의 연구 중 오직 6개 연구에서만 두 번째 시점에서 얼굴에 대한 더 강한 기억이 보고되었고, 그 효과는 매우 약했다. Deffenbacher et al. (2008), 앞의 주 70.

80. 또 다른 가능한 설명은 이 증가가 형사에 의한 압력 또는 암시가 증가하기 때문이라는 것이다. 형사들은 시간이 경과함에 따라 사건 해결에 가까워지기 위해 더 강하게 동기화되는 경향이 있다.

81. Deffenbacher, Bornstein, & Penrod (2006), 앞의 주 75. 더 자세한 출처 탐지 현상에 대해서는 제4장 참조.

82. 앞의 주 75의 Deffenbacher, Bornstein과 Penrod(2006)에 의한 메타분석에서는 자신의

지목을 개방적으로 표현한 피험자들의 경우에 가장 강력하고 편파적인 결과가 나타났다.

83. 사실 검사들은 이 주제에 대한 연구가 시작되기도 전에 이런 종류의 편파에 대해서 알고 있었다. *Simmons v. United States*, 320 U.S. 377 (1968)의 재판에서는 피고측의 주장이 있었지만, 기각되었다.

84. 제니퍼 톰슨과의 인터뷰, 앞의 주 63.

85. 재판 기록, 앞의 주 19, p. 110.

86. 제니퍼 톰슨과의 인터뷰, 앞의 주 63.

87. 오도적인 시각적 정보에 노출되었던 목격자들 중 40% 정도가 틀린 묘사와 일치하는 사람을 지목하였다. Jenkins & Davies (1985), 앞의 주 23. 얼굴 그림에 대한 노출은 서로 다른 이미지의 특징들이 하나의 기억으로 합쳐지는 기억 결합(memory conjunction)을 유발한다. Kroll, N. E., Knight, R. T., Metcalfe, J., Wolf, E. S., & Tulving, E. (1996). Cohesion failure as a source of memory illusions. *Journal of Memory and Language, 35*, 176-196.

88. Morgan III, C. A., Southwick, S., Steffian, G., Hazlett, G. A., & Loftus, E. F. (2013). Misinformation can influence memory for recently experienced, highly stressful events. *International journal of law and psychiatry, 36*(1), 11-17.

89. 이 암시는 콧수염을 가지고 있는 표적에 대한 지목률을 5배나 높이는 결과를 가져왔다. Loftus, E. F., & Greene, E. (1980). Warning: Even memory for faces may be contagious. *Law and Human Behavior, 4,* 323-334, 연구 2.

90. 콧수염이 있는 무고한 사람과 실제 가해자가 모두 포함되었던 이후의 라인업에서 목격자의 거의 90%가 이전에 지목했던 사람을 지목하였다. 앞의 책.

91. 앞의 책, 연구 1과 예비 연구.

92. Weingardt, K. R., Leonesio, R. J., & Loftus, E. F. (1995). Viewing eyewitness research from a metacognitive perspective. In J. Metcalfe & A. P. Shimamura (Eds.), *Metacognition: Knowing about memory.* Cambridge, MA: MIT Press, pp. 175-184.

93. 예를 들면, 조지아 이노센스 프로젝트(the Georgia Innocence Project)가 수행한 한 조사에서 조지아의 355개 법 집행 기관 중 82%가 목격지목 절차에 대한 문서화된 기준을 가지고 있지 않은 것으로 나타났다. Turner, D. (2007. 12. 11.). DNA test clears man after 27 years. *Associated Press.*

94. 새크라멘토의 자료에 따르면, 기록된 절차의 42%가 쇼업이었다(615개의 절차 중 258개). Behrman & Davey (2001), 앞의 주 6. 1991년과 2000년 사이에 샌디에이고에서 수행된 강간, 강도 그리고 폭행 수사를 포함하는 표본 153건의 낯선 사람에 대한 지목 절차에서는 쇼업 비율이 59%로 보고되었다. Flowe, H. D., Mehta, A., & Ebbesen, E. B. (2011). The role of eyewitness identification evidence in felony case dispositions. *Psychology, Public Policy, and Law, 17,* 140-159. 텍사스의 앨패소에서는 쇼업이 30%로 보고되었다.

McQuiston, D., & Malpass, R. (2001. 6.). *Eyewitness identifications in criminal cases: An archival study.* Paper presented at the fourth biennial meeting of the Society for Applied Research in Memory and Cognition, Kingston, Ontario, Canada. 캘리포니아 북쪽 한 도시의 표본에서는 목격지목 절차의 77%가 쇼업이었다(224건 중 172건). Gonzalez, R., Ellsworth, P. C., & Pembroke, M. (1993). Response biases in lineups and showups. *Journal of Personality and Social Psychology, 64,* 525-537.

95. 전국적으로 실시된 경찰 부서에 대한 대표적인 표본의 라인업 진행자를 대상으로 한 조사에서는(220부 회수) 27%의 절차는 실물로, 73%는 사진으로 진행되는 것으로 나타났다. Wogalter, M. S., Malpass, R. S., & McQuiston, D. E. (2004). A national survey of U.S. police on preparation and conduct of identification lineups. *Psychology, Crime & Law, 10,* 69-82.

96. 1991~2000년 사이에 샌디에이고에서 수행된 표본 283건의 수사에서 실물 라인업 비율은 0~6%로 나타났다. 절차의 89%는 쇼업이거나 사진 라인업이었다. Flowe, Mehta, & Ebbesen (2011), 앞의 주 94. 조사에 참여한 108개의 버지니아 경찰 부서 중 90% 정도는 사진 라인업을, 60% 정도는 쇼업을 사용하였고, 1/4 정도만이 실물 라인업이었다. Gould, J. B. (2008). *The Innocence Commission: Preventing wrongful convictions and restoring the criminal justice system.* New York: NYU Press, p. 137.

97. 한 메타분석에서는 쇼업과 라인업이 유사한 옳은 지목률(각각 41%와 43%)을 보이지만, 쇼업에서 틀린 지목이 상당히 더 많은 것으로 나타났다(18% vs. 11%). Clark, S. E., & Godfrey, R. D. (2009). Eyewitness identification evidence and innocence risk. *Psychonomic Bulletin & Review, 16,* 22-42. 쇼업에 대한 중요한 견해에 대해서는, Wells, G. L., Small, M., Penrod, S., Malpass, R. S., Fulero, S. M., & Brimacombe, C. E. (1998). Eyewitness identification procedures: Recommendations for lineups and photospreads. [화이트 페이퍼(White Paper)로도 알려짐]. *Law and Human Behavior, 22,* 603-647; Yarmey, A. D., Yarmey, M. J., & Yarmey, A. L. (1996). Accuracy of eyewitness identifications in showups and lineups. *Law and Human Behavior, 20,* 459-477. 보다 혼재된 평가에 대해서는, Dysart, J. E., & Lindsay, R. C. L. (2013). Show-up identifications: Suggestive technique or reliable method? In R. C. L. Lindsay, D. F. Ross, J. D. Read, & M. P. Toglia, (Eds.), *Handbook of eyewitness memory* (vol. 2: Memory for people, pp. 137-153). Mahwah, NJ: Lawrence Erlbaum. Gonzalez, Ellsworth, & Pembroke (1993) 앞의 주 94의 실험에서는 쇼업에서 상대적으로 좋은 결과가 나타났다.

98. 가해자와 닮은 무고한 용의자를 지목하는 비율은 라인업에서 17%였고, 쇼업에서는 23%였다. Steblay, N., Dysart, J., Fulero, S., & Lindsay, R. C. L. (2003). Eyewitness accuracy

rates in police showup and lineup presentations: A meta-analytic comparison. *Law and Human Behavior, 27*(5), 523-540.

99. Behreman & Davey (2001), 앞의 주 6.

100. 상대적 판단에 대한 문제는 게리 웰스가 지적한 바 있다. Wells, G. L. (1984). The Psychology of Lineup Identifications. *Journal of Applied Social Psychology, 14*, 89-103. 또 다른 문제는 단지 이미지를 비교하는 것만으로도 그들의 차이를 (더 크게) 강조하게 된다는 것인데, 이것은 기억하고 있는 가해자와 지목한 이미지의 유사성을 주관적으로 증폭시키는 결과를 낳는다. 제2장과 제6장의 정합성 효과에 대한 논의 참조.

101. Steblay, N. K., Dysart, J. E., & Wells, G. L. (2011). Seventy-two tests of the sequential lineup superiority effect: A meta-analysis and policy discussion. *Psychology, Public Policy, and Law, 17*(1), 99-139 (data from Full Design Dataset, table 3). Clark와 Godfrey(2009, 앞의 주 97)는 순차적 절차가 잘못된 지목을 17%에서 10%로, 옳은 지목을 54%에서 43%로 전반적으로 감소시킨다는 것을 발견하였다. 순차적 절차의 장점은 표적 인물이 다른 사람들과 구별되는 라인업에서 명확히 드러난다. Clark, Howell, & Davey (2008), 앞의 주 7. 이 효과를 지지하는 증거는 Carlson, C. A., Gronlund, S. D., & Clark, S. E. (2008). Lineup composition, suspect position, and the sequential lineup advantage. *Journal of Experimental Psychology: Applied, 14*, 118-128에서 찾아볼 수 있음. 또한 McQuiston-Surrett, D., Malpass, R. S., & Tredoux, C. G. (2006). Sequential vs. Simultaneous Lineups: A Review of Methods, Data, and Theory. *Psychology, Public Policy, and Law, 12*, 137-169 참조.

102. 497건의 실제 범죄 사건이 포함된 이 연구에서는 동시적 절차와 비교했을 때, 순차적 절차는 용의자 지목의 감소를 유발하지 않았고(27% vs. 25.5%), 무고한 사람에 대한 지목은 더 적은 것(12% vs. 18%)으로 나타났다. 이 자료는 완벽히 분석되거나 동료 평가를 거치지 않았다. Wells, G. L., Steblay, N. K. M., & Dysart, J. E. (2011). A test of the simultaneous vs. sequential lineup methods: An initial report of the AJS National Eyewitness Identification Field Studies. *American Judicature Society*. https://www.ajs.org/wc/pdfs/EWID_PrintFriendly.pdf. 영국의 현장 자료와 비교했을 때, 이 연구의 용의자 지목률은 상당히 낮으며, 동시에 지목을 하지 않은 비율은 매우 높다는 것을 밝혀둔다. 순차적 절차의 장점을 지지하는 더 많은 현장 자료에 대해서는, Klobuchar, A., Steblay, N. K. M., & Caligiuri, H. L. (2006). Improving eyewitness identifications: Hennepin County's blind sequential lineup pilot project. *Cardozo Public Law, Policy and Ethics Journal, 4*, 381-413.
라인업 형식은 메클렌버그 연구(Mecklenburg Study)라고 하는 일리노이주 경찰에 의해 수행된 현장 연구의 주제였다. 이 연구는 목격자 연구에 대한 저명한 비평가 에베 에베센

(Ebbe Ebbesen)의 지도 아래 수행되었다. 이 연구의 결과는 순차적인 이중맹목 절차의 우월성에 대한 도전이었다. http://eyewitness.utep.edu/Documents/IllinoisPilotStudy OnEyewitnessID.pdf. 메클렌버그 연구는 목격자 논쟁에 개입하지 않은 저명한 실험 심리학자를 비롯한 많은 연구자들에게서 비판을 받아 왔다. 이들은 이 연구를 "이 특정 연구가 갖는 실용적 함의를 평가하는 위험한 결과"를 내재한, 오염된 설계에 기초한 연구라고 결론지었다. Schacter, D. L., Dawes, R., Jacoby, L. L., Kahneman, D., Lempert, R., Roediger, H. L., & Rosenthal, R. (2008). Policy forum: Studying eyewitness investigations in the field. *Law and Human Behavior, 32*, 3-5. 특히, 이 연구는 그들의 기술자문(technical advisor) 로이 말패스(Roy Malpass)에 의해서도 이후에 비판을 받았다. Ross, S. J., & Malpass, R. S. (2008). Moving forward: Response to "Studying eyewitness investigations in the field". *Law and Human Behavior, 32*(1), 16-21. 이 연구에 사용된 방법론에 대한 비판적 개관에 대해서는, Steblay, N. K. (2011). What we know now: The Evanston Illinois field lineups. *Law and Human Behavior, 35*(1), 1-12.

103. Lindsay, R. C., & Wells, G. L. (1980). What price justice? Exploring the relationship of lineup fairness to identification accuracy. *Law and Human Behavior, 4*, 303-313.

104. Leippe, M. R., Eisenstadt, D., Rauch, S. M., & Stambush, M. A. (2006). Effects of social-comparative memory feedback on eyewitnesses' identification confidence, suggestibility, and retrospective memory reports. *Basic and Applied Social Psychology, 28*, 201-220.

105. 영국에서는 법으로 8명 또는 그 이상을 요구한다. PACE, Code D, Annex (a)2; Annex B(c)9 (1984). http://police.homeoffice.gov.uk/news-and-publications/publication/operational-policing/PACE_Chapter_D.pdf?view=Binary.

106. 어느 정도의 비유사성, 또는 '좋은 이질성(propitious heterogeneity)'의 긍정적인 가치에 대한 논의는, Wells, G. L., & Bradfield, A. L. (1999a). Measuring the goodness of lineups: Parameter estimation, question effects, and limits to the mock witness paradigm. *Applied Cognitive Psychology, 13*, S27-S39.

107. 뚜렷하게 다른 특성을 가진 라인업 구성원이 있을 때, 그 구성원이 잘못 지목되는 비율은 두 배가 넘었다(구성원들이 서로 더 유사할 때 21%인 것과 비교했을 때, 49%). Clark & Godfrey (2009), 앞의 주 97, 표 5. 동시에, 유사하지 않은 사람들로 구성한 경우에는 옳은 지목 비율이 높게 나타났다(72% vs. 유사한 구성원들로 구성된 라인업에 대해서는 62%). 다시 말하면, 다른 구성원들에 비해 두드러진 용의자가 포함된 라인업은 잘못된 지목과 옳은 지목 모두 더 많다.

108. 기능적인 라인업 크기에 대한 논의는, Wells, G. L., Leippe, M. R., & Ostrom, T. M. (1979). Guidelines for empirically assessing the fairness of a lineup. *Law and Human*

Behavior, 3, 285-293. 효과적인 라인업 크기에 대한 논의는, Malpass, R. S. (1981). Effective size and defendant bias in eyewitness identification lineups. *Law and Human behavior, 5,* 299-309. 설상가상으로, 라인업의 공정성은 라인업 구성원들과 용의자의 자리배치에도 민감하다. 연구들은 용의자가 자신과 유사한 사람들 옆에 배치되었을 때보다 자신과 유사하지 않은 사람들 바로 옆에 배치되었을 때 지목될 가능성이 더 높다는 것을 보여 주었다. 한 연구에서는 이 지목 비율이 각각 32%와 15%인 것으로 나타났다. 그러나 이 효과는 언어적 묘사가 더 구체적이고 정확해질수록 약해졌다. Gonzalez, R., Davis, J., & Ellsworth, P. C. (1995). Who should stand next to the suspect? Problems in the assessment of lineup fairness. *Journal of Applied Psychology, 80,* 525-531.

109. Wells & Bradfield (1999a), 앞의 주 106. 또 다른 연구는 강도가 "흑인, 남자, 키가 작고, 턱수염이 많고 늘씬하지만 마르지는 않은"이라고 묘사되었던 *United States v. Mills* 사건에서 사용된 라인업을 검증하였다. 밀스(Mills)나 그의 사진을 본 적이 없는 모의 목격자 60명 중, 지목을 했던 피험자의 61%가 밀스를 지목하였다. Wells, Leippe, & Ostrom (1979), 앞의 주 108. 캐나다의 *Regina v. Shatford* 사건에서 사용된 연구에서, 연구자들은 피험자의 반 이상이 묘사에만 기초하여 용의자를 지목한 것을 발견하였다. Doob & Kirshenbaum (1973), 앞의 주 59. 이 라인업은 (아마도 낙담한) 피고인측 변호인들로부터 연구자들에게 전달되었기 때문에 이 라인업들은 무선 표본이 아니었다.

110. Buckhout, R. (1974). Eyewitness testimony. *Scientific American,* 23-31.

111. Brigham, Meissner, & Wasserman (1999), 앞의 주 59.

112. Lindsay, R. C., Wallbridge, H., & Drennan, D. (1987). Do the clothes make the man? An exploration of the effect of lineup attire on eyewitness identification accuracy. *Canadian Journal of Behavioural Science/Revue canadienne des sciences du comportement, 19*(4), 463-478.

113. Dysart, J. E., Lindsay, R. C. L., & Dupuis, P. R. (2006). Show-ups: The critical issue of clothing bias. *Applied Cognitive Psychology, 20*(8), 1009-1023.

114. 잘 확립된 이 결과는 연구자들로 하여금 이러한 고지를 포함하지 않은 지시문을 '편파된 지시문'이라고 부르게 하였다. 한 메타분석은 '편파되지 않은' 지시문이 표적-부재 라인업에서의 지목률을 60%에서 35%로 낮추지만(모든 지목은 부정확한 지목), 표적이 제시되었을 때 옳은 지목 비율에는 아무 효과가 없다는 것(각각 53%와 55%)을 발견하였다. 전반적으로 이 지시문은 옳은 지목의 비율을 44%에서 56%로 증가시켰다. 이 자료는 2,588명이 넘는 피험자들이 참여한 22개의 연구에서 얻어졌다. Steblay, N. M. (1997). Social influence in eyewitness recall: A meta-analytic review of lineup instruction effects. *Law and Human Behavior, 21,* 283-297.

앞의 주 97, Clark와 Godfrey(2009)의 보다 최근의 메타분석 연구에서는 잘못된 지목을 감소시키는 매우 약한 효과를 발견하였다(10%에서 7%). 이 미미한 변화는 '편파된' 조건에서 잘못된 지목의 최소 절댓값(10%)의 영향을 받은 것으로 보인다(잘못된 지목의 전체 비율이 20%를 넘는 Clark, Howell, & Davey 2008, 앞의 주 7에 의한 메타분석과 비교). 다시 말하면, 잘못된 지목에서의 잠재적인 감소는 이 연구들에서 보여 주는 바닥 효과(floor effect)에 의해서 좌절될 수 있다. 그럼에도 불구하고, 이 자료에서는 '편파되지 않은' 지시가 옳은 지목을 56%에서 50%로 감소시키는 것으로 나타났다.

115. Phillips, M. R., McAuliff, B. D., Kovera, M. B., & Cutler, B. L. (1999). Double-blind photoarray administration as a safeguard against investigator bias. *Journal of Applied Psychology, 84*, 940-951. Garrioch, L., & Brimacombe(née Luus), C. A. E. (2001). Lineup administrators' expectations: Their impact on eyewitness confidence. *Law and Human Behavior, 25*, 299-314.

116. 예를 들면, Greathouse, S. M., & Kovera, M. B. (2009). Instruction bias and lineup presentation moderate the effects of administrator knowledge on eyewitness identification. *Law and Human Behavior, 33*(1), 70-82.

117. 앞의 책. 이 연구는 맹목 진행자(blind administrators)에 의해서 수행된 라인업의 정확성이 진행자가 용의자의 신원에 대해 알고 있는 라인업에서보다 두 배나 높다는 것을 발견하였다.

118. Haw, R. M., & Fisher, R. P. (2004). Effects of administrator-witness contact on eyewitness identification accuracy. *Journal of Applied Psychology, 89*, 1106-1112.

119. Douglass, A. B., Smith, C., & Fraser-Thill, R. (2005). A problem with double-blind photospread procedures: photospread administrators use one eyewitness's confidence to influence the identification of another eyewitness. *Law and Human Behavior, 29*, 543-562.

120. Smith & Hasel (2011), 앞의 주 16.

121. Hasel & Kassin (2009), 앞의 주 16.

122. 표적이 라인업에 없었기 때문에 모든 목격자의 지목은 틀린 것임을 기억하라. Skagerberg, E. M. (2007). Co-witness feedback in lineups. *Applied Cognitive Psychology, 21*, 489-497. 또한 Luus, C. A., & Wells, G. L. (1994). The malleability of eyewitness confidence: Co-witness and perseverance effects. *Journal of Applied Psychology, 79*, 714-732.

123. 한 연구에서는 긍정적인 피드백이 확신감을 49%에서 68%로 증가시켰다. 또 다른 연구에서는 7점 척도로 측정된 확신감이 4.0에서 5.4로 증가하였다. Bradfield, A. L., Wells, G. L., & Olson, E. A. (2002). The damaging effect of confirming feedback on the relation between eyewitness certainty and identification accuracy. *Journal of Applied Psychology, 87*, 112-120; Wells & Bradfield (1998), 앞의 주 8.

또 다른 연구는 자신의 목격지목에 대한 확신감이 범죄 사건에 대한 이전의 면담에서 수사관으로부터 긍정적인 피드백을 받음으로써 증폭된다는 것을 발견하였다. Leippe et al. (2006), 앞의 주 104.

124. Douglass, A. B., & Steblay, N. (2006). Memory distortion in eyewitnesses: a meta-analysis of the post-identification feedback effect. *Applied Cognitive Psychology, 20,* 859-869.

125. Bradfield, Wells, & Olson (2002), 앞의 주 123.

126. *Neil v. Biggers* 409 U.S. 198 (1972); *Manson v. Brathwaite* 432 U.S. 98 (1977). Wells & Quinlivan (2009), 앞의 주 36.

127. Wells & Bradfield (1998), 앞의 주 8. 그러나 이 효과는 목격자들이 피드백에 노출되기 전에 그들에게 기억의 다양한 측면에 대해 생각해 볼 것을 지시함으로써 완화될 수 있는 것으로 나타났다. Wells, G. L., & Bradfield, A. L. (1999b). Distortions in eyewitnesses' recollections: Can the post identification-feedback effect be moderated? *Psychological Science, 10,* 138-144.

128. 피드백은 무고한 사람들을 지목한 사람들의 확신감을 거의 바닥 수준(1~10점 척도의 4.9에서 2.75)까지 떨어뜨렸고, 용의자를 지목한 사람들의 확신감을 거의 최고 수준(7.8에서 8.6)까지 증가시켰다. Wright & Skagerberg (2007), 앞의 주 5.

129. 제니퍼 톰슨과의 인터뷰, 앞의 주 63.

130. 목격지목 절차의 숙련된 훈련자 리우테넌트 케네스 파테노드(Lieutenant Kenneth Patenaude) 형사는 다수의 경찰관들이 공식적인 훈련을 받은 경험이 없다고 밝혔다. Patenaude, K. (2006). Police identification procedures: A time for change. *Cardozo Public Law, Policy, and Ethics Journal, 4,* 415-419.

131. 경찰 부서의 국가 표본에 대한 조사에서 경찰 훈련이 실제로 비구조화되어 있는 것으로 나타났다. 경찰관들의 3/4 정도는 다른 경찰관들로부터 비공식적으로 업무를 배운다고 보고하였다. Wogalter, Malpass, & McQuiston (2004), 앞의 주 95.

132. Wise, R. A., Safer, M. A., & Maro, C. M. (2011). What U.S. law enforcement officers know and believe about eyewitness factors, eyewitness interviews and identification procedures. *Applied Cognitive Psychology, 25,* 488-500. 보고된 자료에는 응답한 모든 경찰관의 반응이 통합되어 있다.

133. 이노센스 프로젝트, 프로파일, Wilton Dedge. http://www.innocenceproject.org/Content/Wilton_Dedge.php. 텍사스의 케빈 버드(Kevin Byrd)는 범죄 사건 이후 거의 네 달이 지나서 식료품점에서 사건의 피해자에게 지목되었다. 이노센스 프로젝트, 프로파일, Kevin Byrd. http://www.innocenceproject.org/Content/Kevin_Byrd.php. 인디애나의 해롤드 번틴(Harold Buntin) 역시 식료품점에서 쇼핑 중에 지목되었다. 피해자는 한쪽 눈이

실명된 상태였고, 다른 쪽 눈은 근시(nearsighted)였다. 이노센스 프로젝트, 프로파일, Harold Buntin. http://www. innocenceproject.org/Content/Harold_Buntin.php.

134. 빈센트 모토(Vincent Moto)는 젊은 여성과 아이와 함께 길을 걷던 중에, 발생한 지 다섯 달이 지난 범죄사건의 피해자에 의해서 자발적으로 지목되었다.

135. 이노센스 프로젝트, 프로파일, Julius Ruffin. http://www.innocenceproject.org/Content/Julius_Ruffin.php.

136. 데이비드 그레이(David Gray)는 53세 여성을 강간하고 잔인하게 칼로 찌른 죄로 60년 징역형을 선고받았다. 이노센스 프로젝트, 프로파일, David Gray. http://www. innocenceproject.org/Content/David_Gray.php.

137. 이노센스 프로젝트, 프로파일, Julius Ruffin, 앞의 주 135.

138. 이노센스 프로젝트, 프로파일, Charles Chatman. http://www.innocenceproject.org/Content/Charles_Chatman.php.

139. 이노센스 프로젝트, 프로파일, Keith E. Turner. http://www.innocenceproject.org/Content/Keith_E_Turner.php.

140. 이노센스 프로젝트, 프로파일, William Gregory. http://www.innocenceproject.org/Content/William_Gregory.php.

141. 이노센스 프로젝트, 프로파일, Brian Piszczek. http://www.innocenceproject.org/Content/Brian_Piszczek.php; 이노센스 프로젝트, 프로파일, Michael Mercer. http://www.innocenceproject.org/Content/Michael_Mercer.php.

142. 커크 블러즈워스에 대해 증언한 두 아이들은 사진 라인업에서는 그를 지목하는 데 실패하였고, 실물 라인업에서는 무고한 다른 사람을 지목하였다. 몇 주 후에, 경찰에 구금된 블러즈워스가 TV 뉴스에 나온 후, 이 아이들의 어머니는 경찰에게 사실 아이들이 블러즈워스를 지목했었지만 자신들의 지목이 알려지는 것을 겁냈었다고 말했다. 그 아이들은 법정에서 블러즈워스가 자신들이 본 그 사람이라고 증언하였고, 그들 중 한 아이는 법정에서 그를 지목하였다. 블러즈워스는 유죄판결을 받았고, 사형을 선고받았다. 1993년에 그는 DNA 검사에 기초하여 면죄되었다. Dwyer, J., Neufeld, P. J., & Scheck, B. (2000). *Actual innocence: Five days to execution and other dispatches from the wrongly convicted*, Chap. 11, New York: Doubleday; Junkin, T. (2004). *Bloodsworth: The true story of the first death row inmate exonerated by DNA*. Chapel Hill, NC: Algonquin Books. 유사한 사건에 대해서는, Zerwick, P. (2007. 11. 16.), Murder, race, justice: The state vs. Darryl Hunt. *Winston-Salem Journal*.

143. 아먼드 빌라사나(Armand Villasana)는 유죄판결을 받았지만 형을 선고받기 전에 면죄되었다. 그는 사건이 진행되는 2년 동안을 감금되어 살았다. 이노센스 프로젝트, 프로파일, Armand Villasana. http://www.innocenceproject.org/Content/Armand_Villasana.php.

144. 이노센스 프로젝트, 프로파일, Brandon Moon. http://www.innocenceproject.org/Content/222.php.

145. Hall, M. (2008). The exonerated: The 37 men in these pages spent 525 years in prison for crimes they didn't commit-then came the hard part: freedom. *Texas Monthly, 36*(11), 148. 데이비드 포프(David Pope)의 사건에 대해서는, 이노센스 프로젝트, 프로파일, David Shwan Pope. http://www.innocenceproject.org/Content/David_Swan_Pope.php.

146. 이노센스 프로젝트, 프로파일, Johnny Briscoe. http://www.innocenceproject.org/Content/Johnny_Briscoe.php.

147. 스티븐 어베리(Steven Avery) 사건에 대한 개관은, Findley, K. A., & Scott, M. S. (2006). Multiple Dimensions of Tunnel Vision in Criminal Cases, *Wisconsin Law Review*, 291-397.

148. Carlos Lavernia. http://www.law.northwestern.edu/wrongfulconvictions/exonerations/txLaverniaSummary.html.

149. 이노센스 프로젝트, 프로파일, James Ochoa. http://www.innocenceproject.org/Content/James_Ochoa.php.

150. 이노센스 프로젝트, 프로파일, Thomas Doswell. http://www.innocenceproject.org/Content/Thomas_Doswell.php.

151. 이노센스 프로젝트, 프로파일, Michael Green. http://www.innocenceproject.org/Content/Michael_Green.php.

152. 이노센스 프로젝트, 프로파일, Alejandro Dominguez. http://www.innocenceproject.org/Content/Alejandro_Dominguez.php.

153. 전단에 노출되기 전에 목격자는 허만 앳킨스(Herman Atkins)를 지목하지 못했다. 이노센스 프로젝트, 프로파일, Herman Atkins. http://www.innocenceproject.org/Content/Herman_Atkins.php.

154. 이노센스 프로젝트, 프로파일, Johnnie Lindsey. http://www.innocenceproject.org/Content/Johnnie_Lindsey.php.

155. 이노센스 프로젝트, 프로파일, Habib Wahir Abdal. http://www.innocenceproject.org/Content/Habib_Wahir_Abdal.php.

156. 이노센스 프로젝트, 프로파일, Albert Johnson. http://www.innocenceproject.org/Content/Albert_Johnson.php.

157. 토머스 맥고완(Thomas McGowan)에 대한 목격지목 또한 심각한 암시에 의해서 이루어졌다. 이노센스 프로젝트, 프로파일, Thomas McGowan. http://www.innocenceproject.org/Content/Thomas_McGowan.php.

158. 이노센스 프로젝트, 프로파일, Peter Rose. http://www.innocenceproject.org/Content/Peter_Rose.php.

159. 이노센스 프로젝트, 프로파일, Antonio Beaver. http://www.innocenceproject. org/Content/ DNA_Proves_Antonio_Beavers_Innocence_in_St_Louis_Carjacking_10_ Years_After_Conviction_Based_on_Victims_Misidentification.php.

160. 이노센스 프로젝트, 프로파일, Kevin Byrd, 앞의 주 133. 피해자는 처음에 그녀의 가해 자를 "벌꿀 색(honey brown color)"의 백인이라고 묘사하였다.

161. 이노센스 프로젝트, 프로파일, Alejandro Dominguez, 앞의 주 152.

162. 이노센스 프로젝트, 프로파일, Marvin Mitchell. http://www.innocenceproject.org/ Content/Marvin_Mitchell.php.

163. 이노센스 프로젝트, 프로파일, Luis Diaz. http://www.innocenceproject.org/Content/ Luis_Diaz.php.

164. Rutenberg, S. (2006). Anatomy of a Miscarriage of Justice: The Wrongful Conviction of Peter J. Rose. *Golden Gate University Law Review, 37*, 7-37; 이노센스 프로젝트, 프로파 일, Peter Rose, 앞의 주 158; Dwyer, Neufeld, & Scheck (2000), 앞의 주 142, pp. 45-77; 이노센스 프로젝트, 프로파일, Walter Snyder. http://www.innocenceproject.org/ Content/Walter_Snyder.php; 래리 풀러(Larry Fuller)와 로니 테일러(Ronnie Taylor)의 사 건: 이노센스 프로젝트, 프로파일, Larry Fuller. http://www.innocenceproject.org/ Content/Larry_Fuller.php; 이노센스 프로젝트, 프로파일, Ronnie Gene Taylor. http://www. innocenceproject.org/Content/Ronnie_Gene_Taylor.php.

165. 트래비스 헤이즈(Travis Hayes), 라이언 매튜(Ryan Matthews), 그리고 브랜든 문 (Brandon Moon)의 사건: 이노센스 프로젝트, 프로파일, Travis Hayes. http://www. innocenceproject.org/Content/Travis_Hayes.php; 이노센스 프로젝트, 프로파일, Ryan Matthews. http:// www.innocenceproject.org/Content/Ryan_Matthews.php. 그리고 이노 센스 프로젝트, 프로파일, Brandon Moon, 앞의 주 144.

166. 이노센스 프로젝트, 프로파일, Gilbert Alejandro. http://www.innocenceproject.org/ Content/Gilbert_Alejandro.php.

167. 이노센스 프로젝트, 프로파일, Terry Chalmers. http://www.innocenceproject.org/ Content/Terry_Chalmers.php.

168. 이노센스 프로젝트, 프로파일, Larry Mayers. http://www.innocenceproject.org/ Content/Larry_Mayers.php. 오클라호마의 제프리 피어스(Jeffrey Pierce) 사건에서 목격자는 원래의 라인업에서 그를 지목하는 데 실패하였지만, 한 달 후에 수행된 라인업에서 그를 지 목하였다. 이노센스 프로젝트, 프로파일, Jeffrey Pierce. http://www.innocenceproject. org/Content/Jeffrey_Pierce.php.

169. 이노센스 프로젝트, 프로파일, Calvin Johnson. http://www.innocenceproject. org/Content/Calvin_Johnson.php.

170. 윌리엄 오델 해리스(William O' Dell Harris) 사건에 대한 자세한 분석에 대해서는, Castelle, G., & Loftus, E. F. (2002). Misinformation and Wrongful Convictions. In S. D. Westervelt & J. A. Humphrey (Eds.), *Wrongfully convicted: Perspectives on failed justice*. New Brunswick, NJ: Rutgers University Press, pp. 17-35. 이노센스 프로젝트, 프로파일, William O' Dell Harris. http://www.innocenceproject.org/Content/William_ODell_Harris.php.

171. 월터 스나이더 사건에 대해서는, Dwyer, Neufeld, & Scheck (2000), 앞의 주 142, pp. 45-77; 이노센스 프로젝트, 프로파일, Walter Snyder. http://www.innocenceproject.org/Content/Walter_Snyder.php.

172. 이노센스 프로젝트, 프로파일, Robert Clark. http://www.innocenceproject.org/Content/Robert_Clark.php.

173. 이노센스 프로젝트, 프로파일, Arvin McGree. http://www.innocenceproject.org/Content/Arvin_McGree.php.

174. 이노센스 프로젝트, 프로파일, Clark McMillan. http://www.innocenceproject.org/Content/Clark_McMillan.php.

175. 이노센스 프로젝트, 프로파일, Luis Diaz, 앞의 주 163.

176. Dwyer, Neufeld, & Scheck (2000), 앞의 주 142, 제11장; Junkin (2004), 앞의 주 142.

177. 이노센스 프로젝트, 프로파일, Brandon Moon, 앞의 주 144; 이노센스 프로젝트, 프로파일, Dennis Maher. http://www.innocenceproject.org/Content/Dennis_Maher.php; 이노센스 프로젝트, 프로파일, Clark McMillan, 앞의 주 174.

178. 이노센스 프로젝트, 프로파일, Dennis Maher, 앞의 주 177; 이노센스 프로젝트, 프로파일, Anthony Robinson. http://www.innocenceproject.org/Content/Anthony_Robinson.php. 가해자는 로빈슨(Robinson)에게는 없었던 콧수염이 있었다고 했다.

179. 이노센스 프로젝트, 프로파일, Thomas McGowan, 앞의 주 157.

180. 이노센스 프로젝트, 프로파일, Ronnie Bullock. http://www.innocenceproject.org/Content/Ronnie_Bullock.php.

181. Anthony Capozzi: Son's arrest leads mother on a 22-year journey of faith (2007. 5. 13.). USA today. www.usatodya.com/news/nation/2007-05-13-mothers-faith_N.htm. 정신분열증으로 고통받던 카포찌(Capozzi)는 세 명의 피해자에게 연이어 지목되었다.

182. 이노센스 프로젝트, 프로파일, Anthony Powell. http://www.innocenceproject.org/Content/Anthony_Powell.php.

183. 이노센스 프로젝트, 프로파일, Ronnie Taylor, 앞의 주 164.

184. 이노센스 프로젝트, 프로파일, James Curtis Giles. http://www.innocenceproject.org/Content/James_Curtis_Giles.php.

185. 이노센스 프로젝트, 프로파일, Gregory Wallis. http://www.innocenceproject.org/Content/Gregory_Wallis.php.

186. Turtle, J. W., Lindsay, R. C. L., & Wells, G. L. (2003). Best practice recommendations for eyewitness evidence procedures: New ideas for the oldest way to solve a case. *Canadian Journal of Police and Security Services, 1*, 5-18.

187. 이 사후 평가는 게리 웰스가 평가자 변인이라고 부른 것이다. Wells (1978), 앞의 주 22.

188. 한 연구는 10초 이내에 이루어진 목격지목에 대한 정확성 수준은 87%이고, 12초 이상 소요된 결정의 정확성은 50%라는 것을 발견하였다. Dunning, D., & Perretta, S. (2002). Automaticity and eyewitness accuracy: A 10- to 12-second rule for distinguishing accurate from inaccurate positive identifications. *Journal of Applied Psychology, 87*(5), 951-962. 또 다른 연구는 15초 이내에 이루어진 목격지목에서는 정확성 수준이 70%이고, 그보다 더 오래 소요된 지목에서는 43%인 것을 발견하였다. 30초 이상이 소요된 지목의 정확성은 18%를 넘지 않았다. Smith, S. M., Lindsay, R. C. L., & Pryke, S. (2000). Postdictors of eyewitness errors: Can false identifications be diagnosed? *Journal of Applied Psychology, 85*(4), 542-550. 그러나 또 다른 시간 연구는 5초에서 29초 범위가 한계라고 하였다. Weber, N., Brewer, N., Wells, G. L., Semmler, C., & Keast, A. (2004). Eyewitness identification accuracy and response latency: The unruly 10-12-second rule. *Journal of Experimental Psychology: Applied, 10*(3), 139-147.

189. 10초 이내에 높은 확신감을 가지고 이루어진 지목은 정확성이 88%였고, 느리고 확신감이 낮은 지목의 정확성은 54%였다. 90% 수준 이상 확신하는 지목은 높은 확신감으로, 80% 수준 이하는 낮은 확신감으로 간주되었다. Weber, N., Brewer, N., Wells, G. L., Semmler, C., & Keast, A. (2004). Eyewitness identification accuracy and response latency: The unruly 10-12-second rule. *Journal of Experimental Psychology: Applied, 10*, 139-147.

190. 더 낮은 확신감을 가지고 느리게 지목하는 목격자들의 정확성이 32%였던 것과 비교할 때, 6초 이내에 결정한 목격자들의 정확성은 97%였고, 90% 이상 확신하였다. 목격자의 1/3 정도가 둘 중 어느 범주로도 분류되지 않았다. Sauerland, M., & Sporer, S. L. (2009). Fast and confident: Postdicting eyewitness identification accuracy in a field study. *Journal of Experimental Psychology: Applied, 15*(1), 46-62.

191. 일반적으로 경찰이 의심하는 용의자가 있고, 다른 대안적 증거 자료가 없을 때, 이 딜레마가 발생한다는 점에서 이 점을 유념하는 것은 특히 매우 어렵다. 목격지목을 신뢰하지 않는 것은 종종 범죄자가 처벌받지 않고 석방되는 것을 의미한다.

192. 이 보고서는 법 집행 기관을 주시하던 여섯 명의 연구자들에 의해 작성되었다. 이것은 절제되고 신중하며, 해당 독자의 관심사에 굉장히 민감하게 작성된 보고서다. 이 보고서는

이중맹목 진행, 라인업 지시문 개선, 공정한 라인업 구성, 그리고 확신감에 대한 발언의 즉
각적 기록, 네 가지 제안을 하였다. 이 보고서는 순차적 제시 방법과 라인업 녹화의 사용을
지지하기는 하였지만, 공식적으로 제안하지는 않았다. Wells et al. (1998), 앞의 주 97.

193. 이 지침은 오직 한 명의 용의자만을 라인업에 포함시키는 것에 대한 우려, 공정한 라인
업 구성, 라인업 지시문 개선, 확신감에 대한 발언의 즉각적 기록, 그리고 절차 기록 보관
을 제안하였다. 이 지침은, 이중맹목 진행, 순차적 제시, 그리고 라인업의 녹화까지는 제
안하지 않는다고 밝혔다. U.S. Department of Justice, National Institute of Justice (1999).
Eyewitness Evidence: A Guide for Law Enforcement. https://www.ncjrs.gov/pdffiles1/
nij/178240.pdf. 이 단체는 여섯 명의 목격자 연구자, 열여섯 명의 법 집행 관계자, 여섯 명
의 검사, 그리고 네 명의 변호사로 구성되어 있다. 연구 단체에 대한 연구자들의 설명과
지침에 대해서는, Wells, G. L., Malpass, R. S., Lindsay, R. C. L., Fisher, R. P., Turtle, J.
W., & Fulero, S. M. (2000). From the lab to the police station: A successful application of
eyewitness research. *American Psychologist, 55*(6), 581-598.

194. 라인업 절차의 개선은 노스캐롤라이나, 뉴저지, 로드 아일랜드, 버몬트 그리고 델라웨
어를 포함하는 열 개의 주에서 효과를 발휘하고 있다. 이노센스 프로젝트, http://www.
innocenceproject.org/news/LawView5.php.

195. 과도한 지목 경향성의 효과에 맞서기 위해서는, 용의자가 가해자와 모호하게 닮았다거
나 범죄 현장에서 몇 블록 떨어진 곳에서 목격되었다는 것과 같은 빈약한 의심에 기초하
여 라인업에 포함되어서는 안 된다. 게리 웰스는 '합리적인 의심(reasonable suspicion)'의
기준을 제시하였다. Wells, G. L. (2006). Eyewitness identification: Systemic reforms.
Wisconsin Law Review, 615-643.

196. 몇몇 권고사항들 사이에는 모순이 존재한다는 것을 분명히 해야 한다. 예를 들면, 가능
한 빨리 절차를 진행하라는 권고사항은 경찰이 특정한 사람에 대한 상당한 의심을 가지기
전에는 라인업을 수행하면 안 된다는 권고사항과 대치된다. 이 권고사항들 사이에서 균형
을 유지하는 것은 형사들의 섬세한 판단을 요구할 것이다.

　　몇몇 권고사항들은 다른 권고사항들의 실행 여부에 달려 있다. 예를 들면, 이중맹목 제
안은 순차적 절차에서는 필수적이다. 맹목 절차가 없는 순차적 절차는 진행자 암시의 위
험을 증가시키는 효과를 가지기 쉽다. 표적 인물들이 순차적으로, 그것도 한 명씩 제시될
때, 진행자로부터의 암시나 누설의 기회가 더 많다.

197. 용의자의 신원에 대해 모르는 진행자는 잘못된 목격 지목률(24%에서 12%로)과 옳은 목
격 지목률(56%에서 43%)을 낮춘다는 것을 기억하라. Clark, S. E. (2009. 3.). *Trade-off in
correct and false identifications: Protecting the innocent is not free.* Paper presented at
the annual meeting of the American Psychology-Law society, TBA, San Antonio, TX

198. 실험실 연구들은 순차적 절차가 표적-부재 라인업에서의 잘못된 지목률을 낮추고(32%

vs. 동시적 라인업에서는 54%), 표적-제시 라인업에서의 옳은 지목을 조금 감소시킨다는 것을 보여 주었음을 기억하라(44% vs. 52%). Steblay, Dysart, & Wells (2011), 앞의 주 101. 그러나 최근의 현장 자료에서는 동시적 라인업과 비교했을 때 순차적 라인업에서 옳은 지목이 감소하지 않는 것으로 나타났다. Wells, Steblay, & Dysart, (2011), 앞의 주 102.

199. 각주 10에서 논의된 자료 참고.

200. Lampinen, J. M., Judges, D. P., Odegard, T. N., & Hamilton, S. (2005). The reactions of mock jurors to the Department of Justice Guidelines for the Collection and Preservation of Eyewitness Evidence. *Basic and Applied Social Psychology, 27*, 155-162.

201. 예를 들면, Wells et al. (2000), 앞의 주 193.

202. 이러한 프로그램 중 하나인 PC_Eyewitness 프로그램이 노던 아이오와 대학의 연구진에 의하여 연구 목적으로 개발되었다. MacLin, O. H., Zimmerman, L. A., & Meissner, C. A. (2005). PC_Eyewitness: A computerized framework for the administration and practical application of research in eyewitness psychology. *Behavior Research Methods, 37*, 324-334. MacLin, O. H., Zimmerman, L. A., & Malpass, R. S. (2005). PC_Eyewitness and the sequential superiority effect: Computer-based lineup administration. *Law and Human Behavior, 29*, 303-321.

203. Wells, Steblay, & Dysart, (2011), 앞의 주 102 참조.

204. 영국에서 현재 수행되고 있는 절차에 대해서는, Valentine, T., Hughes, C., & Munro, R. (2009). Recent developments in eyewitness identification procedures in the United Kingdom. In R. Bull, T. Valentine, & T. Williamson (Eds.), *Handbook of psychology of investigative interviewing: Current developments and future directions.* Chichester, UK: Wiley-Blackwell, pp. 221-240.

205. Valentine, T., & Heaton, P. (1999). An evaluation of the fairness of police lineups and video identifications. *Applied Cognitive Psychology, 13*, S59-S72. 라인업이 비디오 이미지로 수행되는 것이 가장 이상적이지만, 여전히 비디오 라인업을 실시할 수 없는 경우와 우범자 사진첩 탐색이 필수적인 경우에는 사진이 사용되고 있다. 비디오는 다양한 각도에서의 신체의 전부와 머리 부분이 보이도록 촬영되어야 할 뿐만 아니라, 음성 녹음도 포함되어야 한다.

206. 영국에서의 라인업 수행에 대한 업무상의 문제에 대해서는, Roberts, A. (2004). The problem of mistaken identification: Some observations on process. *International Journal of Evidence & Proof, 8*, 100-119.

207. 헌법적으로 보장되는 한, 경찰이 체포된 용의자를 촬영할 수 있다는 데에는 의심이 없다. *United State v. Wade* (1967)의 대법원 판결은 스스로 유죄에 이르게 하지 않을 권리 (the right against self-incrimination)는 목격지목 절차에 참여하는 것으로부터 용의자를

보호하지 못하고 있다고 판시하였다. 대법원의 판결에 따르면, 합리적인 의심에만 기초하여 용의자를 촬영할 목적으로 일시적인 구금이 허용될 것이라고 믿을 만한 근거가 있다. *Hayes v. Florida*, 470 U.S. 811 (1985).

4. "바로 그런 일이 있었던 거예요"

1. 심리학 문헌들에서는 일화기억을 사건에 대한 기억을 특정한 시간과 장소에서 발생한 것으로 회상할 수 있는 개인적인 경험에 대한 기억으로 정의한다. 자전거에서 떨어진 일이나 대학의 입학 허가서를 받은 일에 대한 회상이 일화기억의 예다. 일화기억은 의미기억(semantic memory)이나 작업기억(working memory)과는 구분된다. 의미기억은 광범위한 일반 지식을 포함한다. 숟가락이라는 단어의 뜻을 아는 것과 셰익스피어의 「햄릿」이 덴마크(Denmark)에서 공연되었다는 것을 아는 것이다. 작업기억은 사람들이 제한된 양의 정보를 짧은 시간 동안 유지할 수 있게 해 준다. 작업기억은 대화를 지속하거나 진행되고 있는 사건을 관찰하는 것과 같은 다른 인지적 과정을 활성화하기 위해 정보를 유지한다.

2. 라이언 매튜(Ryan Matthews)와 트레비스 해이즈(Travis Hayes)의 사건에 대해서는 *Louisiana v. Hayes*, 806 So. 2d 816, 01-736 (La. App. 5 Cir. 12/26/01); 이노센스 프로젝트, 프로파일, Ryan Matthews. http://www.innocenceproject.org/Content/Ryan_Matthews.php. The two men were exonerated on the basis of a DNA test that matched the skimask used in the crime to another person.

3. *State v. Cotton*, No. 257A85 Alamance Co. Super. Ct., January 7, 1985, 재판 기록, pp. 360, 371.

4. 클래런스 엘킨스(Clarence Elkins) 사건, 2000 Ohio App. LEXIS 4670; 이노센스 프로젝트, 프로파일, Clarence Elkins. http://innocenceproject.org/Content/Clarence_Elkins.php.

5. 이노센스 프로젝트, 프로파일, Glen Woodall. http://www.innocenceproject.org/Content/Glen_Woodall.php.

6. 이노센스 프로젝트, 프로파일, Dwayne Scruggs. http://www.innocenceproject.org/Content/Dwayne_Scruggs.php.

7. 이노센스 프로젝트, 프로파일, Ben Salazar. http://www.innocenceproject.org/Content/Ben_Salazar.php; Tharp, G. W. R. (2006, 3, 21). DNA frees man jailed 18 years. *Dallas Morning News*.

8. 이노센스 프로젝트, 프로파일, Eduardo Velasquez. http://www.innocenceproject.org/Content!Eduardo_Velasquez.php.

9. 위의 라이언 매튜 사건과 아래의 에드워드 호나커 사건.

10. 이노센스 프로젝트, 프로파일, David Shawn Pope. http://www.innocenceproject.org/

Content/David_Shawn_Pope.php.

11. 이노센스 프로젝트, 프로파일, Donte Booker. http://www.innocenceproject.org/ Content/Donte_Booker.php.

12. 이노센스 프로젝트, 프로파일, Leonard McSherry. http://www.innocenceproject.org/ Content/Leonard_McSherry.php.

13. 처음에 피해자가 경찰에게 보고한 내용 중 어디에도 지하실 또는 기름에 대한 언급은 없었다. 피해자는 범죄사건이 일어난 날 그에게서 "강한 암내가 났으며, 그가 숨쉴 때 술 냄새가 났다."고 진술하였다. 그다음 날 그녀는 형사에게 "향 냄새, 땀과 술 냄새가 섞인, 아마도 담배 연기일 수도 있는" 냄새라고 묘사하였다. 스나이더는 45년 징역형을 받았고, 6년 반을 복역한 후 DNA 검사로 면죄되었다. 월터 스나이더의 사건에 대해서는, Dwyer, J., Neufeld, P., & Scheck, B. (2000). *Actual innocence: Five days to execution and other dispatches from the wrongfully convicted.* New York: Doubleday, pp. 45-77; 이노센스 프로젝트, 프로파일, Walter Snyder. http://www.innocenceproject.org/Content/Walter_Snyder.php.

14. 이노센스 프로젝트, 프로파일, Clark McMillan. http://www.innocenceproject.org/ Content/Clark_McMillan.php.

15. *Commonwealth of Virginia v. Edward William Honaker*, No. CR1977 (Nelson Co. Cir. Ct. February 6, 1985). 재판 기록. Gould, J. B. (2008). *The Innocence Commission: Preventing wrongful convictions and re-storing the criminal justice system.* New York: NYU Press, p. 104; 이노센스 프로젝트, 프로파일, Edward Honaker. http://innocenceproject.org/Content/ Edward_Honaker.php.

16. 이 연구들에서는, 표준 면담 기법을 사용했을 때는 82%, 그리고 인지 면담 프로토콜을 사용했을 때에는 85%의 정확률이 나타났다. Köhnken, G., Milne, R., Memon, A., & Bull, R. (1999). The cognitive interview: A meta-analysis. *Psychology, Crime & Law, 5,* 3-27. 녹화된 납치사건에 대한 목격자의 기억을 검증한 스웨덴의 한 연구에서 정확률은 65%였다. Granhag, P. A., Strömwall, L. A., & Allwood, C. M. (2000). Effects of reiteration, hindsight bias, and memory on realism in eyewitness confidence. *Applied Cognitive Psychology, 14,* 397-420.

17. 영국 경찰 훈련생을 대상으로 한 한 연구에서는 평균 68%의 정확률이 나타났다. Yuille, J. C., Davies, G., Gibling, F., Marxsen, D., & Porter, S. (1994). Eyewitness memory of police trainees for realistic role plays. *Journal of Applied Psychology, 79,* 931-936. 스코틀랜드 경찰관을 대상으로 한 연구에서 평균 정확률은 82%로 나타났다. Hulse, L. M., & Memon, A. (2006). Fatal impact? The effects of emotional arousal and weapon presence on police officers' memories for a simulated crime. *Legal and Criminological*

Psychology, 11, 313-325.

18. 밴쿠버 거리에서의 총격을 목격한 사람들 중 21명의 기억은 80%를 약간 웃도는 정확성을 가지는 것으로 나타났다. Yuille, J. C., & Cutshall, J. L. (1986). A case study of eyewitness memory of a crime. *Journal of Applied Psychology, 71*, 291-301. 같은 연구자들은 두 개의 총격 사고(92%)와 일련의 은행강도 사건(90%)에서 다소 높은 정확성을 발견하였다. Cutshall, J., & Yuille, J. C. (1988). Field studies of eye-witness memory of actual crimes. In D. C. Raskin, (Ed.), *Psychological methods in criminal investigation and evidence* (pp. 97-124). New York: Springer.

스톡홀름에서 22개 은행 강도 사건을 목격한 58명의 기억을 연구한 스웨덴 연구자들에 의해서도 유사한 정확성이 나타났다. 강도 사건의 실제 피해자였던 목격자의 정확성은 81%이었다. 개인적으로 강도의 표적이 되지 않았던 행인과 다른 직원의 정확성은 각각 62%와 72%이었다. Christianson, S. A., & Hübinette, B. (1993). Hands up! A study of witnesses' emotional reactions and memories associated with bank robberies. *Applied Cognitive Psychology, 7*, 365-379. CCTV에 녹화된 폭행 사건 목격자 기억을 확인한 스코틀랜드의 연구에서는 더 높은 정확성이 보고되었다. 아홉 명의 피해자와 열 명의 행인이 보고한 세부사항의 96%가 CCTV의 장면과 일치하는 것으로 나타났다. Woolnough, P. S., & MacLeod, M. (2001). Watching the birdie watching you: Eyewitness memory for actions using CCTV recordings of actual crimes. *Applied Cognitive Psychology, 15*, 395-411.

19. (완전성은 고려하지 않은) 기억의 양에 초점을 둔 일련의 연구에 대해서는, Koriat, A., & Goldsmith, M. (1996). Monitoring and control processes in the strategic regulation of memory accuracy. *Psychological Review, 103*, 490-517.

20. 은행 강도를 묘사하는 3분 정도의 경찰 훈련 비디오에 대한 피험자들의 기억을 측정한 한 연구에서는 피험자들이 그 비디오 장면에 묘사된 154개의 가능한 세부사항 중 25%를 기억한다는 것을 발견하였다. 기억 검사는 비디오를 보고 나서 이틀 후에 수행되었다. Gilbert, J. A. E., & Fisher, R. P. (2006). The effects of varied retrieval cues on reminiscence in eyewitness memory. *Applied Cognitive Psychology, 20*, 723-739. 1.5분 분량의 살인 사건 영상에 대한 기억을 측정한 한 연구에서, 피험자들은 45개 세부사항의 15~30%를 기억하는 것으로 나타났다. Bornstein, B. H., Liebel, L. M., & Scarberry, N. C. (1998). Repeated testing in eyewitness memory: A means to improve recall of a negative emotional event. *Applied Cognitive Psychology, 12*, 119-131. 이 연구들 중 하나에서는, 목격자가 대낮의 환한 조명 아래에서는 범죄 현장의 세부사항 중 15%를 회상하였지만, 밤처럼 어두운 환경에서는 5%밖에 회상하지 못하였다. 가해자와 피해자의 세부사항에 대한 기억 비율은 더 좋았다(환한 조명 아래에서는 각각 27%와 31%, 어두운 조명 아래에서는 두 유형의 기억에 대해서 모두 6%). Yarmey, A. D. (1986). Verbal, visual, and voice

identification of a rape suspect under different levels of illumination. *Journal of Applied Psychology, 71*, 363-370.

　　사건의 더 큰 부분에 대한 기억을 측정한 연구들에서는, 아래의 연구들에서 평균 기억 완전성 비율이 각각 47%, 42%, 그리고 31%으로 나타났다. Scrivner, E., & Safer, M. A. (1988). Eyewitnesses show hypermnesia for details about a violent event. *Journal of Applied Psychology, 73*, 371-377; Turtle, J. W., & Yuille, J. C. (1994). Lost but not forgotten details: Repeated eyewitness recall leads to reminiscence but not hypermnesia. *Journal of Applied Psychology, 79*, 260-271; Vidmar, N., & Laird, N. M. (1983). Adversary social roles: Their effects on witnesses' communication of evidence and the assessments of adjudicators. *Journal of Personality and Social Psychology, 44*, 888-898. 범죄 시뮬레이터에서 수행된 스코틀랜드 경찰관에 대한 연구에서, 기억된 세부사항은 평균 51%이었다. Hulse & Memon (2006), 앞의 주 17.

　　식별할 수 있는 "세부사항"의 범주를 정하는 것은 모호한 과제다. 주어진 장면은 무수히 많은 수의 세세한 세부사항—가해자가 모자를 썼는지 뿐만 아니라, 그 색, 모양, 로고, 챙의 디자인, 바느질 유형, 실의 색 등—으로 구분될 수 있다. 사람들이 이러한 모든 세부사항을 지각하고 부호화할 것이라고 기대할 수 없는 것은 말할 필요도 없다. 실용적인 목적을 위해서는, 범죄 수사의 차이를 만들어 낼 수 있는 세부사항의 수준에 초점을 맞추는 것이 최선이다.

21. 영국 경찰관을 대상으로 한 조사에서 목격자들의 자발적인 기억은 종종 수사적 요구를 충족시키기에는 부족한 것으로 나타났다. "목격자들은 얼마나 자주 당신이 원하는 만큼을 기억해 냅니까?"라는 질문에 51%의 경찰관이 "드물게"라고 응답하였다. 40%가 "대개", 8%만이 "거의 언제나"라고 응답하였고, "언제나"라는 응답은 없었다. Kebbell, M. R., & Milne, R. (1998). Police officers' perceptions of eyewitness performance in forensic investigations. *Journal of Social Psychology, 138*, 323-330.

22. 이 연구에서, 가해자를 정확하게 지목한 피험자들(표본의 57%)은 범죄 현장의 환경에 대한 11개의 질문 중 6.4개에 정확히 응답한 반면, 무고한 사람을 지목한 피험자들(32%)은 8.5개에 정확히 응답하였다. 나머지 18%는 누구도 지목하지 않았고, 단지 5.1개의 세부사항을 옳게 기억함으로써 둘 모두에서 가장 빈약한 수행을 보였다. Wells, G. L., & Leippe, M. R. (1981). How do triers of fact infer the accuracy of eyewitness identifications? Using memory for peripheral detail can be misleading. *Journal of Applied Psychology, 66*, 682-687.

23. 아래의 회상(reminiscence) 현상에 대한 논의 참조.

24. 연구 요약에 대해서는, Ley, P. (1979). Memory for medical information. *British journal of Social and Clinical Psychology, 18*, 245-255. 또 다른 연구에서는 환자들이 정보의

61%만을 옳게 기억하는 것으로 나타났다. Bertakis, K. D. (1977). The communication of information from physician to patient: A method for increasing patient retention and satisfaction. *Journal of Family Practice*, 5, 217-222. 간단한 개입이 정확성을 83%로 증가시켰다.

25. 많은 피험자를 대상으로 했던(*N* = 1,751) 한 연구에서는, 심지어 만성질환 환자들도 대부분 의학적으로 중요한 조언의 내용들을 회상하는 것에 실패하는 것으로 나타났다. Kravitz, R. L., Hays, R. D., Sherbourne, C. D., DiMatteo, M. R., Rogers, W. H., Ordway, L., & Greenfield, S. (1993). Recall of recommendations and adherence to advice among patients with chronic medical conditions. *Archives of Internal Medicine*, *153*(16), 1869-1878.

26. 평균적으로, 환자들은 3개월 동안 그들이 명심해야 하는 관련 의학 정보의 51%만을 회상하였다. 두 달 후, 회상 수준은 39%로 떨어졌다. Cohen, G., & Java, R. (1995). Memory for medical history: Accuracy of recall. *Applied Cognitive Psychology*, 9, 273-288.

27. Schacter, D. L. (1996). *Searching for memory*. New York: Basic Books.

28. Schmechel, R. S., O'Toole, T. P., Easterly, C., & Loftus, E. F. (2006). Beyond the kin? Testing jurors' understanding of eyewitness reliability evidence. *Jurimetrics*, *46*, 177-214.

29. Wise, R. A., Safer, M. A., & Maro, C. M. (2011). What U.S. law enforcement officers know and believe about eyewitness interviews and identification procedures. *Applied Cognitive Psychology*, *25*, 488-500.

30. Yuille, J. C. (1984). Research and teaching with police: A Canadian example. *International Review of Applied Psychology*, *33*, 5-23.

31. 이 조사는 평균 12년 동안 근무한 159명의 경찰관들을 대상으로 수행되었다. Kebbell & Milne (1998), 앞의 주 21.

32. Mitchell, K. J., & Johnson, M. K. (2000). Source monitoring: Attributing mental experiences. In E. Tulving & F. I. M. Craik (Eds.), *The Oxford handbook of memory* (pp. 179-195). New York: Oxford University Press.

33. Bartlett, F. C. (1932). *Remembering: A study in experimental and social psychology*. Cambridge: Cambridge University Press.

34. 기억의 구성적 특성은 1973년 6월, 워터게이트 사건을 수사하던 상원 위원회에 존 딘(John Dean)이 제공한 유명한 증언을 둘러싼 사건에서도 증명되었다. 닉슨 대통령의 이전 변호인은 그가 기억하고 있는 것들을 245페이지 분량의 보고서로 위원회에 제출하였고, 여기에 대해 대부분을 진술하였다. 딘은 그의 명민한 기억력으로 칭찬받았고, 심지어 관찰자들은 그를 "인간 기록기"라고 부르기도 하였다. 그들은 닉슨의 개입에 대한 수사를 좌절시키기 위한 계획을 세웠기 때문에 딘이 했던 증언의 중요한 부분은 그가 닉슨과

함께 대통령 집무실에서 나누었다는 대화와 관련되어 있다. 딘의 증언 직후에, 위원회는 집무실에서 있었던 모든 대화는 비밀리에 기록된다는 것을 알게 되었다. 이 기록은 딘의 기억 정확성을 객관적으로 확인할 기회를 제공하였다. 그 기록은, 닉슨이 실제로 은폐에 개입했다는 점에서 딘의 증언이 주요 내용 수준에서는 옳다는 것을 보여 주었다. 그러나 구체적인 세부사항 수준에서, 널리 알려져 있던 그의 (명민한 기억에 기초했던) 증언은 정확한 것과는 거리가 멀었다. 딘이 회상했던 많은 세부사항들과 실제로 오갔던 말에 대한 진술은 틀렸다. 대통령과의 중요한 두 가지 대화에 대한 회상에서, 그가 (아마도 말하고 싶었을지언정) 실제로 말하지 않은 것을 말했다고 보고하고 닉슨이 말하지 않은 (닉슨이 말하기를 바랐을) 것을 말했다고 보고함으로써 딘의 희망과 열정이 그 회상에 개입하였음을 증명하였다. 딘은 또한 특정한 진술이 다른 대화에서 있었다고 함으로써 출처 탐지의 오류를 범하였다. Neisser, U. (1981). John Dean's memory: A case study. *Cognition, 9,* 1-22.

35. Brainerd, C. J., & Reyna, V. F. (1990). Gist is the grist: Fuzzy-trace theory and the new intuitionism. *Developmental Review, 10,* 3-47; Brainerd, C. J., & Reyna, V. F. (2002). Fuzzy-trace theory and false memory. *Current Directions in Psychological Science, 11,* 164-169.

36. 출처탐지이론은 기억이 그 기억의 근원을 포함한다고 가정한다. 기억 판단에는 세 가지 종류가 있다. 그것은 외부에서 얻어진 정보로부터 내적으로 생성된 정보를 구별하는 것 (현실 감시; reality monitoring), 두 가지 외부적 기억의 출처를 구별하는 것(출처 탐지; source monitoring), 그리고 두 가지 내적 기억의 출처를 구별하는 것(내적 출처 탐지; internal source monitoring)이다. Johnson, M. K., Hashtroudi, S., & Lindsay, D. S. (1993). Source monitoring. *Psychological Bulletin, 114,* 3-28.

37. Johnson, M. K. (1997). Source monitoring and memory distortion. *Philosophical Transactions of the Royal Society B: Biological Sciences,* 352, 1733-1745.

38. Kroll, N. E. A., Knight, R. T., Metcalfe, J., Wolf, E. S., & Tulving, E. (1996). Cohesion failure as a source of memory illusions. *Journal of Memory and Language, 35,* 176-196; Brown, S. C., & Craik, F. I. M. (2000). Encoding and retrieval of information. In E. Tulving & F. I. M. Craik (Eds.), *The Oxford handbook of memory* (pp. 93-107). New York: Oxford University Press. 이 과정은 결합(cohesion)이라고도 한다; Moscovitch, M. (1994). Memory and working with memory: Evaluation of a component process model and comparisons with other models 참조. In D. L. Schacter & E. Tulving (Eds.), *Memory systems* (pp. 269-310). Cambridge, MA: MIT Press.

39. 이 비디오는 농구공을 주고받는 사람들을 묘사하고, 피험자들은 그 공이 몇 번 던져지는 지를 세도록 지시 받는다. 비디오 클립의 20초 정도 시점에서, 검은 고릴라 복장을 한 사

람이 가운데로 등장하여 카메라를 쳐다보고, 가슴을 두드리고는 다시 걸어 나간다. 약 40%의 피험자들이 고릴라를 알아채는 데 실패한다. Simons, D. J., & Chabris, C. E (2000). Gorillas in our midst: sustained inattentional blindness for dynamic events. *Perception, 28*, 1059-1074.

40. 예를 들면, 큰 제조 회사 종업원들은 일주일 전에 자신들이 무엇을 했는지 보다 전날에 자신들이 무엇을 했는지에 대해서 더 많은 세부사항을 기억한다. Eldridge, M. A., Barnard, P. J., & Bekerian, D. A. (1994). Autobiographical memory and daily schemas at work. *Memory, 2*, 51-74. 많은 연구들은 첫 면담을 지연시키면 정확한 정보는 줄어들고 부정확한 정보는 많아진다는 것을 보여 준다. 한 가지 예로, Tuckey, M. R., & Brewer, N. (2003). The influence of schemas, stimulus ambiguity, and interview schedule on eyewitness memory over time. *Journal of Experimental Psychology: Applied, 9*, 101-118.

41. 이 메타분석은 210개의 출간된 연구를 포함하였다. Rubin, D. C., & Wenzel, A. E. (1996). One hundred years of forgetting: A quantitative description of retention. *Psychological Review, 103*, 734-760.

42. Bornstein, Liebel과 Scarberry(1998, 앞의 주 20)는 세 번의 검사를 거치면서 약 20%의 전반적 증가를 발견하였으며, Dunning과 Stern (1992)는 약 10%의 증가를 발견하였다. Dunning, D., & Stern, L. B. (1992). Examining the generality of eyewitness hypermnesia: A close look at time delay and question type. *Applied Cognitive Psychology, 6*, 643-657.

43. Gilbert와 Fisher (2006, 앞의 주 20)는 표준 면담 기법을 사용했을 때 30%의 증가와 회상 단서들을 변경시켰을 때 50%의 증가를 발견하였다.

44. 범죄 수사에서 회상으로부터 오는 보통의 이득은 기억 설명의 전반적인 불완전성에 의해 크게 영향을 받는다. 범죄 수사적으로 사건에 관련된 세부사항에 대한 목격자의 기억은 제한적이라는 것을 기억하라. 회상이 가지는 20%의 긍정적인 실제 이득은 25%의 완전성을 가지는 초기 기억을 30% 수준의 완전성을 가지는 것으로 만들 수 있다. 그러나 여전히 기억의 틈새는 크게 남아 있다.

45. 회상과 망각 사이의 상쇄가 실질적인 기억 이득(기억 증진; hypermnesia)을 만들어 낼지 손실을 만들어 낼지는 연구 특정적인 환경에 의존한다. 상충되는 결과들에 대해서는, Dunning & Stern (1992), 앞의 주 42와 Turtle & Yuille (1994), 앞의 주 20.

46. Rubin & Wenzel (1996), 앞의 주 41.

47. 섬광 기억은 "지각적인 특성"을 가진다고 여겨졌다. Brown, R., & Kulik, J. (1977). Flashbulb memories. *Cognition, 5*, 73.

48. 몇몇 연구들은 섬광 기억에 대한 우수한 수행을 발견하였다. Neisser, U., Winograd, E., Bergman, E. T., Schreiber, C. A., Palmeir, S. E., & Weldon, M. S. (1996). Remembering the earthquake: Direct experience vs. hearing the news. *Memory, 4*, 337-357; Tinti, C.,

Schmidt, S., Sotgiu, I., Testa, S., & Curci, A. (2009). The role of importance/consequentiality appraisal in flashbulb memory formation: The case of the death of Pope John Paul II. *Applied Cognitive Psychology, 23*(2), 236-253. 다른 연구들은 효과를 발견하는 데 실패하였다. 예를 들면, Schmolck, H., Buffalo, E. A., & Squire, L. R. (2000). Memory distortions develop over time: Recollections of the O. J. Simpson trial verdict after 15 and 32 months. *Psychological Science, 11*, 39-45; Talarico, J. M., & Rubin, D. C. (2003). Confidence, not consistency, characterizes flashbulb memories. *Psychological Science, 14*, 455-461; Talarico, J. M., & Rubin, D. C. (2007). Flashbulb memories are special after all; in phenomenology, not accuracy. *Applied Cognitive Psychology, 21*, 557-578.

49. 연구들에서는 주로 처음 사건에 대해서 들었을 당시의 장소, 그 뉴스 때문에 중단된 행위, 뉴스의 출처, 그들의 정서적 반응, 다른 사람들의 정서적 반응 등과 같은 개인적 주변 환경에 대한 기억을 확인하였다. 대부분의 범죄 수사에서는 이러한 유형의 정보가 가해자를 지목하거나 유죄성의 정도를 결정하는 데 도움이 되지 않는다.

50. Talarico & Rubin (2003), 앞의 주 48; Talarico & Rubin (2007), 앞의 주 48. Schmolck, Buffalo와 Squire (2000)에 의한 오제이 심슨 판결에 대한 연구에서도 높은 확신감이 보고되었다. 앞의 주 48; Conway, A. R. A., Skitka, L. J., Hemmerich, J. A., & Kershaw, T. C. (2009). Flashbulb memory for 11 September 2001. *Applied Cognitive Psychology, 23*, 605-623.

51. 한 연구에서는, 피험자들에게 실제로는 없었던 개의 색과 같은, 그들이 보았던 필름에는 포함되지 않았던 사실을 회상하라고 요구하였다. "모르겠다"라는 응답을 할 수 있었음에도 불구하고, 1/3 정도는 자연히 틀릴 수밖에 없는, 회상을 확증하는 응답을 했다. Hastie, R., Landsman, R., & Loftus, E. F. (1978). Eyewitness testimony: The dangers of guessing. *Jurimetrics, 19*, 1-8. 오제이 심슨 판결을 둘러싼 사실에 대한 사람들의 기억을 추적한 한 연구에서는, 사건 이후 15개월에서 30개월 사이에 "기억나지 않는다"라는 응답의 비율이 세 배나 감소하였다. 응답자들의 기억이 약해짐에 따라서, 그들은 매우 부정확하지만 무언가를 보고하는 경향이 있었다. 정확한 응답의 비율은 시간이 지남에 따라 38%에서 20%로 떨어졌다. Schmolck, Buffalo, & Squire (2000), 앞의 주 48.

52. 제3장에서 소개된 캐나다 피험자들을 대상으로 한 현장 연구에서 피험자들의 약 1/3이 표적인물과의 거리를 과소추정하고, 추정할 때 범위를 사용하는 경우 절반 이상의 사건에서 실제 거리가 피험자들이 추정한 범위 밖에 있었음을 기억하라. Lindsay, R. C. L., Semmler, C., Weber, N., Brewer, N., & Lindsay, M. R. (2008). How variations in distance affect eyewitness reports and identification accuracy. *Law and Human Behavior, 32*(6), 526-535. 또한 Radvansky, G. A., Carlson-Radvansky, L. A., & Irwin, D. E. (1995).

Uncertainty in estimating distances from memory. *Memory & Cognition, 23*, 596–606; Wiest, W. M., & Bell, B. (1985). Stevens's exponent for psychophysical scaling of perceived, remembered, and inferred distance. *Psychological Bulletin, 98*, 457–470.

53. Pedersen, A. C. I., & Wright, D. B. (2002). Do differences in event descriptions cause different duration estimates? *Applied Cognitive Psychology, 16*, 769–783; Loftus, E. F., Schooler, J. W., Boone, S. M., & Kline, D. (1987). Time went by so slowly: Overestimation of event duration by males and females. *Applied Cognitive Psychology, 1*, 3–13.

54. 한 연구에서, 시속 12마일(20km)로 운행하던 차의 추정된 속도는 시속 10(32km)에서 50마일(80km)의 범위를 가졌다. Marshall, J. (1969). *Law and psychology in conflict.* New York: Anchor Books. Cited in Loftus, E. F., & Palmer, J. C. (1974). Reconstruction of automobile destruction: An example of the interaction between language and memory. *Journal of Verbal Learning and Verbal Behavior, 13*, 585–589.

55. 밴쿠버 상점의 총기 사고에 대한 연구에서, 목격자들은 개입된 사람들에 대해서 23가지의 수량적 묘사를 하였다. 이 묘사들은 50%만 정확하였고, 이것은 우연 수준보다 낫지 않은 것이다. Yuille & Cutshall (1986), 앞의 주 18.

56. Allport, G. W. (1954). *The nature of prejudice.* Garden City, NY: Doubleday/Anchor. 덩컨(Duncan)에 의한 고전적인 연구에서, 백인들은 흑인들이 하는 애매하게 밀치는 행동을 백인들이 했을 때보다 더 공격적인 행동이라고 해석하였다. Duncan, B. L. (1976). Differential social perception and attribution of intergroup violence: Testing the lower limits of stereotyping of Blacks. *Journal of Personality and Social Psychology, 34*, 590–598.

57. 예를 들면, 스포츠팬들은 경기장에서의 사건을 자신이 좋아하는 팀에게 우호적으로 판단한다. Hastrof, A. H., & Cantril, H. (1954). They saw a game: A case study. *Journal of Abnormal and Social Psychology, 49*, 129–134. 동기화된 지각은 애매한 시각적 이미지를 사람들이 어떻게 해석하는지를 통해서 증명되어 왔다. Balcetis, E., & Dunning, D. (2006). See what you want to see: Motivational influences on visual perception. *Journal of Personality and Social Psychology, 91*, 612–625. 동기는 또한 언덕의 가파름과 같은 물리적 특성에 대한 판단에도 영향을 주는 것으로 나타났다. Proffitt, D. R., Creem, S. H., & Zosh, W. (2001). Seeing mountains in mole hills: Geographical slant perception. *Psychological Science, 12*, 418–423. 사람들은 또한 사건을 자신들의 정치적 선호와 일치하도록 해석한다. Fischle, M. (2000). Mass response to the Lewinsky scandal: Motivated reasoning or Bayesian updating? *Political Psychology, 21*, 135–159.

58. Johnson, M. K., Bransford, J. D., & Solomon, S. K. (1973). Memory for tacit implications of sentences. *Journal of Experimental Psychology, 98*, 203–205.

59. 이러한 유형의 48개 문장에 대한 틀린 기억의 비율은 .73이었다. Chan, J. C. K., & McDermott, K. B. (2006). Remembering pragmatic inferences. *Applied Cognitive Psychology, 20,* 633-639. 또한 McDermott, K. B., & Chan, J. C. (2006). Effects of repetition on memory for pragmatic inferences. *Memory & Cognition, 34,* 1273-1284. 초기의 실험에 대해서는, Brewer, W. F. (1977). Memory for the pragmatic implications of sentences. *Memory & Cognition, 5,* 673-678.

60. Bransford, J. D., & Franks, J. J. (1971). The abstraction of linguistic ideas. *Cognitive Psychology, 2,* 331-350. 다시 말하지만, 이 진술들은 그럴듯한 추론이기는 하나, 실제로 피험자들이 관찰한 내용은 아니다.

61. Carli, L. L. (1999). Cognitive reconstruction, hindsight, and reactions to victims and perpetrators. *Personality and Social Psychology Bulletin, 25,* 966-99.

62. 이러한 연구들에서는, 한 피험자가 지하철 안의 한 장면을 찍은 사진에 대해 묘사한 내용을 그 사진을 보지 않은 6명 또는 7명의 피험자들이 서로에게 말로 전달하도록 하였다. 그 사진은 정장에 넥타이를 맨 잘 차려 입은 흑인이 백인 노동자를 마주하고 있는 모습을 묘사하고 있었다. 그 백인은 약간 화가 난 것처럼 보였고, 큰 면도날이 보이도록 옆에 쥐고 있었다. 이야기가 피험자들의 소집단에서 다 전해졌을 때에는, 약 50% 정도의 집단에서 두 남자의 역할이 뒤바뀌어 흑인 남자가 면도날을 가진 것으로 왜곡되었다. 일부 왜곡은 흑인 남자가 백인 남자에게 화를 내고 있었다는 세부적인 설명을 동반하였다. Allport, G. W., & Postman, L. J. (1947). *The psychology of rumor.* New York: Henry Holt. 또한 Fyock, J., & Stangor, C. (1994). The role of memory biases in stereotype maintenance. *British Journal of Social Psychology, 33,* 331-343. 기억에 대한 성고정관념(gender stereotypes)의 효과를 증명하는 연구에 대해서는, MacRae, C. N., Schloerscheidt, A. M., Bodenhausen, G. V., & Milne, A. B. (2002). Creating memory illusions: Expectancy-based processing and the generation of false memories. *Memory, 10,* 63-80. 고정관념이 기억에 개입한다는 다른 증거들에 대해서는, Sherman, J. W., Groom, C. J., Ehrenberg, K., & Klauer, K. C. (2003). Bearing false witness under pressure: Implicit and explicit components of stereotype-driven memory distortions. *Social Cognition, 21,* 213-246; Sherman, J. W., & Bessenoff, G. R. (1999). Stereotypes as source-monitoring cues: On the interaction between episodic and semantic memory. *Psychological Science, 10,* 106-110.

63. Cohen, C. E. (1981). Person categories and social perception: Testing some boundaries of the processing effects of prior knowledge. *Journal of Personality and Social Psychology, 40,* 441-452.

64. Nake, M., Itsukushima, Y., & Itoh, Y. (1996). Eyewitness testimony after three months: A field study on memory for an incident in everyday life. *Japanese Psychological*

Research, 38, 14-24.

65. O'Brien, B. (2009). Prime suspect: An examination of factors that aggravate and counteract confirmation bias in criminal investigations. *Psychology, Public Policy, and Law, 15,* 315-334.

66. 한 연구에서 특정한 입사 지원자를 선택한 이후에, 그 의사결정을 한 사람의 기억은 자신의 선택을 지지하는 쪽으로 왜곡된다는 것을 발견하였다. 특히, 피험자들은 선택된 지원자에게 더 많은 긍정적인 특성들을 귀인하고, 선택하지 않은 지원자에게는 더 많은 부정적인 특성들을 귀인하였다. Mather, M., Shafir, E., & Johnson, M. K. (2000). Misremembrance of options past: Source monitoring and choice. *Psychological Science, 11,* 132-138. 운동경기의 결과에 대한 편파된 예측을 하도록 요구받은 대학생들은 이후에 그 팀에 대해서 편파 과제와 일관되는 정보들을 회상하였다. Markman, K. D., & Hirt, E. R. (2002). Social prediction and the "allegiance bias." *Social Cognition, 20,* 58-86; Hirt, E. R., & Sherman, S. J. (1985). The role of prior knowledge in explaining hypothetical events. *Journal of Experimental Social Psychology, 21,* 519-543. 또한, Bodenhausen, G. V., & Wyer, R. S. (1985). Effects of stereotypes on decision making and information-processing strategies. *Journal of Personality and Social Psychology, 48,* 267-282.

67. Crombag, H. M., Wagenaar, W. A., & van Koppen, P. J. (1996). Crashing memories and the problem of "source monitoring." *Applied Cognitive Psychology, 10,* 95-104.

68. 누군가는 충돌에 대한 기억을 자발적인 허위 기억으로 범주화하는 것에 문제를 제기할 수도 있다. 첫 번째 연구는 크롬배그(Crombag)와 동료들이 질문했던 것처럼, (앞의 주, 67) "당신은 비행기가 아파트 건물과 충돌하는 순간에 대한 TV 화면을 보았습니까?"와 마찬가지로 화면의 존재에 대한 내재적 암시를 포함하였다. 그러나 이후의 연구에서는 그와 같은 암시 없이도 유사한 결과를 얻었다. Smeets, T., Jelicic, M., Peters, M. J. V., Candel, I., Horselenberg, R., & Merckelbach, H. (2006). "Of course I remember seeing that film": How ambiguous questions generate crashing memories. *Applied Cognitive Psychology, 20,* 779-789; Jelicic, M., Smeets, T., Peters, M. J. V., Candel, I., Horselenberg, R., & Merckelbach, H. (2006). Assassination of a controversial politician: Remembering details from another non-existent film. *Applied Cognitive Psychology, 20*(5), 591-596.

69. 논란이 많은 정치인 핌 포튜인(Pim Fortuyn)에 대한 암살은 영상으로 기록되지 않았다. 그러나 27~63%의 응답자들이 그것을 TV에서 봤다고 보고하였다. Jelicic et al. (2006), 앞의 주 68; Smeets et al. (2006), 앞의 주 68.

70. 영국 피험자들의 44%는 그 영상을 보았다고 주장하였다. Ost, J., Vrij, A., Costall, A., & Bull, R. (2002). Crashing memories and reality monitoring: Distinguishing between

perceptions, imaginations, and "false memories." *Applied Cognitive Psychology, 16*, 125-134.

71. 피험자들이 목격한 항목의 특성과 친숙하지 않은 특성이 혼합된 항목을 기억할 때 유사한 오류가 발생하였다(예를 들면, blackboard를 기억하기). Reinitz, M. T., Morrissey, J., & Demb, J. (1994). Role of attention in face encoding. *Journal of Experimental Psychology: Learning, Memory, and Cognition, 20*, 161-168.

72. Lindsay, D. S., Allen, B. P., Chan, J. C. K., & Dahl, L. C. (2004). Eyewitness suggestibility and source similarity: Intrusions of details from one event into memory reports of another event. *Journal of Memory and Language, 50*, 96-111.

73. Odegard, T. N., & Lampinen, J. M. (2004). Memory conjunction errors for autobiographical events: More than just familiarity. *Memory, 12*, 288-300.

74. 피험자들은 특정한 행동(예를 들면, 이쑤시개를 부러뜨리기)을 하거나 그 행동을 하는 것을 그저 상상하라고 지시받았다. 2주 후에 수행된 기억 검사는 직접 했던 행동과 상상한 행동에 대한 혼동이 일어남을 보여 주었다. Goff, L. M., & Roediger, H. L. (1998). Imagination inflation for action events: Repeated imaginings lead to illusory recollections. *Memory & Cognition, 26*, 20-33.

75. 전반적으로, 오도하는 정보에 대한 노출은 정확성을 75%에서 41%로 감소시켰다. Loftus, E. F., Miller, D. G., & Burns, H. J. (1978). Semantic integration of verbal information into a visual memory. *Journal of Experimental Psychology: Human Learning and Memory, 4*, 19-31.

76. 반대로, 헛간에 대한 암시를 받지 않은 피험자들 중 3% 미만이 헛간을 보았다고 보고하였다. Loftus, E. F. (1975). Leading questions and the eyewitness report. *Cognitive Psychology, 7*, 560-572.

77. "박살 냈다(smashed)" "충돌했다(collided)" "부딪쳤다(bumped)" "쳤다(hit)", 그리고 "접촉했다(contacted)", 이 다섯 동사들에 대한 평균적인 반응은 각각 시속 41마일(66km), 39마일(63km), 38마일(61km), 34마일(55km), 그리고 32마일(51km) 이었다. Loftus & Palmer (1974), 앞의 주 54.

78. 예를 들면, Smith, V. L., & Ellsworth, P. C. (1987). The social psychology of eyewitness accuracy: Misleading questions and communicator expertise. *Journal of Applied Psychology, 72*, 294-300.

79. 개관에 대해서는, Davis, D., & Loftus, E. F. (2007). Internal and external sources of misinformation in adult witness memory. In M. P. Toglia, J. D. Read, D. F. Ross, & R. C. L. Lindsay (Eds.), *Handbook of eyewitness psychology* (vol. 1: Memory for events, pp. 195-237). Mahwah, NJ: Lawrence Erlbaum. 또한, Paterson, H. M., & Kemp, R. I.

(2006b). Comparing methods of encountering post-event information: The power of co-witness suggestion. *Applied Cognitive Psychology, 20,* 1083-1099.

80. 피험자의 73%는 주방 장면의 배경에 커피메이커가 아닌 블렌더가 있었다고 언급된 기술 문에 의해서 오도되었다. 마찬가지로, 행인의 셔츠 색이 오렌지색이 아닌 파란색이라고 기술하는 것은 피험자의 85%가 그들이 본 색을 잘못 기억하도록 이끌었다. Wright, D. B., & Stroud, J. N. (1998). Memory quality and misinformation for peripheral and central objects. *Legal and Criminological Psychology, 3,* 273-286.

81. Heath, W. P., & Erickson, J. R. (1998). Memory for central and peripheral actions and props after varied post-event presentation. *Legal and Criminological Psychology, 3,* 321-346. 또 다른 연구에서는 주변적 세부사항에 대해 암시된 허위 기억이 주요 세부사항에 대해 암시된 허위 기억보다 세 배나 많은 것으로 나타났다. Dalton, A. L., & Daneman, M. (2006). Social suggestibility to central and peripheral misinformation. *Memory, 14,* 486-501.

82. 이러한 종류의 첫 번째 연구에서는, 피험자의 29%가 허위 사건에 대한 기억을 보고하였다. Loftus, E. F., & Pickrell, J. E. (1995). The formation of false memories. *Psychiatric Annals, 25,* 720-725.

83. 뉴질랜드 연구자들에 의해서 수행된 이러한 연구들에서, 피험자들은 4세에서 8세 정도였을 때 그들이 가족과 함께 열기구 안에 타고 있던 모습이 조작된 사진을 보았다. 그들의 부모에게 확인한 바, 그들은 열기구에 탑승해 본 적이 없었다. 피험자들 중 누구도 자발적으로 열기구 탑승을 회상하지 못했다. 그들은 열기구를 타는 모습을 상상해 보라고 권유받았고, 매일 밤 몇 분 동안 그것을 생각해 보라고 지시받았다. 며칠 뒤에 수행된 세 번째 면담에서, 절반의 피험자들이 열기구 탑승에 대해 무언가를 보고하였다. Wade, K. A., Garry, M., Read, J. D., & Lindsay, S. (2002). A picture is worth a thousand lies: Using false photographs to create false childhood memories. *Psychonomic Bulletin & Review, 9,* 597-603. 사건을 묘사하는 기술문을 주었을 때는 더 높은 허위 회상률을 얻었다. Garry, M., & Wade, K. A. (2005). Actually, a picture is worth less than 45 words: Narratives produce more false memories than photographs do. *Psychonomic Bulletin & Review, 12,* 359-366. 유사한 결과에 대해서는, Garry, M., & Gerrie, M. P. (2005). When photographs create false memories. *Current Directions in Psychological Science, 14,* 321-325.

84. 세 번의 면담 후에, 피험자들 중 평균 37%는 해변을 걷는 동안 상어 이빨을 찾았고, 인명 구조원이 목숨을 구해 준 내용을 포함하여 시나리오에 대한 많은 허위 기억을 보고하였다. Heaps, C. M., & Nash, M. (2001). Comparing recollective experience in true and false auto- biographical memories. *Journal of Experimental Psychology: Learning, Memory,*

and Cognition, 27, 920–930.

85. 피험자들 중 평균 40%는 전혀 받지 않은 의학적 시술을 받았다고 회상하였다. Mazzoni, G., & Memon, A. (2003). Imagination can create false autobiographical memories. *Psychological Science, 14,* 186–188.

86. 피험자들의 26%는 허위의 사건에 대한 완전한 기억을 보고하였고, 다른 30%는 부분적인 허위 기억을 보고하였다. Porter, S., Yuille, J. C., & Lehman, D. R. (1999). The nature of real, implanted, and fabricated memories for emotional childhood events: Implications for the recovered memory debate. *Law and Human Behavior, 23,* 517–537.

87. 세 번째 면담까지 37%의 피험자들이 이 사건을 경험했다고 회상하였다. Hyman, I. E., & Pentland, J. (1996). The role of mental imagery in the creation of false childhood memories. *Journal of Memory and Language, 35,* 101–117. 다른 연구들에서 피험자들은 소화용 스프링클러 시스템이 켜졌을 때 식료품점에 있었다는 허위 기억을 인정하였다. Hyman, I. E., Husband, T. H., & Billings, F. J. (1995). False memories of childhood experiences. *Applied Cognitive Psychology, 9,* 181–197.

88. 이 연구들에서는, 피험자들의 1/4이 벅스를 만난 기억을 보고하였다. Grinely, M. J. (2002). *Effects of advertising on semantic and episodic memory.* Master's thesis, University of Washington, Washington, cited in Loftus, E. F. (2003). Make-believe memories. *American Psychologist, November,* 867–873.

89. Johnson, Hashtroudi, & Lindsay (1993), 앞의 주 36.

90. 실제 기억과 허위 기억을 구별하기 위해 다양한 측정도구가 사용되어 왔고, 특히 기억 특성 질문지(Memory Characteristics Questionnaire; MCQ)가 많이 사용되었다. Johnson, M. K., Foley, M. A., Suengas, A. G., & Raye, C. L. (1988). Phenomenal characteristics of memories for perceived and imagined autobiographical events. *Journal of Experimental Psychology: General, 117,* 371–376.

91. 포터(Porter)와 동료들은 주입된 기억이 실제 기억보다 덜 선명하고 덜 논리적이며, 확신 감이 낮다는 것을 발견하였다. Porter, Yuille, & Lehman (1999), 앞의 주 86. 결혼식에서 펀치 볼을 두드리던 기억에 대한 연구에서, 실제 기억에 대한 확신감은 1~7점 척도에서 5.6점이었지만, 허위 기억에 대한 확신감은 3점이었다. Hyman & Pentland (1996), 앞의 주 87. 열기구 탑승 연구에서, 실제 사건에 대한 평균 확신감은 91%였지만, 열기구를 탄 것에 대한 허위 기억에 대해서는 겨우 44%였다. Wade et al. (2002), 앞의 주 83. 또한 Loftus & Pickrell (1995), 앞의 주 82 참조.

몇몇 연구에서는, 목격한 사건에 대해서는 분명한 회상을 하였지만, 허위 기억은 모호하지만 친숙한 느낌에 기초하여 보고되었다. MacRae et al. (2002), 앞의 주 62.

92. 몇몇 연구들은 허위 기억이 실제 기억에 필적하는 확신감 수준으로 보고된다는 것을 발

견하였다. 9 · 11 사건에 대한 사람들의 기억 연구에서는, 정확한 반응을 한 사람들보다 오류가 있는 반응을 한 사람들의 확신감이 더 높았다. Pezdek, K. (2003). Event memory and auto-biographical memory for the events of September, 11, 2001. *Applied Cognitive Psychology, 17*, 1033-1045. Schmolck, Buffalo와 Squire(2000, 앞의 주 48)의 연구에서는 매우 부정확한 회상을 한 피험자들의 61%는 1~5점 척도에서 4점 또는 5점의 확신감 평정을 하는 것으로 나타났다. Roediger와 McDermott (1995)는 실제 기억과 허위 기억의 확신감 수준에 차이가 없음을 발견하였다. Roediget, H. L., & McDermott, K. B. (1995). Creating false memories: Remembering words not presented in lists. *Journal of Experimental Psychology: Learning, Memory, and Cognition, 21*, 803-814. 한 연구에서, 피험자들은 실제 기억보다 오류가 있는 기억에 대해 실제로 더 확신적이었다. Bransford & Franks (1971), 앞의 주 60.

몇몇 연구에서는 허위 기억을 보고하는 피험자들이 실제 기억을 보고하는 피험자들과 마찬가지로 그들이 실제로 접한 정보는 "안다(knowing)"고, 허위 기억은 "기억한다(remembered)"고 말한다는 것을 발견하였다. Chan & McDermott (2006), 앞의 주 59. 유사한 결과가 Roediger & McDermott (1995), 앞의 주 92와 Odegard & Lampinen (2004), 앞의 주 73에 의해서도 발견되었다.

Smeets 등(2006, 앞의 주 68)과 Ost 등(2002, 앞의 주 70)이 수행한 충돌 기억 연구에서, 기억 특성 질문지(MCQ)는 영상을 보았다고 보고한 사람들과 보지 못한 사람들을 구별하거나 허구적 사건의 세부사항을 제공하는 사람들과 그렇지 않은 사람들을 구별하는 데 도움이 되지 않았다.

93. Mitchell & Johnson (2000), 앞의 주 32.

94. 한 연구에서는, 허위 기억이 처음에는 실제 기억과 구별이 가능했지만, 연이은 면담을 통해서 대부분의 차이가 없어지는 것으로 나타났다. Heaps & Nash (2001), 앞의 주 84.

95. Eldridge, Barnard, & Bekerian (1994), 앞의 주 40.

96. 자동차들이 서로를 "박살 냈을" 때 얼마나 빨리 달리고 있었는지를 질문받은 피험자들 중 1/3은 깨진 유리를 보았다고 응답하였다. 이 비율은 "쳤다"와 같은 다른 동사를 단서로 받은 피험자들에게서는 상당히 낮아졌다. 깨진 유리를 보고하는 비율은 피험자들의 속도 추정에 의해서 완전히 매개되지는 않았는데, 이것은 허위 기억이 "박살 내다"라는 단어의 의미적 내용에 의해서도 유발된다는 것을 의미한다. Loftus & Palmer (1974), 앞의 주 54.

97. Crombag, Wagenaar, & van Koppen (1996), 앞의 주 67.

98. 예를 들면, 한 피험자가 보고한 기억에서 발췌한 내용은 "나는 우리가 날아가서 하늘에 떠돌게 될까 봐 무서웠어요. 그리고 우리 아빠는 웃고 있었지만 나는 내리고 싶었기 때문에 아빠에게 정말 화가 나 있었어요. 나는 정말, 정말 무서웠어요. 음, 그리고 너무 추웠고, 바람이 얼굴을 스치고 있었고 주변에 사람들도 많이 없었어요."라는 것이었다. Garry &

Wade (2005), 앞의 주 83, p. 363.

99. Mazzoni & Memon (2003), 앞의 주 85.

100. Hyman, Husband, & Billings (1995), 앞의 주 87.

101. Grinely (2002), 앞의 주 88; Elizabeth Loftus의 학회 발표 "Off The Witness Stand: Using Psychology in the Practice of Justice," John Jay College of Criminal Justice, New York, March 3, 2007.

102. 허위 기억은 또한 사건의 순서에 대한 사람의 기대를 반영하며, 각본(scripts)이라고도 알려져 있는, 시간적 도식과 일치하는 것으로 나타났다. Greenberg, M. S., Westcott, D. R., & Bailey, S. E. (1998). When believing is seeing: The effect of scripts on eyewitness memory. *Law and Human Behavior, 22*, 685-694.

103. Eldridge, Barnard, & Bekerian (1994), 앞의 주 40; Loftus & Palmer (1974), 앞의 주 54.

104. Johnson, M. K., Nolde, S. F., & De Leonardis, D. M. (1996). Emotional focus and source monitoring. *Journal of Memory and Language, 35*, 135-156; Lyle, K. B., & Johnson, M. K. (2006). Importing perceived features into false memories. *Memory, 14*(2), 197-213.

105. 열기구는 자동추진(self-propulsion)하지 않기 때문에, 공기 중에 떠서 움직이는 열기구 안에 있다는 것은 타고 있는 사람과 그들을 둘러싼 공기 사이에 움직임이 없다는 것을 의미한다.

106. 목격 조건을 검증한 많은 연구들에 대해서는, Tuckey & Brewer (2003), 앞의 주 40.

107. fMRI를 이용한 한 연구는 편도체(amygdala) 활성화와 기억 정확성의 정적인 관계, 특히 정서적 강도가 높은 기억과의 정적인 관계를 발견하였다. 편도체 활성화는 부호화 시점에서의 강한 각성과 사후부호화에서의 강한 통합을 유발하는 것으로 믿어져 왔다. Canli, T., Zhao, Z., Brewer, J., Gabrieli, J. D., & Cahill, L. (2000). Event-related activation in the human amygdala associates with later memory for individual emotional response. *Journal of Neuroscience, 20*, RC99. 다른 연구들은 편도체가 호르몬 분비를 통하여 기억에 영향을 준다는 것을 보여 주었다. Cahill, L., & McGaugh, J. L. (1998). Mechanisms of emotional arousal and lasting declarative memory. *Trends in Neurosciences, 21*, 294-299.

108. 각성을 유발하는 상황에 처한 피험자들의 기억 정확성은 72%(각성을 유발하지 않는 상황의 정확성 63%)였지만, 세부사항의 수는 38%(각성을 유발하지 않는 상황의 세부사항 51%)였다. Yuille et al. (1994), 앞의 주 17.

109. Hulse & Memon (2006), 앞의 주 17.

110. Bornstein, Liebel, & Scarberry (1998), 앞의 주 20.

111. Safer, M. A., Christianson, S. Å., Autry, M. W., & Österlund, K. (1998). Tunnel memory for traumatic events. *Applied Cognitive Psychology, 12*, 99-117. 또 다른 해석은, 스트레

스는 기억을 약화시키는 반면, 정서적 각성 자체가 기억을 강화시키는 경향이 있다는 것이다. Deffenbacher, K. A., Bornstein, B. H., Penrod, S. D., & McGorty, E. K. (2004). A meta-analytic review of the effects of high stress on eyewitness memory. *Law and Human Behavior, 28,* 687-706. 유사한 관점에 대해서는, Schacter, D. L. (2001). *The seven sins of memory: How the mind forgets and remembers.* Boston: Houghton Mifflin, p. 162. 이 결과에 대한 이론적 설명에 대해서는, Mather, M. (2007). Emotional arousal and memory binding: An object-based framework. *Perspective on Psychological Science, 2,* 33-52.

112. Mather (2007), 앞의 주 111, p. 45.

113. 많은 다른 증언들에 따르면, 충격이 있기 전이나 후에 부스가 어떤 말을 했지만, 목격자들은 그가 뭐라고 말했는지에 대해서는 일치하지 않았다. 16명의 목격자들은 그가 버지니아주 깃발의 모토가 "독재자는 필시 이렇게 되리라(Sic semper tyrannis)" (따라서 항상 독재자에게), 또는 "남부는 복수했다(The South is avenged)."라고 말했다고 기억했고, 4명은 둘 모두를 말했다고 회상하였다. Gopnik, A. (2007). Annals of biography: Angles and ages. *New Yorker,* May 28, 30-37; Good, T. S., ed. (1995). *We saw Lincoln shot: One hundred eyewitness accounts.* Jackson: University Press of Mississippi.

114. 기억 해체(Memory disintegration)는 실제 기억을 주입(true memory inoculation)하는 과정 즉, 사건에 대한 반복적인 질문을 통해서 감소될 수 있다. Reyna, V. F., & Lloyd, F. (1997). Theories of false memory in children and adults. *Learning and Individual Differences, 9,* 95-123.

115. 기억 유창성에 대해서는, Jacoby, L. L., & Dallas, M. (1981). On the relationship between autobiographical memory and perceptual learning. *Journal of Experimental Psychology: General, 110,* 306-340.

116. 1989년 베이 지역의 지진 이후에, "너의 지진 경험을 공유하지 않아 주어서 고마워."라고 쓰인 티셔츠가 나타났다. Neisser et al. (1996), 앞의 주 48.

117. 예를 들면, 동정을 유발하기 위해서 또는 청중을 즐겁게 하기 위해서 이야기를 하는 것이 오히려 반대의 효과를 가져온다(역자 주: 이야기하는 의도가 내용을 왜곡할 수 있다는 의미). Marsh, E. J., & Tversky, B. (2004). Spinning the stories of our lives. *Applied Cognitive Psychology, 18,* 491-503.

118. 피험자들은 살인 사건의 이야기를 읽고 특정한 용의자를 유죄인 것처럼 다시 이야기하라고 지시받았다. 기대한 것처럼, 이 이야기들은 그 전제를 지지하는 방식으로 이야기되었다. 더 중요한 것은, 부수적인 회상 검사에서 피험자들은 유죄를 뒷받침하는 사실은 더 많이, 무죄를 뒷받침하는 사실은 더 적게 기억하고 있는 것으로 나타났다. Tversky, B., & Marsh, E. J. (2000). Biased retellings of events yield biased memories. *Cognitive*

Psychology, 40, 1–38.

119. Higgins, E. T., & Rholes, W. S. (1978). "Saying is believing": Effects of message modification on memory and liking for the person described. *Journal of Experimental Social Psychology, 14*, 363–378.

120. Marsh, E. J. (2007). Retelling is not the same as recalling. *Current Directions in Psychological Science, 16*, 16–20.

121. 대화에 대한 기억과 그것의 범죄 수사적 중요성에 대해서는, Davis, D., & Friedman, R. D. (2007). Memory for conversation: The orphan child of witness memory researchers. In R. C. L. Lindsay, D. F. Ross, J. D. Read, & M. P. Toglia (Eds.), *Handbook of eyewitness psychology* (vol. 2: Memory for people, pp. 3–52). Mahwah, NJ: Lawrence Erlbaum; Duke, S. B., Lee, A. S., & Pager, C. K. (2007). A picture's worth a thousand words: Conversational versus eyewitness testimony in criminal convictions. *American Criminal Law Review, 44*, 1–52.

122. Bransford, J. D., & Johnson, M. K. (1972). Contextual prerequisites for understanding: Some investigations of comprehension and recall. *Journal of Verbal Learning and Verbal Behavior, 11*, 717–726.

123. Kent, G. G., Davis, J. D., & Shapiro, D. A. (1978). Resources required in the construction and reconstruction of conversation. *Journal of Personality and Social Psychology, 36*, 13–22.

124. 이러한 결과는 자극에 노출되고 몇 분 후에 수행된 검사에서 얻어졌다. 4일 후, 회상된 항목의 수는 9.3개에서 0.05개로 감소하였다. Campos, L., & Alonso-Quecuty, M. L. (2006). Remembering a criminal conversation: Beyond eyewitness testimony. *Memory, 14*, 27–36.

125. Sachs, J. S. (1967). Recognition memory for syntactic and semantic aspects of connected discourse. *Perception & Psychophysics, 2*, 437–442.

126. 엄마들은 이전에 이야기한 사건의 약 66%를 회상하였지만, 실제로 발화된 진술의 5%만을 회상하였다. 그들은 그들이 말했던 진술의 16%만을 회상하였다. Bruck, M., Ceci, S. J., & Francoeur, E. (1999). The accuracy of mothers' memories of conversations with their preschool children. *Journal of Experimental Psychology: Applied, 5*, 89–106.

127. Parks, T. E. (1997). False memories of having said the unsaid: Some new demonstrations. *Applied Cognitive Psychology, 11*, 485–494.

128. 상충되는 기억에 대한 논의는, Gopnik (2007), 앞의 주 113.

129. Brewer, W. F. (1988). Memory for randomly-selected autobiographical events. In U. Neisser & E. Winograd (Eds.), *Remembering reconsidered: Ecological and traditional approaches to the study of memory* (pp. 21–90). New York: Cambridge University Press.

130. Gibbons, J. A., & Thompson, C. P. (2001). Using a calendar in event dating. *Applied Cognitive Psychology*, *15*, 33-44.

131. Odegard & Lampinen (2004), 앞의 주 73.

132. 벤쿠버 총격 사건이 있고 4개월에서 5개월 후에 진행된 면담에서, 13명의 목격자 중 10명은 사건이 몇 월에 있었는지 기억하지 못하였고, 6명만이 무슨 요일인지를 기억하였다. Yuille & Cutshall (1986), 앞의 주 18. 더 많은 예에 대해서는, Hyman, I. E., & Loftus, E. F. (1998). Errors in autobiographical memory. *Clinical Psychology Review*, *18*, 933-947.

133. 한 연구는 2001년 9월 11일에 발생한(9 · 11 사건) 여섯 개의 주요 사건에 대해서 약 63%의 피험자들이 적어도 하나의 순서적 오류를 범한다는 것을 발견하였다. Altman, E. M. (2003). Reconstructing the serial order of events: A case study of September 11, 2001. *Applied Cognitive Psychology*, *17*, 1067-1080.

134. 특히 주의를 끄는 또 다른 종류의 기억은 자동차에 대한 기억이다. 자동차 라인업에 대한 예비 연구에서는 사람들이 자동차를 식별하는 데 낮은 수준의 정확성을 보이는 것으로 나타났다. 한 연구에서는, 10대의 자동차에 대한 순차적 라인업에서 피험자의 24%만이 옳게 표적 자동차를 지목하였다. Villegas, A. B., Sharps, M. J., Satterthwaite, B., & Chisholm, S. (2005). Eyewitness memory for vehicles. *Forensic Examiner*, *14*, 24-28.

135. 응답자들의 79%가 자신들의 A학점에 대해서는 정확히 기억하였지만 D학점에 대해서는 29%만이 정확히 기억하였다. 학점을 높게 추정하는 오류는 낮게 추정하는 오류보다 4배나 더 많았다. Bahrick, H. P., Hall., L. K., & Berger, S. A. (1996). Accuracy and distortion in memory for high school grades. *Psychological Science*, *7*, 265-271.

136. Bahrick, H. P., Hall, L. K., & Dunlosky, J. (1993). Reconstructive processing of memory content for high versus low test scores and grades. *Applied Cognitive Psychology*, *7*, 1-10. 2차 자료 분석은 이 결과가 낮은 수행을 보이는 학생들의 능력 한계에 의해서라기보다는 자기고양(ego-enhancing) 동기에 의해 유발된 것임을 보여 주었다.

137. Mather, Shafir, & Johnson (2000), 앞의 주 66.

138. Hastrof & Cantril (1954), 앞의 주 57; Balcetis & Dunning (2006), 앞의 주 57; Proffitt, Creem, & Zosh (2001), 앞의 주 57 참조.

139. 다른 사람들로부터 영향을 받은 기억은 또한 교환 기억(transactive memory)이라고도 알려져 있다. Wegner, D. M., Erber, R., & Raymond, P. (1991). Transactive memory in close relationships. *Journal of Personality and Social Psychology*, *61*, 923-929.

140. 응답자의 대다수(86%)가 공동 목격자와 사건에 대해 이야기하였다고 보고하였다. 거의 2/3가 사건에 대해 즉시 이야기를 했다고 응답하였고, 1/5은 같은 날 시간이 좀 지난 후에 이야기했다고 응답하였다. Paterson, H. M., & Kemp, R. I. (2006a). Co-witness talk: A survey of eyewitness discussion. *Psychology, Crime & Law*, *12*, 181-191.

141. Allwood, C. M., Knutsson, J., & Granhag, P. A. (2006). Eyewitnesses under influence: How feedback affects the realism in confidence judgments. *Psychology, Crime & Law*, *12*, 25-38.

142. 피험자들은 동일한 사건이지만 다른 관점으로 녹화되어 다소 다른 사실을 포함하는 사건 영상을 본 다른 피험자들과 이 모호한 사건에 대해 토의하기 위해 짝지어졌다. 오직 하나의 버전에서만 주인공이 아무도 주의를 기울이지 않은 지갑에서 돈을 훔치는 것이 묘사되어 있었다. 토의 후, 기억검사에서 약 70%의 피험자들이 자신들의 비디오에는 없었지만, 상대방의 비디오에는 있었던 세부사항을 보았다고 보고한 것으로 나타났다. 도둑을 보지 못한 피험자들의 60%가 주인공이 돈을 훔치는 것을 보았다고 보고하였다. Gabbert, F., Memon, A., & Allan, K. (2003). Memory conformity: Can eyewitnesses influence each other's memories for an event? *Applied Cognitive Psychology*, *17*, 533-543. 또한, Valentine, T., & Maras, K. (2011). The effect of cross-examination on the accuracy of adult eyewitness testimony. *Applied Cognitive Psychology*, *25*, 554-561.

143. 한 사람의 가해자가 범죄를 저지르는 것을 묘사하는 영상을 본 피험자들은 두 사람의 가해자가 동일한 범죄를 저지르는 것을 묘사한 영상을 본 피험자들과 사건에 대해 토의하기 위해 짝지어졌다. 먼저 피험자들이 혼자 기억검사를 받았을 때, 사실에 대한 정확한 기억의 비율은 97%였다. 그러나, 토의 후에는 20쌍 중 15쌍이 공유된 내용으로 합의하였다. 약 반은 공범을 보았다고 보고하였고, 다른 반은 보지 못하였다고 보고하였다. Wright, D. B., Self, G., & Justice, C. (2000). Memory conformity: Exploring misinformation effects when presented by another person. *British Journal of Psychology*, *91*, 189-202.

144. Gabbert, F., Memon, A., Allan, K., & Wright, D. B. (2004). Say it to my face: Examining the effects of socially encountered misinformation. *Legal and Criminological Psychology*, *9*, 215-227.

145. 조작된 범죄 사건에 대한 피험자들의 기억은 공동 목격자로 추정되는 사람(실제로는 실험의 공모자)의 반응에 영향을 받는 것으로 나타났다. 두 개의 실험에서, 공동 목격자가 정확하게 반응했을 때의 정확률이 65~70%인 것과 비교했을 때, 부정확하게 반응했을 때에는 30~35%였고, 공동 목격자가 아무 반응하지 않았을 때에는 57~58%였다. 공동 목격자의 반응은 심지어 다른 날에 혼자 검사를 받을 때에도 사람들의 기억에 영향을 주는 것으로 나타났다. Shaw, J. S., Garven, S., & Wood, J. M. (1997). Cowitness information can have immediate effects on eyewitness memory reports. *Law and Human Behavior*, *21*, 503-523.

146. Wright, D. B., Mathews, S. A., & Skagerberg, E. M. (2005). Social recognition memory: The effect of other people's responses for previously seen and unseen items. *Journal of Experimental Psychology: Applied*, *11*, 200-209.

147. 제3장에서 논의된 것처럼, 존 도2에 대한 풍부한 조사가 이루어지게 한 전이 오류 (transference error)는 처음에는 톰 케신저(Tom Kessinger)라는 한 명의 목격자에 의해서 보고되었다. 수사가 진행됨에 따라, 두 번째 목격자인 엘든 엘리엇(Eldon Elliott)이 (틀린) 같은 진술을 하기 시작하였다. Memon, A., & Wright, D. B. (1999). Eyewitness testimony and the Oklahoma bombing. *The Psychologist, 12*, 292-205.

148. 예를 들면, Fisher, R. P., & Geiselman R. E. (1992). *Memory-enhancing techniques in investigative interviewing: The Cognitive Interview*. Springfield, IL: C. C. Thomas.

149. 론 피셔(Ron Fisher)와 그의 동료들은 플로리다에서 강도사건 담당 형사에 의해 수행되는 면담에 자주 간섭, 짧은 특정 질문에 대한 과도한 의존, 부적절한 질문 순서, 빈약한 표현의 질문, 방해, 판단적인 코멘트 등이 포함되어 있다는 것을 발견하였다. Fisher, R. P., Geiselman, R. E., & Raymond, D. S. (1987). Critical analysis of police interview techniques. *Journal of Police Science and Administration, 15*, 177-185. 남부 플로리다에서 형사에 의해 수행되는 면담에 대한 최근의 개관은 부적절한 면담의 유사한 패턴을 보여 주었다. Fisher, R. P., & Schreiber, N. (2007). Interview protocols to improve eyewitness memory. In M. P. Toglia, J. D. Read, D. F. Ross, & R. C. L. Lindsay (Eds.), *Handbook of eyewitness psychology* (vol. 1: Memory for events , pp. 53-80). Mahwah, NJ: Lawrence Erlbaum.

150. 훈련받지 않은 영국 경찰관 5명에 의해 수행된 면담에서, 67~80%의 질문은 폐쇄형 질문, 13~16%는 유도질문이었고, 3~5%만이 개방형 질문이었다. George, R., & Clifford, B. (1992). Making the most of witnesses. *Policing, 8*, 185-198.

151. 캐나다 경찰 연구에서는, 면담자가 말한 시간은 전체의 면담 시간의 35%였고, 분당 약 4개의 질문을 하였으며, 그 질문들 중 2/3가 폐쇄형 질문이었고, 7%는 유도질문이었다. Wright, A. M., & Alison, L. (2004). Questioning sequences in Canadian police interviews: Constructing and confirming the course of events? *Psychology, Crime & Law, 10*, 137-154; Snook, B., & Keating, K. (2011). A field study of adult witness interviewing practices in a Canadian police organization. *Legal and Criminological Psychology, 16*, 160-172.

152. 독일 경찰 면담은 개방형 질문보다 폐쇄형 질문을 더 많이 포함하였고, 오직 7%의 목격자 증언만이 자유롭게 이야기된다(면담별 29개 vs. 6개). Berresheim, A., & Webber, A. (2003). Structured witness interviewing and its effectiveness (in German). *Kriminalistik, 57*, 757-771, cited in Fisher & Schreiber (2007), 앞의 주 149.

153. 노르웨이 경찰관은 전체 면담 시간 중 50%의 시간 동안 말하였고, 자주 폐쇄형 질문과 예/아니요 질문을 집중적으로 사용하였다. Myklebust, T., & Alison, L. J. (2000). The current state of police interviews with children in Norway: How discrepant are they from models based on current issues in memory and communication? *Psychology, Crime &*

Law, 6, 331-351.

154. Loftus (1975), 앞의 주 76; Smith & Ellsworth (1987), 앞의 주 78.

155. Henkel, L. A., & Mather, M. (2007). Memory attributions for choices: How beliefs shape our memories. *Journal of Memory and Language, 57*, 163-176.

156. 이 면담들은 인지 면담 방법을 훈련받기 전에 수행되었다. George & Clifford (1992), 앞의 주 150.

157. Yuille (1984), 앞의 주 30.

158. Berliner, L., & Lieb, R. (2001). Child sexual abuse investigations: Testing documentation methods. Olympia: Washington State Institute for Public Policy, doc. no. 01-01-4102.

159. Warren, A. R., Woodall, C. E., Thomas, M., Nunno, M., Keeney, J. M., Larson, S. M., & Stadfeld, J. A. (1999). Assessing the effectiveness of a training program for interviewing child witnesses. *Applied Developmental Science, 3*, 128-135. 유도하는 질문과 암시적인 질문의 효과는 긍정적인 반응을 하려는 일반적인 경향성과 결부되어 있다. Kunda, Z., Fong, G. T., Sanitioso, R., & Reber, E. (1993). Directional questions direct self-conceptions. *Journal of Experimental Social Psychology, 29*, 63-86. 이 결과는 응답자가 매우 강한 의견을 가지거나 질문에 위험이 내재되어 있을 때에는 유지되기가 쉽지 않다.

160. 예를 들면, 열기구 연구에서 피험자들은 실제 그들이 어렸을 때의 사진들을 보았고, 열기구 바구니 사진 한 장에 가짜로 삽입되었다. 다른 피험자들은 허위인 그 사건에 대해 이야기를 들었다. Garry & Wade (2005), 앞의 주 83. 오도하는 정보를 포함하고 있지 않은 도구가 이득이 될 수 있음을 명심해야 한다.

161. *State v. Cotton*, trial transcript, 앞의 주 3, pp. 191-192.

162. 한 연구에서, 세 번의 암시적인 면담 이후에 보고된 허위 기억의 비율은 첫 번째 면담 이후의 그것보다 다섯 배나 높다는 것이 발견되었다. Zaragoza, M. S., & Mitchell, K. J. (1996). Repeated exposure to suggestion and the creation of false memories. *Psychological Science, 7*, 294-300.

163. Garry & Wade (2005), 앞의 주 83; Garry & Gerrie (2005), 앞의 주 83.

164. Hyman & Pentland (1996), 앞의 주 87.

165. Shaw, J. S. (1996). Increases in eyewitness confidence resulting from postevent questioning. *Journal of Experimental Psychology: Applied, 2*, 126-146; Shaw, J. S., & McClure, K. A. (1996). Repeated postevent questioning can lead to elevated levels of eyewitness confidence. *Law and Human Behavior, 20*, 629-653.

166. 로프터스의 초기 연구 중 하나에서, 개입의 암시적 효과는 사건 이후 즉시 정보가 소개될 때보다는 시간이 오래 지난 후 소개될 때 가장 강력하였다. Loftus, Miller, & Burns

(1978), 앞의 주 75.

167. Fisher, R. P. (1995). Interviewing victims and witnesses of crime. *Psychology, Public Policy, and Law, 1*, 732-764.

168. 주입된 기억 패러다임을 사용하는 연구들은 피험자가 회상을 하는 동안 더 노력하라고 계속 재촉한다. 열기구 탑승 연구는 허위의 사건을 기억하려고 더 많은 시간을 보냈다고 응답한 피험자들이 허위 기억을 경험할 가능성이 더 높다는 것을 보여 주었다. Garry & Wade (2005), 앞의 주 83.

169. Nilsson, L. G. (1987). Motivated memory: Dissociation between performance data and subjective reports. *Psychological Research, 49*, 183-188; Shaw, J. S., & Zerr, T. K. (2003). Extra effort during memory retrieval may be associated with increases in eyewitness confidence. *Law and Human Behavior, 27*, 315-329; Koriat & Goldsmith (1996), 앞의 주 19.

170. 비디오 클립에서 강도에게 도둑맞은 반지를 묘사해 보라고 목격자들에게 요구하는 것은, 심지어 그들이 강도가 장신구를 가져가는 것을 전혀 보지 못했음에도 불구하고 반지에 대한 기억을 증가시켰다. Drivdahl, S. B., & Zaragoza, M. S. (2001). The role of perceptual elaboration and individual differences in the creation of false memories for suggested events. *Applied Cognitive Psychology, 15*, 265-281.

171. Drivdahl, S. B., Zaragoza, M. S., & Learned, D. M. (2009). The role of emotional elaboration in the creation of false memories. *Applied Cognitive Psychology, 23*, 13-35.

172. Zaragoza, M. S., Payment, K. E., Ackil, J. K., Drivdahl, S. B., & Beck, M. (2001). Interviewing witnesses: Forced confabulation and confirmatory feedback increase false memories. *Psychological Science, 12*, 473-477; Pezdek, K., Sperry, K., & Owens, S. M. (2007). Interviewing witnesses: The effect of forced confabulation on event memory. *Law and Human Behavior, 31*, 463-478. 유사한 왜곡이 실제 사실에 대해 허위로 묘사된 내용을 떠올리라는 지시문에 이어지는 기억 검사에서도 관찰되었다. 기억 검사에서 부정확하게 묘사된 세부사항들의 27%는 그 허위로 묘사된 내용에 근거한 것들이었다. Pickel, K. L. (2004). When a lie becomes the truth: The effects of self-generated misinformation on eyewitness memory. *Memory, 12*, 14-26. 추측의 오염 효과는 Hastie, Landsman, & Loftus (1978), 앞의 주 51에서도 관찰된다.

173. "사건에 대해 생각해라."라고 지시받은 피험자들의 허위 기억 비율이 12%였던 것과 비교할 때, 사건을 상상해 보라고 지시받은 피험자들의 허위 기억률은 37%였다. Hyman & Pentland (1996), 앞의 주 87. 사건에 대해 상상하라는 지시는 다른 주입된 기억 연구에도 포함된다. 예를 들면, Garry & Wade (2005), 앞의 주 83; Wade et al. (2002), 앞의 주 83.
    사건의 상상가능성은 추후에 그것의 허위 회상에 기여할 가능성이 있다. 다이애나비의 자동차 충돌에 대한 연구에서, 응답자의 44%는 자동차 충돌에 대한 존재하지 않는 비디오를 보았다고 주장하였지만, 겨우 10%의 예비 연구 응답자들만이 왕세자비의 장례식을 보았다고 보고하였다. Ost et al. (2002), 앞의 주 70.

174. 이 처치는 허위 기억 비율을 26%에서 51%로 증가시켰다. Hanba, J. M., & Zaragoza, M. S. (2007). Interviewer feedback in repeated interviews involving forced confabulation. *Applied Cognitive Psychology, 21*, 433-455.

175. Pezdek, Sperry, & Owens (2007), 앞의 주 172.

176. 피험자들은 어떤 행동을 하는 것을 상상하라고 더 많이 지시받을수록, 그들이 그 행동을 실제로 수행했다고 보고하는 경향이 있었다. Goff & Roediger (1998), 앞의 주 74.

177. Blagrove, M., & Akehurst, L. (2000). Effects of sleep loss on confidence-accuracy relationships for reasoning and eyewitness memory. *Journal of Experimental Psychology: Applied, 6*, 59-73.

178. Assefi, S. L., & Garry, M. (2003). Absolute memory distortions: Alcohol placebos influence the misinformation effect. *Psychological Science, 14*, 77-80.

179. 응종 척도에서 높은 점수를 기록한 피험자들은 암시된 허위 정보를 보고하는 경향이 있었다. 응종은 모순적인 진술에 대해 사람들이 긍정적으로 응답하는 정도로 조작된다. Eisen, M. L., Morgan, D. Y., & Mickes, L. (2002). Individual differences in eyewitness memory and suggestibility: Examining relations between acquiescence, dissociation, and resistance to misleading information. *Personality and Individual Differences, 33*, 553-572. 복종에 대한 유사한 측정치가 (매우 불가능한) 2세 이전의 어린 시절에 대한 피험자들의 기억과 관련이 있는 것으로 나타났다. Malinoski, P. T., & Lynn, S. J. (1999). The plasticity of early memory reports: Social pressure, hypnotizability, compliance, and interrogative suggestibility. *International Journal of Clinical and Experimental Hypnosis, 47*, 320-345.

180. 피험자들이 태어난 다음 날 요람 속에서의 기억을 보고하도록 유도한 캐나다의 연구에서 공상 경향성은 피암시성과 정적 상관을 가지는 것으로 나타났다. Spanos, N. P., Burgess, C. A., Burgess, M. F., Samuels, C., & Blois, W. O. (1999). Creating false memories of infancy with hypnotic and non-hypnotic procedures. *Applied Cognitive Psychology, 13*, 201-218. 위에서 기술된 충돌에 대한 네덜란드 연구들 중 하나에서 공상 경향성은 존재하지 않는 이미지를 기억한다고 보고하는 것과 정적으로 관련되어 있는 것으로 나타났다. Jelicic et al. (2006), 앞의 주 68.

181. Granhag, Strömwall, & Allwood (2000), 앞의 주 16. 이 연구는 목격자들이 그들의 기억을 빈도로 측정하도록 요구받았을 때, 즉 45개의 질문 중 몇 개에 옳은 답을 하였는지에 대한 전반적인 평가를 하도록 했을 때, 더 잘 측정된다는 것을 발견하였다. 앞의 주 165의 Shaw와 McClure (1996)는 높은 확신감 수준을 보고한 목격자들의 55% 만이 정확하였고,

최대의 확신감을 보고한 목격자들의 오직 80%만이 정확했다는 것을 발견하였다.

182. Tomes, J. L., & Katz, A. N. (2000). Confidence-accuracy relations for real and suggested events. *Memory, 8,* 273-283.

183. 과도한 확신감은 어두운 밤의 조명 아래에서 만들어진 기억의 평가에서 더 많이 나타났다. 목격자들은 세부 사항 중 겨우 5%를 회상하였지만, 그들이 65%를 회상했다고 믿었다. Yarmey (1986), 앞의 주 20.

184. Shaw (1996), 앞의 주 165; Shaw & McClure (1996), 앞의 주 165.

185. Hastie, Landsman, & Loftus (1978), 앞의 주 51.

186. Garry, M., & Polaschek, D. L. (2000). Imagination and memory. *Current Directions in Psychological Science, 9,* 6-10; Garry, M., Manning, C. G., Loftus, E. F., & Sherman, S. J. (1996). Imagination inflation: Imagining a childhood event inflates confidence that it occurred. *Psychonomic Bulletin & Review, 3,* 208-214.

187. Garry et al. (1996), 앞의 주 186; Goff & Roediger (1998), 앞의 주 74.

188. Hanba & Zaragoza (2007), 앞의 주 174. 게다가 확신감은 자신의 기억과 다른 공동 목격자의 기억 및 부정적인 피드백에 의해서 감소할 수 있다. Zaragoza et al. (2001), 앞의 주 172; Allwood, Knutsson, & Granhag (2006), 앞의 주 141.

189. Allwood, Knutsson, & Granhag (2006), 앞의 주 141.

190. Shaw & Zerr (2003), 앞의 주 169.

191. Leippe, M. R., Eisenstadt, D., Rauch, S. M., & Stambush, M. A. (2006). Effects of social-comparative memory feedback on eyewitnesses' identification confidence, suggestibility, and retrospective memory reports. *Basic and Applied Social Psychology, 28,* 201-220. 조건 중 하나에서, 긍정적인 피드백이 부가적인 목격지목 과제에서의 목격지목 정확성을 개선시키지만 결과들은 다소 혼재되어 있는 것으로 나타났다.

192. Bayen, U. J., Nakamura, G. V., Dupuis, S. E., & Yang, C. (2000). The use of schematic knowledge about sources in source monitoring. *Memory & Cognition, 28,* 480-500.

193. Mather, M., Johnson, M. K., & De Leonardis, D. M. (1999). Stereotype reliance in source monitoring: Age differences and neuropsychological test correlates. *Cognitive Neuropsychology, 16,* 437-458.

194. Johnson, Hashtroudi, & Lindsay (1993), 앞의 주 36, p. 4.

195. Sacchi, D. L. M., Agnoli, F., & Loftus, E. F. (2007). Changing history: Doctored photographs affect memory for past public events. *Applied Cognitive Psychology, 21,* 1005-1022.

196. Garry, M., Strange, D., Bernstein, D. M., & Kinzett, T. (2007). Photographs can distort memory for the news. *Applied Cognitive Psychology, 21,* 995-1004.

197. Koriat & Goldsmith (1996), 앞의 주 19.

198. Echterhoff, G., Higgins, E. T., Kopietz, R., & Groll, S. (2008). How communication goals determine when audience tuning biases memory. *Journal of Experimental Psychology: General, 137*, 3-21.

199. Roper, R., & Shewan, D. (2002). Compliance and eyewitness testimony: Do eyewitnesses comply with misleading "expert pressure" during investigative interviewing? *Legal and Criminological Psychology, 7*, 155-163.

200. 목격자에게 그들의 기억에 대한 (허위의) 부정적인 평가를 주는 것은 이어지는 면담에서 허위 기억을 두 배로 증가시키는 결과를 낳았다. Leippe et al. (2006), 앞의 주 191.

201. 앞의 책.

202. 피험자들이 2세 때의 기억을 보고하도록 유도하는 것은 모든 사람들이 노력만 한다면 그때의 기억을 회상할 수 있다는 (틀린) 연구결과가 있다고 알려 줌으로써 촉진되었다. Malinoski & Lynn (1999), 앞의 주 179. 높은 기대 또한 피험자들이 그들이 태어난 그다음 날 병원 요람에서의 (불가능한) 기억을 보고하도록 유도하는 데도 사용되었다. Spanos et al. (1999), 앞의 주 180.

203. 앞의 주 78의 Smith와 Ellsworth(1987)는 암시의 출처가 박식한 사람이라고 지각되는 경우, 사후 오정보에 의한 오류율은 암시의 출처가 박식하지 않은 사람이라고 지각되는 경우보다 2배 높은 것을 발견하였다(41% vs. 13%).

204. 이 기법은 세 가지 심리학적 원리에 기초하고 있다. 그것은 기억 회상에서 목격자의 인지적 과제에 집중하는 것, 목격자와 긍정적인 사회적 역동을 만들어 내는 것, 그리고 대화적인 분위기를 촉진하는 것이다. 기억과 일반적인 인지에 대한 첫 번째 원리는 아래의 방안들을 제시한다. '면담자는 사건의 맥락으로 돌아가야 한다. 면담자는 질문은 적게, 짧게 하고 간섭적인 질문을 하지 않음으로써 목격자의 과부하를 최소화해야 한다. 면담자는 특정한 목격자의 문화와 정신적 능력에 맞는 질문을 해야 한다. 면담자는 다른 관점에서 사건에 대해 질문함으로써 회상적 단서에 변화를 주어야 한다. 면담자는 목격자에게 추측하기보다는 "모르겠다."고 대답할 수 있도록 지시함으로써 그의 메타인지를 관찰해야 한다. 면담자는 사회적 압력을 가하는 것을 삼가야 한다. 면담자는 불확실한 사실에 대한 답을 요구하는 것을 삼가야 한다. 그리고 면담자는 사후 정보에 의해서 기억이 오염될 가능성을 최소화해야 한다.' 사회적 역동 원리는 면담자가 목격자와 긍정적이고 의미 있는 라포를 형성하며 대화에 활발하게 참여하고 대화를 이끌어 가는 역할을 하도록 할 것을 권한다. 이 대화의 원리는 목격자에게 그들의 기억을 표현할 방법을 스스로 선택하도록 허용하면서 광범위하고 세부적인 반응을 촉진한다. Fisher & Geiselman (1992), 앞의 주 148. 개관에 대해서는, Fisher & Schreiber (2007), 앞의 주 149.

205. 2,447명의 피험자들이 포함된, 인지 면담과 다른 프로토콜을 비교한 55개의 연구에 대

한 메타 분석은 표준적인 면담 결과와 비교하면 인지 면담으로 세부사항들을 더 많이 회상하게 할 수 있다는 것을 증명하였다. 정확률에서는 차이가 없는 것으로 나타났다(각각 85%와 82%). 이것은 인지 면담이 정확한 세부사항과 부정확한 세부사항 모두의 수준을 증가시킨다는 것을 의미한다. Köhnken et al. (1999), 앞의 주 16.

206. 이 프로토콜의 적용과 훈련에서의 어려움에 대해서는, Dando, C., Wilcock, R., & Milne, R. (2008). The Cognitive Interview: Inexperienced police officers' perceptions of their witness/victim interviewing practices. *Legal and Criminological Psychology*, *13*, 59-70.

5. "인정해, 당신은 유죄야"

1. *Chambers v. Florida*, 309 U.S. 227, 237-238 (1940). *Miranda v. Arizona*, 384 U.S. 436, 507 (1966).

2. 대법원은 자백의 증거능력을 인정하는 적절한 기준에 대해서 자백이 "자유롭게 스스로 결정"한 행동이어야 한다고 명시했다. *Rogers v. Richmond*, 365 U.S. 534, 544-545 (1961).

3. *Miranda v. Arizona*, 384 U.S. 436 (1966).

4. Kassin, S. M., Leo, R. A., Meissner, C. A., Richman, K. D., Colwell, L. H., Leach, A. M., & La Fon, D. (2007). Police interviewing and interrogation: A self-report survey of police practices and beliefs. *Law and Human Behavior*, *31*(4), 381-400; Thomas, G. C. (1996). Plain talk about the *Miranda* empirical debate: A "steady-state" theory of confessions. *UCLA Law Review*, *43*, 933-959.

5. 연쇄 강간을 저지른 혐의로 유죄판결을 받은 마티아스 레이스(Matias Reyes)가 혼자 범행을 저지른 것이라고 자백을 하면서, 2002년에 십대들의 무고함이 밝혀졌다. 레이스의 유죄는 DNA 검사를 통해 밝혀졌다. 다른 많은 사건들에서처럼, 자백증거는 훗날 과학적 범죄수사의 대상이 되는(법의학적) 증거들을 통해 허위라는 것이 확증되었다. Barnes, S. (2011). *The Central Park Five: A chronicle of a city wilding*. New York: Knopf.

6. Snyder, L., McQuillian, P., Murphy, W. L., & Joselson, R. (2007). Report on the conviction of Jeffrey Deskovic. http://www.westchesterda.net/Jeffrey%20Deskovic%20Comm% 20Rpt.pdf. 웨스트체스터 카운티의 지방검사가 의뢰한 이 보고서는 두 명의 은퇴한 판사들을 포함한 총 네 명의 법률 전문가들로 구성된 위원회가 작성한 것이었다.

7. 이노센스 프로젝트, 프로파일, Joseph White. http://www.innocenceproject.org/Content/Joseph_White.php.

8. Drizin, S. A., & Leo, R. A. (2004). The problem of false confessions in the post-DNA world. *North Carolina Law Review*, *82*, 891-1007. DNA 검사를 통해 면죄된 사람들의

1/4은 그들의 허위자백에 근거해 유죄판결을 받은 사람들이었다. 이노센스 프로젝트, 허위 자백. http://www.innocenceproject.org/understand/False-Confessions.php.

9. Drizin & Leo (2004), 앞의 주 8.

10. 허위 자백의 유형에 대해서는, Wrightsman, L. S., & Kassin, S. M. (2003). *Confessions in the courtroom.* Newbury Park, CA: Sage Publications.

11. 이 조사 연구에는 전국 10개의 경찰기관에 소속된 1,828명의 경찰관들이 참여하였다. 이들 중 54%는 리드 기법에 대한 교육을 받은 적이 있다고 보고 했다. Repucci, N. D., Meyer, J., & Kostelink, J. (2010). Custodial interrogation of juveniles: Results of a national survey of police. In G. D. Lassiter & C. A. Meissner (Eds.), *Police interrogations and false confessions: Current research, practice, and policy recommendations* (pp. 67-80). Washington, DC: American Psychological Association.

12. Inbau, F. E. Reid, J. E., Buckley, J. P., & Jayne, B. C. (2001). *Criminal interrogation and confessions.* (4th ed.) Sudbury, MA: Jones and Bartlett. 이 책의 5판은 2013년에 출판되었다. 방법에 대한 개관은, Buckley, J. P. (2006). The Reid Technique of Interviewing and Interrogation. In T. Williamson (Ed.), *Investigative interviewing: Rights, research, and regulation* (pp. 190-206). Portland, OR: Willan.

13. http://www.reid.com/r_about.html 참조.

14. 웹사이트는 리드 기법으로 훈련받은 미네소타와 알래스카 수사관들에 대한 조사를 인용하였다. 이 조사에 따르면, 3,162개의 자백 중에서 3,153(99.4%)개가 법원에서 증거로 인정되었다. http://www.reid.com/r_about.html.

15. Kassin, S. M., & Gudjonsson, G. H. (2004). The psychology of confessions: A review of the literature and issues. *Psychological Science in the Public Interest, 5*(2), 36. 다른 나라들의 경찰들도 이러한 자신감을 가지고 있는 것은 아니다. 예를 들어, 뉴질랜드 경찰은 다음과 같이 말한다. "거짓과 연관성을 가지는 전형적인 비언어적 행동은 없다. 그럼에도 불구하고 연구에 따르면 면담하는 사람과 받는 사람 모두 종종 부정확한 비언어적 행동에 대해 고정관념을 가진다. 따라서 취조실에서의 행동만을 가지고 결론을 내리는 것은 신빙성이 낮다." Schollum, M. (2005). *Investigative interviewing: The literature* (p. 4). Wellington, NZ: Office of the Commissioner of Police.

16. http://www.reid.com/services/r_behavior.html.

17. Zuckerman, M., DePaulo, B. M., & Rosenthal, R. (1981). Verbal and nonverbal communication of decepton. In L. Berkowitz (Ed.), *Advances in experimental social psychology.* (vol. 4, pp. 1-59). New York: Academic Press.

18. DePaulo, B., Lindsay, J. J., Malone, B. E., Muhlenburck, L., Charlton, K., & Cooper, H. (2003). Cues to deception. *Psychological Bulletin, 129,* 74-118.

19. 63개 나라의 2,500명을 대상으로 한 후속연구에서는, 응답자들의 72%가 다른 어떤 단서보다도 시선회피를 많이 언급하였다. Global Deception Research Team (2006). A world of lies. *Journal of Cross-Cultural Psychology, 37*, 60-74.

20. Einav, S., & Hood, B. M. (2008). Tell-tale eyes: Children's attribution of gaze aversion as a lying cue. *Developmental Psychology, 44*, 1655-1667.

21. 두 가지 시각적 단서들—동공의 확대, 턱을 드는 행동— 이 거짓과 관련이 있다는 것이 발견되었지만, 이 발견은 오직 네 개의 연구에 기초한 것이다. DePaulo et al. (2003), 앞의 주 18.

22. 예를 들면, 대부분의 사람들은 팔과 다리의 움직임이 증가하는 것을 거짓말과 연관시키지만, 실제로 이 움직임들은 거짓을 말하고 있는 동안에는 억제된다는 것을 보여 주는 연구가 있다. Akehurst, L., Köhnken, G., Vrij, A., & Bull, R. (1996). Lay persons' and police officers' belief regarding deceptive behaviour. *Applied Cognitive Psychology, 10*, 461-471.

23. 몇몇 단서들은 서로 상반되게 해석되는 경향이 있었다. 예를 들어, 한 연구에 따르면 사람들의 2/3는 거짓을 말하는 동안에는 손과 손가락의 움직임이 억제되는 경향이 있다고 믿지만, 나머지의 사람들은 이와는 정반대되는 것을 믿었다. Vrij, A. (2008). *Detecting lies and deceit: Pitfalls and opportunities* (2nd ed.). New York: John Wiley & Sons.

24. Bond, C. F., Jr., & DePaulo, B. M. (2006). Accuracy of deception judgments. *Personality and Social Psychology Review, 10*, 214-234.

25. 메타분석은 개인 간 수행의 차이가 우연 수준과 다를 바가 없으며, 최상의 정확도 수준도 확률적 예측과 다를 바가 없다는 것을 보여 준다. Bond, C. F., Jr., & DePaulo, B. M. (2008). Individual differences in judging deception: Accuracy and bias. *Psychological Bulletin, 124*, 477-492.

26. 이 연구에서 목격자는 실제로 거짓을 말했다. Granhag, P. A., & Strömwall, L. A. (2000). Effects of preconceptions on deception detection and new answers to why lie-catchers often fail. *Psychology, Crime & Law, 6*, 197-218.

27. Vrij (2008), 앞의 주 23.

28. 확신감과 정확성의 관계는 아주 미미한 것($r = .04$)으로 드러났고, 통계적으로도 유의하지 않았다. 확신감과 정확성의 관계에 대한 연구들에서 둘의 상관은 -.20에서 .26사이에 분포하였다. DePaulo, B. M., Charlton, K., Cooper, H. Lindsay, J. J., & Muhlenbruck, L. (1997). The accuracy-confidence correlation in the detection of deception. *Personality and Social Psychology Review, 1*, 346-357.

29. 대부분의 경우에 참가자들은 성공할 경우 금전적 보상을 받았다.

30. 목소리 높낮이의 표준화된 차이값(*d* value)은 0.59였고, 이것은 중간 정도의 수준이었

다. DePaulo et al. (2003), 앞의 주 18. 스포러(Sporer)와 슈반트(Schwandt)가 수행한 메타 분석에서 목소리 높낮이에 대한 가중된 r 효과 크기의 평균은 0.52였던 반면, 다른 세 가지 중요한 단서들(말하는 시간, 말하는 속도, 반응 지연시간)에 대해서는 0.1과 0.2 사이였다. Sporer, S. L., & Schwandt, B. (2006). Para-verbal indicators of deception: A meta-analytic synthesis. *Applied Cognitive Psychology, 20*, 421-446.

31. 표준화된 차이(d)로 측정된 시선 회피에 대한 효과 크기는 -0.15였다. DePaulo et al. (2003), 앞의 주 18.

32. Bond & DePaulo (2006), 앞의 주 24.

33. 잘못된 행위를 감추려는 거짓말에는 더 많은 긴장감($d=.51$), 더 많은 눈 깜박임($d=.38$), 더 빠른 말 속도($d=.32$), 더 적은 발과 다리의 움직임($d=-.24$)이 나타났다. DePaulo et al. (2003), 앞의 주 18.

34. 앞의 책.

35. Akehurst et al. (1996), 앞의 주 22; Colwell, L. H., Miller, H. A., Miller, R. S., & Lyons, P. M., Jr. (2006). US police officers' knowledge regarding behaviors indicative of deception: Implications for eradicating erroneous beliefs through training. *Psychology, Crime & Law, 12*(5), 489-503.

36. 학생들의 78%와 거짓 탐지 전문가들의 73%가 시선회피를 언급했다. Vrij, A., & Semin, G. R. (1996). Lie experts' beliefs about nonverbal indicators of deception. *Journal of Nonverbal Behavior, 20*, 65-80. 유사한 결과를 얻었던 연구에 대해서는, Zuckerman, M., Koestner, R., & Driver, R. (1981). Beliefs about cues associated with deception. *Journal of Nonverbal Behavior, 6*, 105-114.

37. 수감자들의 33%만이 시선회피가 거짓과 관련되어 있다고 생각하는 것으로 보인다. Vrij & Semin (1996), 앞의 주 36. 거짓말 단서에 대해 수감자들이 상당한 지식을 가지고 있다는 것은 스웨덴에서 실시한 연구에 의해 확인되었다. Granhag, P. A., Andersson, L. O., Strömwall, L. A., & Hartwig, M. (2004). Imprisoned knowledge: Criminals' belies about deception. *Legal and Criminological Psychology, 9*, 103-119. 또한 거짓 탐지 검사에서 수감자들은 학생들보다 다소 높은 정확성을 보여 주었다(65% vs. 58%). 수감자들은 거짓을 가려내는 과제에서는 우수한 성과를 보였지만, 진실을 가려내는 과제에서는 그렇지 않았다. Hartwig, M., Granhag, P. A., Strömwall, L. A., & Anderson, L. O. (2004). Suspicious minds: Criminals' ability to detect deception. *Psychology, Crime & Law, 10*, 83-95.

38. Bond & DePaulo (2006), 앞의 주 25. 브라이와 만(Mann), 그리고 동료들이 수행한 실험연구에 따르면, (통제 조건에서) 거짓 탐지 정확도는 46%였다. Vrij, A., Mann, S. A., Fisher, R. P., Leal, R., Milne, R., & Bull, R. (2008). Increasing cognitive load to facilitate

lie detection: The benefit of recalling an event in reverse order. *Law and Human Behavior, 32*(3), 253-265.

실제 범죄자들의 진술을 평가한 영국 경찰관들을 관찰한 결과, 그들은 다소 나은 거짓 탐지 수행(정확도 65%)을 보여 주었다. O' Sullivan, M., Frank, M. G., Hurley, C. M., & Tiwana, J. (2009). Police lie detection accuracy: The effect of lie scenario. *Law and Human Behavior, 33*(6), 530-538. 개인적으로 중대한 사안이 걸린 상황에서 범죄자 평가에 대한 정확도 계산은 연구 5, 6, 7, 9 및 10의 표1에 근거했으며, 나머지 언급되지 않은 연구들의 결과도 포함하기 위해 정확성 계산이 조정되었다. Vrij, A., & Mann, S. (2001a). Who killed my relative? Police officers' ability to detect real-life high-stakes lies. *Psychology, Crime & Law, 7*, 119-132. Vrij (2008), 앞의 주 23에 언급된 분석 또한 유사한 결과를 보여 주었다(pp. 161, 166-167).

이러한 결과들은 다소 고무적이지만 이들은 연구방법론적인 한계들을 가지고 있었다. 이 유형의 연구들 7개 중 5개는 동일한 용의자 비디오(단지 14명의 용의자들이 포함된 영상)를 사용하였다. 이 연구에서 보여 준 결과와 상반되게 다른 용의자 영상을 사용한 연구에서는 거짓 탐지 정확도가 우연수준과 별반 다르지 않다는 것을 보여 주었다. 네덜란드 경찰관들은 실제로 가족을 살해한 사람의 거짓 진술을 탐지하는 데 우연수준과 다름없는 정확도 수준을 보여 주었다. 이 연구에서 사용한 비디오에는 8명의 용의자들이 포함되어 있었다(Vrij & Mann 2001a).

더 중요한 것은 위와 같은 연구들이 검증하려고 했던 실험 과제에 대해 의문을 제기할 수 있다는 것이다. 이 연구들은 유죄인 것이 확실한 14명과의 면담영상 65개를 가지고 여러 하위영상들을 구성하여 실험재료로 사용하였다. 실험 과제는 용의자 진술이 진실인지 거짓인지, 즉 범죄수사와 직접적으로 관련된 판단을 하는 것이 아니라 단지 개별 영상의 진실성 정도를 평가하는 것이었다. 사실 참가자들은 동일한 사람이 등장하는 여러 개의 영상들을 볼 것이라는 것과, 그들 중 어떤 것들은 진실이고 어떤 것들은 거짓이라는 것을 사전 지시를 통해 알고 있었다[예를 들면, Mann, S., Vrij, A., & Bull, R. (2004). Detecting true lies: Police officers' ability to detect suspects' lies. *Journal of Applied Psychology, 89*, 137-149, p. 140]. 이러한 사전 지시는 용의자에 대한 전반적인 평가나 수사관 편파에 의해 유발될 수 있는 왜곡을 효과적으로 막을 수 있다. Vrij와 Mann (2001a)의 연구는 수사관의 (개별적인 용의자 영상에 대한 판단이 아닌) 전반적인 용의자에 대한 판단 능력을 평가하는 기준을 갖춘 유일한 연구였으며, 이 연구 결과 수사관들의 용의자 판단 능력은 저조한 것으로 나타났다.

39. 연구에 따르면 거짓을 말하는 사람을 찾아내려는 동기가 실제로 탐지 정확성을 감소시키는 반면(60%에서 46%로 감소), 확신감은 증가시키는 경향(통제조건의 자료로부터 도출된 결과)이 있다. Porter, S., McCabe, S., Woodworth, M., & Peace, K. A. (2007).

Genius is 1% inspiration and 99% perspiration… or is it? An investigation of the impact of motivation and feedback on deception detection. *Legal and Criminological Psychology, 12*(2), 297-309.

40. Blair, J. P., Levine, T. R., & Shaw, A. S. (2010). Content in context improves deception detection accuracy. *Human Communication Research, 36*, 423-442.

41. Toris, C., & DePaulo, B. M. (1984). Effects of actual deception and suspiciousness of deception on interpersonal perceptions. *Journal of Social Psychology, 47*(5), 1063-1073; Bond, C. F., Jr., & Fahey, W. E. (1987). False suspicion and the misperception of deceit. *British Journal of Social Psychology, 26*(1), 41-46.

42. Meissner, C. A., & Kassin, S. M. (2004). "You're guilty, so just confess!" Cognitive and behavioral confirmation biases in the interrogation room. In G. D. Lassiter (Ed.), *Perspectives in law & psychology* (vol. 20: Interrogations, confessions, and entrapment, pp. 85-106). New York: Kluwer Academic/Plenum.

43. Levine, T. R., Asada, K. J. K., & Park, H. S. (2006). The lying chicken and the gaze avoidant egg: Eye contact, deception, and casual order. *Southern Communication Journal, 71*(4), 401-411.

44. Leo, R. A. (2008). *Police interrogation and American justice* (p. 97). Cambridge, MA: Harvard University Press.

45. Inbau et al. (2001), 앞의 주 12, pp. 291-292.

46. 예를 들면, Meissner, C. A., & Kassin, S. M. (2002). "She's guilty!" Investigator bias in judgments of truth and deception. *Law and Human Behavior, 26*(5), 469-480; Elaad, E. (2003). Effects of feedback on the overestimated capacity to detect lies and the underestimated ability to tell lies. *Applied Cognitive Psychology, 17*(3), 349-363. 조사에 참여했던 수사관들은 자신이 거짓 진술 탐지를 77% 정도 정확하게 했다고 판단하였다. Kassin et al. (2007), 앞의 주 4.

47. Bull, R., & Soukara, S. (2010). Four studies of what really happens in police interviews. In G. D. Lassiter & C. A. Meissner (Eds.), *Police interrogations and false confessions: Current research, practice, and policy recommendations* (pp. 81-95). Washington, DC: American Psychological Association.

48. 거짓 진술을 하는 용의자를 정확하게 가려낼 확률이 41%에서 68%로 증가하였다. Hartwig, M., Granhag, P. A., Strömwall, L. A., & Vrij, A. (2005). Detecting deception via strategic disclosure of evidence. *Law and Human Behavior, 29*, 469-484.

49. 거짓 진술을 하는 용의자들과 진실한 진술을 하는 용의자들을 모두 정확하게 가려낼 확률은 56%에서 85%로 증가하였다. Hartwig, M., Granhag, P. A., Strömwall, L. A., &

Kronkvist, O. (2006). Strategic use of evidence during police interviews: When training to detect deception. *Law and Human Behavior, 30*, 603-619.

50. 예를 들면, 경찰관들은 용의자에게 사건 당시에 일어났던 일들을 시간의 역순으로 회상하도록 지시하면 거짓 탐지를 훨씬 더 정확하게 해냈다. 이런 경우에 거짓 탐지 정확도는 53%였고, 이것은 통제조건에서의 정확도(46%)보다 다소 높은 것이었다. Vrij et al. (2008), 앞의 주 38; Vrij, A., Fisher, R., Mann, S., & Leal, S. (2006). Detecting deception by manipulating cognitive load. *Trends in Cognitive Sciences, 10*(4), 141-142.

51. 분명한 것은 사람들은 특정 범죄에 가담했다는 것을 숨기기 위해 거짓말을 하지만, 다른 이유로도 경찰에게 거짓말을 한다는 것이다. 사람들은 다른 사람의 죄를 감추기 위해 거짓말을 할 수도 있고, 여러 다른 행동들(예: 무단결석, 불륜)을 감추기 위해 거짓말을 할 수도 있다. 이상적으로라면 이러한 의도에 의한 거짓말들은 신문 과정에서 밝혀질 것이다.

52. Inbau et al. (2001), 앞의 주 12, p. 130.

53. 앞의 책, p. 151. 저자들은 죄가 있는 용의자는 "수사관과 눈 마주치는 것을 피하기 위해 신문과정에서 땅바닥이나 벽을 쳐다볼 것"이라고 말한다.

54. 앞의 책, p. 223.

55. 앞의 책, p. 144.

56. 앞의 책, pp. 137, 135.

57. 앞의 책, pp. 136, 176.

58. 앞의 책, p. 176.

59. 앞의 책, pp. 179, 182, 174.

60. 앞의 책, pp. 129, 179.

61. 앞의 책, p. 159; Buckley (2006), 앞의 주 12, p. 198.

62. Inbau et al. (2001), 앞의 주 12, p. 223.

63. 앞의 책, p. 305.

64. 앞의 책, pp. 134-135.

65. 앞의 책, p. 136.

66. 앞의 책, p. 17. Horvath, F. Blair, J. P., & Buckley, J. B. (2008). The behavioral analysis interview: Clarifying the practice, theory and understanding of its use and effectiveness. *International Journal of Police & Management, 10*, 101-118.

67. Inbau et al. (2001), 앞의 주 12. pp. 137-138.

68. 앞의 책, p. 139.

69. Buckley (2006), 앞의 주 12, p. 192.

70. Inbau et al. (2001), 앞의 주 12, p. 151. 수사관은 "불안"과 "걱정"을 어떻게 구분해야 하

는지, 그리고 어떻게 "평상시의 행동이 억제" 되는 것을 확인하는지에 대한 의문을 풀지 못했다.

71. 앞의 책, p. 308.

72. 앞의 책, p. 190. 교재의 다른 부분에서 다음과 같이 언급하고 있다. "수사관은 용의자와 대면하기 전에, 기본적으로 용의자는 진실을 말하지 않는다고 생각해야 한다." (p. 8).

73. 저자들은 단지 추상적인 조언만을 해 주고 있다. "이 믿음은 면담을 하는 동안 용의자의 행동 때문이거나, 용의자의 말, 신체적 증거, 상황적 단서들이 서로 불일치하기 때문일 수 있다." (앞의 책, p. 8).

74. 앞의 책, p. 223.

75. 앞의 책, p. 181.

76. 예를 들면, Hartwig, M., Granhag, P. A., & Strömwall, L. A. (2007). Guilty and innocent suspects' strategies during police interrogations. *Psychology, Crime & Law, 13*(2), 213-227; Porter, S., Doucette, N. I., Woodworth, M., Earle, J., & MacNeil, B. (2008). Halfe the world knows not how the other halfe lies: investigation of verbal and non-verbal signs of deception exhibited by criminal offenders and non-offenders. *Legal and Criminology Psychology, 13*(1), 27-38. Vrij (2008), 앞의 주 23 참조.

77. Ahern, E. C., Lyon, T. D., & Quas, J. A. (2011). Young children's emerging ability to make false statements. *Developmental Psychology, 47*, 61-66; Lewis, M. (1993). The development of deception. In M. Lewis & C. Saarni (Eds.), *Lying and deception in everyday life* (pp. 90-105). New York: Guilford Press: Talwar, V., Murphy, S. M., & Lee, K. (2007). White lie-telling in children for politeness purposes. *International Journal of Behavioral Development, 31*, 1-11.

78. Gudjonsson, G. H. (1988). How to defeat the polygraph tests. In A Gale (Ed.), *The polygraph test: Lies, truth and science* (pp. 126-136). Thousand Oaks, CA: Sage Publications; Rosenfeld, J. P., Soskins, M., Bosh, G., & Ryan, A. (2004). Simple, effective countermeasures to P300-based tests of detection of concealed information. *Psychophysiology, 41*, 205-219.

　　리드사가 폴리그래프 검사 강좌도 제공한다는 점에서(http://www.reid.com/services/r_polygraph.html), 용의자들이 거짓말을 숨기기 위해 사용하는 일종의 대응수단과 관련된 문제들을 생소해 한다는 것은 믿기 어렵다.

79. Elaad, E., & Ben-Shakhar, G. (2009). Countering countermeasures in the concealed information test using covert respiration measures. *Applied Psychology and Biofeedback, 34*(3), 197-208.

80. 리드사 홈페이지에는 다음과 같이 언급되어 있다. "거짓말하는 사람의 대응수단을 밝혀

내는 것은 유능한 검사관이 되기 위한 훈련의 중요한 부분이다. 용의자들 중 거의 25%는 주로 그들이 사용하는 대응수단 때문에 거짓말한다는 것이 드러난다." 폴리그라프 기술 2: 수사 중 평가(수사관들을 위한 팁, 2001년 9월). http://www.reid.com/educational_info/r_tips.html?serial-321090728120738.

81. Inbau et al. (2001), 앞의 주 12, p. 158. 결백한 용의자들도 변호사를 선임할 형편이 되지 못하거나, 한동안 직장에 결근해야 하고, 가족들을 만날 수 없고, 지역사회 내에서 체면을 잃을 수도 있기 때문에 불안감을 느낄 수 있다.

82. 앞의 책.

83. 앞의 책, pp. 122-123.

84. Massip, L., Herrero, C., Garrido, E., & Barba, A. (2011). Is the behavior analysis interview just common sense? *Applied Cognitive Psychology, 25,* 593-604; Massip, J., & Ces, C. (2011). Guilty and innocent suspects' self-reported strategies during an imagined police interview. Poster presented at the Fourth International Congress on Psychology and Law, Miami, FL.

85. 연구는 실제로 다양한 직무현장에서의 법률 위반 혐의(대부분이 절도)를 받는 60명의 직장인들에 대한 녹화된 면담을 확인하였다. 면담은 BAI 기법에 따라 수행되었고, 회사 직원들로 구성된 5명의 면담자들에 의해 진행되었으며, 4명의 평가자들(이들 또한 회사 직원들이었다.)이 면담을 평가하였다. 이 연구 결과에 따르면, 평가자들은 정확하게 진실한 용의자들의 78%와 거짓말하는 용의자들의 66%를 가려냈다. 결론을 내리기 어려운 사건들을 제외하고 분석한 경우, 평균적으로 진술의 86%를 정확하게 판단하였다. 구체적으로, 진실한 용의자들의 91%와 거짓말하는 용의자들의 80%를 정확하게 판단하였다. Horvath, F. Jayne, B., & Buckley, J. (1994). Differentiation of truthful and deceptive criminal suspects in behavior analysis interviews. *Journal of Forensic Science, 39,* 793-807.

86. 앞의 책, p. 805. 이 두 사건들에서 직원들은 고용주의 돈을 훔친 혐의를 받고 있었다. 실제로 그들은 고용주로부터 돈을 받은 적이 없었다. 용의자 34명의 진실은 "유죄인 용의자가 자백함으로써 밝혀졌다." (p. 797). 이상하게도, 나중에 저자들은 34명의 용의자들 중 13명은 실제로 진실했다고 하였다(p. 798). 나머지 용의자들의 진실성은 사실적 분석, 즉 용의자의 진술, 범행 기회, 동기, 범행을 저지르는 성향 등에 근거한 연구자들의 주관적인 평가에 기초하여 평가되었다(p. 797). 이러한 평가는 명백히 불충분한 과학적 근거에 의존한 것이었다.

87. Blair, J. P., & McCamey, W. P. (2002). Detection of deception: An analysis of the Behavioral Analysis Interview technique. *Illinois Law Enforcement Executive Forum, 2,* 165-170. 이 연구에서 (BAI 기법의 지시사항을 따르기 전에) 거짓말 탐지 정확성의 기

저선이 71%라는 것을 발견했다는 것에 주목하라. 이 기저선은 예외적인 수치다. 리드사는 이 결과가 출판되지 않은 피터 블레어(Peter Blair)의 석사학위 논문에서도 발견되었다고 주장한다. Blair, J. P. (1997). The effect of training in assessing behavior symptoms of criminal suspects (Unpublished master's thesis), University of Western Illinois, Illinois, USA. 참조. 이 연구에 대한 비판은 Vrij (2008), 앞의 주 23, 7장.

88. Vrij, A., Mann, S., & Fisher, R. P. (2006). An empirical test of the Behaviour Analysis Interview. *Law and Human Behavior, 30*(3), 329-345.

89. Kassin, S. M., & Fong, C. T. (1999). "I'm innocent!" Effects of training on judgments of truth and deception in the interrogation room. *Law and Human Behavior, 23*(5), 499-516.

90. 예를 들면, 정직한 용의자들은 수사관이 틀렸다는 것을 증명하려는 동기가 더 강할 것으로 기대되는(Inbau et al. 2001, 앞의 주 12, p. 306) 반면, 거짓말하는 용의자들은 자신의 개인적 이익에 반하는 말을 하는 경향이 더 많고(p. 137), 보다 친근하게 행동하거나, 수사관에게 윙크나 웃음을 짓는 경향이 있다(pp. 129, 142).

91. 비언어적 단서들에 의존하는 프로토콜을 합리화하기 위해, 저자들은 "'말보다는 행동이 중요하다.' '진실을 말하고 있다면 내 눈을 똑바로 보아라.' 라는 흔히 쓰이는 표현들"을 언급했다(앞의 책, p. 143). 사회과학 분야에서는 보기 드물게, 저자들은 (인용도 하지 않은 채) 다음과 같이 말하고 있다. "다양한 사회적 연구들에 따르면, 사람들이 주고받는 메시지의 70%는 비언어적 수준에서 전달된다." (앞의 책, p. 143)

92. Leo (2008), 앞의 주 44, p. 98.

93. 잘못된 거짓말의 단서들, 특히 시선 회피에 대해 미국 경찰관들이 지속적으로 의존하려는 경향에 대해서는, Colwell et al. (2006), 앞의 주 35.

94. Snyder et al. (2007), 앞의 주 6.

95. Kassin, S. M. (2008). Confession evidence: Commonsense myths and misconceptions. *Criminal Justice and Behavior, 35*, 1309-1322. 개리 고저는 DNA 검사를 통해 면죄되었다. 1977년에 그와는 전혀 관련이 없는 밀워키(Milwaukee) 오토바이 폭주족에 대한 연방 수사에서 두 사람을 한꺼번에 살해한 것을 과시하는 것이 녹화된 테이프에 나오는 두 명의 조직원들이 붙잡히면서, 고저의 무죄가 밝혀졌다. 경찰에 검거된 두 명의 조직원들 중 한 명은 유죄를 인정했고, 다른 한 명은 2000년에 유죄판결을 받았다. http://www.law.northwestern.edu/cwc/exonerations/ilGaugerSummary.html. 마이클 크로(Michael Crowe) 사건에 대해서는, Saul, M., & Wilkens, J. (1999. 5. 11.). Haunting questions: The Stephanie Crowe case, part 1: The night she was killed. *San Diego Union-Tribune.* http://www.uniontrib.com/news/reports/ crowe/crowe1.html.

96. Leo (2008), 앞의 주 44, 3장.

97. Drizin과 Leo (2004, 앞의 주 8)의 125개의 허위자백에 대한 연구에서, 자백의 81%는 살인 사건에서 얻은 것이었고, 9%는 강간 사건에서 얻은 것이었다.

98. Inbau et al. (2001), 앞의 주 12, 13장.

99. Kassin & Gudjonsson (2004), 앞의 주 15, pp. 33–67; Kassin, S. M., Drizin, S. A., Grisso, T., Gudjonsson, G. H., Leo, R. A., & Redlich, A. D. (2010). Police-induced confessions: Risk factors and recommendations. *Law and Human Behavior, 34*(1), 3–38.

100. Kassin, S. M., Meissner, C. A., & Norwick, R. J. (2005). "I'd know a false confession if I saw one": A comparative study of college students and police investigators. *Law and Human Behavior, 29*(2), 211–227.

101. 레오(Leo)의 연구는 2,000개의 실제 신문과정에 대한 관찰을 바탕으로 하고 있다. Leo (2008), 앞의 주 44; Leo, R. A. (1996). Inside the interrogation room. *Journal of Criminal Law & Criminology, 86,* 266–303; Ofshe, R., & Leo, R. A. (1997). The social psychology of police interrogation: The theory and classification of true and false confessions. *Studies in Law, Politics and Society, 16,* 189–251.

102. Braun, B. (2007. 11. 19.). She's got a right to say the death penalty is wrong. *Star-Ledger* (Newark, NJ), p. 13. 브라이언 할시(Bryon Halsey)는 자백진술서는 그가 쓴 것이 아니라고 했다. "나는 경찰이 쓴 것에 서명했을 뿐이다." 할시는 19년을 감옥에서 보내고 난 뒤에야 면죄 되었다. 이노센스 프로젝트, 프로파일, Bryon Halsey. http://www. innocenceproject.org/Content/Bryon_Halsey.php.

아이슬란드(Iceland)에서 수감자들을 대상으로 진행한 연구에 따르면, 그들의 12%는 한 번쯤 경찰에게 허위로 자백을 했다고 이야기했다. 허위 자백의 가장 큰 원인은 수사의 압력으로부터 벗어나고 싶은 욕구 때문이었다. Sigurdsson, J. F., & Gudjonsson, G. H. (1996). The psychological characteristics of "false confessions": A study among Icelandic prison inmates and juvenile offenders. *Personality and Individual Differences, 20*(3), 321–329.

103. *Bram v. United States,* 169 U.D. 532, 543–32 (1897).

104. Kassin & Gudjonsson (2004), 앞의 주 15.

105. *Frazier v. Cupp,* 394 U.S. 731 (1969)의 재판에서, 법원은 피고인에게 공범이 자백했다고 허위로 알려 준 것을 눈감아 주었다. *Oregon v. Mathiason,* 429 U.S. 492 (1977)의 재판에서, 법원은 범죄 현장에서 용의자의 지문을 찾았다고 거짓말을 한 것에 대해서도 눈감아 주었다.

106. Drizin & Leo (2004), 앞의 주 8.

107. 사형의 위협에 대해 언급하면서, 사시아는 동료 의원에게 다음과 같이 청했다. "사형을 없애려고 하지 마라." Long, R., & Wilson, T. (2010. 1. 6.). Death penalty ban passes

Illinois House on second try, *Chicago Tribune*. http://newsblogs.chicagotribune.com/clout_st/2011/01/death-penalty-ban-fails-by-one-vote-in-illinois-house.html.

108. Inbau et al. (2001), 앞의 주 12, pp. 365-366. 또한 이 매뉴얼은 수사관들에게 자백의 전 과정을 다른 사람이 함께 지켜보도록 할 것을 권고한다.

109. Kassin, S. M., Goldstein, C. C., & Savistky, K. (2003). Behavioral confirmation in the interrogation room: On the dangers of presuming guilt. *Law and Human Behavior*, 27(2), 187-203.

110. Kassin, S. M., & McNall, K. (1991). Police interrogations and confessions: Communicating promises and threats by pragmatic implication. *Law and Human Behavior*, 15(3), 233-251.

111. 이 연구는 최소화가 정확한 자백 평가를 방해한다고 주장한다(자백의 진실성 평가 정확도가 7.7에서 5.1로 감소했다). 또한 이 연구는 협박과 관용이 유죄인 용의자들로부터 자백을 얻어 낼 확률을 두 배 증가시켜 주지만, 무고한 용의자들로부터 자백을 얻어 낼 확률도 두 배 이상 증가시킨다는 것을 발견했다. 최소화와 "협상"의 조합은 자백의 진실성 평가에서 정확도를 2.0으로 낮추었다. Russano, M. B., Meissner, C. A., Narchet, F. M., & Kassin, S. M. (2005). Investigating true and false confessions within a novel experimental paradigm. *Psychological Science*, 16(6), 481-486.

112. 무고한 참가자들 중 81%는 신문을 거부할 권리를 포기했다. 하지만 유죄인 참가자들 중에서는 36%만이 이 권리를 포기했다. Kassin, S. M., & Norwick, R. J. (2004). Why people waive their *Miranda* rights: The power of innocence. *Law and Human Behavior*, 28(2), 211-221.

113. Kassin, S. M., & Kiechel, K. L. (1996). The social psychology of false confessions: Compliance, internalization, and confabulation. *Psychological Science*, 7(3), 125-128.

114. Horselenberg, R., Merckelbach, H., & Josephs, S. (2003). Individual differences and false confessions: A conceptual replication of Kassin and kiechel (1996). *Psychology, Crime & Law*, 9(1), 1-8.

115. Perillo, J. T., & Kassin, S. (2011). Inside interrogation: The lie, the bluff, and false confession. *Law and Human Behavior*, 35, 327-337.

116. 384 U.S. 436 (1996).

117. Schulhofer, S. (2006). *Miranda v. Arizona*: A modest but important legacy. In C. Steiker (Ed.), *Criminal Procedure stories* (pp. 115-180). New York: Foundation Press.

118. 미국 국립 연구 회의 보고서는 미란다 요건이 수사적 기능을 최소로 축소시킨 것을 보여 주는 연구들을 인용하고 있다. National Research Council (2004), *Fairness and effectiveness in policing: The evidence* (Ed.) W. Skogan & K. Frydl, p. 256.

Washington, DC: National Academies Press. 한 사법기관은 미란다 재판의 판결을 "단지 장난"이라고 하였다. Slobogin, C. (2003). Toward taping. *Ohio State Journal of Criminal Law, 1*, 309.

119. 앞의 주 14.

120. Leo, R. A. (2001). Questioning the relevance of Miranda in the twenty first century. *Michigan Law Review, 99*, 1000-1029. 반대되는 주장이 미란다 원칙에 대한 비평가 폴 카셀(Paul Cassell)에 의해 제기되었다. Cassell, P. G. (1996). *Miranda's* social costs: An empirical reassessment. *Northwestern University Law Review, 90*, 387-499; Cassell, P. G., & Hayman, B. S. (1996). Police interrogation in the 1990s: An empirical study of the effects of Miranda. *UCLA Law Review, 43*, 839-931 참조. 카셀의 업적은 많은 비판을 받아 왔다. Schulhofer, S. J. (1996). *Miranda's* practical effect: Substantial benefits and vanishingly small social costs. *Northwestern University Law Review, 90*, 500-564; Thomas, G. C., & Leo, R. A. (2002). The effects of *Miranda v. Arizona*: "Embedded" in our national culture? *Crime and Justice: A Review of Research, 29*(20), 3-271.

121. 이 자료는 경찰관에 대한 조사 연구(Kassin et al., 2007, 앞의 주 4)와 관찰 연구(Leo 1996, 앞의 주 101)에 의해 입증되었다.

122. Leo (2008), 앞의 주 44, 4장.

123. Dix, G. E. (1988). Federal constitutional confession law: The 1986 and 1987 Supreme Court terms. *Texas Law Review, 67*, 231-349, pp. 272-276.

124. 예를 들면, *Bram v. United States*, 168 U.S. 532 (1897) 재판과 *Colorado v. Connelley*, 479 U.S. 157 (1986)의 재판을 비교해 보라.

125. *Missuri v. Seibert*, 542 U.S. 600, 608-609 (2004)(다수 의견).

126. Inbau et al. (2001), 앞의 주 12, p. 212. 또한, Buckley (2006), 앞의 주 12, p. 198.

127. Buckley (2006), 앞의 주 12, p. 201.

128. Leo (1996), 앞의 주 101.

129. 허위 자백 사례에서 신문 진행 시간은 44시간이었다고 보고되었다. Drizin & Leo (2004), 앞의 주 8 참조. 이와 반대로, 전체 신문 중 90%는 두 시간 미만으로 진행되었다. Leo (1996), 앞의 주 101.

130. 예를 들어, 샘 그로스(Sam Gross)와 그의 동료들이 수집한 자료에서 정신질환이나 정신지체가 있으면서 면죄를 받은 피고인들의 69%와 12세에서 15세인 면죄받은 청소년 피고인들의 69%는 허위자백 근거하여 유죄판결을 받았다. 이 비율은 건강한 성인들 중에서는 8% 미만이었다. Gross, S. R., Jacoby, K., Matheson, D. J., Montgomery, N., & Patil, S. (2005). Exonerations in the United States 1989 through 2003. *Journal of Criminal Law & Criminology, 95*, 523-560. DNA 검사를 통해 면죄를 받은 사람들 중

허위 자백을 했던 31명 중 18명은 정신지체인 사람들이거나, 18세 이하의 청소년이거나, 둘 모두에 해당하는 경우였다. Garrett, B. L. (2008). Judging innocence. *Columbia Law Review, 108*, 89.

131. Kassin, S. M. (2005). On the psychology of confessions: Does innocence put innocents at risk? *American Psychologist, 60*(3), 215–228.

132. Gilovich, T., Savitsky, K., & Medvec, V. H. (1998). The illusion of transparency: Biased assessments of others' ability to read one's emotional states. *Journal of Personality and Social Psychology, 75*(2), 332–346.

133. Leo (1996), 앞의 주 101. 전과기록이 없는 용의자들은 과거에 유죄판결을 받은 경험이 있는 용의자들보다 더 결백할 것이다.

134. 무고한 참가자들 중 81%는 신문을 거부할 권리를 포기했지만, 유죄인 용의자들 중 오직 36%만이 이 권리를 포기했다. Kassin & Norwick (2004), 앞의 주 112.

135. 리드 기법의 빈약한 실증적 근거와 이것이 허위 자백을 야기할 가능성에 대해서는, Blair, J. P., & Kooi, B. (2004). The gap between training and research in the detection of deception. *International Journal of Police Science and Management, 6*, 77–83.

136. Police and Criminal Evidence Act (1984), Code of Practice for the Detention, Treatment, and Questioning of Persons by Police Officers (Code C) 참조.

137. 기억을 돕는 PEACE 기법은 계획과 준비(Planning and Preparation), 도입과 설명(Engage and Explain), 진술 획득(obtain an Account), 종결(Closure) 및 평가(Evaluation)를 의미한다.

138. 이 원칙은 또한 수사관에게 실질적이면서 수사에 도움이 될 만한 자료를 확보하기 위해 자유롭게 다양한 질문들을 할 것을 지시한다. 수사관들은 형사사법체계의 맥락에서 초기에 유죄를 인정하는 것의 긍정적인 영향에 대해 인식하고 있어야 한다. 수사관들은 처음에 얻은 대답을 반드시 받아들여야만 하는 것은 아니다. 단지 끈질기게 질문하는 것 때문에 질문이 불공정해지는 것은 아니다. 심지어 용의자가 침묵할 권리를 행사하는 상황에서도, 수사관들은 그들에게 질문을 할 책임이 있다. National Policing Improvement Agency (2009). National investigative interviewing strategy. http://www.npia.police.uk/en/docs/National_Investigative_Interviewing_Strategy_09.pdf.

139. Sherpherd, E. (1993). *Aspects of police interviewing*. Leicester, UK: British Psychological Society. Sherpherd, E. (2007). *Investigative interviewing: The conversation management approach*. New York: Oxford University Press.

140. Carey, B. (2009. 5. 9.). Judging honesty by words, not fidgets. *New York Times*. http://www.nytimes.com/2009/05/12/scence/12lyinh.html?_r=2&emc=eta1에서 레이 불(Ray Bull)은 형사 콜롬보와의 유사성을 제안하였다.

141. Meissner, C. A., Russano, M. B., & Narchet, F. M. (2010). The importance of a laboratory science for improving the diagnostic value of confession evidence. In G. D. Lassiter & C. A. Meissner (Eds.), *Police interrogations and false confessions: Current research, practice, and policy recommendations* (pp. 111-126). Washington, DC: American Psychological Association 참조.

142. 다른 단점들에는 준비 부족, 관련 사실 확립의 실패, 일반적인 기량 부족, 기술 부족, 과도한 반복, 집요하고 고된 질문이 포함된다. Milne, R., Shaw, G., & Bull, R. (2007). Investigative interviewing: The role of research. In D. Carson, R. Milne, F. Pakes, & K. Shalve (Eds.), *Applying psychology to criminal justice* (pp. 65-80). Chichester, UK: Wiley. 참조.

143. Griffiths, A., & Milne, B. (2006). Will it all end in tiers? Police interviews with suspects in Britain. In T. Williamson (Ed.), *Investigative interviewing: Rights, research, and regulation* (pp. 167-189). Portland, OR: Willan.

144. Bull & Soukara (2010), 앞의 주 47.

145. Clarke, C., Milne, R., & Bull, R. (2011). Interviewing suspects of crime: The impact of PEACE training, supervision and the presence of a legal advisor. *Journal of Investigative Psychology and Offender Profiling, 8,* 149-162.

146. New Zealand Police (2005). Investigative interviewing: The literature. http://admin.police.govt.nz/resources/2005/investigative-interviewing/index.html.

147. Fahsing, I. A., & Rachlew, A. (2009). Investigative interviewing in the Nordic region. In T. Williamson, B. Milne, & S. P. Savage (Eds.), *International developments in investigative interviewing* (pp. 39-65). Portland, OR: Willan.

148. 앞의 책.

149. Kassin, S. M., Appleby, S. C., & Perillo, J. T. (2010). Interviewing suspects: Practice, science, and future directions. *Legal and Criminological Psychology, 15*(1), 39-55.

150. 예를 들면, American Bar Association. (2004). Resolution 8A—Videotaping custodial interrogations. Approved February 9, 2004, Midyear 2004 Meeting; Cassell (1996), 앞의 주 120; Kassin et al. (2010), 앞의 주 99; Leo (2008), 앞의 주 44; Slobogin (2003), 앞의 주 118.

151. Sullivan, T. P. (2008). Recording federal custodial interviews. *American Criminal Law Review, 45,* 1297-1345.

152. 한 조사에 참여한 574명의 미국 경찰관들 중 81%와 57명의 캐나다 세관원들은 신문과 정 전체가 기록되어야 한다는 견해를 갖고 있었다. Kassin et al (2007), 앞의 주 4.

153. 신문 녹화에 대한 연구는 용의자에게만 집중적으로 카메라 초점을 맞춘 영상이 용의

자 자백의 자발성을 과대평가하는 결과를 야기할 수 있으며, 이것은 판단자들로 하여금 강압에 의한 자백에 대해 부적절한 신뢰를 갖게 만들 수 있다는 것을 발견했다. Lassiter, D. G., Ware, L. J., Ratchliff, J. J., & Irvin, C. R. (2009). Evidence of the camera perspective bias in authentic videotaped interrogations: Implications for emerging reform in the criminal justice system. *Legal and Criminal Psychology, 14,* 157-170. 이러한 현상을 최소화하기 위한 연구들의 개관과 권고사항에 대해서는, Lassiter, D. G., Ware, L. J., Lindberg, M. J., & Ratcliff, J. J. (2010). Videotaping custodial interrogations: Toward a scientifically based policy. In G. D. Lassiter & C. A. Meissner (Eds.), *Decade of behavior/Science conference grant. Police interrogation and false confessions: Current research, practice, and policy recommendations* (pp. 143-160). Washington DC: American Psychological Association.

6. "피고인은 유죄입니다"

1. *Wainwright v. Sykes,* 433 U.S. 72, 90 (1977).
2. *Herrera v. Collins,* 506 U.S. 390, 416 (1993).
3. White, J. B. (1999). *From expectation to experience: Essays on law and legal education* (p. 108). Ann Arbor: University of Michigan Press; Burns, R. P. (2009). *The death of the American trial.* Chicago: University of Chicago Press.
4. 이러한 이미지는 그 재판을 지지하는 사람과 비판하는 사람에 의해 공히 제안되었다. Shepard, R. T. (2006). Brennan Lecture: The new role of state supreme courts as engines of court reform. *New York University Law Review, 81,* 1535-1552, p.1543; Foucault, M. (1994). *Ethics: Subjectivity and truth.* (Eds). P. Rabinow. Trans. R. Hurley et al. New York: New Press.
5. 소송의 합리주의 전통에 대한 풍부한 논의에 대해서는, Twining, W. (1990). *Rethinking Evidence* (pp. 32-91). Chicago: Northwestern University Press. 이 전통은 제레미 벤담(Jeremy Bentham)까지 거슬러 올라가며, 제임스 피자메스 스테판(James Fitzjames Stephen), 제임스 브래들리 다이어(James Bradley Thayer), 존 위그모어(John Wigmore), 론 풀러(Lon Fuller)의 저서에서도 찾을 수 있다. 풀러는 소송에 대해 "인간세상에서 생기는 사건들에 대한 이성적 주장을 공식적, 제도적으로 표현하는 것이다. 따라서 소송은 다른 어떠한 형태의 사회구조도 가지지 않은 합리성을 전제한다."고 설명했다. Fuller, L. (1978). The forms and limits of adjudication. *Harvard Law Review, 92,* 353-409, p. 360. 소송의 본질에 대한 이 견해는 대법원 판례에도 정기적으로 반영된다. *Taylor v. Kentucky,* 436 U.S. 478, 485 (1978).

합리주의 전통에 따른 소송모형은 배심원이 베이즈 공리와 같은 형식논리적인 수학모형으로 증거를 평가함을 의미하지 않는다. 그보다는, 구조적인 편파(불공정)가 없는 전체적이고 합리적인 절차로 가정하는 것이다. Hastie, R. (1993). Algebraic models of juror decision processes. In R. Hastie (Ed.), *Inside the juror: The psychology of juror decision making* (pp. 84-115). New York: Cambridge University Press.

6. 예를 들면, Abramson, J. (2000). *We the jury: The jury system and the ideal of democracy.* Cambridge, MA: Harvard University Press; Vidmar, N., & Hans, V. P. (2007). *American juries: The verdict.* New York: Prometheus Books; Burns, R. P. (1999*). A theory of the trial.* Princeton, NJ: Princeton University Press.

7. *District Attorney's Office v. Osborne*, 129 S.Ct. 2308, 2323 n. 10 (2009).

8. *Herrera*, 506 U.S. at 420 (O'Connor, J., concurring). 이 절차의 핵심적 의미는 소송 당사자가 각자 자신의 최고 이해(利害)를 반영하는 견해를 사실판단자에게 제공할 수 있어야 한다는 것이다. 그러한 당사자 이해의 충돌은 옳은 사법판단에 이르는 지름길로 간주된다. Damaska, M. R. (1985). *The faces of justice and state authority: A comparative approach to the legal process.* New Haven, CT: Yale University Press; Landsman, S. (1988). *Readings on adversarial justice: The American approach to adjudication.* St. Paul, MN: West.

9. *Crawford v. Washington*, 541 U.S. 36, 50 (2004).

10. *Lilly v. Virginia*, 527 U.S. 116, 124 (1999); *Watkins v. Sowders*, 449 U.S. 341, 349 (1980).

11. *Duncan v. Louisiana*, 391 U.S.145 (1968).

12. *McCleskey v. Kemp*, 481 U.S. 279, 313 (1987).

13. *Watkins v. Sauders*, 449 U.S. 341, 347 (1981).

14. *Parker v. Randolph*, 442 U.S. 62, 73 (1979).

15. "이것은 신뢰해서는 안 될 중대한 이유를 가진 많은 증거들을 재판에서 받아들이는 당사자주의 체계의 일부다." *Manson v. Brathwaite*, 438 U.S. 98, 113 (1977).

16. "형사재판제도의 기본전제는 '배심원은 거짓말 탐지기' 라는 것이다. 증인 증언의 중요도와 신빙성을 결정하는 것에는 보편적인 지능 및 사람과 삶에 대한 실용적인 지식을 가진 배심원이 당연히 최적임자라고 오랫동안 여겨져 왔다." *United States v. Scheffer*, 523 U.S. 303, 313 (1997).

17. "연방대법원은 여러 차례에 걸쳐서, 공범이 법정 밖에서 한 진술은 오직 그 공범에게만 불리하게 사용되어야 한다는 배심 설시가 자신에게 불리한 진술을 하는 사람을 맞대면할 피고인의 권리 침해를 충분히 예방한다는 것을 확인하였다." *Parker v. Randolph*, 442 U.S. 62, 73 (1979).

18. *Gregg v. Georgia*, 428 U.S. 153 (1976); *McCleskey v. Kemp*, 481 U.S. 279 (1987).

19. "적법절차는 배심원이 오직 증거에 의해서만 판단할 능력과 의지가 있다는 뜻이다." *Smith v. Phillips*, 455 U.S. 209, 217 (1982).

20. 이 책은 피고인의 유죄에 심각한 의문이 제기되는 어려운 사건들을 다루고 있음을 기억하라. 따라서 이 책의 논의는 경찰에 의해 쉽게 해결되고 배심원이 쉽게 결정할 수 있는 범죄에 적용되기 어렵다.

21. 예를 들면, 정박효과(anchoring effects), 회견편파(hindsight bios), 자기중심성 편파(egocentric bias)를 검증하는 실험연구에서 연방치안판사가 주어진 과제를 보통 사람들보다 더 잘하는 것은 아니지만, 틀짓기 효과와 대표성 휴리스틱을 검증하는 과제에서는 더 나은 수행을 보인다. 판사는 인지성찰과제(직관적 판단의 오류를 간파하고 수정하는 과제)에서 평균적인 대학생들의 수행성적을 보였으나, 네 개의 명문대학 대학생들보다는 저조한 수행능력을 보였다. Guthrie, C., Rachlinksi J. J., & Wistrich, A. J. (2001). Inside the judicial mind. *Cornell Law Review*, 86, 777-830; Guthrie, C., Rachlinksi J.]., & Wistrich, A. J. (2007). Blinking on the bench: How judges decide cases. *Cornell Law Review*, 93, 1-44. 파산법원 판사는 정박효과와 틀짓기 효과에는 약했지만, 누락편파(omission bias)와 일부 감정적인 요인들에는 영향을 받지 않았다. Rachlinksi, J. J., Guthrie, C., & Wistrich, A. J. (2006a). Inside the bankruptcy judge's mind. *Boston University Law Review*, 86, 1227-1265. 일반인처럼, 자백의 자발성에 대한 판사의 평가도 카메라 관점에 의해 편향되는 것으로 밝혀졌다. Lassiter, G.D., Diamond, S. S., Schmidt, H. C., & Elek, J. K. (2007). Evaluating videotaped confessions: Expertise provides no defense against the camera-perspective effect. *Psychological Science*, 18(3), 224-226. 제7장에서 언급한 바와 같이, 판사는 자기 스스로 증명력이 없다고 판단한 증거도 무시하지 못한다. Wistrich, A. J., Guthrie, C., & Rachlinski, J. J. (2005). Can judges ignore inadmissible information? The difficulty of deliberately disregarding. *University of Pennsylvania Law Review*, 153, 1251-1345. 일부 상황에서는 판사도 배심원처럼 법을 따르지 않는 경우가 발견된다. Rachlinksi, J. J., Guthrie, C., & Wistrich, A. J. (2006b), 뒤의 주 122.

22. 제니퍼 톰슨 인터뷰, "Lying Eyes," American Justice Series, A&E Entertainment; Thompson-Cannino, J., Cotton, R., & Torneo, E. (2009). *Picking Cotton* (p. 46). New York: St. Martin's Press.

23. Hewstone, M., Rubin, M., & Willis, H. (2002). Intergroup bias. *Annual Review of Psychology, 53*, 575-604.

24. Thompson-Cannino, Cotton, & Torneo (2009), 앞의 주 22, pp. 46, 71.

25. 톰슨의 진술: "로널드가 영원히 멀리 떠나게 되어 우리는 정말, 매우 감사하고 행복했

다." 제니퍼 톰슨 인터뷰, *CNN Newsnight* with Aaron Brown, "A Look at DNA Evidence," May 17, 2005. 그리고 Thompson-Cannino, Cotton, & Torneo (2009), 앞의 주 22, p. 71.

26. 예를 들어, 사람들에게 다른 사람이 헌혈을 하도록 설득하는 과제를 주면 스스로 헌혈하는 비율이 높아진다. Anderson, C. A. (1983). Motivational and performance deficits in interpersonal settings: The effect of attributional style. *Journal of Personality and Social Psychology, 45,* 1136-114 7.

27. Frankel, M. E. (1978). *Partisan Justice.* New York: Hill & Wang.

28. American Law Institute (2000). *Official comment to Section 116 of the American Law Institute's Restatement of the Law Third: The law governing lawyers.* St. Paul, MN: American Law Institute.

29. Sheppard, B. H., & Vidmar, N. (1980). Adversary pretrial procedures and testimonial evidence: Effects of lawyer's role and Machiavellianism. *Journal of Personality and Social Psychology, 39,* 320-332.

30. 이 연구에서는, 검찰측 증인이 피고측 변호사의 반대심문 대상이었고, 모의재판에서 증언하였다. 일부 증인에게는 "피고측 변호사가 당신에게 매우 적대적일 겁니다." 그리고 "배심원 앞에서 당신의 신뢰성을 극도로 떨어뜨리려 할 겁니다."라고 말해 주었다. 또한 증언을 연습하게 하였다. 전반적으로, 이러한 정보를 주었을 때, 유죄판결 비율은 31%에서 51%로 증가하였다. 엉뚱한 사람을 범인으로 지목한 증인의 확신감은 3.8에서 6.1까지 증가하였고(7점 척도), 상응하는 유죄판결 비율은 28%에서 61%로 증가하였다. Wells, G. L., Ferguson, T. J., & Lindsay, R. C. L. (1981). The tractability of eyewitness confidence and its implications for triers of fact. *Journal of Applied Psychology, 66,* 688-696.

31. Vidmar, N., & Laird, N. M. (1983). Adversary social roles: Their effects on witnesses' communication of evidence and the assessments of adjudicators. *Journal of Personality and Social Psychology, 44,* 888-898. 이 결과는 한쪽 당사자의 편에서 증언하는 증인에 대한 제3자의 평가이기 때문일 수도 있지만, 증인 스스로가 자신의 증언을 평가한 것에서는 그러한 편파가 발견되지 않았다.

32. Garrett, B. L. (2011). *Convicting the Innocent: Where criminal prosecutions go wrong.* Cambridge, MA: Harvard University Press.

33. 앞의 책.

34. 연방대법원이 미란다 사건에서 언급한 바와 같이, "비공개적인 절차에서 나오는 정보는 비밀을 내포하기 마련이고, 그 비밀은 어떤 일이 있었는지에 대한 우리의 지식에 간극을 초래한다." *Miranda v. Arizona,* 384 U.S. 436, 448 (1966).

35. 경찰에서 이루어진 목격자의 범인식별이 재판에 증거로 제시된 사건의 절반가량은 그 식별절차에 대한 기록이 불완전하였다.

36. 제2장의 논의 참조.

37. Schmechel, R. S., O'Toole, T. P., Easterly, C., & Loftus, E. F. (2006). Beyond the kin? Testing jurors' understanding of eyewitness reliability evidence. *Jurimetrics, 46*, 177-214.

38. Levin, D. T., Momen, N., Drivdahl, S. B., & Simons, D. J. (2000). Change blindness blindness: The metacognitive error of overestimating change-detection ability. *Visual Cognition, 7*, 397-412.

39. Harley, E. M., Carlsen, K. A., & Loftus, G. R. (2004). The "saw-it-all-along" effect: Demonstrations of visual hindsight bias. *Journal of Experimental Psychology: Learning, Memory, and Cognition, 30*, 960-968.

40. Wells, G. L. (1984). The adequacy of human intuition for judging testimony. In G. L. Wells & E. F. Loftus (Eds.), *Eyewitness testimony: Psychological perspectives* (pp. 256-272). New York: Cambridge University Press. 대부분의 연구가 일관성 있는 과대평가를 보였지만, 한 연구에서는 과대 및 과소 평가 모두를 발견했다. Yarmey, A. D. (2004). Eyewitness recall and photo identification: A field experiment. *Psychology, Crime & Law, 10*, 53-68.

41. Brigham, J. C., & Bothwell, R. K. (1983). The ability of prospective jurors to estimate the accuracy of eyewitness identifications. *Law and Human Behavior, 7*, 19-30.

42. 이 연구에서는 도난을 목격한 학생의 증언을 녹화했다. 그 학생들은 부장 검사와 피고 측 변호사, 로스쿨학생에 의한 심문과 반대심문을 경험하였다. 나중에 이 증언을 배심원 역할을 했던 다른 학생들이 평가하였다. Lindsay, R. C. L., Wells, G. L., & O'Connor, F. J. (1989). Mock-juror belief of accurate and inaccurate eyewitnesses: A replication and extension. *Law and Human Behavior, 13*, 333-339.

43. Wells, G. L., Lindsay, R. C., & Ferguson, T. J. (1979). Accuracy, confidence, and juror perceptions in eyewitness identification. *Journal of Applied Psychology, 64*, 440-448.

44. Lindsay, R. C. L., Wells, G. L., & Rumpel, C. M. (1981). Can people detect eyewitness-identification accuracy within and across situations? *Journal of Applied Psychology, 66*, 79-89.

45. 이 연구에서 참가자는 정확한 증인을 70% 신뢰한 반면, 부정확한 증인은 오직 33%만 신뢰하였다. 앞의 책.

46. 모의 배심원은 정확한 증인을 68%, 부정확한 증인을 70% 신뢰하였다. Lindsay, Wells, & O'Connor (1989), 앞의 주 42.

47. Wells, Lindsay와 Ferguson (1979, 앞의 주 43)은 모의배심원의 86%가 틀린 증인의 지목을 믿고, 76%는 정확한 증인의 지목을 믿는다는 것을 발견하였다(비유도 질문 조건의 자료). 이와 유사하게, Wells, Lindsay와 Tousignant의 연구에서는 부정확한 증인에게는 64%, 정확한 증인에게는 59%의 신뢰를 보였다. Wells, G. L., Lindsay, R. C., & Tousignant, J.P. (1980). Effects of expert psychological advice on human performance in judging the validity of eyewitness testimony. *Law and Human Behavior, 4*(4), 275-285. (전문가 증언이 없었던 경우의 자료). 최근, Reardon과 Fisher는 각각 59%와 52%의 신뢰 비율(belief rates)을 발견하였다. Reardon, M. C., & Fisher, R. P. (2011). Effect of viewing the interview and identification process on juror perceptions of eyewitness accuracy. *Applied Cognitive Psychology, 25,* 68-77; 그리고 2010년 9월 24일, 마거릿 리어돈(Margaret Reardon)과의 이메일 대화(통제 조건의 배심원 자료).

48. Garrett (2011), 앞의 주 32, p. 315, 앞의 주 43.

49. Lindsay, D. S., Read, D. J., & Sharma, K. (1998). Accuracy and confidence in person identification: The relationship is strong when witnessing conditions vary widely. *Psychological Science, 9,* 215-218.

50. Deffenbacher, K. A., & Loftus, E. F. (1982). Do jurors share a common understanding concerning eyewitness behavior? *Law and Human Behavior, 6,* 15-30.

51. 합의가 이루어진 4개 항목은 모두 '사건 요인', 즉 목격자가 범인을 보았을 당시의 상황에 관한 요인들이다. 경찰의 수사절차와 관련된 '절차 요인'들에서는 합의된 항목이 없었다. Benton, T. R., Ross, D. F., Bradshaw, E., Thomas, W. N., & Bradshaw, G. S. (2006). Eyewitness memory is still not common sense: Comparing jurors, judges and law enforcement to eyewitness experts. *Applied Cognitive Psychology, 20,* 115-129. 사람들이 절차 요인들을 모른다는 것은 응답자가 목격지목의 정확성을 좌우하는 요소들을 개방형으로 기술한 연구에서도 마찬가지로 나타났다. 자발적으로 기술된 요소들 중 절차 요인에 속하는 요소는 오직 1%에 불과하였다. Shaw, J. S., III, Garcia, L. A., & McClure, K. A. (1999). A law perspective on the accuracy of eyewitness testimony. *Journal of Applied Social Psychology, 29,* 52-71.

　　배심원들이 절차 요인에 무감각하다는 사실은, 목격자의 범인식별이 경찰의 잘못된 라인업 절차에 의한 것일 때에도 배심원들은 그 지목을 신뢰할 것임을 의미한다. 따라서 배심원의 무감각은 경찰이 라인업 절차를 정확하게 실시하려는 동기를 감소시킨다.

52. 다만, 목격자에게 한 장의 사진을 보여 주고 범인 여부를 식별하도록 하는 '쇼업'의 문제점은 응답자의 대부분이 인식하였다. Schmechel et al. (2006), 앞의 주 37.

53. 이 연구는 대학생과 배심원 자격이 있는 시민을 대상으로 하였다. 아홉 가지 요인은, 세 가지 사건 요인(가해자 변장 여부, 총을 소지하였는지 여부 등)과 여섯 가지 절차 요인

(라인업을 즉시 실시하였는지, 라인업에 포함된 다른 구성원의 수 등)으로 구성되었으며, 증인의 확신감은 80% 혹은 100%로 조작하였다. Cutler, B. L., Penrod, S. D., & Stuve, T. E. (1988). Juror decision making in eyewitness identification cases. *Law and Human Behavior, 12*, 41-55; Cutler, B. L., Penrod, S. D., & Dexter, H. R. (1990). Juror sensitivity to eyewitness identification evidence. *Law and Human Behavior, 14,* 185-191.

54. Lindsay, R. C. L., Lim, R., Marando, L., & Cully, D. (1986). Mock-juror evaluations of eyewitness testimony: A test of metamemory hypotheses. *Journal of Applied Social Psychology, 16,* 447-459.

55. 이 연구에서는 흑인 용의자를 지목한 증인이 백인 혹은 흑인인지에 따라 유죄판단의 비율이 달라지지 않았다. Abshire, J., & Bornstein, B. H. (2003). Juror sensitivity to the cross-race effect. *Law and Human Behavior, 27*, 471-480.

56. 참가자들이 목격자의 행동을 추정하는 연구에서는, 목격자가 편파적인 지침을 받았다고 알려 준 경우와 편파되지 않은 지침을 받았다고 알려 준 경우에 목격자가 표적-부재 라인업에서 누군가를 선택할 것으로 추정한 참가자들은 각각 16%와 18%로 차이가 없었던 반면, 실험연구에서는, 표적-부재 라인업에서 목격자가 누군가를 선택하는 비율은 편파적인 지침을 받는 경우에는 78%, 편파적이지 않은 지침을 받는 경우에는 33%로 큰 차이를 보였다. Wells (1984), 앞의 주 40.

57. Devenport, J. L., Stinson, V., Cutler, B. L., & Kravitz, D. A. (2002). How effective are the cross-examination and expert testimony safeguards? Jurors' perceptions of the suggestiveness and fairness of biased lineup procedures. *Journal of Applied Psychology, 87*, 1042-1054.

58. Lindsay, Wells, & Rumpel (1981), 앞의 주 44.

59. 사용된 시나리오는 범인이 주거침입 후 강간한 사건으로, 목격상황과 라인업 절차를 제외한 다른 모든 내용이 동일하였다. 이 연구는 형사사법제도에 대한 일반인의 신념, 지식 그리고 의견에 대해 광범위하게 알아보는 배심원 신념 조사(Jurors' Beliefs Survey)의 일부로, 참가자 650명 중 절반은 온라인을 통해 참가한 일반인이며 나머지 절반은 대학생이었다. Simon, D., Stenstrom, D., & Read, S. J. (2008. 3.). *Jurors' background knowledge and beliefs.* Paper presented at American Psychology-Law Society annual conference, Jacksonville, FL.

60. 이 시나리오에서 피해 여성은 상대적으로 희미한 불빛 아래에서 폭행범을 두 번 힐끗 보았다. 그로부터 1주일 후, 피해자는 라인업에서 폭행범을 지목하지 못하였다. 그러나 3개월 후 법정에서 그녀는 피고인을 범인으로 지목하였다.

61. Wells, G. L., & Bradfield, A. L. (1998). "Good, you identified the suspect": Feedback

to eyewitnesses distorts their reports of the witnessing experience. *Journal of Applied Psychology, 83*, 360-376.

62. Lindsay, Wells, & O'Connor (1989), 앞의 주 42.

63. 높은 확신감을 보이는 증인을 믿는 비율은 63%였으나, 낮은 확신감을 보이는 증인에 대한 신뢰 비율은 고작 32%였다. Lindsay, R. C. L. (1994). Expectations of eyewitness performance: Jurors' verdicts do not follow from their beliefs. In D. F. Ross, J. D. Read, & M. Toglia (Eds.), *Adult eyewitness testimony: Current trends and development* (pp. 362-384). New York: Cambridge University Press.

64. 완벽하게 확실하다고 주장하는 증인에 대한 신뢰 비율은 83%이고, 다소 불확실하다고 말하는 증인에 대한 신뢰 비율은 28%였다. Wells (1984), 앞의 주 40.

65. Culhane, S. E., & Hosch, H. M. (2004). An alibi witness' influence on mock jurors' verdicts. *Journal of Applied Social Psychology, 34*, 1604-1616.

66. Simon, D. (2011. 7. 6.). *The coherence effect: Blending cold and hot cognitions by constraint satisfaction.* Paper presented at the Max Planck Institute for Research on Collective Goods, Bonn, Germany.

67. 한 연구에서는 확신감 없는 목격증인의 진술을 믿는 정도에는 목격상황 조건이 영향을 주었지만(세 개의 목격상황 조건에서 목격증인의 진술을 믿는 참가자의 비율이 각 47%, 54%, 76%), 확신감 있는 목격증인의 진술을 믿는 정도에는 영향을 주지 않았다(각 76%, 76%, 78%). Lindsay, Wells, & Rumpel (1981), 앞의 주 44.

68. Leippe, M. R., & Eisenstadt, D. (2007). Eyewitness confidence and the confidence-accuracy relationship in memory for people. In R. C. L. Lindsay, D. F. Ross, J. D. Read, & M. P. Toglia (Eds.), *Handbook of eyewitness psychology* (vol. 2: Memory for people, pp. 377-425). Mahwah, NJ: Lawrence Erlbaum; Sporer, S. L., Penrod, S., Read, D., & Cutler, B. (1995). Choosing, confidence, and accuracy: A meta-analysis of the confidence-accuracy relation in eyewitness identification studies. *Psychological Bulletin, 118*, 315-327. 이 상관관계는 라인업에서 누군가를 선택하는 증인에 관한 것이다. 범인을 지목하지 못한 증인이 포함되면 상관은 더 약해질 수밖에 없다. 재판에서 증인이 용의자를 지목하지 못하는 일은 아주 드물기 때문에 이 상관관계가 실제 재판에 대해 가지는 의미(확신감과 정확성의 약한 관계)가 희석되는 것은 아니다.

69. Brewer, N., & Wells, G. L. (2006). The confidence-accuracy relationship in eyewitness identification: Effects of lineup instructions, foil similarity, and target-absent base rates. *Journal of Experimental Psychology: Applied, 12*, 11-30.

70. Douglass, A. B., Neuschatz, J. S., Imrich, J., & Wilkinson, M. (2010). Does post-identification feedback affect evaluations of eyewitness testimony and identification

procedures? *Law and Human Behavior, 34*, 282–294.

71. 웰스와 시라우는 법정 내의 지목을 단지 형식적 절차에 불과한 것으로 본다. Wells, G. L., & Seelau, E. P. (1995). Eyewitness identification: Psychological research and legal policy on lineups. *Psychology, Public Policy, and Law, 1*, 765–791. 존 위그모어는 그것들은 "증언의 가치가 거의 없다."고 하였다. Wigmore, J. H. (1940). *A treatise on the Anglo-American system of evidence in trials at common law*, 3rd ed., vol. 4, p. 208. Boston: Little, Brown.

72. Nash, R. A., & Wade, K. A. (2009). Innocent but proven guilty: Eliciting internalized false confessions using doctored-video evidence. *Applied Cognitive Psychology, 23*, 624–637; Gabbert, F., Memon, A., Allan, K., & Wright, D. B. (2004). Say it to my face: Examining the effects of socially encountered misinformation. *Legal and Criminological Psychology, 9*, 215–227.

73. Simon, Stenstrom, & Read (2008), 앞의 주 59.

74. 이노센스 프로젝트, 프로파일, Dean Cage. http://www.innocenceproject.org/Content/Dean_Cage.php.

75. 이노센스 프로젝트, 프로파일, Robert Clark. http://www.innocenceproject.org/Content/Robert_Clark.php.

76. Willie O. "Pete" Williams 사건에 대해서는, Torpy, B., & Rankin, B. (2007. 1. 20.). Group: DNA clears man in 1985 rape. *Atlanta Journal-Constitution*. http://www.ajc.com/metro/content/metro/atlanta/stories/2007/01/19/0120bmetinnocent.html; 이노센스 프로젝트, 프로파일, Willie Williams. http://www.innocenceproject.org/Content/Willie_Williams.php 참조.

77. Possley, M. (2006. 11. 23.). DNA results clear prisoner: Crime lab failed to do testing earlier. *Chicago Tribune*, p. Bl. 말론 펜들톤(Marlon Pendleton) 사건에 대해서는, 이노센스 프로젝트, 프로파일, Marlon Pendleton. http://www.innocenceproject.org/Content/Marlon_Pendleton.php.

78. 이 주제를 다룬 드문 자료에 대해서는, Mandery, E. (1996). Due process considerations of in-court identifications. *Albany Law Review, 60*, 389–424.

79. 증인이 피고인석에 앉아 있는 사람을 지목하도록 해서 그 증인의 기억 정확성을 가늠하는 것은, 어휘철자대회에서 철자에 대한 기억력을 검사하기 위해 팻말에 써 있는 단어의 철자를 읽게 하는 것과 별반 다를 것이 없다. 어휘철자를 보여 주고 철자를 아는지 검사하는 것은 어휘기억력에 대한 진단가치가 없는 것과 마찬가지로, 법정 안에서의 확인 식별은 증인의 기억을 진단하는 것이 아니다.

80. 예를 들면, *People v. Patterson*, 88 Ill. App. 3d 168, 176 (1980); *People v. Monroe*, 925

P.2d 767 (Colo. 1996) 참조.

81. *United States v. Wade*, 388 U.S. 218, 224 (1967).

82. *United States v. Ash*, 413 U.S. 300 (1973). 비슷한 판결에 대해서는, *United States v. Kimball*, 73F.3d 269 (10 Cir. 1995); *Smith v. State*, 553 N.E.2d 832 (Ind. 1990).

83. *Miles v. U.S.*, 483 A.2d 649 (D.C. 1984).

84. *State v. Taylor*, 200W. Va. 661 (1997); *State v. McCall*, 139 Ariz.147 (1983).

85. 플로리다 법원은 증인이 법정에서 가해자를 확인하는 것에 실패했음에도 불구하고, 법정 안에서의 확인 식별을 증거로 제시하는 검찰을 허용하기까지 했다. 이 '역(reverse)' 법정 내 지목은 피고인이 재판 중에 자신을 알아보는 태도로 계속 자기를 응시하였다는 증인의 증언에 기초한 것이었다. *Hazen v. State*, 700 So. 2d 1207 (Fla. 1997), cited in Sobel, N. R. (1981). *Eyewitness identification: Legal and practical problems* (2nd ed.), §3:11. New York: Clark Boardman Company.

　때때로 법원은 월권행위를 제한한다. 법원이 법정 내 지목을 허용하지 않는 경우도 있다. 예를 들어, 연방항소법원은 검사가 피고인석에 앉아 있는 피고인을 가리킨 후 증인에게 "여기에 피고인이 있나요, 저 좌석에 앉아 있는 남자입니까?"라고 물은 경우에는 법정 내 지목을 허용하지 않았다. *United States v. Warf*, 529 F.2d 1170 (5th Cir. 1976). 이 재판사례들은 문제의 광범위성을 설명하기 위해 인용되었다. 이들 재판의 피고인들은 누구도 무죄판결을 받지 못했다.

86. 항소법원은 일반적으로 그러한 관행이 위헌이라는 주장을 받아들이지 않고, 판사의 재량권 범위에 속하는 것으로 판단한다. *United States v. Brown*, 699 F.2d 585 (2d Cir. 1983); *United States v. Dixon*, 201 F.3d 1223, 1229 (9th Cir. 2000).

87. 변호사도 비윤리적인 행위를 하였는데, 피고인이 선서를 하지 않으려 한다는 것을 법정 직원에게 재판이 개시되기 전에 미리 알려 주었고, 증인의 범인지목이 틀렸다는 것을 알게 된 후에도 수사조서의 수정을 요청하지 않았다. *Illinois v. Simac*, 161 Ill. 2d. 297 (1994). 대리인을 세운 다른 사건에 대해서는, *United States v. Sabater*, 830 F.2d 7 (2d Cir. 1987); *People v. Gow*, 382 N.E.2d 673 (Ill. App. Ct. 1978).

88. 소수의견에서, 대법관 니켈스(Nickels)는 검사측 증인의 암시적인 법정 내 지목을 피고측 변호사가 용인해야 할 의무는 없다는 것을 명확히 지적하였다. *Illinois v. Simac*, 161 Ill. 2d. 297 (1994).

89. 예를 들면, Hanba, J. M., & Zaragoza, M. S. (2007). Interviewer feedback in repeated interviews involving forced confabulation. *Applied Cognitive Psychology, 21*, 433-455; Schooler, J. W., Gerhard, D., & Loftus, E. F. (1986). Qualities of the unreal. *Journal of Experimental Psychology: Learning, Memory, and Cognition, 12*, 171-181.

90. 생생함의 다른 측면은 많이 연구되지 않았다. 연구가 이루어진 다른 측면은 증인의 말

이 막히는 빈도, 진술을 망설이는 정도, 질문에 대한 답변이 지연되는 정도 등이다. Hanba & Zaragoza (2007), 앞의 주 89. 또한, "모른다"는 대답의 빈도, 애매한 발언, 망설임의 빈도도 포함된다. Leippe, M. R., Manion, A. P., & Romanczyk, A. (1992). Eyewitness persuasion: How and how well do fact finders judge the accuracy of adults' and children's memory reports? *Journal of Personality and Social Psychology*, *63*(2), 181-197. 기억의 선명함은 기억 유창성(fluency)의 개념과 밀접한 관련이 있다. Shaw, J. S. (1996). Increases in eyewitness confidence resulting from postevent questioning. *Journal of Experimental Psychology: Applied, 2*, 126-146. 사람들은 기억의 출처를 추적하기 위해서 세부사항의 풍부함을 단서로 사용하기도 한다. Johnson, M. K., Bush, J. G., & Mitchell, K. J. (1998). Interpersonal reality monitoring: Judging the sources of other people's memories. *Social Cognition, 16*, 199-224.

91. 증언이 자세할수록 더욱 신뢰받고(54 vs. 44, 0~100점 척도에서), 더 많은 유죄판결을 이끌어 낸다(29% vs. 11%). Bell, B. E., & Loftus, E. F. (1988). Degree of detail of eyewitness testimony and mock juror judgments. *Journal of Applied Social Psychology, 18*, 1171-1192; Bell, B. E., & Loftus, E. F. (1985). Vivid persuasion in the courtroom. *Journal of Personality Assessment, 49*, 659-664; Keogh, L., & Markham, R. (1998). Judgements of other people's memory reports: Differences in reports as a function of imagery vividness. *Applied Cognitive Psychology, 12*, 159-171. 다른 연구에서는 이런 효과가 나타나지 않았다. Pickel, K. L. (1993). Evaluation and integration of eyewitness reports. *Law and Human Behavior, 17*, 569-595.

92. Brewer, N., Potter, R., Fisher, R. P., Bond, N., & Luszcz, M. A. (1999). Beliefs and data on the relationship between consistency and accuracy of eyewitness testimony. *Applied Cognitive Psychology, 13*, 297-313.

93. 한 연구에서는 일관성 없는 증언이 유죄판결 수준을 53%에서 7%로 감소시키는 것이 발견되었다. Brewer, N., & Hupfeld, R. M. (2004). Effects of testimonial inconsistencies and witness group identity on mock-juror judgments. *Journal of Applied Social Psychology, 34*, 493-513. 강도사건에 대해 일관되지 않은 진술을 한 검사측 증인은 일관된 증언을 한 증인에 비해 덜 효과적이며, 일관되지 않은 증언에 대한 유죄판결 비율은 20%인 반면, 일관된 증언에 따른 유죄판결 비율은 69%였다. Berman, G. L., Narby, D. J., & Cutler, B. L. (1995). Effects of inconsistent eyewitness statements on mock-jurors' evaluations of the eyewitness, perceptions of defendant culpability and verdicts. *Law and Human Behavior, 19*, 79-88; Berman, G. L., & Cutler, B. L. (1996). Effects of inconsistencies in eyewitness testimony on mock-juror decision making. *Journal of Applied Psychology, 81*, 170-177. 하지만, 또 다른 연구에서는 증인의 비일관성이 (적어

도 성인 증인이 아닌 경우) 판단에 영향을 미치지 않았다. Leippe, M. R., & Romanczyk, A. (1989). Reactions to child (versus adult) eyewitnesses: The influence of jurors' preconceptions and witness behavior. *Law and Human Behavior, 13*, 103-132.

94. Brewer et al. (1999), 앞의 주 92.

95. 높은 확신감을 표현하는 검찰측 증언은 높은 유죄판단(57% vs. 32%)과 그 판단에 대한 높은 확신감 비율(39% vs. 9%)을 이끌어 낸다. 증인 확신감에 대한 조작은 증인 진술의 일관성이 초래하는 모든 효과를 무효화시켰다. Brewer, N., & Burke, A. (2002). Effects of testimonial inconsistencies and eyewitness confidence on mock-juror judgments. *Law and Human Behavior, 26*, 353-364.

96. Leippe, Manion, & Romanczyk (1992), 앞의 주 90; Pickel (1993); Whitley, B. E., & Greenberg, M. S. (1986). The role of eyewitness confidence in juror perceptions of credibility. *Journal of Applied Social Psychology, 16*, 387-409.

97. 강력한 단서를 완전히 알아채지 못하는 것이 그럴듯하지 않은 일이기는 하지만, 이론적으로는 정확한 단서를 연구자가 확인하지 못했을 가능성이 있다.

98. Brewer et al. (1999), 앞의 주 92; Gilbert, J. A. E., & Fisher, R. P. (2006). The effects of varied retrieval cues on reminiscence in eyewitness memory. *Applied Cognitive Psychology, 20*, 723-739.

99. 한 연구에서는 기억하는 사소한 세부사항의 수와 가해자 지목의 정확성이 -.21의 부적 상관을 가졌다. Cutler, B. L., Penrod, S. D., & Martens, T. K. (1987). The reliability of eyewitness identification: The role of system and estimator variables. *Law and Human Behavior, 11*, 233-258. 도쿄에서 실시된 현장연구에서는 사건에 대한 기억과 지목 정확성의 관계가 유의하지 않았다. Nake, M., ltsukushima, Y., & Itoh, Y. (1996). Eyewitness testimony after three months: A field study on memory for an incident in everyday life. *Japanese Psychological Research, 38*, 14-24. 그리고 Wells, G. L., & Leippe, M. R. (1981). How do triers of fact infer the accuracy of eyewitness identifications? Using memory for peripheral detail can be misleading. *Journal of Applied Psychology, 66*, 682-687. 이러한 부적 상관은 인지적 자원의 한계 때문인 것으로 설명할 수 있다.

100. Brewer et al. (1999), 앞의 주 92. Gilbert & Fisher (2006), 앞의 주 98.

101. Granhag, P. A., Strömwall, L. A., & Allwood, C. M. (2000). Effects of reiteration, hindsight bias, and memory on realism in eyewitness confidence. *Applied Cognitive Psychology, 14*, 397-420.

102. Tomes, J. L., & Katz, A. N. (2000). Confidence-accuracy relations for real and suggested events. *Memory, 8*, 273-283.

103. Tomes와 Katz (2000, 앞의 주 102) 연구에서, 확신감-정확성 관계는 평균 0.61이었다. Leippe, Manion과 Romanczyk (1992, 앞의 주 90)에서는 0.5만큼 높은 상관관계를 보였으나, 세 실험 중 오직 하나의 실험에서만 유의하였다. 또 다른 연구에서는 전체적으로 약하거나 유의하지 않은 관계를 보였다. Shaw, J. S., & McClure, K. A. (1996). Repeated postevent questioning can lead to elevated levels of eyewitness confidence. *Law and Human Behavior, 20,* 629-653. 쇼(Shaw)와 제르(Zerr)의 연구에서는 0.0에서 0.4 사이의 상관이 관찰되었다. Shaw, J. S., & Zerr, T. K. (2003). Extra effort during memory retrieval may be associated with increases in eyewitness confidence. *Law and Human Behavior, 27,* 315-329. Brewer 등(1999, 앞의 주 92)의 연구에서는 확신감-정확성 관계를 전혀 찾을 수 없었다.

104. Leippe, Manion, & Romanczyk (1992), 앞의 주 90.

105. Hanba와 Zaragoza(2007, 앞의 주 89) 연구에서, 거짓 피드백(틀린 답을 맞았다고 말해주는 등)을 주면서 기억검사를 반복하면, 거짓 기억의 일관성이 100%까지 늘어난다는 것이 발견되었다.

106. Fisher, R. P., Brewer, N., & Mitchell, G. (2009). The relation between consistency and accuracy of eyewitness testimony: Legal versus cognitive explanations. In R. Bull, T. Valentine, & T. Williamson (Eds.), *Handbook of psychology of investigative interviewing: Current developments and future directions* (pp. 121-136). Chichester, UK: Wiley-Blackwell.

107. Tomes & Katz (2000), 앞의 주 102.

108. Shaw & Zerr (2003), 앞의 주 103.

109. *Parker v. Randolph,* 442 U.S. 62, 72 (1979).

110. *People v. Schader,* 62 Cal. 2d 716, 731 (1965).

111. 예를 들면, 일리노이주의 청소년이 시카고 외곽 동네에서 두 건의 살인을 저질렀다고 자백하였다. 경찰기록에서 피고인은 사건 당시에 감옥에 있었지만, 검찰은 피고인을 용의선상에서 제외하지 않았다. 검찰은 경찰기록을 비판하며 주장하기를, "서류가 반드시 안전한 것은 아니다. … 절대 틀리지 않는 것이 무엇인지 내가 말해 줄 수 있다. 그것은 피고인이 하는 말이다." Mills, S., Possley, M., & Armstrong, K. (2001. 12. 19.). When jail is no alibi in murders: New evidence undercuts state case. *Chicago Tribune.*

112. 배심원에게 자백을 증거로 제시하기 위해서는, 검사가 자백의 임의성(자발성)을 증거의 우월성 기준(역자 주: 자발적일 가능성이 그렇지 않을 가능성보다 조금이라도 크면 자발성을 인정하는 관대한 기준)으로 증명하기만 하면 된다. *Lego v. Twomey,* 404 U.S. 477 (1972).

113. 첫 번째 연구에 포함된 60건의 거짓 자백 중 23건에서는 재판 전에 풀려났고(무죄),

7건은 피고인 스스로 유죄를 인정했으며, 8건은 재판에서 무죄판결을 받았고, 22건은 유죄판결을 받았다. Leo, R. A., & Ofshe, R. J. (1998). The consequences of false confessions: Deprivations of liberty and miscarriages of justice in the age of psychological interrogation. *Journal of Criminal Law & Criminality, 88*, 429-496. 두 번째 연구에는 125명의 용의자 자백이 포함되었는데, 이 중 74명이 재판 전에 풀려났고, 14명이 유죄를 인정했고, 7명이 재판에서 무죄를 인정받았고, 30명이 유죄판결을 받았다. Drizin, S. A., & Leo, R. A. (2004). The problem of false confessions in the post-DNA world. *North Carolina Law Review, 82*, 891-1007. 하지만 이러한 자료들은 아마도 무죄판결이 충분히 포함되지 않은 불완전한 자료일 수 있다.

114. Snyder, L., McQuillian, P., Murphy, W. L., & Joselson, R. (2007). Report on the conviction of Jeffrey Deskovic. http://www.westchesterda.net/Jeffrey%20Deskovic%20Comm%20Rpt.pdf.

115. Barnes, S. (2011). *The Central Park Five: A chronicle of a city wilding.* New York: Knopf.

116. 이노센스 프로젝트, 프로파일, Joseph White. http://www.innocenceproject.org/Content/Joseph_White.php.

117. 이노센스 프로젝트, 프로파일, Nathaniel Hatchett. http://www.innocenceproject.org/Content/Nathaniel_Hatchett.php.

118. Blandon-Gitlin, I., Sperry, K., & Leo, R. (2011). Jurors believe interrogation tactics are not likely to elicit false confessions: Will expert witness testimony inform them otherwise? *Psychology, Crime & Law, 17*, 239-260.

119. Costanzo, M., Shaked-Schroer, N., &. Vinson, K. (2010). Juror beliefs about police interrogations, false confessions, and expert testimony. *Journal of Empirical Legal Studies, 7*, 231-247.

120. Henkel, L.A., Coffman, K. A. J., & Dailey, E. M. (2008). A survey of people's attitudes and beliefs about false confessions. *Behavioral Sciences and the Law, 26*, 555-584; Kassin, S. A. (1997). The psychology of confession evidence. *American Psychologist, 52*, 221-233; Leo, R. A., & Liu, B. (2009). What do potential jurors know about police interrogation and techniques and false confessions? *Behavioral Sciences and the Law, 27*, 381-399.

121. 재판장이 자백을 증거로 인정할 때와 인정하지 않고 이를 무시하라고 설시했을 때, 유죄판결 비율은 거의 동일했고(50% vs. 44%), 자백이 없었을 때(19%)보다 훨씬 높았다. Kassin, S. M., & Sukel, H. (1997). Coerced confessions and the jury: An experimental test of the "harmless error" rule. *Law and Human Behavior, 21*, 27-46 (연구 2의 자

료, 4가지 자백조건을 통합했을 때; 강압조건만). 강압적인 신문기술에 대한 둔감성은 Blandón-Gitlin, Sperry, & Leo (2011), 앞의 주 118에 의해 발견되었다. 비슷한 결과에 대해서는, Kassin, S. M., & McNall, K. (1991). Police interrogations and confessions: Communicating promises and threats by pragmatic implication. *Law and Human Behavior, 15*, 233-251, study 3; Kassin, S. M., & Wrightsman, L. S. (1981). Coerced confessions, judicial instruction, and mock juror verdicts. *Journal of Applied Social Psychology, 11*, 489-506.

122. 연방 및 주 판사들을 대상으로 한 연구에서는 무장 강도 사건에서 경찰이 강압적이었다는 증거가 제시되었을 때, 피고인 자백에 대한 신뢰도가 완전히 사라지는 것을 발견하였다(유죄판결 비율: 자백 없음: 30% vs. 강제적 자백: 28%), 그러나 살인사건에서는 신뢰를 무마시키는 데 실패하였다(24%에서 44%로 증가). Rachlinksi, J. J., Guthrie, C., & Wistrich, A. J. (2006b). *Context effects in judicial decision making.* Paper presented at the fourth annual Conference on Empirical Legal Studies, University of Southern California. Available at Social ScienceResearch Network, http://ssrn.com/ abstract-1443596.

123. 배심원 신념 조사에서 사람들은 대중은 알 수 없는 사실을 피고인이 알고 있는 것이 범죄와 관련이 있다는 것을 나타내는 지표라고 믿는 것으로 나타났다. 이 문항(1~11점 척도)에 대한 응답의 최빈값과 중앙치는 9였다. Simon, Stenstrom, & Read (2008), 앞의 주 59.

124. 수사관들을 위한 신문 매뉴얼은, 용의자의 자백은 범죄에 대한 자세한 설명뿐만 아니라, 범죄와 상관없는 사소한 세부사항들까지 포함해야 한다고 교육한다. Inbau, F. E., Reid, J. E., Buckley, J. P., & Jayne, B. C. (2004). *Criminal interrogation and confessions* (4th ed.). Sudbury, MA: Jones and Bartlett.

125. Garrett (2011), 앞의 주 32.

126. *Commonwealth of Pennsylvania v. Bruce Godschalk*, 00934-87, Montgomery County, Jury Trial, May 27, 1987, pp. 22-23.

127. Garrett (2011), 앞의 주 32, p. 20. 다른 사건 분석에 대해서는, Leo, R. A. (2008). *Police interrogation and American justice.* Cambridge, MA: Harvard University Press.

128. 신문기록이 부재할 경우, 형사가 고의적으로 피고인에게 정보를 제공한 것인지 혹은 단지 무의식적으로 흘리게 된 것인지 구분하기 어렵다.

129. Garrett (2011), 앞의 주 32. 브루스 고드척 사건의 재판에서 형사는 다음과 같이 주장하였다. "그에게 맹세코 아무것도 알려 주지 않았어요." Leo (2008), 앞의 주 127, p. 184.

130. 예를 들면, 자발적으로 자백을 한 것인지 물어봤을 때, 브루스 고드척은 "내 자유의지로"라고 대답했으며, 경찰에 의해 자백한 것인지 물어보자 그는 "명백히"라고 응답했다.

Commonwealth of Pennsylvania v. Bruce Godschalk, 00934-87, Montgomery County, Jury Trial, May 27, 1987, pp. 133, 126-127. 고드척은 또한 피해자에게 "그 선량한 두 여인에게 내가 대체 무슨 짓을 한 것인가"라며 사과했다(pp. 138-139).

131. 알리바이 증거의 유용한 분류에 대해서는, Olson, E. A., & Wells, G. L. (2004). What makes a good alibi? A proposed taxonomy. *Law and Human Behavior, 28*, 157-176.

132. Garret (2011), 앞의 주 32 (207건의 재판기록으로 얻은 자료).

133. 앞의 책. 예를 들면, 오클라호마주에 사는 팀 더햄(Tim Durham)은 11명의 증인이 그가 범죄가 일어난 시각에 댈러스에 있다고 말했음에도, 17세 소녀의 목격지목에 의해 유죄판결을 받았다. 팀 더햄 사건에 대해서는, Dwyer, J., Newfeld, P., & Scheck, B. (2000). *Actual innocence: Five days to execution and other dispatched from the worngfully convicted*, pp. 213-222. New York: Doubleday. 또 다른 오클라호마 남자는 강간이 일어났을 때 피고인이 자신들과 함께 점심을 먹고 있었다고 두 명의 직장동료가 증언했음에도 불구하고 유죄판결을 받았다. "Under the Microscope," *60 Minutes*, February 11, 2009. http://www. cbsnews.com/stories/2001/05/08/60II/main290046.shtml. Jeffrey Pierce 사건, 이노센스 프로젝트, 프로파일, http://www.innocenceproject.org/Content/Jeffrey_Pierce.php. 위스콘신에 사는 스티븐 아베리(Steven Avery)는 알리바이를 증명해 줄 16명의 증인이 있었음에도 목격자 지목에 기초하여 유죄판결을 받았다. 2007년에 석방된 후에야 살인사건과 관련이 없음이 밝혀졌다. http://www.law.northwestern.edu/wrongfulconvictions/exonerations/ wiAverySSummary.html.

134. 그러나 통계적으로 유의한 수준의 증가는 아니었다. McAllister, H. A., & Bregman, N. J. (1989). Juror underutilization of eyewitness nonidentifications: A test of the disconfirmed expectancy explanation. *Journal of Applied Social Psychology, 19*, 20-29.

135. Olson & Wells (2004), 앞의 주 131. 주안 카탈란(Juan Catalan) 사건은 알리바이 입증의 어려움을 보여 준다. 로스앤젤레스에 사는 카탈란은 다른 사건의 증인을 살해하는 것을 목격했다는 증인의 지목에 의해 사형이 가능한 살인죄로 기소되었다. 카탈란은 범죄가 일어났던 시간에 딸과 함께 다저스 구장(Dodger Stadium)에서 야구경기를 관람했다고 주장하였다. 수사관들은 그의 입장권이 알리바이로는 부족하다고 일축했다. 변호사는 경기 중계방송에서 그의 모습을 찾으려 했으나 실패하였다. 그러나 우연의 일치로, HBO TV에서는 래리 데이비드(Larry David)의 커브 유어 엔수지애즘(Curb Your Enthusiasm)의 에피소드를 그날 경기장에서 촬영하였고, 카탈란이 사건이 일어난 시각에 딸과 함께 경기장에 앉아 핫도그를 먹고 있는 모습을 찾을 수 있었다. Sweetingham, L. (2004. 6. 7.). "Enthusiasm" saves defendant wrongly accused in murder case. *CNN*. http://www.cnn.com/2004/LAW/06/07/larry.david/index.html.

136. Burke, T. M., & Turtle, J. W. (2004). Alibi evidence in criminal investigations and trials: Psychological and legal factors. *Canadian Journal of Police & Security Services*, *1*, 286-294. 텍사스주의 제임스 얼 길스(James Earl Giles)는 휴대폰 통화기록과 식당 영수증을 제시하며 자신이 범죄현장에 있지 않았다는 것을 주장했음에도 불구하고 편향된 피해자의 지목과 제보자가 전달한 정보로 특수강간죄에 대해 유죄판결을 받았다. Bustillo, M. (2007. 4. 9.). Texas men's innocence puts a county on trial. *Los Angeles Times*. http://www.latimes.com/news/nationworld/nation/la-na-exonerate9apr09,1,265991. story. 길스는 유죄선고를 받은 지 25년 후에야 DNA를 근거로 자신의 무죄를 입증할 수 있었다.

137. Olson & Wells (2004), 앞의 주 131.

138. 한 연구에서, 낯선이에 의한 알리바이 보강은 유죄판결을 60%에서 27%로 줄인 반면, 처남에 의한 알리바이 보강은 유죄판결에 영향을 미치지 않았다(57%). Lindsay et al. (1986), 앞의 주 54. 다른 연구에서는, 피고인 여자 친구의 보강은 유죄판결 비율을 통계적으로 유의하게 감소시키지 못했지만(45% vs. 35%), 이웃주민의 증언은 유의한 영향을 미쳤다(17%). Culhane & Hosch (2004), 앞의 주 65; Olson & Wells (2004), 앞의 주 131. 주안 카탈란의 딸이 제공한 보강은 위에서 논의된 바와 같이 형사로 하여금 그 알리바이를 믿게 하기에는 부족했다.

139. 300명의 배심원 자격을 가진 대학생 중 75%가 자신의 형제를 위해 거짓 알리바이를 제공할 수 있다고 응답하였으며, 63%가 가장 친한 친구를 위해 거짓말을 할 수 있다고 하였다. 오직 4%의 참가자만이 낯선 사람을 위해 알리바이를 제공할 수 있다고 응답했다. Hosch, H. M., Culhane, S. E., & Hawley, L. R. (2003). Effects of an alibi witness' relationship to the defendant on mock jurors' judgments. *Law and Human Behavior*, *35*, 127-142.

140. Burke & Turtle (2004), 앞의 주 136.

141. 예를 들면, 찰스 챗맨(Charles Chatman), 브라이언 피스첵(Brian Piszczek)과 스티븐 필립스(Steven Philips) 사건, 이노센스 프로젝트, 프로파일, http://www.innocenceproject.org/ Content/Charles_Chatman.php, http://www.innocenceproject.org/Content/Brian_Piszczek.php, http://www.innocenceproject.org/Content/Steven_Phillips.php.

142. 배심원 댈러스 프라이(Dallas Fry)의 면담기록, *What Jennifer Saw, Frontline series*, produced and directed by Ben Loeterman, PBS (1997). http://www.pbs.org/wgbh/pages/frontline/shows/dna/.

143. Montagne, R. (2009. 2. 5.). Family of man cleared by DNA still seeks justice, *NPR morning edition*. 무죄가 밝혀지기 전 감옥에서 죽은 티모시 콜(Timothy Cole)의 사건에

대해서는, 이노센스 프로젝트, 프로파일, Timothy Cole. http://www.innocenceproject.org/Content/Timothy _Cole. php.

144. *United States v. Scheffer*, 523 U.S. 303, 313 (1997).

145. 예를 들면, 매사추세츠 주의 배심 설시: "증인의 말이 믿을 만한지, 아닌지를 알 수 있는 단서는 때때로 증인이 무엇을 말하는지보다 어떻게 말하는지에 있을 수 있습니다. 당신은 증인석에 서 있는 증인의 모습과 품행, 솔직성, 말이 합리적인지, 있을 법한 이야기에 대해 말하는지 등을 살펴야 합니다." The Massachusetts Court System (2010). *Criminal Jury Instructions*, Instruction 2.260.

146. Black, H. C. (1990). *Black's law dictionary*, (6th ed.). St. Paul, MN: West.

147. 특히, 거짓말할 때 높아지는 목소리 톤은 인간의 귀로 감지하기 어려운 미세한 주파수(Hertz) 변화에 불과하다. Vrij, A. (2008). *Detecting lies and deceit: Pitfalls and opportunities*, (2nd ed., p. 55). New York: John Wiley.

148. DePaulo, B. M., Lindsay, J. J., Malone, B. E., Muhlenbruck, L., Charlton, K., & Cooper, H. (2003). Cues to deception. *Psychological Bulletin, 129*, 74-118.

149. Bond, C. F., Jr., & DePaulo, B. M. (2006). Accuracy of deception judgments. *Personality and Social Psychology Review, 10*, 214-234.

150. Granhag, P. A., & Strömwall, L. A. (2002). Repeated interrogations: Verbal and non-verbal cues to deception. *Applied Cognitive Psychology, 16*, 243-257.

151. Granhag, P. A., & Strömwall, L. A. (2000). Effects of preconceptions on deception detection and new answers to why lie-catchers often fail. *Psychology, Crime & Law, 6*(3), 197-218.

152. O'Sullivan, M. (2003). The fundamental attribution error in detecting deception: The boy-who-cried-wolf effect. *Personality and Social Psychology Bulletin, 29*, 1316-1327.

153. 18개의 연구에 대해 실시된 메타분석 결과, 확신감-정확성 관계는 통계적으로 유의하지 않았다($r = .04$). 전체 연구들의 상관 범위는 -.20에서 .26이었다. DePaulo, B. M., Charlton, K., Cooper, H., Lindsay, J. J., & Muhlenbruck, L. (1997). The accuracy-confidence correlation in the detection of deception. *Personality and Social Psychology Review, 1*, 346-357.

154. Frank, M. G., Paolantonio, N., Feeley, T. H., & Servoss, T. J. (2004). Individual and small group accuracy in judging truthful and deceptive communication. *Group Decision and Negotiation, 13*, 45-59; Park, E. S., Levine, T. R., Harms, C. M., & Ferrara, M. H. (2002). Group and individual accuracy in deception detection. *Communication Research Reports, 19*, 99-106.

155. 연방대법원은 오직 법정에서 사실을 판단하는 사람만 "듣는 사람의 이해와 말하는 내

용에 대한 신뢰를 좌우하는 태도와 목소리 톤의 변화를 감지할 수 있다."고 말했다. *Anderson v. Bessemer City*, 470 U.S. 564, 575 (1985).

156. 예를 들면, Kassin, S. M., Meissner, C. A., & Norwick, R. J. (2005). "I'd know a false confession if I saw one": A comparative study of college students and police investigators. *Law and Human Behavior, 29*(2), 211–227; DePaulo, B. M., Lassiter, G.D., & Stone, J. I. (1982). Attentional determinants of success at detecting deception and truth. *Personality and Social Psychology Bulletin, 8*(2), 273–279.

157. 실제로, DNA 면죄된 사람들 중 일부는 유죄협상을 거부한 후 유죄판결을 받았다. 예를 들면, Zerwick, P. (2007. 11. 27.). Murder, race, justice: The State vs. Darryl Hunt, part 6. *Winston-Salem Journal;* Vertuno, J. (2009. 2. 7.). Judge clears dead Texas man of rape conviction. *Austin American-Statesman.*

158. Gregory, W. L., Mowen, J. C., & Linder, D. E. (1978). Social psychology and plea bargaining: Applications, methodology, and theory. *Journal of Personality and Social Psychology, 36*, 1521–1530; Tor, A., Gazal-Eyal, O., & Garcia, S. M. (2010). Fairness and the willingness to accept plea bargain offers. *Journal of Legal Studies, 7*, 97–116.

159. 살인죄로 기소되었거나 혹은 폭행으로 3번째 기소된 경우와 같은 사례에서도, 검찰이 유죄협상을 제안하지 않거나, 강력한 유죄증거에도 불구하고 피고인 스스로 재판을 선택할 수 있다.

160. 해방가설(liberation hypothesis)은 유무죄 가능성이 반반인 경우에 특히, 배심원은 자신의 가치관, 신념 등에 의존해서 판단한다고 가정한다. Kalven, H., & Zeisel, H. (1966). *The American jury.* Boston: Little, Brown. 유무죄가 경합하는 사건에 대한 그와 같은 특별한 민감성은 현장자료와 실험자료 모두에서 반복적으로 발견되었다. 예를 들어, Devine, D. J., Buddenbaum, J. Houp, S., Studebaker, N., & Stolle, D. P. (2009). Strength of evidence, extraevidentiary influence, and the Liberation Hypothesis: Data from the field. *Law and Human Behavior, 33*, 136–148; Brewer & Hupfeld (2004), 앞의 주 93; Johnson, J. D., Whitestone, E., Jackson, L. A., & Gatto, L. (1995). Justice is still not colorblind: Differential racial effects of exposure to inadmissible evidence. *Personality and Social Psychology Bulletin, 21*, 893–898.

161. 이러한 상황은 배심원에게 스트레스를 유발할 수 있다. Bornstein, B. H., Miller, M. K., Nemeth, R. J., Page, G. L., & Musil, S. (2005). Juror reactions to jury duty: Perceptions of the system and potential stressors. *Behavioral Sciences & the Law, 23*, 321–346. 또한 배심원 경험이 트라우마가 되기도 한다. Robertson, N., Davies, G., & Nettleingham, A. (2009). Vicarious traumatisation as a consequence of jury service. *Howard Journal of Criminal Justice, 48*, 1–12.

162. Green, M. C., & Brock, T. C. (2002). In the mind's eye: Transportation-imagery model of narrative persuasion. In Green, M. C., Strange, J. J., & Brock, T. C. (Eds.), *Narrative impact: Social and cognitive foundations* (pp. 315-342). Mahwah, NJ: Lawrence Erlbaum.

163. 재판에서 제시되는 증거로 구성할 수 있는 모든 그럴듯한 이야기들 중, 배심원은 알려진 사실이 적용되는 범위, 내적 일관성, 배경지식과의 일관성, 세상에 대한 관념, 그리고 이야기 구조의 친숙함에 의해 결정된 가장 강력한 이야기를 선택한다. Pennington, N., & Hastie, R. (1993). The story model for juror decision making. In Hastie, R. (Ed.), *Inside the juror: The psychology of juror decision making* (pp. 192-221). New York: Cambridge University Press. 이전에 있었던 이야기 모형은 Bennett, W. L., & Feldman, M. S. (1981). *Reconstructing reality in the courtroom: Justice and judgment in American culture.* New Brunswick, NJ: Rutgers University Press에 제시되었다. 또한, Wagenaar, W. A., van Koppen, P. J., & Crombag, H. F. M. (1993). *Anchored narratives: The psychology of criminal evidence.* New York: St. Martin's Press.

164. 이야기 모형이 완전히 설득을 위한 구성물(construct)이라는 것은 아니다. Pennington 과 Hastie(1993, 앞의 주 163)의 연구는, 사람들이 자신의 개인적인 이야기 형식을 적응적인 인지적 도구로 사용하여 복잡한 증거를 다룬다는 것을 증명하였다. 여기에서 요점은 이야기를 하는 것이 설득적인 장치로서의 역할을 한다는 것이다.

165. Petty, R. E., & Cacioppo, J. (1986). *Communication and persuasion: Central and peripheral routes to attitude change.* New York: Springer-Verlag; Chaiken, S., Liberman, A., & Eagly, A. H. (1989). Heuristic and systematic information processing within and beyond the persuasion context. In J. S. Uleman & J. A. Bargh (Eds.), *Unintended thought* (pp. 212-252). New York: Guilford Press; Chen, S., & Chaiken, S. (1999). The heuristic-systematic model in its broader context. In S. Chaiken & Y. Trope (Eds.), *Dual-process theories in social psychology* (pp. 73-96). New York: Guilford Press.

설득에 대한 이중처리(dual-process) 모형은 인지과정의 일반적인 두 가지 유형 구분과 일치한다. 제1체계(System I)라 불리는 느슨한 유형의 과정은 전형적으로 휴리스틱, 연상, 비가공, 그리고 피상적이며, 종종 감정, 동기, 외부영향, 최소한의 노력, 그리고 종결추구에 의해 구동된다. 제2체계(System II) 과정은 분석적이고, 철저하며, 합리적인 것으로 알려져 있다. Gilbert, D. T. (1989). Thinking lightly about others: Automatic components of the social inference process. In Uleman, J. S. & Bargh, J. A. (Eds.), *Unintended thought* (pp. 189-211). New York: Guilford Press; Epstein S. (1994). Integration of the cognitive and psychodynamic unconscious. *American Psychologist,*

49, 709–724; Sloman, S. A. (1996). The empirical case for two systems of reasoning. *Psychological Bulletin, 119*, 3–22; Stanovich, K. E. (1999). *Who is rational? Studies of individual differences in reasoning.* Mahwah, NJ: Lawrence Erlbaum.

비록 두 체계 간의 정확한 관계에는 논란이 있지만, 두 체계가 별개의 것이거나 서로 독립적이지 않다는 것은 확실하다. 특히 제1체계는 제2체계에 의한 처리 과정에서 결정적인 역할을 할 수 있다. Evans, J. St. B. T. (2008). Dual-processing accounts of reasoning, judgment, and social cognition. *Annual Review of Psychology, 59*, 255–278. 다시 말해, 분석적 사고는 피상적인 휴리스틱에 의해 왜곡되기 쉽다.

166. Crano, W. D., & Prislin, R. (2006). Attitudes and persuasion. *Annual Review of Psychology, 57*, 345–374.

167. Sopory, P., & Dillard, J. P. (2002). The persuasive effects of metaphor: A meta-analysis. *Human Communication Research, 28*, 382–419.

168. Gibbs, R. W., Jr., & Izett, C. D. (2005). Irony as persuasive communication. In H. L. Colston & A. N. Katz (Eds.), *Figurative language comprehension: Social and cultural influences* (pp. 131–151). Mahwah, NJ: Lawrence Erlbaum.

169. Roskos-Ewoldsen, D.R. (2003). What is the role of rhetorical questions in persuasion? In J. Bryant, D. Roskos-Ewoldsen, & J. Cantor (Eds.), *Communication and emotion: Essays in honor of Dolf Zillmann* (pp. 297–321). Mahwah, NJ: Lawrence Erlbaum.

170. Hobbs, P. (2007). Lawyers' use of humor as persuasion. *Humor: International Journal of Humor Research, 20*, 123–156.

171. Kaplan, M. F., & Miller, L. E. (1978). Reducing the effects of juror bias. *Journal of Personality and Social Psychology, 36*, 1443–1455.

172. Wood, W. (2000). Attitude change: Persuasion and social influence. *Annual Review of Psychology, 51*, 539–570.

173. Petty, R. E., Wegener, D. T., & Fabrigar, L. R. (1997). Attitudes and attitude change. *Annual Review of Psychology, 48*, 609–647.

174. Petty, R. E., Briñol, P., & Tormala, Z. L. (2002). Thought confidence as a determinant of persuasion: The self-validation hypothesis. *Journal of Personality and Social Psychology, 82*, 722–741.

175. Borgida, E., & Nisbett, R. E. (1977). The differential impact of abstract vs. concrete information on decisions. *Journal of Applied Social Psychology, 7*, 258–271. 불법행위 사건을 실험한 연구에서, 배심원은 피고측 전문가 중인이 과학적인 자료를 제시할 때, 중인이 일화(경험한 일상의 사건)를 진술하는 경우보다 원고에게 유리한 판결을 내릴 가능

성이 두 배 높았다(59% vs. 31%). Bornstein, B. H. (2004). The impact of different types of expert scientific testimony on mock jurors' liability verdicts. *Psychology, Crime & Law, 10*, 429-446.

176. 모의 불법행위 사건을 흑백사진 혹은 글로 묘사한 경우보다 컬러사진으로 묘사하였을 때 배심원은 신체 상해에 대한 피해를 더 높게 추정하였다. Whalen, D. H., & Blanchard, F. A. (1982). Effects of photographic evidence on mock juror judgement. *Journal of Applied Social Psychology, 12*, 30-41.

177. Evans, K. (1994). *The common sense rule of trial advocacy.* St. Paul, MN: West.

178. Haydock, R., & Sonsteng, J. (2004). *Trial: Advocacy before judges, jurors, and arbitrators* (3rd ed., pp. 18-19). St. Paul, MN: West Thompson.

179. 이 제목들은 재판당사자를 위한 국립연구소(the National Institute for Trial Advocacy)에 의해 발표되었다. NITA는 신임받는, 501(c)(3)에서 정한 비영리적인 기관으로 주요임무는 "효과적이고 윤리적인 지지를 통해 정의를 촉진"하는 것이다.

180. 예를 들면, 변호사들을 위해 심리극 집단 치료 기술에 대한 워크숍을 계획할 수 있다. 이 프로그램의 효과를 지지하는 사람들은 심리극 치료가 배심원을 설득하는 데 도움이 될 수 있다고 주장한다. Garrison, J. (2006. 11. 25.). Lawyers learn to share their pain with jurors. *Los Angeles Times.*

181. American Society of Trial Consultants (2011). *The Jury Expert: The Art and Science of Litigation Advocacy, 23*(5). http://www.thejuryexpert.com/wp-content/uploads/TheJury ExpertSeptember2011.pdf.

182. 배심원은 판사로부터 이러한 효과에 대한 설시를 받는다. 예를 들어, 캘리포니아주 법원의 설시는 다음과 같다. "당신은 법정에서 제시된 증거만을 사용해야 한다." Judicial Council of California (2010). *Criminal jury instructions*, p. 104. http://www.courts.ca.gov/partners/documents/calcrim_juryins.pdf.

183. 인지심리학에서 오랫동안 굳건하게 지지되는 한 가지 발견은 사람들이 항상 주어진 정보에 만족하지는 않는다는 것이다. 세상을 이해하려는 보편적인 욕구 때문에, 사람들은 주어진 정보를 넘어서서 이해하려는 경향을 가진다. Bruner, J. S. (1957). Going beyond the information given. In J. S. Bruner, E. Brunswik, L. Festinger, F. Heider, K. F. Muenzinger, C. E. Osgood, & D. Rapaport (Eds.), *Contemporary approaches to cognition* (pp. 41-69). Cambridge, MA: Harvard University Press.

184. 증거능력 없는 정보가 실제로 사실일 때, 첨예한 문제가 발생한다. 그러한 정보는, 비록 증거의 능력에 관한 규칙을 위반하는 것이지만, 사실인정의 정확성을 높일 수 있다.

185. Moran, G., & Cutler, B. L. (1991). The prejudicial impact of pretrial publicity. *Journal of Applied Social Psychology, 21*, 345-367; Nietzel, M. T., & Dillehay, R. C.

(1983). Psychologists as consultants for changes of venue: The use of public opinion surveys. *Law and Human Behavior, 7,* 309–335.

186. Devine et al. (2009), 앞의 주 160.

187. 로버트 밀러(Robert Miller)의 무죄를 입증한 DNA는 진범을 찾아내기도 했다. Dwyer, Neufeld, & Scheck (2000), 앞의 주 133; 이노센스 프로젝트, 프로파일, Robert Miller. http://www.innocenceproject.org/Content/Robert_Miller.php.

188. Sue, S., Smith, R. E., & Gilbert, R. (1974). Biasing effects of pretrial publicity on judicial decisions. *Journal of Criminal Justice, 2,* 163–171.

189. Kerr, N. L., Niedermeier, K. E., & Kaplan, M. F. (1999). Bias in jurors vs. bias in juries: New evidence from the SDS perspective. *Organizational Behavior and Human Decision Processes, 80,* 70–86.

190. Hope, L., Memon, A., & McGeorge, P. (2004). Understanding pretrial publicity: Predecisional distortion of evidence by mock jurors. *Journal of Experimental Psychology: Applied, 10,* 111–119.

191. Ruva, C., McEvoy, C., & Bryant, J. B. (2007). Effects of pre-trial publicity and jury deliberation on juror bias and source memory errors. *Applied Cognitive Psychology, 21,* 45–67; Ruva, C. L., & McEvoy, C. (2008). Negative and positive pretrial publicity affect juror memory and decision making. *Journal of Experimental Psychology: Applied, 14,* 226–235.

192. Steblay, N. M., Besirevic, J., Fulero, S. M., & Jimenez-Lorente, B. (1999). The effects of pretrial publicity on juror verdicts: A meta-analytic review. *Law and Human Behavior, 23,* 219–235. 보다 현실적인 조건에서 수행된 연구들에서 가장 강한 효과가 나타났다.

193. Ogloff, J. R. P., & Vidmar, N. (1994). The impact of pretrial publicity on jurors: A study to compare the relative effects of television and print media in a child sex abuse case. *Law and Human Behavior, 18,* 507–525.

194. Ruva, McEvoy, & Bryant (2007), 앞의 주 191. 출처 감시에 대한 문제는 제4장 참조.

195. Judicial Council of California (2010). 지침 101: "편견, 동정, 적대감, 혹은 여론이 결정에 영향을 미치지 않도록 해야 한다." Judicial Council of California (2010), 앞의 주 182.

196. Douglas, K. S., Lyon, D. R., & Ogloff, J. R. P. (1997). The impact of graphic photographic evidence on mock jurors' decisions in a murder trial: Probative or prejudicial? *Law and Human Behavior, 21,* 485–501.

197. 한 연구에서, 끔찍한 증거는 유죄판단 비율을 14%에서 34%로 증가시켰다. Bright, D. A., & Goodman-Delahunty, J. (2004). The influence of gruesome verbal evidence on

mock juror verdicts. *Psychiatry, Psychology and Law, 11,* 154-166; Bright, D. A., & Goodman-Delahunty, J. (2006). Gruesome evidence and emotion: Anger, blame, and jury decision-making. *Law and Human Behavior, 30,* 183-202. 하지만 다른 연구에서는 끔찍한 증거의 효과가 제한적이었다. Kassin, S. M., & Garfield, D. A. (1991). Blood and guts: General and trial-specific effects of videotaped crime scenes on mock jurors. *Journal of Applied Social Psychology, 21,* 1459-1472.

198. 양형에서는 분노의 역할이 합법적이다. 살인에 관련된 다양한 법률들은 잔혹성을 일급살인, 심지어는 사형까지 가능한 가중요인으로 인식한다.

199. 「연방증거법」 403.

200. 헌트의 재심에서 딘 바우만 검사의 최종변론. Zerwick (2007), 앞의 주 157에서 인용. 대릴 헌트는 18년 이상을 복역한 후에 DNA를 통해 면죄되었다.

201. Weinstein, H. (2006. 6. 21.). Freed man gives lesson on false confessions: An ex-inmate tells a state panel how Texas police coerced him into admitting to murder. *Los Angeles Times.* 오초아는 유죄로 종신형을 선고받았다. 그는 11년 후에야 DNA 검사를 통해 면죄될 수 있었다. 크리스토퍼 오초아(Christopher Ochoa) 사건에 대해서는, 이노센스 프로젝트, 프로파일, Christopher Ochoa. http://www.innocenceproject.org/Content/Christopher_Ochoa.php.

202. 재판에서 피해자는 잔인했던 폭행을 회상하면서 눈물을 흘렸다. 피스첵이 회상하길, "배심원을 봤는데… 몇몇 여자들은 입을 다물지 못했다. 난 그들의 마음을 읽을 수 있었는데, 그들은 '넌 끔찍하고 더러운 놈이야.' 라고 생각하고 있었다." Suspect convicted on faulty memory. (1995. 2. 13.). *Houston Chronicle,* p. A4. 그는 3년을 복역한 후에야 DNA 검사를 통해서야 감옥을 빠져나올 수 있었다.

203. 예를 들면, Damasio, A. R. (1994). *Descartes' error: Emotion, reason, and the human brain.* New York: Putnam; Loewenstein, G., & Lerner, J. S. (2003). The role of affect in decision making. In R. J. Davidson, K. R. Scherer, & H. H. Goldsmith (Eds.), *Handbook of affective sciences* (pp. 619-642). Oxford: Oxford University Press. 예를 들면, 명예훼손 소송에서 피고인을 긍정적으로 묘사하는 것은(자애로운 시골의사) 피고인이 월스트리트가의 개업 의사라고 설명하였을 때보다 훨씬 피고인에게 긍정적인 결과를 보였다(78% vs. 28%). Holyoak, K. J., & Simon, D. (1999). Bidirectional reasoning in decision making by constraint satisfaction. *Journal of Experimental Psychology: General, 128,* 3-31, study 3. 친절하고, 바람직하며, 매력적인 증인은 더욱 믿음직스럽게 보인다. O'Sullivan (2003), 앞의 주 152.

204. 예를 들면, Otto, A. L., Penrod, S. D., & Dexter, H. R. (1994). The biasing impact of pretrial publicity on juror judgments. *Law and Human Behavior, 18,* 453-869.

205. Paynter, B. (1986. 2. 8.). Man convicted of rape; voice print evidence given. *Dallas Morning News*, p. A39. DNA 검사를 통해 15년 만에 무죄를 입증하여 감옥에서 나올 수 있었던 데이비드 포프 사건에 대해서는, 이노센스 프로젝트, 프로파일. http://www.innocenceproject.org/Content/David_Shawn_Pope.php.

206. 고용차별의 예에 대해서는, Bertrand, M., & Mullainathan, S. (2004). Are Emily and Brendan more employable than Lakisha and Jamal? *American Economic Review, 94*, 991-1014. 장기이식과 자동차구입의 예에 대해서는, Ayres, I. (2001). *Pervasive prejudice? Unconventional evidence of race and gender discrimination.* Chicago: University of Chicago Press.

207. Jones, C. S., & Kaplan, M. F. (2003). The effects of racially stereotypical crimes on juror decision-making and information-processing strategies. *Basic and Applied Social Psychology, 25*, 1-13; Gordon, R. A., Bindrim, T. A., McNicholas, M. L., & Walden, T. L. (1988). Perceptions of blue-collar and white-collar crime: The effect of defendant race on simulated juror decisions. *Journal of Social Psychology, 128*, 191-197; Gordon, R. A. (1990). Attributions for blue-collar and white-collar crime: The effects of subject and defendant race on simulated juror decisions. *Journal of Applied Social Psychology, 20*, 971-983. 고정관념 효과는 성추행으로 기소된 백인 피고인과 폭행으로 기소된 흑인 피고인에 대한 판단에서 나타났다. Bodenhausen, G. V. (1990). Second-guessing the jury: Stereotypic and hindsight biases in perceptions of court cases. *Journal of Applied Social Psychology, 20*, 1112-1121.

피고인의 인종과 증거능력 없는, 인종-중립적인 유죄증거가 결합되면 편파효과가 크게 나타난다. Johnson et al. (1995), 앞의 주 160. 즉, 추정되는 인종-중립적인 요소들은 인종 차별적인 결과에 도달하도록 사용되었다.

208. Garrett, B. (2008). Judging innocence. *Columbia Law Review, 108*, 55-142, p. 96. 이러한 자료는 DNA 면죄 사례 중 최초 200건에 관한 것이다.

209. 2006년 백인 피해자에 의해 보고된 194,000건의 강간사건에서 가해자의 인종이 명시된 것은 83% 정도다. 그중 17%의 가해자가 흑인 남성이었다. U.S. Department of Justice, Bureau of Justice Statistics (2008). *Criminal victimization in the United States*, table 42. http://bjs.ojp.usdoj.gov/content/pub/pdf/cvus08.pdf.

210. Innocence Project (2007). 200 exonerated: Too many wrongfully convicted, 20-21. http://www.innocenceproject.org/200/ip_200.pdf.

211. 실험연구에서의 발견, Blair, I. V., Judd, C. M., Sadler, M. S., & Jenkins, C. (2002). The role of Afrocentric features in person perception: Judging by features and categories. *Journal of Personality and Social Psychology, 83*, 5-25; Blair, I. V.,

Chapleau, K. M., & Judd, C. M. (2005). The use of Afrocentric features as cues for judgment in the presence of diagnostic information. *European Journal of Social Psychology, 35*, 59-68.

212. 플로리다주에서 유죄가 선고된 219건의 사건을 대상으로 한 연구에서 피고인의 외모를 아프리카인 전형성에 따라 구분하였는데, 평균보다 1표준편차 높은 전형성을 갖는 수감자가 평균보다 1표준편차 낮은 전형성을 갖는 수감자보다 7~8개월 더 많이 선고받았다. Blair, I. V., Judd, C. M., & Chapleau, K. M. (2004). The influence of Afrocentric facial features in criminal sentencing. *Psychological Science, 15*, 674-679.

213. 흑인 피고인이 백인 피해자를 죽였다는 혐의로 사형을 선고받은 44건의 필라델피아 사건들 중, 아프리카인의 특징이 적은 피고인은 전체의 24%를 차지한 반면, 전형적인 아프리카인의 외모를 가진 피고인의 비율은 57%였다. Eberhardt, J. L., Davies, P. G., Purdie-Vaughns, V. J., & Johnson, S. L. (2006). Looking deathworthy: Perceived stereotypicality of black defendants predicts capital-sentencing outcomes. *Psychological Science, 17*, 383-386.

214. Simon, D., Snow, C. J., & Read, S. J. (2004). The redux of cognitive consistency theories: Evidence judgments by constraint satisfaction. *Journal of Personality and Social Psychology, 86*, 814-837; Glöckner, A., & Engel, C. (2013). Can we trust intuitive jurors? Standards of proof and the probative value of evidence in coherence based reasoning. *Journal of empirical legal studies, 10*(2), 230-252.

   유사한 결과들이 비형사 사건(non-criminal cases)에서뿐만 아니라(Holyoak & Simon 1999, 앞의 주 203), 법적 결정이 아닌 경우에도 발견되었다는 것을 기억하라. Simon, D., Krawczyk, D. C., & Holyoak, K. J. (2004). Construction of preferences by constraint satisfaction. *Psychological Science, 15*, 331-336; Simon, D., Krawczyk, D. C., Bleicher, A., & Holyoak, K. J. (2008). The transience of constructed preferences. *Journal of Behavioral Decision Making, 21*, 1-14; Glockner, A., & Betsch, T. (2008). Multiple-reason decision making based on automatic processing. *Journal of Experimental Psychology: Learning, Memory, and Cognition, 34*, 1055-1075; Glockner, A., Betsch, T., & Schindler, N. (2010). Coherence shifts in probabilistic inference tasks. *Journal of Behavioral Decision Making, 23*, 439-462 참조.

215. 모의형사재판에서 확신감(1~11점 척도)은 절반 이상이 8점 이상이었고, 15%는 6점 이하였다. Simon, Snow, & Read (2004), 앞의 주 214. 또 다른 연구에서는 참가자의 3/4이 그들의 확신감을 1~5점 척도의 4 또는 5점으로 평정하였다. Holyoak & Simon (1999), 앞의 주 203.

216. Simon, Snow, & Read (2004), 앞의 주 214, p. 821.

217. 제7장에서 언급했듯이, '합리적 의심을 초월하는 증명' 기준의 심리적 의미를 사실판단자의 확신감으로 보는 데에는 타당한 이유가 있다.

218. 이 효과는 배심원의 심증이 무죄 쪽으로 기울었을 때는 판결에 실질적인 영향을 미치지 않을 수 있다. 형사재판에서 증명의 비대칭적인 기준을 고려하면, 무죄라고 생각하는 배심원은 그 심증의 강도와 상관없이 무죄판결을 해야 한다.

219. 이러한 누적은 목격자의 목격지목에 대한 과도한 신뢰 및 피고인이 설명하는 돈의 출처에 대한 불신과 같은 비논리적인 추론을 초래한다. 같은 맥락에서, 피고인이 범죄현장으로부터 멀리 떨어진 곳에 있었다는 정보는 다른 모든 증거들을 더욱 무죄를 나타내는 것으로 해석하게 만든다. Simon, Snow, & Read (2004), 앞의 주 214, 연구 3.

220. Holyoak & Simon (1999), 앞의 주 203, 연구 3.

221. Bell & Loftus (1988), 앞의 주 91; Bell, B. E., & Loftus, E. F. (1989). Trivial persuasion in the courtroom: The power of (a few) minor details. *Journal of Personality and Social Psychology, 56,* 669-679.

222. Borckardt, J. J., Sprohge, E., & Nash, M. (2003). Effects of the inclusion and refutation of peripheral details on eyewitness credibility. *Journal of Applied Social Psychology, 33,* 2187-2197.

223. Smith, B. C., Penrod, S. D., Otto, A. L., & Park, R. C. (1996). Jurors' use of probabilistic evidence. *Law and Human Behavior, 20,* 49-82; McKenzie, C. R. M., Lee, S. M., & Chen, K. K. (2002). When negative evidence increases confidence: Changes in belief after hearing two sides of a dispute. *Journal of Behavioral Decision Making, 15,* 1-18.

224. Charman, S. D., Gregory, A. H., & Carlucci, M. (2009). Exploring the diagnostic utility of facial composites: Beliefs of guilt can bias perceived similarity between composite and suspect. *Journal of Experimental Psychology: Applied, 15,* 76-90 (study 2).

225. Lagnado, D. A., & Harvey, N. (2008). The impact of discredited evidence. *Psychonomic Bulletin & Review, 15,* 1166-1173.

226. 때로는 배제되는 정보가 실제로 정확한 경우도 있다. 그런 경우에는 증거능력 없는 정보에 노출되는 것이 판결의 정확성을 증가시킬 수 있다.

227. Hope, Memon, & McGeorge (2004), 앞의 주 190.

228. Kassin, S. M., & Sommers, S. R. (1997). Inadmissible testimony, instructions to disregard, and the jury: Substantive versus procedural considerations. *Personality and Social Psychology Bulletin, 23,* 1046-1054.

229. Greene, E., & Dodge, M. (1995). The influence of prior record evidence on juror

decision making. *Law and Human Behavior, 19,* 67-78; Hans, V. P., & Doob, A. N. (1976). Section 12 of the Canada Evidence Act and the deliberation of simulated juries. *Criminal Law Quarterly, 18,* 253-253. 살인사건에서 판결 전에 배심원을 피고인의 유죄를 단정하는 언론보도에 노출시키는 것은 검사에 대한 호의를 높이고, 피고측 변호인에 대해서는 부정적인 태도를 가지게 하는 반면, 피고인에게 호의적인 내용에 노출시키는 것은 그 반대로 평가하게 만든다. Ruva & McEvoy (2008), 앞의 주 191.

230. 초기 연구에서는 탈편향 개입(역자 주: 편향성에 대해 경고와 주의를 주는 것)이 정합성 효과를 절반으로 줄일 수 있는 것으로 나타났다[Simon, D. (2004). A third view of the black box: Cognitive coherence in legal decision making. *University of Chicago Law Review, 71,* 511-586, pp. 569-574]. 그러나 이 발견은 이후 (미발표된) 실험에서는 동일하게 나타나지 않았다.

231. 본 연구는 주로 목격자의 범인식별에 관련된 증언에 국한되어 있다. Cutler, B. L., Penrod, S. D., & Dexter, H. R. (1989). The eyewitness, the expert psychologist, and the jury. *Law and Human Behavior, 13*(3), 311-332; Devenport et al. (2002), 앞의 주 57. 개관에 대해서는, Leippe, M. R. (1995). The case for expert testimony about eyewitness memory. *Psychology, Public Policy, and Law, 1,* 909-959. 연구들에 대한 비판적 관점에 대해서는, Martire, K. A., & Kemp, R. I. (2011). Can experts help jurors to evaluate eyewitness evidence? A review of eyewitness expert effects. *Legal and Criminological Psychology, 16*(1), 24-36. 이 문제에 대한 많은 연구가 필요하다.

232. 모든 법원의 관할 지역에서 전문가 증언의 증거능력과 관련된 논의에 대해서는, Schmechel et al. (2006), 앞의 주 37.

233. 절차적 결함이 다소 있다고 해서 범인식별 절차를 금지할 수는 없다. 적당한 경계선이 무엇인가는 논의의 범위를 벗어나는 것이지만, 제3장에서 설명된 많은 형편없이 암시적인 절차는 말할 것도 없고, 적어도 *Neil v. Biggers* [409 U.S. 188 (1972)]와 *Manson v. Brathwaite* [432 U.S., 98 (1977)] 재판에서와 같은 지목은 법원이 인정해서는 안 된다. 반면, 제3장에서 제시된 개선을 위한 권고사항에 따라 이루어진 범인지목은 배제될 이유가 거의 없다. 컴퓨터로 이루어지는 라이업은 더욱 그렇다.

234. 이와 같은 연구와 더 많은 참고문헌에 대해서는, Leo, R. A., Drizin, S. A., Neufeld, P. J., Hall, B. R., & Vatner, A. (2006). Bringing reliability back in: False confessions and legal safeguards in the twenty-first century. *Wisconsin Law Review, 2,* 479-538. 자백의 신뢰성 검사에 대한 법원의 역행과 관련된 논의에 대해서는, Dix, G. E. (1988). Federal constitutional confession law: The 1986 and 1987 Supreme Court terms. *Texas Law Review, 67,* 231-349, pp. 272-276.

이 원칙은 영국법에 따른 것이다. 「경찰 및 형사증거법(Police and Criminal Evidence

Act, 1984)」 제76조에 따르면 자백이 "신뢰할 수 없는 자백을 만들 가능성이 있는" 상황에서 나왔거나, 혹은 용의자를 억압해서 "받아 냈거나 받아 냈을 수 있었을 때"에는 그 자백을 인정해서는 안 된다. 이러한 사전배제 규칙은 검사가 그와 같은 방법에 의해 자백이 이루어진 것이 아니라는 것을 합리적 의심을 초월할 정도로 증명했을 때에만 예외가 될 수 있다.

7. 진실을 밝혀내기

1. 수정헌법 제6조의 일부: "모든 형사 소추에서, 피고인은… 자신에게 불리한 증인을 대면할 권리와… 방어를 위하여 변호인의 조력을 받을 권리를 가진다."

2. Matthew Hale, quoted in Langbein, J. H. (2003). *The origins of adversary criminal trial*. New York: Oxford University Press, p. 234.

3. Wigmore, J. H. (1974). *Evidence in trials at common law* (vol. 5, p. 32 J. H. Chadbourn, Rev.). Boston: Little, Brown and Co. 예를 들면, *Lilly v. Virginia*, 527 U.S. 116, 124 (1999); *Watkins v. Sowders*, 449 U.S. 341, 349 (1981).

4. Underwager, R., & Wakefield, H. (1996). Responding to improper and abusive impeachment efforts. *American journal of Forensic Psychology, 14*, 5-23.

5. 자주 등장하는 이 격언은 반대심문의 십계명 중 하나다. Younger, I. (1976). *The art of cross-examination*. Chicago: American Bar Association, p. 23.

6. *Brady v. Maryland* [373 U.S. 83, 87 (1963)] 재판과 그 이후의 재판에서, Medwed, D.S. (2010). Brady's bunch of flaws. *Washington & Lee Law Review*, 67, 1533-1567; Sundby, S. E. (2002). Fallen superheroes and constitutional mirages: The tale of *Brady v. Maryland. McGeorge Law Review, 33*, 643-663.

7. 고소인에게 불리한 역효과와 관련된 결과에 대해서는, Rucker, D. D., & Petty, R. E. (2003). Effects of accusations on the accuser: The moderating role of accuser culpability. *Personality and Social Psychology Bulletin, 29*, 1259-1271.

8. 한 연구에서 반대심문 동안에 피고측 변호인이 빈정거리는 것은 전문가 증인의 증언에 대한 배심원 평가에 부정적인 영향을 미치지만, 피해자에 대해서는 그렇지 않은 것으로 나타났다. Kassin, S. M., Williams, L. N., & Saunders, C. L. (1990). Dirty tricks of cross-examination: The influence of conjectural evidence on the jury. *Law and Human Behavior, 14*, 373-384.

9. Frank, J. (1949). *Courts on trial*. Princeton, NJ: Princeton University Press; Frankel, M. E. (1978). *Partisan justice*. New York: Hill & Wang.

10. Freedman, M. H. (1966). Professional responsibility of the criminal defense lawyer:

The three hardest questions. *Michigan Law Review, 64*, 1469-1484.

11. Valentine, T., & Maras, K. (2011). The effect of cross-examination on the accuracy of adult eyewitness testimony. *Applied Cognitive Psychology, 25*, 554-561.

12. Kebbell, M. R., & Johnson, S. D. (2000). Lawyers' questioning: The effect of confusing questions on witness confidence and accuracy. *Law and Human Behavior, 24*, 629-641; Perry, N. W., McAuliff, B. D., Tam, P., & Claycomb, L. (1995). When lawyers question children: Is justice served? *Law and Human Behavior, 19*, 609-629. 후자의 실험에서는 난해한 질문이 유치원에서 대학에 이르는 네 연령집단의 피험자들에게 역효과를 가지는 것으로 나타났다.

13. Wheatcroft, J. M., Wagstaff, G. F., & Kebbell, M. R. (2004). The influence of courtroom questioning style on actual and perceived eyewitness confidence and accuracy. *Legal and Criminological Psychology, 9*, 83-101.

14. 정확성-확신감의 관계에 대해서는 제6장 참조.

15. Evans, K. (1994). *The common sense rules of trial advocacy*. St. Paul, MN: West Publishing.

16. Wells, G. L., Ferguson, T. J., & Lindsay, R. C. L. (1981). The tractability of eyewitness confidence and its implications for triers of fact. *Journal of Applied Psychology, 66*, 688-696.

17. 반대심문은 대단한 목표를 위해서가 아니라면 사법절차를 보조할 수 있다. 이 절차는 반대심문을 하는 측에게 추가적 정보를 소개하거나 반대측에서 제안한 것과는 다른 설명을 해 줄 증인을 사용할 기회를 제공한다. 이 점에서, 신뢰롭지 못한 증언을 밝혀내는 이 절차의 주된 기능을 하지 못할 때에도 이 절차는 사실판단자들에게 더 많은 정보를 제공한다.

18. *Taylor v. Louisiana* [419 U.S. 522, 530 (1975)]의 재판에서 대법원이 공표한 것처럼, 배심단은 검찰의 월권과 "판사의 전문가들에 대한 선호 또는 과도한 제약 또는 편파된 반응"을 견제함으로써 "공동체의 상식에 의한 판단"을 구현한다.

19. 법률 없이는 범죄도 없다(nullum crimen sine Lege)는 신념은 법에 의해서 범죄라고 선언되지 않는 한, 그 행위가 범죄를 구성하지 않는다고 공표한다.

20. 배심단 무효판결에 대해서는, Marder, N. S. (1999). The myth of the nullifying jury. *Northwestern Law Review, 93*, 877-959; Vidmar, N., & Hans, V. P. (2007). *American juries: The verdict*. New York: Prometheus Books.

21. 배심 설시를 준수하지 못하는 것이 결정의 실제 정확성을 필연적으로 손상시키는 것은 아니다. 몇 가지 예에서—증거법이 정확한 증거의 증거능력을 인정하지 않는 경우와 같이—설시를 준수하지 못하는 것이 실제로는 평결의 정확성을 높일 수도 있다.

22. *Parker v. Randolph*, 442 U.S. 62, 73 (1979). 이 신념을 지지하기 위해, 법원은 만약 배심원들이 설시를 준수하지 않는다면, "배심원에게 설시를 하는 것이 무의미할 것이고, 항소 법원이 배심원들이 부적절한 설시를 받았다는 것을 이유로 형사 판결을 파기하는 것은 더욱 무의미할 것"이라는 순환논증을 제시하였다. *Greer v. Miller*, 483 U.S. 756, 767 (1987).

23. 예를 들면, 평의 후에 진행된 설시문의 이해에 대한 대규모 연구는 정확성이 30% 정도였다는 것을 발견하였다. Hastie, R., Penrod, S. D., & Pennington, N. (1983). *Inside the jury*. Cambridge, MA: Harvard University Press. 정신이상 항변에 대한 설시(insanity defense instructions)의 이해도는 옳은 응답이 15%에서 43%의 범위인 것으로 나타났다. Ogloff, J. R. (1991). A comparison of insanity defense standards on juror decision making. *Law and Human Behavior, 15*, 509-531. 개관 연구에 대해서는, Lieberman, J. D., & Sales, B. D. (1997). What social science teaches us about the jury instruction process. *Psychology, Public Policy, and Law, 3*, 589-644.

24. Strawn, D. U., & Buchanan, R. W. (1976). Jury confusion: A threat to justice. *Judicature, 59*, 478-483; Buchanan, R. W., Pryor, B., Taylor, K. P., & Strawn, D. U. (1978). Legal communication: An investigation of juror comprehension of pattern instructions. *Communication Monographs, 26*, 31-35.

25. 예를 들면, 미시간주의 배심원들에 대한 연구에서는 설시가 절차에 대한 규칙에 대해서는 옳은 응답을 증가시키지만 범죄의 정의에 대해서는 그렇지 않은 것으로 나타났다. 이 연구에서, 이해도는 두 유형의 설시 모두에서 50%에 조금 못 미쳤다. Reifman, A., Gusick, S. M., & Ellsworth, P. C. (1992). Real jurors' understanding of the law in real cases. *Law and Human Behavior, 16*, 539-554.

26. 예를 들면, 미시간주 배심원들의 반응은 제한적인 목적의 증거사용과 특정한 의도의 정의와 관련된 설시에 대해서 우연 수준에도 미치지 못했다. Kramer, G., & Koenig, D. (1990). Do jurors understand criminal jury instructions? Analyzing the results of the Michigan juror comprehension project. *University of Michigan Journal of Law Reform, 23*, 401-437.

27. Thomas, C. (2010). *Are juries fair?* Ministry of Justice Research Series 1/10. http://www.justice.gov.uk/downloads/publications/research-and-analysis/moj-research/are-juries-fair-research.pdf.

28. 워싱턴의 표본에서 참가자들의 60%가 설시를 옳게 적용하였다. Severance, L. J., & Loftus, E. F. (1982). Improving the ability of jurors to comprehend and apply criminal jury instructions. *Law & Society Review, 17*, 153-198; Buchanan et al. (1978), 앞의 주 24.

29. 그러나 응답자들은 그들의 결정을 정당화하기 위해 정의의 단어 하나하나에 의존하였다. Spackman, M. P., Belcher, J. C., Calapp, J. W., & Taylor, A. (2002). An analysis of the effects of subjective and objective instruction forms on mock-juries' murder/manslaughter distinctions. *Law and Human Behavior*, 26, 605-623.

30. 댄 카한의 연구에서는 범죄의 정의를 세 가지로 다르게 조작하여도 유죄판결 비율에 차이가 없었다(53%에서 55%의 범위). 근소한 차이가 두 종류의 표준화되지 않은 설시에서 나타났다(유죄판결 비율은 62%와 65%). Kahan, D. (2010). Culture, cognition, and consent: Who perceives what, and why, in "acquaintance rape" cases. *University of Pennsylvania Law Review, 158*, 729-813.

31. Ogloff (1991), 앞의 주 23.

32. Kassin, S. M., & Sommers, S. R. (1997). Inadmissible testimony, instructions to disregard, and the jury: Substantive versus procedural considerations. *Personality and Social Psychology Bulletin, 23*, 1046-1054; Finkel, N. J. (1995). *Commonsense justice: Jurors' notions of the law*. Cambridge, MA: Harvard University Press; Robinson, P., & Darley, J. (1995). *Justice, liability, and blame*. Boulder, CO: Westview Press.

33. Smith, V. L. (1991). Prototypes in the courtroom: Lay representations of legal concepts. *Journal of Personality and Social Psychology, 61*, 857-872; Smith, V. L. (1993). When prior knowledge and law collide: Helping jurors use the law. *Law and Human Behavior, 17*, 507-536.

34. Dhami, M. K. (2008). On measuring quantitative interpretations of reasonable doubt. *Journal of Experimental Psychology: Applied, 14*, 353-363.

35. 제6장에 언급된 바와 같이, 연방 판사와 주 판사를 대상으로 한 연구에서 판사들은 용의자가 심각한 범죄 혐의를 받을 때보다 덜 심각한 범죄 혐의를 받을 때, 더 법을 준수하는 경향이 있었고 허용되지 않는 강압적인 신문을 통해 얻은 자백을 더 무시하는 경향이 있었다.

역시 제6장에서 언급한 바와 같이, 연방과 주 판사 연구에서 판사는 용의자가 중대한 범죄로 기소되었을 때보다 덜 심각한 범죄로 기소되었을 때, 허용할 수 없는 강압적인 신문을 통해 얻어진 자백을 무시하고 법을 따를 가능성이 높다. Rachlinksi, J. J., Guthrie, C., & Wistrich, A. J. (2009. 11.). *Context effects in judicial decision making*. Paper presented at the fourth annual Conference on Empirical Legal Studies, University of Southern California. http://ssrn.com/abstract-1443596.

36. 개관 연구에 대해서는, Wenzlaff, R. M., & Wegner, D. M. (2000). Thought suppression. *Annual Review of Psychology, 51*, 59-91. 실제로 몇몇 모의 배심 연구에

서 증거를 무시하라는 설시를 하는 것이 증거능력이 없는 증거가 판단에 미치는 영향력을 증가시켰다. Picel, K. L. (1995). Inducing jurors to disregard inadmissible evidence: A legal explanation does not help. *Law and Human Behavior, 19*, 407–424; Wolf, S., & Montgomery, D. A. (1977). Effects of inadmissible evidence and level of judicial admonishment to disregard on the judgments of mock jurors. *Journal of Applied Social Psychology, 7*, 205–219.

37. Wright, R. A., Greenberg, J., & Brehm, S. S., eds. (2004). *Motivational analyses of social behavior: Building on Jack Brehm's contributions to psychology.* Mahwah, NJ: Lawrence Erlbaum.

38. Fischhoff, B. (1975). Hindsight is not equal to foresight: The effect of outcome knowledge on judgment under uncertainty. *Journal of Experimental Psychology: Human Perception and Performance, 1*, 288–299.

39. Anderson, C. A., Lepper, M. R., & Ross, L. (1980). Perseverance of social theories: The role of explanation in the persistence of discredited information. *Journal of Personality and Social Psychology, 39*, 1037–1049.

40. 증거능력이 없는 증거는 다른 모든 증거들을 간접적으로 오염시킬 수 있고, 그 증거들을 대응되는 결론과 일관된 상태를 나타내도록 만들 수 있다는 것을 기억하라. 심지어 사람들이 증거능력이 없는 특정한 정보를 억압할 능력이 있다고 하더라도, 그들의 결정은 여전히 증거능력이 없는 정보와 일관되게 변모된 허용가능한 증거들의 영향을 받을 수 있다. 제2장과 제6장 참조; Simon, D. (2004). A third view of the black box: Cognitive coherence in legal decision making. *University of Chicago Law Review, 71*, 511–586.

41. Steblay, N., Hosch, H. M., Culhane, S. E., & McWethy, A. (2006). The impact on juror verdicts of judicial instruction to disregard inadmissible evidence: A meta-analysis. *Law and Human Behavior, 30*, 469–492.

42. Kassin & Sommers (1997), 앞의 주 32.

43. Fein, S., McCloskey, A. L., & Tomlinson, T. M. (1997). Can the jury disregard that information? The use of suspicion to reduce the prejudicial effects of pretrial publicity and inadmissible testimony. *Personality and Social Psychology Bulletin, 23*, 1215–1226.

44. 무시해야 하는 증거가 피고인이 죄를 인정한 기록이거나, 잘 알려지지 않은 살인 사건에 대해 피고인이 중요한 사실을 알려 주었다거나, 피고인의 총기와 범죄의 관련성이 드러났다거나 하는 사실에 관련된 것일 때에는 경고의 효과가 없다는 것이 밝혀졌다. Ruva, C. L., & McEvoy, C. (2008). Negative and positive pretrial publicity affect juror memory and decision making. *Journal of Experimental Psychology: Applied, 14*,

226-235; Fein, McCloskey, & Tomlinson (1997), 앞의 주 43; Kassin, S. M., & Sukel, H. (1997). Coerced confessions and the jury: An experimental test of the "harmless error" rule. *Law and Human Behavior, 21,* 27-46; Sue, S., Smith, R. E., & Gilbert, R. (1974). Biasing effects of pretrial publicity on judicial decisions. *Journal of Criminal Justice, 2,* 163-171.

45. Kassin & Sommers (1997), 앞의 주 32.

46. Sue, Smith, & Gilbert (1974), 앞의 주 44.

47. Hunt, J. S., & Budesheim, T. L. (2004). How jurors use and misuse character evidence. *Journal of Applied Psychology, 89,* 347-361.

48. Greene, E., & Loftus, E. F. (1985). When crimes are joined at trial. *Law and Human Behavior, 9,* 193-207.

49. 예를 들면, 한 모의 배심 연구에서는 어떤 전문가 증인의 명성이 그 분야에서 형편없음을 암시하는 것만으로도 그의 신뢰성에 대한 역효과가 나타난다는 것을 발견하였다. 심지어 전문가가 그 추측에 대해 부정하고, 판사가 아직 답이 제시되지 않은 질문들을 지속적으로 기각할 때에도 배심원들은 그 전문가 증인이 능력 없고, 설득적이지 못하며, 신뢰롭지 못하다고 판단하였다. Kassin, Williams, & Saunders (1990), 앞의 주 8.

50. 전문증거(hearsay evidence)—정의에 대한 대중적인 이해의 애매한 영역에서는 거짓말 하는 것으로 여겨질 수 있는—를 무시하라는 설시는 혼재된 결과를 보여 준다. Fein, McCloskey, & Tomlinson (1997), 앞의 주 43의 연구에서는 이러한 설시가 성공적이지 않았지만, Pickel (1995), 앞의 주 36의 연구에서는 전반적으로 성공적이었다.

51. Wistrich, A. J., Guthrie, C., & Rachlinski, J. J. (2005). Can judges ignore inadmissible information? The difficulty of deliberately disregarding. *University of Pennsylvania Law Review, 153,* 1251-1345.

52. 예를 들면, 배심원들에게 피고인의 전과기록을 알려 주는 것은 현재의 혐의와 관련된 특정 사실을 입증하는 것을 돕고, 아마도 틀림없이 피고인 증언의 신빙성을 나타내는 지표 역할을 할 수 있을 것이다. 동시에, 이 정보에 기초하여 범죄를 저지를 만한 피고인의 성향에 대해 고정관념적으로 파악하거나 보증되지 않는 추론을 하려는 경향성은 "피고인이 무엇을 했는지" 보다 "피고인이 어떤 사람인지" 에 의해 사건을 판단하도록 하여 그의 유죄 가능성에 대한 판단에 쉽게 영향을 주고, 그 사건을 편견에 사로잡히게 할 수 있다.

53. 「연방증거법」 404(b)는 "다른 범죄, 잘못 또는 불법행위는 누군가의 성격이 특정한 상황과 관련이 있다는 것을 보여 주기 위한 목적으로, 그 사람의 성격을 입증하기 위해서는 허용될 수 없다."고 명시한다. 그러나 이 규칙은 "동기, 기회, 의도, 준비, 계획, 지식, 정체성 또는 실수나 사고의 부재에 대한 증명과 같은 다른 목적"을 위해서는 다른 범죄, 잘못 또는 불법행위에 대한 증거를 예외적으로 허용한다.

54. 「연방증거법」 105.

55. 예를 들면, Devine, P. G. (1989). Stereotypes and prejudice: Their automatic and controlled components. *Journal of Personality and Social Psychology*, *56*, 5-18; Gilbert, D. T. (1998). Ordinary personology. In D. T. Gilbert, S. T. Fiske, & G. Lindzey (Eds.), *Handbook of social psychology* (4th ed., vol. 2, pp. 89-150). New York: McGraw-Hill; Uleman, J. S., Saribay, S. A., & Gonzalez, C. M. (2008). Spontaneous inferences, implicit impressions, and implicit theories. *Annual Review of Psychology*, *59*, 329-360.

56. Bargh, J. A. (1994). The four horsemen of automaticity: Awareness, intention, efficiency, and control in social cognition. In R. S. Wyer Jr. & T. K. Srull (Eds.), *Handbook of social cognition* (2nd ed., vol. 1: Basic processes, pp. 1-40). Hillsdale, NJ: Lawrence Erlbaum.

57. Doob, A. N., & Kirshenbaum, H. M. (1972). Some empirical evidence of the effect of section 12 of the Canada Evidence Act upon the accused. *Criminal Law Quarterly*, *15*, 88-96; Hans, V. P., & Doob, A. N. (1976). Section 12 of the Canada Evidence Act and the deliberation of simulated juries. *Criminal Law Quarterly*, *18*, 235-253; Wissler, R. L., & Saks, M. J. (1985). On the inefficacy of limiting instructions: When jurors use prior conviction evidence to decide on guilt. *Law and Human Behavior*, *9*, 37-48; Greene, E., & Dodge, M. (1995). The influence of prior record evidence on juror decision making. *Law and Human Behavior*, *19*, 67-77.

    모의 배심원들은 이전의 혐의와 현재의 혐의가 서로 다른 범죄에 대한 것일 때 제한적 사용을 요구하는 설시에 어느 정도 더 반응을 보였다. Wissler & Saks (1985), 앞의 주 57. 그럴듯한 이유는 다른 유형의 범죄 행동 사이에는 상습적 범행에 대한 직관적인 가정이 강하게 유지되지 않는다는 것이다.

58. Steblay et al. (2006), 앞의 주 41.

59. 비교해 보라. Wissler & Saks (1985), 앞의 주 57; Tanford, S., & Cox, M. (1988). The effects of impeachment evidence and limiting instructions on individual and group decision making. *Law and Human Behavior*, *12*, 477-497.

60. *Krulewitch v. United States*, 336 U.S. 440, 453 (1949).

61. *Nash v. United States*, 54 F.2d 1006, 1007 (1932).

62. *United States v. Grunewald*, 233 F.2d 556, 574 (1956).

63. *Sandez v. United States*, 239 F.2d 239, 248 (9th Cir. 1956).

64. *Dunn v. United States*, 307 F.2d 883, 886 (5th Cir. 1962).

65. 법원에 따르면, "우리는 배심원들이 전략적으로 제시된 증거능력이 없는 증거를 무시

하라는 설시를 준수할 수 없을 만한 '압도적인 가능성'이 있거나 그 증거의 효과가 피고인에게 '엄청난 손상을 가할' 강한 가능성이 있지 않는 한, 배심원들이 그 설시를 준수할 것이라고 가정한다." *Greer v. Miller*, 483 U.S. 756, 767 (1987) (인용 누락); *Richardson v. Marsh*, 481 U.S. 200 (1987).

66. 한 메타분석은 논쟁의 여지가 있는 증거를 허용하는 것이 그 증거는 증거능력이 없으니 무시하라는 설시를 하는 경우보다 유죄판결 비율을 50%나 높이는 것으로 나타났다(74% vs. 46%). Steblay et al. (2006), 앞의 주 41.

67. 이어지는 논의는 사형제도와 관련된 광범위한 심리학적 문제들을 다루어야 한다고 주장하지 않는다. 이 논의는 양형 설시를 이해하고 준수하는 배심원들의 능력에 국한된다.

68. 이 판결은 현존하는 모든 사형 선고 법령을 폐지하고 사형 판결을 받고 수감된 약 600명에 대한 형을 파기하였다. 대법관 스튜어트(Stewart)의 다수 의견은 실무적으로, 사형 선고가 "제멋대로 이상하게" 수행되고, 오직 "변덕스럽게 무작위로 선택된 소수"에게 일어나는 불행이라고 판단하였다. 사형을 선고받는 것은 "벼락을 맞는 것"과 다르지 않았다. *Furman v. Georgia*, 408 U.S. 238, 309-310 (1972). 대법관 브레넌(Brennan)은 이 임의성을 "복권"에 비유했다(p. 293). 대부분의 대법관들이 인종과 관련된 어려운 문제들을 기피했지만, 인종적 불평등은 대법관들의 마음에 명백히 존재했다. 대법관 더글라스 (Douglas)는 사형 판결이 흑인, 가난하고 교육수준이 낮은 사람들에 대해 가지는 차별적 효과를 강조하였다. 예를 들면, 더글라스의 의견에는 사형이 감형되는 비율의 불평등을 보여 주는 자료가 포함(인용)되어 있었다(백인의 경우 20%였고 흑인의 경우 12%였다) (p. 250). 처벌의 차별적 효과는 매우 명백했다. 예를 들면, 이 사건 이전 40년 동안, 405명의 흑인 남성이 강간죄로 사형을 당했지만, 백인들은 45명만이 같은 죄로 사형을 당했다. Haney, C. (2005). *Death by design: Capital punishment as a social psychological system*. New York: Oxford University Press.

69. *Gregg v. Georgia*, 428 U.S. 153, 195 (1976). 사형법률이 회복되는 것에 박차를 가할 수 있었던 정치적 환경에 대해서는, Banner, S. (2002). *The death penalty: An American history*. Cambridge, MA: Harvard University Press; Haney (2005), 앞의 주 68.

70. *Gregg v. Georgia*, 앞의 주 69, at 195.

71. *Lockett v. Ohio*, 438 U.S. 586 (1978). 최근에 법원은 배심원들은 "사형을 선고하는 것을 거부할 이유가 되는 모든 감경요인에 대해 신중히 생각하고 그것에 효력을 부여할" 수 있어야 한다고 명시하였다. *Abdul-Kabir v. Quarterman*, 550 U.S. 233 (2007).

72. 가중요인에 대해서 옳거나 부분적으로 옳은 정의를 내린 응답자는 79%였지만, 감경요인에 대해서는 59%였다. Haney, C., & Lynch, M. (1994). Comprehending life and death matters: A preliminary study of California's capital penalty instructions. *Law and Human Behavior, 18*, 411-436; Haney, C., & Lynch, M. (1997). Clarifying life and

death matters: An analysis of instructional comprehension and penalty phase closing arguments. *Law and Human Behavior, 21*, 575-595.

73. Haney & Lynch (1994), 앞의 주 72. 사소한 감경요인에 대한 이해에 어려움을 느끼는 가능한 이유는 경감하다(extenuate)라는 단어에 상대적으로 친숙하지 않기 때문이다.

74. Haney & Lynch (1997), 앞의 주 72.

75. 심지어 가장 좋은 설시문을 주었을 때도, 일반인들의 이해 점수는 50%보다도 낮았다. Smith, A. E., & Haney, C. (2011). Getting to the point: Attempting to improve juror comprehension of capital penalty phase instructions. *Law and Human Behavior, 35*, 339-350. 캘리포니아의 새로운 표준화된 설시문(CALCRIM)이 2005년에 사법위원회 (Judicial Council)에서 채택되었고, 2006년에 시행되었다. 이 설시문의 가장 주된 개선사항은 설시문의 언어를 단순화하기 위해 심리-언어적 원칙들을 사용하였다는 것이다. *Judicial Council of California Criminal Jury Instructions* (2011). New Providence, NJ: LexisNexis, Matthew Bender.

76. Wiener, R. L., Pritchard, C. C., & Weston, M. (1995). Comprehensibility of approved jury instructions in capital murder cases. *Journal of Applied Psychology, 80*, 455-467.

77. Wiener, R. L., Hurt, L. E., Thomas, S. L., Sadler, M. S., Bauer, C. A., & Sargent, T. M. (1998). The role of declarative and procedural knowledge in capital murder sentencing. *Journal of Applied Social Psychology, 28*, 124-144; Wiener, R. L., Rogers, M., Winter, R., Hurt, L., Hackney, A., Kadela, K., Seib, H., Rauch, S., Warren, L., & Morasco, B. (2004). Guided jury discretion in capital murder cases: The role of declarative and procedural knowledge. *Psychology, Public Policy, and Law, 10*, 516-576.

78. 이 응답자들의 40%만이 셀 수 없는 감경요인에 대한 규칙들을 옳게 이해하였고, 33%는 감경요인에 대해서는 만장일치가 아니어도 된다는 규칙을 잘못 이해하였다. Diamond, S., & Levi, J. N. (1996). Improving decisions on death by revising and testing jury instructions. *Judicature, 79*, 224-232.

79. 이 연구의 전반적인 옳은 응답 비율은 47.5%였다(사형선고를 할 수 있는 응답자들). Otto, C. W., Applegate, B. K., & Davis, R. K. (2007). Improving comprehension of capital sentencing instructions: Debunking juror misconceptions. *Crime & Delinquency, 53*, 502-517.

80. Frank, J., & Applegate, B. K. (1998). Assessing juror understanding of capital-sentencing instructions. *Crime & Delinquency, 44*, 412-433.

81. 옳은 응답은 22%에서 83%의 범위였으며, 대부분은 50% 정도였다. Blankenship, M. B., Luginbuhl, J., Cullen, F. T., & Redick, W. (1997). Jurors' comprehension of sentencing

instructions: A test of the death penalty process in Tennessee. *Justice Quarterly, 14,* 325-351.

82. Wiener, Pritchard, & Weston (1995), 앞의 주 76; Wiener et al. (2004), 앞의 주 77; Diamond & Levi (1996), 앞의 주 78.

83. Lynch, M., & Haney, C. (2000). Discrimination and instructional comprehension: Guided discretion, racial bias, and the death penalty. *Law and Human Behavior, 24,* 337-358; Lynch, M., & Haney, C. (2009). Capital jury deliberation: Effects on death sentencing, comprehension, and discrimination. *Law and Human Behavior, 33,* 481- 496.

84. 사형능력 확인절차(death qualification) 정책에 의해 유발되는 더 심각한 문제는 사형에 반대하는 사람들을 배심단에서 배제하는 것이 그 배심단이 유죄에 투표할 가능성을 높인다는 것이다. O'Neil, K. M., Patry, M. W., & Penrod, S. D. (2004). Exploring the effects of attitudes toward the death penalty on capital sentencing verdicts. *Psychology, Public Policy, and Law, 10,* 443-470; Butler, B. M., & Moran, G. (2002). The role of death qualification in venirepersons' evaluations of aggravating and mitigating circumstances in capital trials. *Law and Human Behavior, 26,* 175-184.

85. 이해도가 하위 50%에 속한 배심원들 중, 피고인이 흑인일 때 사형에 투표한 배심원은 60%였던 반면, 백인일 때에는 41%였다. 이 불균형은 흑인 피고인이 백인을 죽인 혐의를 받을 때(68%)와 백인 피고인이 흑인을 죽인 혐의를 받을 때(37%) 더욱 커졌다. Lynch & Haney (2000), 앞의 주 83.

86. 응답자의 70%가 반복적으로 살인을 한 사람에 대해서는 사형이 필수라고 생각하는 반면, 일반적으로 덜 비난받을 만한 살인을 한 사람에 대해서는 응답자의 약 1/4만이 그렇게 생각하였다. Bowers, W. J., Steiner, B. D., & Antonio, M. E. (2003). The capital sentencing decision: Guided discretion, reasoned moral judgment, or legal fiction. In J. R. Acker, R. M. Bohm, & C. S. Lanier (Eds.), *America's experiment with capital punishment: Reflections on the past, present, and future of the ultimate penal sanction* (2nd ed., pp. 413-467). Durham, NC: Carolina Academic Press.

87. 사우스캐롤라이나주에서 있었던 사형이 가능한 재판에 참여했던 배심원들 중 30%는 피고인이 앞으로도 위험한 인물이라고 판단된다면 사형을 선고해야 한다고 법이 정하고 있다고 응답하였다. 설시문에는 미래의 위험성에 대해서는 언급된 바가 전혀 없기 때문에, 이 틀린 믿음은 분명히 사람들의 선입견에서 시작된 것이다. Eisenberg, T., & Wells, M. T. (1993). Deadly confusion: Juror instructions in capital cases. *Cornell Law Review, 79,* 1-17.

88. 이 연구는 검찰의 재량권 행사에서도 커다란 불균형이 있음을 발견하였다. 흑인을 죽인

혐의를 받는 백인에 대한 사건의 19%에서 사형이 구형되었지만, 피고인과 피해자의 인종이 반대인 사건의 70%에서 사형이 구형되었다. 회귀분석 결과, 백인을 살해하는 것은 피고인의 심각한 전과 기록 또는 피해자가 무장한 강도에게 의도적으로 살해당한 경우와 같이 공식적으로 규정된 가중요인이 사형 선고를 받을 확률에 대해 가지는 영향력과 대략적으로 동일한 영향력을 갖는 것으로 나타났다. 백인을 살해하는 것은 경찰관을 살해하는 것보다 3배 더 큰 영향력을 가진다. Baldus, D. C., Woodworth, G., & Pulaski, C. A. (1990). *Equal justice and the death penalty: A legal and empirical analysis.* Boston: Northeastern University Press; Baldus, D. C., Pulaski, C., & Woodworth, G. (1983). Comparative review of death sentences: An empirical study of the Georgia experience. *Journal of Criminal Law & Criminology, 74,* 661-754; Baldus, D. C., Woodworth, G., Zuckerman, D., Weiner, N. A., & Broffitt, B. (1998). Race discrimination and the death penalty in the post-Furman era: An empirical and legal analysis with recent findings from Philadelphia. *Cornell Law Review, 83,* 1638-1770; Blume, J., Eisenberg, T., & Wells, M. T. (2004). Explaining death row's population and racial composition. *Journal of Empirical Legal Studies, 1,* 165-207.

89. 법원은 배심원의 재량은 "명확하고 객관적인 기준에 의해 통제되기 때문에 차별적으로 적용되지 않는다."고 주장하였다. *McCleskey v. Kemp,* 481 U.S. 279, 302 (1987).

90. 필라델피아의 사형 선고에 대한 한 연구에서는 배심단이 흑인 피고인에게 사형을 선고하는 비율은 흑인이 아닌 피고인에게 사형을 선고하는 비율의 2배인 것으로 나타났다 (24% vs. 12%). 이 연구는 1978년에서 2000년 사이에 내려진 338개의 양형 판단이 포함되어 있었다. Baldus, D. C., & Woodworth, G. (2003). Race discrimination in the administration of the death penalty: An overview of the empirical evidence with special emphasis on the post-1990 research. *Criminal Law Bulletin, 39,* 194-226. 메릴랜드에서 배심단은 백인 피해자를 살해한 혐의에 대해 유죄판결을 받은 흑인 피고인의 거의 절반에게 사형을 선고하였지만, 흑인 피해자를 살해한 혐의에 대해 유죄판결을 받은 백인 피고인의 1/3에게만 사형을 선고하였다. 전반적으로, 전체 절차를 생각해 보면, 백인 피해자를 죽인 혐의를 받은 흑인 피고인은 그 반대의 경우보다 사형 선고를 받을 가능성이 4.1배 높았다. Paternoster, R., Brame, R., Bacon, S., Ditchfield, A. (2004). Justice by geography and race: The administration of the death penalty in Maryland, 1978-1999. *University of Maryland Law Journal of Race, Religion, Gender, 4,* 1-97. 뉴저지에서는, 백인 피해자를 죽인 사람들에게 사형이 선고된 비율이 흑인 피해자를 죽인 사람들에게 선고된 비율보다 1.7배 높았다. 사형이 가능한 전체 재판 중, 백인 피해자를 살해한 것에 대해서는 12%가 사형 선고를 받았지만, 흑인 피해자를 살해한 것에 대해서는 7%만이 사형 선고를 받았다. Baime, D. S. (2005. 12. 15.). Report to the New Jersey Supreme

Court: Systemic Proportionality Review Project 2004-2005, Term 6. http://www.judiciary. state.nj.us/pressrel/Baime2005Report12-16-05.pdf.

91. 이 보고서는 법적으로 관련된 모든 변인들을 통제한 후에도 피해자의 인종에 기초한 사형 선고 가능성에는 여전히 차이가 있었다고 결론 내렸다. General Accounting Office (1990). *Death penalty sentencing: Research indicates pattern of racial disparities.* Washington, DC: General Accounting Office. 17개 주와 연방 체계의 결과 요약에 대해서는, Baldus & Woodworth (2003), 앞의 주 90.

92. 몇몇 비평가들이 비판하는 것처럼, 배심원 선정에서 소송당사자들의 실제 목적은 공동체의 공정한 대표자를 선발하거나 재판이 공정성을 잃을 가능성을 최소화하기 위해서가 아니다. 오히려, 소송당사자들은 그들에게 유리한 판결에 투표할 것으로 기대되는 사람들을 배심원으로 앉히기 위해 이 절차를 사용한다.

93. *Smith v. Phillips*, 455 U.S. 209, 217 (1982).

94. 상당수의 연구들이 우리의 추론과 의사결정 과정의 많은 부분이 의식되지 않은 상태로 진행됨을 보여 준다. Bargh, J. A., & Morsella, E. (2008). The unconscious mind. *Perspectives on Psychological Science, 3*, 73-79. 예를 들면, 연구들에서는 참가자들이 종종 실험에 의해서 촉발된 그들의 태도 변화를 눈치채지 못한다는 것을 보여 주었다. Bem, D. J., & McConnell, H. K. (1970). Testing the self-perception explanation of dissonance phenomena: On the salience of premanipulation attitudes. *Journal of Personality and Social Psychology, 14*, 23-31; Goethals, G. R., & Reckman, R. F. (1973). The perception of consistency in attitudes. *Journal of Experimental Social Psychology, 9*, 491-501. 신념변화를 알아차리지 못한다는 연구결과에 대해서는, Holyoak, K. J., & Simon, D. (1999). Bidirectional reasoning in decision making by constraint satisfaction. *Journal of Experimental Psychology: General, 128*, 3-31, studies 2, 3.

95. Nisbett, R. E., & Wilson, T. D. (1977). Telling more than we can know: Verbal reports on mental processes. *Psychological Review, 84*, 231-259. 의사결정에 대한 연구들에서는 참가자들이 스스로 보고한 의사결정 요인에 자신들이 부여한 가중치가 그들의 결정으로부터 객관적으로 얻은 가중치와 상당히 불일치한다는 것을 발견하였다. Slovic, P., & Lichtenstein, S. (1971). Comparison of Bayesian and regression approaches to the study of information processing in judgment. *Organizational Behavior & Human Performance, 6*, 649-744; Latane, B., & Darley, J. M. (1970). *The unresponsive bystander: Why doesn't he help?* New York: Appleton-Century-Crofts.

96. 누군가의 자기반성 능력에 대한 신념은 내성적 착각이라고 불려 왔다. Pronin, E., Gilovich, T., & Ross, L. (2004). Objectivity in the eye of the beholder: Divergent

perceptions of bias in self versus others. *Psychological Review, 111,* 781-799.

97. Nisbett & Wilson (1977), 앞의 주 95.

98. 스스로의 공정성에 대한 사람들의 신념에 대해서는, Liebrand, W. B., Messick, D. M., & Wolters, F. J. (1986). Why we are fairer than others: A cross-cultural replication and extension. *Journal of Experimental Social Psychology, 22,* 590-604. 개인의 객관성에 대한 신념은 소박한 실재론(naive realism)적 감각에서 얻어진다. 소박한 실재론은 "사람들이 불변하고, 인식할 수 있고, 객관적인 현실에 접근할 수 있다는 흔들림 없는 확신"을 나타낸다. 여기서 객관적인 현실이란, 사람들이 이성적이고 논리적이라고 할 때, 다른 사람들도 정직하게 지각할 수 있는 현실 또는, 다른 사람들은(자신과는 다르게) 개인의 사리사욕, 이념적 편견, 또는 개인적 고집의 프리즘을 통해 세상을 바라볼 때에만 오해하는 경향이 있는 현실이다. Robinson, R. J., Keltner, D., Ward, A., & Ross, L. (1995). Actual versus assumed differences in construal: "Naive realism" in intergroup perception and conflict. *Journal of Personality and Social Psychology, 68,* 404-417, p. 405; Ross, L., & Ward, A. (1996). Naive realism in everyday life: Implications for social conflict and misunderstanding. In E. S. Reed, E. Turiel, and T. Brown (Eds.), *Values and knowledge* (pp. 103-135). Hillsdale, NJ: Lawrence Erlbaum.

99. Ehrlinger, J., Gilovich, T., & Ross, L. (2005). Peering into the bias blind spot: People's assessments of bias in themselves and others. *Personality and Social Psychology Bulletin, 31,* 680-692. 예를 들면, 참가자들은 전형적으로 아프리카계 흑인처럼 보이는 특성을 가진 사람들의 공격적 행동에 대해 과도한 예측을 하고도 그들이 편파되었다는 것을 부정하였다. Blair, I. V., Chapleau, K. M., & Judd, C. M. (2005). The use of Afrocentric features as cues for judgment in the presence of diagnostic information. *European Journal of Social Psychology, 35,* 59-68. 사회과학 연구들을 인용하면, 과학자들은 자신의 선입견에 의해 영향받았을 때에도 그 사실을 부정하였다. Koehler, J. J. (1993). The influence of prior beliefs on scientific judgments of evidence quality. *Organizational Behavior and Human Decision Processes, 56,* 28-55. 증인에 대한 편향된 정보를 포함하는 거짓말 탐지 연구에서, 100명 중 1명의 참가자만이 자신들의 판단에 대한 이유로 그 편파된 정보를 언급하였다. Granhag, P. A., & Strömwall, L. A. (2000). Effects of preconceptions on deception detection and new answers to why lie-catchers often fail. *Psychology, Crime & Law, 6,* 197-218. 학문적 부정행위 사건에 대한 수사를 모사한 한 연구에서, 참가자들은 그들이 배정받은 역할에 의해 영향을 받았음에도 불구하고 자신들의 판단이 매우 객관적이라고 생각하였다. Simon, D., Stenstrom, D., & Read, S. J. (2008a. 9.). *On the objectivity of investigations: An experiment.* Paper presented at the Conference on Empirical Legal Studies, Cornell University.

100. Pyszczynski, T., & Greenberg, J. (1987). Toward an integration of cognitive and motivational perspectives on social inference: A biased hypothesis-testing model. In L. Berkowitz (Ed.), *Advances in experimental social psychology* (vol. 20, pp. 297-340). San Diego: Academic Press; Kunda, Z. (1990). The case for motivated reasoning. *Psychological Bulletin, 108*, 480-498; Pronin, Gilovich, & Ross (2004), 앞의 주 96. 편향된 절차의 두드러지면서 변함없는 특성 중 하나는 그것이 의식적 인식의 수준 아래에 깊이 숨겨져 있다는 것이다. Wilson, T. D., & Brekke, N. (1994). Mental contamination and mental correction: Unwanted influences on judgments and evaluations. *Psychological Bulletin, 116*, 117-142.

101. Ogloff, J. R. P., & Vidmar, N. (1994). The impact of pretrial publicity on jurors: A study to compare the relative effects of television and print media in a child sex abuse case. *Law and Human Behavior, 18*, 507-525; Moran, G., & Cutler, B. L. (1991). The prejudicial impact of pretrial publicity. *Journal of Applied Social Psychology, 21*, 345-367; Sue, S., Smith, R. E., & Pedroza, G. (1975). Authoritarianism, pretrial publicity, and awareness of bias in simulated jurors. *Psychological Reports, 37*, 1299-1302.

102. Wissler & Saks (1985), 앞의 주 57; Greene & Dodge (1995), 앞의 주 57.

103. Douglas, K. S., Lyon, D. R., & Ogloff, J. R. P. (1997). The impact of graphic photographic evidence on mock jurors' decisions in a murder trial: Probative or prejudicial? *Law and Human Behavior, 21*, 485-501.

104. Kassin & Sukel (1997), 앞의 주 44.

105. 심지어 그 응답이 불성실하다고 하더라도, 이 사람들은 숨은 동기에 의해 움직이며, 이 동기는 그들을 해당 과제에 부적합하게 만들었다.

106. *In re Winship*, 397 U.S. 358, 372 (1970).

107. Blackstone W. (1765). *Commentaries on the laws of England* (vol. 4, p. 358, J. Chitty, ed., 1826). London: W. Walker.

108. *Bell v. Wolfish*, 441 U.S. 520 (1979). 무죄추정에 대한 광범위한 견해에 대해서는, Findley, K. A. (2011). Defining innocence. *Albany Law Review, 74*(3), 1157-1208. 사회는 자유와 그 구성원들의 평판을 따른다는 (사회구성원들에 대한) 존중을 표현한 이 전제, 즉 무죄추정 원칙의 효과에 대해서는, Tribe, L. H. (1971). Trial by mathematics: Precision and ritual in the legal process. *Harvard Law Review, 84*, 1329-1393, p. 1370.

109. 예를 들면, 코네티컷의 표준화된 배심 설시문은 재판의 시작 단계에서 피고인은 "피고인이라는 지위로부터 발생하는 어떤 편향, 편견 또는 책임으로부터 자유로운 당신(배심원들) 앞에 서 있습니다."라고 설명한다. 5 Conn. Prac., Criminal Jury Instructions §2.8

(3rd ed.).

110. Simon, D., Stenstrom, D., & Read, S. J. (2008b. 3.). *Jurors' background knowledge and beliefs*. Paper presented at American Psychology-Law Society annual conference, Jacksonville, FL.

111. 이 응답자들의 절반은 혐의를 유죄에 대한 "강력한 증거"로 해석하였다. Saxton, B. (1998). How well do jurors understand jury instructions? A field test using real juries and real trials in Wyoming. *Law and Water Law Review, 33*, 59-189.

112. Helgeson, V. S., & Shaver, K. G. (1990). Presumption of innocence: Congruence bias induced and overcome. *Journal of Applied Social Psychology, 20*, 276-302. 특히 연구 3을 참조.

113. Ostrom, T. M., Werner, C., & Saks, M. J. (1978). An integration theory analysis of jurors' presumptions of guilt or innocence. *Journal of Personality and Social Psychology, 36*, 436-450.

114. Strawn & Buchanan (1976), 앞의 주 24.

115. 설시를 받지 않은 배심원들의 정확성은 더욱 낮은데, 이 결과는 설시가 배심원들의 이해도에 중간 정도의 긍정적인 효과를 가진다는 것을 암시한다. Buchanan et al. (1978), 앞의 주 24.

116. 이 배심원들의 다수는 최근에 형사재판에 배심원으로 참여하였다. Reifman, Gusick, & Ellsworth (1992), 앞의 주 25.

117. 응답자의 20%는 소송이 시작되면, 범행을 저지르지 않았다는 것에 대한 증거를 제시할 책임이 피고인에게 있다고 응답하였다. Saxton (1998), 앞의 주 111.

118. Strawn & Buchanan (1976), 앞의 주 24.

119. 법 역사학자 제임스 위트맨(James Whitman)은 이 용어가 원래 배심원의 엄숙한 과제를 수행함에 있어서 배심원들에게 도덕적 안도감을 주기 위한 기제로써 의도된 것이었고, 입증의 기준으로 의도된 것이 아니었다고 주장하였다. 따라서 이 기준은 현대의 배심원들이 진실이 무엇인지 결정하는 과정에 도움을 주기에는 부족하다. Whitman, J. Q. (2008). *The origins of reasonable doubt: Theological roots of the criminal trial.* New Haven, CT: Yale University Press.

120. 이 문제에 대한 소수의 견해에 대해서는, Laudan, L. (2004). Is reasonable doubt reasonable? *Legal Theory 9*, 295-331.

121. 이 문제는 "베이지안(Bayesian)"과 "회의적 베이지안(Bayesioskeptic)" 진영 사이의 논쟁에서 매우 중요한 것이었다. 다음을 비교해 보라. Lempert, R. O., Gross, S. R., & Liebman, J. S. (2000). *A modern approach to evidence: Text, problems, transcripts and cases*, 3rd ed., pp. 228-239. St. Paul, MN: West Publishing; Allen, R. J. (1997).

Rationality, algorithms, and juridical proof: A preliminary inquiry. *International Journal of Evidence & Proof*, *1*, 254-275.

122. In re Winship의 결정이 내려질 때, 대법관 브레넌은 입증의 기준은 사실판단자들에게 "그들이 내린 사실판단의 정확성에 대해 그들이 가져야 하는 확신감의 정도"에 대한 지침을 제공한다고 설명하였다. 397 U.S. 358, 370 (1970). 이 개념은 "완벽히 확신하는", "유죄가 틀림없는" 및 "거의 확신하는"과 같은 이후에 기술된 다양한 정의들과도 일관된다.

123. 후자의 입장을 지지하는 소수 의견에 대해서는, Laudan (2004), 앞의 주 120.

124. 예를 들면, *People v. Malmenato* [14 Ill.2d 52, 61 (1958)] 재판에서, 일리노이 대법원은 "합리적 의심이란 용어는 더 이상의 설명이 필요 없는 용어이며, 우리는 이 용어를 정의하려는 시도의 무익함에 대해 이미 많은 논의를 했고, 이제 중단되어야 한다."고 명시하였다.

125. 플로리다의 형사 사건에 대한 표준화된 배심 설시, 2.03.

126. Solan, L. (1999). Refocusing the burden of proof in criminal cases: Some doubt about reasonable doubt. *Texas Law Review*, *78*, 105-147.

127. 예를 들면, 코네티컷의 표준화된 배심 설시 2.10을 참조. "만약 당신이 증거에 대해서 심사숙고하여 피고인이 받고 있는 혐의에 대해 확고하게 유죄라고 확신한다면, 반드시 피고인에게 유죄평결을 해야 한다." 5 Conn. Prac., Criminal Jury Instructions §2.10 (3rd ed.). 연방사법센터(Federal Judicial Center)가 권고하는 이 버전은 *Victor v. Nebraska*, 511 U.S.1, 25 (1994) 재판의 대법관 긴스버그(Ginsburg)에 의해서도 승인을 받았다.

128. 예를 들면, 캘리포니아의 표준화된 배심 설시: "합리적 의심의 여지없는 증명은 혐의가 사실이라고 변함없이 확신할 수 있는 증명이다." *Judicial Council of California Criminal Jury Instructions*, CALCRIM, 앞의 주 75, 220.

129. *Jackson v. Virginia*, 443 U.S. 307, 315 (1979).

130. 그 정의는 "현실적으로 명백한 상당한 근거" "변덕스럽거나 추측"이 아닌, "심각한 불확실성을 유발하지" 않는, "단지 가능한 가능성"이 아닌, "실재적이고 상당한" "합리적인 사람이 진지하게 생각할 수 있는" "완벽하거나 수학적인 확실성"이 아닌, 그리고 "도덕적 확실성" 등이다. *Cage v. Louisiana*, 498 U.S. 39 (1990). 법원은 설시를 폐지했지만, 그것은 설시가 배심원들을 잠재적으로 혼란스럽게 할 수 있기 때문은 아니었다.

131. Kerr, N. L., Atkin, R. S., Strasser, G., Meek, D., Holt, R. W., & Davis, J. H. (1976). Guilt beyond a reasonable doubt: Effects of concept definition and assigned decision rule on the judgments of mock jurors. *Journal of Personality and Social Psychology*, *34*, 282-294 (평균 87%). Kassin과 Sommers (1997, 앞의 주 32)에서는 89%로 나타났다.

132. 90%(또는 91%)의 역치는 종종 10:1이라는 블랙스톤의 오류율에서 유도된 것이라고 알려져 있다. 이 추론은 잘못된 것이다. 이 오류율에서 입증 기준을 유도하기 위해서는,

공소 제기된 사건들 중 유죄사건의 기저율과 배심단의 진단적 능력을 알아야 한다. DeKay, M. L. (1996). The difference between Blackstone-like error ratios and probabilistic standards of proof. *Law and Social Inquiry, 21*, 95-132.

133. Greene & Dodge (1995), 앞의 주 57.

134. Horowitz, I. A., & Kirkpatrick, L. C. (1996). A concept in search of a definition: The effects of reasonable doubt instructions on certainty of guilt standards and jury verdicts. *Law and Human Behavior, 20*, 655-670.

135. Kramer & Koenig (1990), 앞의 주 26.

136. Ogloff, J. R. P. (1998). Jury instructions and the jury: A comparison of alternative strategies. Final Report. Vancouver, Canada: British Columbia Law Foundation; Ogloff, J. R. P., & Rose, V. G. (2005). The comprehension of judicial instructions. In N. Brewer & K. D. Williams (Eds.), *Psychology and law: An empirical perspective* (pp. 407-444). New York: Guilford Press.

137. Zander, M. (2000). The criminal standard of proof: How sure is sure? *New Law Journal, October* 20, 1517-1519. 독일 응답자의 40%는 이 역치가 95~99%라고 응답하였다. Glockner, A., & Engel, C. (2013). Can we trust intuitive jurors? Standards of proof and the probative value of evidence in coherence based reasoning. *Journal of Empirical Legal Studies, 10*(2), 230-252.

138. 사법감시자(legal observers)들은 블랙스톤이 제안한 고전적인 10:1의 오류율을 따르는 경향이 있는 반면, 일반인들은 틀린 유죄판결에 훨씬 덜 민감한 것으로 나타났다. 응답자의 66%만이 틀린 유죄판결이 틀린 무죄판결보다 나쁘다고 응답했고, 응답자의 30%는 그 반대였다. Bechert, I., & Quandt, M. (2010). ISSP Data Report: Attitudes toward the role of government (data for U.S. respondents). http://www.ssoar.info/ssoar/files/2011/15 35/gs%206%20-%20issp%20data%20report.pdf. 배심원 신념 조사에서, 응답자들은 틀린 유죄판결과 틀린 무죄판결의 서로 다른 비율이 연속적으로 나열된 척도를 받았고, 그들이 생각하는 오류율을 표시하였다. 응답의 최빈치는 1:1 이었고, 이것은 두 오류가 동등하게 나쁘다는 것을 의미한다. 응답의 중앙치: "한 사람의 무고한 사람을 유죄판결하는 것보다 한 사람의 죄인을 무죄판결하는 것이 낫다." Simon, Stenstrom, & Read (2008b), 앞의 주 110.

높은 역치는 배심원들이 사건을 판결할 때 확률적 판단에 의존한다고 의심할 만한 원인을 제공한다. 만약 배심원들이 증거에 대한 강한 믿음에 기초하여 평결에 이른다면, 그들이 보고하는 비현실적인 수치의 역치는 그들의 수행에 방해가 되지 않는다.

139. 한 연구에서, 평의에 참여했던 배심원들에게서는 높아진 이 기준이 유죄판결 비율을 42%에서 26%로 낮추었고, 이 결과는 통계적으로 거의 유의했다. 평의에 참여하지 않은

배심원들에게서는 어떠한 차이도 발견되지 않았다. MacCoun, R. J., & Kerr, N. L. (1988). Asymmetric influence in mock jury deliberation: Jurors' bias for leniency. *Journal of Personality and Social Psychology, 54*, 21-33. 또 다른 연구에서는 평의에 참여하지 않은 참가자들의 유죄판결 비율이 65%에서 48%로 감소하였다. 입증 기준과 무죄추정 원칙의 영향력이 혼입되는 것을 막기 위해, 293명의 배심원 자격이 있는 참가자들에게 이 절차는 형사재판이 아니고, 중재절차라고 알려 주었다. Simon, D., Snow, C. J., & Read, S. J. (출판되지 않은 자료).

140. Glöckner & Engel (2011), 앞의 주 137. 이 자료는 해당 절차를 중재절차이고 입증의 기준을 증거의 우월성으로 기술한 조건(연구 1, 조건 3, 4와 연구 2, 조건 4)과 형사절차이고 합리적 의심의 여지없는 증명을 요구한 조건(연구 1, 조건 1, 2와 연구2, 조건 1)의 결과를 비교한다. 후자 조건의 유죄판결 비율은 전자의 절반도 되지 않았다(18% vs. 44%). 초기의 연구에서, 로런스 라이츠맨(Lawrence Wrightsman)과 사울 카신은 무죄추정과 합리적 의심의 여지없는 증명의 기준을 배심원들에게 제시하는 것이 유죄판결 비율을 56%에서 35%로 낮춘다는 것을 발견하였다(증거조사 전에 설시를 받은 배심원들의 자료). Kassin, S. M., & Wrightsman, L. S. (1979). On the requirements of proof: The timing of judicial instruction and mock juror verdicts. *Journal of Personality and Social Psychology, 37*(10), 1877-1887. 이 결과는 참가자의 수가 적으므로 다시 검증되어야 한다.

141. 검찰측에 유리한 증거가 강한 경우(1~7점 척도에서 6 또는 7점), 기대할 수 있듯이, 유죄판결 비율이 높았다. 97%의 배심단이 피고인에게 유죄판결을 내렸고, 99%의 판사들이 자신들도 배심원들과 동일하게 판결했을 것이라고 이야기하였다. 증거의 강도가 중간 정도인 경우(3, 4, 5점), 배심단의 61%가 유죄판결을 내렸고, 판사의 78%가 자신들도 배심원들과 동일하게 판결했을 것이라고 하였다. 증거의 강도가 약한 경우(1, 2점)에는 배심단의 17%가 유죄판결을 내렸고, 판사들의 27%가 그 약한 증거에 기초하여 유죄판결을 내렸다(표 4에 기초하여 계산됨, p. 186). Eisenberg, T., Hannaford-Agor, P. L., Hans, V. P., Waters, N. L., Munsterman, G. T., Schwab, S. J., & Wells, M. T. (2005). Judge-jury agreement in criminal cases: A partial replication of Kalven and Zeisel's The American Jury. *Journal of Empirical Studies, 2*, 171. 그림 1과 2 참조. pp. 188-189. 증거강도에 대한 평가가 신뢰롭다고 가정하면, 이러한 결과들은 입증 기준의 효과에 대해 부정적인 함의를 갖는다.

여러 주를 대상으로 한 아동학대 수사에 대한 한 연구에서는 의심되는 아동 학대를 입증하기 위한 역치는 주에 따라 달랐지만, 다양한 사법권에서 내려진 결정은 공식적인 기준의 영향을 받지 않는다는 것을 밝혀냈다. Levine, M. (1998). Do standards of proof affect decision making in child protection investigations? *Law and Human Behavior*,

22, 341-347.

142. Abramson, J. (2000). *We the jury: The jury system and the ideal of democracy*. Cambridge, MA: Harvard University Press; Vidmar & Hans (2007), 앞의 주 20.

143. 이 자료들은 세부적인 자료를 얻을 수 있었던 222개의 배심단에 대한 설명을 제공한다. 이 연구들은 Kerr, N. L., & MacCoun, R. J. (2012). Is the leniency bias really dead? Misinterpreting asymmetry effects in criminal jury deliberation. *Group Processes & Intergroup Relations, 15*(5), 585-602 (표 4, 코딩 전제 2)에 요약되어 있다. 추후의 분석에서는 커(Kerr)와 맥쿤(MacCoun)의 제안에 따라 첫 투표에서 나타난 "미정" 의견은 유죄와 무죄 의견에 동등하게 분할해 넣어야 할 것이다.

144. 이 자료들은 불일치 배심단이 아니었던 배심단에 대한 것이다. 16개의 재판이 불일치 배심단으로 끝났다. 첫 투표에서 의견이 동등하게 나뉜 10개의 재판에서는 5개 배심단은 유죄판결, 5개 배심단은 무죄판결로 끝났다. 시카고와 브룩클린에서 진행된 225개의 형사재판으로 구성된 이 연구는, Kalven, H., & Zeisel, H. (1966). *The American jury*. Boston: Little, Brown 에 제시되어 있다.

145. 이 연구에서는, 첫 투표에서 4명 이하의 배심원들이 유죄에 투표한 경우에는 유죄판결 비율이 0%였고, 8명 이상이 유죄에 투표한 경우에는 100%였다. 첫 투표에서 동등하게 의견이 나누어지거나 7대 5로 나누어진 경우에는 유죄판결 비율이 57%였다. 이 자료에서는 11개의 불일치 배심단은 배제하였고 Kerr & MacCoun (2012), 앞의 주 143에는 포함되었다. 이 자료는 매우 심각한 범죄에 대한 투표만을 포함하고 있기 때문에 유죄판결 비율을 과소평가한다. Devine, D. J., Buddenbaum, J., Houp, S., Stolle, D. P. & Studebaker, N. (2007). Deliberation quality: A preliminary examination in criminal juries. *Journal of Empirical Legal Studies, 4*, 273-303.

146. 이 연구에서는, 첫 투표에서 4명 이하의 배심원들이 유죄에 투표한 경우에는 유죄판결 비율이 0%였고, 8명 이상이 유죄에 투표한 경우에는 94%였다. 첫 투표에서 동등하게 의견이 나뉘거나 7대 5로 나누어진 경우에는 유죄판결 비율이 66%였다. 이 자료에서는 불일치 배심단은 배제하였고 Kerr & MacCoun (2012), 앞의 주 143에는 포함되었다. Sandys, M., & Dillehay, R. C. (1995). First-ballot votes, predeliberation dispositions, and final verdicts in jury trials. *Law and Human Behavior, 19*, 175-195.

147. Hannaford-Agor, P. L., Hans, V. P., Mott, N. L., & Munsterman, G. T. (2002). *Are hung juries a problem?* National Center for State Courts. http://contentdm.ncsconline. org/cgi-bin/showfile.exe?CISOROOT＝/juries&CISOPTR＝27. 이 연구에서는 첫 투표에서 4명 이하의 배심원들이 유죄에 투표한 경우에는 유죄판결 비율이 4%였고, 8명 이상이 유죄에 투표한 경우에는 94%였다. 첫 투표에서 동등하게 의견이 나뉘거나 7대 5로 나누어진 경우에는 유죄판결 비율이 82%였다. 이 자료에서는 25개의 불일치 배심단은 배제

하였고 Kerr와 MacCoun (2012) 앞의 주 143에는 포함되었다.

148. 평의 후에, 관용 편향(leniency bias)이라고 알려진 현상(MacCoun & Kerr 1988, 앞의 주 139), 최근에는 배심 평의에서의 비대칭 효과(Kerr & MacCoun, 2012, 앞의 주 143)라고 하는 무죄편향이 존재하는지에 대해서는 논쟁이 있다. 맥쿤과 커의 연구를 Devine, D. J., Clayton, L. D., Dunford, B. B., Seying, R., & Pryce, J. (2001). Jury decision making: 45 years of empirical research on deliberating groups. *Psychology, Public Policy, and Law*, 7, 622-727 (표 6)과 비교해 보라. 첫 투표에서 두 의견이 아슬아슬하게 갈리는 경우가 거의 없기 때문에 서로 다른 이론들을 구별하는 것이 어렵다. 연구에 포함된 222개 재판의 배심단 중 한 배심단에서만 첫 투표에서 5명의 배심원이 유죄에 투표하였고(이 배심단은 무죄판결), 네 개의 배심단에서만 첫 투표에 6-6으로 나뉘었다(이 중 세 배심단은 유죄판결). Kerr & MacCoun (2012), 앞의 주 143 (표 4, 코딩 전제 2).

Hastie, Penrod와 Pennington(1983, 앞의 주 23)은 배심원들이 관대한 방향으로 의견을 전환하는 경우만큼 혹독한 방향으로도 의견을 전환한다는 것을 발견하였다(만장일치 규칙을 적용받는 배심단에서). 모나 린치와 크레이그 해니는 사형 선고의 맥락에서 평의의 효과를 검증하였고, 평의가 사형 선고를 54%에서 66%로 높인 가혹한 전환(severity shift)의 증거를 발견하였다. Lynch & Haney (2009), 앞의 주 83. 관용과 가혹함 편향은 유죄인 피고인과 무죄인 피고인에 대해서 동일한 효과를 갖고, 따라서 판결 절차의 진단성에 직접적인 영향을 미치지 않는다.

149. Kerr와 MacCoun(2012, 앞의 주 143)이 요약한 것처럼, 이러한 사건은 222개 사건의 일부이다(표 4, 코딩 전제 2).

150. 개관 연구에 대해서는, Kerr, N. L., & Tindale, R. S. (2004). Group performance and decision making. *Annual Review of Psychology*, 55, 623-655.

151. 예를 들면, 일반 지식 과제와 양을 추정하는 과제에서 집단의 수행은 개인보다 우수한 것으로 나타났다. Sniezek, J. A., & Henry, R. A. (1989). Accuracy and confidence in group judgment. *Organizational Behavior and Human Decision Processes*, 43, 1-28; Sniezek, J. A., & Henry, R. A. (1990). Revision, weighting, and commitment in consensus group judgment. *Organizational Behavior and Human Decision Processes*, 45, 66-84.

152. 예를 들면, 짝을 이루어 수학퍼즐 과제를 수행하도록 한 연구에서, 참가자들은 둘이 개별적으로 옳거나 틀린 응답을 동일하게 하는 경우, 그들을 짝지은 것은 정확성에 아무 영향을 미치지 못했다. 짝지은 참가자들의 응답이 혼합되었을 때 그들의 수행은 토론의 영향을 받았고, 그 공동의 해결책은 정확성과는 무관하게 전형적으로 영향력이 더 큰 구성원—더 확신에 찬 사람—에 의해서 거의 결정되었다. Johnson, H. H., & Torcivia, J. M. (1967). Group and individual performance on a single-stage task as a function of

distribution of individual performance. *Journal of Experimental Social Psychology, 3,* 266-273. 규칙추론문제를 풀 때, 집단은 최적의 조건 아래에서만 그 집단에서 제일 잘하는 구성원들만큼 잘 수행하였다. 만약 정보 또는 시간이 제한되어 있으면, 집단의 수행은 이 기준을 충족시키지 못한다. Laughlin, P. R., VanderStoep, S. W., & Hollingshead, A. B. (1991). Collective versus individual induction: Recognition of truth, rejection of error, and collective information processing. *Journal of Personality and Social Psychology, 61,* 50-67.

153. 예를 들면, 정보를 검색할 때, 집단은 개인보다 더 편파되어 있는 것으로 나타났다. Schulz-Hardt, S., Frey, D., Lüthgens, C., & Moscovici, S. (2000). Biased information search in group decision making. *Journal of Personality and Social Psychology, 78,* 655-669. 브레인스토밍은 집단의 우월성에 대해 널리 퍼져 있는 신념과 그에 반하는 경험적 연구결과들의 불일치에 대한 정확한 예다. 집단 생산성과 관련된 착각에 대해서는, Pauhus, P. B., Dzindolet, M. T., Poletes, G., & Camacho, L. M. (1993). Perception of performance in group brainstorming: The illusion of group productivity. *Personality and Social Psychology Bulletin, 19,* 78-89; Nijstad, B. A., Stroebe, W., & Lodewijkx, H. F. M. (2006). The illusion of group productivity: A reduction of failures explanation. *European journal of Social Psychology, 36,* 31-48.

154. Kerr, N. L., MacCoun, R. J., & Kramer, G. P. (1996). Bias in judgment: Comparing individuals and groups. *Psychological Review, 103,* 687-719; Kerr, N. L., Niedermeier, K. E., & Kaplan, M. F. (1999). Bias in jurors vs. bias in juries: New evidence from the SDS perspective. *Organizational Behavior and Human Decision Processes, 80,* 70-86.

155. Deutsch, M., & Gerard, H. B. (1955). A study of normative and informational social influences upon individual judgment. *Journal of Abnormal and Social Psychology, 51,* 629-636. 개관연구에 대해서는, Wood, W. (1999). Motives and modes of processing in the social influence of groups. In S. Chaiken & Y. Trope (Eds.), *Dual-process theories in social psychology* (pp. 547-570). New York: Guilford.

156. 모의 배심원 연구에서 배심원들은 재판에서 제시된 관련 세부사항 중 2/3정도를 기억하는 것으로 나타났다. Pritchard, M. E., & Keenan, J. M. (1999). Memory monitoring in mock jurors. *Journal of Experimental Psychology: Applied, 5,* 152-168; Pritchard, M. E., & Keenan, J. M. (2002). Does jury deliberation really improve jurors' memories? *Applied Cognitive Psychology, 16,* 589-601. 또 다른 연구에서, 배심원들은 제시된 증거의 60%만을 회상하였다. Hastie, Penrod, & Pennington (1983), 앞의 주 23.

157. Ellsworth, P. C. (1989). Are twelve heads better than one? *Law & Contemporary Problems, 52,* 205-224. 유사한 결과에 대해서는, Pritchard & Keenan (2002), 앞의 주

156; Hastie, Penrod, & Pennington (1983), 앞의 주 23.

158. 이 현상은 공동 억제(collaborative inhibition)라고 한다. Weldon, M. S., & Bellinger, K. D. (1997). Collective memory: Collaborative and individual processes in remembering. *Journal of Experimental Psychology: Learning, Memory, and Cognition, 23*, 1160-1175. 공동 억제는 집단의 크기가 증가함에 따라 증가하고, 12명으로 구성된 집단에서는 상당할 가능성이 있다. Basden, B. H., Basden, D. R., & Henry, S. (2000). Costs and benefits of collaborative remembering. *Applied Cognitive Psychology, 14*, 497-507. 배심단 상황과 관련이 적은 재인기억 과제를 실시했을 때, 집단은 우수한 기억을 보이는 것으로 나타났다. Hinsz, V. B. (1990). Cognitive and consensus processes in group recognition memory performance. *Journal of Personality and Social Psychology, 59*, 705-718.

159. 연구들에 대한 개관 연구는, Pritchard & Keenan (2002), 앞의 주 156. 프리처드 (Pritchard)와 키난(Keenan)은 집단의 회상이 개인의 회상보다 3.4% 더 나았다는 것을 발견하였다.

160. Ellsworth (1989), 앞의 주 157. Severance & Loftus (1982), 앞의 주 28에 의해서도 평의가 전반적으로 효과가 없음이 밝혀졌다.

161. Ogloff & Rose (2005), 앞의 주 136.

162. Wiener et al. (2004), 앞의 주 77.

163. Lynch & Haney (2009), 앞의 주 83.

164. Diamond & Levi (1996), 앞의 주 78.

165. 한 연구는 평의가 증거능력이 없는 증거를 무시하라는 판사의 설시에 따라 유죄에 대한 평가치를 감소시켰다는 것을 밝혀냈다(1~9점 척도에서 5.7점을 4.4점으로). Kerwin, J., & Shaffer, D. R. (1994). Mock jurors versus mock juries: The role of deliberations in reactions to inadmissible testimony. *Personality and Social Psychology Bulletin, 20*, 153-162. 또 다른 연구는 평의가 설시를 받은 배심원들의 유죄판결 비율을 절반으로 줄인다는 것을 발견하였다. London, K., & Nunez, N. (2000). The effect of jury deliberations on jurors' propensity to disregard inadmissible evidence. *Journal of Applied Psychology, 85*, 932-939.

166. 한 연구에서, 평의는 설시를 받은 배심원들의 유죄판결 비율을 단지 5% 감소시킬 뿐이었다는 것을 발견하였다. Hans & Doob (1976), 앞의 주 57. 살인사건에 대한 재판전 언론보도에 배심원들을 노출시킨 한 연구에서는 평의가 차이를 만들어 내지 못했다. Ruva, C., McEvoy, C., & Bryant, J. B. (2007). Effects of pre-trial publicity and jury deliberation on juror bias and source memory errors. *Applied Cognitive Psychology, 21*, 45-67.

167. 아동성추행 혐의를 모사한 한 연구에서, 증거능력이 없는 재판전 언론보도를 제시받은 배심원들은 평의 후에 평의 전보다 피고인에게 유죄평결을 하는 경향이 있었다(29% vs. 11%). 이 결과는 재판상황과 가장 관련이 깊은, 증거가 애매한 경우에 나타났다. Kerr, Niedermeier, & Kaplan (1999), 앞의 주 154. 대규모의 연구에서는 재판전 언론보도가 유죄판결을 6%에서 21%로 증가시켰고, 평의 후의 판단에만 영향을 미친다는 것을 발견하였다. Kramer, G. P., Kerr, N. L., & Carroll, J. S. (1990). Pretrial publicity, judicial remedies, and jury bias. *Law and Human Behavior, 14*, 409-438.

재판전 언론보도에 대한 메타분석에 포함된 한정된 수의 평의에 대한 연구는 평의가 인정할 만한 치료적 효과를 가지지 못한다는 것을 보여 주었다. Steblay, N. M., Besirevic, J., Fulero, S. M., & Jimenez-Lorente, B. (1999). The effects of pretrial publicity on juror verdicts: A meta-analytic review. *Law and Human Behavior, 23*, 219-235.

168. Wright, E. F., & Wells, G. L. (1985). Does group discussion attenuate the dispositional bias? *Journal of Applied Social Psychology, 15*, 531-546; Wittenbaum, G. M., & Stasser, G. (1995). The role of prior expectancy and group discussion in the attribution of attitudes. *Journal of Experimental Social Psychology, 31*, 82-105.

169. 한 연구에서 평의는 정확률을 56%에서 60%까지 증가시켰다. 집단은 더 많은 의심을 하였고, 더 많은 진술을 거짓으로 판단하는 경향이 있었다. Frank, M. G., Paolantonio, N., Feeley, T. H., & Servoss, T. J. (2004). Individual and small group accuracy in judging truthful and deceptive communication. *Group Decision and Negotiation, 13*, 45-59. 두 번째 연구에서는 평의가 정확률을 51.5%에서 53%로 증가시키는, 통계적으로는 유의하지 않은 결과가 나타났다. Park, E. S., Levine, T. R., Harms, C. M., & Ferrara, M. H. (2002). Group and individual accuracy in deception detection. *Communication Research Reports, 19*, 99-106. 평의의 약한 효과는 개인의 거짓말 탐지 능력 수준이 낮기 때문일 것이다.

170. 정합성 효과의 감소는 평의 후에 자신의 의견을 변경한 소수의 구성원들에게서 관찰되었다. Fiedler, S., & Glockner, A. (출판되지 않은 원고). Coherence shifts in groups: Information distortions in legal decisions after group deliberation.

171. Gigone, D., & Hastie, R. (1997). Proper analysis of the accuracy of group judgments. *Psychological Bulletin, 121*, 149-167.

172. 사회적 영향에 대한 고전적인 연구에 대해서는, Asch, S. E. (1956). Studies of independence and conformity: I. A minority of one against a unanimous majority. *Psychological Monographs, 70*, 1-70.

173. 배심 평의에는 토론하는 민주주의의 이상적인 모습과 유사한 논증적 관행이 부족하

다. 예를 들면, 위르겐 하버마스(Jürgen Habermas)는 (민주주의의 이상적인 토론의 모습을) "대중적이고 포괄적이기를, 참가자들에게 동등한 의사소통의 기회를 주기를, 성실성을 요구하기를, 더 나은 논쟁을 위한 무력하지 않은 모든 힘을 확산시키기를" 열망하는 담론으로 상정한다. Habermas, J. (1999). An author's reflections. *Denver University Law Review*, 76, 937–942 (p. 940).

174. 이 요소들은 배심단이 평결을 하지 못하고 불일치 배심단으로 남을지 또는 평결에 이르게 될지를 예측했던 집단역학 지표(Group Dynamics Index)를 만들기 위해 통합되었다. 이 지표로 구성된 척도의 내적일관성 신뢰도(Cronbach's α)는 .91이다. Hannaford-Agor et al. (2002), 앞의 주 147.

175. 배심원들은 "만약 당신 한 사람으로 구성된 배심단이어서 모든 것이 당신에게 달려 있다면, 이 사건에 대한 당신의 판결은 무엇입니까?"라는 질문을 받았다. Waters, N. L., & Hans, V. P. (2009). A jury of one: Opinion formation, conformity, and dissent on juries. *Journal of Empirical Legal Studies*, 6, 513–540. 사람들이 다른 사람들에게 양보하기 위해 자신들의 도덕적 판단력을 거부했다는 것을 인정하지 않는 경향이 있었다는 점에서, 의견을 표현하지는 않았지만 반대했던 사람들의 실제 숫자는 훨씬 많을 것이라고 생각할 수 있다.

176. Tanford, S., & Penrod, S. (1986). Jury deliberations: Discussion content and influence processes in jury decision making. *Journal of Applied Social Psychology*, 16, 322–347; Park et al. (2002), 앞의 주 169.

177. Ellsworth (1989), 앞의 주 157; Pritchard & Keenan (1999), 앞의 주 156; Pritchard & Keenan (2002), 앞의 주 156. 사회적 영향에 대한 이 결과들은 사회적 자경주의(social vigilantism), 즉 다른 사람들을 이해시키고 그들의 생각을 선전하고, 그 반작용으로 설득당하는 것에는 저항하려는 사람들의 경향성과 부합하는 개인차 개념에 대한 최근의 연구와 일관된다. Saucier, D. A., & Webster, R. J. (2010). Social vigilantism: Measuring individual differences in belief superiority and resistance to persuasion. *Personality and Social Psychology Bulletin*, 36, 19–32.

178. Hansen, K. L., Schaefer, E. G., & Lawless, J. J. (1993). Temporal patterns of normative, informational, and procedural-legal discussion in jury deliberations. *Basic and Applied Social Psychology*, 14, 33–46.

179. Smith, V. L., & Kassin, S. M. (1993). Effects of the dynamite charge on the deliberations of deadlocked mock juries. *Law and Human Behavior*, 17, 625–643; Kassin, S. M., Smith, V. L., & Tulloch, W. F. (1990). The dynamite charge: Effects on the perceptions and deliberation behavior of mock jurors. *Law and Human Behavior*, 14, 537–550.

180. Devine et al. (2007), 앞의 주 145.

181. 백인남성의 우세(white male dominance) 현상에 대해서는, Bowers, W. J., Steiner, B. D., & Sandys, M. (2001). Death sentencing in black and white: An empirical analysis of the role of juror race and jury racial composition. *University of Pennsylvania Journal of Constitutional Law*, *3*, 171-274.

182. Lynch & Haney (2009), 앞의 주 83.

183. Hastie, Penrod, & Pennington (1983), 앞의 주 23.

184. Hannaford-Agor et al. (2002), 앞의 주 147.

185. 이후에 DNA 증거에 의해서 면죄된 사람에게 유죄판결을 했던 배심단의 한 배심원은 평의가 시작되기 전에, 동료 배심원 중 누군가가 "유죄야, 유죄."라고 말했다고 보고하였다. Torpy, B., & Rankin, B. (2005. 11. 11.). A crime, then a tragedy: Twists in rape case snared wrong man. *Atlanta Journal-Constitution, December* 11, p. A1. 로버트 클라크(Robert Clark)의 사건에 대해서는, 이노센스 프로젝트, 프로파일, Robert Clark. http://www.innocenceproject. org/Content/Robert_ Clark. php.

186. 개관 연구에 대해서는, Isenberg, D. J. (1986). Group polarization: A critical review and meta-analysis. *Journal of Personality and Social Psychology*, *50*, 1141-1151; Sunstein, C. R. (2008). *Why groups go to extremes*. Washington, DC: American Enterprise Institute Press.

187. Sniezek & Henry (1990), 앞의 주 151; Zarnoth, P., & Sniezek, J. A. (1997). The social influence of confidence in group decision making. *Journal of Experimental Social Psychology*, *33*, 345-366.

188. Pritchard & Keenan (2002), 앞의 주 156.

189. Ruva, McEvoy, & Bryant (2007), 앞의 주 166.

190. Kaplan, M. F., & Miller, L. E. (1978). Reducing the effects of juror bias. *Journal of Personality and Social Psychology*, *36*, 1443-1455.

191. 한 연구에서는 토론이 집단 구성원들의 확신감을 81%에서 89%로 증가시켰다는 것을 발견하였다. Park et al. (2002), 앞의 주 169; Frank et al. (2004), 앞의 주 169.

192. 제6장에서 정합성 효과가 무죄판결 경향을 가진 배심원들에게는 영향을 미치지 않았다고 한 것을 기억하라. 비대칭적인 입증 기준의 결과로, 무죄판결 경향을 가진 배심원은 그 경향성의 강도와 관계없이 무죄에 투표했다.

193. 연방 범죄에 대한 유죄판결은 연방고등법원(federal courts of appeal)에 상소된다.

194. 구속적부심사 절차는 유죄판결을 받은 수감자와 구금되어 있는 다른 사람들에게 그들의 구금에 대한 적법성에 항의하는 또 다른 절차를 제공하기 위해 설계된 것이다. 일반적으로 이 절차는 형사절차 도중에 자신의 헌법적 권리가 침해되었다고 주장하는, 유죄판

결을 받은 수감자에 의해 시작된다. King, N. J., & Hoffmann, J. L. (2011). *Habeas for the twenty-first century: Uses, abuses, and the future of the Great Writ*. Chicago: University of Chicago Press.

195. Garrett, B. L. (2011). *Convicting the innocent: Where criminal prosecutions go wrong*, chap 7, Cambridge, MA: Harvard University Press.

196. 앞의 책.

197. 경감을 받았던 다섯 개의 사건은 범인지목과 관련해서 변호인의 조력이 효과가 없었다는 절차적 이유에 기초하고 있었다. 앞의 책.

198. 앞의 책.

199. 앞의 책.

200. *Arizona v. Youngblood*, 488 U.S. 51 (1988); 이노센스 프로젝트, 프로파일, Larry Youngblood. http://www.innocenceproject.org/Content/Larry_Youngblood.php.

201. Garrett (2011), 앞의 주 195, 제7장.

202. DNA 면죄 사례의 모든 사람들은 같은 범죄로, 같은 주에서, 같은 해에 유죄판결을 받은 무작위로 선택된 수감자와 대응되었다. 앞의 책.

203. 앞의 책.

204. 앞의 책.

205. 배심원 신념 조사의 응답자들이 기대하는 정확성은 매우 높았다. 허용가능한 틀린 유죄판결 비율에 관한 질문에 대한 응답에서, 최빈치는 0이었던 반면에, 중앙치는 1,000개의 유죄판결 중 2개였다. Simon, Stenstrom, & Read (2008b), 앞의 주 110. 오류에 대한 다소 높은 인내심이 133명의 대학생들을 대상으로 했던 소규모의 조사에서 관찰되었다. 이 응답자들은 허용가능한 틀린 유죄판결 비율은 5%, 틀린 무죄판결 비율은 8%라고 응답하였다. Arkes, H. R., & Mellers, B. A. (2002). Do juries meet our expectations? *Law and Human Behavior, 26,* 625-639.

206. 이 일반적이고, 불합리하고, 불명확한 결정은 초기에 "위대한 절차의 아편제"라고 묘사되었다. Sunderland, E. R. (1920). Verdicts, special and general. *Yale Law Journal, 29,* 253-267, p. 262.

영미법의 형사사법절차가 역사적으로 발전해 온 모습을 볼 때, 그것의 제한적인 진단성은 놀랄 일이 아니다. 존 랑바인(John Langbein)이 기술한 바에 따르면, 영국의 사법절차는, 서로 상반되는 양 당사자들의 이익을 균형화하고 만연한 대중적 정서와 일치하지 않는 처벌이 가해지는 것을 피하고자 하는 일련의 전략적인 사후 방법을 적용함으로써 점차 진화하였다. 이 역사적인 발전은 진실을 밝혀내는 사법체계의 능력 또는 성향에 대한 관심이 거의 없이 일어났다. Langbein (2003), 앞의 주 2, pp. 306-336.

판결 절차의 제한적인 진단성은 사법적 영역에서는 제한적이지 않다는 것을 알아야 한다. 의료과실 소송에 대한 연구에서는 원고가 승소한 재판의 9%가 틀린 판결인 것으로 나타났다. Studdert, D. M., & Mello, M. M. (2007). When tort resolutions are "wrong": Predictors of discordant outcomes in medical malpractice litigation. *Journal of Legal Studies, 36*, 547-578. 이 9%의 비율은 옳은 판결이 꽤 분명했던 재판에 대한 것이었다. 이 비율은 아슬아슬한 사건에서는 더 높을 가능성이 있다.

207. Burns, R. P. (1999). *A theory of the trial.* Princeton, NJ: Princeton University Press, pp. 153-154; Vidmar & Hans (2007), 앞의 주 20; Lempert, R. (1998). Why do juries get a bum rap? Reflections on the work of Valerie Hans. *DePaul Law Review, 48*, 453-462, p. 454. 이 결과는 연구를 통해 검증되었다. 배심단과 판사의 일치 비율은 Kalven과 Zeisel(1966, 앞의 주 144)의 고전적인 연구에서, 78%로 나타났다. 75%라는 유사한 비율이 NCSC가 300개 이상의 흉악범죄에 대한 재판을 검토하여 수행한 연구에서 관찰되었다. Eisenberg et al. (2005), 앞의 주 141.

208. NCSC의 연구에서 배심원과 판사 모두 검찰측 증거에 대해 스스로 추정한 강도와 비례하게 피고인에게 과도한 유죄판결을 내리는 경향이 있었다는 것을 기억하라. Eisenberg et al. (2005), 앞의 주 141.

209. Burns (1999), 앞의 주 207, p. 143; Burns, R. P. (2009). *The death of the American trial.* Chicago: University of Chicago Press, p. 21; Vidmar & Hans (2007), 앞의 주 20, pp. 339-340; Lempert (1998), 앞의 주 207, p. 462. 이 주장에 대한 실험적 증거에 대해서는, Visher, C. A. (1987). Juror decision making: The importance of evidence. *Law and Human Behavior, 11*, 1-17; Kassin, S., & Wrightsman, L. (1985). *The psychology of evidence and trial procedure.* Beverly Hills, CA: Sage Publications; De La Fuente, L., De La Fuente, E. I., & Garcia, J. (2003). Effects of pretrial juror bias, strength of evidence and deliberation process on juror decisions: New validity evidence of the Juror Bias Scale scores. *Psychology, Crime & Law, 9*, 197-209.

210. NCSC의 연구에서 배심원의 평결과 검찰측 증거 강도에 대한 평가치 사이의 베타(beta)값이 0.4인 것으로 나타났다. Garvey, S. P., Hannaford-Agor, P. L., Hans, V. P., Mott, N. L., Munsterman, G. T., & Wells, M. T. (2004). Juror first votes in criminal trials. *Journal of Empirical Studies, 1*, 371-398. 이 관계는, 재판을 주재하였던 판사에 의해 보고된 만큼, 증거의 강도를 나타낸다. 인디애나폴리스(Indianapolis)에서 수행된 179개의 형사배심재판에 대한 연구에서는 증거강도와 판결의 상관관계가 .4에서 .6의 범위인 것으로 나타났다. 특히, 판결에서의 변량 중 30%만이 증거의 강도에 의해서 설명되었다(Nagelkerke R^2=.30). Devine et al. (2007), 앞의 주 145. 이 연구에서, 증거의 강도는 검사, 피고측 변호인, 그리고 판사의 추정치를 조합한 추정치에 기초하였다. 이 관계에 대한 더 많은 자료가 수집되어야 할 것이다.

8. 정확성을 위하여

1. Abramson, J. (2000). *We the jury: The jury system and the ideal of democracy*. Cambridge, MA: Harvard University Press; Vidmar, N., & Hans, V. P. (2007). *American juries: The verdict*. New York: Prometheus Books; Nesson, C. R. (1985). The evidence or the event? On judicial proof and the acceptability of verdicts. *Harvard Law Review, 98*, 1357-1392; Foucault, M. (1997). Michel Foucault: Ethics, subjectivity and truth. In P. Rabinow (Ed.), *The essential works of Michel Foucault* (vol. 1: 1954-1984). London: Allen Lane, Penguin Press.

2. 미리안 다마스카(Mirjan Damaska)의 말처럼, 실체적 진실의 의미는 각 법제도의 속성과 그것이 추구하는 목적에 따라서 다를 수 있다. Damaska, M. R. (1985). *The faces of justice and state authority: A comparative approach to the legal process*. New Haven, CT: Yale University Press.

3. 구술주의 혹은 구두주의(principle of orality)에 대해서는, Honore, T. (1981). The primacy of oral evidence? In *Crime, proof and punishment: Essays in memory of Sir Rupert Cross* (pp. 172-192). London: Butterworths.

4. 예를 들면, *Teague v. Lane*, 489 U.S. 288 (1989); *Murray v. Carrier*, 477 U.S. 478 (1986).

5. LaFave, W. R., Israel, J. H., King, N. J., & Kerr, O. S. (2007). *Criminal procedure: West's criminal practice series* (3rd ed., vol. 7, §1.4). St. Paul, MN: Thompson West; Damaska (1985), 앞의 주 2.

6. *Lisenba v. California*, 314 U.S. 219, 236 (1941); *Colorado v. Connelly*, 479 U.S. 157, 167 (1986). 대법관 렌퀴스트(Rehnquist)는 "이 사안에 대해 법원이 관심을 가지는 것은 증거를 제시한 측이 그 증거에 의해 승소하는가, 패소하는가의 문제가 아니라 증거법이 충족되었는가다."라고 말하였다. *Bourjaily v. United States*, 483 U.S. 171, 175 (1987).

7. *Crawford v. Washington*, 541 U.S. 36, 61 (2004). 이 원칙에 대한 예외는 암시적인 절차에 의해 획득된 목격지목의 증거능력을 대법원이 부정할 때 적용하는 적법절차 조항이다. Wells, G. L., & Quinlivan, D. S. (2009). Suggestive eyewitness identification procedures and the Supreme Court's reliability test in light of eyewitness science: 30 years later. *Law and Human Behavior, 33*, 1-24.

8. Thomas, G. C., III (2008). *The Supreme Court on trial: How the American justice system sacrifices innocent defendants*. Ann Arbor: University of Michigan Press; Stuntz, W. J. (1997). The uneasy relationship between criminal procedure and criminal justice. *Yale Law Journal, 107*, 1-76; Dripps, D. A. (2002). *About guilt and*

innocence: The origins, development, and future of constitutional criminal procedure. Westport, CT: Praeger Publishers.

　헌법적 권리의 탁월함은 허버트 패커(Herbert Packer)의 유명한 "형사절차의 두 가지 모형(Two Models of Criminal Process)"에 의해 잘 표현되어 있다. '피고인에게 우호적인 적법절차 모형'이라는 명칭이 암시하는 것처럼, 이 절차의 주된 목적은 공정한 절차에 의해 판단받을 피고인의 권리를 보호하는 것이다. Packer, H. L. (1968). *The limits of the criminal sanction.* Stanford, CA: Stanford University Press.

9. Uviller, H. R. (1999). *The tilted playing field: Is criminal justice unfair?* New Haven, CT: Yale University Press.

10. 이 속성은 영국의 법과 첨예하게 대조된다. 경찰과 범죄증거에 관한 법률(1984: Police and Criminal Evidence Act) 섹션 76은 "자백의 신뢰성을 낮출 수 있는" 상황에서 얻어졌거나 얻어졌을 가능성이 있는 자백은 증거능력이 없다고 규정하고 있다. 이 규정에 의해서 검사는 자백이 그런 상황에서 얻어진 것이 아니라는 것을 합리적 의심의 여지없이 법정에서 증명해야 한다.

11. Mnookin, J. (2010). The courts, the National Academy of Science, and the future of forensic science. *Brooklyn Law Review, 75,* 1209-1275; Garrett, B. L., & Neufeld, P. J. (2009). Invalid forensic science testimony and wrongful convictions. *Virginia Law Review, 95,* 1-97; Giannelli, P. C. (1997). The abuse of scientific evidence in criminal cases: The need for independent crime laboratories. *Virginia Journal of Social Policy & Law, 4,* 439-478; Risinger, D. M. (2010). The NAS/NRC report on forensic science: A path forward fraught with pitfalls. *Utah Law Review, 2,* 225-246.

12. 댈러스 카운티 지방검찰청에서 1963년에 회람된 악명 높은 메모에는 배심원 선정절차에서 검사가 무이유부기피를 어떻게 사용해야 되는가에 대한 지침이 담겨 있다. "유태인, 흑인, 서반아계통인, 멕시코인, 그 밖의 다른 소수민족 사람은 아무리 부자이거나 교육수준이 높더라도 선정하지 말 것" *Miller-El v. Cockrell,* 537 U.S. 322, 335 (2003)에서 인용됨. 극단적인 편협성은 차치하고라도, 이 메모는 당사자주의적 사법절차가 실체적 진실의 발견을 얼마나 억제하는지 잘 보여 준다.

13. 마빈 프랭클(Marvin E. Frankel)이 잘 표현하였듯이, "증인을 사전에 준비시키는 것은 객관적인 진실을 노출시키기 위한 준비가 아니라, 전투계획의 가장 주된 항목이다." Frankel, M. E. (1978). *Partisan justice.* New York: Hill & Wang, p. 16.

14. Fuller, L. L. (1961). *The adversary system: Talks on American law* (Ed.). Harold J. Berman. New York: Vintage Books; Freedman, M. H. (1998). Our constitutional adversary system. *Chapman Law Review, 1,* 57-90; Burns, R. P. (1999). *A theory of the trial.* Princeton, NJ: Princeton University Press, p. 153. 이 관점에 대한 비판에 대해

서는, Frank, J. (1949). *Courts on trial*. Princeton, NJ: Princeton University Press; Weinreb, L. L. (1977). *Denial of justice*. New York: Free Press.

15. 예를 들면, Lind, E. A., Thibaut, J., & Walker, L. (1973). Discovery and presentation of evidence in adversary and nonadversary proceedings. *Michigan Law Review, 71*, 1129-1144; Simon, D., Stenstrom, D., & Read, S. J. (2008). *On the objectivity of investigations: An experiment*. Paper delivered at the Conference on Empirical Legal Studies, Cornell University, September; Glöckner, A., & Engel, C. (2012). Role induced bias in court: An experimental analysis. *MPI Collective Goods Preprint*, No. 2010/37. SSRN: http://ssrn.com/abstract=1676142.

16. 연구들에 의하면 사람들이 가지는 편향성은 상대방이 편향되었다는 판단에 의해 더 강해지며, 이 현상에 의해 갈등과 충돌이 걷잡을 수 없이 가속화될 수 있다. Kennedy, K. A., & Pronin, E. (2008). When disagreement gets ugly: Perceptions of bias and the escalation of conflict. *Personality and Social Psychology Bulletin, 34*, 833. 조사상황을 당사자주의 맥락에서 연출한 모의실험연구는 참가자들이 자기들은 객관적이라고 생각하면서 (가상의) 상대방은 편파되었다고 믿으며, 그 상대방도 자기들을 편파된 것으로 믿는다고 생각한다는 것을 발견하였다. Simon, Stenstrom, & Read (2008), 앞의 주 15.

17. Medwed, D. S. (2010). Brady's bunch of flaws. *Washington & Lee Law Review, 67*, 1533-1567; Sundby, S. E. (2002). Fallen superheroes and constitutional mirages: The tale of *Brady v. Maryland*. *McGeorge Law Review, 33*, 643-663.

18. Sklansky, D. A., & Yeazell, S. (2006). Comparative law without leaving home: What civil procedure can teach criminal procedure, and vice versa. *Georgetown Law Review, 94*, 683-738.

   무죄증거의 노출을 요구할 권리는 광범위한 유죄협상의 영역에서 더 약하다. 연방대법원은 유죄협상에서 무죄증거를 노출해야 한다는 일반적 의무를 적시한 바 없다. 반면 연방대법원은 검사가 자신의 증인을 탄핵하는 데 쓰일 수 있는 증거를 노출하지 않는 것을 사전에 합의해야 할 의무가 없다고 판시하였다(역자 주: 검사가 그 증거의 노출을 임의로 하지 않아도 된다는 의미). *United States v. Ruiz*, 536 U.S. 622, 633 (2002).

19. 연구에 의하면, 특정대상에 대한 사람들의 판단은 사람들이 그 대상의 세부사항들을 분리해서 판단을 할 때보다, 한꺼번에 종합적으로(holistic) 판단을 할 때 사람들 사이의 변산(차이)이 커진다. Arkes, H. R., Shafferi, V. A., & Dawes, R. M. (2006). Comparing holistic and disaggregated ratings in the evaluation of scientific presentations. *Journal of Behavioral Decision Making, 19*, 429-439; Arkes, H. R., Gonzalez-Vallejo, C., Bonham, A. J., Kung, Y., & Bailey, N. (2010). Assessing the merits and faults of holistic and disaggregated judgments. *Journal of Behavioral Decision Making, 23*, 250-270.

이 연구결과들은 포괄적인 유무죄 판단이 기소된 범죄를 구성하는 각 요건들에 대한 판단의 미묘한 차이를 덮어 버린다는 것을 의미한다. 따라서 배심원들로 하여금 각 구성요건을 따로 분리해서 판단하도록 하는 것이 유무죄 결정의 정확성을 높인다.

20. 제2장에서 논의하였듯이, 책임감의 부족은 덜 비판적이고, 더 피상적인 사고양식을 초래한다. Tetlock, P. E., Skitka, L., & Boettger, R. (1989). Social and cognitive strategies for coping with accountability: Conformity, complexity, and bolstering. *Journal of Personality and Social Psychology, 57*, 632-640; Tetlock, P. E. (2002). Social functionalist frameworks for judgment and choice: Intuitive politicians, theologians, and prosecutors. *Psychological Review, 109*, 451-471.

21. 예를 들면, 연방대법원은 다른 배심원들이 재판기간 중에 음주, 대마초 흡연, 코카인 복용을 하였고, 공판 중에 수시로 잠을 잤다고 비난하는 배심원의 주장에 대해서 조사를 거부한 법원의 결정을 그대로 인정하였다. *Tanner v. United States*, 483 U.S. 107 (1987).

22. 최근에 연방대법원은 "배심재판을 받을 권리를 연방헌법이 보장하는 것은 특정 사실의 판단을 배심원의 배타적 영역에 속하는 것으로 인정하는 것이다."고 말하였다. *Oregon v. Ice*, 129 S. Ct. 711, 716 (2009). 연방대법원은 스스로의 역할을 "일단 배심원이 합리적 의심의 여지없이 납득하였다면 그것에 대해 우리가 더 요구할 수 있는 것은 없다."고 규정하였다. *Holland v. United States*, 348 U.S. 121, 140 (1954).

23. Santos, F. (2007. 11. 25.). Vindicated by DNA, but lost on the outside. *New York Times*. p. Al. http://www.nytimes.com/2007/11/25/us/25jeffrey.html?pagewanted=1&_r=1&hp. 제프 데스코빅은 종신형이 될 수 있는 형을 선고받고 15년을 교도소에서 보낸 후에 DNA 검사로 면죄되었다. 이노센스 프로젝트, 프로파일, Jeff Deskovic. http://www.innocenceproject.org/Content/Jeff_Deskovic.php.

24. 면죄되는 많은 기결수들은 5번 이상의 공판심리를 거친다. 예를 들어, 앨런 뉴턴(Alan Newton)은 최소 15번의 심리를 거쳤다. Garrett, B. L. (2011). *Appendix: Appeals and post-conviction litigation by DNA exonerees and case characteristics.* http://www.law.virginia.edu/pdf/faculty/garrett/convicting_the_innocent/garrett_ch7_appendix.pdf.

25. 예를 들면, 28 U.S.C. §§2241-2266; Hertz, R., & Liebman, J. S. (2005). *Federal habeas corpus practice and procedure.* Newark, NJ: Mathew Bender.

26. 그 연구는 2003년부터 2004년 사이에 있었던 거의 2,400개의 인신보호영장 심리를 분석하였다. King, N. J., Cheesman, F., & Ostrom, B. J. (2007). *Habeas litigation in the U.S. district courts: An empirical study of habeas corpus cases filed by state prisoners under the Antiterrorism and Effective Death Penalty Act of 1996.* Washington, DC: U.S. Department of Justice, National Institute of Justice.

27. 인신보호영장 심리에서의 이러한 조신함은 법률에 의한 것이다. Section 28 U.S.C. §2254(d) 는 주 법원에서 이루어진 합리적인 사실인정을 존중하도록 규정하고 있다. 연방대법원도 또한 "연방법원은 주에서 이루어진 소송을 다시 하는 장이 아니다."고 말하였다. *Barefoot v. Estelle*, 463 U.S. 880, 887 (1983). 또한, *Sumner v. Mata*, 449 U.S. 539, 544 (1981).

28. *Jackson v. Virginia*, 443 U.S. at 318-319 (1979).

29. *Hernandez v. New York*, 500 U.S. 352, 369 (1991); LaFave et al. (2007), 앞의 주 5, pp. 97-98. 보통 사용되는 기준은 "이성적인 사실판단자라면 누구나 범죄의 구성요소를 합리적 의심의 여지없이 찾을 수 있었는지 여부"다. *Jackson v. Virginia*, 앞의 주 28, pp. 318-319.

30. *Wright v. West*, 505 U.S. 277, 296 (1992). 윌리엄 스툰츠 (William Stuntz)가 지적했듯이. 절차주의에 대한 숭배는 피고인의 주장을 사실에 관한 문제로부터 절차적 문제로 분산되게 한다. Stuntz (1997), 앞의 주 8, pp. 37-45. 모순적이게도, 피고인의 변호인들은 유죄판결의 사실적 근거에 대한 이의를 제기할 수 없는 반면, 절차적 엄격성이나 기술적인 문제에 집착한다는 조롱을 받곤 한다.

31. *State v. Conway*, 816 So.2d. 290 (2002).

32. *District Attorney's Office v. Osborne*, 129 S. Ct. 2308 (2009). 제한적이나마 생물학적 증거에 접근할 수 있는 권리가 연방대법원에 의해 *Skinner v. Switzer*, 562 U.S. 원문 (2011)에서 인정되었다.

33. "사면은 우리의 영미법 전통에 깊이 뿌리내린 제도이며, 할 수 있는 사법절차를 모두 했는데도 남아 있는 오판과 불의를 방지하는 역사적인 방책이다." *Herrera v. Collins*, 506 U.S. 390, 411-412 (1993).

34. 주지사가 나서기 꺼려 하는 예로 얼 워싱톤(Earl Washington)과 "노퍼크의 4인(The Norfolk Four)" 사례를 참조: http://www.innocenceproject.org/Content/Earl_Washington.php; Wells, T., & Leo, R. (2008). *The wrong guys: Murder, false confessions, and the Norfolk Four*. New York: New Press.

35. *Manson v. Brathwaite*, 432 U.S. 98, 113 (1977).

36. *United States v. Ruiz*, 앞의 주 18, pp. 633.

37. *Tanner v. United States*, 앞의 주 21, pp. 120-121.

38. 예를 들면, 제5장의 논의(pp. 152-158)와 Wells & Quinlivan (2009), 앞의 주 7.

39. *Herrera v. Collins*, 앞의 주 33, pp. 417.

40. 앞의 책.

41. *In re Davis*, 130 S. Ct. 1 (2009).

42. Stuntz (1997), 앞의 주 8; Pizzi, W. T. (1999). *Trials without truth: Why our system of*

criminal trials has become an expensive failure and what we need to do to rebuild it. New York: NYU Press.

43. 때때로 연방대법원은 사법체계가 완벽하지 않다는 것을 지나치듯이 모호하게 인정하기도 한다. 예를 들면, *District Attorney's Office v. Osborne*, 앞의 주 32, pp. 2323 n. 10. 그럼에도 불구하고 그것이 사건에 대한 판단에는 전혀 영향을 주지 않는다.

44. Fuller, L. L. (1961). *The adversary system: Talks on American law* (Ed.). Harold J. Berman. New York: Vintage Books; Freedman (1998), 앞의 주 14. Our constitutional adversary system. *Chapman Law Review, 1*, 57-90; Burns, R. P. (1999). *A theory of the trial.* Princeton, NJ: Princeton University Press, p. 153. 이것에 대한 모욕적인 비판에 대해서는, Frank (1949), 앞의 주 14; Weinreb (1977), 앞의 주 14.

45. 런던의 레코더(역자 주: 파트타임 판사) 조지 트레비(George Treby)가 러셀경에게 반역죄로 사형을 선고하면서 한 말. *R. v. William Russell*, 9 St. Tr. 677, 666 (1683). Cited in Langbein, J. H. (2003). *The origins of adversary criminal trial.* New York: Oxford University Press, p. 332.

46. *Herrera v. Collins*, 앞의 주 33, pp. 419.

47. *United States v. Garrison*, 291 F. 646, 649 (S.D.N.Y. 1923).

48. *Kansas v. Marsh*, 548 U.S. 163, 200 (2006).

49. 앞의 책, p. 193.

50. 무죄를 입증하는 DNA 증거에도 불구하고 굽히지 않는 검사의 고집에 대해서는, Medwed, D. S. (2004). The zeal deal: Prosecutorial resistance to post-conviction claims of innocence. *Boston University Law Review, 84*, 125-183.

51. 오하이오주의 법 집행기관 공무원들 798명을 대상으로 이루어진 조사에서 경찰서장과 검사의 30%와 판사들의 15%는 자신의 관할지역에서는 유죄오판이 존재하지 않는다고 믿었고, 그들의 대다수(경찰서장 77%, 검사 78%, 판사 46%)는 유죄오판 가능성을 0.5% 미만으로 평가하였다. 사법체계에 대한 이러한 신뢰는 미국 내 다른 관할지역에 대해서 물었을 때는 현저하게 낮았는데, 절대 다수의 응답자가 0.5% 이상이라고 응답하였다. 특히 국가적 추정치는 응답자의 대다수(각 79%, 78% 및 78%)가 허용가능한 유죄오판 수준은 0.5% 이하여야 한다는 입장을 고수함으로써 유죄오판은 미미하다는 응답자들의 표준적인 신뢰에 미치지 못하였다. Ramsey, R. J., & Frank, J. (2007). Wrongful conviction: Perceptions of criminal justice professionals regarding the frequency of wrongful conviction and the extent of system errors. *Crime & Delinquency, 53*, 436-470. 미시간 주의 법 집행기관에 대한 조사에서도 유사한 결과가 나타났다. Zalman, M., Smith, B., & Kiger, A. (2008). Officials' estimates of the incidence of "actual innocence" convictions. *Justice Quarterly, 25*, 72-100.

52. 당사자주의에 대한 주목할 만한 비판은, Weinreb (1977), 앞의 주 14; Frankel (1978), 앞의 주 13; Langbein, J. H. (1979). Land without plea bargaining: How the Germans do it. *Michigan Law Review*, 78, 204-225; Langbein, J. H., & Weinreb, L. L. (1978). Continental criminal procedure: "Myth" and reality. *Yale Law Journal*, 87, 1549-1568; Thomas (2008), 앞의 주 8.

53. Goldstein, A. S., & Marcus, M. (1977). The myth of judicial supervision in three "inquisitorial" systems: France, Italy, and Germany. *Yale Law Journal*, 87, 240-283; Goldstein, A. S., & Marcus, M. (1978). Comment on continental criminal procedure. *Yale Law Journal*, 87, 1570-1576; Allen, R. J., Kock, S., Riecherberg, K., & Rosen, D. T. (1988). The German advantage in civil procedure: A plea for more details and fewer generalities in comparative scholarship. *Northwestern Law Review*, 82, 705-762; Freedman (1998), 앞의 주 14.

54. Summers, S. J. (2007). *Fair trials: The European criminal procedural tradition and the European Court of Human Rights*. Oxford: Hart Publishing. 법적 국가주의도 사람들에게 강하게 존재한다. 미국변호사협회에서 1999년에 수행한 조사에서는 응답자의 30%가 미국의 사법제도에 대해 매우 신뢰한다는 응답을 하였는데, 80%가 "미국의 사법제도가 세계에서 가장 좋은 제도다."에 동의하거나 매우 동의하였다. American Bar Association (1999). *Perceptions of the U.S. justice system* (pp. 58-59). http://www.abanow.org/wordpress/wp-content/files_flutter/1269460858_20_1_1_7_Upload_File.pdf.

55. *Kansas v. Marsh*, 앞의 주 48, at 188. 대법관 스칼리아는 국민이 사형을 지지하는 데도 불구하고 사형을 폐지했다는 이유로 이 유럽국가들을 반민주주의적이며, 사형을 폐지한 이유가 유럽연합에 가입하여 경제적 혜택을 받기 위해서라며, 위선적이라고 평가한 바 있다.

56. Sklansky, D. A. (2009). Anti-inquisitorialism. *Harvard Law Review*, 122, 1634-1704.

57. *Manson v. Brathwaite*, 앞의 주 35. 다른 사건에서 연방대법원은 배심원을 신뢰하는 것 이외에 다른 선택의 여지가 없다는 것을 어쩔 수 없이 시인한다. "우리 사법체계는 배심원이 판사의 지도하에 증거를 적절히 평가할 수 있다는 것을 인정해야 한다." *Watkins v. Sowders*, 449 U.S. 341, 347 (1981).

58. Hoffman, M. B. (2007). The myth of factual innocence. *Chicago-Kent Law Review*, 82, 663-690.

59. *Manson v. Brathwaite*, 앞의 주 35, at 113; *Watkins v. Sowders*, 앞의 주 57, at 348.

60. *Manson v. Brathwaite*, 앞의 주 35, at 116.

61. *Lego v. Twomey*, 404 U.S. 477, 484-485 (1972).

62. *Manson v. Bratbwaite*, 앞의 주 35, at 113; *Watkins v. Sowders*, 앞의 주 57, at 348.

63. 현재의 사법체계를 찬양하는 심리적 기제에 대해서는, Jost, J. T., & Hunyady, O. (2002). The psychology of system justification and the palliative function of ideology. In W. Stroebe & M. Hewstone (Eds.), *European review of social psychology* (vol. 13, pp. 111-153). Hove, UK: Psychology Press/Taylor & Francis (UK). 이러한 점에서 사법체계에 대한 정당화 이론은 인지부조화이론과 일맥상통한다. Festinger, L. (1957). *A theory of cognitive dissonance.* Evanston, IL: Row, Peterson.

64. 스스로를 유능하고 공정한 것으로 지각하는 것은 보편적이고 강력한 인간의 기본욕구다. Pronin, E., Gilovidh, T., & Ross, L. (2004). Objectivity in the eye of the beholder: Divergent perceptions of bias in self versus others. *Psychological Review, 111*, 781 - 799; Frantz, C. M. (2006). I AM being fair: The bias blind spot as a stumbling block to seeing both sides. *Basic and Applied Social Psychology, 28*, 157-167; Schlenker, B. R. (2003). Self-presentation. In M. R. Leary & J. P. Tangney (Eds.), *Handbook of self and identity* (pp. 492-518). New York: Guilford Press.

65. 예를 들면, Baumeister, R. F., Dale, K., & Sommer, K. L. (1998). Freudian defense mechanisms and empirical findings in modern social psychology: Reaction formation, projection, displacement, undoing, isolation, sublimation, and denial. *Journal of Personality, 66*, 1081-1124.

66. *Brown v. Allen* 재판에서, 대법관 잭슨(Jackson)은 연방대법원의 권위를 다음과 같이 설명하였다. "우리가 오류를 범하지 않기 때문에 최종심인 것이 아니라 우리가 최종심이기 때문에 오류를 범할 수 없는 것이다." 344 U.S. 443, 540 (1953) (Jackson, J., concurring).

67. 대법관 스칼리아의 의견에 대해서는, *Kansas v. Marsh*, 앞의 주 48; Allen, R. J., & Laudan, L. (2008). Deadly dilemmas. *Texas Tech Law Review, 41*, 65-92.

68. Frank (1949), 앞의 주 14, p. 35. 모든 수단을 다 사용한 후에라도, 유죄오판은 절차의 가장 마지막 지점에서 영국, 스코틀랜드, 노르웨이, 노스캐롤라이나 등에서 운영하는 '결백 위원회(innocence commission)'에 의해 교정될 수 있다. 이 준사법기관은 보통 유죄오판의 가능성이 있는 사건들을 검토하고 오판이 확인되면 법원에 재심을 의뢰하는 기능을 하기 위해 설립되었다. 영국의 결백 위원회에 대해서는, Criminal Cases Review Commission (2009). *Annual report and accounts, 2008/2009.* London. 노스캐롤라이나의 결백 조사위원회(Innocence Inquiry Commission)에 대해서는, http://www.innocencecommission-nc.gov/index.htm. 범죄자를 가려내기 위해 결백 위원회에 의존하는 것은 정당하고 효과적인 방법은 아니지만 늦게라도 정의를 회복시키는 것이 불의를 방치하는 것보다는 훨씬 바람직하다.

69. 절차적 권리와 관련된 주목할 만한 비판에 대해서는, Kennedy, D. (2002). The critique

of rights in critical legal studies. In W. Brown & J. Halley (Eds.), *Left legalism/Left critique* (pp. 178-227). Durham, NC: Duke University Press.

70. *Manson v. Brathwaite*, 앞의 주 35, 그리고 *Watkins v. Sowders*, 앞의 주 57.

71. 원칙적으로 이 규칙은 위법하게 수집된 증거에 적용되지만, 증거능력은 있으되 배심원이 지나치게 과도한 중요도를 부여할 가능성이 있는 증거에도 적용되어야 한다. Mueller, C. B., & Kirkpatrick, L. C. (2009). *Evidence*. New York: Aspen Publishers, p. 175.

72. 예를 들어, 조사에 참여한 160명의 판사들 중 94%는 "목격자의 지각과 기억은 태도와 기대의 영향을 받는다."고 옳게 응답하였지만, 망각곡선의 가파른 하강에 대해 알고 있는 판사는 31%뿐이었다. Wise, R. A., & Safer, M. A. (2004). What US judges know and believe about eyewitness testimony. *Applied Cognitive Psychology, 18*, 427-443.

73. Wise, R. A., & Safer, M. A. (2010). A comparison of what U.S. judges and students know and believe about eyewitness testimony. *Journal of Applied Social Psychology, 40*, 1400-1422.

74. 이 조사연구에는 42명의 판사가 참여하였다. Benton, T. R., Ross, D. F., Bradshaw, E., Thomas, W. N., & Bradshaw, G. S. (2006). Eyewitness memory is still not common sense: Comparing jurors, judges and law enforcement to eyewitness experts. *Applied Cognitive Psychology, 20*, 115-129. 이 판사들의 반응은 일반인들보다는 더 정확했지만, 경찰들보다 정확하지는 않았다.

75. 제시될 권고사항들은 증언의 정확성을 높이는 데 초점을 두고 있지만, 과학적 범죄수사의 대상이 되는 (법의학적) 증거를 분석하고 검증하는 과학, 방법, 그리고 전문성을 향상시키는 것에도 큰 이점을 가진다. National Academy of Science (2009). *Strengthening forensic science in the United States: A path forward*. Washington, DC: National Academies Press; Mnookin, J. L., Cole, S. A., Dror, I. E., Fisher, B. A., Houck, M. M., Inman, K., Kaye, D. H., Koehler, J. J., Langenburg, G., Risinger, D. M., Rudin, N., Siegel, J., & Stoney, D. A. (2011). The need for a research culture in the forensic sciences. *UCLA Law Review, 58*, 725-779.

76. Sullivan, T. P., Vail, A. W., & Anderson, H. W. (2008). The case for recording police interrogations. *Litigation, 34*, 1-8.

77. 그 연구에서 한 가지 주목할 만한 것은 부정확한 증인의 증언을 녹화영상으로 보여 주었을 때 유죄판단률이 49%에서 33%로 떨어지는 결과가 나타났는데, 그것은 모의배심원들이 부정확한 증인을 신뢰하는 경향이 현저하게 감소했다는 것을 의미한다. 반면에 정확한 증언을 하는 녹화영상을 보여 주었을 때는 유죄판단 비율이 거의 떨어지지 않았다 (50 vs. 46%). Reardon, M. C., & Fisher, R. P. (2011). Effect of viewing the interview and identification process on juror perceptions of eyewitness accuracy. *Applied*

Cognitive Psychology, 25, 68-77.

78. 제5장에서 설명하였듯이, 전자녹화기록은 그 자체가 새로운 편파를 초래할 수도 있다. 특히 신문과정에서 비디오 카메라의 관점을 용의자에만 맞추는 것은 용의자 진술이 자발적으로 이루어진 것으로 판단하는 경향을 증폭시킬 수 있고, 강압에 의한 자백을 판단자가 믿게 만드는 결과를 초래할 수 있다.

79. 영국 형사절차의 발전과 관련된 계몽적인 견해에 대해서는, Langbein (2003), 앞의 주 45.

80. 제레미 벤담(Jeremy Bentham)이 언급했듯이, "구두증언은 서류증언보다 월등히 우수하다." Bentham, J. (by Dumont, M.) (1825). *Treatise on judicial evidence: Extracted from the manuscripts of Jeremy Bentham, Esq.* London: J. W. Paget.

81. Federal Bureau of Investigation (2006. 3. 23.). Memorandum on electronic recording of confessions and witness interviews.

82. Federal Rules of Criminal Procedure, Notes of Committee on the Judiciary, House Report 94-247 (1975 Amendment), http://www.capdefnet.org/codes/18_usc_appendix_16.htm의 논의 참조.

83. Thomas, G. C., III (2010). Two windows into innocence. *Ohio State journal of Criminal Law, 7,* 575-601 (pp. 591-592).

84. LaFave et al. (2007), 앞의 주 5, §20(1).

85. The Justice Project (2007). *Expanded discovery in criminal cases: A policy review.* http://www.pewtrusts.org/uploadedFiles/wwwpewtrustsorg/Reports/Death_penalty_reform/Expanded%20discovery%20policy%20brief.pdf.

86. 형사절차에서 증인배척[deposition of witness, 역자 주: 일반적으로는 재판에서 사용할 목적으로 증인이 법원 밖에서 한 진술을 기록한 문서를 데포지션(deposition)이라고 부르는데, 여기에서는 재판 전에 피고인이 검사측 특정 증인을 배척하는 권리라는 의미로 사용된다.]은 인디아나, 아이오와, 미주리, 노스다코다 주에서도 여러 가지 형태로 허용되고 있다. Thomas (2010), 앞의 주 83.

87. FBI의 반대와 관련된 비판에 대해서는, Sullivan, T. P. (2008). Recording federal custodial interviews. *American Criminal Law Review, 45,* 1297-1345. 구두주의 원칙을 왜곡한다는 이유로 이러한 조치를 비판하는 경우도 있다. 그러나 그 조치를 구두주의 원칙에 대한 훼손으로 보아서는 안 된다. 그 이유는 기록된 증언은 구두증언을 대체하는 것이 아니고 보충하는 것이기 때문이다.

88. 예를 들면, 캘리포니아 「형법」 제136.2조는 "피해자나 증인에 대한 위해, 위협, 회유가 실제로 있었거나, 현실적으로 가능하다고 믿을 만한 단서가 있을 때"는 사건을 관할하는 일심법원이 보호명령을 내릴 수 있는 권한을 부여하고 있다.

89. *Crawford v. Washington* (앞의 주 7) 재판에서 연방대법원이 언급하였듯이, 피고인 때문에 증인이 법정에서 증언을 못하게 된 경우에는 증인의 증언기록이 증거능력을 가진다. *Reynolds v. United States*, 98 U.S. 145, 158-159 (1879); *Giles v. California*, 554 U.S. 353 (2008).

90. 캘리포니아의 새너제이와 영국을 비롯한 여러 지역에서 헬멧에 부착된 카메라가 사용되고 있다. Cowan, C. (2009. 11. 3.). Helmet cams for cops. *Foxnews*. http://liveshots. blogs.foxnews.com/2009/ll/03/helmet-cams-for-cops/; Travis, A. (2007. 7. 12.). Police to use helmet cams to record public order incidents. *The Guardian*. http://www. guardian.co.uk/uk/2007/jul/12/humanrights.ukcrime.

91. 녹화를 못하는 경우를 우려해서 그 정책을 포기해서는 안 된다. Sullivan, T. P., & Vail, A. W. (2009). The consequences of law enforcement officials' failure to record custodial interviews as required by law. *Journal of Criminal Law & Criminology, 99*, 215-234.

92. 신문녹화를 지지하는 강력한 견해에 대해서는, Sullivan (2008), 앞의 주 87.

93. Sullivan, T. P. (2005). Electronic recordings of custodial interrogations: Everybody wins. *Journal of Criminal Law & Criminology, 95*, 1127에 인용된 헤네핀 카운티 부검사 앨런 해리스(Alan K. Harris)의 말.

94. Bereiter, B. (2007. 7. 24.). *Lawmakers approve lineup changes*. http://news14.com/ content/top_stories/585227/lawmakers-approve-lineup-changes/Default.aspx.

95. 적법절차의 독립적 개념에 대해서는, Israel, J. H. (2001). Freestanding Due Process and criminal procedure: The Supreme Court's search for interpretive guidelines. *Saint Louis University Law Journal, 45*, 303-432; Taslitz, A. (2005). What remains of reliability: Hearsay and freestanding Due Process after Crawford v. Washington. *Criminal Justice Magazine, 20*(2); Dripps, D. A. (2003). *About guilt and innocence: The origins, development, and future of constitutional criminal procedure*. Westport, CT: Praeger.

96. *Perry v. New Hampshire* (No. 10-8974, November 2, 2011) 재판에서 법관들은 독립적인 적법절차의 권리를 적극적으로 기피하는 것으로 보인다. Lithwick, D. (2011. 11. 2.). See no evil: Eyewitness testimony may be unreliable, but the Supreme Court doesn't want to be the one to say so. *Slate*. http://www.slate.com/articles/news_and_ politics/supreme_court_dispatches/2011/ll/perry_v_new_hampshire_the_supreme_ court_looks_at_eyewitness_evid.single.html. 이 사건에서는 독립적인 적법절차의 권리가 가장 두드러진 쟁점이 되는 암시적인 라인업 절차가 문제시되었다. *Manson v. Brathwaite*, 앞의 주 35.

97. 노스캐롤라이나, 뉴저지, 로드아일랜드, 버몬트, 델라웨어를 비롯한 약 10개의 주에서 라인업 절차의 개선이 이루어졌다. 경찰신문의 영상녹화는 알래스카, 미네소타, 노스캐롤라이나, 일리노이, 위스콘신, 그 밖의 다른 주들에서 의무화되었다. http://www. innocenceproject. org/news/LawView5.php. 주목할 만한 주 법원의 결정에 대해서는, *Stephan v. State*, 711 P.2d 1156, 1162 (Alaska, 1985); *State v. Scales*, 518 N.W.2d 587, 591 (Minnesota, 1994); *Commonwealth v. DiGiambattista*, 813 N.E.2d 516, 533-534 (Massachusetts, 2004); *State v. Larry R. Henderson* (A-8-08) (New Jersey, 062218).

98. 댈러스 카운티의 판결 무결성 팀(Conviction Integrity Unit)에 대해서는, http://www. dallasda.com/conviction-integrity.html.

99. Suffolk County District Attorney's Office. *Report of the task Force on Eyewitness Evidence*. http://www.innocenceproject.org/docs/Suffolk_eyewitness.pdf.

100. Fisher, S. Z. (2009). Eyewitness identification reform in Massachusetts. *Massachusetts Law Review*, *91*, 52-66.

101. 산타클라라 카운티 경찰서장협회(Police Chiefs' Association of Santa Clara County). 법 집행을 위한 라인업 프로토콜, http:/www.ccfaj.org/documents/reports/eyewitness /expert/Santa%20Clara%20County%20Eyewitness%20Identification% 20Protocols.pdf.

찾아보기

저자 소개

Dan Simon

University of Southern California 로스쿨 법심리학 교수

역자 소개

한유화(Yuhwa Han)
충북대학교 문학 박사(심리학 연구방법론 및 법심리학 전공)
미국 John Jay College of Criminal Justice 심리학과 박사후 연구원
충북대학교 심리학과 강사/연구원

표지민(Jimin Pyo)
미국 John Jay College of Criminal Justice, Criminal Justice 박사과정

성유리(Yoori Seong)
충북대학교 심리학과 박사과정

박광배(Kwangbai Park)
미국 University of Illinois at Chicago 심리학 박사
충북대학교 심리학과 교수

의심: 형사사법절차의 심리학

In Doubt: The Psychology of the Criminal Justice Process

2017년 4월 20일 1판 1쇄 인쇄
2017년 4월 25일 1판 1쇄 발행

지은이 • Dan Simon
옮긴이 • 한유화 · 표지민 · 성유리 · 박광배
펴낸이 • 김진환
펴낸곳 • ㈜ 학지사

04031 서울특별시 마포구 양화로 15길 20 마인드월드빌딩
대표전화 • 02)330-5114　　팩스 • 02)324-2345
등록번호 • 제313-2006-000265호

홈페이지 • http://www.hakjisa.co.kr
페이스북 • https://www.facebook.com/hakjisa

ISBN 978-89-997-1229-6 93180

정가 23,000원

이 도서의 국립중앙도서관 출판시도서목록(CIP)은 서지정보유통지
원시스템 홈페이지(http://seoji.nl.go.kr)와 국가자료공동목록시스템
(http://www.nl.go.kr/kolisnet)에서 이용하실 수 있습니다.
(CIP 제어번호: CIP2017007754)

교육문화출판미디어그룹 학지사
심리검사연구소 인싸이트 www.inpsyt.co.kr
원격교육연수원 카운피아 www.counpia.com
학술논문서비스 뉴논문 www.newnonmun.com